IKGS Sammlung R. Wagner
Nr. 946

SV

Paul Celan – Gisèle Celan-Lestrange
Briefwechsel

Mit einer Auswahl von Briefen Paul Celans
an seinen Sohn Eric

Aus dem Französischen von Eugen Helmlé

Herausgegeben und kommentiert
von Bertrand Badiou
in Verbindung mit Eric Celan

Anmerkungen übersetzt und
für die deutsche Ausgabe eingerichtet
von Barbara Wiedemann

Erster Band
Die Briefe

Suhrkamp Verlag

© Suhrkamp Verlag 2001 für die Briefe von Paul Celan
und für die deutsche Sprache der Briefe von
Gisèle Celan-Lestrange
© Editions du Seuil 2001 für die Briefe von Gisèle Celan-Lestrange
(ausgenommen die deutsche Sprache) und für die
französischsprachigen Rechte der Briefe von Paul Celan
Alle Rechte vorbehalten, insbesondere das der Übersetzung,
des öffentlichen Vortrags sowie der Übertragung
durch Rundfunk und Fernsehen, auch einzelner Teile.
Kein Teil des Werkes darf in irgendeiner Form
(durch Fotografie, Mikrofilm oder andere Verfahren)
ohne schriftliche Genehmigung des Verlages reproduziert
oder unter Verwendung elektronischer Systeme
verarbeitet, vervielfältigt oder verbreitet werden.
Satz und Druck:
MZ-Verlagsdruckerei GmbH, Memmingen
Printed in Germany
Erste Auflage 2001

1 2 3 4 5 6 – 05 04 03 02 01

Die Briefe

1

Café Kléber
Trocadéro
[Paris] 11. Dezember 1951.[1]

Mon chéri,
Ich bin noch ganz nahe bei Dir, bei Deinen Liebkosungen, Deinen Augen, Deiner schönen Aufrichtigkeit und Deiner Liebe.

Ich bin so glücklich, Dir von all dieser großen Ruhe zu berichten, in der ich gestern eingeschlafen bin. Und mein einziger Wunsch wäre es, auch Dich ganz in Frieden zu wissen. –

Es ist diese Ruhe, die mich ängstigt, weißt Du – sie gehört nicht zu meinem Naturell – sie gehört überhaupt nicht zu meinem Naturell, und der sie mir gibt, bist Du. Ich kann es noch nicht verstehen. Frag mich nicht allzusehr, was ich denke, weil ich es noch nicht wissen kann.

Ich möchte verstehen.
Ich möchte erkennen.
Ich möchte wissen.

Um Dich freier zu lieben, aber zugleich macht es mir auch Angst – außerdem ist es so süß, Dich außerhalb jeder Logik zu lieben –

Ich möchte, daß Du sehr glücklich bist, und ich fühle mich so fern, so unvollkommen für Dich. Auch das ist sehr beängstigend –

Es muß sehr schwierig sein, einen Dichter zu lieben, einen schönen Dichter. Ich fühle mich Deines Lebens, Deiner Dichtung, Deiner Liebe so unwürdig – und schon scheint alles nicht mehr für mich zu existieren, wenn Du es nicht bist.

Ich höre Deine Worte, und ich fühle mich Dir ganz nahe – Ich liebe es, Dir noch näher zu sein – Ich liebe es, Dich anzuschauen, Dich da zu wissen, Dich schweigend und konzentriert zu sehen, Du gibst mir Vertrauen, Du beruhigst mich so ungewöhnlich.

Cher Aimé –

Ich habe das Gefühl, daß bereits ein neues Leben für mich begonnen hat – daß Du bereits eine Lebensblume in mir geschaffen hast, die ich kaum zu erkennen vermag, die sich aber bereits sehr sanft und sehr heftig behauptet – Ich bewahre sie in mir, ich atme sie jeden Tag, an dem ich Dich nicht sehen kann, eifersüchtig ein, und schon hat sie einen sehr großen, sehr unverständlichen Platz eingenommen. Ich brauche so lange, um das zu verstehen, was doch schon so stark gespürt wird.

Chéri, ich muß aufhören, ich bin froh, wenn Du, und sei es auch nur für eine Sekunde, beim Anblick selbst meiner schlecht geschriebenen Zeilen wenigstens eine ganz kleine Freude hast – Verzeih mir, daß ich nicht die hübschen Wörter weiß, die Du kennst – setze sie um, geliebter Dichter, in Deine sehr schöne Musik.

Mittwoch – es war sicherlich der Wunsch, Dich zu sehen, der mich diese Vernissage in der Galerie La Hune[2] hat erfinden lassen – die erst am Freitag stattfindet – und deshalb habe ich mir erlaubt, Dir heute zu schreiben – Ich denke, es sei denn, Du willst es anders, daß wir uns also am Freitag um 6 Uhr 30 in der Galerie La Hune sehen – Das ist noch lang hin – es wird vielleicht noch sanfter sein!

Arbeite, mon chéri, und denke nicht zuviel an mich – wenn Dich das ablenkt. Ich möchte es nicht.

Du wirst auch am Mittwoch abend arbeiten – und ich, zu Hause, ich werde malen[3], glaube ich – und wir werden uns ganz nahe sein –

Ich schicke Dir meine zärtlichsten Gedanken und meinen Blick ganz für Dich, weil Du sagst, daß Du ihn magst.

Gisèle.

2

[1951]

Ma chérie, ich kann Dir gar nicht sagen, wie groß meine Freude heute morgen war, als ich Deinen Brief vorgefunden habe. Sie muß um so größer gewesen sein, diese Freude, als die Angst, die immer gegenwärtig ist, wenn das Herz überrascht wird, sich zu Anfang gefährlich eingemischt hatte.

Ich werde Dich also erst am Freitag sehen ... aber am Samstag doch auch, sag, und vielleicht am Sonntag.

Ich schaue Dich an, ma chérie, ich schaue Dich an, bereits jenseits dieses Nebelschleiers, den die Hoffnung, nicht wahr, aufzulösen nicht müde wird.

Paul

3

[Widmung in Der Sand aus den Urnen¹:*]*

[Paris, 31. 12. 1951]
Für Maja
damit der Tag um Mitternacht anbricht

Paul

Auf der Brücke der Jahre² in Paris

4

151 Avenue de Wagram¹
Paris 17ᵉ

1. Januar 1952

Mon chéri, wir haben das Jahr gemeinsam angefangen durch diese Früchte, diese Küsse, diese Träume, diesen Schlaf und diese so süße Wirklichkeit, die anfängt, von Tag zu Tag immer mehr die unsere zu werden –

Ich will heute abend diese erste Nacht des Jahres nicht anfangen, ohne Dir zu sagen, wie groß meine Freude ist über das, was uns geschieht, so heftig, so außergewöhnlich –

Ich fange erst an, es ein wenig zu begreifen, und all das Wunderbare, Dich ständig nahe bei mir zu wissen, Dein Denken mit dem meinen zu spüren, das kann ich immer noch nicht fassen.

Chéri, als ich Dich verließ, ist mir sofort klar geworden, daß ich dieses kostbare Buch, das Du mir freundlich gewidmet hast und von dem ich weiß, daß es so voller schöner Dinge ist, in Deiner Tasche gelassen habe. Das bekümmert mich sehr – Gern hätte ich heute abend wieder langsam die Seiten umgeblättert und dabei die Zeichnung Deiner Verse betrachtet. Schon sind mir einige wenige Wörter nicht mehr ganz fremd, und ich liebe es, sie von Dir geschrieben wiederzufinden – Aber ich werde es am Donnerstag, neben Musset², in derselben Tasche wiederfinden – nicht wahr?

Ich möchte, daß Du heute abend sehr ruhig einschläfst und daß nichts und niemand Deine Ruhe stören wird – Das wünsche ich sehr, und ich möchte Dich gegen alle Boshaftigkeiten des Lebens beschützen können –

Chéri, Du wirst viel arbeiten, sag! Denk nicht zuviel an mich, wenn Dich das daran hindern sollte, und nur in der Bibliothèque Nationale[3], einmal stündlich, wenn Du Dir »die Zigarette« gestattest – und dann auch noch ein klein wenig, wenn Du die Seine entlang gehst. Für mich ist sie ganz anders, seit wir sie gemeinsam betrachtet haben.

Cher aimé, ich habe zu meiner Mutter und zu meinen Schwestern zurückgefunden, aber die Ruhe im Haus ist noch nicht gestört –

Ich erlebe diesen wunderbaren Traum, Dich bei mir, mit mir gehabt zu haben, ganz real –

Ich sitze an dem Tisch, an dem Du geschrieben hast, an dem Du gelesen hast, an dem Du getrunken hast, an dem Du den Baum meiner Straße betrachtet hast –

Ich bin in dem Zimmer, in dem Du gelebt und mit mir gänzlich einige sehr schöne Stunden geteilt hast –

Ich werde deshalb vielleicht besser leben, hier, wo es oft so schwer ist –

Ich habe heute nachmittag Freunde besuchen müssen – sie waren furchtbar bürgerlich – arriviert – selbstzufrieden und ganz wenig intelligent.

Ich habe auch Dady[4] besucht, das Mädchen, das malt, und von der ich Dir, wie ich glaube, schon erzählt habe. Ich glaubte, sie sei offen und ehrlich, und nun glaube ich nicht mehr, daß sie das ist. Das hat mich ein wenig enttäuscht. Ich bin froh, daß Du nicht willst, daß wir viele Leute sehen – Ich habe überhaupt kein Bedürfnis danach, wenn ich mit Dir zusammen bin, außerdem mochte ich das auch vorher schon nicht.

Du hast mir Lust gemacht zu arbeiten – und ich werde die Gelegenheit der wenigen noch museumsfreien Tage[5] nützen, um viel zu lesen.

Aber Du wirst wohl allmählich wissen, wie schlecht mein Gedächtnis ist, das ist eines der Dinge, die ich am meisten bedauere, und außerdem wirst Du wohl allmählich auch wissen, was ich alles nicht weiß – alles, was ich kennen müßte –

Cher aimé, Du mußt das alles wissen, Du mußt es verstehen – und dem ins Auge sehen – und Du wirst die furchtbaren Unzulänglichkeiten sehen, die in mir leben –

Geliebter Paul, ich werde bis Donnerstag ganz nahe bei Dir leben.

Ich bin Deine kleine Pfirsichblüte[6].

               Gisèle.

5

[Paris] Montag [7.? 1. 1952¹], zehn Uhr

Maja, mon amour, ich möchte Dir sagen können, wie sehr ich mir wünsche, daß das alles bleibt, uns bleibt, uns immer bleibt.

Siehst Du, ich habe den Eindruck, wenn ich zu Dir komme, eine Welt zu verlassen, die Türen hinter mir zuschlagen zu hören, Türen und nochmals Türen,[2] denn sie sind zahlreich, die Türen dieser Welt, die aus Mißverständnissen, falschen Klarheiten, Höhnungen gemacht sind. Vielleicht bleiben mir noch andere Türen, vielleicht habe ich noch nicht den ganzen Raum durchschritten, über den sich dieses Netz von in die Irre führenden Zeichen erstreckt – doch ich komme, hörst Du, ich komme näher, der Rhythmus – ich spüre es – wird schneller, die trügerischen Lichter erlöschen eins nach dem andern, die Lügenmäuler schließen sich über ihrem Geifer[3] – keine Worte mehr, keine Geräusche mehr, nichts mehr, was meinen Schritt begleitet –
 Ich werde da sein, bei Dir, in einem Augenblick, in einer Sekunde, die die Zeit eröffnen wird

                Paul

6

[Paris] Am Montag [28. 1. 1952] –
17 Uhr

Maja, mon aimée, ich schreibe Dir nun, wie ich es Dir versprochen hatte – wie könnte ich Dir auch nicht schreiben – ich schreibe Dir, um Dir zu sagen, daß Du nicht aufhörst, da zu sein, ganz nahe bei mir, daß Du mich überall hin begleitest, wohin ich gehe, daß Du diese Welt bist, Du allein, und daß sie durch Dich größer geworden ist, daß sie, durch Dich, eine neue Dimension gefunden hat, eine neue Koordinate, die ihr zu gewähren ich mich nicht mehr durchringen konnte, daß sie nicht mehr diese unerbittliche Einsamkeit ist, die mich fortwährend dazu zwang, niederzureißen, was sich vor mir auftürmte, verbissen über mich selber herzufallen – denn ich wollte gerecht sein und niemanden schonen! – damit sich vor Deinem Blick alles ändert, ändert, ändert.
 Ma chérie, ich werde Dich nachher anrufen, um sieben Uhr, gleich nach dem Unterricht[1], doch bis dahin, bis zu meinem Anruf,

werde ich unaufhörlich an Dich denken – ich mache mir immer noch Sorgen, natürlich nicht mehr so viele wie gestern, und noch weniger als vorgestern, doch ich mache mir immer noch Sorgen, wie ich mir noch nie Sorgen um jemanden gemacht habe – aber das weißt Du, ich brauche es Dir nicht zu sagen –

Was ich bis dahin geliebt habe, habe ich geliebt, um Dich lieben zu können

Paul

7

151 Avenue de Wagram
Paris 17^e

Dienstag [29. 1. 1952] –

Mon amour chéri,

Dein Brief ist so wundervoll – Ich habe ihn lange gelesen, mehrmals, er ist mir zu Herzen gegangen, weißt Du, und ich bin heute abend noch ganz aufgewühlt. Ich will Dir dafür noch einmal danken, ich danke Dir dafür mit all dem Besten meiner selbst. Dir dafür danken, daß Du denkst, was Du sagst. Dir dafür danken, daß Du es so gut zu sagen, so wunderbar zu schreiben weißt.

Mein geliebter Dichter, ich möchte so sehr alles lesen können, was Du geschrieben hast. Aber glaubst Du nicht, daß ich dem immer ein wenig fremd bleiben werde? Ich spüre Dich zuweilen so groß, und ich weiß Dich zugehörig dem Geschlecht der ganz Seltenen und ganz Hohen.

Warum bindest Du Dich so an mich?

Geliebter Paul – was uns geschieht, ist ganz außergewöhnlich, es ist ein wenig erschreckend, wenn man darüber nachdenkt, aber es ist so beruhigend, es zu erleben –

Ich lebe jetzt mit der ganz großen Gewißheit Deiner Liebe auf dem Grunde meiner Selbst und einem unglaublichen Vertrauen, das ich noch nie gekannt habe. Ich kann mich nicht daran gewöhnen und auch nicht an die Freude, Dich zu sehen, Dich zu hören, Dich anzuschauen.

Chéri – Du fehlst mir furchtbar. Ich möchte, daß dieser lange Mittwoch, der uns noch trennt, schon zu Ende ist, um Dir in die Arme fliegen zu können, die mich, ich weiß es – süße Freude – ebenfalls erwarten.

Mon Chéri, vielleicht hast Du jetzt Claire Goll verlassen – und gehst nun sorgenvoll, mit gesenktem Kopf, dahin, wieder an die bösen Gemeinheiten dieser niederträchtigen Frau denkend. Ich möchte so sehr, daß alles gut gelaufen ist, daß Du Deine Manuskripte hast, das Geld, das sie Dir schuldet, und vor allem den Frieden mit ihr[1].

Man darf den Bösewichten keinen Platz mehr lassen, und ich möchte sie aufzuhalten imstande sein, bevor sie Deine Ruhe und Deine Stille stören können, diese unbedachten, niederträchtigen Hampelmänner.

Mon aimé, wir beide werden immer zusammenbleiben, und wenn sie uns nicht lieben, werden wir uns ausreichend lieben, so daß wir sie nicht brauchen

Ich habe es eilig, daß wir anfangen, ganz und gar zusammenzuleben. Ich habe es eilig – noch mehr – Deine kleine Frau zu sein, und daß Du noch mehr mein kleiner Mann bist –

Es wird ganz wunderbar sein, an Deiner Seite zu leben – noch wunderbarer vielleicht, wenn François[2] den ganzen Tag und die ganze Nacht über brüllen wird – Wir werden glücklich sein – trotz der Schreie – und Du auch, nicht wahr?

Chéri, ich habe zwei Tage als Rekonvaleszentin erlebt, das ist viel für mich, morgen wird es Heroismus sein, nicht das Haus zu verlassen und dorthin zu gehen, wohin meine Schritte mich führen.

Ich habe viel an ein Gemälde gedacht, das ich machen möchte, es wird darauf viel Weiß und auch Lila geben – Schnee und Formen voller Ruhe, etwas wie Form gewordenes Vertrauen, vielleicht werde ich morgen damit beginnen, es wird klarer werden, wird verschwinden, wird sich verändern und wird am Ende vielleicht ganz und gar nicht mehr das sein, aber ich werde es versuchen.

Chéri, ich möchte Dich ruhig wissen, wissen, daß Du schlafen wirst, daß Du morgen arbeiten kannst und nicht allzu gequält bist – Ich werde warten, daß Du mich anrufst und werde dann ganz schnell gelaufen kommen, um meinem Geliebten guten Tag zu sagen und ihm zu sagen, daß ich es bin, sein kleiner Pfirsich, der ihn liebt

und den er liebt   Gisèle.

[am Rand:] Chéri, entschuldige bitte – trotz meiner Versprechen – ich muß aus dem Haus, um einkaufen zu gehen. Ich habe es Mama nicht abschlagen können, die das schon gestern und vorgestern nicht erreicht hat. Ich bin eingepackt wie eine Zwiebel, und hab keine Angst, ich werde sehr schnell gehen –

8

Le Moulin[1]
Rochefort-en-Yvelines, Seine-et-Oise
                              Sonntag [21. 4. 1952].
Mon chéri,
   Wie geht es meiner kafkaisierenden Liebe? Ich möchte so gern wissen, daß Du schreibst und daß Deine Gedanken sich klären, daß Dein Diplom mit einem Haufen hübscher und seltener Sperlinge bereichert wird[2].
   Ich hoffe, daß niemand gekommen ist, Dich zu stören, und daß nichts geschehen ist, was Dich beunruhigt hat, und ich bete zu Gott, daß Du nicht flüchten mußt und daß Du lange Stunden schreibend und schreibend verbringen kannst.
   Mon chéri, ich möchte, daß Du nicht allzu unglücklich bist – und wenn mein Wille dabei genügen könnte, so wisse, daß alle diese Minuten fern von Dir der Wunsch dazu sind.
   Mon amour, ein prächtiges Gewitter, klatschend und donnernd, hat gestern abend für einige Stunden die Sonne verjagt und dieses Wetter häßlich gemacht, das sich gestern fast allzu luxuriös ausbreitete.
   Eine Neuigkeit, die Ankunft Sophies[3], die alle Beunruhigung zerstreute, wird auch Dich, wie ich hoffe, über meine traurigen Reaktionen von neulich abend beruhigen, absurde Gedanken, die ich nicht verjagen konnte und die schon durch die Ankunft dieses lächerlichen und schrecklichen, so materiellen Details mir auch diesen Zustand erklärt haben, auch diesen Mangel an Entschlußkraft und Willen.
   Chéri, gestern bin ich im Wald gewesen, ich wollte Dir Maiglöckchen pflücken, aber sie sind noch ganz klein und ganz grün und ganz geschlossen, deshalb will ich Dir nur meinen Wunsch schikken, daß Du der Erste sein sollst, der welche bekommt.
   Der Flieder blüht, und heute morgen riecht es unter den Tannen gut nach nasser Erde, die feuchten Tannennadeln knacken nicht, aber trotzdem zwitschern alle Vögel, sie haben mich mit dem Regen zusammen aufgeweckt. Eine ganz furchtbare Nachricht hat für einen ganz merkwürdigen Tagesanfang gesorgt: die Mitteilung vom Tod einer sehr braven Frau, die ich ungemein mochte, durch einen Gewehrschuß. Sie wohnte in dem kleinen Haus, das wir in Evry[4] haben.
   Trotzdem geht das Leben weiter, und die Erde dreht sich, Leute

werden kommen, die Vettern Pastré und dann auch ... Du weißt wer ... Ponty und seine Frau (Marie Louise Audiberti)⁵. Ich werde wahrscheinlich nicht wiederstehen können, ihr von einem entfernten Freund zu erzählen, der sagt, daß er ihr eines Tages begegnet ist.

Während des Gewitters habe ich viel an Sie gedacht – vielleicht war in Paris auch Dein kleines Zimmer⁶ voller Licht, voll von diesem schrecklichen Feuer, das nur hereinschießt und hinausschießt. Ich wäre gern bei Dir gewesen, damit wir es gemeinsam betrachtet hätten, nahe beieinander stehend. Ich mag es nicht, fern von Dir zu sein, wenn solche Ereignisse eintreten.

Wir haben nie über Gewitter gesprochen, gibt es in der Bukowina welche? in der nördlichen, Verzeihung, beinahe hätte ich diese drei kleinen und wichtigen Wörter vergessen, ich meine natürlich in der nördlichen⁷. In meiner Jugend, in Beauvoir⁸, war es entsetzlich, zwei große Sandalleen hatten sich in einen reißenden Bach verwandelt, und man sagte mir, ich dürfe die Blitze nicht ansehen, weil ich sonst blind werden würde. Ich hatte zwar große Angst davor, aber ich liebte das, auch diesen Regen, der alles verwischt, und diesen Himmel, der böse wird zu den Bäumen. Doch in den Alpen habe ich die schönsten Gewitter gesehen, der Donner, der zuerst kurz und heftig kracht, um sich dann lange lange in allen Tälern fortzusetzen. Die Blitze sind große Ströme mit ihren Nebenflüssen, die ein wenig harmlos aussehen, der Donner hingegen, Himmel! was für ein Lärm, wenn alles bereits vorbei ist!

Mon chéri, Familienpflichten rufen mich, und ich verlasse Sie, ohne Sie zu verlassen.

Montag – Sie sind alle fort, und ich fühle mich Dir näher, weil mich nichts daran hindert, ganz bei Dir zu sein und jede Minute an Dich zu denken, ohne mit irgend jemandem zu reden.

Ein Anruf von Yo⁹ heute morgen teilt mir mit, daß sie morgen abend zum Abendessen herkommen wird, sie schlägt mir vor, Dich mitzubringen, wenn Du willst. Ich muß Dir gestehen, daß ich, als ich ihr am Samstag ein paar Zeilen schrieb, um ihr vorzuschlagen, herzukommen, die große Hoffnung hatte, sie möge auf diese Idee kommen. Jetzt bleibt mir nur noch die Hoffnung, daß Du kommen kannst.

Chéri, ich habe eine lange Nacht von 12 Stunden im Bett verbracht, das ist schon lange nicht mehr vorgekommen. Ich fand das sehr angenehm, aber Du, mon amour, wirst schlecht geschlafen haben, gequält von diesen Seiten, die zu schreiben sind. Ich bin sicher, daß sie etwas taugen, und ich möchte nicht, daß Du daran zweifelst. Mach Dir keine Gedanken wegen der Schreibmaschine. Ich habe an ein Mädchen gedacht, das eine hat. Ich werde sie ganz schnell darum bitten, und ich glaube, daß Du sie bekommen wirst. Was Moniques Maschine angeht, bring sie ihr um Gottes willen zurück, sie war ein wenig wütend, daß ich sie nicht zu Hause gelassen habe, wo sie sie heute, bei ihrer Rückkehr, direkt hätte abholen können. Aber das hat keine Bedeutung, alles ist geregelt, ich habe ihr gesagt, daß sie am Dienstag gegen 3 Uhr im Museum[10] sein würde. Bitte den Hausmeister, daß er sie telefonisch davon benachrichtigt, daß sie angekommen ist.

Chéri, ich möchte gern bei Ihnen sein, und ich werde es einzurichten wissen, immer da zu sein, verzeih mir, daß ich es nicht immer gewußt habe, wie Du es gern gewollt hättest... Ich möchte Dir so wenig Beunruhigtsein bringen oder Dich stören, mon amour.

Ich habe »A rebours«[11] ausgelesen. Die Sensibilität dieses Mannes ist außergewöhnlich, und diese Möglichkeit, mit allen Sinnen zu fühlen. Geruchsinn, Geschmacksinn, zum Beispiel.

Seine Phantasie versetzt einen ganz und gar weit fort, an für mich so ferne, so unwirkliche Orte, daß mich das unheimlich beeindruckt. Alle diese Wohlgerüche, diese Säfte, diese Schönheitsprodukte, alle diese kleinen Dufttöpfe, diese außergewöhnlichen Edelsteine und diese Blumen und diese Überschneidungen – Was für eine Welt das doch ist, das kleine Haus dieses Jean des Esseintes! Das ist furchtbar satanisch. Du weißt, daß ich dieses Buch ungeheuer mag und daß ich dieser außergewöhnlichen Beschreibungen seiner Empfindungen, Visionen und Träume nicht müde werde – Wie großartig und originell das ist! Ich liebe das außergewöhnliche Raffinement all dieser unwahrscheinlichen Duftfläschchen – und Du weißt jetzt, ich möchte, daß Du mich »Da unten« und »Unterwegs«[12] findest. Mon amour chéri, wieviele Wunder werden Sie mich noch entdecken lassen?

Ich habe die Geschichten Edgar Poes[13] mit hierher gebracht, ich möchte einige davon wiederlesen.

Mon amour, wenn Sie am Dienstag abend mit Yoyo kommen, wird sie Sie mit dem Wagen abholen, Sie werden eine gute Stunde über eine sehr hübsche Landstraße fahren, und Sie werden in Le Moulin ankommen, wo Sie mich ganz allein vorfinden werden, in der Freude, von der Sie wissen. Sie werden die Vögel zwitschern hören und viel Grün sehen, Wasser und Blumen. Wir werden alle drei zu Abend essen. Ich glaube, es würde ein schöner Abend werden, Sie würden sich von Kafka erholen und würden in der Nacht zurückfahren, nicht allzuspät, um am nächsten Tag frisch und munter zu sein.

Mon amour, Du wirst tun, was Du willst, es ist sehr einfach, das in die Tat umzusetzen. Aber Du weißt auch, wenn es besser ist, daß Du in Paris bleibst, wenn Du glaubst, daß Du arbeiten wirst, und Dich das im Augenblick zu sehr ablenken könnte, dann, mon chéri, wirst Du bleiben und wissen, daß ich an Dich denke und mit aller Kraft will, daß Du diese Arbeit abschließt und daß Du sie schnell los bist, wenn sie Dich auch nur ein bißchen unglücklich macht.

Geliebter Paul, ich werde mit diesem Brief schnell zur Post laufen und rechtzeitig zurückkommen, um Dich anzurufen und deine geliebte Stimme zu hören und ganz schnell zu wissen, ob in Paris alles gut läuft für meinen Liebsten.

Ich umarme Dich wie ich Dich liebe

Gisèle.

[auf der Rückseite des Umschlags:] In Paris vergessen Adresse Madame   ¹⁴. – Kannst Du sie schicken? Danke.

9

[Paris] Mittwoch [21. Mai 1952], 4 Uhr
Mein Engel,
diese Zeilen werden Sie in dem Augenblick erreichen, in dem mein Zug in Hamburg, Deutschland, halten wird ... Heute, drei Stunden vor meiner Abfahrt, spüre ich, wie fremd mir dieses Land ist. Fremd trotz der Sprache, trotz vieler anderer Dinge ... Ma chérie, ich werde immer nur mit Ihnen leben können, bei Ihnen, in Ihrem Land, in Paris. Paris habe ich zwar vor Ihnen geliebt, aber für Sie, Sie dort erwartend.

Ich werde mich beeilen zurückzukommen, ma chérie, sehr beeilen. Wenn es für mich irgendwo einen Platz gibt, dann ist es wirklich dort, wo Ihre Augen sich öffnen. Doch Ihr Blick begleitet mich, nicht wahr?

Paul

10

[Hamburg] 22¹. 5. 52.

Kleiner geliebter Pfirsich,

Ich schreibe Ihnen in aller Eile aus dem Restaurant, in dem ich gerade mit meinen beiden Freunden², die mich am Bahnhof abgeholt haben, rasch zu Mittag gegessen habe. In aller Eile, denn ich will Sie morgen nicht ohne Nachricht lassen, was möglich wäre, wenn ich auf eine etwas ruhigere Gelegenheit warten würde (die sich aller Wahrscheinlichkeit nach erst heute abend ergeben wird).

Ich habe eine angenehme Reise gehabt, ich bin überhaupt nicht müde, obgleich ich nur zwei Stunden geschlafen habe. Hamburg scheint eine recht schöne Stadt zu sein – ich habe bis jetzt erst sehr wenig davon gesehen, nur die Strecke vom Bahnhof bis zur Rundfunkanstalt³. – Die andern werden für heute abend, sechs Uhr, erwartet, aber es ist möglich, daß ich zwei Stunden vor ihnen in Niendorf (bei Lübeck)⁴ bin. Dem Namen nach kenne ich einige, zwei Leute kenne ich persönlich⁵. Wir werden drei Tage in Niendorf bleiben, dann zwei in Hamburg – das wird auch die Dauer meines Aufenthalts hier sein. Dann zwei, vielleicht drei in Frankfurt.

Mein Engel, Sie sehen schon, daß ich mich beeilen werde, nach Hause zu kommen – mein Leben hat nicht viel Sinn, wenn ich fern von Ihnen bin: fangen Sie also ab heute damit an, auf mich zu warten.

Schreiben Sie mir nicht öfter als drei Mal an die Hamburger Adresse⁶ – man wird mir die Post sicherlich nachschicken müssen, denn ich werde zu Ihnen fliegen.

Ma chérie, dies ist kein Brief, es ist nur eine kurze Botschaft, damit Sie wissen, daß es mir gut geht und daß ich groß in Form bin.

Als ich im Zug die Kirschen aß, hatte ich auf meinen Lippen wieder den Geschmack der Ihren.

Ich werde immer der sein, den Sie in mir zu sehen wünschen. Ich liebe Sie.

                 Paul

11

[Hamburg, 26. 5. 1952, *Telegramm*]

Für Sie immer immer immer ich fahre Mittwoch nach Frankfurt

                 Paul

12

[Hamburg, 28. 5. 1952]

Kleiner Engel, ich habe Sie leiden lassen, und das verzeihe ich mir nicht – aber Sie, Sie werden mir dieses allzulange Schweigen verzeihen, denn Sie wissen genau, daß ich nicht eine Sekunde aufgehört habe, Sie zu lieben, an Sie zu denken. Aber alles ist so überwältigend gewesen, so verworren, widerspruchsvoll. – Dennoch ist das Ergebnis positiv: ich habe in Hamburg eine kleine zwanzigminütige Sendung aufgenommen[1], die wir uns in Paris gemeinsam anhören können – das hat mir 400 Mark eingebracht – etwa dreißigtausend Francs[2] – und es ist möglich, daß eine andere Sendung in Frankfurt und in Stuttgart[3] gemacht werden kann (wo ich einen Verleger sehen werde, der einen Übersetzer für Malraux' »Condition Humaine«[4] sucht). Dies wird uns vielleicht erlauben, unseren Ehebund früher zu schließen, ma chérie, ich denke die ganze Zeit daran[5].

Ich fahre heute abend nach Frankfurt, von wo ich Ihnen sicherlich ausführlicher schreiben werde:
Paul Celan
c/o Rolf Schroers, Gangstraße 4, Frankfurt/Main – Bergen.

[Ohne Unterschrift]

Ich liebe Sie, ma chérie, ich liebe Sie –

13

Eschersheimer Landstraße 6
Frankfurt, den 30. Mai 1952.

Mein Engel, mein geliebter Engel!
Es ist so schwierig, Ihnen das alles zu erzählen! Jedesmal, wenn ich klarzusehen versuche, muß ich mich damit abfinden, jedes Nachdenken auf später zu verschieben. Sicherlich brauche ich Abstand und Ihre Gegenwart. Ich glaube, daß ich eine solche Reise nicht mehr machen werde, ohne daß Sie mich begleiten. Gewähren Sie mir also einen Aufschub, ma chérie, um Ihnen die Dinge so zu erzählen, wie sie sich ereignet haben.
Alles in allem sind die Ergebnisse gut, obgleich sie nicht außergewöhnlich sind. Ich habe ein gutes Drittel der deutschen Schriftstel-

ler kennengelernt – ich denke dabei nur an die, denen man die Hand drücken kann, ohne Gewissensbisse haben zu müssen. Doch unter diesen findet man eine große Zahl Ungebildeter, Aufschneider und Halbversager, und sie haben es nicht versäumt, mich aufs Korn zu nehmen. Ich habe Widerstand geleistet, und ich glaube sagen zu können, daß ich mich behauptet habe. (Das ist natürlich eine Vereinfachung, entschuldige bitte, aber ich komme gerade von Leuten, bei denen Vereinfachungen gang und gäbe sind.)

Ilse Aichinger, die junge Wienerin, von der ich Dir erzählt habe, hat den Preis bekommen[1] – sie hat ihn wirklich verdient, aber vielleicht nicht gerade von diesen Leuten. Nun gut...[2]
Ich habe bei Radio Hamburg gelesen, und wir werden uns die Sendung in Paris anhören. Zwei Wochenzeitschriften haben mich um Gedichte[3] gebeten, ein Verleger hat mich aufgefordert – ohne mich zu überzeugen –, ihm mein Manuskript vorzulegen, ich werde, wenn ich zurück bin, für denselben Verleger eine Probeübersetzung machen (ein Buch von Queneau: »Exercices de Style« - kennst Du es?)[4], kurzum, die Leute dort wissen, daß es mich gibt, und einige von Ihnen werden vielleicht eine ziemlich genaue Erinnerung an mich behalten.

Der Lektor eines großen Stuttgarter Verlagshauses (das gleiche, das den Preis gestiftet hatte) hat mir gesagt, daß er nach der Lesung meiner Gedichte am liebsten die Versammlung verlassen hätte[5], und er hat mich nach Stuttgart eingeladen, wo ich die Gedichte am 6. oder 7. Juni lesen werde[6].

Ma chérie, es werden wohl mehr als 10 Tage Abwesenheit werden, aber die gewähren Sie mir doch, diese wenigen Tage, nicht wahr? Sagen Sie es mir, ma chérie, sag es mir, Maya, mon amour! Am Mittwoch abend werde ich hier in Frankfurt Gedichte lesen[7] – das wird allerdings nicht wie in Hamburg bezahlt werden, wo ich 400 Mark verdient habe (von denen ich gerade 50 für Bücher ausgegeben habe). Aber in Stuttgart werde ich vielleicht die Malraux-Übersetzung bekommen, und ich werde reich nach Hause zurückkehren, die Taschen voller Geld für unsere Ferien...

Ma chérie, ich hatte sechs Tage lang keine Zeitungen gelesen – heute morgen sind die Nachrichten aus Paris schlecht – Sagen Sie mir, was Sie davon halten[8]. Schreib mir an die neue Adresse[9]:
    P.C.
    bei Jan Heinz Jahn
    Eschersheimer Landstraße 6
    Frankfurt am Main

Mein Engel, ich umarme Sie, ich schaue Sie an,
   und ich umarme Sie noch einmal
                                      Paul
Viele Grüße an Yolande und Francine[10]

[am Rand:] Von Stuttgart aus komme ich direkt nach Hause.

14

                     Eschersheimer Landstraße 6
                         (bei Janheinz Jahn),
                       Frankfurt, den 31. 5. 52.

Ma chérie,
   jedesmal, wenn ich an dieses Dorf an der Ostsee denke, habe ich den Eindruck, als käme ich vom Ende der Welt zurück.
   Es war wirklich alles sehr seltsam. In Hamburg waren die beiden Freunde, von denen ich Dir erzählt hatte[1], zum Bahnhof gekommen, aber ich fand sie eher verbittert wegen ihrer eigenen Sorgen – sicherlich materieller Art – als fröhlich und froh darüber, mich wiederzusehen. Nur eine Stunde nach meiner Ankunft hatte ich begriffen, daß sie von mir so etwas wie eine Einführung bei den Leuten vom Rundfunk erwarteten – was um so absurder war, als ich diese Leute selber gar nicht kannte, die auch von mir nicht das geringste wußten.
   Ich war unter den zuerst Gekommenen. Die andern, und unter ihnen die Wiener Gruppe[2] – über die ich Ihnen in Paris ausführlich erzählen werde, seltsame und lächerliche Dinge zugleich – sollten spät am Abend ankommen, ohne in Hamburg haltzumachen; sie fuhren direkt nach Niendorf[3], dem kleinen Badeort in der Lübecker Bucht, nur einige Kilometer von der unter russischer Besatzung stehenden Ostzone entfernt.
   Nachmittags[4] um vier Uhr brachte mich ein Wagen der Rundfunkanstalt zusammen mit drei anderen Teilnehmern nach Niendorf. Wir fuhren mit 120 Stundenkilometern durch eine Landschaft, die fast keine war: Heide ohne Konturen, Ankündigung des Meeres, eines Raums, dessen Raum ich fast nicht mehr zu ermessen wagte – ich war entsetzlich weit von Paris entfernt, und ich hatte Angst, Sie könnten dort das Entsetzen über diese Entfernung spüren.
   In Niendorf Empfang mit Mißverständnissen. Frau Richter (die Frau des Schriftstellers, der mich eingeladen hatte)[5] hielt mich für

einen Franzosen und machte mir zunächst einmal Komplimente über mein so perfektes Deutsch.

Die andern, das heißt die Wiener, die diese Mißverständnisse hätten ausräumen können, waren immer noch nicht da. Endlich kamen sie an, zu vorgerückter Stunde, nach Mitternacht, sehr müde von der Reise. Aber Milo Dor[6] war dabei, den ich mag und den die andern schon kannten.

Es ging besser. Am nächsten Tag die ersten Lesungen. Etwa 50 Personen saßen in der großen Halle des Hotels, in dem wir wohnten[7], in tiefen Sesseln – das alles erweckte den Eindruck einer Versammlung von Leuten, die sich bürgerlich mit einer Welt ausgesöhnt hatten, deren Erschütterungen sie immerhin zu spüren bekommen hatten. Nun ja ...

Erster Waffengang. Lesungen, dann Stellungnahme der »Kritik«. Worte, mit oder ohne inneren Horizont. Aber zumindest gut gesagt, an diesem ersten Tag. Vor den Fenstern, in zwanzig Meter Entfernung, das Meer, das Meer, ein immer neues Schenken ...[8]

Um neun Uhr abends war die Reihe an mir. Ich habe laut gelesen, ich hatte den Eindruck, über diese Köpfe hinaus – die selten wohlmeinend waren – einen Raum zu erreichen, in dem die »Stimmen der Stille«[9] noch vernommen wurden ...

Die Wirkung war eindeutig. Aber Hans Werner Richter, der Chef der Gruppe, Initiator eines Realismus, der nicht einmal erste Wahl ist, lehnte sich auf. Diese Stimme, im vorliegenden Falle die meine, die nicht wie die der andern durch die Wörter hindurchglitt, sondern oft in einer Meditation bei ihnen verweilte, an der ich gar nicht anders konnte, als voll und von ganzem Herzen daran teilzunehmen – diese Stimme mußte angefochten werden, damit die Ohren der Zeitungsleser keine Erinnerung an sie behielten ...

Jene also, die die Poesie nicht mögen – sie waren in der Mehrzahl – lehnten sich auf[10]. Am Ende der Sitzung, als man zur Wahl schritt, haben sich sechs Personen an meinen Namen erinnert[11].

Aber dieser Bericht vereinfacht die Dinge ein wenig, ich werde Ihnen die Einzelheiten in einigen Tagen in Paris erzählen. In einigen Tagen erst, ma chérie – die Sie mir gern gewähren wollen, nicht wahr?

Am Donnerstag werde ich hier in Frankfurt Gedichte lesen, und es werden vielleicht Vertreter mehrerer Verlagshäuser da sein.

Ich habe den Eindruck, daß hier, in der Geburtsstadt Goethes, alles besser laufen wird. Aber im Grunde verdanke ich Hamburg einige Freunde¹² – man kann sie an den Fingern abzählen, doch wie könnte es auch anders sein – und jene, die mich nicht mögen – entschuldigen Sie bitte die Anmaßung, die nun folgt – werden es eines Tages vielleicht noch bereuen.

Ich habe in Hamburg einige sehr bekannte Schriftsteller getroffen, die nicht zur Gruppe gehören und die sehr nett zu mir gewesen sind. Unter ihnen: Ernst Schnabel (der Intendant der Rundfunkanstalt), Hans-Erich Nossack[13] und noch zwei oder drei andere. Schnabel wird im Sommer nach Paris kommen, er wird *uns* besuchen kommen, Sie werden ihn bestimmt mögen.

Hier habe ich den Leiter des S. Fischer Verlages besucht (der Kafka verlegt hat)[14], er wird vielleicht zu meiner Lesung am Donnerstag kommen. Ich habe ihn auf Übersetzungen angesprochen, und er hat mir vorgeschlagen, einige Seiten eines Buches von Raymond Aron[15] zu übersetzen. Ich werde also eine Menge Arbeit in Paris haben – um so besser für uns, nicht wahr?

Ma chérie, ich verlasse Sie jetzt – aber nein, ich verlasse Sie nicht, ich bitte Sie nur, in diesen allzulangen Augenblicken, in denen ich nicht mündlich mit Ihnen reden kann, bei mir zu bleiben.

Bis bald, mein Engel.

Paul

[am Rand:] Wenn Sie an einem der nächsten Tage ein Ferngespräch bekommen, dann seien Sie nicht beunruhigt: es ist nur, weil ich Ihre Stimme so gern hören möchte.

15

Eschersheimer Landstraße 6
Frankfurt, den 2. Juni 1952.

Wo sind Sie in diesem Augenblick, ma chérie? In der Mühle¹? Bei Yolande? Oder in Paris? Ich hatte ein solches Verlangen, Sie heute morgen anzurufen, mein Engel – Frankfurt ist ja gar nicht so weit weg –, aber ich habe mir gesagt, daß Sie vielleicht nicht da sind, daß ich wahrscheinlich an Ihre Schwester geraten würde und daß ich große Mühe hätte, »Monsieur Corti« zu spielen, der Sie zum Besuch einer Ausstellung einlädt...²

Kleiner Pfirsich, ich habe alles in allem vier Briefe[3] bekommen –

es ist meine Schuld, ich weiß es, und ich selbst habe Ihnen auch nicht mehr als vier geschrieben, aber, sehen Sie, ich hätte es so gern gehabt, wenn ich mehr bekommen hätte!

Hat Sie das Telegramm aus Hamburg nicht allzusehr überrascht? Ich habe lange gezögert, bevor ich es abgeschickt habe, aber ich hatte Ihnen drei Tage lang nicht geschrieben, und ich wollte Sie nicht ohne Nachricht lassen. Haben Sie keine Angst bekommen, ma chérie, als Sie es gefunden haben? Sagen Sie es mir.

Ma chérie, ich erwarte zwei Dinge in Frankfurt: zuerst, am Donnerstag abend, um halb neun, die Stunde, in der ich vor einem kleinem Publikum Gedichte lesen werde. Vertreter mehrerer Verlagshäuser und die Presse (ein Teil) werden anwesend sein. Dies kann wegen einer Buchveröffentlichung für mich wichtig sein[4].

Ich zähle Ihnen die Leute auf, die ich in Frankfurt gesehen habe und die ich noch sehen werde:

Ich wohne bei einem Teilnehmer des Hamburger Treffens; ich habe zuerst jemanden besucht, halb Maler, halb Dichter, der eine Art avantgardistischer Zeitschrift herausgibt, in deren letzter Nummer eine kleine österreichische Anthologie enthalten ist (Hölzer, Guttenbrunner – »Resteverwertung« –, ich)[5]. Dann habe ich Frau von Kaschnitz besucht (von der ich Ihnen in Paris sicherlich erzählt habe); sie hat meine ersten Gedichte in Deutschland veröffentlicht (in der Zeitschrift »Die Wandlung«)[6]. Sie hat mich sehr freundlich empfangen, und ihr Mann[7], Professor an der Frankfurter Universität, ein gebürtiger Wiener, hat mir lange von seinen Abenteuern in der ... Bukowina erzählt. Es war wirklich nett. Ein Österreicher, wie es sie nicht mehr gibt, ein Wiener, der sich unter die Chleuhs[8] verirrt hat ...

Gestern bin ich nach Bergen zu Rolf Schroers gefahren, einem anderen Teilnehmer des Hamburger Treffens. Er bewohnt ein kleines Bauernhaus, es ist zugleich nett und unerquicklich, sehr deutsch, deutsch in einem Sinne, der einen zuerst abstößt und einen dann zum Nachdenken veranlaßt. Obgleich Schroers sehr liebenswürdig, sehr zuvorkommend gewesen ist – er hatte mich schon in Hamburg eingeladen, bei ihm zu wohnen –, habe ich es doch abgelehnt, bei ihm zu bleiben, unter dem Vorwand, daß es zu weit sei, in Wirklichkeit aber, weil ich hier allzuviele Spuren einer Vergangenheit voller schrecklicher Dinge bemerkt hatte – Spuren, die natürlich für die Dokumentation nützlich sein konnten und die sich mit den Werken Kafkas[9] und vieler antinazistischer Autoren berührten, aber trotzdem ...

Vorgestern hatte ich Herrn Minssen gesehen (der Herr, der letzten Monat nach Paris gekommen war – erinnern Sie sich?): er hatte mir von Versailles aus geschrieben¹⁰, und ich hatte nicht geantwortet – er wird mich bei Herrn Guggenheimer einführen (einem der Redakteure der »Frankfurter Hefte«, einer Zeitschrift, die in etwa, was die Orientierung angeht, »Esprit« entspricht). Der Verlag, in dem diese Zeitschrift erscheint, wird im Herbst eine Reihe von Gedichtbänden veröffentlichen, und ich werde morgen mein Glück versuchen¹¹.

Ebenfalls morgen werde ich den Lektor¹² eines in Deutschland ziemlich bekannten Verlagshauses sehen (Suhrkamp Verlag). Wenig Chancen für meine Gedichte, aber sie suchen – Schroers hat es mir gesagt – einen Übersetzer für einen Teil von Prousts Werk...¹³

Sie sehen also, ma chérie, daß ich sehr rührig bin, vielleicht ein wenig zu sehr. Doch ich möchte unbedingt heiraten – raten Sie mal, wen! – und ich muß eine materielle Basis für dieses »Abenteuer« finden...

Morgen werde ich wahrscheinlich erfahren, welcher Tag für die Lesung in Stuttgart¹⁴ festgesetzt worden ist. Von dort fahre ich direkt nach Hause. Es dauert nicht mehr lange, mein Engel, nur noch einige Tage.

Sagen Sie mir, wie es Ihnen geht – haben Sie Babi gesehen? –, sagen Sie mir alles, reden Sie mit mir¹⁵, ich habe nur Sie in dieser Welt (und in allen anderen) – ja. Ich küsse Sie, auf die Augenlider zuerst, dann auf die Schläfen, auf die beiden Wangen, und auf den Mund – ich habe Sie in all diesen viel zu langen Tagen der Abwesenheit nie verlassen

Paul

16

[Frankfurt a. M., 3. 6. 1952]

*am donnerstag den 5. VI. 52 um 20 Uhr liest*¹ *der in Paris lebende österreichische Dichter*²

paul celan

eigene Gedichte /er wird für Sie lesen, mein Engel/
einleitende Worte *friedrich minssen*

ich erlaube mir sie und ihre freunde höflichst einzuladen
  zimmergalerie franck
  frankfurt am main   böhmerstraße 7

17

[Frankfurt a. M., 6. 6. 1952, *Telegramm*]

Ankomme morgen Samstag früh 8 Uhr 25 Gare de l'Est[1]

Paul

18

[Paris, 10. 8. 1952]

Ma Chérie,
   zwei lange Tage ohne Sie, und es sind erst die ersten ...[1] Ich bin fast nicht aus dem Haus gegangen, gestern nur kurz, um bis zur Bibliothek Sainte-Geneviève[2] (nachmittags geöffnet) und etwas weiter in die Maison des Mines zum Essen zu gehen[3]. Ich habe viel gelesen, vor allem aber habe ich an Sie gedacht, ein wenig beruhigt bei dem Gedanken, daß Sie in Gesellschaft von Hans Castorp sind, diesem alten Freund, mit dem ich mich einen Augenblick lang, bei seiner Begegnung mit Frau Chauchat – sicherlich kennen Sie sie schon –, identifizieren zu können hoffte, auch mit Joachim, diesem armen Joachim und all den andern, Naphta, Settembrini usw ...[4]
   Aber sicherlich verschönt meine Erinnerung dieses Buch – möge es Ihnen wenigstens Enttäuschungen ersparen! Was habe ich noch gemacht? (Die Frage ist angebracht, denn ich befinde mich nicht, wie Sie, auf einem »Zauberberg«, sondern in der »Ebene«). Oh, nicht viel, leider.
   Da die Bibliothek heute, am Sonntag, geschlossen ist, bin ich zu Hagen gegangen, der, als ich kam, gerade dabei war, die Seiten, die ich übersetzt hatte, abzutippen – er fand nicht viel zu ändern[5], – und ich habe mir drei andere Bücher bei ihm ausgeliehen – darunter das Zeugnis eines deutschen Schriftstellers aus dem Widerstand, Günther Weisenborn, den ich in Hamburg persönlich kennengelernt habe. Es ist ein authentisches, ein erschütterndes Buch[6].

Ich habe ein wenig übersetzt (die ersten Seiten des amerikanischen Artikels, den Roditi[7] mir geschickt hat), ich habe in der Kantine zu Abend gegessen, habe mich in den Jardin du Luxembourg gesetzt, um in »Arts«[8] zu blättern, das ich mir am Eingang gekauft habe, ich bin nach Hause gegangen, habe bis etwa elf Uhr gelesen und bin dann hinuntergegangen, um einen halbstündigen Gang zu machen.

Das ist, wie Sie sehen, sehr wenig, und ich bin darauf keineswegs stolz. Morgen übernehme ich wieder meine beiden Schüler, morgens den Bulgaren und gegen sechs Uhr die Amerikanerin (die ziemlich froh ist, wie es scheint, daß ich wieder zurück bin)[9].

Am Samstag habe ich in der Cité Universitaire[10] angerufen: keine Antwort, ich werde also morgen wieder anrufen. (Aber es geht mir überhaupt nicht schlecht, machen Sie sich keine Sorgen.)

Ma Chérie, diesen Brief werden Sie erst am Dienstag bekommen, ich werde Sie also vier Tage ohne Nachricht gelassen haben, entschuldigen Sie bitte. Und verzeihen Sie mir diese Zeilen, die so nichtssagend sind, weil ich nicht die wahren Worte zu finden wußte. Aber Sie wissen genau, daß diese Worte gegenwärtig sind, und ich weiß, daß Sie sie immer hören werden.

Ich sehe Sie lesen, schlafen, leben. Wenn Sie nur wüßten, wie stolz ich auf Ihre Liebe bin! Und ich möchte etwas sicherer sein, als ich es verdiene! Doch ich küsse Sie, als hätte ich es schon verdient

Paul

19

[Paris] Mittwoch, den 13. August 1952.

Ma Chérie,

ich muß Ihnen in aller Eile eine sehr gute Nachricht mitteilen: »Stutt« hat sich entschlossen, das vollständige Manuskript zu veröffentlichen. Ich habe das gerade durch einen Brief von Koch[1] (den Max H. mir aus St. Johann nachgeschickt hat) erfahren. Sie erwarten mich bei meiner Rückreise aus Kärnten[2], um den Vertrag zu unterschreiben. Heute morgen Brief von Schroers[3], der ebenfalls (als Lektor bei D.V.A. (der Stuttgarter Verlag)) zu unserem Erfolg beigetragen hat und der die Entscheidung Kochs bestätigt. Es sieht so aus, als hätte auch H. Kasack (der Autor von »Die Stadt hinter dem Strom«), der Herr, der beim Abendessen[4] mir gegenüber saß, dazu beigetragen.

Ich hoffe, daß es dieses Mal wirklich klappt.

Ma Chérie, ich hatte ganz vergessen, Ihnen in meinem ersten Brief zu sagen, daß aus der Synchronisierung nichts geworden ist[5]: ich war zu spät gekommen. Sie haben aber meine Adresse notiert.

In der Cité Universitaire, wohin ich erst gestern gehen konnte, hat der Arzt gemeint, daß absolut kein Grund bestehe, sich Sorgen zu machen, daß die Sache völlig harmlos sei. Er hat mir eine Art Behandlung verordnet, der ich mich noch zweimal unterziehen muß (im Abstand von jeweils vier Tagen).

Ma Chérie, diese Einsamkeit ist nur die Erwartung Ihrer Rückkehr. Ich fülle sie mit Lesen aus (leider nichts so Spannendes dabei wie der »Zauberberg«). Heute abend werde ich viele (»Geschäfts«-) Briefe schreiben.

Verlieben Sie sich nicht in Hans Castorp, und denken Sie daran, daß ich einen Brief von Ihnen erwarte![6]

Aber ja, ich werde alle meine Gedichte für Sie übersetzen: ich horche sie auf meinen Spaziergängen schon ein wenig ab, um zu sehen, wodurch sie auf Französisch zum Klingen kommen werden – sie sind gar nicht so störrisch, wie ich geglaubt hatte[7]. Aber Sie werden trotzdem nachsichtig sein, ja? Sagen Sie ja. – Ohne Sie wäre die Welt leer.

Vergessen Sie nicht, daß ich Sie liebe!

Paul

20

[Paris] Donnerstag [14. 8. 1952]

Ma Chérie,

ich beeile mich, Ihnen diese Zeilen zu schicken, die allzu kurz sind, ich weiß es – haben Sie Nachsicht mit mir, ich stehe, Sie wissen es genau, in einem endlosen Dialog mit Ihnen, spüren Sie es denn nicht? – Ich schicke Ihnen diese Zeilen, um Ihnen entgegenzugehen: sollen Sie nicht am Montag zurückkommen, ma chérie? Es ist also der letzte Brief, den ich Ihnen in die Mühle schicke, er wird am Samstag bei Ihnen sein, und Sie werden wissen, daß ich Sie für Anfang nächster Woche in Paris erwarte. (Das entspricht doch wohl Ihren eigenen Absichten, nicht wahr?)

Mein Mädchen, mein geliebtes Mädchen, ich habe nichts zu erzählen über alle diese Tage, die ich ohne Sie in Paris verbracht habe –

alles ist sehr ruhig, ein wenig zu ruhig vielleicht, außer dem Gewitter von letzter Nacht – ich habe Angst bekommen und mich gegen halb drei morgens angezogen, der ganze Himmel in Flammen, die Blitze, die ununterbrochen aufeinander folgten, ein wahrer Nachttag – haben Sie es auch gesehen?

Eine einzige *SEHR seltsame* Sache, die mir gestern abend passiert ist, »zu fahler Stunde«[1]: ich habe bei einem Bouquinisten in der Nähe von Notre-Dame einen dritten (!) Kafka in der Originalausgabe gefunden: »Das Urteil«[2], Preis: 100 Francs. Unsere Bibliothek hat sich übrigens in den letzten Tagen ganz beachtlich vergrößert. Ich muß Sie, unter anderem (oh, entschuldigen Sie, daß ich so verschwenderisch bin!), noch auf eine numerierte Ausgabe – ziemlich selten, glaube ich – von »Charmes« von Valéry[3] (200 Frs.) hinweisen. Ferner der Briefwechsel Nietzsches mit seinem Freund Overbeck (auf deutsch)[4] sowie mehrere kleine Broschüren von Heidegger und Jaspers, alle sehr billig und in der Originalausgabe[5].

Sind Sie über die Neuigkeiten aus Stuttgart froh gewesen? Ich habe Schroers geschrieben, um ihm klarzumachen, daß ich jetzt nicht nach »Stutt« fahren kann.

Haben Sie Nachrichten von Yolande? Ich nehme an, in der Avenue de Wagram erwarten Sie Briefe[6].

Heute morgen habe ich zwischen elf und zwölf Uhr Ihren Anruf erwartet: sicherlich waren um Sie herum alle Ohren gespitzt...

Ma Chérie, es ist sehr schwierig für mich, in diesen Tagen nach Chartres zu fahren[7]. Am Samstag muß ich wieder in die Cité Universitaire[8], und ich habe den Eindruck, daß ich am Sonntag besser zu Hause bleibe, um mich auszuruhen.

Ich lese viel, um eines Tages ein neues Buch für Sie schreiben zu können[9]. Das ist um so dringlicher, als das erste ein unabhängiges Leben führen zu wollen scheint[10].

Ich wäre so gern jener, der es wagen darf, Sie zu lieben!

[am Rand:] Ich küsse Sie tausendmal!

Paul

21

151 Avenue de Wagram
Paris 17ᵉ

[5. 9. 1952] 5 Uhr.

Mon chéri,

Ich denke so sehr an Sie, an Ihre erste Unterrichtsstunde in diesem Augenblick mit der neuen Schülerin, hoffentlich läuft alles gut ab und dauert auch! Es ist ein wenig traurig, daß Sie die Amerikanerin verloren haben, aber Sie werden ganz sicher andere finden, es ist einfach unglaublich, daß man nicht Schlange bei Ihnen steht, man müßte Sie auf Knien bitten, um eine kleine halbe Stunde Unterricht[1] zu bekommen. Ich beeile mich, damit alles in Ordnung kommt und sich weiter klärt, aber ich bin schon so froh, daß das Wichtigste bereits eine Gewißheit ist: Ihre Gesundheit – Jetzt müssen Sie Franzose werden. Das dürfte gar nicht so schwierig sein – wenn die Leute nicht so dumm wären, würden sie sehen, daß Sie mehr Pariser sind als die meisten von ihnen. Suchen Sie Bubi[2] auf, mein Lieber, Sie dürfen keine Zeit mehr verlieren –

Mein kleiner geliebter Mann, diese Tage fern von Ihnen sind so lang, wenn Sie wüßten, wie unvollständig ich sie empfinde und was für ein ungeheurer Mangel in mir ist.

Wenn ich meinen Hals betrachte, bin ich jedes Mal dem Weinen nahe.

Ich habe das Gefühl, daß uns noch Tage trennen, und Sie scheinen mir so fern, wenn ich Sie nicht sehe.

Ich habe kein Fieber, mir tut nichts weh, doch mein Hals ist häßlich, die beiden Mandeln sind ganz geschwollen und mit weißen Punkten bedeckt – es gibt überhaupt keinen Fortschritt in Richtung Heilung –

Nach mehreren immer fruchtlosen und immer glänzenden Versuchen habe ich den Gedanken aufgegeben, einen Arzt kommen zu lassen – der mich sicherlich in einem Tag von diesem kleinen Übel befreit hätte. Ich weiß nicht, wann ich darüber hinwegsein werde, ich bin sehr traurig, ich sehe nicht, daß die harmlosen Arzneimittel, die ich unaufhörlich einnehme, in irgendeiner Weise die Heilung dieser Angina beschleunigen, und ich denke ehrlich, daß sich das noch acht Tage hinziehen kann oder warum nicht zehn oder vierzehn – oder noch länger –

Heute ist Mama den ganzen Tag über fort, ich schäme mich, daß ich mich darüber freue, aber ich habe so eine viel größere Ruhe –

Ich habe die ganze Zeit über gelesen, Apollinaire und Valéry, und außerdem Gedichte, die ich da und dort abgeschrieben habe und die ich aufbewahre[3] –

Seitdem ich Sie kenne, lese ich viel weniger Dichtung, es ist seltsam, wie es in mir immer unlogische Reaktionen gibt.

Ich leide sehr darunter, daß ich nicht in der Lage bin, alles mit Ihnen zu teilen, was Sie lesen, empfinden, erleben – Manchmal habe ich den Eindruck, daß ich immer nur eine Zuschauerin (aus dem Hühnerhof, letzte Reihe) Ihres Lebens sein werde. Sie haben mir einmal gesagt, ich sei Ihr Stern, vergessen Sie nie, mon amour, daß er nur an einem sehr dünnen Faden hängt und daß er, wenn Sie für einen Augenblick aufhören, ihn zu halten, nicht mehr da sein wird, und um ihn wieder zu erreichen, das wird dauern.

Verzeihen Sie, daß ich Ihnen schon wieder von meinen Sorgen erzähle, wahrscheinlich sollte man auch das besser für sich behalten –

Mon chéri, mon amour chéri, ich sehe, daß draußen die Sonne scheint und daß es nicht kalt ist, wenn ich Ihnen entgegenginge, könnte ich in wenigen Minuten mit Ihnen sein. Ich würde für einige Augenblicke nur Ihre Augen ansehen, ich wüßte, daß Sie mich lieben, und ich könnte heimgehen, um mich auszukurieren. Ich wollte Sie bitten, bei mir vorbeizukommen, unter meinem Fenster, wo Sie doch so nahe sind – Ich bin den ganzen Tag über allein gewesen –

Kleiner Mann, den ich liebe. Ich habe heute wieder Lorca gelesen, ich werde jetzt »Bernarda Albas« Haus wiederlesen, es ist ein Theaterstück, das ich so sehr geliebt habe, mehr noch als »Bluthochzeit«, und ich glaube, Sie kämen nicht umhin, es ebenfalls zu lieben[4].

Wenn man eines Tages eine Übersetzung davon fände, möchte ich sie wirklich gern haben – Ich lese mit Wörterbuch, Füller und Heft, und ich liebe die spanische Sprache, ich liebe sie so sehr[5]! Wenn ich im Deutschen nur ebensoweit sein könnte! Ich möchte es so sehr! Ich muß so weit kommen, aber es ist dennoch beunruhigend, und wann wird es sein?

Chéri aimé, ich möchte schnell wieder bei Ihnen sein – und Sie dann nie wieder verlassen – Ich freue mich, daß Sie jetzt wenigstens aus all dem heraus sind[6]. Ich wäre so traurig, Sie allein zu wissen in diesem Ihrem häßlichen Zimmer[7].

Auf Wiedersehen, mon chéri, ich hoffe, bis bald. Ich liebe Sie und schmiege mich in Ihre Arme

Gisèle.

Sie erinnern sich:
»Nous aurons pour calmer nos deux bouches ardentes
Des myrtilles pour toi mais ta bouche pour moi«[8]

22

Nicht immer
tritt dir das Sonnenwort auf die Stirn,
das im Blut
die brennende Rose weckt
und sie groß sein läßt
unter den Feuern der Wüste.

Manchmal
schwimmt durch den Sand ein Auge heran
und flößt dir eine zweite,
feuchtere Seele.

[1952?]

treten, trat, getreten – poser le pied, se mettre, se poser / das Wort, die Worte – le mot, la parole / die Sonne, die Sonnen – le soleil / die Stirn(e), die Stirnen – le front / das Blut – le sang / brennen, brannte, gebrannt – brûler, Part. Präs.: *-end* (fr. *-ant*) brennend – ardent, brûlant / die Rose, die Rosen – la rose / wecken (schwaches Verb) éveiller, réveiller / lassen, liess, gelassen – laisser / unter = zwischen – parmi / das Feuer, die Feuer – le feu / die Wüste, die Wüsten – le désert / manchmal – quelquefois, parfois / schwimmen, schwamm, geschwommen – nager / der Sand – le sable / das Aug(e) – l'œil / heran (heranschwimmen) – vers ici / durch – par, à travers / einflössen (schwaches Verb, Vorsilbe trennbar) – inspirer / die Seele, die Seelen – l'âme / feucht – humide

23

Ich hörte sagen, es sei
im Wasser ein Stein und ein Kreis
und über dem Wasser ein Wort,
das den Kreis um den Stein legt.

Ich sah meine Pappel hinabgehn zum Wasser,
ich sah, wie ihr Arm hinuntergriff in die Tiefe,
ich sah ihre Wurzeln gen Himmel um Nacht flehn.

Ich eilte ihr nicht nach,
ich las nur vom Boden auf jene Krume,
die deines Auges Gestalt hat und Adel,
ich nahm dir die Kette der Sprüche vom Hals
und säumte mit ihr den Tisch, wo die Krume nun lag.

Und sah meine Pappel nicht mehr.

[Herbst 1952]

auflesen – ramasser

J'entendis dire qu'il y avait
dans l'eau une pierre et un cercle
et au-dessus de l'eau une Parole
qui met le cercle autour de la pierre.

Je vis mon peuplier descendre (aller vers le bas) vers l'Eau,
je vis comme son bras plongea dans la profondeur pour saisir,
je vis ses racines se dresser vers le ciel pour implorer (qu'il y ait)
                                                                              de la nuit.

Je ne lui courus pas après,
je ramassai de par terre cette miette
qui a la forme et la noblesse de ton œil,
je détachai de ton cou la chaîne des dits
et en bordai la table, où
maintenant gisait la miette.

Et ne vis plus mon peuplier.

24

[Paris, 7. 11. 1952]

Geliebter kleiner Mann,

Ich habe nur eine Minute, um zu versuchen, daß dieser Rohrpostbrief Sie für den Fall erreicht, daß ich Sie nicht ans Telefon bekomme, wie ich fürchte –

Es wird mir unmöglich sein, um 5 Uhr an der Place de la Concorde zu sein, entschuldigen Sie bitte. Ich bedaure es um so mehr, als Sie wissen, wie sehr ich, mehr denn je, im Augenblick das Bedürfnis habe, Sie zu sehen.

Ich bin hin- und hergerissen zwischen allen meinen Schwestern, Monique, die mich sehen will, ich weiß nicht mehr, wie ich mich da herauswinden soll – Es ist entsetzlich, daß so viele Tränen unser Glück begleiten sollen.[1]

Mein kleiner geliebter Mann, ich hoffe, daß Sie an Ihrer Novelle weiterschreiben können[2]. Ich denke die ganze Zeit daran. Ich möchte so sehr wissen, ob diese Gedichte, diese Botschaft bereits Gestalt angenommen haben. Ich bin so froh, daß Sie dieses neue Gedicht geschrieben haben[3]. Auch das beschützt mich, daß Sie im Augenblick schreiben können[4] – das beruhigt mich, gibt mir Vertrauen – und es freut mich so sehr, es ist derart das einzige in unserem Leben, das ganz und gar wichtig ist.

Wenn sie nur begreifen wollten, wer Sie sind und die »Qualität« Ihrer Liebe. Wenn sie neben dem »Risiko der Schwierigkeiten« Ihr Leben zu teilen, auch das Risiko des Glücks und der großen Freuden verstehen könnten, die da sind[5].

Ich habe natürlich immer ein wenig Angst, daß ich nicht auf Ihrer Höhe bin, doch ich brauche das so sehr, mit Ihnen zu leben, Sie mein ganzes Leben lang lieben zu können, ich habe so großes Verlangen danach und bin so sicher, dieses »Risiko« eingehen zu müssen, da man mir nur von »Risiken« erzählt. Meine Gewißheiten sind so viel größer als alle ihre Befürchtungen.

[am Rand:] Ich kann mit Ihnen zu Abend essen. Ich werde sonst ab 7 Uhr 30 allein zu Hause sein. Ich werde das Haus verlassen können, und ich werde da sein, wenn Sie mich anrufen wollen, ab 4 Uhr 30 auf jeden Fall (ich *muß* da sein), und um die Mittagszeit.

Ich werde Sie immer lieben. Nichts kann mich umstimmen, mon amour chéri, denken Sie an mich, ich brauche das –

Ich liebe Sie
Gisèle

25

[Paris] Samstag 8.¹ November 1952.
Mon Chéri,
   Der Tag ist lang gewesen, er ist endlich vorbei – Morgen wird wieder ein schöner Tag sein, wie alle seit einem Jahr²! Amour.
   Mon Aimé, wie schön es war, das traurige Heidekraut, mit Dir! Eines Tages werden wir gemeinsam nach Weiß suchen³, und dann wird uns die große Lampe⁴ erwarten. Ich habe ein solches Vertrauen, ich bin so sicher, Dich zu lieben. Nichts kann mir mehr absolut Angst machen.
   Mir wird jeden Tag ein wenig mehr meine große Chance bewußt.
   Seien Sie völlig unbesorgt – Nichts soll Sie beunruhigen, meine Familie ist nie wesentlich für mich gewesen, schon seit sehr langer Zeit nicht. Natürlich zeigen sie im Augenblick, daß sie da sind. Aber das ist nicht die Hauptsache, und nichts kann unserer Liebe etwas anhaben.

Ich liebe Sie.
Gisèle

»Au crible de la vie fais passer le ciel pur.«⁵

26

[Widmung in Mohn und Gedächtnis¹*:]*

   Für Dich, mon Amour,

Paul

Paris, den 5. Januar 1953.

27

[Paris, 6. 7. 1953] 9 Uhr

Mimitchi und Großer Kleiner Engel Groß,
    ich sitze hier auf der Terrasse eines Cafés an der Place Saint-Sulpice, genauer an der Ecke der Rue du Vieux Colombier und dem besagten Platz[1] (von dem aus ich die Bäume sehe, die keine Platanen mehr sind, sondern Kastanienbäume)[2], habe vor mir einen Filterkaffee, der, wie ich hoffe, imstande ist, meine Kräfte wieder zu wecken – das heißt, das, was mir davon noch bleibt nach einem tantlichen und wiedertantlichen Tag, der um zehn Uhr an dem Lyon genannten Bahnhof begann und vor einer Stunde an dem, oh, wie so richtig! – Invaliden[3] genannten Bahnhof zu Ende ging . . .
    Ein heißer, bleierner Tag, geschmückt, außer der vorgenannten (oder auch nicht, aber angedeuteten und hingedeuteten) Tante, mit einem »Regenmantel«[4] und einer Aktentasche, deren Gewicht durch eine Dose Schweizer Nescafé und eine (beachtliche) Tafel Schokolade gleicher Herkunft noch erhöht worden war.
    Geschmückt auch mit Spaziergängen und Besichtigungen (Grab des Kaisers, Bagatelle, Bois de Boulogne, Champs-Elysées usw.) und mit tausend Worten, die sich über die tausend Kilometer zwischen London und der Bukowina erstreckten . . .[5]
Geschmückt auch mit zufälligen Begegnungen, darunter eine – angenehme – mit meinem Schwager, dem Comte de Bourgies[6], der uns bemerkt hatte, als wir gerade in der Avenue Duquesne zu Mittag aßen, und der die Freundlichkeit besaß, mich zu bitten, heute abend zum Abendessen zu ihm zu kommen, eine Einladung, die ich wegen des Flugzeugs abschlagen mußte, dessen Abflug um 8 Uhr stattfinden sollte (ein Abflug, der, zum Glück, tatsächlich ohne jegliche Verspätung stattgefunden hat).
    Danach habe ich bei Rafy in der Rue du Dragon[7] zu Abend gegessen (Kalbsbraten + Käse, womit ich bestimmt hätte abnehmen können, wenn ich nicht 36 Glas Bier getrunken hätte) –
    Und weil Chiva[8] nicht auf meinen Anruf von vorhin geantwortet hat (aber er hat heute morgen geantwortet und wird mich gegen 11 Uhr erwarten – ich hatte geglaubt, die Tante würde erst um diese Zeit abfliegen), schreibe ich Ihnen jetzt diesen Brief, der eigentlich gar keiner ist, der Ihnen aber sagen möchte, wie verloren ich in dieser Welt bin, wenn Sie fern sind –
    Morgen ein den Behörden gewidmeter Tag – der Brief des Hausverwalters ist angekommen[9] – ich hoffe, daß alles gut läuft.

Entschuldigen Sie bitte, daß ich nur stotternd rede: 10 Stunden neben einer solchen Tante – bedenken Sie das und verzeihen Sie mir!
Ich habe es eilig, nach Hause zu kommen.
    Ich liebe Sie
        Ich liebe Sie
            Ich liebe Sie
                Ja

            [Ohne Unterschrift]

28

                [Paris, März 1954?[1]]

  Kleine Strähne – die mein Herz berührt –
  Dichte Mähne die mich zudeckt –

Es ist mir gelungen, Herrn Schifferli (»Kleiner Schiffer«[2], *-li* ist die schweizerische Entsprechung für *-lein*), den Schweizer Verleger, von dem ich Ihrer Sehr-Illustren und Sehr-Anmutigen französisch-bukowinischen Majestät zu erzählen die Ehre gehabt habe, zu erreichen. Da Schifferli mich für halb sieben ins Deux-Magots bestellt hat, bin ich nicht ganz sicher, ob ich zu einer schicklichen Zeit zum Abendessen zurücksein werde. Doch ich werde mein bestes tun, um so früh wie möglich da zu sein. Für jegliche Verspätung erflehe ich Ihre erlauchte Nachsicht.

            Ihr sehr-gehorsamer
          umherstreunender Untertan

29

              [Paris, 23. 3. 1954?[1]]
Mon amour, meine einzige Liebe!
  Seien Sie unbesorgt während meiner Abwesenheit! Ich liebe Sie und werde Sie mein ganzes Leben lang lieben.
  Geben Sie acht auf mein grünes Zweiglein und auf mein großes Engelchen groß!

Machen Sie schöne Radierungen und Bilder, die noch schöner sind!
Ich höre nicht auf, an Sie zu denken.
Sie sind mein ganzes Leben und mehr als das!

                Ich liebe sie
                     Ihr Pohät[2]

30

            [Paris] 24. März 1954. 8 Uhr.

Mein kleiner Mann, wie ist diese lange Nacht für Sie vorübergegangen, mit dieser Militärhorde[1]? Ich bin schon lange wach, ich denke an Sie, das Rollen des Zuges muß Ihren Kopf füllen, und diese Grenze, von der ich hoffe, daß sie jetzt für Sie nur noch irgendeine Minute Ihrer Bahnfahrt ohne Scherereien ist. Ich wollte Ihnen gestern abend noch sagen, daß Sie sich nicht beeindrucken lassen sollen von diesen ganz kleinen und irgendwie betreßten Herren, die mit ihren unwürdigen Mündern Ihren Namen aussprechen, mit ihren dummen Augen sich Ihre Papiere ansehen und, oh Graus! mit ihren häßlichen Händen in Ihren Sachen wühlen, sich vielleicht sogar bei Ihren Gedichten aufhalten werden...[2]

Aber mon aimé chéri, im Grunde hat das nicht die geringste Bedeutung. Was kann Ihnen das schon ausmachen?

Ich hoffe, Sie werden in Frankfurt gut empfangen.

Ich danke Ihnen, daß Sie mir dieses so schöne Exemplar mit Ihren Gedichten[3] dagelassen haben, sie werden mich beschützen. Sie sind schön, so schön! Ich möchte, daß es diesmal alle merken und sie ihretwegen anders sind.

Entschuldigen Sie bitte, daß ich Ihnen zu lange schreibe, aber ich liebe Sie und kann nicht anders. Ja, Sie werden alles wissen.

Ich bin im Aufbruch zu Friedlaender, um mir diese kleine Armee von Armleuchtern vor der Säure anzusehen. Haben Sie keine Angst, ich werde Sie nicht verraten. Niemals.[4]

Ich liebe Sie, mein kleiner Mann, wie seit langem, wie seit jeher, seit jeher scheint mir alles mit Ihnen anzufangen. Alles andere? Es ist so wenig

                              Ihre Frau, die mit
                              Ihnen lebt.

12 Uhr

Mein geliebter kleiner Mann,
kaum ist mein Brief abgeschlossen, finde ich, im Augenblick des Zubettgehens, oh Freude, oh Süße!, den ersten Brief meines Liebsten.
Sie sind so gut, oh mein kleiner Mann, deshalb bin ich auch so traurig und leide darunter, daß ich für diese wenigen Wochen nicht mehr bei Ihnen bin. Sie verwöhnen mich so sehr, Sie sind immer so bereit, mir Freude zu machen, mir das Beste Ihrer selbst zu geben, niemand wird je die Sanftheit und die Freude kennen, die Ihre Liebe für mich bedeutet. Sie haben mich an soviel Freundlichkeit, an soviel Liebe gewöhnt, wie soll ich da heute abend nicht traurig sein?
Ich mag es nicht, fern von Ihnen zu sein, das ist ganz sicher, ich habe immer Angst, daß Ihnen etwas zustößt; ohne Sie kann ich nicht sein. Aber Sie werden wieder zu mir kommen. Es ist furchtbar, so zu lieben wie wir zwei, sich für tot zu halten bei der ersten Verspätungsminute.
Mein geliebter kleiner Mann, ich werde furchtbar auf mich achtgeben, das verspreche ich Ihnen, nur um sicher sein zu können, daß auch Sie achtgeben.
Mein kleiner Mann, wir sind zusammen, wir müssen noch sehr lange zusammenbleiben, geben Sie also acht, geben Sie auf alles acht. Ich auch.
Entschuldigen Sie bitte diese sicherlich dumm hingeschriebenen Seiten.
Mein geliebter Pohät, ich liebe Sie
                              Ihr kleines Zweiglein.

[auf der Rückseite des Briefumschlags:] Heute morgen nichts bei der Post.

31

                [Frankfurt am Main, 25. 3. 1954, *Telegramm*]

Geht mir gut an Dich denkend
                                        Paul

32

[Frankfurt a. M.] Freitag [26. 3. 1954], fünf Uhr

Ma chérie, mon amour, mein großes Engelchen groß,
ich bin ganz nahe bei Ihnen, ganz ganz nahe, und diese Reise, diese Abwesenheit – wie soll ich sie abkürzen?

Ich bin am Mittwoch gegen 11^{30} hier angekommen, etwas später als vorgesehen: wahrscheinlich bin ich in einen Zug eingestiegen, der nicht der meine war (trotz der Platzreservierung, die zu stimmen schien), und habe in Mainz umsteigen müssen. Aber auch da habe ich mich wieder im Zug geirrt: ich habe den Personenzug[1] genommen, der natürlich viel langsamer ist, statt den Schnellzug, auf den ich hätte warten müssen. Höllerer[2] war also nicht mehr am Bahnhof – ich habe meine Koffer bei der Gepäckaufbewahrung abgegeben und bin zu ihm nach Hause gefahren. Er war da, und ich bin herzlich empfangen worden. Nach dem Mittagessen (das er bezahlt hat) sind wir nach Bergen gefahren: Schroers hat nicht kommen können, er hat eine feste Stelle in Düsseldorf, aber seine Frau war da, sehr enttäuscht darüber, daß ich ohne Sie gekommen bin, und auch ihre drei kleinen Buben und die kleine kranke Tochter. Ich war ziemlich müde, weil der Zug überheizt war, habe ich das Fenster offen lassen müssen (es war ungefähr so wie bei unserer Rückfahrt aus Zürich[3]), und ich habe nicht schlafen können. Am nächsten Tag bin ich zuerst zu Fischer gegangen, da ich mich aber nicht telephonisch angemeldet hatte, hat man mich gebeten, am Nachmittag um drei Uhr wiederzukommen. Ich bin von Herrn Hirsch, dem Verlagsleiter des S. Fischer Verlags, empfangen worden. Einige Worte über Pessoa[4] und Marguerite Yourcenar (ich hatte das Manuskript des Essays über Kavafis[5] mitgebracht), alles in einem sehr herzlichen Ton, und da meine Neugier schließlich die Überhand gewonnen hat, habe ich Herrn Hirsch über die Geschichte Claire Goll befragt. Es ist in der Tat eine niederträchtige Geschichte[6]: sie hat eine Art Rundschreiben an mehrere Personen geschickt, darunter auch an Schwedhelm[7] usw., in dem sie mich des Plagiats, der Undankbarkeit usw. bezichtigt. Infam. Aber niemand hier nimmt das ernst, die Sache ist in der Tat in ihrer Schändlichkeit allzu durchsichtig. Ich denke nicht mehr daran. Aber: die Menschen – was für Dummköpfe, was für gemeine Halunken auch ...

Anschließend bin ich zu Goetz[8] gegangen: ich hatte Höllerer die Gedichte von Klaus[9] gezeigt, sie haben ihm gefallen, und mir ist der

Gedanke gekommen, diese Gedichte in der Galerie Franck zu lesen. Goetz (er hatte mich in Paris nicht besucht, Du erinnerst dich, aber schließlich bin ich ihm deswegen nicht mehr böse) hat mich (gestern abend) zum Abendessen dabehalten, dann sind wir zu Franck gegangen – der morgen nach Holland fährt. Ich werde die Gedichte von Klaus also erst bei meiner Rückkehr aus Stuttgart lesen können[10]. Aber ich habe es derart eilig, wieder zu Ihnen zu kommen, daß ich noch unentschlossen bin, ob ich es tue – jedenfalls habe ich Franck gebeten, daß er mir erlaubt, das Datum der Lesung von *Klaus* festzusetzen, wenn ich in München bin.

Habe versucht, Frau Kaschnitz zu erreichen – sie ist in Rom. Milo Dor – er ist in Wien.

Heute abend werde ich lesen. Sie werden an mich denken, mon amour, ich werde für Sie lesen[11].

Schroers möchte, daß ich ihn in Düsseldorf besuche, vielleicht fahre ich hin, wahrscheinlich am Sonntag.

Möge diese ganze Reise bald zu Ende sein! Ich bin in der Wahrheit, wenn ich bei Ihnen bin – oh, glauben Sie mir, ich weiß es besser denn je.

Ma chérie, wie geht es Ihnen? Seien Sie nicht allzu traurig, arbeiten Sie, geben Sie auf sich acht, lassen Sie sich nichts entgehen.

Mon amour mon amour mon amour – was für ein außergewöhnliches Glück, daß ich Ihnen begegnet bin.

Ich gehöre Ihnen, Ihnen, Ihnen

Ihr ganz kleiner Mann

33

[Frankfurt a. M., 27. 3. 1954]

Ma chérie, mon amour, mon amour chéri, bei der Lesung der Gedichte gestern abend ist alles sehr gut gelaufen, wirklich sehr gut. Aber jetzt bin ich in einer schrecklichen Zwickmühle, Leute noch und noch – zumal ich heute nacht um 2 Uhr nach Düsseldorf fahre, um Schroers zu besuchen, der mir gerade am Telefon gesagt hat, daß er in Köln[1] (das ganz in der Nähe von Düsseldorf liegt) eine Sendung für mich organisiert hat. Ich werde also 2-3 Tage bleiben. Leider wird die Lesung der Gedichte von Klaus nicht stattfinden können – ich werde – zum Glück – früher heimfahren. Ich werde genauso zu Ihnen zurückkommen, wie ich Sie verlassen habe – nur ein wenig reicher. Ich komme, mon amour.

[am Rand:] Ich werde Sie mein ganzes Leben lang lieben, ich lebe nur durch Sie und für Sie.

Ihr kleiner Mann

Entschuldigen Sie diese allzu eiligen Zeilen. Ich höre nicht auf, an Sie zu denken.

34

[Paris] Sonntag, 28. März 1954

Mein geliebter kleiner Mann,

Endlich gestern abend ein Brief von Ihnen, wenn man bedenkt, daß ich mich darauf einrichtete, einen langen Sonntag voller Unruhe zu verbringen! Ich lese ihn, lese ihn noch einmal und freue mich so sehr, diese wenigen Zeilen meines Geliebten in den Händen zu halten. Was für eine Frau, diese Claire Goll!! Im Grunde hast Du gut daran getan, daß Du wissen wolltest, woran Du bist. Aber quäl Dich nicht allzusehr, die Bosheit der Menschen ist allgemein bekannt, wundere Dich nicht mehr darüber und sei ihnen nicht allzu böse, diese Frau und viele andere verdienen es nicht, daß Du Deine Zeit damit vergeudest, an sie zu denken. Ich bin froh, daß Du gut empfangen worden bist, aber Du hast mir nicht gesagt, wo Du wohnst, bei Schroers[1]? Du hast mir auch nicht gesagt, daß Du Briefe von mir bekommen hast, was mich ein wenig verwundert, denn ich habe Dir seit Deiner Abreise jeden Tag geschrieben[2].

Ich erlaube mir, Dich daran zu erinnern, daß Du mir unbedingt wegen Dujarric[3] antworten und daß Du auch der Tante[4] schreiben mußt.

Hier gibt es nichts Neues – Ich habe gestern die Nelken wegwerfen müssen und habe mir ein Sträußchen Schlüsselblumen gekauft. Ich schicke Dir die schönste, mein geliebter kleiner Mann –

Yolande hat mich gestern natürlich versetzt und ist nicht gekommen – ich habe den ganzen Nachmittag auf sie gewartet, und ich fürchte sehr, daß es heute genauso sein wird und daß mein Plan von einem langen Tag auf dem Lande[5], den die Rückkehr meiner Staffelei abschließt, wieder ins Wasser fällt. Wirklich, sie fängt an, mir ein wenig auf die Nerven zu gehen. Aber sie ist sehr unglücklich, und ich bin ihr nicht böse – die Ärmste!

Ich bin ganz ungeduldig zu erfahren, wie Deine Lesung in Frankfurt gelaufen ist – Ich bin froh über das, was Du mir über die Gedichte von Klaus sagst, es wäre schön, wenn Du etwas für ihn tun könntest. Aber bleib nicht zu lange fort, mein geliebter kleiner Ehemann, es sind zwar erst vier Tage her, seit Du fort bist, aber vier Tage, die mir wie Monate vorkommen. Gestern habe ich den ganzen Nachmittag gezeichnet. Ich habe zwei Radierungen vorbereitet, die größer sind als die andern. Die eine, das ist der Zirkus, aber völlig verschieden von der, die Du vor Deiner Abreise gesehen hast, die andere ist eine Landschaft mit abstrakten Formen, in der ein großer Vogel umherstolziert[6], aber ich glaube nicht, daß Du die eine oder die andere mögen kannst, ich mag sie auch nicht, sie gefallen mir nicht. Es kommt mir so vor, als seien alle Ideen, die ich noch vor vierzehn Tagen hatte, davongeflogen, und ich habe große Mühe gehabt, einige Formen miteinander zu verbinden, die noch nicht zusammenhalten.

Ich habe den John Reed[7] ausgelesen – was für eine außergewöhnliche Zeit! –, auch Malraux[8] gelesen. Ich bleibe heute hier, um noch zu lesen, vielleicht werde ich einen Gang machen, denn das Wetter ist prächtig. Es gibt da eine neue Ausstellung, über Norwegen im Mittelalter[9], die mich reizt. Vielleicht gehe ich hin. Schreiben Sie mir, mein geliebter kleiner Mann, Ihre Briefe lese ich immer wieder, ich bewahre sie bei mir auf als das Beste in Ihrer Abwesenheit. Seien Sie beschützt, mon amour, ich liebe Sie.

Maya.

35

Düsseldorf, 28. 3. 54.

Inmitten wahrhaft gewechselter wahrer Worte denken wir an Sie

Paul

Ilse Schallück u. Mann

Sehr sehr herzliche Grüße!
Rolf Schroers

Sehr viele, herzliche Grüße!
Heinrich Böll

36

Düsseldorf, Montag [29. 3. 1954[1]] –

Mein geliebtes grünes Zweiglein,
 zunächst einmal Dank für Deine guten Briefe[2], Dank dafür, daß Du die bist, die sie schreibt, die sie so gut schreibt. Ja, so gut: so wahr, so, wie ich sie mag. Leider bin ich heute um den gekommen, den ich erhalten sollte[3], doch ich werde ihn sicherlich morgen früh bekommen.
 Aber ich schulde Ihnen jetzt den Bericht über die letzten Tage – hier ist er. Samstag, letzter Tag in Frankfurt: wenig Ruhe, ganz im Gegenteil. Es war am Tag nach der Lesung der Gedichte (die wirklich gut gelaufen ist), und ich mußte eine ganze Menge Leute sehen. Am Abend zuvor, nach der Lesung, hatte ich noch zwei Stunden in so etwas wie einer sehr-deutschen Kneipe verbracht, an einem Tisch sitzend, um den sich einige »Bewunderer« versammelt hatten (Lektoren eines Verlags, Frau Suhrkamp, die Frau des Verlegers gleichen Namens[4], »Ehemalige« der Gruppe 47[5], Unbekannte), alle tranken Wein, ich, zur großen Überraschung derer, die die Poesie für das Ergebnis einer Art Trunkenheit halten – Orangensaft. Ziemlich lebhafte Gespräche am ganzen Tisch – das Wesentliche war schnell vergessen, und ich habe, ein wenig stumm, in einer großen inneren Ruhe verharrt. Wir sind nach Bergen zurückgefahren, Frau Schroers und ich, im Auto eines Nachbarn, Herrn Schneider[6], auch er ein »Ehemaliger« der »Gruppe 47«.
 Samstag morgen: Besuch bei Herrn Hirsch, dem Leiter des S. Fischer Verlags. Ich habe ihm die »grundsätzliche« Frage gestellt, ob er, ungefähr in einem Jahr, einen neuen Band veröffentlichen würde: die Antwort ist sehr rasch gekommen, absolut positiv[7]. Habe ihm auch von den Apollinaire-Übersetzungen erzählt: morgen schicke ich ihm von hier aus einige davon. Vielleicht wird er sie veröffentlichen[8]. Der Essay von Madame Yourcenar: er schickt mir die Antwort nach Paris[9].
 Nach S. Fischer etwa einstündiges Treffen mit Höllerer, sehr nett, der mich gebeten hat, weiterhin an seiner Zeitschrift (»Akzente«[10]) mitzuarbeiten. Ich hatte ihn ersucht, in ein Café zu kommen, da ich dort um 12³⁰ eine Verabredung mit der Tante von Helmut hatte, die zu meiner Gedichtlesung gekommen war. Bis 3 Uhr: Frau Winkelmayer, Mittagessen, Kaffee, Zigaretten und gewechselte Worte. Sie ist wirklich eine sehr nette Frau, sehr angenehm, auch sehr geistreich. Thema: ihr Neffe, für den sie ein Verständnis aufbringt, wie man es selten findet[11].

Dann Verabredung mit Herrn Remszhardt, Feuilletonredakteur bei der »Frankfurter Rundschau« (Tageszeitung). Ich kannte ihn seit meinem ersten Aufenthalt in Frankfurt, er hatte einen kurzen, recht freundlichen Artikel über die Gedichte geschrieben, die ich in der Galerie Franck[12] gelesen habe. Doch in der Zeitungsredaktion erfahre ich, daß ihm etwas dazwischengekommen ist – ich nutze die Gelegenheit, um Olaf Hudtwalker und seine Frau aufzusuchen, die nicht mehr in Hamburg sind und – seltsame Koinzidenz – im »Kunstkabinett« arbeiten, der Galerie, in der ich gelesen hatte[13]. Du kennst die beiden, ma chérie: es ist der »Norweger« und seine Frau – er war zu uns in die Rue des Écoles zum Abendessen gekommen. (Ich hatte ihm mein Buch[14] für Nossack mitgegeben.) Sie haben sich ausführlich nach Dir erkundigt, wie es Dir geht. Schließlich, ziemlich spät, Herr Remszhardt: ein Mann von etwa fünfzig Jahren, mit einem Sprachfehler – die Wörter sind Hindernisse, die er nur mühsam zu überwinden vermag, so daß man den Eindruck hat, daß er sich an etwas hinter ihnen festklammert, das viel wichtiger ist als sie, die Hauptsache sogar – doch für den Gesprächspartner leider sehr schwer zu begreifen. Ich habe ihm eine Kopie der neuen Gedichte für eine Besprechung dagelassen, die er unter einem Titel zu veröffentlichen gedenkt, den er in einem der Gedichte gefunden hat: »Der Wünschelrutengänger der Stille«[15].

---

3 Uhr: ich habe hier unterbrechen müssen, mon amour: Verabredung (schon wieder!) mit Herrn Nette vom Diederichs Verlag: Übersetzungen – gute Hoffnungen, aber nicht für sofort[16].

Ich berichte weiter: Frankfurt, Samstag:

Ich verlasse also Herrn Remszhardt, um zu Jahn zu gehen (bei dem ich vor zwei Jahren gewohnt habe[17]). Abendessen mit Jahn + seiner Frau. Uninteressant, aber schließlich ziemlich herzlich. Er hat gerade die Übersetzungen einer Anthologie schwarzer Dichtung abgeschlossen[18] – das Ganze sieht nicht sehr gelungen aus. Da Frau Jahn für die Zubereitung des Abendessens (belegte Brote) zwei Stunden gebraucht hat, komme ich ziemlich spät nach Bergen zurück (die Reise, 2 Tramways – diesmal spreche ich es richtig aus, nicht wahr?[19] – nimmt immer eine Stunde in Anspruch.

Spät: das heißt zu spät, um rechtzeitig zur Verabredung zu sein, die ich für 10^{30} mit den Hudtwalkers in einer Kneipe in der Stadtmitte getroffen habe.) Mein Zug nach Düsseldorf fährt um 2 Uhr früh: Grund dieser Verabredung, sie erlaubt mir, die zwei Stunden zwischen Mitternacht und zwei Uhr zu verbringen, die ich nicht in Bergen verbringen konnte, da es um diese Stunde keine Straßenbahn mehr gibt, um zum Bahnhof zu fahren. Ziemlich spät bei Schroers (Frau) angekommen, Herr Schneider (der Nachbar) bietet sich an, mich mit dem Auto hinzufahren. Wir sind also mehrere mit den Hudtwalkers (die beiden Jahns sind auch da). Wir gehen in eine kleine griechische Kneipe, eine Art Frankfurter »Catalan«[20]. Ich kannte sie, weil ich einige Stunden zuvor eine Verabredung mit Remszhardt dort gehabt hatte, der mich übrigens einer der beiden Wirtinnen vorgestellt hat, einer schon etwas älteren Dame, die nicht sehr deutsch aussah, eine ehemalige Schauspielerin[21]: sie hat mir gesagt, sie kenne einige »sehr schöne« Gedichte von mir. Ich bin also, zusammen mit der ganzen Clique, mit einem: Guten Abend, Herr Celan (bitte auf die Aussprache dieses letzten Wortes achten![22]), empfangen worden, und wir haben zwei Stunden dort verbracht, die angefüllt waren mit Klatsch und Tratsch ...

Am andern Morgen: von Schroers am Bahnhof abgeholt, wir gehen zuerst zu ihm. Sofort, nachdem er mich gefragt hat, wie es Ihnen geht (worauf ich ihm Ihre Fotos gezeigt habe, Ergebnis: Glückwünsche und Komplimente), große politisch-literarische Diskussion. Er ist wirklich ein netter Kerl, der die Verbürgerlichung und den sich augenblicklich ausbreitenden militaristischen Geist verabscheut[23]. Gewiß, er ist auch sehr verkrampft. Zuviele materielle Sorgen, die ihn drücken. (Ich habe ihm ein wenig Geld geborgt, er schien es wirklich nötig zu haben.) – Darauf ein Anruf aus Köln (das eine halbe Stunde von hier entfernt ist): Heinrich Böll, der wußte, daß ich da war, und vorschlägt, sich uns, zusammen mit Herrn und Frau Schallück[24], anzuschließen. Sie kamen gegen drei Uhr an. Ein Gang durch die Stadt, die sich rühmt, die eleganteste Deutschlands zu sein, die mir aber nichts sagt. Spaziergang am Rhein entlang – es ist ziemlich schön, doch im Grunde auch ziemlich nichtssagend. Dann Kaffee, Diskussion: soll sich der Leser mit den Personen des Romans identifizieren? Schließlich wird klar, daß die Frage schlecht gestellt ist: Identifikation – das umfaßt so viele Möglichkeiten, daß es wirklich nicht angebracht ist, diesen Begriff zu gebrauchen.

Mit Böll und Schallück bis Mitternacht. Das ist sympathisch.

Heute morgen: im Haus geblieben, während Schroers zur Arbeit geht. Einen neuen deutschen Roman gelesen, der mir ein wahres Kunstwerk zu sein scheint: »Die Insel des zweiten Gesichts« von

Thelen²⁵. Schroers kommt zu Mittag zurück, wir essen, das ist schnell getan, er bricht wieder auf, ich gehe in ein Café und schreibe Ihnen dies. Es ist 6 Uhr 15, ich warte auf Schroers, der gegen 7 Uhr kommt, wir werden essen gehen.

Morgen wird es ähnlich sein: ich werde den Tag mit Lesen verbringen und werde meine Gedichte tippen²⁶. Böll hat für mich ein Treffen mit jemandem vom Rundfunk arrangiert, der mir die Gedichte für eine Sendung »*abkaufen*« soll²⁷. Der Betreffende kennt mich übrigens, weil er diese verfluchte Übersetzung von Cioran gelesen hat, den alle bewundern (...)²⁸ Ich werde also am Mittwoch nach Köln fahren, ich werde bei Schallück²⁹ wohnen, Böll hat sich erboten, mir die Stadt³⁰ zu zeigen und mich seinem Verleger vorzustellen (Kiepenheuer und Witsch), was zu *sicheren* Ergebnissen führen wird³¹, da Bölls Urteil dort großes Gewicht hat. Am Freitag komme ich nach Düsseldorf zurück und fahre von dort aus zusammen mit Schroers und dem Cheflektor³² von Diederichs im Auto nach Frankfurt – das auf der Strecke »Stutt« und München liegt. Ich werde also am 3. in »Stutt« sein, um Schwedhelm zu sehen, und werde am nächsten Tag nach München weiterreisen. – Ma chérie, ich habe es eilig, wieder heimzukommen, wirklich, ich werde gegen den 10. April heimkommen.

Zweifellos habe ich das Glück, hier eine Elite zu kennen – die Leute, denen man begegnet, die man auf der Straße sieht, haben mit Sicherheit nichts Anziehendes, ganz im Gegenteil.

Ma chérie, zwischen Mittwoch und Freitag werde ich auf Ihre Briefe verzichten müssen (Frau Schroers wird für diese Tage die Post nicht mehr nachschicken, ich werde sie am Freitag in Frankfurt vorfinden), schreiben Sie mir ab Donnerstag an die Adresse der D.V.A., Stuttgart, Mörikestr. 17.
Verzichten Sie auf nichts, mon amour, arbeiten Sie und denken Sie ein wenig an mich!

 Ich werde Sie mein ganzes Leben lang lieben

Paul

37

[Düsseldorf] Dienstag [30. 3. 1954] –

Mein großes Engelchen groß,
 Ihr Brief vom 26. ist gerade angekommen[1] – er findet mich zu Hause, bei Schroers, wo ich meine Zeit damit verbringe, an Sie zu denken und in Büchern zu blättern. Ich bin heute noch nicht vor der Tür gewesen, die Stadt, die ich gestern abend ein wenig gesehen habe, interessiert mich nicht; um 5 Uhr wird Schroers heimkommen, wir werden ein wenig plaudern, dann ist das Abendessen, dann werden wir ein wenig ausgehen – wohin? ich sehe nicht so recht, wo man hingehen könnte – vielleicht in ein Kabarett, es scheint, daß es hier eins gibt, das als das beste von ganz Deutschland[2] gilt – dann werden wir vielleicht wieder plaudern, wieder reden, dann wird es Nacht sein, die sicherlich kurz ist (zusammengeschrumpft durch alle diese oft interessanten Diskussionen – wir haben viel von Ihnen gesprochen, ma chérie), dann wird morgen sein, ich werde nach Köln fahren, Rundfunk und Verlag usw.
 Danke, ma chérie, daß Sie nicht über mein Schweigen beunruhigt waren – sicherlich haben Sie inzwischen meine Briefe bekommen, die, wie ich glaube, ziemlich regelmäßig aufeinander folgen.
 Ich bin hier inmitten einer ziemlich tröstlichen Ruhe, einer Ruhe, die der Brunnen unserer Liebe ist.
 Es ist eine solche Gewißheit, ma chérie, Sie zu lieben! Ich bin mit Ihnen derart in der Wahrheit! Die Leute – ich sehe sie kaum, ich habe sie bei meiner Lesung in Frankfurt kaum gesehen und gespürt – dabei waren sie sogar recht zahlreich gekommen – und ich werde sie in den anderen Städten noch weniger sehen. Ich bin schon ein wenig zurückgekehrt – eine gute Woche noch, und ich werde da sein. Aber hier bin ich wieder da, mit Ihnen.
 Und jetzt: sagen Sie laut meinen Namen! Ich sage den Ihren.
 Ich liebe Sie von ganzem Herzen

Paul Kleiner-Mann von Maja.

[am Rand des ersten Abschnitts:] Schroers findet – und er scheint nicht der einzige zu sein –, daß es einen sehr deutlichen Fortschritt in meinen Gedichten gibt[3].
 Der Brief aus Belgien fordert mich auf, einer flämischsprachigen

belgischen Zeitschrift⁴ Gedichte zu schicken. Du wirst in diesen Tagen sicherlich eine Nummer dieser Zeitschrift bekommen.

Schreiben Sie mir bitte an die Adresse der D.V.A. in Stuttgart!

38
[Köln] Freitag [2. 4. 1954].

Ma chérie, zuerst: ich liebe Sie, und dann: ich liebe Sie, und dann: ich libe Sie und liebe Sie[1]. – Ich bin seit vorgestern in Köln, und ich habe ziemlich gute Geschäfte gemacht: Gedichte für eine Rundfunksendung[2] »verkauft« (das Honorar wird nach Paris geschickt) und für den Kiepenheuer Verlag[3] (den Verleger Bölls) die Übersetzung zweier Simenons angenommen; Ergebnis: Vorschuß von 200 Mark (auf ein Honorar von 1200 für 2 Bücher à 180 Seiten jedes). Schallück und Böll sind sehr-sehr nett gewesen, es war recht angenehm, bei Schallück zwei Tage in einer höchst komfortablen Wohnung zu verbringen (bei Schroers war es, was den Komfort angeht, eher das Gegenteil). Ich fahre jetzt wieder nach Düsseldorf, von D. heute abend im Auto nach Frankfurt, von wo aus ich morgen nach Stuttgart weiterfahre. Das Ende der Reise naht, Gott sei Dank. Aber ich darf mich nicht beklagen. Remszhardt hat über den Abend in Frankfurt eine sehr lobende Besprechung⁴ geschrieben.

Ich habe alle Ihre Briefe erhalten, andere erwarten mich in Frankfurt[5].

[am Rand:] Heute abend werde ich auf den Brief von Elisabeth[6] antworten.

Mein kleiner Pfirsich, mein großes Engelchen groß, meine Feengräfin!

Dein in Sie verliebter Pohät

39

[Stuttgart] Samstag [3. 4. 1954].

Ma chérie, ich bin in Stuttgart angekommen, bin sehr freundlich von Schwedhelm empfangen worden, ich wohne bei Hermann Lenz (von dem wir bei Hagen oft gesprochen haben)[1]. Montag werde ich nach München fahren, ich lese dort am selben Tag um acht Uhr[2], ich werde einen Tag länger dort bleiben, dann Mittwoch: Radio Stuttgart[3], Donnerstag abend: Stuttgart (Gedichte)[4], Freitag: Esslingen[5]. Ich werde also am Samstag heimkommen, vielleicht am Sonntag. Kein Brief von Ihnen hat mich hier erwartet, ich bin traurig. Ma chérie, Sie wissen es genau, Sie sind in der gleichen Weise die »Mahlerin«[6] wie ich der »Pohät«. Ich vermag nur eins zu tun: Sie zu lieben. – Alles andere hat wenig Bedeutung.

[am Rand:] Und meine Gedichte: das sind Sie, mon amour

Paul

Entschuldigen Sie bitte die Kürze: es sind so viele Leute da!

40

[Paris] Samstag Abend, den 3. April 1954

Guten Abend mein geliebter kleiner Mann,
Was für eine Freude bringt mir Ihre Karte! wie gut Sie sind, daß Sie mir so oft schreiben und mich nicht ohne Nachricht lassen, ich würde mir solche Sorgen machen, wenn Sie nicht schrieben. Bravo, mon Aimé, für die Übersetzungen. Ich freue mich so sehr, daß sich Ihre Reise gut anläßt. Nach dem, was Sie mir darüber schreiben, läuft es eher gut. Vorausgesetzt, Sie haben mir die Enttäuschungen nicht für Ihre Rückkehr aufgehoben.
Entschuldigen Sie bitte, mon Amour, ich lese sehr wenig, obgleich ich doch die ganze Zeit hier bin, aber Sie wären vielleicht trotzdem zufrieden, denn ich zeichne viel, und ich glaube, auch ziemlich ernsthaft. Ich mache Studie über Studie für ein und dieselbe Radierung, und es dauert Stunden, solange, bis das Papier Löcher hat, bevor ich mich entscheiden kann. Nach mehreren Zeichnungen, mehreren Pausen gebe ich es auf und denke darüber nach,

auf welche Weise ich sie realisieren werde. Der heutige Tag ist ziemlich fruchtbar gewesen, ich muß sagen, daß ich außer meinem Besuch auf der Präfektur den ganzen Tag über ununterbrochen gezeichnet habe. Ich liebe solche Tage. Das Zimmer war voller Papiere, überall lagen welche herum, schlechte, weniger schlechte, die eine Form läßt eine andere entstehen, eine Linie zieht eine andere nach sich, ein Schwarz verlangt etwas anderes, und nach und nach ist das Blatt bedeckt, man ist verloren: so viele Dinge, und Du mußt auswählen – mußt opfern zugunsten des Ganzen. Die aufgegebenen Dinge werden manchmal an anderer Stelle wiederverwendet. Ich rette eine Form hier, wende mich einer anderen zu und kann nicht mehr aufhören.

Ich bin ein wenig beunruhigt über das, was aus all dem werden kann. Heute habe ich ein wenig geglaubt, daß einige meiner Radierungen nicht schlecht sind. Ich muß Dir sagen, daß ich für mich allein eine Ausstellung mit allen meinen Radierungen gemacht habe – auf dem Fußboden. Ich habe sie mir lange angeschaut, ich habe nachgedacht, und ich habe einige Entscheidungen getroffen, doch ich glaube, daß sich das ändern wird, daß es schließlich doch Radierung wird.

Ich habe mehrere Projekte, zuerst eine »Stadt«[1], Du hast vielleicht eine erste, ganz kleine Version davon gesehen, sie ist ganz groß geworden, ich meine groß für mich. Im Augenblick mag ich sie. Eine Art Harlekin mit einer Flöte, falls es nicht ein Jongleur ist, aber im Augenblick ist es ziemlich figurativ und von der Form her nicht sehr schön, doch die Schwarztöne sind drin, und das wird vielleicht etwas ergeben. Ein anderes Projekt ist im Grunde reine Materialsuche, abstrakte Formen nur mit weiß, schwarz und grau, um bestimmte Dinge auszuprobieren, die ich Dir nicht erklären kann. Etwas anderes: ich warte auf Dich, um dem einen Titel zu geben. Es wird wahrscheinlich zwei Platten geben, eine braun-rot, die andere schwarz. Es handelt sich um eine Art Fisch, eher eine Fischform, in die, ebenso wie auch außerhalb, jede Menge Schiffe, Masten und Segel eingelassen sind[2].

Aber warum erzähle ich Dir das alles? Ich langweile Sie, mon Aimé, und dazu haben Sie keine Zeit. Verzeihung, geliebter kleiner Mann.

Ich habe vergessen, Dir zu sagen, daß Chiva gegen zwei Uhr für ein paar Minuten heraufgekommen ist, natürlich hatte er es eilig, er mußte jemanden besuchen. Er hat sich trotzdem meine Radierungen angesehen und gegen vier Uhr ist er wieder aufgetaucht, zusammen mit Anaïd Drézian³ ist er heraufgekommen – Mit Sicherheit hatte Chiva ihr erklärt, daß meine Radierungen ... kurzum, sie schien bestens Bescheid zu wissen. Sie sind ein wenig geblieben, und im Grunde war ich froh, daß ich eine Zeitlang mit jemandem plaudern konnte.

Im Prinzip werde ich morgen nachmittag (mit Chiva) Guy und Colette⁴ besuchen, die sich in Antony⁵ niedergelassen haben, aber seien Sie unbesorgt, wie Sie sehen, sind immer noch andere mit dabei, und er ist ganz und gar normal. Natürlich ziemlich neugierig auf Dich, auf das, was Du erlebst, auf die Leute, die Du siehst usw.

Auf der Präfektur, mon Aimé, ist alles gut gelaufen. Ich habe nicht herausgefunden, ob es wegen Deiner Einbürgerung⁶ oder wegen Deines Personalausweises war. Der Kerl ist sehr korrekt gewesen und nicht allzu unangenehm, außer am Anfang. Er hat mir eine Menge erschreckender Fragen gestellt und sich Notizen gemacht, Notizen gemacht – mehr als ich überhaupt gesagt habe, ist mein Eindruck.

Ich habe ihm unsere Steuererklärung zeigen, eine ausführliche Aufstellung des Geldes aus Deutschland machen müssen. Den Namen des Verlages aufschreiben müssen, den Titel Deines Buches. Er hat mit einem »herzlichen« Lächeln notiert, daß es vergriffen ist. (Wie hoch die Auflage gewesen war.⁷) Er hat sich noch einmal über Dein ganzes Leben Notizen gemacht. Von den Lagern an, Österreich, Paris, die Fabrik, die Licence, die Stipendien, Gedichte, Übersetzungen, Heirat, Einkommen usw.⁸ Ich glaube, daß ich auf alles richtig geantwortet habe. Ich hoffe, daß ich mich nicht geirrt habe – ich habe nicht zu sagen gewußt, wo Du interniert gewesen warst, er wollte so viele Einzelheiten wissen, Städte, genaue Daten. Er schien genau Bescheid zu wissen über die Lage der Juden in Rumänien, wußte genau, was die Bukowina ist (natürlich nicht die im Norden, aber schließlich habe ich nicht weiter darauf bestanden ...)⁹.

Du hast das Abitur doch in Bukarest gemacht? Und in Rumänien hattest Du noch keine Licence, oder? Die Adresse der Fabrik in Montreuil¹⁰ habe ich ihm nicht sagen können, ich habe sie nicht gewußt.

Mit Sicherheit war es nicht der, der sich um Dich gekümmert hat, denn er wußte nicht sonderlich gut Bescheid, hatte aber einige Papiere und einige Informationen, die er, wie ich glaube, nachprüfen mußte. Ich denke, im Grunde war es die Überprüfung des »gibt sich als Schriftsteller aus«, denn ich habe diese Worte gesehen.

Das hat 3/4 Stunden gedauert, aber es war nicht unangenehm. Natürlich haben hier die Polen[11] gesagt, daß sie Antschel nicht kennen. Und wie es scheint, hat man im Treppenhaus »Antschel, Antschel« gerufen. Jeanne hat »échelle«[12] verstanden und hat geantwortet: »Aber was wollen Sie denn? was für eine Leiter? Ich habe keine Leiter! ... Es gibt keine Leiter«. Schließlich haben sie sich verständigt, und der Kerl ist wieder gegangen, eher amüsiert, wie ich den Eindruck habe.

Er soll mich wieder anrufen, wenn er noch andere Informationen braucht. Ich hoffe, es wird nicht nötig sein, denn mir scheint, daß ich alles gesagt habe. Etwas Seltsames: sie glaubten, Du seist in der Schweiz und in Italien, jedenfalls haben sie das bei Deiner Abreise notiert!! Ich habe das wieder zurechtgerückt, ich hatte Briefe von Dir dabei.

Ich glaube, es gibt da eine Hauptschwierigkeit, die wir bei Deiner Rückkehr in Ordnung bringen müssen, und zwar die Sache mit der Arbeitsgenehmigung, der Kerl hat mich gefragt, ob Du eine hättest. Ich wußte, daß Du eine hattest, als Du in der Fabrik gearbeitet hast, aber es sieht so aus, daß Du sogar für Übersetzungen mit Deutschland eine haben müßtest.

Aber mach Dir keine Sorgen, das ist sehr gut gelaufen, der Kerl war höflich und hat mich bis zur Tür begleitet, hat sich dafür entschuldigt, daß er mich so lange aufgehalten hat, hat mich nach meiner Telefonnummer gefragt, um mir ein Wiederkommen zu ersparen. Du darfst Dir deswegen keine grauen Haare wachsen lassen.

Anschließend bin ich lange auf dem Blumenmarkt gewesen, es gab so viele überaus schöne Blumen, und gar nicht teuer. Bei zwei kleinen Salbeipflanzen habe ich nicht widerstehen können, ich habe sie in einem Topf auf unser Fenster gestellt, und Du wirst sie erkennen, wie ich hoffe – Ich bereite schon die Blumen für Deine Rückkehr vor.

Mein kleiner Mann, ich werde wieder ein wenig zeichnen *[am Rand:]* und dann werde ich zu Bett gehen. Natürlich denke ich an Sie und an diese drei Lesungen, die näherkommen. Ich denke auch an die Leute, die Sie eingeladen haben und die Sie vielleicht noch gar nicht gesehen haben. Aber alles wird gut gehen, mon Amour, nicht wahr?

Ihre Maya, die Sie
liebt und Sie
küßt

41

[Stuttgart, 7. 4. 1954, *Telegramm*]

Grüße komme Samstag morgen acht Uhr fünfzehn Gare Est an in Gedanken an Dich

Paul

42

INSELHIN

Inselhin, neben den Toten,
dem Einbaum waldher vermählt,
von Himmeln umgeiert die Arme,
die Seelen saturnisch beringt:

so rudern die Fremden und Freien,
die Meister vom Eis und vom Stein,
umläutet von sinkenden Bojen,
umbellt von der haiblauen See.

Sie rudern, sie rudern, sie rudern –:
Ihr Toten, ihr Schwimmer – voraus!
Umgittert auch dies von der Reuse!
Und morgen verdampft unser Meer!

22. 6. 1954

Vers l'île, aux côtés des morts,
époux de la pirogue depuis la forêt,
les bras »envautourés« par des ciels,
les âmes »annelées saturnement«:

ainsi rament les Étranges et Libres,
les Maîtres de la Glace et du Roc,
parmi les cloches des bouées qui sombrent,
parmi les aboiements de la mer bleu-requin.

Ils rament, rament, rament – :
Ô Morts, ô Nageurs, en avant!
Ceci – encore entouré par les grilles des nasses!
Et demain notre Mer s'évapore!

43

Plage du Toulinguet[1]

Versammelt ist, was wir sahen,
zum Abschied von dir und von mir:
das Meer, das uns Nächte an Land warf,
der Sand, der sie mit uns durchflogen,
das rostrote Heidekraut droben,
darin die Welt uns geschah.

Est réuni ce que nous vîmes,
pour nous dire adieu, à toi et à moi:
la mer qui nous jeta *les nuits* sur terre,
le sable, qui *les* parcourut à nos côtés,
la bruyère rouge-rouille là-haut,
dans laquelle le monde nous advint.

[Herbst 1954]

der Abschied – les adieux / sammeln – réunir, rassembler / werfen – jeter / an Land werfen – jeter à terre / droben – dort oben = là-haut / der Rost – la rouille / rostrot – rouge-rouille / darin – là-dedans où / geschehen – advenir, arriver
[von der Hand Gisèle Celan-Lestranges:] die Heide = la lande / das Kraut = l'herbe

44

Leicht willst du sein und ein Schwimmer
im dunklen, im trunkenen Meer:
so gib ihm den Tropfen zu trinken,
darin du dich nächtens gespiegelt,
den Wein deiner Seele im Aug.

Dunkler dein Meer nun, trunken:
menschengleich Tümmler und Hai!
Leicht willst du sein und ein Vogel –
auch oben ist Erde wie hier.

[Paris, 20.? 11. 1954]

trunken – *ivre* / der Tropfen – la goutte / nächtens – nachts / sich spiegeln – se regarder dans un miroir, se refléter / gleich – ressemblant à / menschengleich – comme des humains / der Hai, -e – le requin / der Tümmler *[Übersetzung fehlt]* (sich) tummeln – s'agiter

45

[Paris, Dezember 1954 – Januar 1955?¹]

Viel-Strähne,
 es ist halb fünf, ich breche auf. Dupêcher hat mir die Quittung nicht geben können², aber ich fahre trotzdem hin. Ich bin sicher, daß alles gut ablaufen wird.
 Und Sie? Machen Sie sich nichts draus, wenn dieser Dummkopf von F.³ wieder einmal gezeigt hat, wer er ist.
 Eines Tages werden wir nur Menschen sehen wie Char⁴.
 Und ich werde immer da sein, um Sie zu lieben.
 Bis nachher!

*i*⁵

46

[Stuttgart, 23. 1. 1955, *Telegramm*]

Herzlichen Glückwunsch zum Jahrestag ma chérie herzlichen Glückwunsch zum Jahrestag[1]

Paul

47

5, Rue de Lota[1]
Paris 16[e]

Sonntag, 23. Januar 1955.

Mein geliebter kleiner Mann,

Es ist kaum elf Uhr, und schon habe ich Nachrichten von Ihnen aus Stuttgart, was für eine Freude! Was für eine glückliche Erregung! Selbstverständlich denke ich seit dem Wachwerden (8 Uhr 30!...) an Sie, mein geliebter kleiner Mann. Ich erwartete Ihr Telegramm noch nicht so früh, und ich bin darüber sehr froh, sehr beruhigt – Auch Ihnen Glückwunsch zum Jahrestag, mon Amour, bei den Lenzens wird man ihn sicherlich schön mit Ihnen feiern, und ich freue mich darüber, daß Ihr erster Kontakt mit dem Land der mit ihnen ist.

Ich bin gestern abend gut nach Hause gekommen, Sie brauchen sich keine Gedanken zu machen, alles wird in Ihrer Abwesenheit gut klappen. Heute morgen habe ich ein wenig versucht, mein neues Leben zu organisieren, wie ich in Ihrer Abwesenheit arbeiten werde.

Ich habe mit dem Proust angefangen, den Sie mir gestern abend gekauft haben,[2] und ich bin wirklich froh, daß ich ihn habe. Es ist eine gute Lektüre für mich, und ich habe auch noch das »Tagebuch« von Kafka[3] auszulesen, und außerdem haben wir alle diese Chars[4], in die ich mich in den nächsten Tagen vertiefen und sie lesen und immer wieder lesen möchte. Sie sehen also, daß es keine Befürchtung gibt, daß ich mich langweile. Ich habe einen Entwurf für eine Radierung im Kopf, und ich habe viel Zeit vor mir und viel Platz, das muß genutzt werden, mon Amour chéri, und ich werde es natürlich so gut tun, wie mir möglich ist.

Entschuldigen Sie bitte wegen gestern abend, natürlich waren meine Tränen echt, Sie wissen doch, daß ich ein wenig traurig war,

Sie zu verlassen. Ihre Abreise ist so schnell gekommen, und bevor diese Dinge nicht Wirklichkeit werden, verstehe ich sie nicht richtig, und erst einige Stunden vorher und im Augenblick selbst begreife ich mit aller Intensität und ertrage es nicht. Verzeihen Sie mir und machen Sie sich keine Sorgen. Sie kennen mich, mein kleiner Mann, und Sie wissen auch, daß ich, soweit mir das möglich sein wird, in der Ruhe lebe, und daß ich auf Sie warten werde, glücklich über Ihre Rückkehr, die näherkommt.

Seien auch Sie, mon chéri, ruhig, schauen Sie genau und wissen Sie genau, was dort vorgeht, ohne indes die wahren Ausnahmen zu vergessen, die viele Dinge rechtfertigen, Sie wissen es. Leben Sie mit diesen. Sagen Sie den Lenzens, wie hübsch ihr kleiner Krug ist und wie er mir Gesellschaft leistet. Allen meinen Blumen geht es gut, die neuen und schönen Schneeglöckchen stehen auf meinem Tisch, ganz nahe bei mir.

 Ich liebe Sie und umarme Sie
         Gisèle Ihre Fifemme[5].

48

         Stuttgart
       Montag, 24. [1. 1955]

Almaviva, Kleiner-Pfirsich, meine Große-Liebe-groß,
 ich bin jetzt seit gestern in Stuttgart und fühle mich trotz allem ein wenig fremd und verloren. Die Lenzens waren am Bahnhof, wir haben die »Tramoué«[1] genommen, ich habe mich etwas frisch gemacht, dann Frühstück in ihrer bezaubernden, so gepflegten, so altmodischen, so anrührenden Wohnung. Ich habe den Eindruck, daß Lenz sehr krank ist, er hat mir lächelnd gesagt, er habe »einen kleinen Dachschaden«. Seine Frau sagt mir, daß er nicht allein schlafen darf. Ich weiß also nicht, ob ich lange bei ihnen bleiben werde, ich habe Angst, ich könnte ihnen lästig fallen. Gestern abend habe ich ihnen alle Gedichte[2] vorgelesen. Sie haben ihnen sehr gut gefallen, obwohl ich etwas monoton gelesen habe: ich hatte im Zug nicht schlafen können. Diskussion über mögliche »Titel« des Gedichtbandes. »Inselhin« gefällt ihnen, aber sie fürchten, daß dieser Titel nicht zugkräftig genug ist[3].

 Deine Radierung[4], die sie sehr mögen, hing vor meinen Augen an der Wand.

Ma chérie, wie geht es Ihnen? Haben Sie mein Telegramm rechtzeitig bekommen? Dieser Brief wird wahrscheinlich zwei lange Tage auf sich warten lassen.

Ma chérie, ich werde Ihnen hier nicht alles das wiederholen, was ich Ihnen vor meiner Abreise gesagt habe.

Ich liebe Sie, ma chérie, ich habe es eilig, wieder heimzukommen.

Hier erwartete mich ein Brief des Bürgermeisters von Esslingen[5]: er fragt mich, ob ich am 28. oder 29. ein paar Stunden mit ihnen verbringen kann. Vielleicht werde ich heute nachmittag hinfahren, um Näheres über meine Lesung zu erfahren[6].

Heute morgen, nachher, gehe ich zur D.V.A., von dort zu Schwedhelm in den Rundfunk[7].

Ich glaube, daß ich auf Düsseldorf verzichten werde, aber ich bin mir da noch nicht ganz sicher[8].

Ich bin heute morgen sehr früh aufgestanden (nachdem ich sehr *früh* gestern abend zu Bett gegangen bin), Lenz wird ins Büro[9] gehen, ich werde ihn dorthin begleiten.

Denken Sie an mich, ma chérie, denken Sie an sich.

Bald werde ich wieder bei Ihnen sein.

Ich liebe Sie

                      Kleiner-Ehemann

Schreiben Sie mir an die Adresse von Lenz.

In der Reihe der neueren deutschen Bücher werden Sie »Das Exemplar« von *Annette Kolb*[10] finden; es ist ein Buch mit einer Autorenwidmung, ich lege keinen besonderen Wert darauf, aber Lenz würde es eine ungeheure Freude machen, es zu besitzen. Können Sie es verpacken und mit der Post (als Drucksache) an seine Adresse schicken? Danke, mon amour chéri.

49

[Stuttgart, 27. 1. 1955, *Telegramm*]

Ich denke viel an Sie ma chérie bis bald

                                Paul

50

[Stuttgart] *Freitag* [28. 1. 1955]

Ma Chérie, ich habe Sie drei Tage lang ohne Nachrichten gelassen, aus dem einzigen Grund, weil es mir nicht gelang – und mir immer noch nicht gelingt –, innerhalb der übrigens mehr oder weniger banalen Eindrücke, die ich hier sammeln kann, klar zu sehen.

Ihr Brief gestern, in dem Sie mir schreiben, daß Sie sich geschnitten haben, hat mich sehr beunruhigt[1], und ich habe Ihnen ein Telegramm geschickt. Aber nein, ma chérie, Ihre Briefe langweilen mich nie, im Gegenteil. Sie sind in jeder Zeile gegenwärtig, voll und ganz, und ich liebe Sie und »wiederliebe« Sie in jedem Wort, das zu mir kommt. Wirklich. Meine geliebte kleine Frau. Meine große Liebe groß.

Ich möchte in der Lage sein, Ihnen alles zu berichten, was ich hier erlebe, doch diese Dinge bleiben noch im Zustand erster Eindrücke.

Am Tag nach meiner Ankunft habe ich Herrn Leippe gesehen, einen der Verlagsleiter[2], ein relativ junger und ziemlich gebildeter Mann, und ich habe ihm von der antisemitischen Kritik[3] erzählt. Seine Reaktion, ohne enttäuschend zu sein, ist nicht außergewöhnlich gewesen, allerdings stelle ich allmählich fest, daß die Resignation fast der wichtigste Gesichtspunkt im Verhalten der Leute ist, die nicht des Nazismus verdächtigt werden können. Eine ähnliche Reaktion, wenige Stunden später, bei Dr. Mühlberger[4] in Esslingen, wo ich hingefahren war – es ist zwanzig Minuten von hier weg –, um alle dortigen Verabredungen festzulegen. Man muß etwas tun: das ungefähr hat er zu mir gesagt, in einem Ton echter Empörung, doch ohne den Willen zu handeln. Sie haben das inkriminierte Buch bestellt, um in einer Besprechung ihrer Zeitung darauf zu antworten. Werden sie es wirklich tun?

Der Bürgermeister von Esslingen und seine Frau haben mich für morgen, Samstag, zum Abendessen eingeladen; am Sonntag abend eine andere Einladung in Esslingen, bei Herrn und Frau Bechtle, dem Verleger, wo auch ein junger deutscher Dichter anwesend sein wird, Heinz Piontek[5]. Montag abend, Lesung in Esslingen[6].

Hier, bei den Lenzens, habe ich Eisenreich[7] und Helmut Braem, einen jungen Kritiker, kennengelernt. Gestern habe ich Schwedhelm gesehen, auch er empört über die beiden Kritiken[8], die ich ihm gezeigt habe. Allmählich ermüdet mich das alles ein wenig, vor allem, weil ich mich immer wieder die gleichen Worte sagen höre. »Eine weitergesagte Behauptung ist niemals wahr«, habe ich in dem

Proust gelesen, den ich den Lenzens mitgebracht habe[9]. (Sie waren entzückt über alle Geschenke[10].)

Ma chérie, öffnen Sie doch die Briefe, die Sie mir nachschicken! In einem von ihnen, dem aus München, schlägt man mir vor, eine Anthologie der zeitgenössichen französischen Poesie zusammenzustellen – das ist ziemlich verlockend, und ich glaube, Sie sähen es gern, wenn ich annehme[11]. Schade, daß ich nicht für einen halben Tag nach München fahren kann, um über alles mündlich zu verhandeln, was immer das beste ist.

Herr Leippe, einer der Verlagsleiter der D. V. A., schlägt mir vor, meinen Gedichtband im Herbst herauszubringen, was ziemlich normal ist, ich werde aber versuchen, daß er schon zu Ostern erscheint, damit ich ihn los und damit freier bin. Was das Honorar angeht, so läßt es sich nicht besonders toll an, doch die meisten Leute raten mir, trotz allem bei der D. V. A. zu bleiben, und wäre es auch nur noch für diesen zweiten Gedichtband[12]. Leippe ist nach Paris gefahren, und ich werde am Montag Herrn Müller sehen, den anderen Verlagsleiter, der mir konkretere Angebote machen wird; ich werde nichts überstürzt annehmen[13].

Eigentlich habe ich wenig Lust, nach Düsseldorf zu fahren, aber Schroers wird bestimmt gekränkt sein, wenn ich nicht komme. Wenn ich hinfahre, dann am Mittwoch, und ich werde höchstens zwei Tage bleiben. Von dort aus werde ich noch nach Baden-Baden fahren, von wo ich die Heimreise nach Paris antreten werde. Ich werde also am 7. zurück sein.

Mon amour, geben Sie auf sich acht. Ist die Schnittwunde wirklich nicht besorgniserregend? Bitte sagen Sie es mir unumwunden! Und machen Sie sich keine Gedanken wegen der Schwierigkeiten, die Sie hinsichtlich der Ausstellung[14] haben könnten: Ihre Radierungen sind sehr-sehr schön, glauben Sie mir, und es ist undenkbar, daß sie nicht ihren Weg finden werden. Den ihren: den unseren. Wirklich.

Heute morgen habe ich mich auf die Suche nach den Instrumenten gemacht (Wiege usw.)[15] – leider ohne Erfolg. (Was den Plattenspieler angeht, so muß darauf Zoll gezahlt werden . . .)

Mon amour chéri, warten Sie in aller Ruhe auf mich, ohne sich irgendwelche Sorge zu machen. Denken Sie an Almaviva, die ich liebe und die ich immer immer immer lieben werde

Ihr kleiner Ehemann

51

5 Rue de Lota
Paris 16ᵉ

Samstag [29. 1. 1955] 1 Uhr.

Mein geliebter kleiner Mann,

Nur ein paar Zeilen, damit ein Brief von hier zu Ihnen geht und Ihnen, mon Amour, von meiner Freude darüber erzählt zu spüren, wie die Tage dahingehen, und zu wissen, daß Ihre Rückkehr näherkommt. Sie schreiben mir nicht viel, kleiner Mann, aber Ihr Telegramm ist noch nicht sehr fern, und ich mache mir keine Sorgen, da ich verstehe, was für ein bewegtes Leben Sie führen müssen bei so vielen Verabredungen und so vielen Dingen, die zu tun sind.

Ich hätte gern gewußt, wann Sie in Esslingen lesen, um dann ganz besonders an Sie zu denken, und daß Sie wissen, daß auch ich Ihnen zuhören und nahe bei Ihnen sein kann. Ich weiß auch noch nichts über Ihre Unterredung mit der D.V.A., so wenig wie über die vom Sonntag – Mon Amour, gestern abend bekam ich einen langen Brief von Ihnen, und selbstverständlich war ich sehr froh darüber. Danke für diese Nachrichten. Es gab auch, und das zum zweitenmal, einen Prospekt des Österreichischen Kulturinstituts, den ich Ihnen mitschicke, den Brief von Luchterhand[1], und außerdem einen Gedichtband von Cocteau: »Clair obscur«, den Ihnen Kurt Desch aus München schickt[2]. Ich denke, daß Sie Bescheid wissen oder daß ein Brief folgt. Auf jeden Fall behalte ich ihn hier, nicht wahr?

Chiva ist zum Mittagessen zu mir gekommen, das war besser so wegen meiner salzlosen Nahrung, ach! mein kleiner Mann, alles ist sehr schlecht, aber ich gewöhne mich ein wenig daran, selbst an das salzlose Brot, das noch schlechter ist als alles andere.

Ich habe ihn etwas später wieder getroffen bei Bella Brisel[3] – ihre Ausstellung hat mir nicht mißfallen, sie hat mich sogar ziemlich stark berührt, obgleich mir viele Dinge überhaupt nicht gefallen haben. Natürlich hat Chiva sofort ein neues Wiedersehen bei sich für Mittwoch abend organisiert. Ich habe sie alle beide ziemlich rührend gefunden. Sie sind mir sehr verloren vorgekommen[4], sehr verlassen in der Art ganz kleiner Vögel auf noch kleinerem Ast, der jeden Augenblick zu brechen droht – Sie ist schön, sehr schön, sympathisch, Du wirst sicherlich einen kleinen Stich, ein leichtes Kneifen in Deinem Herzen verspüren.

Dann habe ich einen großen Spaziergang nach Saint-Germain und zur Seine hin gemacht, es war ein richtiges berauschendes Frühlingswetter – und ich habe diesen Spaziergang sehr gemocht.

Haben Sie keine Angst wegen meines Fingers, die Wunde ist gewissermaßen wieder geschlossen, es hat mich wegen der Radierung sehr gestört, auch um mir die Hände zu waschen, das Geschirr zu spülen usw., aber es ist nur eine kleine Behinderung, die nicht dauern kann. Was das Albumin angeht, so wissen Sie ja, daß ich auf das Salz achte und daß das sehr schnell vorbeigehen wird, wie ich Ihnen schon sagte, ist das nur im Augenblick der Niederkunft[5] unangenehm, und ich habe genug Zeit, um es in Ordnung zu bringen. Der Arzt kommt am Dienstag zurück, ich werde ihn auf jeden Fall sofort anrufen, mache Dir also bitte keine Minute Gedanken deswegen.

Warum fahren Sie nicht nach München, wenn Sie meinen, daß das nützlich sein kann, natürlich freue ich mich über Ihre baldige Rückkehr, doch wenn das nützlich sein soll, mon Amour, zögern Sie nicht. Akzeptieren Sie von der D.V.A. nichts auf der Stelle, mon Amour. Ich denke bei allen diesen Schritten an Sie. Ich denke viel an Sie. Bis bald, mein geliebter kleiner Mann.

Ich umarme Sie mit der ganzen Liebe Ihrer

Almaviva.

52

[Stuttgart] Montag [31. 1. 1955], sieben Uhr früh

Mon amour, mon amour chéri, alle Dinge, denen ich hier begegne, scheinen mir im Augenblick fern zu sein: ich liebe Sie, ich liebe Sie, ja, und ich weiß, daß mir das genügt, daß meine ganze Existenz hierin ihren Seinsgrund findet. Gisèle, mon amour.

Ich schlafe schlecht hier: die menschliche Landschaft in diesem unglücklichen Land (das sich seines Unglücks nicht bewußt ist) ist höchst beklagenswert. Die seltenen Freunde, die wahren, sind enttäuscht, resigniert, entmutigt.

Heute abend werde ich ihnen die Gedichte vorlesen[1], über ihre Köpfe hinweg, und es wird ein wenig so sein, als wollte ich meinen Hörern jenseits ihrer selbst begegnen, in einer zweiten Wirklichkeit, die mein Geschenk an sie sein wird.

Anschließend wird die Rückkehr nahe sein. Ich habe keine Lust, nach Düsseldorf zu fahren, keine Lust, nach München[2] zu fahren. Ich werde, weil ich es ein wenig versprochen habe, in Baden-Baden haltmachen, das auf dem Rückweg liegt. Fünf, allerhöchstens sechs Tage, die hier noch zuzubringen sind.

Und Sie, mon amour? Wie geht es Ihnen? Ich habe es so eilig, Sie wiederzusehen, Sie mit meinen Armen zu umschlingen, ich habe es so nötig, in Ihre Augen zu schauen, Almaviva, meine Seele-die-lebt.

Verzeihen Sie mir, daß ich so wenig, so schlecht schreibe! Ich werde Ihnen alle Einzelheiten erzählen, seien Sie sicher.

Wir werden ein Zuhause finden, und wir werden dort vor vielen Dingen geschützt sein.[3]

Welch ein Glück für mich, daß ich Ihnen begegnet bin!

Denken Sie an mich, ma chérie, denken Sie an sich, nichts wird uns trennen können.

Ich liebe Sie

Ihr kleiner Pohät

[am Rand:] Ma chérie, ich bekomme gerade Ihren Brief vom Freitag: denken Sie an sich, mon amour, fragen Sie den Arzt, was gegen das Albumin[4] getan werden muß. Am Mittwoch werde ich für einen halben Tag nach München fahren, um Einzelheiten über die *Anthologie* zu erfahren[5]; das ist das einfachste. Ich werde Herrn Rosengarten erst am 4. in Baden-Baden[6] sehen können; am fünften werde ich wahrscheinlich bei Ihnen sein. Bis bald.

Schreiben Sie mir nicht mehr, denken Sie an mich!

53

Stuttgart, Dienstag [1. 2. 1955] –

Mon amour chéri, nur ein paar Zeilen, um Ihnen zu sagen, daß ich an Sie denke, immer an Sie. Dann, um Ihnen zu sagen, daß es sehr gut gelaufen ist, gestern abend bei der Lesung (in Esslingen): viele Leute, die mir aufmerksam zuhörten, am Ende ein wenig verzaubert[1]. Im Publikum eine gewisse Anzahl junger Dichter, darunter einer, Johannes Poethen (ein Freund von Saguer und Jean-Pierre Wilhelm[2]), der sich erboten hat, mir in Tübingen, das hier ganz in der Nähe liegt, das Hölderlin-Archiv zu zeigen: ich werde übermorgen für einen halben Tag hinfahren[3]. – Heute habe ich die »Verhandlungen« mit der D. V. A. begonnen: sie lassen sich sehr mühsam an, doch ich glaube, daß ich zu einem annehmbaren Resultat kommen werde. Sie drucken diesmal 2500 Exemplare[4]! Das Buch wird sicherlich vor Ostern erscheinen (aber es gibt noch Schwierigkeiten wegen des Titels: »Inselhin« ist verworfen worden, ich werde, mit einer gewissen Erfolgschance, wie ich glaube, auf »Argumentum e silentio« bestehen[5]).

Mon amour, wenn es von mir abhinge, würde ich morgen nach Paris zurückfahren; aber Baden-Baden ist für den vierten festgelegt, ich werde dort den Tag verbringen und dann, wie ich hoffe, den Nachtzug nehmen. Ich telegrafiere Ihnen im Laufe des Tages von dort.

Mon amour, mon amour chéri!

Ihr kleiner Ehemann

54

[Baden-Baden, 4. 2. 1955, *Telegramm*]

Ankomme morgen Samstag früh neun Uhr Gare Est

Paul

55

[London, 28. 2. 1955, *Telegramm*]

Bis bald ma chérie

Paul

56

[London, 1. 3. 1955]

Ma chérie, ich habe eine sehr guten Tag mit Klaus und Nani[1] verbracht. Ich habe ihnen gerade die Gedichte vorgelesen[2].

Wir denken an Sie. Ich hoffe, am Donnerstag abend wieder abzureisen, in zwei Tagen also.

Ich umarme Sie

Paul

57

[London, 2. 3. 1955, *Telegramm*]

Ankomme morgen Donnerstag 21 Uhr 44

                                                       Paul

58

So rag ich, steinern,
zu dir,
Hohe:

Vom Flugsand
ausgewaschen die beiden
Höhlen am Stirnsaum.
Eräugtes
Dunkel darin.

Durchpocht
von schweigsam geschwungenen Hämmern
die Stelle,
wo mich das Flügelaug streifte.
Dahinter,
ausgespart aus der Wand,
die Stufe, wo das Erinnerte hockt.
Hierher
rieselt, von Nächten belebt,
eine Stimme,
aus der du den Trunk schöpfst.

[7. 4. 1955]

Ainsi je me dresse / je suis dressé, de pierre / pierreux,
vers toi,
Haute.

Par du sable volant
érodés les deux

creux à la lisière du front.
Là-dedans,
des ténèbres aperçues. –

Traversé par les battements
de marteaux brandis muettement,
l'endroit
où me frôla l'œil ailé.
Derrière (cela),
dans la paroi,
la marche où s'accroupit le Souvenu.
Vers ici
ruisselle, animée par des nuits,
une voix,
dans laquelle tu puises (ce que tu bois) le breuvage.

59

[Widmung in Von Schwelle zu Schwelle[1]*:]*

    Für Sie, meine lebende Seele,
    meine Seele-die-lebt[2],
    auf dem weit geöffneten Weg
    unseres Eric

          Paul

  Paris, den 20. Juni 1955[3].

60

[Widmungen in Von Schwelle zu Schwelle*:]*

[auf dem Vorsatzblatt:]

  *1
        Eric Celan

[unter dem Schmutztitel:]

Für Eric,
unseren Sohn,
für seine auf das Leben geöffneten Augen
Sein Vater, nahe bei seiner Mutter

Paris, den 29. Juni 1955

61

[Paris, Sommer-Herbst 1955[1]]

Guten Abend, ma Chérie, guten Abend in unserem Zuhause.
Morgen werde ich da sein, seien Sie geduldig.
Umarmen Sie den Sohn, wenn Sie nachsehen, ob er sich nicht aufgedeckt hat.
Ich liebe Sie von ganzem Herzen

Paul

62

[Paris] Gare du Nord [23. 9. 1955[1]], 10 Uhr zehn –

Mein großes Engelchen groß!
Ich bin jetzt am Bahnhof, die Fahrkarte in der Tasche, und warte auf den Zug...
Mon amour, wie könnte ich lange abwesend bleiben, wo doch mein ganzes Sein in Ihre Seele eintaucht, dieweil Ihre Augen wieder einmal für mich übergeflossen sind –
Ich habe es eilig, heimzukommen, um Sie an der Seite unseres Sohnes zu finden, der bald merken wird, daß er inmitten unserer für immer vereinten Herzen lebt –
Bis sehr bald, mon amour!

Paul

63
               [Düsseldorf, 24. 9. 1955, *Telegramm*]
Guten Tag kleines Zweiglein guten Tag Strähnchen
                                                  Paul

64
                              [Paris] Samstag [24. 9. 1955]
Mein geliebter kleiner Mann,
  Schon ein Brief und das Telegramm, von ganzem Herzen Dank. Ich fühle mich Ihnen ganz nahe, ich warte auf Sie, ich lebe mit Ihnen, ich liebe Ihren Sohn mit Ihnen. Er ist immer da, beruhigend und still. Was für eine große Freude, daß wir ihn so ständig bei uns haben! Das Haus ist nicht allzuleer. Strähnchen, dem ich die »Grüße« seines Vaters ausgerichtet habe, hat viel gelächelt und ist sehr glücklich, ich hoffe, daß er viele Jahre lang glücklich sein wird und daß wir ihm das Glück zu geben vermögen, das wir wünschen.
  Mon Amour, ich schreibe Ihnen nur wenige Zeilen, und ich schicke Ihnen den Brief aus Wuppertal[1], ich hoffe, daß diese Änderung des Datums Ihre Pläne nicht allzusehr durcheinanderbringen wird und daß Sie ihn rechtzeitig bekommen.
  Mon Aimé, passen Sie gut auf sich auf, sprechen Sie viel deutsch, entdecken Sie neue Dichter, neue Menschen, seien Sie nicht allzustreng zu Ihren Freunden, und denken Sie ein wenig an Ihre Strähne-und-Strähnchen, die ganz nahe bei Ihnen leben und die Sie lieben.
  Sie umarmen Sie. Sie umarmen Sie. Sie sind so glücklich, daß sie Sie haben, daß sie das Recht haben, Sie zu lieben und auf Sie zu warten. In der großen Freude auf Ihre Rückkehr und darauf, Sie mit uns zu wissen
                                      Strähneundsträhnchen.

65

Köln, Samstag [24. 9. 1955], 3 Uhr

Ma Chérie, meine große Seele!

Ich bin heute morgen in Düsseldorf angekommen, weil aber Schroers nicht gekommen war, um mich abzuholen, habe ich Jean-Pierre angerufen, der mich sofort mit dem Auto (gefahren von einem seiner »Freunde«, einem jungen Bildhauer[1]) abholen kam, um mich zu Schroers zu bringen ... der übers Wochenende weggefahren war. Ich bin sehr freundlich vom Dienstmädchen empfangen worden, das über meine Ankunft Bescheid wußte, ich habe mich frischgemacht, mich rasiert, habe einen guten Kaffee getrunken, habe den grauen Anzug aufgehängt und bin wieder zu Jean-Pierre gegangen, der eine sehr hübsche kleine Wohnung hat, in der, unter anderem, auch ein Plattenspieler steht, auf dem er mir eine Platte mit ... Léo Ferré[2] vorgespielt hat. – Da Schroers erst morgen zurückkommt, bin ich auf den Gedanken gekommen, Schallück anzurufen (ich hatte nicht die Geduld, den Nachmittag mit J.-P. zu verbringen) – und nun bin ich im Augenblick in Köln angekommen, wo ich wahrscheinlich die Nacht bei den Schallücks verbringen werde.

———

Mon amour, wie geht es Ihnen heute, wie geht es unserem Sohn? Das ist alles, was ich mir an Wahrem und Erfreulichem sagen kann, und wieder ein Tag weniger, an dem ich fern von Ihnen bin. – Die Gesichter, die ich hier sehe, sind nicht gerade die eines hölderlinschen Volkes ...

Aber es geht mir gut, wenn ich an Sie denke, an Euch beide, zu denen ich gehöre.

Ich umarme Sie, ma Chérie
Seidelbast[3]

66

29 bis Rue de Montevideo[1]
Paris 16ᵉ

Sonntag abend, 25. September [1955]

Guten Abend, mein geliebter kleiner Ehemann,
Ihrem Sohn geht es sehr gut, er fühlt sich ein bißchen verloren durch die Änderung seines Stundenplans und seiner Essenszeit, gestern ist er die ganze Zeit über wachgeworden, der Ärmste verstand gar nichts mehr, und er war sehr unglücklich, aber schon heute geht es besser, schlau, wie er ist, hat er schon begriffen, daß es darum geht, etwas mehr zu trinken und etwas länger warten zu können. Er ist wunderbar.

Wir haben beide einen riesigen Spaziergang in den Bois de Boulogne gemacht, wir haben uns sogar verirrt, und wir sind eine ganze Weile im Kreis gelaufen. Mit meinem Orientierungssinn bin ich im Kreis gelaufen und immer wieder an derselben Stelle herausgekommen, aber Eric war entzückt, die Augen weit geöffnet, hat er sich alles angesehen, was vorging, und darüber mußte er ganz allein für sich lachen. Auch gestern hatten wir einen großen Spaziergang gemacht, es war so schönes Wetter, und weil Marie-Thérèse da war, war es natürlich völlig unmöglich, daß er morgens[2] etwas von der Sonne abbekam. Und jetzt haben wir Regen, er fällt seit mehreren Stunden von einem warmen, tiefhängenden Himmel.

In der Synagoge scheinen alle sehr aufgeregt zu sein, es ist ein ständiges Kommen und Gehen, die Frommen kommen jeden Augenblick in prächtigen Autos, sehr katholisch! Man singt, man psalmodiert, man scheint auch zu schreien, in die Hände zu klatschen, vielleicht zu tanzen, und man schwatzt, man schwatzt ungefähr so wie nach dem Hochamt in Saint-Honoré d'Eylau[3]. Es ist einfach entsetzlich und gefährdet ernstlich den Schlaf unseres geliebten Sohnes.

Wie Du vermutet hast, sind es die Feste zum neuen Jahr. In diesem Zusammenhang, Du hast aus Palästina eine Karte bekommen, von Ezriel Schrager, der Dir ein gutes und glückliches neues Jahr wünscht[4].

Mon Aimé, ich höre auf mit den Geräuschen der Straße.
Sie können, was das Los Ihrer Frau angeht, vollkommen beruhigt sein, Ihr Sohn wacht über sie und regelt ihr Leben, er gibt ihr Freude und Arbeit, er erzählt ihr von seinem Vater, dieser kleine Sie selber,

den Sie mir dagelassen haben, eine leichte Last, eine glückliche Last, für die ich Ihnen nie genug danken kann.

Ich habe das Buch von Wallon[5] angefangen, es ist sehr interessant, es erklärt rational, ein wenig zu rational, die Aufeinanderfolge der Ideen und Bilder im Denken des Kindes. Es ist so voller Poesie. Das wird wunderbar sein, wenn Eric anfängt, uns das Warum und das Wie der Dinge zu erklären, er wird sicherlich auf alles eine Antwort haben, aber wir?? Werden wir eine Antwort auf alle seine Besorgnisse haben?

Mon chéri aimé, ich habe es eilig zu erfahren, wie Ihre ersten Eindrücke sind, wie es Ihrer Sprache geht, wen Sie sehen, wie die Leute sind, die Freunde, die neuen Begegnungen, ich habe es eilig, denn ich habe es immer eilig zu erfahren, was Ihnen widerfährt, aber ich weiß, daß es nicht lange dauern wird, bis Sie alles das mit mir teilen, was augenblicklich Ihr Leben ausmacht. Ich bin sehr ruhig, mon Amour, Sie müssen mir meine Schwächen beim Abschiednehmen verzeihen, es kommt zwar sehr selten vor, aber es ist immer sehr hart, verzeihen Sie mir, es wird wahrscheinlich immer furchtbar bleiben, Sie zu verlassen, selbst für sehr kurze Zeit, aber ich weiß genau, daß es nicht schlimm ist, daß es für Sie sogar gut ist, für mich vielleicht auch. Ich liebe Sie, mon Amour, mein Ehemann, kleiner Vater von Eric.

Ich schicke Ihnen sein leises Wiehern von 10 Uhr 10, Ankündigung eines baldigen Erwachens, auf das ich mit Freuden achten werde, um ihm von Ihnen zu erzählen.

Ich umarme Sie, mon chéri aimé

Maya
Ihre

67

Düsseldorf, *Montag* [26. 9. 1955]

Mon amour chéri, wie geht es Ihnen, wie geht es unserem Sohn? Oh, ich kann es kaum erwarten, wieder bei Euch zu sein, ich fühle mich so fremd und verloren in diesem Land, in dem man sonderbarerweise die Sprache spricht, die meine Mutter mich gelehrt hat...[1]

Ich bin am Samstag nicht in Köln geblieben, Schallück und seine Frau waren gerade aus den Ferien zurückgekommen, erwarteten Freunde, und ich hatte meinen Schlafanzug usw. in Düsseldorf gelassen. Zum andern kam es mir vor, als herrschte bei ihnen ein wenig dicke Luft, ich habe also nur einen kurzen Besuch gemacht, bin zu einem anderen, noch kürzeren Besuch zu ihren Nachbarn, den Eichs(-Aichinger)[2] gegangen und dann ein wenig durch die Straßen Kölns spaziert, wo es mir passiert ist, daß ich in den Schaufenstern der Buchhandlungen meine Gedichte gesehen habe...[3]

Gestern habe ich bis in die Puppen geschlafen (fast bis Mittag), habe wieder diesen langweiligen J.-P.[4] aufgesucht, bin um 4 Uhr heimgekommen: die Schroers waren ebenfalls gerade heimgekommen. Frau S. dankt Dir vielmals für den Seidenschal (meiner Meinung nach viel zu schön für sie...). Diskussionen, ohne besondere Bedeutung, Schroers hat mir zwei seiner Erzählungen[5] vorgelesen, die ich nicht phantastisch gefunden habe, wir haben den guten französischen Cognac getrunken, aber ich habe das Gefühl gehabt, daß es mir schwerfallen wird, in den kommenden Tagen die Zeit auszufüllen. Die Lesungen finden erst am 29. und 30.[6] statt, das ist weit weg, die Zeit kommt mir ziemlich leer vor. Wahrscheinlich werde ich am 31. nach Stuttgart fahren, um am 1. wieder Richtung Basel aufzubrechen. Denn soviel ist sicher, dieses Land gefällt mir nicht. Es ist merkwürdig, aber ich habe den Eindruck, daß alle diese Sprachprobleme, die sich mir stellten, im Grunde sehr nebensächlich sind...

Ma chérie, ich hoffe, daß mich heute abend ein Brief erwarten wird: hier wie überall braucht mein Leben Ihre Gegenwart, um wahr und das meine zu sein.

Umarmen Sie unseren Sohn, nehmen Sie ihn ein wenig in die Arme, verwöhnen Sie ihn ein wenig an meiner Stelle – und verwöhnen Sie seine Mutter.

                Mein Herz gibt Ihnen tausend Zeichen

                              Paul

68

29 bis Rue de Montevideo
Paris 16ᵉ

Dienstag [27. 9. 1955]

Mon Amour chéri,

Ich mag sie nicht allzusehr, diese Tage ohne Sie, nicht etwa, daß sie mir lang vorkommen, Ihr Sohn übernimmt es schon, sie auszufüllen, sondern weil Sie mich so wunderbar an Ihre Gegenwart gewöhnt haben, daß es mich schon einige Mühe kostet, fern von Ihnen zu sein. Aber hier läuft alles bestens, Sie brauchen sich keine Gedanken zu machen. Geben Sie zu, daß es ein angenehmer Gedanke ist zu wissen, daß wir zwei sind, die auf Sie warten; auch für mich ist es leichter, bei Eric zu sein. Er ist so nett zu mir.

Wie Du mag er »Es war einmal ein kleines Schiff«, und auch sehr »Wenn der König mir gegeben hätte«. Statt russisch hört er französisch![1]

Ich mußte auf einen Sprung zur Bank, und nach mancherlei Ermahnungen habe ich Eric hier bei der Concierge gelassen und bin für einenhalb Stunden von ihm fortgeflogen. Ich muß gestehen, daß ich keine Ruhe hatte und daß ich zwei Taxis genommen habe. Er war nicht ein einziges Mal wach geworden und schlief seinen Schlaf eines »Engelchens klein«. Paris schien mir sehr in Form zu sein unter einer blassen Sonne und einem Himmel voller dicker grauer Wolken: die Kastanienbäume rotbraun und streng, verjüngt durch Blüten, wie wir sie lieben.[2] Die Place de la Concorde großartiger denn je unter einem eintönigen Graublau und im Jardin de Tuileries dieser so bizarre Doppelbaum. Wie sehr ich Paris seit Ihnen liebe! Sie haben mich gelehrt, es zu lieben.

Ich umarme Sie, wie ich Sie liebe

Gisèle.

Ihre Mayuschka.

Etwas später, mit Ihren Worten, auf die zu warten so süß ist.

Mon chéri, ich habe dem Sohn Ihre Nachricht bestellt, er war so glücklich, er lachte, lachte von ganzem Herzen, und als ich ihn alleingelassen habe, hat er immer noch gelacht. Sie können sich gar nicht vorstellen, wie nett er ist. Seine Wangen werden immer runder, aber sein Lächeln und seine Blicke immer ausdrucksvoller.

Nach den Fläschchen kostet es Mühe, ihn ins Bett zu bringen,

und ich verspreche Dir, daß ich Dich wirklich ersetze, ich glaube, Du hast nichts zu befürchten, er wickelt mich so leicht um den Finger, er ist unwiderstehlich, es macht Freude zu sehen, wie lebensfroh er ist – oft bleibt er wach, lacht allein vor sich hin, er ist so brav! Ich liebe ihn sehr. Immer mehr. Meinen Sohn von Dir. Was für ein Glück ich habe!
Ich liebe Sie, mein geliebter kleiner Mann.
Auf sehr sehr bald.

Ihre kleine Strähne.

69

D[üsseldorf], Mittwoch[1] [28. 9. 1955], drei Uhr

Mon amour chéri, mein großes Engelchen groß,
 gestern abend habe ich Ihren zweiten Brief bekommen: ich bin so glücklich zu erfahren, daß alles in Ordnung ist, daß Ihr Sohn Sie im Verlaufe Ihrer langen Spaziergänge auch weiterhin anlächelt! Je länger ich hier bin, um so deutlicher weiß ich, daß es nur einen einzigen Ort gibt, an dem ich wirklich leben kann: bei Ihnen und unserem Sohn, in Paris.
 Morgen ist die erste Lesung, in Wuppertal, übermorgen werde ich hier lesen, und am Tag darauf werde ich anfangen, zu Ihnen, nach Hause, zurückzukommen. Wenn es etwas gibt, was dieser Aufenthalt mich einmal mehr gelehrt hat, so ist es dies: die Sprache, mit der ich meine Gedichte mache, hat in nichts etwas mit der zu tun, die hier oder anderswo gesprochen wird, meine Ängste in dieser Hinsicht, genährt durch meine Schwierigkeiten als Übersetzer, sind gegenstandslos. Wenn es noch Quellen gibt, aus denen neue Gedichte (oder Prosa) hervorsprudeln könnten, so werde ich sie nur in mir selber finden und nicht etwa in den Gesprächen, die ich in Deutschland mit Deutschen auf Deutsch führen könnte.
 Dieses Land, ich mag es überhaupt nicht. Ich finde die Leute erbärmlich. Natürlich gibt es Ausnahmen, doch sie sind selten, und um sie zu treffen, brauche ich mich nicht in Deutschland aufzuhalten.
 Sie sagen mir, ich soll nicht zu streng zu meinen Freunden sein, ich versuche, diesen Rat zu befolgen, aber ich komme nicht umhin festzustellen, in welchem Maße einige von ihnen kleinlich und schäbig sind. Die Unreinheiten sind wirklich zu zahlreich, als daß man sie übersehen könnte.

Meine Tage sind ziemlich leer. Gestern abend habe ich bei Jean-Pierre Wilhelm die Bekanntschaft eines Dichters, Emil Barth[2], den ich dem Namen nach vage kannte, und eines katholischen Autors gemacht, Warnach, von dem mir Schroers, ebenfalls anwesend, sagte, daß er von eher zweifelhafter und fragwürdiger Art sei[3]. Das ist alles ziemlich gut abgelaufen, doch im Grunde ist trotz all der geistreichen Worte nichts Wichtiges gesagt worden.

Um acht Uhr sind wir, das heißt, ich, J.-Pierre und Schroers (der sich uns angeschlossen hatte), zu Frau de La Motte gegangen. Das ist eine alte Dame, sehr alert, sehr direkt, die mich übrigens wie einen Fürsten empfangen hat: Champagner, Weine usw. Wir haben wahrscheinlich zu viel getrunken, schon bei J.-P. hatten wir eine Flasche Cognac geleert, diese Diskussion mit Frau La Motte und ihren beiden Söhnen (der zweite ist Musiker)[4] war auch weiterhin von der Art wie die, die ihr vorausgegangen war.

Um drei Uhr morgens heimgekommen, habe ich bis elf Uhr geschlafen. Jetzt sitze ich, nach dem Mittagessen und einem Spaziergang von der langweiligen Art im Zentrum Düsseldorfs, in einem Café, wo ich Ihnen diesen Brief schreibe. Heute abend werde ich, umgeben von denselben Personen wie gestern (Schroers, Wilhelm und Frau Schroers), eine Art Kabarett besuchen, das als das beste Deutschlands gilt[5].

Mit einem Wort: ich fühle mich nicht allzu schlecht, doch ich langweile mich.

Außerdem ärgert es mich, daß ich nicht vorausgesehen habe, daß meine Ankunft in Stuttgart auf einen Samstag fällt und ich bis Montag morgen warten muß, um den Verleger zu sehen[6].

Montag abend werde ich nach Basel fahren, Mittwoch, spätestens Donnerstag werde ich bei Ihnen sein, bei Ihnen, bei Ihnen. Bei Ihnen und Ihrem Sohn. Denn wenn ich reise, dann ist es nur, um besser zu Ihnen zurückzukommen.

    Küssen Sie unseren Sohn, mon amour.
      Für immer der Ihre

                                        Paul

70

[Düsseldorf?] Samstag [1. 10. 1955], sechs Uhr früh

Mon amour chéri, meine Seele, Sie haben mich gestern verwöhnt: drei Briefe[1]! Danke, kleine Strähne, für die guten Nachrichten: ich glaube, daß ich hier endgültig begriffen habe, wie sehr unser Sohn in meinem Leben gegenwärtig ist, wie sehr unsere Liebe bereit ist, ihn in ihrem Herzen aufzunehmen, wie bestimmt er bereits in seinem Lebensdrang ist.

Ma chérie, die Lesungen sind sehr gut verlaufen, es waren nicht allzuviele Leute da, gerade soviele, um zwei kleine Räume zu füllen, aber ich glaube, daß ich unter all den Wohlwollenden (die immer das Gros des Publikums ausmachen) einige andere, mehr dem Wesentlichen Zugeneigte, habe erreichen können[2].

In Wuppertal bin ich von einem Herrn eingeladen worden, der eine große Gemäldesammlung[3] (darunter Klee) besitzt, es war, in einem Haus, das allzu prächtig mit Kunst gefüllt war, eine Unterhaltung, zu der ich, so gut ich konnte, beigetragen habe.

Gestern gab es nach der Lesung wieder einen Empfang bei Frau La Motte, mit vielen Leuten und wenig Kontakt.

Und nun liege ich um sechs Uhr früh wach in meinem Bett – ich nehme den Zug um halb acht nach Stuttgart, von wo ich am Montag nachmittag weiterreisen werde (nach Basel).

Ich bin so glücklich, wieder zu Ihnen zurückzukehren, mon amour, zu Euch zurückzukehren, zu Ihnen und unserem Sohn. Vorhin habe ich geträumt, ich sei weit fort von Ihnen, in Rumänien, hätte keine Möglichkeit, Ihnen zu schreiben, aber dann habe ich Sie wiedergefunden – wie hätte ich Sie auch nicht wiederfinden können?

– Ich komme zu Ihnen,
wie immer
P.

[am Rand:] Schreiben Sie mir nicht mehr, ma chérie, ich komme, mir alle Ihre Worte, all Ihr Schweigen holen.

Umarmen Sie meinen Sohn, umarmen Sie Ihren Sohn

71

[Stuttgart, 3. 10. 1955, *Telegramm*]

Bis morgen Dienstag ma chérie

Paul

72

Montevideo – Paris,

Sonntag [29. 4. 1956]

Mon Chéri,

»Les gens ne vous traitent jamais bien selon ce que vous êtes, mais toujours selon ce qu'ils sont.«

»Nous devons beaucoup à tous ceux qui par l'oppression de leur présence nous ont appris à savourer la solitude« dixit Reverdy, in diesem schönen Buch[1], das ich, wenn Eric es mir erlaubt, nicht aus der Hand lege.

Alles läuft gut, aber Milimili hat große Mühe, sich an den Pariser Lärm zu gewöhnen. Die Autos wecken ihn, und Du weißt, wie unausstehlich er sein kann, wenn er Schlaf hat.

Es hat mir sehr leid getan, daß ich heute morgen Ihren Anruf verpaßt habe. Ich warte voller Ungeduld auf den abendlichen Anruf.

Wir umarmen Sie, mon Amour.

Eric.   Gisèle.

Noch von demselben:

»Dans le calme du soir, les poissons sautent hors de l'eau. Ils plongent dans l'air. Ils se baignent.«[2]

73

[Avallon, 30. 4. 1956]

Nach einem sehr schönen Ausflug nach Montréal und Fontenay, aus Avallon[1], um etwas früher da zu sein

Paul[2]

74

[Paris, Sommer 1956?[1]]

Mein geliebter kleiner Ehemann,
 Gute Rückkehr in unser Heim! Ich hoffe, daß Sie Ihr Buch[2] bekommen haben und daß man Sie nicht allzu lange hat warten lassen.
 Arbeiten Sie gut, mon aimé, und vor allem quälen Sie sich nicht allzusehr wegen dieser verdammten Übersetzung[3] –
 Ich wäre gern dagewesen, um Sie sofort nach Ihrer Rückkehr in die Arme zu nehmen, schauen Sie unsere Blumen an, sie werden es an meiner Stelle tun, ich habe es ihnen gesagt.
 Bis sehr bald

Ihre Maya
immer Ihre.

75

[Paris, 11. 8. 1956]

Nur ein paar Zeilen, mon amour, um Ihnen für all das zu danken, was Sie sind –
 Ich sitze hier, nachdem ich an den Seinequais herumgestöbert habe, unter »meiner« Uhr vom Quai de la Tournelle (ich erfahre gerade, daß er so heißt), mit zwei kleinen Büchern in der Tasche, »Nous deux encore« von Michaux und »Le Merveilleux« von Pierre Mabille[1], einen Kaffee vor mir (und keine Zigaretten!) und mein Herz von seinen beiden Seiten mit Ihrer Gegenwart bekleidet.

Bis bald, mon amour
P.

76

Le Moulin
Rochefort-en-Yvelines
(Seine-et-Oise)

13. August 1956.

Mon Amour chéri,
 Ich warte ungeduldig darauf, etwas Näheres über den Brief von Klaus zu erfahren, der nur Befürchtungen bei mir hinterlassen hat. Ich bin sicher und Du ebenfalls, daß sein guter Wille nicht in Zwei-

fel gezogen werden kann, doch warum begreift er nicht? Ist es zu fassen? Die Geschichte scheint sich durch diesen guten Willen komplizieren zu wollen und wird für Dich noch schwerer zu regeln sein. Warum Dir auf diese Weise die Situation noch komplizieren? Warum muß es Klaus sein, der sie so ungeschickt durcheinanderbringt[1].

Ich hoffe, daß ich mich irre, ich hoffe, daß Du mich morgen beruhigen kannst, daß die Schritte, die er unternommen hat, nicht allzu schwerwiegend ungeschickt sind.

Diese ganze häßliche Geschichte verfolgt mich, beunruhigt mich und bringt mich zur Verzweiflung – Ich möchte so sehr, daß in dieser Welt ungeheuerlicher Bosheit die Guten, die Wahren es schaffen, nicht zu enttäuschen. Ich möchte ihnen die einzig möglichen Reaktionen auf eine solche Affäre eingeben können. Wieso sprudeln sie nicht sofort empor? Warum muß man so lange warten, nachdenken? Man antwortet umgehend, ob in Urlaub oder nicht, und das energisch, wenn es sich um so ernste Dinge handelt –

Mon Amour, ich möchte Ihnen so sehr ein wenig helfen können. Verzeihen Sie mir, daß ich es nicht zu tun vermag, daß ich nur ein Zeuge all dessen bin, was Sie gerade erleben. Warum kann ich nichts anderes tun, als Sie mit sich selber ganz allein zu lassen? Es wäre ein schönes Leben für mich, könnte ich Ihnen ein wenig von Ihrem Schmerz abnehmen, so daß es für Sie wirklich eine Entlastung wäre, aber ich sehe schon, daß mir das nicht gelingt, daß Sie diesen Schmerz, der nicht aufhören will, Sie niederzudrücken, ganz allein tragen und in sich hineinfressen. Und dabei haben Sie doch schon einstecken müssen?

Ich denke unaufhörlich an Sie, ich mache mir Gedanken um Sie, ich denke an die gleichen Dinge wie Sie, unsere ständigen Sorgen sind doch die gleichen, nicht wahr?

Ihr Sohn ist wunderbar lieb, er macht große Anstrengungen zum Laufen, aber ich helfe ihm nicht dabei, er ist immerhin ziemlich rundlich, und wenn er zu schwer ist für seine Beine, dann ist es mir lieber, wenn er noch ein paar Wochen wartet.

Die Leute hier sind mir völlig gleichgültig. Ich finde sie sehr geschmacklos, aber auch ganz ganz besonders dumm. Die Schwester von Christian[2] ist ebenfalls angekommen. Sie ist ein armes, unglückliches und ziemlich verrücktes Mädchen – Ich versichere Dir, daß Hannelore von allen noch die am wenigsten falsche und einigermaßen korrekt ist. Wenn man nur herausfände, daß sie kein Nazi mehr ist[3].

Marius hat Rachel[4] seit Samstag verlassen, niemand weiß, wo er ist – Die arme Frau ist in einem traurigen Zustand, sie glaubt, daß er sie verlassen hat, fragt sich aber auch, ob ihm nicht ein Unglück zugestoßen ist. Sie weiß nicht, ob sie die Polizei benachrichtigen soll, fürchtet den Klatsch und vor allem die Reaktionen von Marius, wenn er möglicherweise nach einem Seitensprung wieder nach Hause kommt, was die wahrscheinlichste Lösung bleibt.

Die Stimmung in Rachels Haus ist sehr traurig und unerquicklich –

Was mich betrifft, so geht es mir sehr gut, mon Amour. Ich kümmere mich um meinen Sohn, und ich arbeite ein wenig für ihn, in der Hoffnung, daß ich mich bei meiner Rückkehr nach Paris ein wenig frei machen kann, um zu versuchen, mich ernsthaft an die Arbeit zu machen.

Wann werden wir eine Wohnung haben: Deine kleine Zelle, das Zimmer unseres Sohnes, mein Atelier und einen Ort, wo wir alle drei zusammenfinden?[5]

Machen Sie sich keine Sorgen um mich, was meine Beziehungen zu den andern angeht, sie sind selten, ich sehe sie fast nur zu den Mahlzeiten, und ich mache gewissermaßen nichts für die Mahlzeiten. Ich habe mehr Zeit für mich. Ich bleibe viel auf meinem Zimmer, wenn Hannelore Eric mit den andern ausführt oder ich selber mit ihm spazierengehe. Er ist so schön, Dein kleiner Sohnemann.

Halte mich auf dem laufenden, mon chéri, über das, was sich mit dieser verfluchten Goll abspielt.

    Ich umarme Dich, mein kleiner geliebter Mann,
        bis sehr bald
            Gisèle.

77

[Stuttgart, 17. 9. 1956[1], *Telegramm*]

Umarme Sie bis sehr bald
                Paul

78

Köln, Freitag [12. 10. 1956].

Ma chérie, es geht Ihnen doch gut, nicht wahr, Ihnen und dem Sohn? Kaum angekommen, habe ich, wie jedesmal, den Eindruck, daß ich vergeblich in dieses Land gekommen bin, dessen Gegenwart für mich mit der Ferne verschwimmt. Ich werde morgen eine Menge Leute sehen, die aus allen Gegenden Deutschlands[1] gekommen sind, ein schönes Schauspiel für die, die zu schauen wissen. Nachher fahre ich zu Schroers (eine Stunde von hier entfernt)[2], morgen komme ich
[am Rand:] mit ihm nach Köln zurück. Und am Montag abend hoffe ich Köln zu verlassen.
    Ich umarme Sie, ma chérie.
    Umarmen Sie den Sohn

                                              Paul[3]

79

Köln, Dienstag morgen [5. 2. 1957]

Ma chérie,
   nur ein paar Worte, um Ihnen zu sagen, daß ich gut in Köln angekommen bin, wo ich ganz in der Nähe des Bahnhofs im Hotel übernachtet habe. Es ist neun Uhr früh – ich habe wenig geschlafen, das ist die Fremde – ich habe gerade Schroers angerufen, den ich in einer Stunde bei Kiepenheuer[1] aufsuchen werde. Dort ausführlichere Einzelheiten über Bremen[2]. Werde ich noch eine Nacht hier verbringen? Es wird wahrscheinlich bei Schroers sein. Ich weiß es nicht so genau.
   Ma chérie, seien Sie geduldig, achten Sie auf sich und auf den Sohn. Ich werde ganz sicher nicht sehr lange fort sein.
      Ich umarme Sie, mon amour

                                               Paul

Viele Grüße an Francine, Mme Guenepin, die Kinder, Henri, Rachel und Marius[3].

80

[Stuttgart, 1. 6. 1957¹, *Telegramm*]

Bis sehr bald umarme Sie

Paul

81

[Chartres, 1. 8. 1957]

Mon chéri,
Ich verbringe einen sehr guten Tag mit dieser so schönen Kathedrale, und ich denke an Sie.
 Mögen die Ruhe und die Geduld Aristoteles' Dir helfen zu arbeiten. Es ist eine ganz kleine Statue, aber sie ist so schön, und ich weiß, daß Du sie mögen wirst.
 Bald werden wir sie Eric entdecken lassen können. Es ist für mich eine große Freude, daran zu denken.
 Ich umarme Dich

Gisèle.

82

[Paris] Freitag [9. 8. 1957]

Ma Chérie,
 hier ist der Brief der Agentur[1] und eine Karte von Chiva-Ariane[2], die vorhin angekommen ist. Es ist die Klagemauer in Jerusalem.
 Entschuldigen Sie noch einmal, daß ich am Telefon so wortkarg gewesen bin: in einem Sessel vergraben, die Augen auf dieses seltsame Tier gerichtet, das ich bin, saß nämlich Mademoiselle Béatrice de Béarn[3] (und von Buschbraue).
 Ich komme von einem kleinen Spaziergang zurück – ich war im Deutschen Institut gewesen, um mir die Ergebnisse der Agrégation in Deutsch anzusehen: drei Schüler von Saint-Cloud haben bestanden, das ist ein recht gutes Ergebnis[4].

———

Nach Ihrem Telefonanruf: lassen Sie sich keine grauen Haare wachsen, ma Chérie, was auch immer geschieht, wir werden bald eine Wohnung haben und werden ein wenig geschützt sein vor der menschlichen Gemeinheit.

Ich umarme Sie, mon amour.
    Umarmen Sie unseren so unartigen Sohn

                                Paul

83

13. 8. 57[1]

MATIÈRE DE BRETAGNE

Ginsterlicht, gelb, die Hänge
eitern gen Himmel, der Dorn
wirbt um die Wunde, es läutet
darin, es ist Abend, das Nichts
rollt seine Meere zur Andacht,
das Blutsegel hält auf dich zu.

Trocken, verlandet
das Bett hinter dir, verschilft
seine Stunde, oben,
beim Stern, die milchigen
Priele schwatzen im Schlamm, Steindattel,
unten, gebuscht, klafft ins Gebläu, eine Staude
Vergänglichkeit, schön,
grüßt dein Gedächtnis.

     (Kanntet ihr mich,
     Hände? Ich ging
     den gegabelten Weg, den ihr wiest, mein Mund
     spie seinen Schotter, ich ging, meine Zeit,
     wandernde Wächte, warf ihren Schatten – kanntet ihr
                                         mich?)

Hände, die dorn-
umworbene Wunde, es läutet,
Hände, das Nichts, seine Meere,
Hände, im Ginsterlicht, das
Blutsegel
hält auf dich zu.

Du,
du lehrst,
du lehrst deine Hände,
du lehrst deine Hände, du lehrst,
du lehrst deine Hände
 schlafen.

der Hang: (Abhang) – *pente*; (die Neigung) – le penchant, propension, inclination, disposition / werben (a, o) um jemanden / etwas werben – solliciter, rechercher, demander (en mariage), briguer / der Bewerber – prétendant / umwerben – entourer de ses hommages, courtiser / sie ist viel umworben – elle a beaucoup de prétendants / erwerben – acquérir, gagner / die Andacht – recueillement (religieux), prière / seine Andacht halten – faire ses dévotions, sa prière / Neuntägige A. – neuvaine / Andachtsübungen – dévotions, exercices / mit A. essen – manger avec religion / auf etwas / j-n zuhalten – aller droit à qc. / das Schilf – roseau, jonc / der Priel – *[Übersetzung fehlt]* / der Schlamm – limon, bourbe, vase / schwatzen – jaser, babiller, bavarder / klaffen – être béant, s'entrouvrir, bâiller / die Staude – arbrisseau, arbuste, touffe / vergänglich – qui passe vite, éphémère, périssable / V-keit – nature périssable, caducité / die Gabel – la fourche(ette); fourchu, bifurqué / sich gabeln – bifurquer / weisen (ie, ie) – montrer, indiquer / die (Schnee-)Wächte – *[Übersetzung fehlt]* / der Schotter – cailloutis, pierrailles / eine Straße schottern – caillouter, empierrer

84

[Lübeck, 9. 9. 1957[1], *Telegramm*]

Bis sehr bald ma chérie

           Paul

85

[Köln, 9. 10. 1957[1], *Telegramm*]

Gute Tournee ma chérie bis sehr bald

           Paul

86

[Paris, 21. 11. 1957]

Mein kleiner geliebter Pfirsich,
 ich bin – bin – so glücklich bei Ihnen in unserer neuen Wohnung¹.

Wirklich!

Mou-mou-tchou

87

[Paris] 2. Dezember 1957

Gute Reise, mon Amour chéri!
Ich liebe Sie und werde diesmal in Ruhe¹ auf Ihre Rückkehr zu warten wissen. Eric und ich werden uns Geschichten erzählen, wir werden von Ihnen singen und reden. Wir sind beide zusammen glücklich, Sie wissen es. Seien Sie völlig ruhig, ja, völlig ruhig, ich bleibe in unserem Haus², in einigen Tagen werden Sie diese unsere Tür wieder öffnen, und ich werde beglückt sein über diese Rückkehr.

Lesen Sie gut, bedenken Sie, daß es sogar für wenige die Mühe lohnt.

Ich habe Vertrauen, ich liebe Sie, ich bin glücklich, ja, mon chéri, ich bin wirklich glücklich, reisen Sie mit diesem Gedanken ab, möge er Sie bei Ihrem Aufenthalt fern von hier begleiten. Ich bin glücklich durch Sie, durch Ihre Liebe, und es ist süß, das zu wissen.

Mein kleiner Seidelbast³,
Deine Maya
für immer die Deine,
umarmt Dich

Gisèle.

88

[Stuttgart, 3. 12. 1957, *Telegramm*]

Bis bald ma chérie

Paul

89
[Frankfurt a. M., 11. 12. 1957, *Telegramm*]

Heute abend in unserem Haus ma chérie komme kurz vor Mitternacht an

Paul

90
[Paris] 23. Januar 1958[1].

Gute Reise, mon chéri,
  Mögen diese Baumrinden Sie beschützen[2], sie, zu denen Sie immer Vertrauen hatten und die Ihr Vertrauen zu verdienen wußten.
  Ich werde unaufhörlich an Sie denken. Glauben Sie bitte an meine Liebe!
  Ihre Maya umarmt Sie und bleibt in Ihrem Haus mit Ihrem Sohn.
  Wir erwarten Sie. Kommen Sie ganz schnell zu uns zurück, wir brauchen Sie so sehr.

Gisèle.

91
[Köln, 23. 1. 1958, *Telegramm*]

Bis sehr bald ma chérie

Paul

92
78, Rue de Longchamp[1]
Paris 16ᵉ

23. Januar 1958

Alles Gute zum Jahrestag[2]! mon chéri, mon Amour chéri,
  Mein Herz ist voller Dank für alles, was Sie sind. Ich danke Ihnen für Ihre Güte, ihre Geduld mit mir, ich danke Ihnen für all die Liebe, mit der Sie mich unaufhörlich überschütten und die zu verdienen ich so weit entfernt bin. In sechs Lebensjahren an Ihrer Seite hätte ich mich zu dem Bild in die Höhe ziehen können, das Sie sich von mir gemacht haben. Ich habe es nicht zuwege gebracht, und jetzt ist es Ihnen, endlich, gelungen, mich so zu ent-

decken, wie ich war, erfüllt von Engstirnigkeit, ohne Großmut, ohne Noblesse, ohne Wahrheit, und der mich so schonungslos entblößt hat, waren Sie, ich selber hätte nicht einmal den Mut gehabt, es zu tun. Wie ich mich schäme! Wie ich mich schäme! Bisher habe ich Ihnen nur die schwere Last meiner so unvollkommenen, so jämmerlich armen und egoistischen Liebe anzubieten vermocht. Mir ist so kalt, seitdem Du weißt, wer ich bin, ich schäme mich so, ich zweifele so sehr an mir, ich weiß ganz genau, wie wenig ich bin, und ich weiß auch, wer Du bist, und ich fahre fort mit diesen Forderungen, die Dich erdrücken. Oh mon chéri, verzeihst Du mir wirklich, was ich bin und daß Du nicht wußtest, wer ich war – Ich habe Dich enttäuscht. Ich werde Dir keine Versprechungen mehr machen, ich werde versuchen, die zu halten, die ich Dir machen möchte, ich habe Dich mit meinen Versprechungen von Mut und Ruhe so sehr enttäuschen müssen, Versprechungen, die ich so schlecht zu halten weiß.

Aber bedenke ein wenig, mon chéri, ich habe nur Dich, das macht mich überglücklich und das genügt mir, ich brauche sonst nichts, ich will sonst nichts, aber bitte, glaube an meine Liebe, selbst wenn sie sehr unvollkommen, sehr egoistisch, eifersüchtig ist, man liebt in dem Maße, in dem man ist, ich bin nur wenig, ich weiß Dich nur schlecht zu lieben, aber Dich zu lieben ist mein Leben, es ist mein einziges Leben, ich habe kein anderes.[3]

Du hast mir die Augen auf die Welt ganz groß geöffnet, meine Augen, groß vielleicht, doch bis dahin geschlossen; Du wußtest nicht, daß die Welt Du bist und alles das, was Du geschaffen hast, daß nichts anderes für mich existiert. Was habe ich mit meiner Freiheit zu schaffen? Meine Freiheit bist Du, alles andere ist Verkettung, ich habe mit Ketten nichts zu schaffen, ich liebe die Freiheit, ich liebe meine Freiheit, meine große, sanfte und furchtbare Freiheit. Weißt Du wirklich, wie sehr ich ganz Dir bin? Weißt Du, daß ich Dir vollständig gehöre? Ich bin so sicher, daß ich auf dem Weg mit Dir, einem schwierigen, aber wahren Weg, in der Wahrheit bin. Auf diesem Weg kämpfe ich, falle ich, stolpere ich, verliere ich mich unaufhörlich, mon chéri, ja, aber es ist auch der Weg, auf dem ich mich wiederfinde und auf dem ich mit Dir weitergehen kann, neben Dir in der Wahrheit. Erlaube mir, diese Hand mit Küssen zu bedecken, die mich seit sechs Jahren leitet, die von Anfang an die meine gehalten hat und die mir hilft.

Dein Sohn ist nebenan, er schläft noch, er weiß noch nicht, mich hast Du gewählt, damit er eines Tages weiß und nicht mehr schläft[4].

Nie werde ich Dir genug danken, ich werde versuchen, daß ich diese Aufgabe verwirklichen kann. Wegen Dir denke ich wieder über diese Zeile Trakls nach: »Ein blauer Augenblick ist nur mehr Seele«[5].

Ich werde dieser Tage fortfahren, Ihre Gedichte zu lesen und alle andern, sie sind seit langem in mir, mon chéri, aber ich wollte sie nicht akzeptieren, es sind Wirklichkeiten, aber furchtbare Wirklichkeiten. Ich weiß jetzt, daß man dem nicht entgehen kann, sie haben es mir schon hundertmal bewiesen, und jetzt sind sie es, die mich retten werden, indem sie mir dabei helfen, diese Wirklichkeiten zu durchleben. Ich werde sie nicht mehr ablehnen, ich habe Deine Gedichte gefürchtet, jetzt liebe ich sie, sie sind wahr und die Wahrheit, und sie sind Du –

Danke, mon chéri, daß Du mich neulich abends gerufen hast, um mit Dir, wir beide zusammen, den ersten Schnee des Jahres von Deinem Fenster aus zu betrachten[6], in unserem Haus, an der Seite unseres geliebten Sohnes. Es war eine so große Freude, eine so große Freude. Danke. Bis sehr bald, ich warte auf Dich, mon chéri, erlaube mir, es Dir noch einmal zu sagen, denn ich denke es ganz stark:

Ich liebe Dich, Paul, und ich sage auch Deinen Namen ganz laut, und Du wirst auch den meinen sagen, nicht wahr?

Deine Maya.

Ich kann nicht schreiben, ich weiß die Dinge nicht zu sagen wie Sie, Sie sagen alles so gut, entschuldigen Sie bitte, daß ich nicht so schreiben kann, wie ich möchte, und daß ich die Dinge so banal sage.

93

78, Rue de Longchamp
Paris 16e

24. Januar 1958.

Mon chéri, mein kleiner Mann,

Es war so angenehm, vorhin, Ihre geliebte Stimme zu hören. Ich war sehr bewegt, ich habe mich seit langem auf diesen Anruf vorbereitet und doch konnte ich Dir nichts mehr sagen. Danke, daß Du so nett zu mir bist.

Ich fühle mich wohl in Deinem Haus mit Deinen schönen Rosen, und alles hier spricht mir von Dir. Ich bedaure nur diesen langen Brief, den ich Ihnen gestern morgen geschrieben habe und der Sie wieder ermüden wird, denn ich bin sehr ermüdend, ich weiß es.

Mache Dir keine Sorgen um mich, es geht mir sehr gut, ich bin sehr ruhig, diese Abwesenheit ist sehr erträglich, entschuldige bitte wegen all dieser Tränen, all dieser Kopflosigkeit, mit der ich Dich vor Deiner Abreise, wieder einmal, ständig genervt habe.

Noch ein Satz, aber es wird nicht lange dauern: Ich glaube an Deine Dichtung, ich will, daß sie lebt, daß sie um jeden Preis lebt, mon Amour chéri, ich liebe Sie sehr, möge Ihre Dichtung leben, nur darin wird jetzt meine Freude sein. Gestern abend habe ich wieder viele Dinge verstanden, die mich bis spät in die Nacht wachgehalten haben.

Ich liebe Sie
Gisèle.

94

GÄSTEHAUS DES SENATS BREMEN,
Parkallee 113
25. 1. 58

Ma Chérie,

Ich bin jetzt also in Bremen[1], nach einem zweitägigen, durch die Diskussionen (mit Schroers, Böll und Schallück, vor allem mit ihm...[2]) ziemlich ermüdenden Aufenthalt in Köln.

Ich bewohne in einer Art Villa, im zweiten Stock, ein geräumiges, sehr ruhiges Zimmer mit Blick auf verschneite Gärten. (Aber es ist nicht sehr kalt.)

Eine Azalee auf der Fensterbank, Tulpen auf dem Tisch, es ist gastlich.

Ich schreibe Ihnen, während ich auf die Ankunft von Herrn Lutze[3] warte, der mich instruieren soll...

Im Zug heute morgen habe ich wieder an meine kleine Rede[4] denken können – sie wird mit Sicherheit nicht sehr lang sein können, denn es wird vor allem um R. A. Schröder[5] gehen –, es wird hinsichtlich »Gedächtnis«[6] einiges gesagt, ich habe ein paar »*i*«[7] gehabt, ich denke, das wird sich ziemlich gut ineinanderfügen, ohne »irgendein unwichtiges Detail«[8].

Ich denke an Sie, ma Chérie, meine Maja, an Sie und an unseren

Sohn – warten Sie in aller Ruhe auf mich, es kann keine Erschütterungen[9] geben.

Ihnen ganz ergeben

Paul

Ich werde Sie von Hamburg aus anrufen.

―――――――

Mitternacht
 Ma chérie, ich habe diesen Brief nicht abschicken können, ich bin nicht aus dem Haus gekommen, es kamen ständig Besuche, nach einem wahnsinnig dickmachenden Mittagessen, es waren ziemlich angenehme Leute, ein Journalist, der mich interviewt hat[10], dann Höllerer mit einem koreanischen Maler[11], Schröder[12] natürlich (wirklich sympathisch), dann Müller, der mir die Neuigkeit von der *dritten* Auflage von »Mohn«[13] gebracht hat...
 Jetzt ist die Rede[14] geschrieben, ich hoffe, sie ist gut. Aber dieser Brief wird wahrscheinlich erst am Montag abgehen... Entschuldigen Sie bitte.

95

[München[1], 29. 1. 1958, *Telegramm*]

Ankomme morgen früh neun Uhr fünf Gare Est

Paul

96

[Paris] 26. 2. 58. 15 h.

Nach zahlreichen Komplikationen und Telefonanrufen habe ich endlich jemanden gefunden, der am Montag abend kommen will, um sich die Druckerpresse[1] anzusehen, was zu machen ist und zu wieviel man sein muß, um sie hinaufzubringen –
 Ich glaube, daß es möglich sein wird, und ich bin so froh darüber!!
 Ich werde endlich anfangen können zu arbeiten! Endlich!... allein[2]! Und in diesem schönen Haus für uns drei[3], es ist unglaublich.

Vielleicht wird sie zum 19.[4] hinaufgebracht worden sein!
Nie hätte ich ohne Dich auch nur die kleinste »liebenswürdige« Radierung gemacht.
Bis nachher, mein geliebter Seidelbast[5].
Ganz hingegeben dieser Freude

                              ich,
                              für Dich.

97

                       [Paris, *etwa* 15. 5. 1958?[1]]

Gute Arbeit, mon chéri,
Hoch LEBEN sollen Ossip und die Dichter![2]
Hoch LEBEN sollen wir drei! Hoch leben soll die Freiheit! die Vögel und alle Blumen,

    und hoch leben sollen die Steine[3]!

        In diesen unruhigen Tagen[4]
                           Deine Fifemme[5]

                             . (Punkt.)[6]

98

                       [Köln, 4. 5. 1958[1], *Telegramm*]

Bis sehr bald ma chérie
                                      Paul

99

                       [München[1], 8. 5. 1958, *Telegramm*]

Ma chérie ich komme morgen Freitag früh um neun Uhr fünf zurück kommen Sie
                                      Paul

100

[Widmung auf einem Sonderdruck von Botteghe oscure *mit der Übertragung des* Trunkenen Schiffs *von Rimbaud*[1]*:]*

Für Maja,
die in meinen Trunkenheiten
mit mir spricht
Paul
21. 6. 58

101

[Widmung in Arthur Rimbaud, Bateau ivre – Das trunkene Schiff[1]*:]*

Seiner Schifferin
    Der Schiffer

an diesem siebten September
    unserer Nüchternheiten und Trunkenheiten
1958[2].

102

[Paris] 12. November 1958

Mon chéri, mein kleiner Seidelbast,

Jetzt geschieht etwas Wichtiges und Wahres: Sie werden Ihre Gedichte lesen[1]. Ich denke an Sie, ich höre mit den andern zu, ich lese mit Ihnen, ich weiß, welchen Preis Sie dafür bezahlt haben, ich bin mit den andern

Ihre Maja, die Sie liebt,
die Sie immer lieben wird.

103

78, Rue de Longchamp
Paris 16ᵉ

14. November 1958.

Mon chéri, mon Aimé, mein kleiner Seidelbast,
 Hier bei Ihnen geht es allen gut, Ihrem Sohn und Ihrer Frau, Ihrem Haus. Wir bereiten Ihre Rückkehr vor, wir reden von Ihnen, wir sind mit Ihnen.
 Danke für Ihre langen Telefongespräche, danke, daß Sie so an uns denken. Ich habe ein solches Glück, Sie zu haben, mein geliebter kleiner Mann, ich weiß es, ich vergesse es nicht, es kommt mir jeden Tag unglaublicher vor.
 Ich umarme Sie, wie ich Sie liebe, mit meinem Sohn

Gisèle

104

[Frankfurt a. M., 18. 12. 1958[1], *Telegramm*]

Ankomme heute abend 18 Uhr 19 Gare Est sehr froh

Paul

105

[*Widmung auf einem Sonderdruck von* Die Neue Rundschau *mit Übersetzungen von Mandelstamm*[1]*:*]

 Für Maja, in unserem Haus, wo ich diese Gedichte
 übersetzt habe[2]
  Januar 59   Paul

106

Das Wort vom Zur-Tiefe-Gehn,
das wir gelesen haben.[1]
Die Jahre, die Worte, seither.
Wir sind es noch immer.[2]

Weißt du, der Raum ist unendlich,
weißt du, du brauchst nicht zu fliegen,
weißt du, was sich in dein Aug schrieb,
vertieft uns die Tiefe.

Zu Ihrem Geburtstag, mon Amour, für den neunzehnten März –
heute Abend, den fünften März 1959.

/Erste Niederschrift/

107

[Widmung in Sprachgitter[1]*:]*

Für Maja, für ihre Augen
in denen diese Verse eingeschrieben standen
und stehenbleiben
Für Sie, meine Seele und mein Leben –
Damit Sie sie öffnen
unter unserer Lampe[2], bei unserem
Sohn – Für diesen 19. März 1959[3]

Paul

108

[Widmung in Sprachgitter*:]*

Für *Eric*, dessen Sterne
 ich in die Nacht gesetzt habe[1],
  mit meinem Herzen, das ihm dafür dankt.
  In unserem Haus, immer

    sein Vater
April 1959.

109

[Sommer? 1959¹]

Bis nachher, ma Chérie!
    Unsere Leuchtkäfer sind immer noch da².

[Ohne Unterschrift]

110

[Paris, 19. 8. 1959]

Ma Chérie,
    es ist ganz einfach und so selbstverständlich:
Ich brauche Sie, immer, ich liebe Sie. Was ich tue? Ich warte auf Samstag¹. Spielen Sie schön im Sand, und sammeln Sie fleißig Muscheln mit unserem Sohn.
    Was mich angeht, so werde ich versuchen, unter den Wörtern etwas zu finden². Oft, Sie wissen es genau, finde ich dabei das, was Ihr Blick hineinlegt.
    Umarmen Sie unseren Sohn, ich umarme Sie

                                              Paul

Haus der Drei-Celans, am 19. August 1959.

111

[Widmung in Ossip Mandelstamm, Gedichte¹:]

      Für Gisèle,
neben unserem siebenarmigen
         Leuchter
neben unseren sieben Rosen²
      November 1959.

        Paul

112

[Paris] Montag [4. 1. 1960] –

Mon Amour, ich bin wieder zurück[1], die Lampe brennt[2] – der Himmel ist sehr bedeckt –, und Ihr, Sie und unser Sohn, Ihr seid noch unterwegs – aber ruhig, nicht wahr, aber unbesorgt und voller Vertrauen?

Ich habe, unter der Tür hindurchgeschoben, sehr gute Post gefunden: einen Brief von Schroers[3]; einen Brief von Frau Schneider-Lengyel[4] – Du kannst Dich sicherlich an sie erinnern, sie war in die Rue des Écoles gekommen und, vor ungefähr einem Jahr, hierher: Frau-Masken, Frau-Fotos-griechischer-Vasen, Frau-kleine-mehr-oder-weniger-abwegige-Gedichte –; einen Brief schließlich von Mademoiselle Portal, der impulsiven Studentin aus Sèvres, die mir oft auf die Nerven gegangen ist… und die deswegen Gewissensbisse hat…[5] Das ist, wie Du sehen wirst (ich lege Dir ihren Brief bei) ziemlich nett, und ich frage mich, ob ich nicht jedem der Schüler ein »Trunkenes Schiff«[6] geben soll. Ich lege Dir auch den Brief von Frau Schneider bei: Reaktionen auf meine Gedichte, mit elegant behandschuhter Hand – natürlich Ringe darüber! – gesammelt und auf Papier mit gekröntem Briefkopf wieder ausgestreut: das ist so »graphisch« wie möglich und endet mit einem kleinen Gedicht, das ein wenig etwas von einem »Puzzle« hat, bei dessen Zusammensetzung Eric Ihnen helfen wird (zuerst schneiden Sie die Wörter aus, dann, zur Vereinfachung, die Silben)[7].

Ich habe mein Kaffeechen getrunken, ich habe die Stunden bis Chambéry gezählt, ich gehe hinunter, um diesen Brief einzuwerfen, ich warte, bis es Zeit ist fürs Telefon[8].

Guten Schnee, mon Amour, gute Sonne!

    Ich umarme Sie auf der Herzseite, einmal, zweimal tausendmal – »und so« umarme ich auch Eric

                              Ihr Mann, der Pohät

/ Behalten Sie die beiden Briefe /

113

Méribel-les-Allues

Dienstag 5. Januar 1960[1].

Mon chéri, mon chéri,

Was für eine Freude, Sie vorhin gehört zu haben und zu wissen, daß es Ihnen gutgeht, daß Sie an uns denken. Gleich nach Deinem Anruf habe ich die Zeitungen gekauft, und ich bin geradewegs ins Chalet zurückgegangen, ein wenig zitternd, ich muß es Dir gestehen, bei dieser schrecklichen Nachricht vom Tod Albert Camus' unter diesen so absurden, absurden Umständen! Nun ja, als ob der Tod nicht immer absurd wäre[2]! Was soll man dazu sagen, dazu schreiben, ich denke die ganze Zeit daran, ohne zu wissen, wie ich daran denken soll.

Es ist vier Uhr, die Sonne ist jetzt für uns untergegangen, die Kinder, die nicht mit ihren Eltern Ski fahren, sind mit den Betreuerinnen zurückgekommen, ich habe sie im Gemeinschaftssaal gesehen. Sie spielten brav. Eric war sehr ernsthaft beschäftigt, und es hatte den Anschein, als liefe alles gut. Sie werden jetzt wahrscheinlich eine Kleinigkeit essen, anschließend gehe ich hinunter und sehe nach, wie es läuft, um ihn nicht allzu allein zu lassen unter den andern. Vom Standpunkt Kind aus gesehen sind die Möglichkeiten für ihn nicht glänzend. (Aber eine Katze und ein großer Hund!) Ein fünfjähriges, absolut riesiges Mädchen, das sehr sehr schlecht spricht und nach dem, was mir ihre Mutter gesagt hat, wegen des allzu schnellen Wachstums ein wenig seelisch gestört ist – aber sie ist sanft, ein wenig zurückgeblieben, und Eric scheint sich gut mit ihr zu verstehen. Es ist »Camille«[3]. Wir sind alle drei eine gute Stunde Schlitten gefahren, und das war gut für die Eingewöhnung.

Dann gibt es noch ein kleines Mädchen von dreieinhalb Jahren, auch sie riesengroß, aber »ein richtiges Baby« – Die große Möglichkeit ist natürlich der Schnee, klettern, rutschen, fallen, graben, werfen und dann spazierengehen, die Skifahrer betrachten – Aber ich glaube, daß man nur von 10 bis 4 Uhr draußen sein kann, danach ist es schon kalt, wenn man sich nicht viel bewegt.

Was soll ich Dir noch erzählen? Ich habe hier ein wenig den Eindruck, wie so oft in einer Gruppe, daß ich wie die Faust aufs Auge passe. Natürlich bin ich weder imstande, ein »sympathisches Klima« zu schaffen, was hier das große Kriterium zu sein scheint, um die Leute zu beurteilen, noch kann ich Karten spielen oder kenne sonst irgendein Gesellschaftsspiel. Ich kann nicht wegen allem und nichts wie eine Irre lachen, und ich fühle mich ziemlich alt unter diesen Leuten, die älter sind als ich. Man kümmert sich übrigens wenig um mich, was mir auch lieber ist. Ich glaube, daß ich morgens mit Eric zusammensein werde, am Nachmittag werde ich mich in eine Skigruppe einschreiben, zuerst werde ich einmal sehen, wie das abläuft und ob es wirklich Leute gibt, die ebensolche Anfänger sind wie ich, dann werde ich es vielleicht versuchen; im Januar ist es erschwinglich: 3500 Francs[4] für zwölf Lehrgangsübungen à zwei Stunden, und die Gruppen sind im Augenblick ziemlich klein. Ich will sehen. Insgesamt ist es nicht allzu schlecht, und ich glaube wirklich, daß es für Eric ein Erfolg sein kann.

Mon chéri, mon chéri, ich habe ein wenig den Eindruck, als sei ich schon seit langer langer Zeit aus unserem Haus fortgegangen. Ich wünsche Ihnen schöne Stunden, gute Arbeit, gute Post. Ich muß Dir gestehen, mit Eric fühle ich mich wohl, und ich spüre, daß er mich so sehr braucht, ich spüre, daß er wirklich glücklich mit mir ist, es ist, glaub mir, eine große Hilfe für alle Tage, ihn so nahe bei mir zu haben, so nahe bei mir zu wissen. Wir sprechen von Papa-Kater[5]. Er verlangt nach Dir, er möchte Dich sehen. Ich glaube nicht, daß man ihn hier zu sehen vermag. Es sind eher Leute, die nicht zuhören können und zuviel reden,
[am Rand:] die nicht soviel Seele haben wie er. Er wird hier sicherlich ein wenig allein sein. Aber ich werde ihn nicht allzusehr allein lassen, hab keine Angst. Mon chéri, bis sehr bald. Ich umarme Sie

Gisèle

[am Rand des ersten Abschnitts:] Ich vergaß, Dir zu sagen, daß ich bei Dijon die Freude gehabt habe, Sophie[6] zu begegnen, die mir durch ihre Heftigkeit eine Migräne verursacht hat, die ich nicht vor der Nacht losgeworden bin. Heute morgen war ich zum Glück besser in Form.

114

[Paris] Mittwoch morgen [6. 1. 1960] –

Ma Chérie, nur ein Wort, ein Gedanke, eine geschriebene Zeile, um die anzukündigen, die folgen werden. Es ist zehn Uhr, ich mache mich gleich auf den Weg zur École[1], ich habe in letzter Minute, und das ist der Grund für meine Eile, einen Text von Camus vorbereitet (»La mer au plus près«[2]), den ich von den Studenten übersetzen lasse. Der Tod Camus': das ist, einmal mehr, die Stimme des Anti-Menschlichen, unentzifferbar.[3] Wenn man mit denen Zähnen denken könnte!

Ein Brief von Deiner Mutter ist gestern gekommen, ich lege ihn diesem hier bei[4]. Schroers schickt mir einen Essay über die Juden, genau in diesen allgemeinen Leitlinien, aber zu ... allgemein, verallgemeinernd[5]. Ich habe ihm einen Brief geschrieben ... den ich nicht abschicken werde[6]. Aber ich muß antworten, unbedingt. (Am Sonntag wahrscheinlich.) Keine Atempause –

Ma Chérie, ich habe gestern vergessen, daß ich am Samstag zu den Bollacks[7] gehe; rufen Sie mich also spätestens um fünf Uhr an.

Wie sind Ihr Schnee und Ihre Sonne, mon amour? Eric: möge er hier die Gesundheit und die Freuden finden, die ihn später einmal begleiten werden!

Gestern abend bei Richter, es ist ziemlich gut gelaufen; wenig Anspielungen[8]; ich hab viel Zahnmut gezeigt ...

Umarmen Sie Eric, ich umarme Sie

Paul

Immer noch kein Miau von der Kinna-Katze[9].

115

[Paris] Donnerstag [7. 1. 1960] –

Danke für Ihren Brief, mon amour, Danke für Ihren so schönen, so wahren Brief. Wenn Sie über den Tod Camus' sagen: »Ich weiß nicht, wie ich daran denken soll« – wissen Sie, daß Sie damit alles sagen, alles, was man darüber sagen kann –?

Als ich Sie geliebt habe, und das war sofort, war es Ihre Wahrheit, die mich empfangen hat, ich bin immer noch in ihr, Sie sind, und unser Sohn hat sich dem angeschlossen, meine Wahrheit, die einzige, die beste.

Ich bin hier, zu Hause, es ist viertel vor zehn, ich habe noch ein Glas Beaujolais, das von einer ganzen Flasche übriggeblieben ist: aber ja, ich finde diese Abende lang und ... das Radio läuft ...

Aber vielleicht werde ich, da ich auf jeden Fall hin muß, nächste Woche nach Frankfurt fahren, vielleicht am Donnerstag[1]; ich hatte daran gedacht, nach Méribel zu fahren, aber Sie scheinen mich nicht dazu zu ermuntern. (Meine Kurse an der École Normale werde ich auf *Dienstag* und Mittwoch verlegen.) Aber ja, ich werde nach Frankfurt fahren, die Zeit vergeht dort schnell, ich werde Gelegenheit haben, die Leute vom Insel Verlag zu sehen wegen »La Jeune Parque«[2]; am Montag werde ich zurücksein.

Vorhin mit Monsieur Ferriot telefoniert: er hat einen Artikel (oder Essay) über meine Gedichte geschrieben, für die Zeitschrift »Critique«[3], er will mich am Montag im Laufe des Vormittags aufsuchen. Aber er scheint »Sprachgitter«[4] nicht zu schätzen, er zieht die beiden anderen Gedichtbände[5] vor – was also hat er begriffen? Aber das ist ein wenig mein Schicksal in Frankreich: meine Bücher treffen hier vor allem auf die Mittelmäßigen.

Vor einer halben Stunde habe ich Cioran angerufen, um ihn zu fragen, wie es ihm geht; ich werde ihn morgen[6] sehen.

Haben Sie Sonne? Aus dem Radio erfahre ich, daß es in den Alpen Frost geben wird: lassen Sie sich Ihr Zimmer gut heizen, bestehen Sie darauf!

Post: ein Brief von Jokostra[7], einer von den Hildesheimern (der braun ist)[8].

Danken Sie Eric für sein »Werk«[9]: es liegt auf meinem Schreibtisch.

Ich umarme Sie, ma chérie, ich umarme Sie und Ihren Sohn –

Paul

116

Méribel, den 9. Januar 1960.
Mon chéri,
hier geht alles gut, ich hoffe, bei Dir ebenfalls. Ich bin dazu verurteilt, nach dem Imbiß am Nachmittag die Deutschübungen aufsagen zu lassen, während der Pfarrer sich ums Latein kümmert! ...

Ich habe die Zeitungen immer wieder gelesen, diese antisemitischen Geschichten lassen mich erschaudern[1], ich habe heute Nani[2] geschrieben. Ich kam nicht umhin, ihr ein paar Worte über den Antisemitismus zu sagen. Ich habe geweint, als ich diesen Brief schrieb. Er ist überall – selbst hier – es ist unerträglich und so dumm – Warum? Warum? Unser Sohn wird ebenfalls leiden. Das ist so ungerecht. Die ganze Zeit über denke ich wieder daran. Dabei scheint es mir so einfach. Wie kann man Antisemit sein, wie kann man das alles verstehen, wie kann man es akzeptieren? Mon chéri, wir werden da nie herausfinden. Das ist überall. Auch hier. Das schlimmste ist diese Art nicht zuzugeben, daß man es ist. Diese Heuchelei ist auch hier.

Mon chéri, ich fühle mich ganz nahe bei Ihnen, ich habe so viel durch Sie gelernt. Sie haben mir so viel gegeben, und dazu bin ich so dumm. Aber ich liebe Sie sehr, wissen Sie, und mein einziger Wunsch ist, Sie besser zu lieben.

Den 10. Mon chéri, ich habe Mühe, Ihnen zu schreiben – Unser Telephongespräch ist kaum beendet – Ich habe nicht mit Ihnen sprechen können. Es waren vier Personen in dem winzigen Büro. Gegen viertel nach 7 besteht die Chance (?), daß es leer ist – Auch ich denke immer wieder an diese Blöcker-Geschichte[3]. Was tun? – Im Grunde weiß ich nicht so recht, was ich Dir sagen soll – Man muß reagieren, man muß antworten. Es ist genau das, was ich hier zu tun versuche. Ich kann Dir sogar sagen, daß ich ihnen neulich, als ich, wütend über eine eindeutig antisemitische Reaktion, wegging, nur gesagt habe, daß ich nicht der gleichen Meinung sei und daß ich nicht mehr weiter mit ihm reden könne. Ich habe am nächsten Tag erfahren, daß die Diskussion weitergegangen war und daß dieser »schlechte Mensch« von seinen Positionen etwas abgerückt sei – Die beiden Wirte sind sehr überschwenglich und reden ein wenig Unsinn, aber sie sind ziemlich in Ordnung – Sie haben erst gestern von den antisemitischen Äußerungen erfahren, weil sie nie die Zeitungen lesen, sie sind entrüstet, schockiert, empört gewesen, und ihre Reaktionen waren wirklich gut. Leider ist der Ehemann des gebrochenen Beins noch für einige Tage da, ein ziemlicher Schweinehund, so die Art es lebe die Armee und die Franzosen in Algerien! – Er sagt Ungeheuerlichkeiten, aber die andern sind ziemlich gut. Ich muß Dir sogar sagen, daß der Abbé, obgleich langweilig und nicht sehr intelligent, der beste von allen ist –

Mon chéri, ich habe Ihnen nicht sagen können, daß ich Sie sehr liebe, und doch hätte ich es Ihnen gern gesagt. Ich hatte ganz besondere Lust dazu. Ich denke an Deinen Abend, Deinen Liter Wein, Deinen Laib Brot, Deinen Schinken. Mon chéri, leisten Sie sich doch Austern mit einem guten kleinen Weißwein[4] – oder kaufen Sie sich ein Hühnchen. Wirklich, bitte.

Dein Sohn ist eine richtige Reklame für die Berge und dieses Haus. Er sieht am gesündesten von allen Kindern aus – Er ist abends müde, aber er schläft sehr gut und tobt sich tagsüber mit einer Energie aus, die ich nicht an ihm kannte – Mir geht es jetzt gut, ich fange aber gerade erst an, nicht mehr völlig erschossen zu sein. Schick mir im Augenblick kein Geld, ich bezahle mit Scheck, es ist ihnen lieber so. Wenn wir Bücher, Romane oder anderes hierher zu schicken haben, werden sie unbedingt entzückt sein. Ich glaube auch, daß man ihnen einige Spiele für die Kinder schicken müßte, sie sind nett, sicherlich arm, und sie geben sich immerhin Mühe.

Entschuldige bitte meine völlig zusammenhanglosen Briefe, es ist schwierig, alle reden und die Schallplatten, noch lauter ...

Bis bald. Ich umarme Dich, mon chéri

Deine Frau   Gisèle.

[von der Hand Gisèle Celan-Lestranges:] Mein lieber Papa,
ich liebe Dich sehr. Ich fahre Schlitten mit Mama und einem sehr netten kleinen Jungen, der Yves heißt. Ich bin sehr zufrieden, und ich umarme Dich ganz fest. Wie stellst Du es an mit dem Kochen? Kümmerst Du Dich um meine Fische und um meine Schildkröte und um meine Vögel? Vergiß nicht, ihnen Körner zu geben – sie sind in meinem Schrank.

[von der Hand Eric Celans] Eric

Guten Abend, mon chéri – gute Ruhe – gute Nacht. Eric schläft – Wir haben einen guten Abend mit einem sehr sehr netten Bergführer verbracht, der von seinen Sommer- und Wintertouren erzählt und uns zum Lachen gebracht hat – Es ist der Sohn eines Deutschen, Lorenz, der nur ans Gebirge denkt, es kennt, es liebt und davon zu reden weiß – Ein einfacher Mensch, voller Humor – Morgen nimmt er die Stärksten zu einer großen Skiwanderung mit. Das ganze Chalet wird an diesem Aufbruch teilnehmen. Materielle Vorbereitung, Seehundfelle usw. Und außerdem Berggeschichten, ich muß gestehen, daß das ziemlich packend ist, das hätte Dir ebenfalls gefallen, glaube ich.

117

[Widmungen in Paul Valéry, Die junge Parze[1]*:]*

    Für Sie, ma Chérie,
dieses Gedicht, das in unserem Haus
wiedererstanden ist
Zu Ihrem Geburtstag
zum 19. März 1960

    Paul

    Für E r i c,

zum Geburtstag seiner Mutter,
    zum 19. März 1960,

    sein Vater –

118

78, Rue de Longchamp
Paris 16^e

                         Mittwoch abend [4. 8. 1960]
Mon chéri,
  Ich will Ihnen noch einmal guten Abend sagen, Ihnen eine gute Reise wünschen, und für dort: daß dieser Text klar und deutlich geschrieben ist. Ich habe Vertrauen und setze viel Hoffnung in diese Reise. Möge sie endlich für immer diese Schlampe und ihre infamen Lügen zerstören. So viele Stunden, so viele Wochen, so viele Monate Unglück häufen sich nun schon hinter uns auf, durch ihre Schuld[1]! Ich werde immer standhalten an Ihrer Seite und mit Ihrem Sohn, um mir zu helfen und um Ihnen zu helfen.
  Mit dem siebenarmigen Leuchter[2] in unserem Haus, mit allen Ihren Gedichten und all denen, die noch kommen werden, mit der Gewißheit Ihrer Liebe, umarme ich Sie, mon chéri, wie ich Sie liebe

                                        Gisèle

Donnerstag morgen sind die Druckfahnen für den »Almanach« 1960 vom Fischer Verlag angekommen mit einem Gedicht von Baudelaire: »Der Tod der Armen«, einem von Rimbaud: »Wiedergefunden«, einem von Maeterlinck: »Und sollt er wiederkommen«[3]. Ich hoffe, ich habe recht daran getan, daß ich sie hier behielt, weil ich meinte, daß Du die Texte für die Korrekturen nicht bei Dir hast. Zum andern ein Brief von Inge Waern, in dem es heißt, daß sie in engem Kontakt mit Stockholm bleiben wird und Dir Ihre Adresse angibt – Sie gibt Dir auch die Adresse an, wohin Du Gudrun schreiben sollst, sie hat Gudrun unsere Adresse gegeben und hat ihr gesagt, Dir zu schreiben, aber sie sagt nichts von Nelly[4].

Mon chéri, unser Haus ist aufgeräumt, wir werden es in Kürze schließen, um nach Versailles zu fahren, wo wir, wie vorgesehen, morgen Freitag und vielleicht noch Samstag, wenn es sich gut anläßt, bleiben werden. Auf jeden Fall werden wir Samstag abend zurück sein. Eric ist sehr froh, dorthin zu fahren. Ich hoffe, daß es ein Erfolg für ihn sein wird: das Wetter ist sehr sehr schön, und es ist sogar heiß.

Wir denken an Dich, der Du fährst und immer noch fährst –

Bis sehr bald, mon chéri, mein Seidelbast[5], ich umarme Dich von ganzem Herzen

Gisèle –

[auf der Rückseite des Umschlags:] Die Pendeluhr geht wieder!!

119

[Salzburg, 4. 8. 1960[1]]

Ma chérie,

Mirabell, das ist für mich ein Gedicht von Trakl – lesen Sie es wieder, Sie werden es ohne weiteres finden[2]. – Bis sehr bald!

Paul

/Am Salzburger Bahnhof, mitten im Warten, am 4. August 1960/

120

[Wien, 7. 8. 1960, *Telegramm*]

Komme morgen 19 Uhr 19 über Basel zurück ich umarme Sie

Paul

121

[Stockholm, 1. 9. 1960, *Telegramm*]

Ich umarme Euch beide bis sehr bald

Paul

122

[An Eric Celan]
Donnerstag –
[Stockholm] 1. 9. 60

Mein lieber Eric, ich bin also hier angelangt, ziemlich weit weg, wie mir scheint. Das Wetter ist schön, ein wenig kalt – kurzum, es ist nicht Paris.

Ich erfahre, daß es Nelly besser geht, ich werde sie nachher besuchen, nachdem ich den Arzt[1] gesehen habe. Bis sehr bald, mein Sohn! Umarme Deine Mama fest!

Ich umarme Euch von ganzem Herzen

Dein Papa

123

78, Rue de Longchamp
Paris 16ᵉ   1. September 1960

Mon chéri, ich hoffe, daß Sie gut angekommen sind! Ich habe während dieser so langen Reise an Sie gedacht, und ich habe mir viele Sorgen gemacht wegen der beiden Telegramme von Nelly, die gestern gekommen sind. Ich habe das zweite erst um sechs Uhr vorgefunden: »Auf keinen Fall kommen, es gibt kein Zimmer in Stockholm, ich werde telegraphieren sobald ein Zimmer zu bekommen ist.[1]« Was konnte ich tun? Nachdem ich bereits auf das erste geantwortet hatte, daß Du kommst! Erst da ist mir klar geworden, daß Nelly sicherlich meinte, du würdest mit dem Flugzeug kommen und seist noch nicht abgereist. In meinem Telegramm sagte ich ihr, daß Du tatsächlich am Donnerstag ankommen würdest, sagte aber nicht, daß Du schon abgereist warst! ...[2] Dabei sagte sie doch, daß Du am Bahnhof ein Taxi nehmen müßtest, um sie geradewegs besuchen zu kommen. Ich bin ganz unglücklich gewesen bei dem Gedanken, daß ich sicherlich falsch gehandelt hatte, und mir ist jetzt ganz bang zumute bei der Vorstellung, daß Du bei Deiner Ankunft nicht weißt, wo Du am Abend schlafen sollst. Du wirst so müde sein! Ich warte ungeduldig darauf zu erfahren, daß Du gut angekommen bist und daß sich trotzdem ein Zimmer gefunden hat. Bei allen diesen Ordern und Gegenordern, aufgeschobenen, vorgezogenen, abgesagten Abreisen warte ich ungeduldig darauf zu erfahren, wie Du aufgenommen worden bist. Beschütze Dich gut, mon chéri, gibt mir Nachricht, sobald Du kannst. Ich bin etwas beunruhigt, habe mich sehr ohnmächtig gefühlt, Dich zu erreichen, ich hoffe, ich hoffe, daß heute alles schnell für Dich in Ordnung kommen wird.

Angekommen für Dich ein Paket von der Fischer Bücherei[3] und ein Paket Jahrbücher der Deutschen Akademie für Sprache und Dichtung[4] in Darmstadt. Das ist alles.

Mon chéri, die Nachrichten vom kleinen Pracontal[5] sind sehr sehr schlecht. Die arme Frau ist verzweifelt. Seit sechs Tagen bekommt er eine »Infusion«, das ist eine Behandlung mit Penizillin, die nie länger als vier Tage dauert. Man hat sie gestern kommen lassen, damit sie die Verantwortung dafür übernimmt, daß man die Behandlung noch weiter fortsetzt. Die Gefahr, daß sein Herz das nicht aushält, ist groß, doch wenn man aufhört, gibt es nichts anderes, was man versuchen kann. Es ist entsetzlich – Die arme Frau ist völlig allein, ihr Mann kann nicht stillsitzen, kümmert sich um sein Haus in Neuilly und will nicht daheim am Telefon hängenbleiben. Es ist abscheulich, die Welt ist wirklich voller Abscheulichkeiten, und diese Frau sagt zu mir, daß sie betet. Sie hat heute morgen hier geklingelt, im Grunde nur, um mit jemandem zu reden. Ich kann nichts für sie tun, ihr nur zuhören, was für einen Mut kann ich ihr geben? Ich kann ihr Brot und Obst hinaufbringen, damit sie nicht aus dem Haus zu gehen braucht, das ist alles – Weißt Du, mon chéri, das Unglück ist grenzenlos, und man kann nichts dagegen tun. Jedesmal, wenn es kommt, erinnert es uns daran, wie wenig wir auf Erden sind, und von neuem überkommt uns das Unverständnis vor dem Leben, das Aufbegehren angesichts der Ungerechtigkeit.

Mon chéri, mon chéri, wir sind zusammen, wir lieben uns, wir haben unseren lieben Sohn, wir haben Glück.

Ich umarme Sie, ich umarme Sie, uns geht es beiden sehr gut, wir warten sehnsüchtig darauf, daß Du zurückkommst. Aber mach Dir keine Sorgen wegen uns – Du wirst Nelly helfen können, dessen bin ich sicher, bleib solange bei ihr wie nötig, sie ist eine wirkliche Freundin, wir müssen für sie alles tun, was in unserer Macht steht. Ich glaube gern, daß wir ihre wahre Familie sind und daß ihr das helfen wird, wovon sie glaubt, daß es ihr helfen wird. Ich habe volles Vertrauen in das, was Du entscheiden wirst, und Du weißt, ich werde mit ganzem Herzen an dieser Entscheidung teilnehmen und so tatkräftig wie möglich an Deiner Seite stehen.

Bis bald

                                                Gisèle.

Es ist Mittag: Dein Telegramm ist angekommen.
Willkommen in Stockholm, wir denken viel an Dich.

124

78, Rue de Longchamp
Paris 16ᵉ

                              Samstag, 3. September 1960

Mon chéri,
wir danken Dir für Deine Karte, sie hat uns gefreut, ich wagte nicht so schnell auf eine Karte von Dir zu hoffen. Ich hoffe, daß wir bald weitere Nachrichten bekommen werden, die uns sagen, ob Du ein Zimmer hast finden können (auch Eric macht sich große Sorgen deswegen), und wie geht es Nelly? Ich sehe, daß man gleich nach Deiner Ankunft ein Treffen mit dem Arzt[1] vorgesehen hat, ich hoffe, sie lassen zu, daß Du ihr auf Deine Weise hilfst. Ich habe sehr viel mehr Vertrauen zu Dir als zu ihnen. Ich denke an all die Schwierigkeiten, denen Du begegnen wirst oder schon begegnet bist, an das Unverständnis der einen, an die mehr oder weniger falschen Gewißheiten der andern, alle meine Hoffnungen gehen zu Nelly, zu dem, was das beste für sie sein wird.

Auch da wirst Du, dessen bin ich sicher, einen guten und wahren Weg zu finden wissen.

Eric hat gestern und heute leichte Darmbeschwerden gehabt. Er hat sogar etwas Fieber gehabt und einen Durchmarsch, den er nicht sehr angenehm gefunden hat. Ich glaube, das Speiseeis könnte die Ursache dafür sein, aber jetzt geht es ihm wieder sehr gut. Ich habe ihm den ganzen Tag eine Diät und Lactéol verordnet und ihn zu Hause behalten. Mach Dir keine Sorgen, es ist fast vorbei, und ich glaube, daß man morgen nicht mehr davon reden wird – Er hat kein Fieber mehr, 36,5 am Mittag, 36,6 jetzt (6 Uhr).

Heute keine wichtige Post für Dich, eine Karte aus Sils Maria (Adorno, Szondi, Frau Adorno)[2] und ein Buchhandlungskatalog aus Berlin, ein Einschreibebrief[3], den ich auf der Post, von der ich die Benachrichtigung hatte, nicht bekommen konnte.

Gestern, Freitag, ist es mir nicht gelungen, »Die Zeit« zu bekommen, es war eine nicht sehr gewitzte Aushilfe, die mir versichert hat, sie bekäme sie nicht – Trotz meiner Beharrlichkeit und meines eigenen Suchens habe ich sie nicht gefunden – Wegen des schlechten Wetters bin ich heute nicht aus dem Haus gekommen, wegen Eric, damit er sich nicht erkältet. Ich werde jetzt einen Sonnenstrahl ausnützen, um mit ihm hinunterzugehen und einige Einkäufe zu machen, und dann werde ich sehen, ob ich die Zeitungen finde.

Mon chéri, wir haben gestern eine angenehme Zeit mit unseren Bohnen auf dem Balkon verbracht, es geht ihnen gut, und wir haben ihnen einige neue Richtungen gegeben –[4]

Bis bald, wir umarmen Sie, wir umarmen Sie von ganzem Herzen, mon chéri, schreiben Sie uns, wenn Sie können, ich erwarte sehnsüchtig Nachrichten von meinem mon chéri und von dem, was Sie tun können

Gisèle

125

Stockholm, den 5. September 1960
nach unserem Telefongespräch –

Mon amour!

Danke, daß Du so mutig an meiner Seite bist!

Was soll ich sagen? Sie lassen mich fallen – wir müssen uns also gratulieren, daß wir ihre Hilfe nicht in Anspruch zu nehmen brauchen. Ich habe Klaus gerade ein Telegramm geschickt:

AN DICH SOWIE INGE GERICHTETE BITTE DER NIEDER-
TRACHT ZU BEGEGNEN AUSDRÜCKLICH ZURÜCKGENOM-
MEN: Prière adressée à toi et à I. de répondre à l'infamie expressé-
ment retirée[1].
Das ist alles. –
Was soll ich von Nelly sagen? Sie leidet sehr. Will nichts mehr von ihren Gedichten hören –
»Ich will nur noch« – und hier fügt sie den Daumen und den Zeigefinger der rechten Hand zu einem Ring zusammen – »dieses kleine Licht behalten«.
Aufregungen, die von tausend Seiten kommen, von fern und von nahe.
Anläßlich eines Briefes von Ingeborg – geschrieben nach meinem Telefonanruf[2] –, dem I. ein Paar weiße Handschuhe beigelegt hatte, hat Nelly gesagt: »Weiße Handschuhe, das heißt doch: ›je lave mes mains dans l'innocence‹ – ich wasche meine Hände in Unschuld –, also ein *Beweis von Falschheit*«!!!

Mon amour, ich werde versuchen, übermorgen abend einen Zug zu nehmen, andernfalls am Donnerstag: morgens oder abends – vielleicht werde ich unterwegs, in Hamburg oder in Köln[3], die Fahrt unterbrechen.
Mon amour, umarmen Sie unseren Sohn!
Ich umarme Sie, ich liebe Sie, seien Sie ruhig, ich liebe Sie wirklich

Paul

126

Paris, den 5. September 1960

Ich bin so froh gewesen, mon chéri, Sie heute abend zu hören! Sie von so fern zu hören, wir haben viel darüber nachgedacht, Ihr Sohn und ich – Bedenken Sie doch: Ihre Stimme überquerte Länder, Meere, um über einen Draht zu uns zu kommen. Und von so fern hörte man Sie über diesen Draht in einer Hörmuschel. Das ist immerhin ungewöhnlich. Bald werden Sie da sein. Nach Ihrem Anruf haben wir getanzt, Eric und ich, und wir haben uns umarmt. Er hatte heute abend ein Festessen machen wollen, das heißt mit Kerzen. Es war die Ankündigung Ihrer Rückkehr, die wir feierten, ohne es zu wissen. Wir haben anschließend beide einen sehr guten Abend verbracht, wir haben schöne Geschichten gelesen, und dann haben wir miteinander gesprochen, wir haben natürlich von Ihnen gesprochen, wir waren glücklich.

Ich schreibe Dir an Deinem Schreibtisch, wo vor mir dieser Brief von Klaus[1] liegt, ich habe ihn wieder gelesen, und meine Empörung ist nicht geringer geworden. Du warst vorhin am Telephon so ruhig, so bereit zu allem, nichts dieser Art kann Dich mehr in Erstaunen versetzen. Ich habe mich gefreut, daß Du Dir das mit einer solchen Ruhe anhörst, aber ich denke auch an die Stunden, wo das alles wieder in Dir hochkommen wird. Ich kann nur mit Dir wiederholen, warum, warum muß Dir das alles passieren. Ich kann nicht verstehen, ich suche keine Erklärung, es gibt keine, ich lehne mich ganz einfach auf. Morgen wirst Du Brief und Text von Klaus[2] haben, die ich Dir, so gut es ging, abzuschreiben versucht habe. Ich werde an Dich denken.

Gott, Gott, Gott! Oder besser, nicht Gott, nicht Gott, nicht Gott!

Mon chéri, in Ihrer Abwesenheit habe ich viel gearbeitet, aber ich habe Ihnen im Augenblick nur fünf Aquarelle zu zeigen, und zwei davon sind einander noch sehr ähnlich und keines ist umwerfend. Ich werde von einem sehr starken Wunsch getrieben, etwas zu tun, doch in dem Augenblick, in dem ich es verwirklichen will, spüre ich genau, daß mir etwas Wesentliches fehlt, nämlich der Zustand der Gnade, wenn Du so willst, er ist nicht da, Mut und Wille allein genügen nicht. Es ist nicht das Wahre, ich weiß es genau, übrigens ist es noch ganz verschieden von meinen Radierungen, über sie wunderte ich mich, sobald sie fertig waren, ich erkannte sie nicht ganz als mir zugehörig wieder, ich sage sogar, daß ich sie nicht ganz verstand. Meine Aquarelle erkenne ich nur allzugut, diese Form, ihr Warum und ihr Wie, darüber weiß ich Bescheid; die Farbe, ihr Wert, ihre Intensität, ihr Platz, alles ist erklärbar, sogar logisch, ohne Überraschung; diese Aquarelle sind für mich vollkommen logisch, und das ist auch der Grund, weshalb ich sie zeitweise hasse, ich verstehe sie allzu gut, sie sind auf meiner tristen Höhe, mehr nicht – Nun, Du wirst ja sehen. Du wirst mir zu helfen wissen – Außerdem habe ich Geduld, ich werde es von neuem versuchen – Bei meinen Radierungen ist es etwas anderes, ich glaube, das ist abgeschlossen, ich glaube, daß ich dem Kupfer nichts mehr geben kann, und natürlich werde ich traurig und gerate in Angst, wenn ich meine Druckerpresse ansehe und alle meine Kupferplatten, die auf mich warten, die seit eineinhalb Jahren auf mich warten[3] –

Mon chéri, ich sage es Ihnen noch einmal, Sie werden immer gut empfangen werden, einen Tag früher, einen Tag später, wir warten schon auf Sie, seit Ihrem Abreisetag. Doch ich flehe Sie an, ein wenig diese so lange Reise zu nutzen, um überall dort, wo Sie gern möchten, haltzumachen – Wer weiß, ob ein langer Spaziergang in einer unbekannten Stadt Ihnen nicht mehr bringt als Wochen der Arbeit an Ihrem Schreibtisch – Nutzen Sie die Gelegenheit. Wenn Sie es können.

Guten Abend, mon chéri, gute Ruhe, gute Hilfe für Nelly, grüßen Sie Schweden. Ich schreibe Ihnen nicht mehr nach Stockholm, ich warte auf Ihr Telegramm.

Ich umarme Sie, ich werde meinen Sohn umarmen, und von seinem ruhigen und glücklichen Schlaf aus schicke ich Ihnen einen guten Gedanken

Gisèle.

Entschuldigen Sie bitte wegen diesem Punkt[4],
den ich nicht daran hindern kann,
ganz von allein aus meiner Feder herabzutropfen!

127

[Stockholm, 8. 9. 1960, *Telegramm*]

Fahre heute morgen über Köln[1] zurück umarme Euch beide

Paul

128

[Paris, 5. 11. 1960]

Mein lieber Eric,
   hier schreibe ich mit der auf der Straße gefundenen Taubenfeder, die Du mir gerade gegeben hast. Was kann ich wohl schreiben, wenn nicht dies:
   Ich liebe Dich von ganzem Herzen, mein Sohn, der auch meine Federn findet.

Dein Papa

An diesem 5. November 1960.

129

[Widmung in Sprachgitter[1]*:]*

> So kam ich unter die Deutschen. Ich forderte
> nicht viel und war gefaßt, noch weniger
> zu finden.
> . . . . .
> Es ist ein hartes Wort, und dennoch sag
> ichs, weil es Wahrheit ist: ich kann kein
> Volk mir denken, das zerrißner wäre, wie
> die Deutschen. Handwerker siehst du, aber
> keine Menschen, Denker, aber keine Menschen,
> Priester, aber keine Menschen, Herrn und
> Knechte, Jungen und gesetzte Leute, aber
> keine Menschen –
>
> / Hölderlin, Hyperion[2] /

    Für Gisèle,
   in unserem Haus,
    Dezember
     1960[3]

     Paul

130

  Und schwer.
Und schwer wie dein
nun nach Jahren zu zählendes
Da- und Um-mich-Sein.

Und schwer, Geliebte, und schwer.

Und schwer wie das Hier-
und Hinaus-ins-zweite-
Dunkel-Gewogen-
Werden.

Dreimal schwer.
Dreimal und abermals dreimal,
und immer mit dir.

Schwer und schwer und schwer.
Und niemals mit
verkleidetem Herzen.

Geschrieben in Paris, den 15. Dezember 1960.
Abgeschrieben in Montana, den 23. Dezember 1960[1], »auf der Brücke der Jahre«[2], Sie mit Ihrem weißen Flieder[3] erwartend.

Paul

131

Les Fougères
Montana

Freitag, 27. Dezember 1960

Mon chéri,
Sie sind im Augenblick sicherlich im Theater[1], mit den Gedanken anderswo, müde, mit der Aussicht Ihres Besuchs bei Weber und den so unerquicklichen Gesprächen, die Sie noch und noch führen müssen[2] – Ich denke an Sie von ganzem Herzen –
Mein Brief wird Sie in Paris erreichen, möge er Ihnen ein wenig Freude geben gleich nach Ihrer Ankunft in unserem Haus –
Gutes Jahresende, mon chéri, Mut, Kraft und Stille, um die neuen Prüfungen anzugehen, Mut, Kraft und auch Schreibmöglichkeit –
Ich lese wieder dieses schöne Gedicht vom 23. Dezember, wie soll man da nicht sofort die Kraft wiederfinden, die ich in meinem Leben brauche? Eine Kraft, die mir nur von Ihnen kommt, die Sie mir aber trotz allem immer so reichlich zu geben wissen.
Mon chéri, danke, mon chéri, bis bald, mein Liebster, ich liebe Sie, mein Liebster, ich umarme meinen Sohn, der schläft, und ich umarme Sie mit ihm

Gisèle.

132

Les Fougères
Montana – Wallis – Schweiz

31. Dezember 1960

Mon chéri,
 Der Abend ist lang, und ich kann mich nicht dazu entschließen, das Jahr zu beenden. Ich langweile mich ein wenig, ich weiß nicht, was ich tun soll, unmöglich zu lesen, zu zeichnen. Ich fühle mich sehr allein. Ich höre Radio – Montana beginnt wohl unter Lachen und Champagner, Musik und all dem Tralala, so gut es kann, das neue Jahr zu feiern – Und ich, ich denke wieder an all unsere Leiden dieses Jahres, an all das Schlechte, das es uns gebracht hat. Wir müssen uns wohl eingestehen, nicht wahr, daß dieses Jahr ziemlich schrecklich war – Und doch, trotz allem, trotz allem, das so schwer gewesen ist, hat es auch Gutes, wir sind fast die ganze Zeit über alle drei zusammengewesen – Ich wünsche uns dreien trotzdem ein besseres Jahr – Das Jahr, das jetzt kommt, ist sicherlich das, in dem Eric lesen lernt. Ich wünsche uns allen dreien gute Arbeit, Ruhe, Mut, viel Mut. Ich wünsche uns auch echte Freuden und viel Liebe. Mon chéri, das ist das wichtigste –
 Ich möchte heute abend so gern an Deiner Seite sein und mit Dir das Jahr beginnen! Mon chéri, ich weiß ja, daß Du diesen Festen nicht viel Bedeutung beimißt – Mir, siehst Du, lassen diese Feste zum Jahresende (bevor ich Dich kannte) nur schlechte Erinnerungen. Nichts, immer allein oder dem Schein nach umgeben von Anwesenheiten aus Familien- und Bekanntenkreis – Und heute macht es mich ein wenig traurig, ich weiß nicht warum, daß ich hier bin. Eric schläft nebenan, er ist heute so glücklich gewesen, wir sind einmal zu Fuß, einmal mit dem Autobus in Plans-Mayens[1] gewesen, von dort zwei schöne Abfahrten mit dem Schlitten, er gab mir soviel Freude. Er war wirklich glücklich, wie es nur Kinder sein können, und das rührt mich immer sehr. Er war wirklich absolut glücklich –
 Ich habe erfahren, daß Böschenstein heute abend angekommen ist, um den morgigen Tag mit den Bollacks[2] zu verbringen – Ich muß Dir sagen, daß sie sehr nett zu uns sind – Heute morgen Skiwanderung mit Jean und Mayotte während des Unterrichts der Kinder, was für mich eine Chance ist, denn allein würde ich es nicht wagen, und von den Gruppen und den Skikursen habe ich ein wenig die Nase voll. (Wir haben sie auf meine Bitte hin etwas abgekürzt, und wir sind ganz und gar rechtzeitig für Eric gekommen.)

Noch einige Tage, morgen ist ein Sprungwettbewerb, worüber Eric entzückt ist, und ich werde ihn dorthin mitnehmen. Und dann bald die Rückkehr, und wir werden wieder alle drei beisammen sein[3].

[am Rand:] Das freut mich – das freut mich sehr. Ich umarme Sie, mon chéri, Ihre Frau, die Sie liebt

                Gisèle

133

Eine Gauner- und Ganovenweise, im Februar 1961[1]
gesungen von Paul Celan[2]

  »Strampelte mi, stampelte mi.
  Alla mi presente, la nostra signori!«[3]

Damals, als es noch Galgen gab,
da, nicht wahr, gab es
ein Oben.

Wo bleibt mein Bart, Wind, wo
mein Judenfleck, wo
mein Bart, den du raufst?

Krumm war der Weg, den ich ging,
krumm war er, ja,
denn, ja,
er war gerade.

Heia.

Krumm, so wird meine Nase.
Nase.

Und wir zogen auch nach Friaul.
Da hätten wir, da hätten wir.
Denn es blühte der Mandelbaum.
Mandelbaum, Bandelmaum.

Mandeltraum, Trandelmaum.
Und auch der Machandelbaum.
Chandelbaum.

Heia.
Aum.⁴

134

[Paris, März 1961?¹]

Eine kleine, sehr dumme Idee ist mir gekommen: Adorno ist von hier aus zu Beckett² gegangen (von dem man nicht weiß, wo er ist...). Da ich mich daran erinnere, daß Unseld³ Beckett in der Closerie des Lilas⁴ getroffen hatte, gehe ich auf einen Sprung dorthin. Von dort gehe ich in die École.
    Bis nachher, mon amour

                                      Paul

135

[Widmung in Der Meridian¹*:]*

    Es lebe der Meridian!

        Für Sie, mon Amour,
        die Sie ihn leben lassen

An diesem Tag nach dem Geburtstag, an diesem Tag vor
                dem Jahrestag
            März 1961²

           Paul

136

[Widmung in Sergej Jessenin, Gedichte[1]:]

      Für Sie, für
  die Kaiserin aller Bukowinas
    (ein wenig österreichisch,
      ein wenig russisch[2]...)
        Ihr sehr-ergebener, Ihr sehr-stolzer Untertan
          Павел Львович[3]

22. März 1961.

137

I c h   v e r a n t w o r t e
———————

I c h   w i d e r s t e h e
———————

I c h   v e r w e i g e r e[1]

8. 6. 1961

138

    Für Dich, Gisèle, für Dich[1],
      mon aimée –

Die hellen[2]
Steine gehn in der Luft, die hell-
weißen, die Licht-
bringer.

Sie wollen
nicht niedergehen, nicht stürzen,

nicht treffen. Sie gehen
auf,
wie die geringen
Heckenrosen, so tun sie sich auf,
sie schweben
dir zu, du meine Leise,
du meine Wahre – :
ich seh dich, du pflückst sie mit meinen
neuen, meinen
Jedermannshänden, du tust sie
ins Helle, das niemand
zu weinen braucht noch zu nennen.

10. 7. 1961.
Trébabu[3]
23 Uhr.

139

[Paris, 5. 11. 1961]

Ma chérie, ich muß unbedingt aus allem heraus und wieder zu mir selber kommen[1]. Zu mir selber gekommen, werde ich auch wieder zu Ihnen und zum Sohn kommen: zu diesem Leben, in dieses Leben, das ich gewollt habe, das ich aufzubauen *gewünscht* habe.

Vielleicht finden Sie über Elisabeth oder über Madame Fulda[2] einen Arzt, der begreift, daß ich nicht »spinne« und daß dies alles tatsächlich ein in seiner Art einzigartiger Fall ist, der aber gleichzeitig so vielen anderen Affären[3] gleicht. (Denn Sie wissen ja, alles ist darin enthalten: das Falsche, das doppelte Spiel, die jüdische Kollaboration usw.)

Verzweifeln Sie nicht an mir, ma chérie. Ich weiß, daß ich Sie aufrege durch meine Untätigkeit und durch diese lächerlichen Telefongespräche in eine Richtung, aus der ich nichts anderes als Verrat erwarten kann.

Ich bitte Sie, ma chérie: Verzweifeln Sie nicht!
Ich bleibe. Bei Ihnen und beim Sohn. Halten Sie stand!
Ich werde damit fertig werden.
    Ich liebe Sie

                                             Paul

5. XI. 1961.

140
 [Paris, 1962¹]

Ma chérie,
 ich konnte nicht stillsitzen
und bin auf einen Bummel
weggegangen.
 Ich liebe Sie

 P.

141
 [Paris, 19. 3. 1962]

Eine weitere Rose ist gekommen – die Rose des Lebens!
 Herzlichen Glückwunsch zum Geburtsstag¹, mon Aimée!
 Herzliche Glückwünsche zum Jahrestag, mon Aimée!
 Noch viele viele viele Jahrestage,
 und herzliche Glückwünsche!

 – Der Vater Ihres Sohnes –

19. März 1962. –

142
 [Paris, 25. 9. ? 1962¹]

Ich liebe Sie, ma Chérie, ich werde Sie
mein ganzes Leben lang lieben.
 Bis sehr bald!
 Paul

143

Paris, den 25. September 1962.

Mon chéri,
ich habe während dieser ganzen langen Reise an Sie gedacht, an Ihre Ankunft in Genf, an Ihre ersten Kontakte mit der Stadt, dem BIT, den Leuten, dem Hotel[1]. Möge alles gut verlaufen! Möge es Ihnen gutgehen! Möge Ihr Mut Sie nicht verlassen!
Was mich angeht, nach einem ziemlich leeren Vormittag einige Telefongespräche, um mich ein wenig zu beschäftigen und die Zeit herumzubekommen (mit Marie-Thérèse, Solange, Anne de Veyrac, die am Samstag kommen und uns im Auto mitnehmen wird, das heißt eher Bernard[2]). Heute nachmittag ein Gang nach Saint-Germain in der Hoffnung, wieder Kontakt zu den Galerien anzuknüpfen. Ein Kontakt, der nicht hergestellt wurde, trotz der Entdeckung mehrerer neuer Galerien. Ich habe dreimal Adamov erblickt, es wird Dich nicht erstaunen, wenn ich Dir sage, daß sein Blick völlig leer und starr war, daß er aussah, als wolle er sich erbrechen[3]! Ein etwas enttäuschender Spaziergang. Ich habe mir schließlich die Antiquariate (wahnsinnig teuer) und die alten Stiche angeschaut! Und dann bin ich nach Hause gegangen, um Eric abzuholen, Jacques, der gekommen war, um Jean-Pierre abzuholen, machte ein trauriges Gesicht, Jacqueline war um 2 Uhr in einem entsetzlichen Zustand zurückgekommen, unfähig, ihren Unterricht zu halten und ganz und gar am Boden zerstört[4].
Bei der Post heute morgen eine Zeitschrift, von der ich nicht so recht weiß, was ich davon halten soll, man spricht darin viel von Dir, aber wer! »Muttersprache« mit einem langen Artikel von Firgès: »Sprache und Sein in der Dichtung Paul Celans« und von Joachim Stave: »Hüpfgesunde Lyrik?«[5] Der erste mit zahlreichen Zitaten aus der Bremer Rede[6], »Mohn und Gedächtnis«, »Von Schwelle zu Schwelle«, »Sprachgitter«[7], eine Passage aus einem Deiner Briefe an ihn: »Es geht mir nicht um ›Wohllaut‹, es geht mir um Wahrheit«[8]. Zitate auch von Heidegger. Was soll man davon halten? Dieser so schmutzige Name, der von Dir spricht, von Deiner Muttersprache, Gedichte über Deine Mutter zitiert. Das tut mir weh. Wie wagt er daran zu rühren? Selbst wenn er intelligent ist – Ich finde das unanständig. Vielleicht will er wiedergutmachen oder sich einen Namen machen, indem er von Dir lebt, vom Wesentlichen Deiner selbst, die Parasiten! Was den andern angeht, so zitiert er »die Passage« aus dem Brief an Bender über die zahlreichen Menschen[9]! Die zahlreichen Gedichte! Was soll ich Dir dazu sagen? Ich glaube nicht, daß

er sehr aufrichtig ist, doch bin ich mir nicht sicher, ob ich richtig verstanden habe. Daß man von Dir spricht, selbstverständlich, selbstverständlich, aber wer? Und wie? Heute abend ein Brief von Luchterhand, von dem ich Dir die Abschrift[10] mitschicke, und ein Einladungsprospekt von Stomps, Schloß Sanssouris, für den 24. September, in die Rue de Montevideo[11] geschickt!

Und soeben Dein Anruf, Deine Stimme! Du! Danke. Wenn Du Erics Freude gesehen hättest und sein Schrei: »Das ist Papa«. Er war sich so sicher, er wußte, daß Du es warst. Ich habe ihm alles sagen müssen: das Büro, der »Direktor«[12], das Hotel, Lydia[13]... Er ist so lieb.

Bis morgen, mon chéri. Schlafen Sie gut, ruhen Sie sich aus, langweilen Sie sich nicht allzusehr. Ich denke an Sie, ich liebe Sie, ich warte auf Sie, ich umarme Sie.

Bis bald. Gisèle.

Ich begreife es kaum, daß Du fort bist. Das Telefon ist doch eine außergewöhnliche, moderne Erfindung – man könnte glauben, Du seist in der Kneipe an der Ecke und würdest im nächsten Augenblick dreimal klingeln.

Mittwoch, 26. September. Wir denken an Dich, mon chéri, nach dieser ersten Nacht in Genf, jetzt bist Du in diesem Büro, in dem Du zahlreiche Stunden damit verbringen wirst zu arbeiten. Paris liegt heute morgen im Regen, die Wohnung kommt mir groß vor, ich höre das Konzert von Mozart[14], das wir so oft zusammen aufgelegt und gehört haben! bei Tag, bei Nacht. Ich werde mein noch geschlossenes Atelier wieder aufmachen, heute morgen und heute nachmittag gründlich aufräumen, ich versuche, mich wieder an die Arbeit zu machen. Ich muß diese langen Stunden ausnützen, in denen ich allein bin, doch ich bin ein wenig verloren, ein wenig desorganisiert, Du weißt es ja. Wie soll ich das alles wieder in den Griff bekommen? Sich sammeln, sich wiederfinden, sich wiedererkennen, genau zuhören, was in einem vorgeht, auf die kleinste Idee aufmerksam sein, ausfindig machen, was sich dahinter verbergen könnte, und ganz schnell mit einigen Strichen oder einigen Farben dieses Futter aufs Papier bringen. Ich habe so sehr die Gewohnheit dazu verloren. Ich fühle mich so fern von mir. Mich wiederfinden, um Dich wiederzufinden, um Dich tiefer wiederzufinden, von weiter, von näher. Das ist mein größter Wunsch, meine größte Hoffnung, es ist die Hilfe, die ich von diesen langen Tagen erwarte, an denen ich allein leben muß. Ich gehe darauf zu. Mutig. Ich schicke Dir meinen Mut, meine Kraft und meine Liebe. Empfange sie, mon chéri, mache sie Dir zu eigen. Ich liebe Dich.

23 Uhr – Mon chéri, ich konnte es nicht glauben, daß Du es wieder warst, dabei hat Eric es mir strahlend gesagt. Danke, danke. Ich habe bei Monique vorbeigehen müssen, wegen einer Unterschrift in Familienangelegenheiten, zu der ich von Tante Jeanne[15] herbeizitiert worden war. Ich habe es vorgezogen, Eric nicht dorthin mitzunehmen, und ich habe ihn mit Lisou bei Jean-Pierre gelassen. Ein langer Abend vor mir – ein wenig leer. Schwierig, seine Zeit auf beste Weise auszufüllen. Ich langweile mich ein wenig, schwierig, meinen guten und mutigen Vorsätzen zu folgen. Ich werde zu Bett gehen. Guten Abend, mon amour.

Donnerstag, 27. September 1962. Bevor ich den Brief zur Post bringe, kündige ich Dir an:

1) eine Karte von den Arends, sehr nett, die Dich fragen, ob Du nicht einmal zu ihnen kommst, in der Hoffnung auf ein baldiges Wiedersehen[16]

2) Fischer schickt Dir eine neue »Auswahl« Deiner Gedichte[17]

3) eine hohe Telefonrechnung

4) die Rechnung des Maurers

5) ein Brief von Madame Josquin[18] mit der Rechnung von Rasori für den Zaun, von dem sie sagen, sie hätten ihn bezahlt, und uns nun bitten, unseren Anteil zu schicken, der sich übrigens ausrechnen läßt und sehr schlecht erläutert ist. Sag mir, ob ich nicht meinen alten Plan umsetzen und die Zahlung mit dem Hinweis verweigern soll, daß sie ihr Versprechen, die Eingangstür und die Außentreppe neu anzustreichen, den Boden in der Scheune und die Decke im Keller neu herzurichten sowie den Rasen anzulegen, nicht gehalten haben. Sag mir Deine Meinung, ich warte solange mit der Antwort.

Ich habe im Augenblick keine Post, die ich Dir nachschicken kann, alles ist notiert und eingeordnet, und ich schicke Dir die Abschriften, mit getrennter Post schicke ich Dir die Zeitschrift »Muttersprache«.

Es ist wunderschönes Wetter, ich bedaure ein wenig, daß ich nicht in Moisville bin. Samstag-Sonntag fahre ich mit den Veyracs hin, Mittwoch-Donnerstag wahrscheinlich mit Jacqueline und Jean-Pierre. Vielleicht melde ich mich mal wieder bei den Voineas[19]. Was meinst Du?

Bis bald, mon chéri, langweilen Sie sich nicht zu sehr, arbeiten Sie nicht zu viel. Schreiben Sie mir ab und zu ein paar Zeilen.

Die Rosen sind noch so schön. Es sind Meillands, aber es gibt mehrere Arten davon, sicher werden wir Mühe haben, sie wiederzufinden.

Ich umarme Dich, mon chéri, ich umarme Dich wie ich Dich liebe

Gisèle.

144

78, Rue de Longchamp
Paris 16ᵉ

Freitag, 28. September 1962

Mon chéri,

Ihre langen Abende, meine langen Abende! Es ist gewiß, daß wir so aneinander gewöhnt sind, so daran gewöhnt, die kleinsten Dinge gemeinsam zu machen. Es wird lang werden für uns beide. Ich muß Dir gleich gestehen, daß mein Atelier nicht aufgeräumt ist, daß ich mich noch nicht an die Arbeit gemacht habe, daß ich die Zeit ziemlich nutzlos totgeschlagen und daß ich mich ziemlich gelangweilt habe! Enttäuscht von den Reizen der Galerien, habe ich überhaupt keine Lust, wieder dorthin zu gehen. Ich höre ziemlich oft Schallplatten. Ich gehe sehr früh hinunter, um Eric abzuholen, und erwarte ihn in einem Café. Ich überlege, was ich für die Einrichtung in Moisville, für die Veränderungen hier machen kann. Es ist kompliziert, es ist teuer, ich kann mich zu nichts entschließen, ich hätte gern Deinen Rat. Ich bin die möglichen Telefonanrufe durchgegangen: die Schwestern! Sonst niemand – Ich langweile mich ziemlich. Das Haus ist leer. Wie Eric ein wenig verstört sagt: »Irgend etwas stimmt nicht so richtig, ich weiß nicht, was es ist, vielleicht weil Papa nicht da ist«. Genau das ist es!

Von Ihrer Seite finde ich etwas nicht gut. Warum schickst Du mir nicht, was Du schreibst. Egal was, Du weißt genau, daß es nicht an die falsche Adresse kommen wird, Du weißt genau, daß Du mir alles schreiben kannst, was Dir durch den Kopf geht, selbst wenn es nur der Widerschein eines Augenblicks Deines Tagesablaufs ist. Ich bitte Dich inständig, behalte keine nicht abgeschickten Briefe[1], wenn sie für mich bestimmt sind.

Such Dir ein anderes Zimmer, das nicht so schmutzig ist[2], Du weißt genau, daß sich so etwas rächt, es ist unbedingt notwendig, daß Deine Ruheecke auch wirklich eine ist, wenn Du aushalten und wenigstens versuchen willst, für Dich zu arbeiten. Was wirst Du mit Deinen Samstagen und Sonntagen in Genf anfangen? Sag es mir, wenn Du willst, daß ich komme, Du weißt, was für eine Freude das für mich sein wird, Du weißt, daß es für mich sehr leicht ist, Eric unterzubringen, Du sollst wissen, wenn Du Lust dazu hast, darfst Du nicht zögern.

Erics Arbeit scheint gut zu laufen: 10 und 9 Punkte[3] beim Diktat diese Woche. Das ist fast unglaublich. Er macht übrigens einen sehr entspannten Eindruck, und ich glaube nicht, daß er sich große Mühe gibt, aber es läuft gut. Er liest immer viel, gleich nach dem Wachwerden, um Mittag, am Abend, sobald er einen Augenblick Zeit hat. Ein schöner Donnerstag für ihn bei Solange gestern.

Bis nachher, mon chéri, Deinen Anruf erwarte ich als »den« Augenblick des Tages. Ich denke an Dich, mon amour, weißt Du es? Spürst Du es?

Bis bald, ich umarme Dich, mon amour

Gisèle

Keine Post heute morgen, auch am Mittag nicht.

145

Genf, den 30. September 1962

Ich versuche Ihnen zu schreiben, mon Amour.

Es ist Sonntag, das Wetter ist schön, sehr schön sogar, und ich komme von einem kleinen Spaziergang zurück, schon müde, um vier Uhr.

Gestern ging es besser, vor allem, nachdem ich Sie von Nyon aus angerufen hatte. Ich hatte den kleinen Zug genommen, der bis nach Saint-Cergue[1] hinauffährt, etwas mehr als tausend Meter hoch, die Sonne schien, sehr wenige Leute, »Kuhberge«, aber sehr waldig, ringsum Wälder, alle Bäume – sehr gemischt, vom der Vogelbeerbaum bis zur Lärche – hatten noch ihre Blätter – Sie wären hier bestimmt gern spazierengegangen: ich habe daran gedacht, und ich habe gedacht, daß es sicherlich ein idealer Ort für Eric wäre.

Was mich angeht, mon amour, so habe ich das alles nicht genießen können. Ein paar Schritte, dann der Nachmittagskaffee auf der Terrasse eines Hotels, in Gesellschaft von Wörtern für ein Gedicht, hingekritzelt in Nyon². Dann habe ich beschlossen, weil der Zug erst sehr viel später zurückfuhr, zu Fuß nach Arzier³ hinunterzugehen, über eine von der Hotelwirtin angegebene Abkürzung. Es war schön, sehr schön, dort oben zu gehen, und auf einmal, ich war gar nicht darauf gefaßt, ist zu meiner Rechten plötzlich eine Blume aufgetaucht: eine Zeitlose. Erinnerst Du Dich an das vorletzte Gedicht: »Columbus, die Zeitlose im Aug, die Mutterblume«?⁴ – Und da habe ich an das allerletzte Gedicht denken müssen, geschrieben nach dem aus Moskau empfangenen Brief, in dem mir Erich Einhorn sagte, daß er seine Ferien in »Kolchis« verbringen werde, das heißt am Schwarzen Meer⁵. »Kolchis«, das war, und das ist mir erst gestern aufgegangen, nur ein geheimes Echo der »Zeitlosen«, hervorgerufen durch die Wirklichkeit. – Man müßte sich mit dieser Art von Dialog, ein wenig außermenschlich⁶, zu begnügen wissen, nicht wahr? Und das um so mehr, als ich es Ihnen, mon Amour, und, auf eine andere Weise, unserem Sohn, in einem so ergreifenden Einvernehmen mit allem, was für uns die Welt und ihre Wahrheit ist, mitteilen kann.

Etwas weiter – die Wiesen waren bald mit Zeitlosen übersät –, als ich die Straße verließ, um den Ziegenscheunenweg zu nehmen, stand eine andere Blume da: der Augentrost – l'euphraise –, wovon ich Dir ziemlich oft, wie ich glaube, erzählt habe. Im Krieg, in der Moldau, war ich, mit zwei Eimern (Wasser? Suppe?) beladen, die ich, vor Mittag, in die kleine Stadt holengehen sollte, um sie zur »Baustelle«⁷ zu bringen, diesem Augen-*Trost*⁸ begegnet.

Aber da, siehst Du, sah ich mich wieder einmal zurückgeworfen, dann waren es eine Silberdistel und ein Vogelbeerbaum, der mit seinem gelben Blattwerk deutlich machte, was ich in einem Gedicht von Jessenin zu übersetzen hatte: »Christus, deine roten sind es, deine Schwären«⁹. Etwas weiter fort, an einer Abzweigung, hörte der Weg auf. Einen Augenblick lang habe ich in Erwägung gezogen, quer durch den Wald weiterzugehen, da mir aber der Mut dazu fehlte, habe ich es vorgezogen, zurückzugehen und wieder den Zug nach Saint-Cergue zu nehmen. Von Nyon aus hätte ich, »zur Abwechslung«, leicht nach Lausanne fahren können. Doch ich war nicht für die Nacht gerüstet, und so war es (Wieder-)Genf. Mit seinen Kiosken und der reichen Auswahl an deutschen Zeitungen, um mich zu empfangen. Sonntagsausgaben, die Feuilletonseiten voll mit »Freunden« ... Das alles ist mir wirklich auf den Fersen¹⁰, das läßt mich nicht mehr los. Ich habs geschluckt – oh, es waren nur ein paar Kleinigkeiten, die zu den großen Dingen hinzukamen. Wie jeden Abend habe ich ganz in der Nähe meines Hotels in einer ziemlich passablen und nicht allzu teuren Kneipe – im Café des Alpes – zu Abend gegessen – habe meine Lektüre verdaut, bin jedoch auf die unglückliche Idee gekommen, zu meinen (Frankfurter!) Würstchen ein Glas Dôle[11] zu trinken, dann noch eins, dann noch drei weitere. In der Nacht davor hatte ich ohne Schlafmittel einschlafen können, da ich nun aber diesen endlosen Sonntag voraussah, habe ich mich »eingedôlt«. Gegen Mitternacht – ich hatte Deinen Brief wieder gelesen, dann, nach einigen russischen Gedichten[12], das Radio eingeschaltet – bin ich eingeschlafen. – Ach, ich vergesse: »eingedôlt« war ich noch ein wenig in der näheren Umgebung »umhergeschwirrt«, und »in Höhe« eines Photoautomaten angelangt, habe ich für zwei Franken sechs Bilder bekommen... wovon ich Dir eines mitschicke...

Oh, ich weiß schon, was Handlungen wie diese bedeuten sollen... In Nyon bin ich, nachdem ich aus dem Zug ausgestiegen war, zur Post gegangen, um Dich anzurufen; zu meiner Rechten war die Rue Perdtemps[14]. (»Oh, comment sortir des Chiffres et des Nombres«[15])

Du siehst, ich bin ganz unten. Zum Glück bin ich morgen im Büro. Bis jetzt habe ich nichts anderes getan, als die »Bestimmungen« und die Wörterbücher durchzusehen, doch seit Freitag abend liegt ein hundertseitiges Dokument in englischer Sprache auf meinem Tisch, das mit der Einrichtung auf Fischerbooten zu tun hat, der Übersetzungsrhythmus liegt bei zehn Schreibmaschinenseiten pro Tag – die einem Stenographen diktiert werden müssen –, und ich bin erst bei der vierten Seite, die Wörter kommen mir einfach nicht, ich habe die ganze »Language« vergessen, aber dieses Dokument *muß* übersetzt werden, und ich bin fast glücklich bei dem Gedanken, daß ich mich morgen daran machen kann. Die Stunden werden vergehen, und ist dann der Abend gekommen, werde ich heimgehen, um meine Aktentasche abzulegen und zum Bahnhof zu laufen – dreihundert Schritte von hier entfernt – und Sie anzurufen. Der Anschluß nach Paris ist schnell da – unser Paris, mon Amour.

Aber wenn Du diese Menschenmenge vor den beiden Telefonschaltern sehen würdest! Eine Masse italienischer Arbeiter, die Pisa und Rom und Triest anrufen – die Masse jener, die, wie ich, nach Genf gekommen sind, um dort »reich« zu werden, rufen die an... *die* sie durch ihre Anwesenheit am Leben erhalten. Und sie haben

nicht das Geld der »internationalen Beamten« in der Tasche ...
Dann wieder andere, die nach Frankreich, nach Deutschland anrufen. Eine ziemlich alte Dame hat neulich abends Buenos-Aires verlangt. Ein sehr scharf geschnittenes Gesicht, sehr Übersee und Latein-Amerika, ein wenig »indio«, aber wenn man etwas genauer hinsah, ein ... jüdisches Gesicht. Es war mit Voranmeldung, ich habe ihren Namen gehört: Fischer ...[16]

Ich schreibe Ihnen, mon Amour, ich schreibe Ihnen – das hilft leben. Mon Aimée! Ich habe aus Ihrem kleinen Pascal Ihr Foto von vor elf Jahren[17] herausgenommen. Gisèle de Lestrange, ich liebe Sie. Meine Lächelnde von damals! Meine so Leidgeprüfte! Meine so Mutige! Ich weine, aber ja. Doch in diesen Tränen komme ich mit Ihnen zusammen, mit Ihnen und unserem Sohn Eric, mit Ihnen und unserem Leben, unserem Leben zu dritt, das, nicht wahr, seine Helligkeit bewahrt und bewahren wird, seine Sterne, seine Sonnen, sein Haus. Und das uns helfen wird, Ihnen und mir, unseren Sohn zu erziehen, einen Mann aus ihm zu machen, aufrecht und mutig, und, aber ja, weniger den Prüfungen ausgesetzt! Ich werde standhalten[18], mon Aimée, wir werden standhalten.
Nehmen Sie diese »zeitlose« Blume[19], für Sie gepflückt. Morgen – denn es ist der erste Oktober, und Oktober ist der Monat meiner Rückkehr –, morgen werde ich Ihnen Ihre Rosen geben.
Umarmen Sie unseren Sohn, umarmen Sie ihn sehr fest!

Paul

146

[An Eric Celan]
Genf, den 30. September 1962

Mein lieber Sohn!
Ich danke Dir von ganzem Herzen, daß Du dem ersten Brief von Mama Deine kleine Botschaft beigefügt hast!
Auch ich umarme Dich – ich umarme Dich sehr fest.
Ich habe Deine Schrift sehr gut gefunden; Du hast große Fortschritte gemacht, und das beweist, daß Du in der Schule sicher gut arbeitest. Das wundert mich übrigens nicht, denn ich weiß, daß Du begriffen hast, daß man arbeiten und lernen muß, lernen und nochmals lernen.
Ich hoffe, daß Du ein schönes Wochenende in unserem Haus in

Moisville[1] verbracht und daß Du dort mit Deinen kleinen Kusinen schön gespielt hast.

Siehst Du, hier in Genf gibt es viele Ausländer, die kommen, um die Stadt, den See, die Berge zu bewundern. Bei uns, in Moisville, gibt es weder See noch Berge. Felder und hier – da ein paar Gehölze. Aber es ist sehr viel schöner, glaub mir. Apropos, ich frage mich, ob die Haselnüsse schon reif sind. Mama hat bestimmt welche für Dich gefunden, dessen bin ich sicher. Und bald werdet Ihr damit beginnen, Walnüsse zu pflücken.

Es ist eine sehr große Chance, mein Sohn, ein so schönes Haus zu haben. Um es zu verdienen, muß man fleißig arbeiten.

Hier, in dem Büro, in dem ich arbeite, kümmern wir uns darum, die Mittel zu finden, damit alle, die arbeiten, all das bekommen, was sie brauchen.

Jetzt möchte ich Dich um eine Gefälligkeit bitten: bitte Mama, wenn Du aus der Schule kommst, Dir ein wenig Geld zu leihen und Dich zur Blumenfrau am Rond-Point[2] zu begleiten. Dort verlangst Du sieben rote Rosen[3], wenn möglich Meillands. Und die gibst Du dann Mama von mir.

Ich umarme Dich, mein geliebter Sohn!

Dein Papa

147

Paris, den 1. Oktober 1962

Mon chéri, wir haben gestern und vorgestern abend zusammen mit den Veyracs oft an Sie gedacht. Haben Sie ein wenig Sonne dort oben gehabt? Ich hoffe, daß es trotzdem ein guter Tag war. Was uns betrifft, so sind die Kinder trotz des trüben Wetters von acht Uhr morgens bis zum Abend draußen gewesen. Eric hat sich sehr gut mit der Ältesten verstanden und einen sehr guten Tag verbracht. Madame Potier[1] hatte alles gut vorbereitet, es war warm, und der Ofen erweist sich als das, was er sein soll. Sie hatte in alle Zimmer Blumen gestellt! Ich war wirklich sehr gerührt. Das Haus ist sehr schön gefunden worden, und das zu Recht – Einige sehr seltene Rosen und ... die ersten Walnüsse, klein und köstlich. Eric hüstelt und schneuzt sich, aber es geht schon besser, er ist heute morgen ganz stolz mit Kapuzinerkresse, einer Walnuß und drei gelbroten Blättern für die Lehrerin aus dem Haus gegangen. Diese Woche bin ich an der Reihe, Jean-Pierre und Eric zur Schule zu bringen, ich bin sehr froh über diese Vereinbarung. Ich habe bisher niemanden gefunden, der mir hilft. Ich hoffe, es wird nicht mehr lange dauern. Die Lalandes haben mich eingeladen, mir »L'Échange«, gespielt von ihrem Freund[2], anzusehen, da ich aber Deinen Anruf erwarte, habe ich abgelehnt. Die Zeit vergeht sachte, geprägt vor allem von den wenigen Minuten, in denen ich Dich höre, in denen Du mit mir sprichst, in denen ich Dich noch hier glaube. Sag mir ein wenig, was Du von der Zeitschrift gehalten hast, die ich Dir geschickt habe, mit »diesem« Firgès[3]! Deine Post ist bescheiden, heute morgen ein kurzer Brief von Felten[4], den ich Dir abschreibe. Kein besonderes Ereignis, kein Anruf, kein Besuch. Samstag jedoch: Madame Voinea[5] lädt mich ein, zum Abendessen zu kommen oder einen Sonntag mit Eric bei ihr zu verbringen. Ich warte ein wenig, bis ich eine Hilfe gefunden habe.

Die Veyracs sind nett gewesen, meine ein wenig vergessene Kusine ist am Ende doch ziemlich lieb in ihrer schlichten, erholsamen Banalität. Auch er und ihre kleinen Töchter, äußerst streng gehalten und gut erzogen, sind ein wenig »Musterbeispiele«, aber trotzdem nett. Eric hat es übernommen, die Älteste ein wenig aus ihrem Behütetsein zu reißen, indem er sie mit auf den Bauernhof genommen hat, wohin er ganz allein gegangen ist, um ihr die Gebäude zu zeigen und mir die Milch mitzubringen. Großer Spaziergang am Nachmittag auf dem kleinen Weg.

Ich denke daran, am Mittwoch abend wieder hinzufahren, obgleich die Lalandes abgesagt haben, weil sie zum Arzt muß. Was dann ist, weiß ich nicht so recht, vielleicht können sie an den Donnerstagen kommen, was aber unsere zahlreichen Freunde angeht, so frage ich mich, welchen ich Bescheid sagen soll.

Wenn Du Dich dazu entschließen kannst, mich für ein Wochenende kommen zu lassen, sage es mir ganz schnell. Diesen langen Monat fern von Dir mit einem kleinen Zwei-Tage-Aufenthalt zu unterbrechen, würde mich freuen, weißt Du!

Ich habe Dein russisches Wörterbuch[6] gefunden. Sag mir, ob ich es Dir schicken soll.

Bis bald, mon amour, schreiben Sie mir ein paar Zeilen, wenn Sie können.

Gisèle.

6 Uhr – Eric ist müde aus der Schule heimgekommen, er hustet ganz schön, hat die letzten Tage nicht genug geschlafen, ich lasse schnell

die Arbeit sein und bringe ihn zu seiner großen Freude ins Bett. Wir gönnen uns die Lektüre von »Robin Hood«[7], während er mit seinem Breiumschlag daliegt, den ich ihm gemacht habe, und ... es klingelt dreimal laut! Ich verstehe nicht so recht, laufe hin und ... der Hausmeister gibt mir Deine beiden Briefe! Er hat wahrscheinlich gar nicht anders gekonnt und hat mir so, ohne es zu wollen, Deinen Besuch angekündigt. Danke, vielen Dank. Eric war verrückt vor Freude, stolz, glücklich, freudig, lächelnd, ich jedoch habe Deine langen Seiten, die ich liebe, schon gelesen und wiedergelesen. Ganz bewegt, Deine Schrift zu sehen, die sich an mich wendet, Dein trauriges Foto und die Zeitlose. Ich folge Dir auf Deinem Spaziergang, bei Deinem Unglück, Deiner Langeweile – Selbstverständlich müssen in Moisville Vogelbeerbäume gepflanzt werden, selbstverständlich, mon chéri. Ich freue mich über Deinen Mut für die Arbeit, ich bedauere ein wenig, daß Du nicht mit der Zeitungslektüre aufhören konntest. Ich verstehe Deine Gedanken auf Deinen ein wenig müßiggängerischen Spaziergängen, ich weiß, daß Du große Anstrengungen machst, damit die Zeit vergeht, und daß das sehr hart ist. Ich versuche, Dir Schritt für Schritt in diesem unsinnigen Leben zu folgen, das Du ganz allein in Genf führen mußt. Ich freue mich über Deinen langen Brief, über Deinen schönen und wahren Brief, über alles, was Du von Dir für mich hineingelegt hast – Ich verstehe viel davon, schließe das alles in meinem Herzen ein, das so voll ist von Dir.

Was mich angeht, so kündigte sich der Nachmittag lang für mich an, lang, ihn herumzubringen, und ich habe mich auf die Champs-Elysées gewagt, wo ich einfach ins erstbeste Kino gegangen bin, das den letzten Film von Ingmar Bergman[8] zeigte. Das ganze ist ziemlich schlecht, es klingt ziemlich falsch, es ist ganz schön einfältig und trotz allem einfach entsetzlich. Gib vor allem nicht, wie ich, der Versuchung nach, es ist unerträglich und darüber hinaus wahrscheinlich eindeutig schlecht. Meine Tage sind immer noch lang, ziemlich leer. Mein Haus ziemlich traurig und relativ staubig. Paris ohne Verlockung, gleichgültig. Ich fühle mich ziemlich ausgeschlossen. Ohne engere Beziehung zu all dem, was diese Stadt ist ... Du natürlich, Du sollst schon ein wenig davon träumen, sie wiederzusehen und Dir bei Gelegenheit in den Bahnhöfen die Ansichten vom Eiffelturm anzuschauen. Was Moisville angeht, so ist es wunderbar, aber allein mit Eric hinzufahren freut mich nur halb. Wenn es ihm gut geht, werde ich Mittwoch abend hinfahren, denn er wäre sehr enttäuscht, wenn er nicht mit Jean-Pierre hinfahren könnte. Wenn nicht, werde ich sicher bis zum darauffolgenden Donnerstag warten, an dem die Lalandes im Prinzip kommen könnten, aber sie sind ziemlich unfähig, Pläne zu schmieden. Sie hat immer noch nichts gefunden[9], er hat nur einige sehr vage Pläne, und die Atmosphäre bei ihnen dürfte im Augenblick nicht sehr lustig sein.

Ich höre auf, um für Eric das Abendessen zu machen und auf Deinen Anruf zu warten. Bis nachher, mon amour, und Kopf hoch! Ich liebe Sie, ich warte mutig auf Sie.

Gisèle.

Vergessen Sie nicht, wenn Sie mich am Mittwoch abend anrufen, es ist möglich, daß ich in Moisville bin. In diesem Fall werde ich am Donnerstag frühzeitig zurückkommen. Um spätestens um 8 Uhr 30 in Paris zu sein.

148

Paris, den 2. Oktober 1962

Mon chéri,

Ich lese Deinen Brief, lese ihn immer wieder, ich betrachte Dein Foto, die Zeitlose, ich denke wieder an das, was Du mir wegen Erich Einhorn sagst, das ist sehr ungewöhnlich. Zum Glück gibt es trotz allem noch geheime Begegnungen und ein fast stummes Verstehen[1]. Selbstverständlich muß man solche Dinge erleben und wissen, daß sie, wenn auch selten geworden, nichtsdestoweniger wesentlich und ausreichend sind. Was diesen Augentrost[2] angeht, von dem Du mir natürlich oft erzählt hast, so kenne ich ihn durch Dich und weiß, was er bedeutet. Danke, daß Sie mich teilhaben lassen an Ihrem Leben, so wie Sie das tun. Danke, daß Sie den Mut haben, diese langweilige Arbeit zu machen, das hilft auch mir, wenn ich sehe, wie Sie widerstehen, wenn ich sehe, wie Sie standhalten, obwohl ich jeden Ihrer Rückfälle verstehen kann, auch aus Ihrem Mut und Ihren Anstrengungen schöpfe ich meine Kraft.

In Paris herrscht eine unglaubliche und sehr unangenehme Hitze, alle sind erkältet und fühlen sich elend, und ich sehne mich danach, morgen abend die gute Luft von Moisville zu atmen, um von meiner beginnenden Grippe loszukommen.

Madame Collombier hat mir eine Deutsche geschickt, deren Vater Rechtsanwalt in München ist und die, obwohl sie nicht schlecht aussah, die Augen unglaublich bemalt und angestrichen

hatte. Ich habe mich nicht entschließen können und warte darauf, daß man mir eine andere schickt³.
Deine Post von heute morgen ist nicht umwerfend. Ich zähle sie Dir hier auf:
1) Deutsche Akademie für Sprache und Dichtung (Einladung von Kasack und Programm der Festivitäten)⁴
2) Klett Verlag (Prospekt: Neue Bücher)
3) DVA: Presseausschnitte: »1. Büchner-Preisträger schreiben ›Gedichte gegen den Krieg‹, Schibboleth von P. C.« (25/26. 8. 62, »Darmstädter Tagblatt«, Darmstadt) 2. »Das Leiden an der Lyrik«, Carl Unsöld (28. Juni 62, Darmstadt, »Trierischer Volksfreund«)⁵
Ich schicke Dir die Karte der Arendts⁶ mit und die des Vetters aus Chicago⁷.
3. Oktober morgens: keine Post.
Bis bald, mon chéri, Eric denkt an Deinen Auftrag, wir werden am Freitag morgen bei unserer Rückkehr aus Moisville zum Blumenhändler gehen, damit wir mehr davon haben.
Ich fahre morgen abend, nicht allzu spät, zurück und umarme Dich

Gisèle.

149

Paris, den 7. Oktober 1962

Mon chéri, mon amour,
Neben Ihren schönen Rosen, die Sie mir unbedingt dalassen wollten, warte ich und bereite unser baldiges Wiedersehen vor. Es war sehr schön, diese beiden einfachen und natürlichen Tage an Ihrer Seite, diese Nacht mit Ihnen. Man hat sich nicht viel zu erzählen, aber die Gewißheit ist da unserer von neuem bestätigten Liebe. Diese Kraft, die ich bei Dir wiedererstehen spüre, immer und immer wieder, trotz allem, Dein Mut, ich habe sie von neuem gespürt, wie bei jedem Deiner Anrufe, es ist das, was mir die Möglichkeit gibt, Eric großzuziehen, mit großen Freuden, trotz allem, ein sehr einzigartiges Leben zu leben, voller sehr harter Augenblicke von großer Traurigkeit, aber auch glücklichen Augenblicken. Ich bin an dem gestrigen Tag und an dem heutigen glücklich, wirklich sehr glücklich gewesen, und ich wollte es Dir schon heute abend sagen, während Du Genf entgegenfährst und ich mich Dir noch ganz nahe fühle. Ich wünsche Dir eine gute Reise!

Montag, 8. Oktober – Ich schreibe Dir wieder die Post von heute morgen ab, bei der nichts Großartiges darunter ist. Ich glaube nicht, daß Du auf den einen oder anderen Brief zu antworten brauchst. Ich ordne ein – ich halte fest, worum man Dich bittet, ich sehe, daß das weitergeht und ... ich sage mir, man muß trotzdem, neben all dem, das leben, was man will, wie man will, in Freiheit. Das ist nicht leicht. Die Art Frage von Herrn Kesten läuft wieder auf eine hübsche Gemeinheit[1] hinaus. Wie Deine Antwort ausgebeutet werden würde! Was für ein Vergnügen würdest Du ihnen bereiten, wenn Du darauf hereinfielst! Zum Glück fällst Du nicht mehr darauf herein. Der hinzugefügte Satz über Deine Allgegenwart in den Gedanken und Gesprächen mit Fräulein Bachmann ist sehr hübsch[2]! Was Bächler angeht, so hat er ein gutes Gedächtnis, wenn es sich um ihn handelt[3] – Die ganz kleine Karte von Erich (Einhorn, nehme ich an) schicke ich Dir so mit. Wie soll ich Dir die so ferne und so andere Aussicht auf dieser so unzeitgemäßen, aber so anrührenden Karte transkribieren[4]?

Lassen Sie sich nicht unterkriegen, mon chéri, langweilen Sie sich nicht allzusehr, bis bald

Gisèle.

12 Uhr 40

Gerade Dein Anruf – Überleg es Dir genau wegen Kesten – Auf den ersten Blick scheint mir das nicht ausgesprochen gut zu sein. Du wirst sehen. Du hast übrigens Zeit, es Dir zu überlegen, es eilt nicht. Aber ... Nun, Du wirst sehen.

150

[Paris] Donnerstag 11. Oktober 1962

Mon chéri,

Ich habe das Warten auf Deinen Anruf sehr lang gefunden, als hätte ich seit sehr langer Zeit nicht mehr mit Dir gesprochen. Aber jetzt habe ich Dich gehört, Du kamst mir etwas müde vor, vielleicht der Schnupfen, sicherlich würde Dir ein Gläschen Schnaps heute abend guttun. Paß trotzdem auf und tu etwas dagegen. Wegen Selke mach Dir nicht allzuviele Gedanken, das ist wieder so ein kleiner Neidhammel, der sich für ziemlich außergewöhnlich hält[1].

Hätte ich nicht diesen Ärger mit dem Wagen gehabt, der mich furchtbar aufgeregt hat, wären die Tage in Moisville sehr schön gewesen. Viel Nebel am Morgen, doch am Nachmittag ein strahlend schönes Herbstwetter.

Da die Lalandes gleich nach dem Mittagessen gegangen sind, habe ich lange Stunden für mich allein gehabt, die ich im Garten bei meinen Rosen und meinen Ligusterhecken zugebracht habe, sowie in unserem schönen Haus, das nach und nach immer wohnlicher wird, und in dem Du einige geplante Neuheiten sehen wirst, die Dich sicherlich freuen werden.

Der Ofen funktioniert wunderbar, es gibt keinen Zweifel, daß wir es sogar im Winter sehr warm haben werden. Die Bibliothek füllt sich. Alle Kunstbücher sind an ihrem Platz, die Freuds, die Prousts, die Bibel, und der Korridor ist wunderbar[2], übrigens ist dieser Name seiner unwürdig, und man muß ihn anders nennen. Die Lalandes haben das Ganze wirklich sehr gemocht, wenn man bedenkt, was es früher einmal war!

Eric und Jean-Pierre sind unaufhörlich umhergelaufen, hochgestiegen, geklettert, haben gelacht, sie haben sich keinen Augenblick gelangweilt, nicht eine Minute gestritten. Für sie sind das außergewöhnliche Tage, und das schöne Wetter, das weiterhin herrscht, tut ihnen sicherlich wahnsinnig gut. Sie haben nicht einmal an ihre Fahrräder gedacht, so sehr haben sie sich im Garten und auf dem Acker vergnügt.

Dieses Haus ist wunderbar, und es ist ein großes Glück, daß wir es haben. Ich muß Dir gestehen, daß während Deiner Abwesenheit die Tage dort die einzigen sind, die schnell vergehen. In Paris weiß ich nicht so recht, was ich tun soll, ich langweile mich und vertrödle die Zeit. Dort fühle ich mich wohl, die Leute sind nett, sie bringen mir Blumen (immer große Dahlien! Aber was will man da machen, so nett!), sie fragen mich, wie es Dir geht, sie interessieren sich wirklich ganz lieb. Ich glaube, sie mögen uns sehr.

Am Samstag abend gehen wir vielleicht zu Solange[3], wenn das Problem mit dem Wagen geregelt ist, sie hat es mir wieder angeboten. Eric wäre so froh, ich werde es für ihn tun, denn was mich angeht, so fahre ich lieber nach Moisville, wo immer viel zu tun ist.

Ich freute mich so sehr über den Weggang von Schwerin, ich bin ein wenig enttäuscht gewesen über das, was Du von seinem vorgesehenen Ersatzmann gesagt hast. Trotzdem... Ich denke, daß es nicht schlimmer sein kann, und daß Du auf den Brief von Fischer[4] antworten mußt. Ich bewundere Deine Ruhe und Deinen Mut, auch Deine Geduld. Ich hoffe, daß Du Dich bald wieder an die Arbeit machen kannst. Guten Samstag, guten Sonntag, mon Amour.

Ich umarme Dich wie ich Dich liebe

Gisèle.

Ich bereite mich darauf vor, in acht Tagen zu kommen, ich warte auf diesen Augenblick. Bis bald, bis bald!

151

[Genf] 15. X. 62

Ma Chérie,

ich bin gerade umgezogen, das heißt, ich habe gerade das Büro gewechselt. Nachdem ich mich nacheinander in den Büros von Mister Price und in dem von Herrn Berger aufgehalten habe, sitze ich jetzt bis auf weiteres in dem der Señora Maria Vazquez Lopez, im Augenblick in Urlaub.

Vor mir, an der Wand, eine große Landkarte von Spanien, eingerahmt von Velasquez-Reproduktionen: Könige, Infanten, Familien, Bärte, Schnurrbärte, Pferde, Hunde, Rüstungen. Und auf die Fensterscheibe geklebt eine von der Señora illustrierte spanische Briefmarke: der Kopf Francos, ursprünglich kahl und bartlos, bekommt einen Schnurrbart – Philipp IV. – und einen Spitzbart (Napoleon III.-IV.). Das ist kindisch, und doch, nicht wahr, rührend. Im Grunde ist die Politik oft nur *das*, halt größer, ohne es einzugestehen. Dort, wo die Geste verpflichtet, hinterläßt sie nur wenige Spuren...

Gestern bin ich also in Neuchâtel gewesen, bei Dürrenmatt[1]. – Vorgestern in Bern, nach den Klees – ich habe vor allem die Gemälde betrachtet und aus der Tiefe meiner Mutlosigkeit diesen ungeheuren Mut bewundert: »Der Schöpfer«[2] zum Beispiel, auf violettem Grund, Linienlabyrinthe, die sich im Innern einer außermenschlichen, infra-menschlichen, tierischen (war es ein Weichtier oder ein Saurier, ich vergesse es) Kontur zu verewigen suchen – nach den Klees also und einigen anderen modernen Bildern, zwei Kandinskys vor allem[3], und, das mußte ja wiedergefunden werden, ein Chagall (»Meiner Braut gewidmet«, 1911, aus der guten alten Zeit, aber mit einer furchtbaren Visage, *der* Bräutigam mit Eselskopf, höhnisch grinsend, während das Auge einen umgekehrten Frauenkopf betrachtet

152

[Genf] 16. X. 62

Ma Chérie,
   einige Zeilen, bis Du selber kommst, bis Du da bist.
   Immer noch keine Arbeit, die Stunden werden wieder lang in meinem neuen Büro, in dem ich bis jetzt allein war und in dem sich ein Herr, der Dupont heißt, gerade eingerichtet hat. Ich habe ihm – in Anbetracht seines Alters – meinen Schreibtisch überlassen, wir drehen uns den Rücken zu, er ist ein Ehemaliger des BIT[1], man spürt das »Gewicht« seiner »Erfahrung«. Er diktiert.
   Vorhin, an der Hotelbar, habe ich Lydia wiedergesehen, aus Tunis zurück. Braun gebrannt und am Strand sechs Leute getroffen, von denen sich herausgestellt hat, daß sie Dichter waren, wie sie... Sie bringt mit dem Lächeln, das Du an ihr kennst, ein beduinisches Sprichwort[2] von dort mit. Über einen von Dichtern beschmutzten Brunnen. Dann, von[3]

153

Eine Stunde hinter
der Bussardschwinge, im Jura,
am Lärchenstein,
kam uns, auf
dem Unbeklommenen, wo
wir gingen,
etwas entgegen: das
Rohr, das
denkende.

St. Cergue, 21. X. 62[1]

154

[Genf] 22. X. 62

Ma Chérie,
   zwei so gute Tage mit Ihnen verbracht – zwei Lebenstage.
   Nun sind Sie wieder abgereist – und die langen Stunden fangen wieder an zu bohren. Keine Arbeit im Büro, ich habe Demonsant

aufgesucht, um das Datum meiner Abreise[1] festzulegen, aber ich werde ihn erst morgen sehen.

Was soll ich sagen? Sie sind gerade angekommen, nachher werden Sie Eric von der Schule abholen, er wird sehr froh sein, Sie werden glücklich sein, ihn wiederzusehen, und die kleinen Geschenke werden zu seinem Glück noch beitragen. Ich denke intensiv daran, ich denke an meine baldige Rückkehr, an unsere beiden Häuser[2]. Vor allem aber denke ich, daß Gott – oder ist er es nicht? – mich jener begegnen ließ, der zu begegnen ich mir immer erträumt habe. Aber ja, das sind Sie, ma Chérie. Daher finde ich in dem Augenblick, in dem ich diese Zeilen schreibe, das Leben wieder, die Wirklichkeit, die Zukunft. Wir werden standhalten[3], mon Amour, trotz allem, gegen alles, mit unserem Sohn, der schon so wunderbar aufrecht ist.

Paul

155

Paris, den 22. Oktober 1962

Mon chéri, während ich auf Ihren Anruf warte, muß ich Ihnen gleich sagen, daß es unserem Sohn gutgeht und daß er so froh ist, wieder bei uns zu Hause zu sein! Seine ganze Zärtlichkeit ist wieder herauskommen, sobald er allein mit mir gewesen ist, er war bewegt, glücklich, sanft und so lieb. Eine richtige kleine liebende Seele, voller Freude. Dieser Empfang hat mich gerührt. Er hat sich dort nicht gelangweilt, und ich glaube, daß sie sich viel Mühe gegeben haben, ihn zu zerstreuen. Sein Tag in Versailles zwischen den alten Kutschen hat ihn sehr beeindruckt, und auch Mimi[1], mit der er sich sehr gut verstanden hat. Aber ich habe ihm mit Sicherheit gefehlt, auf jeden Fall sagt er das immer wieder mit einer Träne im Auge. Jacqueline hat mir gesagt, daß er sehr brav war und gehorsam und nett, daß er gut geschlafen hat und daß alles gut gelaufen ist. Ich bin froh, daß ich ihn wieder bei mir habe. Aber Du, mon chéri, diese lange Woche, die vor Dir liegt, und Dich so unbeschäftigt in Genf wissend, so allein, so allein mit dieser furchtbaren Schwierigkeit, in dieser so feindlich gewordenen Welt zu leben. Möge es schnell vorbeigehen! Mögest Du bald zurückkommen! Möge es uns beiden gelingen, so gut wie möglich da herauszukommen! Diese beiden Tage mit Dir sind sehr schön für mich gewesen, ich denke wieder an unsere gemeinsamen Spaziergänge in Genf zurück, an unsere gemeinsamen

Schritte in Nyon, in Saint-Cergue, ich denke wieder an die Zeitlose zurück, an die Vogelbeerbäume, an diese wunderschönen Farben. An diese Rast für einen Augenblick zwischen den Lärchen, wo Du, ganz nahe bei mir, dieses Gedicht[2] geschrieben hast, dieses so schöne Gedicht, das ich vorhin wieder gelesen habe, als ich meinen Koffer leergeräumt habe. Es war so gut für mich, bei Dir zu sein, Dich ebenfalls ein wenig glücklich zu spüren, daß ich da bin. Mon amour. Wir sind nicht dazu geschaffen, so fern voneinander zu leben. Wenn Du wenigstens ein paar neue Personen hättest sehen können. Aber alle treffen sich überall wieder! Wann kommt man aus diesem Teufelskreis heraus? Wo kann man wieder Menschen finden, Sauberkeit, mein Gott, meine Hoffnung ist klein, weißt Du; zum Glück bleibt mir die Liebe, sehr lebendig und ganz. Ich habe nur noch das, aber ich habe das Wichtigste. Aus ihr beziehe ich meine Kraft, ich weiß es genau. Ich warte auf Dich, mon chéri, ich lebe Deiner Rückkehr entgegen, dem Augenblick, in dem wir wieder zusammensein werden. Ich mache mir oft Vorwürfe, daß ich Dir so schlecht zu helfen weiß, daß ich so ohnmächtig bin gegenüber all dem, was Dir zustößt, ich bin völlig hilflos, das weißt Du, doch mit dem festen Willen, standzuhalten, standzuhalten, unserem Sohn zuliebe, und damit wir alle drei noch lange zusammenleben. – Selbstverständlich werden wir noch Freuden haben, glückliche Augenblicke. Wir werden gemeinsam kämpfen, damit Du trotz allem wieder schreiben kannst, selbst wenn Du nicht veröffentlichen kannst. Damit Du schreiben kannst, um zu leben, um uns leben zu helfen, und für Deinen Sohn –

Bis nachher, mon chéri, Du wirst den Weg zum Bahnhof einschlagen, Du wirst in eine Telefonzelle gehen, und wir können miteinander reden, Du wirst wissen, daß es Eric gutgeht, daß er wieder zu Hause ist, daß ich gut angekommen bin, und ich, nicht wahr, ich wüßte, daß Du mutig die Stunden, die Tage hinter Dich bringst, die uns noch trennen.

Bis immer, bis gleich[3], mon Amour.

Gisèle.

Mon chéri, im Augenblick Dein zweiter Anruf. Ich habe unrecht gehabt, und ich mache mir Vorwürfe, daß ich nicht sofort verstanden habe, ich weiß, daß Du schneller und besser verstehst als ich, ich denke daran, ich denke wieder darüber nach, verzeih mir. Du warst ruhig, aber so unglücklich. Ich bin jetzt traurig, ich habe Dich verärgert, ich habe Dich alleingelassen, gerade, nachdem wir miteinander gesprochen haben. Mon chéri, verzeih mir. Ich war mit Eric zusammen, mit seiner Freude, als Du das zweite Mal angeläutet hast, er hat sofort gewußt, daß Du es warst. Du hast mich schnell verlassen, Du konntest mein Unverständnis nicht mehr ertragen. Ich flehe Dich an, mon amour, mir zu glauben: ich werde darauf achten, Dir immer gut zuzuhören, werde versuchen, immer zu verstehen – Ich glaube Dir, mon amour, ich glaube Dir, ich weiß, daß Du klar siehst, doch die Realität ist oft so hart, daß ich nicht vermag, die Tatsachen anzuerkennen. Bei den Lalandes werde ich aufpassen[4], ich verspreche es Dir. Du bist heute abend ganz allein in Genf, ganz allein, und ich bin allein in Paris. Wir müssen uns noch vor Deiner Rückkehr schnell wiedertreffen, sofort, ich flehe Dich an. Wenn ich Dich nur anrufen könnte, ich bin so beunruhigt. Ich fühle mich so fern von Dir, ohne die Möglichkeit, Dir ein Wort zu sagen, Deine Stimme zu hören. Mon chéri, ich rufe Dich, ich rufe Dich, hörst Du mich? Ich bitte Dich um Verzeihung, sag mir, daß Du mich hörst, daß ich Dich wiedersehen kann, jetzt und immer. Oh mon chéri, heute abend mit Dir zusammensein! Was würde ich nicht dafür geben? Heute abend, das ist sehr hart, nachdem ich Dir weh getan habe, allein zu sein, Dich allein zu wissen. Ich habe unrecht gehabt, ich verstehe es. Ich bedaure es.

   Mon amour, Verzeihung!   Deine Frau.

156

Genf, 23. X. 62

Ma chérie,

 Sie sind meine Frau – mutig sind Sie die Frau eines Dichters. Ich danke Ihnen dafür, daß Sie es sind, und so tapfer. Sie sind auch die Mutter meiner Kinder[1], Sie sind die Mutter Erics.

 Danke, ma Chérie, daß Sie so mutig sind. Sie sind, und das wissen Sie genau, die Frau eines Poète maudit; doppelt und dreifach »Jude«. Danke, Gisèle de Lestrange, daß Sie das alles auf sich nehmen. Danke, mon Amour, danke, Gisèle de Lestrange, daß Sie so mutig meine Frau sind. Danke, daß Sie die Mutter Erics sind.

 Ende der Woche – oder Anfang der nächsten Woche, werde ich zurücksein. Danke, daß Sie die Mutter unseres Sohnes sind. Danke, daß Sie trotz allem so mutig sind.

  Meine Schrift[2]

157

[Genf] 24. X. 62

Danke, mon Amour, für Ihren guten Brief! Natürlich werde ich standhalten, wir werden an der Seite unseres Sohnes standhalten!

Ich habe gestern Demonsant gesehen – er wird mir heute sagen, ob ich am Freitag[1] heimfahren kann. Aber es sieht so aus, als ob ihm das ein wenig unangenehm sei, denn im Grunde hängt es nicht von ihm ab.

Gestern habe ich Lydia wiedergesehen, die ich morgen zum Abendessen bei ihr zu Hause wiedersehen werde. Ich bin ein wenig gesprächig gewesen – wie bei Eberstark[2] –, aber ich bin fest entschlossen, es morgen nicht zu sein. Heute morgen ein Anruf von Starobinski – ich werde ihn vielleicht, zusammen mit Marc Slonim (einem russischer Schriftsteller), morgen abend[3] sehen, nach Lydia.

Es gibt, wie Sie sicherlich wissen, eine ziemlich beunruhigende politische Spannung in der Welt. Möge der Krieg vermieden werden können – ich glaube, er wird vermieden werden[4].

Die nachgeschickten Briefe: sie sind nicht gut[5]. Für uns ist die »Literatur« und das, was sie begleitet, auch weiterhin nicht sehr erfreulich. Die Gruppe 47 vollendet meine Verdrängung[6]. Im »Spiegel« zeigen sich die »national-kommunistischen« Tendenzen – Der Ruf, Deutschland erwache ... –
[am Rand:] ziemlich deutlich[7]. Aber wir werden standhalten, ganz ruhig!

Paul

158

Dies ist der Augenblick, da
die Werwölfe auf
der Strecke bleiben.
Kein
Scherge mehr
lebt.
Der Mensch, wahr und allein,
geht aufrecht inmitten
der Menschen.

3. XI. 62, 12 Uhr 50, Moisville[1] –

159

[Valloire, 23. 12. 1962¹]

Ich liebe Sie.

Wir werden leben, unser Sohn, Sie und ich, zusammen.
Und wir werden arbeiten.

[Ohne Unterschrift]

23. 12. 1962

160

Paris, den 31. Dezember 1962

Mon chéri, mon amour,

Bald werden wir von neuem zusammensein¹, und wie immer werden wir alle drei zusammenleben, zusammen, Sie wissen genau, daß nichts uns je trennen kann, niemals. Uns geht es sehr gut, Eric und mir, er spielt im Augenblick neben mir, so ruhig, so nett, so zufrieden.

Wir denken an Dich, wir sind bei Dir, bis bald, mon amour, ich liebe Dich so sehr, Du weißt es, Du darfst es nie vergessen.

Ich umarme Dich wie ich Dich liebe, von ganzem Herzen, mit meinem ganzen Ich-selbst

Gisèle
neben unserem Sohn

161

In Paris, in unserer Stadt,
am 31. Dezember 1962.

Mein geliebter Paul, mon amour,

Ein neues Jahr wird beginnen, das wir zusammen damit verbringen werden, uns alle drei zu lieben. Alles wird gut gehen, glaube mir, ich weiß es. Eric ist bei mir, Du weißt, wie sehr er Dich liebt, Du weißt, daß unsere Liebe nie aufhören wird, daß wir immer die Stärkeren sein werden und daß niemand etwas gegen unsere Liebe vermag.

Uns geht es gut, mon chéri, und wir warten auf Dich, wie jedesmal, wie immer, wenn Du fern sein mußtest, in der Freude auf Deine

Rückkehr. Mut, mon chéri, ich denke unaufhörlich an Dich, und Du weißt es.

Ich habe Vertrauen zu Dir, ich werde immer bei Dir sein, und Du wirst immer bei mir sein, und wir werden unseren Sohn großziehen, und zusammen werden wir ihm viele schöne Dinge beibringen.

Glaube mir, alles wird gutgehen, nichts kann uns trennen.

Ich umarme Dich wie ich Dich liebe

Deine Frau für immer
Gisele.

162

[Paris] Montag [1. 1. 1963][1]

Mon chéri, mon amour chéri,

Ich denke unaufhörlich an Dich, wir brauchen alle beide viel Mut, und wir werden ihn haben, nicht wahr – Wir werden diesen Mut haben, weil wir uns lieben, weil wir uns wiederfinden, immer zusammensein wollen. Wir werden standhalten, wir werden siegen, die Liebe wird stärker sein als alles. Du sagtest oft zu mir, ich solle auf mich aufpassen, gut auf meine Gesundheit achten. Ich verspreche Dir, es zu tun, und auch gut und reichlich zu essen, aber auch Du, mon Amour, mußt auf Deine Gesundheit achten, wie ich, für mich, für unseren Sohn, denn wir brauchen einander.

Aber es geht mir gut, sei unbesorgt, ich werde standhalten, ich fühle mich stark, weil ich ganz nahe bei Dir bin, in jedem Augenblick sind meine Gedanken bei Dir. Eric geht es ebenfalls gut, wir sagen Dir guten Abend und gehen beide zu Bett, und Du wirst uns jetzt hören, denn Du weißt, daß wir Dich lieben, daß wir wollen, daß Du ganz schnell zu uns zurückkommst. Du mußt auf Deine Gesundheit achten, mon chéri, so wie ich auf meine Gesundheit achte, indem ich gut auf mich aufpasse, weil ich weiß, daß Du das wünschst – Du weißt, daß Du mich brauchst, Du weißt, daß ich Dich brauche, Du weißt, daß Eric uns beide braucht –

Mut, Mut, mon Amour, es ist sehr hart, aber wir werden siegen, und wir werden alle drei zusammen siegen, wie immer, um uns zu lieben.

Ich warte auf Dich, ich werde immer auf Dich warten, in der Ruhe, wie ich es immer getan habe.

Vergiß nicht, daß ich Dich liebe, daß ich Dich immer lieben werde und daß das einzige, was Bedeutung hat, unsere Liebe ist. Sie wird leben

                                      Gisèle

163

                            [Paris] 2. Januar 1963

Mon chéri, ich bin ganz nahe bei Dir, und ich denke an Dich, und ich weiß, daß alles gut werden wird. Eric vergnügt sich neben mir, es geht ihm sehr gut, wie mir, wir warten zusammen auf Dich. Mach Dir keine Sorgen um uns. Du weißt, daß wir Dich lieben, daß wir immer mit Dir sein werden, daß wir immer zusammenleben werden. Wir brauchen Dich so, wie Du uns brauchst, und deshalb wirst Du auf Dich achtgeben. Du mußt schnell zu uns zurückkommen, Du mußt gut auf Deine Gesundheit achten. Du hast nichts zu befürchten, und alles wird gut werden, glaube mir.

    Nichts kann uns zustoßen, solange wir uns lieben. Seien wir stark und mutig. Jeden Tag werde ich Dir schreiben, wie jedes Mal, wenn Du für einige Tage nicht bei uns bist. Hab Vertrauen zu mir, mon Amour, und denke an unsere Freude, uns wiederzufinden, die nahe ist.

    Ich liebe Dich, und ich umarme Dich, mon Amour.

    Bis bald, bis sehr bald

                                      Gisèle

164

                            78, Rue de Longchamp
                                      Paris 16[e]
                                   3. Januar 1963[1]

Mon Amour, mon chéri,

    Wenn Du wüßtest, wie groß meine Freude ist, zu wissen, daß es Dir besser geht. Täglich erfahre ich von dem Arzt, der Dich behandelt, wie es Dir geht, und erst heute hat er wieder zu mir gesagt, daß es Dir besser ginge. Was für eine Freude jedesmal, wenn ich höre, wie er mir von Dir erzählt! Er ist nett, und ich hoffe, daß er Dir auch sagt, daß es mir sehr gut geht. Bald wirst Du wieder in unser Haus zurückkommen, wo ich, Du weißt das, mit Eric auf Dich warte. Morgen fängt für ihn die Schule und die Arbeit wieder an, er ist froh, seine Lehrerin, seine Schulkameraden wiederzufinden, er ist sehr gut in Form und begeistert von diesen wenigen Ferientagen, die er hier mit mir verbracht hat.

Ich warte, Du kannst es Dir denken, mit ebensoviel Ungeduld auf Deine Rückkehr wie Du, jedoch voller Ruhe und Vertrauen. Ruhe Dich noch ein paar Tage aus und gib auf Deine Gesundheit acht, wie es der Arzt von Dir verlangt, wir brauchen einander, aber wir müssen stark und kräftig sein. Es wird uns allen dreien gutgehen, und wir werden glücklich sein, weil wir uns lieben. Ich weiß, daß alles gut werden wird, Du weißt es wohl auch, aber Geduld, Geduld, mon Amour.

Dr. P., den ich aufgesucht habe, hat mir sehr geholfen, er ist sehr sympathisch. Ich habe ihn darum gebeten, Dich aufzusuchen, vielleicht, vielleicht ist er schon bei Dir gewesen, Du wirst ihn sicherlich mögen, vertrau ihm, er wird uns beiden helfen –

Danke, daß es Dir besser geht, danke, daß Du auf Deine Gesundheit achtest, danke, daß Du Dich ausruhst, Du wirst stark zu mir zurückkommen, und wir werden zusammen unser Leben fortsetzen, wir werden uns lieben, wir werden unserem Sohn helfen. Wir werden viel Freude haben.

Ich umarme Dich, mon chéri, ich liebe Dich

                      Deine Frau   Gisèle.

165

78, Rue de Longchamp
Paris 16ᵉ

                                                4. Januar 1963

Mon chéri, mon Amour,

Was für eine Freude im Augenblick, durch den Arzt zu erfahren, daß es Dir weiterhin besser geht und ... daß ich endlich Nachrichten von Dir bekommen werde. Du kannst Dir meine Freude vorstellen. Ich brauche Dir wohl nicht zu sagen, wie sehr ich auf den Briefträger warte. Zu wissen, daß ich endlich etwas von Dir haben werde. Zu wissen, daß ich Dich bald, endlich, sehen kann. Wenn Du wüßtest, wie ich auf diesen Tag warte. Ich habe mit Dr. P. telefoniert, der mir gesagt hat, daß er Dich morgen aufsuchen will. Ich habe wirklich Vertrauen zu ihm, und ich weiß, daß er uns beiden helfen wird.

Ich wüßte gern, ob Du ebenso beruhigt bist wie ich, ob Du weißt, daß wir jetzt diese schlechte Zeit hinter uns haben und daß alles gut werden wird.

Für Eric hat heute morgen wieder die Schule begonnen, und nach dem, was er mir sagt, hat es gut angefangen. Er machte einen sehr zufriedenen Eindruck, als er aus der Schule kam. Er fand es natürlich sehr angenehm, Ferien zu haben und den ganzen Tag mit mir zusammenzusein, aber Du kennst ihn ja, die Vorstellung, seine Lehrerin wieder zu sehen, fleißig zu arbeiten, brav zu sein und wieder mit Jean-Pierre zusammenzukommen, freute ihn auch –

Die Wohnung ist sehr schön und von einer Sauberkeit! Die Maler sind fertig, alles steht wieder an seinem Platz. Ich habe nichts weiter mehr zu tun, als ein wenig aufzuräumen, was ich nach und nach tue. Was habe ich sonst auch schon zu tun, außer mich um Eric zu kümmern und Deine Rückkehr vorzubereiten – Ich tue es voller Ruhe und Freude –

Bis bald, mon Amour, bis sehr bald.

Ich umarme Dich wie ich Dich liebe   Gisèle

166

[Épinay-sur-Seine] den 4. Januar 1963

Danke, ma Chérie, für alle Ihre Briefe! Ich bin so beruhigt, jetzt, wo ich weiß, daß es Euch beiden gutgeht, Ihnen und unserem Sohn. – Schreiben Sie mir bitte auch weiterhin jeden Tag[1]: aus Ihren Briefen fallen Hoffnung und Mut auf mich zurück.

Hier sind viele Dinge auf ihren einfachsten Ausdruck gebracht (der, wie Sie wissen, dennoch reich sein kann), ich nehme regelmäßig meine Mahlzeiten ein, ich ruhe mich aus.

Heute sind wohl Erics Schulferien zu Ende gegangen – ich hoffe (und Ihre Briefe bestätigen es mir), daß er seine Ruhe wiedergefunden hat, sein ganzes Gleichgewicht, seinen ganzen Mut (denn den hat er, in großer Menge!).

Sie sagen mir nicht, in welchem Zustand Sie das Haus vorgefunden haben (Anstrich, Möbel usw.), sagen Sie mir ein Wort darüber.

Danke, daß Sie auf sich aufpassen. Ich lege in der Tat großen Wert darauf, Eric braucht das unbedingt – Sie werden sich also behandeln, sich verwöhnen, sich verhätscheln lassen, nicht wahr?

Gestern abend habe ich ganz stark an den Augenblick gedacht, als

ich Sie bei Ihrer Ankunft in Genf auf dem Bahnsteig² gefunden habe, mit Ihrem nagelneuen Mantel, der Ihnen so gut stand. Sie waren so schön – Sie sind so schön!
Und jetzt warte ich ganz ruhig auf die Stunde, in der ich zu Ihnen zurückkehren werde, zu Ihnen und unserem Sohn.
Ich umarme Sie, mon Aimée!
Ich umarme unseren Sohn – umarmen Sie ihn!

Paul

167

[An Eric Celan]
[Épinay-sur-Seine] 4. Januar 1963

Mein lieber Eric, mein lieber Sohn,
ich denke viel an Dich, an Deine Arbeit, an Deinen Mut, an Deine Spiele und Freizeitbeschäftigungen, an Dein Leben.
Die Ferien sind diesmal nicht so gewesen, wie wir sie uns erhofft hatten. Aber wir werden alles nachholen, ganz sicher.
Hilf Mama ein wenig, sei lieb, besonders lieb zu ihr, warte mit ihr auf mich.
Bis sehr bald, mein lieber Eric!

Dein Papa

168

[Épinay-sur-Seine] den 5. Januar 1963¹

Ma très-aimée,
ich habe heute gegen Mittag Deinen Brief vom vierten erhalten – Danke und nochmals danke!
Ich bin so glücklich, daß alles zu Hause seinen Platz wiederfindet, daß Eric froh ist, den Weg in seine Schule wieder aufnehmen zu können. Danke, daß Sie ihm helfen, danke, daß Sie so mutig sind!
Was mich angeht, so gibt es sicher eine deutliche Besserung – sie wird vollständig und unumkehrbar sein, wenn ich wieder bei Euch bin.
Du sagst mir nichts über Moisville: Wasser, Bäume, Strom – wäre es nicht nützlich, Madame Potier ein Briefchen zu schreiben, um Genaueres zu erfahren?
Dr. P. – auf den ich ein wenig gewartet habe, um Dir diesen Brief

zu schreiben – hat mich noch nicht aufgesucht; wahrscheinlich wird er morgen kommen. Was den behandelnden Arzt, Dr. C., angeht, so kommt er jeden Tag vorbei, und ich bin sicher, daß er uns wohlwill.

Wirst Du mich bald besuchen kommen? Für den Fall, daß Du kommst – Du weißt, daß Épinay ziemlich weit weg ist –, wäre es wohl, wie ich glaube, das einfachste, Du würdest Eric Madame Virouleau[2] anvertrauen (und mit dem *Taxi* kommen).

Ein oder zwei Bücher würden mir sicherlich guttun, aber es ist alles so verstreut. Vielleicht wirst Du am leichtesten »La Pensée Chinoise«[3] (im Atelier oder im Dienstmädchenzimmer) finden, aber das hat nur eine sehr begrenzte Bedeutung.

Das Wesentliche, ma Chérie, ist, daß es Ihnen gut geht, Ihnen und unserem Sohn. Sie sind ohne Hilfe im Haus – vergessen Sie nicht die Restaurants.

Was mich stört, ist meine Situation gegenüber der Rue d'Ulm. Die Neujahrswünsche, die von Valloire aus weggehen sollten[4], sind liegengeblieben – was nicht allzu schlimm ist – doch ich frage mich vor allem, wie ich die École von dieser Verlängerung meiner Ferien benachrichtigen soll. Vielleicht rufst Du bei Prigent an (die Nummer steht im Telefonbuch, unter ENS, Sekretariat), vielleicht bei Claude Fuzier (Fremdsprachen-Repetitor)[5].

Es drängt mich, bald wieder bei Euch beiden zu sein, doch zuvor muß ich ein anderer Mensch werden (oder besser, etwas unempfindlicher, was die nebensächlichen Dinge angeht). Die Ärzte werden darüber entscheiden.

Mein Zimmer – in dem ich allein bin – ist sehr nüchtern, Bett, Tisch, Fenster, das auf einen kleinen, ziemlich grünen und »mönchhaften« Garten geht. Seit gestern bringt man mir Zeitungen – Du weißt, daß ich seit einer ganzen Weile keine mehr gelesen hatte. Die Krankenpfleger haben alle ihr Lächeln wiedergefunden – es stimmt, daß ich in den beiden ersten Tagen nicht sehr liebenswürdig gewesen bin. Aber alles ändert sich – bald werden wir von neuem vereint sein, um zu leben, zu leben, zu leben.

Umarmen Sie unseren Eric!
Ich umarme Sie

Paul

Nach diesem Brief hat mich Dr. P. noch aufgesucht, ich finde ihn sympathisch.

169

78, Rue de Longchamp
Paris 16ᵉ

Dienstag, 8. Januar 1963.

Mon Amour chéri,
Ich war so froh, als ich heute sah, daß es Dir soviel besser geht, ich kann es kaum erwarten, bis Du wieder heimkommst und wir gemeinsam unser Leben in diesem neu renovierten Haus wieder aufnehmen. Ich warte auf diesen Tag mit ebenso großer Ungeduld wie Du.
Am Sonntag hast Du einen so müden Eindruck gemacht. Aber die Fortschritte gehen schnell, und Geduld, die werden wir haben.
Als ich heute abend nach Hause kam, habe ich Deinen zweiten Brief gefunden, der mir, wie Du Dir denken kannst, eine riesige Freude gemacht hat, ich habe ihn gelesen und immer wieder gelesen, wie stets Deine Briefe, Deine Liebe und Dein Vertrauen, Dein Wunsch, »ein ganz anderer Mensch zu werden (oder besser, etwas unempfindlicher, was die nebensächlichen Dinge angeht)« freuen mich. Selbstverständlich wirst Du auch weiterhin schreiben und ab und zu auch veröffentlichen, aber Du wirst Dich jetzt auch besser um Eric und mich kümmern können, wir werden einander noch näher sein, und wir werden uns auf Dir ausruhen, wie ich es immer gewünscht habe – Wir werden uns helfen, es wird uns gutgehen, wir werden uns lieben und wir werden Freude haben. Zehn Jahre Ehe! Jetzt ist es fürs Leben – Du weißt es genau.
Ich habe niemand anderen in meinem Leben als Dich und Eric natürlich. Glaube nicht mehr, ich hätte Dich betrügen können. In Valloire war ich erschöpft, mit den Nerven fertig, ich konnte nicht mehr[1], ich hielt es nicht mehr aus, und ich bin soweit gegangen, Dir zu sagen, daß ich nicht mehr mit Dir zusammenleben will. Ich bitte Dich deswegen um Verzeihung, ich habe mich gemein benommen. Ich dachte, daß ich Dir nicht mehr helfen kann. Aber ich sage Dir, und ich bitte Dich, mir zu glauben, mir sind dort die Nerven durchgegangen. Jetzt geht es mir gut, und ich weiß, daß ich Dich nie verlassen werde, mon Amour, nie, ich liebe nur Dich, aber Dich, Dich liebe ich, und ich brauche sonst niemanden, aber Dich brauche ich.
Mon Amour, mein geliebter Paul, mein Mann,
bis bald, bis sehr bald –
Ich umarme Dich

Gisèle

170

78, Rue de Longchamp
Paris 16ᵉ

Mittwoch, 9. Januar 1963

Mon chéri,

Ich werde nicht, wie vorgesehen, morgen kommen, Dr. C. zieht es vor, daß ich im Augenblick nur dreimal die Woche komme, Du wirst also bis Freitag warten müssen, wir müssen das akzeptieren, nicht wahr, mon Amour, es kommt mir lang vor, und ich kann es kaum erwarten, daß Du schnell nach Hause zurückkommst – Deine Rückkehr nach hier erwarte ich mit Ruhe, aber auch mit Ungeduld, das kannst Du Dir denken. Ich weiß, daß es nicht mehr lange dauert, jedesmal, wenn ich mit C. telefoniere, sagt er mir, wie schnell Du aus dieser schlimmen Lage herausgekommen bist, doch er will, daß ich Geduld habe, damit es Dir ganz und gar gutgeht.

Ich bin, wie vorgesehen, heute wieder zu Vecsler[1] gegangen, Du brauchst Dir um mich keine Gedanken mehr zu machen. In Valloire und bei unserer Rückkehr ging es mir nicht gut, das stimmt, und Du weißt es. Mir sind die Nerven durchgegangen, das muß ich wirklich zugeben, aber ich bin schnell wieder hochgekommen, und jetzt geht es mir in jeder Hinsicht gut, es ist mir gelungen, mich wieder völlig in den Griff zu bekommen, sei dessen sicher, außerdem hast Du mich gesehen, und Du weißt es. Er will wieder, daß ich mich einer stärkenden und beruhigenden Behandlung unterziehe und daß ich mich vor allem morgens ausruhe. Ich habe also mit den Lalandes wieder unsere alte Abmachung getroffen, das heißt, daß sie die beiden Kinder um 8 Uhr 30 in die Schule bringen. Auf diese Weise kann ich mich leichter ausruhen.

Nach der Schule bin ich mit Eric ins Stella[2] gegangen, um Eis zu essen, zu dem er sich eigenmächtig beim Kellner ein Stück Ananastorte bestellt hat, und, glaub mir, er war darüber sehr zufrieden. Weil ich Dich morgen, Donnerstag, nicht besuchen werde, habe ich ihn in Deinem Namen eingeladen, mit mir im Restaurant zu Mittag zu essen, er war ganz begeistert; den Nachmittag werde ich mit ihm zu Hause verbringen, und wir werden schließlich beide seine Bücher und Spielsachen in seinem Zimmer einräumen. Am Donnerstag in acht Tagen geht er zu den Wolffs[3].

Madame Wolff, der ich gesagt habe, daß Du Dich, da sehr abgespannt, für eine Weile vollständig erholen mußt, ist sehr nett zu mir. Sie wird Eric am Freitag aus der Schule abholen, weil ich Dich besuchen komme. Sie hat mir übrigens vorgeschlagen, an einem der nächsten Tage mit Eric zu ihr zum Mittagessen zu kommen, sie ist eine brave Frau, hilfsbereit.

Nichts ganz Neues hier, unser Haus erfreut mich jedesmal, wenn ich es betrete, ich kann es kaum erwarten, bis Du es siehst und daß Du es mit mir fertig einräumst. Bei Deiner Rückkehr werden alle kleinen Einzelheiten zu entscheiden sein, wie etwa der Platz für den Spiegel, die Farbe für die neu zu überziehenden Stühle und Sessel. Mit dem Bücherschrank und den wenigen Änderungen, die Du sicherlich vornehmen möchtest und mit denen ich noch warte, wird unser Haus unsere Persönlichkeit wiederfinden, es wird, wenn auch anders, wieder wirklich unser sein, und wir werden es noch stärker lieben. Eric achtet sehr darauf, und seine Rückkehr in ein so schönes und so sauberes Haus ist für ihn eine wahre Freude gewesen.

Mit seiner Arbeit klappt es, sie lernen eine ganze Menge neuer Dinge im Augenblick, das ist vom Standpunkt der Orthographie ein wenig hart für ihn, und er hat am Abend nicht gerade große Lust, noch zu lernen, aber ich glaube, es läuft gut in der Schule, auf jeden Fall ist er zufrieden, und wenn ich ihn herauskommen sehe, lächelnd, hüpfend und mir entgegenlaufend, weiß ich, daß alles gutgeht.

Dr. Vecsler, dem ich gesagt habe, daß Du Dich freuen würdest, wenn er Dich besuchen käme, wird ganz bestimmt kommen, er ist wirklich nett und hat mir sehr geholfen. Er hat mir nicht sagen können, wann, denn er hatte eine Menge Termine wahrzunehmen, aber sicherlich diese Woche und wahrscheinlich morgens, wo er etwas freier ist – vielleicht sogar morgen früh, hat er mir gesagt, aber das war nicht sicher.

Bis bald, mon Amour, bis sehr bald, achte gut auf Deine Gesundheit, ich zähle auf Dich, hab Vertrauen, Du bist so schnell aus dieser schlimmen Lage herausgekommen, jetzt wird alles gut werden, und wenn Du anschließend P. weiterhin aufsuchen und einige Arzneien einnehmen mußt, ist das nicht schlimm, für unser Glück, für unsere Freude, für unser Leben und unseren Sohn wirst Du es tun, nicht wahr?

Ich umarme Dich, mon chéri, ich umarme Dich wie ich Dich liebe. Bis Freitag gegen zwei Uhr, nachdem ich Eric weggebracht habe, komme ich zu Dir

Gisèle.

171

[Épinay-sur-Seine] den 10. Januar 1963

Ma Chérie,

nur ein paar Zeilen, um Ihnen für Ihre beiden Rohrpostbriefe zu danken, und um Ihnen zu sagen, daß ich natürlich ein wenig enttäuscht bin, Sie heute nicht zu sehen. Das heißt aber, daß Sie morgen kommen werden, und schon hat das Warten auf morgen begonnen.

Ich bin glücklich, einmal mehr zu erfahren, daß es Euch gutgeht, Ihnen und unserem Sohn. Nur darauf kommt es an. Was mich angeht, so verhehle ich Ihnen nicht, daß ich den Aufenthalt hier allmählich etwas lang finde; es wird mir ausgesprochen gut gehen, wenn ich bei Euch beiden in meinem Haus sein werde.

Übrigens hat mir die Krankenschwester heute morgen gesagt, daß mir nicht viel gefehlt hat – und das stimmt auch. Aber ich muß gestehen, daß ich in der Erwartung meiner Rückkehr lebe und daß mir die hier verbrachte Zeit ein wenig leer erscheint.

Es ist halb elf, ich gehe, um diese Zeilen im Büro abzugeben – auf diese Weise werden Sie sie vielleicht noch heute abend bekommen.

Entschuldigen Sie bitte, daß ich heute nicht gesprächiger bin. Aber Sie wissen ja: ich habe meine Wahl getroffen, ich lebe Euch entgegen, mit Ihnen, mit unserem Sohn.

Ich umarme unseren Sohn.

Ich umarme Sie   Paul

172

78, Rue de Longchamp
Paris 16ᵉ

Samstag, 12. Januar 1963

Mon chéri,

Ich habe heute morgen P. angerufen, um ihm zu sagen, daß ich Dich gestern gesehen habe, daß es Dir jetzt wirklich gutgeht und daß ich wirklich glaube, daß Dir ein Aufenthalt in der Klinik nicht mehr helfen könne, daß Du Lust hast, nach Hause zu kommen, und daß auch ich sicher bin, daß Du zu Hause wieder völlig auf die Beine kommen könntest. Er hat noch einmal auf die Tatsache hingewiesen, daß Du eine Behandlung lange und kontinuierlich fortsetzen mußt, aber ich weiß, daß Du das akzeptieren wirst – er wird Dich am Sonntag morgen aufsuchen, und er hat mir gesagt, daß er mich

anschließend anrufen wird. Aber ich glaube, mon Amour, daß es gute Hoffnung gibt und daß wir sehr bald beisammen sein werden. Das ist alles, worauf ich warte, wir lieben uns, wir helfen uns, wir werden wieder aufleben, wir werden beisammen sein, wir werden stark sein und mutig, und alles wird gut werden. Ich weiß es. Kopf hoch, mon chéri, bis bald, bis sehr bald.
    Ich umarme Dich wie ich Dich liebe
Gisèle.

Soeben kommt Dein Brief, danke, daß Du mir Deine Liebe gibst, daß Du es mir so gut zu sagen weißt.

173

[Épinay-sur-Seine] Samstag 12. Januar 1963

Ma Chérie,
    Diese Zeilen – die nicht zahlreich sein werden –, um Ihnen zu sagen, daß ich an Euch denke, an Euch beide, an Dich, an unseren Sohn. Und daß ich denke, nach Hause zu kommen, um Euch wiederzusehen, um mit Euch zu leben.
    Dr. C. ist heute morgen vorbeigekommen, von Entlassung ist nicht die Rede gewesen, aber morgen, bei Dr. P., habe ich die feste Absicht, darauf zu bestehen, zu Euch zurückzukehren, zu meinem Leben, zu unserem gemeinsamen Leben[1]. Alles das wird geschehen, alles das muß geschehen, so bald wie möglich.
    Ich umarme Sie, ma Très-Aimée, ich umarme Euch, Sie und unseren Sohn
Paul

174

[Paris, 22. 2. 1963]

Ich liebe Sie

22. 2. 1963
                              [Ohne Unterschrift]

175

Eine Handstunde hinter
der Bussard-
schwinge, im Jura,
am Lärchenstein,

kam uns, auf
dem Unbeklommenen, wo wir
gingen,
etwas entgegen: das
Rohr, das
denkende.

Abschrift
19. 3. 63¹

176

[Widmungen und Eintragungen von der Hand Paul Celans in zwei Exemplaren von Die Niemandsrose¹:*]*

    Für Sie, mon Amour,
    auf der Brücke der Jahre²,

           Paul

    Paris, 24. Oktober 1963

[S. 10, unter dem Gedicht Das Wort vom Zur-Tiefe-Gehn:*]*

    *Wir sind es noch immer*³

[S. 19, unter dem Gedicht Mit allen Gedanken⁴:*]*

Mit allen Gedanken ging ich
hinaus aus der Welt: da
     warst du,
du meine Leise, du meine
     Offne, und –
du empfängst uns.

Wer
sagt, daß uns alles erstarb,
da uns das Aug brach?
Alles erwachte, alles hob an.

Groß kam eine Sonne geschwommen, hell
standen ihr Seele und Seele entgegen, klar,
gebieterisch schwiegen sie ihr
ihre Bahn vor.

Leicht
tat sich dein Schoß auf, still
stieg ein Hauch in den Äther,
und was sich wölkte, wars nicht,
wars nicht Gestalt und von uns her,
wars nicht
so gut wie ein Name?

   Für Sie, mon Amour,
   dieses Gedicht, noch einmal,
   es wird uns, auch dieses,
   helfen zu
   widerstehen.
       Paul

   Paris, den 26. 4. 1965⁵

  Für Dich, mein geliebter Sohn,
  Dich wiederfindend⁶ bei Mama,

    Dein Papa

Paris, den 24. Oktober 1963

177

78, RUE DE LONGCHAMP. XVIᵉ
[Paris] Samstag, 21. Dezember 1963

Danke, ma Chérie, für Ihre beiden Telefonanrufe. Aber ja, rufen Sie mich von Zeit zu Zeit an, ich bin froh, von Ihnen zu hören, ein wenig an Ihrem Aufenthalt im Gebirge teilnehmen zu können.

Hier ist alles ruhig (Carmen[1] macht sich im Augenblick diskret in der Küche zu schaffen).

Ich habe ein wenig gelesen: »Drei Frauen«, von Musil, den ich neulich in der Originalausgabe bei Gibert[2] gefunden habe. Einkaufstag für Bücher übrigens, an diesem Tag: zwei Michaux' (»Qui je fus« und »Voyage en Grande Garabagne«)[3], für elftausend Francs (tausend Francs weniger als vorgesehen), ein russischer Babel (in zwei Exemplaren, eines davon für die Wagenbachs)[4].

Heute gedenke ich mich wieder an die Sonette[5] zu machen.

Gestern abend Abendessen bei den Koroneos[6], sehr nette Leute. Aber ich bin ziemlich früh gegangen, lange vor elf Uhr – und habe ziemlich gut geschlafen. – Ich sehe P. erst am 27., aber ich gedenke ihn darum zu bitten, die Dosen zu verringern, außer für die Schlafmittel. – Langsam geht es wieder bergauf, wieder einmal – wir werden gemeinsam aus der Talsohle kommen, bergauf gehend. So viele Kräfte in den Widerstand investiert – man muß eine Möglichkeit finden, dieses Stadium zu überwinden, *wieder zu leben*, frei.

Montag, es ist unser Jahrestag. Sie werden Ihren weißen Flieder bei Ihrer Rückkehr vorfinden, und es wird immer noch der gleiche Tag sein. Die Brücke der Jahre dauert und wird weiterhin dauern[7].

Ich schicke Ihnen Erics Noten – ich weiß, wie glücklich Sie sind, daß er so gut lernt, und ich bin ebenfalls glücklich darüber. Eric trägt alle unsere Chancen, all die seinen – und ich weiß, daß sie groß sind.

Ruhen Sie sich aus, fahren Sie schön Ski, schlafen Sie gut. Dieses Jahr ist auch das unseres Buches[8].

Umarmen Sie Eric! Ich umarme Sie

Paul

178

78, RUE DE LONGCHAMP. XVIᵉ
[Paris] *23. Dezember 1963*

Es ist unser Jahrestag¹, mon Aimée. Möge er noch oft, oft wiederkehren, nahe bei unserem Sohn!
Wir müssen alle unsere Kräfte wiederfinden – wir müssen!

Es ist zwei Uhr vorbei, sicherlich haben Sie mich nicht anrufen können. Ich gehe nur schnell hinunter, um diese Zeilen abzuschicken, und dann komme ich zurück, um auf Sie zu warten.
　Die Shakespeare-Sonette sind getippt.
　Deine Mutter hat uns wieder fünftausend neue Francs geschenkt!
　Umarmen Sie unseren Sohn. Mein Herz umarmt Sie.

[Ohne Unterschrift]

Ich lege 4 Imménoctal² bei, Sie
können jeweils Hälften davon nehmen.

179

[Crans] *Montag, 23.¹ Dezember [1963]*

Mon chéri,
　Was für eine Freude gestern abend, Deinen Brief an meiner Tür zu finden. Die Rückkehr in dieses Studio inmitten der Arbeiter ist eine kleine Heimsuchung. Es herrscht ein furchtbarer Lärm von acht Uhr bis halb sieben – Heute morgen, als wir zum Treffen der Skifahrer kamen, erfuhren wir, daß ein furchtbarer Wind geht, daß kein Lift hinauffahren kann und daß folglich keine Möglichkeit besteht, Ski zu fahren. Ich habe trotzdem für Eric unten einen Skikurs gefunden. An einem kleinen Abhang, seiner sehr unwürdig, wo ich ihn zurückgelassen habe. Ich bummele ein wenig in Crans herum, das nicht so schön ist wie Montana. Eine immense Bevölkerung wimmelt in den Straßen. Die Leute sind wütend, daß es keinen Schnee gibt und daß sie nicht bergauf steigen können. Die Schlittschuhbahnen sind eine richtige Metrostation, ich kann mich nicht dazu entschließen, Eric drauf zu lassen. Ich hoffe, daß das Wetter besser wird.
　Sonne, Wind, Kälte heute morgen, Schnee ist keiner angekün-

digt – Ich denke an Dich, wie Du zu arbeiten, zu lesen versuchst, durch die Straßen irrst. Wegen des Shakespeare habe ich mich gefreut. Ich hoffe, daß Du Dich an den Michaux² machen kannst.

Ich komme bald zurück, wir werden trotz allem mutig wieder unsere Arbeit aufnehmen – Ich hoffe, daß wir ein arbeitsames und fruchtbares Jahr haben werden. Ich freue mich auch, daß es das Jahr unseres Buches³ sein wird. Es ist für mich, Du weißt es, eine große Ehre, eine große Freude, ein großer Stolz, aber werde ich es schaffen? Deine letzten Gedichte sind so schön⁴!

Ich höre auf, ich bin immer sehr müde, ich schlafe nicht genug, vielleicht werde ich heute nachmittag mit dem Bus nach Plans-Mayens⁵ hinauffahren, um zu Fuß hinunterzulaufen, um ein wenig herumzuspazieren. Ich breche auf, um Eric abzuholen, und gehe dann zum Mittagessen ins Majestic zurück.

Ich umarme Dich, mon Amour, ich umarme Dich noch einmal, mein geliebter Paul, Seidelbast⁶

Gisèle

180

Majestic in Crans

24. Dezember 1963

Guten Abend, mon chéri,

Ein langer langer Abend vor mir! Sie sind im allgemeinen sehr lang, regelmäßig unterbrochen von diesem abscheulichen Einschalten des Kühlschranks¹! In Crans wird es wohl anfangen – und in Paris? Ich denke an Dich. Was wirst Du finden? Diese Festtage sind abscheulich. Sie sind entsetzlich. Aber weil es sie um einen herum gibt, ist es für die, die sie nicht wollen, noch trauriger. Nicht wahr? Ich würde viel darum geben, heute abend einige Stunden bei Dir in unserem Haus zu verbringen –

Es hat ein ekelhaftes Wetter geherrscht, sehr kalt, sehr wolkenverhangen, vor allem aber dieser Föhn, der so müde macht und einen lähmt und einen daran hindert, irgend etwas zu tun. Ich muß Dir gestehen, daß ich meine Pläne, nach Plans-Mayens zu fahren, ganz schnell aufgegeben habe. Ich habe mit Eric einen Gang nach Crans gemacht, wo er das Geld der Tante² ausgegeben hat, dann habe ich ihn mit einer Bûche de Noël³ wieder hierher gebracht. Er hat den ganzen Abend brav gespielt, aber er spricht, er spricht die ganze Zeit über, und ich habe Mühe gehabt zu lesen, irgend etwas zu tun. Wünschen wir uns Schnee und Sonne, daß es ihm soviel wie möglich bringt und daß wir heimfahren zu Dir.

Ich hoffe jeden Tag, daß Du ein wenig arbeiten kannst, daß Du ein wenig Freude daran hast. Daß Deine Einsamkeit fruchtbar sein wird, daß der Preis für Deine Dichtung nicht zu teuer sein wird. Ich hoffe auch, daß Du bei den Bollacks Verständnis finden wirst, soweit das möglich ist. Ich hoffe auch, daß Du lesen kannst, ich freue mich, daß Du einige Funde gemacht hast, und auch, daß Du die Michaux' gekauft hast. Du wirst sie in dieser Ausgabe wiederlesen.

Vielleicht wirst Du einige Bekanntschaften machen, wirst einige Kontakte anknüpfen, die Dir guttun werden, ich hoffe, daß die Post nicht allzu schlecht ist. Zu wissen, daß es Dir gelingt zu leben, nicht nur die Zeit totzuschlagen. Dieses Jahr wird ein so hartes Kapitel in unserem Leben gewesen sein. Möge das nächste Jahr anders und dennoch unser Leben sein! Mögen wir stark vereint standhalten angesichts der Schwierigkeiten – Elf Jahre schon! So kurz und so voll, so schmerzlich, so schwierig, aber einige Freuden auch, Unersetzbares, Wahres, Leben, mit Dir, ein Sohn – und was für ein Sohn! – von Dir mit mir, und dann die Dichtung, es ist das, denke ich, was am Wahrsten ist, am unersetzlichsten, am einzigartigsten, am höchsten: das Leben. Alles, was Du mich gelehrt hast – Alles, was ich mir habe aneignen können, und das von Dir kommt, der zurückgelegte Weg! Mein Erwachen zum Leben, durch Dich. Was ich bin, durch Dich – Mein Wissen: das Deine. Ein schon sehr volles Leben – sechsunddreißig Jahre alt! erst, schon! – Jahresende – Bilanz – 1964. Das Fragezeichen – die Hoffnung – der Wunsch – neue Gedichte: neue Wahrheiten.

Eric sagte gestern zu mir: »Ich werde einmal Wissenschaftler, aber das ist nicht alles, ich will auch edel in der Liebe sein!«

Edel in der Liebe – ja, edel in der Liebe. Ich habe das sehr schön gefunden. Auch er lehrt mich –

Es fällt mir schwer zu lesen, es fällt mir schwer zu denken, es fällt mir schwer zu schreiben. Ich werde versuchen zu schlafen – Ich hoffte auf einen Brief von Dir, aber ich habe ihn nicht bekommen – vielleicht morgen, aber es wird mit Sicherheit ein Tag ohne Post sein. Ich werde telefonisch mit Dir reden, Deine Stimme hören, wissen können, wie es Dir geht.

Ich umarme Dich, mon chéri, ich liebe Dich

Gisèle

181

[Paris, 15. 4. 64]

Guten Abend, ma Chérie,
ich fahre nur weg, das wissen Sie genau, um wieder heimzukommen. Lassen Sie es sich gutgehen, arbeiten Sie gut, für Ihre Ausstellung[1], für unser Buch[2].

Umarmen Sie unseren Sohn

Ich umarme Sie

Paul

15. 4. 64

182

Rom, Freitag 17. April 1964

Ma Chérie,
nur ein Wort, um Ihnen zu sagen, daß ich gut angekommen bin, nach einer natürlich etwas langen, doch alles in allem nicht sehr ermüdenden Reise.

Herr von Marschall und Iris Kaschnitz[1] haben mich am Bahnhof erwartet, wir haben bei den Marschalls zu Mittag gegessen, dann hat man mich ins Hotel gebracht (Genio![2]), von wo aus ich mich allein ein wenig in das umliegende Viertel gewagt habe. Rom macht einen etwas chaotischen Eindruck auf mich, man fühlt sich von seinen Steinen ein wenig angegriffen.

Am Abend mit Iris und einer ihrer Schriftstellerfreundinnen, Ingrid Bachér (die sagt, daß sie mich in Niendorf[3] kennengelernt hat), bei einem deutschen Juden, Theile, der für das Bonner Außenministerium eine oder eigentlich mehrere reich illustrierte Zeitschriften der Superkultur auf spanisch, portugiesisch, arabisch[4] herausgibt ...

Mehrere Stunden bei diesem zum Glück sehr geschwätzigen Mann, denn ich habe so gut wie gar nicht den Mund aufgemacht.

Heute abend die Lesung, ich werde wahrscheinlich ein Publikum »deutsche Kolonie«[5] haben und fühle mich ein wenig ratlos. Nun ja.

Morgen wird wieder ein römischer Tag sein, der letzte. Dann Mailand und Genf – und ich werde zu Ihnen zurückkommen[6].

Ich umarme Sie, umarmen Sie den Sohn

Paul

183

[An Eric Celan]
Hannover, Mittwoch 20. Mai 1964

Mein lieber Eric,

Wir denken oft an Dich, und alle fragen uns nach Dir. Heute abend wird Papa seine Gedichte vorlesen[1]. Ich freue mich, dabeisein zu können, das weißt Du sicher – Und morgen ist die Ausstellung[2]. Meine Radierungen sind endlich angekommen – rechtzeitig. Der Direktor[3] hat festgelegt, daß ich mit Papa frühzeitig komme, damit ich die Leute treffen kann, die in den Zeitungen vielleicht etwas darüber schreiben werden[4]. Ich bin sehr beeindruckt, wenn nur alles gutgeht –

Und Du? Ich hoffe, daß die Klassenarbeit gut gelaufen ist, daß die Kantine gut ist und daß Du einen guten Tag mit Tante Monique verbringst –

Bis ganz bald, mein lieber Sohn

Mama umarmt Dich

Mein lieber Eric, nachher werde ich Gedichte lesen – wer weiß, vielleicht machst Du es eines Tages ebenso, auf Deine Weise. Oder aber Du wirst etwas anderes tun, und das wird wieder so sein wie Gedichte schreiben. Ich habe Vertrauen zu Dir, ich denke an Dich, ich umarme Dich ganz fest. Bis bald!

Dein Papa

184

Das Stundenglas, tief
im Päonienschatten vergraben:
wenn das Denken
den Pfingstweg herabkommt[1], endlich,
fällt ihm das Reich zu,
wo du versandend verhoffst.

Moisville, 4. 6. 1964

―――

Das Stundenglas, tief
im Päonienschatten vergraben:

wenn das Denken die Pfingst-
schneise herabkommt, endlich,
fällt ihm das Reich zu,
wo du versandend verhoffst.

185

[An Eric Celan]
[Deggendorf] 7. 7. 1964

Mein lieber Sohn, wir sind jetzt im Bayrischen Wald, ganz nahe bei Böhmen¹, wo wir eines Tages einmal mit Dir hinmöchten. Ich hoffe, daß Du schwimmen und reiten lernst und daß Du Dich gut mit Deinen Kameraden amüsierst. – Ich umarme Dich ganz fest –

Dein Papa

186

[An Eric Celan]
[Chaumont] 20. 7. 1964¹

Mein lieber Eric, wir sind jetzt beide, Mama und ich, seit gestern in der Schweiz, über dem See von Neuchâtel, in tausend Meter Höhe, mit diesem Blick, wenn es nicht so heiß und der Himmel nicht so dunstig wäre, auf die Alpen. – Am Freitag werden wir in Paris sein, um Dich besser erwarten zu können. Wir umarmen Dich ganz fest

Papa   Mama

187

[An Eric Celan]
Aarberg, den 23. VII. 64

Wir sind jetzt, Mama und ich, in einem kleinen Berner Marktflekken, auf einem blumengeschmückten Platz, nachdem wir über die kleine, überdachte Brücke gegangen sind, die Dir die Karte zeigt. – Wir umarmen Dich

Papa   Mama

188

Kassel, 14. IX. 64¹

Kaum aus dem Zug gestiegen, treffe ich, nachdem ich meinen Koffer zur Gepäckaufbewahrung gebracht hatte, noch auf dem Bahnhof Frau de La Motte. Und nun sitzen wir hier zum Mittagessen und warten auf eine Forelle blau. Danke für den Zettel² in der Brieftasche. Ich umarme Sie, ma Chérie, mit unserem Sohn. –

Paul

189

78, RUE DE LONGCHAMP. XVIᵉ
[Paris] 27. Oktober 1964.

Mon chéri,
Ich entschließe mich trotzdem, Ihnen ein paar Zeilen zu schreiben, denn ich glaube zu verstehen, daß Sie versuchen werden, ein wenig in Köln¹ zu bleiben. Zum andern habe ich Ihre kostbaren Minuten nicht am Telefon blockieren wollen, um Ihnen von unwichtigen Anrufen zu berichten.

Gestern Trichter², der hören wollte, wie es Ihnen geht, und uns sagen wollte, daß seine Frau trotz der Ereignisse³ und einigem Zaudern für etwa zehn Tage nach Rumänien gefahren ist. Zum andern arbeitet er jetzt für Radio München, wo er jemanden kennengelernt hat, der etwas über Dich machen möchte⁴ (es scheint mir nicht sehr dringend und nicht sehr seriös). Auch ein Anruf von dieser Nervensäge, deren Namen ich vergessen habe und die ich bei der Lesung von Eich zusammen mit Edith Aron⁵ kennengelernt hatte. Sie wollte wissen, ob Du bereits einen Vertrag unterschrieben hast für die Auswahl der Supervielle-Gedichte⁶. Da sie Dir in Deutschland, wo Du, wie ich ihr sagte, im Augenblick seiest, zusetzen wollte, habe ich ihr geraten, hierher zu schreiben. Gleich nach Deinem Anruf am Mittag wollte Starobinski, der für einige Stunden in Paris war, wissen, wie es Dir geht. Er war sehr nett, hat mir unter anderem gesagt, daß er von Gautier erfahren habe, daß das Übersetzungsprojekt ins Wasser gefallen sei, daß aber das Projekt für den »Meridian« weiterhin gilt und daß er sich jetzt daran mache, zwei Seiten Vorstellungstext zu schreiben.⁷

Keine Post heute abend, lediglich eine Einladung zur Domaine Musical von Madame Tézenas⁸, der ich gerade negativ, aber sehr höflich geantwortet habe.

Das ist alles. Wenige Ereignisse. Ein sehr ruhiges, aber auch sehr leeres Haus. Ein sehr netter Sohn. Zwei sehr hübsche Rosen!

Morgen abend werde ich nach Moisville fahren, mit Eric und Jean-Pierre. Ich werde die Platte für eine Radierung ätzen, an der ich heute ohne große Überzeugung gearbeitet habe. An Allerheiligen werde ich wieder hinfahren, ich hoffe, daß ich bis dahin ein neues Kupfer in Arbeit habe. Außerdem wird man wohl bald das Wasser abstellen müssen.

Eric hat bei seiner letzten Judo-Übung schwören müssen, daß er außer auf dem Teppich nie Judo machen wird, und auch nicht ohne seinen Lehrer. Auf seine Ehre!! ... Du siehst, wie ernst die Sache ist. Aber er war nicht allzu froh darüber, weil er gehofft hat, das, was er gelernt hatte, schnellstens in die Praxis umsetzen zu können –

Bis bald, mon chéri, ich werde am Freitag auf Ihren Anruf warten. Ich hoffe, daß alles bestens für Dich läuft, daß Du liest, daß Du zuhörst, daß Du gut standhältst.

Ich denke an Dich, ich umarme Dich, ich denke immer noch, oft, sehr oft an Dich.

               Bis bald
                Gisèle

190

 Ihre sieben Rosen[1],
  Ihr Mann
 der Sie liebt und
 Sie umarmt, mit
 Ihrem Sohn

 Köln, 30. X. 64

191

       HOTEL ALSTER-HOF
     2 HAMBURG 36 – Esplanade 12

           1. November [1964], 17 Uhr

Hamburg, eine graue Stadt. Doch mein Herz ist in dem Augenblick, in dem es Sie in Köln abreisen sah[1], ganz für Sie erwacht.

Natürlich wäre es gut, wenn ich ein wenig in Deutschland leben könnte, doch wenn mir auch die Sprache wiederkommt[2], so ist die Fähigkeit, mich zu konzentrieren, zu lesen, zu schreiben, immer noch sehr weit weg. Ich nehme unregelmäßig auf und vergesse[3].

Hier hatte das Hotel nur für eine Nacht ein Zimmer frei, worauf ich beschlossen habe, morgen nach Kopenhagen zu fahren. Wie lange werde ich dort bleiben[4]?

Selbst Köln, das ich noch wegen seines Nachklangs auf meinen ersten Spaziergang mit Böll[5] liebe – zerstörte romanische Kirchen, eine davon, ich habe gestern wieder daran denken müssen, mit einem sogenannten »Pestkreuz«[6], Arme in V-Form – selbst Köln mit seinen Möglichkeiten auch, Leute in der Stadt selbst und in der Nähe zu sehen – ich habe zusammen mit Schallück Ernst Meister in Hagen besucht, Kay Hoff in Bergisch Gladbach*, Elisabeth Borchers** in Neuwied[7] – scheint mir kein Ort zu sein, an dem ich arbeiten kann –

Ich weiß also nicht. Undeutliche Empfänglichkeit für die äußeren Dinge – vielleicht werden sich dem, dank dem, Gedichte erschließen[8]. Aber immer die gleiche Ungeduld. Soll ich nach Hamburg zurückfahren? Ich werde nachher Karl-Ludwig Schneider[9] und seine Frau sehen, ich mag sie sehr, vielleicht bekomme ich dadurch Ideen über Hamburg. Oder ich werde nach Köln zurückkehren – im Grunde aber vor allem deshalb, weil ich gern hören möchte, was mir Böll, der dieser Tage nach Berlin fährt, um dort, wegen einer Aussprache, mit Grass und Richter[10] zusammenzutreffen, über die Entwicklung der Dinge in Deutschland sagen kann usw. Ich bin neulich, als ich ihn wiedersah, ziemlich überrascht gewesen, als ich sah, daß er es überhaupt nicht mochte – oder nicht zu mögen schien –, was für ein Aufhebens um Berlin, das Neopreußentum usw. gemacht wird[11].

Oder ich werde, nach einem Tag in Köln – um mir dort mit Preisnachlaß eine Schreibmaschine zu kaufen –, nach Frankfurt oder nach Darmstadt fahren ... oder zu Allemann[12].

Du siehst, ma chérie, wie ich umherziehe ... wie schlecht ich umherziehe.

Vorhin habe ich gedacht, daß ich zu meinem Geburtstag gern zu Hause[13] wäre. Aber ich muß meiner Ungeduld vielleicht ein wenig ... Geduld gewähren. Irgendwo, wer weiß, bereitet sich ohne mein Wissen eine neue Geduld vor.

Morgen früh rufe ich Sie an.

Ich umarme Sie, sehr fest, immer und immer wieder. Umarmen Sie unseren Sohn

Paul

* Oh süße Geographie[14]...
** Eine große Bewunderin von Nelly Sachs, deren Foto sie eingerahmt mit dem ihres Vaters in der Uniform eines deutschen Offiziers aufbewahrt...

192

Paris, den 3. November 1964

Mon chéri,

Bei meiner Rückkehr nach Paris gestern abend bin ich sehr glücklich gewesen, Ihre sehr schönen sieben Rosen vorzufinden, sie haben die Nachfolge von Erics zwei Rosen übernommen. Ich bin also von neuem in einer Wohnung, die dieses Zeichen von Ihnen aufleben läßt, als seien auch Sie da.

Ich bin untröstlich, daß ich Ihnen diese Sorgen verursacht habe, übrigens habe ich erfahren, daß Sie am Sonntag abend auch versucht haben, Jean anzurufen, und Sabine[1] hat wohl verstanden, daß Jean Sie zurückrufen soll, aber er hatte Ihre Adresse nicht, und außerdem denke ich, daß Sie jetzt beruhigt sind. Bei der Post heute morgen war noch nichts von Ihnen dabei, aber ich schreibe Ihnen trotzdem, weil ich denke, daß ich nachher einen Brief von Ihnen und damit Ihre Adresse bekommen werde –

Es regnet heute morgen, und das Wetter ist sehr schlecht, ich hoffe, daß es in Hamburg trotzdem schön sein wird und daß Sie ein wenig Freude haben werden, dort herumzuspazieren.

Ich habe gestern mit Jean, bei dem ich am Donnerstag mit Eric zu Mittag essen werde, dieses lange Telefongespräch gehabt. Er scheint bestürzt zu sein über die Entwicklung von Fischer und sagt immer wieder, daß man nicht mehr zu ihm gehen dürfe. Ich glaube, er wäre sehr enttäuscht, wenn Du in Frankfurt bei ihnen wohnen würdest. Er ist sicher, daß Goffy völlig in den Händen der neuen Mannschaft ist, von ihnen gekauft, von ihnen *bezahlt*[2].

Er wird Dir schreiben, sobald ich ihm Deine Adresse gegeben habe. Er scheint völlig außer Fassung zu sein und weiß nicht, was er tun soll. Es sieht so aus, als habe ihn Goffy einfach vor die Tür gesetzt, und was die Herausgeberschaft dieser »Weltgeschichte« angeht, so wird sein Name nicht darin vorkommen[3], man hat ihm auch jede Möglichkeit genommen, eine Initiative zu ergreifen oder das letzte Wort zu haben. Er meint auch, daß Musulin[4], den Goffy nicht hinauszuwerfen vermocht habe, wieder Oberwasser hat und als Mann der neuen Mannschaft viele Dinge in die Hand nimmt. Er ist sich völlig unschlüssig, was er tun soll. Er denkt daran, es noch einmal zu versuchen, beabsichtigt aber, wenn sich die Situation nicht bessert, die Autoren, die er versammelt hatte, zu informieren. Er hat mit Fischer einen Vertrag, den er aufzulösen gedenkt, und dann die DM 1000,– Vorschuß, die er (für ein eigenes Buch) bekommen hat, zurückgeben will. Er weiß nicht, was er tun soll, ist entschlossen, nur noch unter Zeugen mit ihm zu reden. Ich denke, daß er Dir schreiben wird, um Dir von seiner letzten Unterredung zu erzählen[5]. Es ist schade, daß ich ihn nicht früher erreicht habe, er hätte Dich sicherlich in Köln aufgesucht, wenn er gewußt hätte, daß Du dort bist – Ich habe Mühe, Dir das alles zu erzählen, Du weißt, wie schwierig es ist, nach Jeans Anrufen Zwischenbilanz zu ziehen und alles zu verstehen. Auf jeden Fall sagt er, daß diese Geschichte mit dem so schlechten Buch[6] nur ein Vorwand ist, um nicht über das Wesentliche zu sprechen, und daß das Problem nichts zu tun hat mit diesem winzigen Vorfall.

Jean denkt, daß Killy allmächtig ist und sehr aktiv gegen ihn arbeitet. Ich fürchte, daß Deine Position bei Fischer wieder problematisch wird, und ich weiß nicht, in welchem Maße es möglich sein wird, für den Namen G. Fischer zu arbeiten, da er nicht mehr für das steht, was er Eurer Meinung nach einmal repräsentiert hat, und der sicherlich überschätzt war[7].

Was soll ich Dir sagen, mon chéri? Schwierig, schwierig, alles ist schwierig in Deinen Beziehungen zu Deutschland. Sogar mit den Juden – Das Kapitel ist noch nicht abgeschlossen –

Vorgestern habe ich in Moisville in der Bibliothek etwas zu lesen gesucht, und ich bin auf »Pour un tombeau d'Anatole« von Mallarmé gestoßen, mit einer Einführung von Jean-Pierre Richard. Dieser Entwurf eines langen Gedichts über den Tod seines Kindes hat mich furchtbar aufgewühlt, und ich habe beim Lesen sehr weinen müssen. Die Einführung hat mich begeistert, aber auch sehr irritiert, weil ich es entsetzlich finde, mit solchen Dingen Literatur zu machen, und ich denke auch, daß man ein so schmerzliches, so persönliches, so mysteriöses und manchmal auch wegen seines unfertigen Charakters, da eher aus Notizen bestehend als vollendet, unverständliches Gedicht nicht, ohne indiskret zu sein, angehen, auseinandernehmen, deuten und analysieren kann –

Ich wußte nicht einmal, daß Mallarmé diesen Sohn verloren hatte, daß es ein solches Manuskript gab, und daß es veröffentlicht worden war und daß wir dieses erschütternde Dokument besitzen. Ich habe es nach Paris mitgenommen, um es dort zu Ende zu lesen. Hast Du es gelesen?[8]

Eric geht es gut. Er ist zufrieden gewesen über seine beiden Ferientage in Moisville zusammen mit Bernard Mingot[9], sie sind Rad gefahren und haben versucht, Fallen zu bauen, um Vögel zu fangen. Leider hat Bernard eine Pappel geknickt, ich war wütend und ein wenig traurig, es blieb nichts anderes übrig, als eine andere zu bestellen, um sie zu ersetzen. Besser das, als ein Bein gebrochen, aber trotzdem, es ist nicht angenehm gewesen – Erics Einstufung – 7. – ist nicht sehr toll – Er bekommt keine Belobigung, und Blazewski[10] hat geschrieben »Einige Lücken in Französisch« und so etwas wie: erhoffe sehr viel bessere Ergebnisse. Eric hat mir versprochen, wieder aufzusteigen: »Andernfalls will ich nicht mehr Eric Celan heißen.« Nur die ersten sechs bekommen ein Lob für gute Leistungen.

Ich habe keine großartige Geduld mit ihm und mache mir deswegen Vorwürfe.

Ich habe eine neue Radierung gemacht, deren Abzug mich sehr enttäuscht hat, und habe gestern zwei kleine geätzt, eine davon für das Buch[11], die mir wenig Hoffnung macht. Ich habe viel gezeichnet in Moisville, aber trotz der Arbeitsstunden glaube ich nicht, daß etwas dabei herausgekommen ist, und ich bin ziemlich mutlos. Es klappt im Augenblick überhaupt nicht. Ich klammere mich fest und versuche vergeblich.

Mon chéri, danke für Ihren so netten Brief, der mir Freude macht. Ihre Unentschlossenheit, was den Ort Ihres Aufenthalts in Deutschland betrifft, ist nicht verwunderlich. Aber denken Sie ein wenig daran, wie schlecht es Ihnen ging, bevor Sie abgereist sind. Sie hatten keinen Mut, irgend etwas zu tun, und Sie waren tagelang untätig. Sie können nicht innerhalb von vierzehn Tagen alles aufholen – Sie sehen Leute, Sie reisen, Sie versuchen, aufgeschlossen zu sein, Sie ziehen umher, Sie füllen Ihre Zeit aus, und Sie sprechen deutsch. Das ist zwar nicht das Ideal, und es schiebt natürlich den Termin hinaus, an dem man unbedingt für Stunden an seinem Schreibtisch sitzen und arbeiten muß. Aber es ist vielleicht nützlich, und auf jeden Fall scheint es Ihnen nicht allzu schlecht zu gehen. Mut, Geduld. Vielleicht gelingt es Ihnen, nachdem Sie sich mit

Deutschland aufgetankt haben, von den deutschen Problemen ein wenig Abstand zu nehmen für etwas Konstruktiveres und Schöpferischeres. »Gewähren Sie Ihrer Ungeduld ein wenig Geduld«...
Ich wäre am 23. ebenfalls gern mit Ihnen zusammen, wenn das möglich ist, das wird natürlich eine große Freude sein. Du wirst sehen. Wenn nicht, wird unser Wiedersehen trotzdem kommen, und wir werden uns um so mehr darüber zu freuen wissen –
Neben Deinen Rosen, neben Deinem Sohn, der arbeitet, umarme ich Dich wie ich Dich liebe

Gisèle –

193

[Kopenhagen] Freitag [6. November 1964]

Guten Tag, mon Aimée, ich umarme Sie, mit unserem Sohn.
Kopenhagen – eine sehr edle Stadt, die ich drei Tage lang durchmessen habe. Im Freiheitsmuseum gab es eine blauweißrote Mütze, die zum Zeichen des Widerstands gegen die Deutschen[1] getragen wurde. Eines Tages werde ich mit Ihnen hinfahren, Sie werden es mögen.
Heute abend werde ich in Hamburg sein, bei Ihrem Brief

Paul

194

78, RUE DE LONGCHAMP. XVIᵉ
[Paris, 17./18. 1. 1965]

Sonntag abend
Es hat mir großen Kummer gemacht, als Sie gestern abend in den Zug gestiegen sind, und als dieser Zug sich entfernt hat. Mir schlug das Herz im Hals, und gleichzeitig waren aus der Tiefe meines Innern dicke Tränen hochgestiegen.
Ich sitze da und frage mich, ob ich recht daran getan habe, Sie ohne reserviertes Hotel, ohne Freunde, in diese große, fremde Stadt reisen zu lassen[1]. Was für ein Wetter hat Sie dort empfangen? Haben Sie einen Gepäckträger nehmen, Geld wechseln, den Chauffeur bezahlen können? Aber vielleicht hat Ihnen eines der beiden Mädchen, die mit Ihnen im Abteil waren, einen Rat geben können?
Nein, wirklich, man hätte zumindest ein Hotelzimmer reservieren sollen. Als ich gestern abend nach Hause kam, nach einem halb-

stündigen Halt in einer Kneipe an der Ecke Rue des Saints-Pères und Boulevard Saint-Germain[2], habe ich beinahe die Ufers[3] angerufen, um sie zu bitten, Sie am Bahnhof abzuholen. Dann habe ich mir gesagt, daß Sie, wenn Sie schon allein weggefahren sind, Wert darauf legten, sich allein zurechtzufinden, »wie ein Großer«. Aber vorhin habe ich ganz ermessen, was Ihre Abreise für mich bedeutete, und die Ungewißheit über Ihren Wohnsitz. Ist das Genio[4] freundlich gewesen, gab es noch freie Zimmer? Aber was war für Sie dieser erste römische Tag, der aus Einsamkeit bestand – fast hätte ich gesagt aus »Alleinheit«[5]?

Mir, sehen Sie, hat Ihre Abreise etwas ganz Großes gebracht: meine ganze wiedergefundene Liebe zu Ihnen, und nichts davon verloren, meine ganze Liebe, die der ersten Nächte, die der Kaiserin aller meiner Bukowinas (es gibt nur die meinen, von den andern reden wir nicht, ich habe nichts mit ihnen zu tun[6]), die meines Großen Engelchen Groß, die meines kleinen Pfirsichs, die meiner Maja[7]. (Ich habe aus Moisville die Gedichte von Yeats mitgebracht – erinnern Sie sich an dieses Buch? Sie hatten es mir am 16. Juli 1952 geschenkt, wir hatten es bei Brentano's in der Avenue de l'Opéra gekauft, Sie hatten mich glücklich gemacht[8]: ich begehrte dieses Buch seit so vielen Jahren, seit meinem sechzehnten Lebensjahr, und nun war ich in Paris (wo ich *lebte*!) Gisèle de Lestrange begegnet, die mich liebte und das liebte, was Gedicht war, geschrieben und gelebt). Und die »grünen Berber«[9] leuchteten uns – sie leuchten uns immer noch und werden uns weiterhin leuchten. Oh, ich werde alles wiederfinden, was nötig ist, um Sie mit meinen Armen zu umfangen, um meinen Arm um Sie zu legen und Sie zu erleuchten, Sie, so hell bereits, so strahlend.

Ich liebe Sie, mon Amour.

Kurzer Bericht über den Tagesverlauf: die Silbermanns in ihrem Hotel abgeholt[10], dann mit dem 27er bis zum Pont-Neuf, Regen, Notre-Dame, Wieder-Regen (Bindfäden), weil Madame nicht naß werden will (aber es goß wirklich in Strömen), nehme ich ein Taxi, um mit ihnen zu mir nach Hause zu fahren (so was ißt in Düsseldorf erst um zwei Uhr zu Mittag), darauf am Trocadero, wieder Aufheiterung, wir steigen aus, der Eiffelturm taucht auf und zieht an, dann erkläre ich die Metro. Dann zu uns. Einige Anrufe, um, in Parîs[11], das Tout-Czernowitz aufzutreiben, das gelingt auch, dank der Trichters und des Dr. Kraft[12]. Endlich zwei Uhr, ich gehe mit ihnen in die Avenue d'Eylau zum Mittagessen, es muß Gegrilltes sein, aber das Tournedos wird akzeptiert, und Salzkartoffeln. Und wie gut das Brot in Paris ist! Dann Leute an einem Nebentisch, das erinnert an Bukarest. Anschließend, damit es Metro in der Wirklichkeit gibt, begleite ich sie ins Jeu de Paume[13]. Dort wird vor allem Monet bewundert. Ich erkenne in der Menge das Gesicht eines Mädchens – aber sie hat doch bei uns gearbeitet, sage ich mir, sie erkennt mich ebenfalls, es ist eine Österreicherin, unmöglich, mich an ihren Namen[14] zu erinnern, auch nicht, wann sie bei uns gewesen ist, ich sage ihr, daß Du weggefahren bist, aber daß sie in drei Wochen bei uns anrufen soll, dann kann sie auch Eric wiedersehen. Aber sie sagt mir, daß sie Eric nicht kennt. Nun verstehe ich überhaupt nichts mehr, ich frage mich, ob sie nur zur Probe bei uns gewesen ist und ob wir sie nicht vor die Tür gesetzt haben. Und ich verlasse sie mit ihrer Freundin. – Am Ende der Besichtigung taucht sie auf einmal mit ihrer Freundin wieder auf, sie erzählt mir, daß sie damals bei den Dürrenmatts gewesen sei, als wir dort zu Besuch waren[15]. Aber natürlich. Wir erinnern uns an den Papagei, ich erfahre, daß der alte Hund gerade eingegangen ist. Dann gehe ich mit den Silbermanns wieder weg, doch schmerzlich berührt von dieser Konfrontation mit meinem nachlassenden Gedächtnis. Dabei ist es noch gar nicht lange her, kaum ein paar Monate! Ich erkenne das Gesicht, doch ich finde nicht mehr den Namen, und ich irre mich im Ort, im Zusammenhang usw. Das hat mich sehr unglücklich gemacht, und es ist wirklich das erste Mal, daß mir so etwas passiert[16]. –

Silbermann, heute morgen über den Tod des armen Marcel Pohne befragt, erweist sich als herzloser Mensch. Er geht sogar so weit, daß er Nadja Vorhaltungen macht, daß sie einem Freund Marcels, der in Bukarest lebt, »sofort«[17] geschrieben hat, so daß er wegen ihr einen Nervenzusammenbruch bekommen hat...

Bei den Bölls scheinen die Silbermanns vor allem in Antikommunismus gemacht zu haben – da sind sie an die richtige Adresse geraten[18].

Nun ja. Vom Jeu de Paume aus sind wir durch die Rue du Faubourg-Saint-Honoré bis zum Rond Point der Champs-Élysées gegangen, dort konnte ich nicht mehr, außerdem war es windig, ich habe sie eingeladen, am Dienstag zum Mittagessen zu kommen, und bin nach Hause gegangen.

―――

Werde ich während Ihrer Abwesenheit arbeiten können? Ich habe Ihnen diese Zeilen, diese Seiten sogar, schreiben können. – Doch ich habe das Gefühl, daß ich heute um meine wieder auflebenden Kräfte gebracht bin. Ich brauche Sie an meiner Seite. Ich muß wissen, wo Sie sind, muß ständig wissen, daß es Ihnen gutgeht, daß alles Sie beschützt. – Sie werden ja sehen, mon Amour, wenn Sie sich allzu allein fühlen, zögern Sie nicht, nach Frankreich zurückzukommen, zuerst in den Süden[19], dann zu mir. – Was tue ich? Ich warte auf Sie. Ich warte auf Ihr Telegramm[20]. (Die Concierge war den ganzen Tag über nicht da, ich werde nachher hinuntergehen, um nachzusehen. Aber sie hätte es mir sicherlich heraufgebracht.)

Ich habe Lust, im Genio anzurufen, aber ich habe Angst, daß ich mich nicht verständlich machen kann, außerdem habe ich die Nummer nicht, ich habe Angst, Sie dort nicht anzutreffen, weil Sie, vielleicht, ausgegangen sind.

Gestern abend habe ich versucht, die Tante[21] anzurufen, »automatisch«: ein Herr in reinstem Englisch aus England antwortet mir – falsch verbunden. Ich verlange wieder die Nummer über die Zehn-Tonzeichen-Null-Vier: meine Tante ist ausgegangen. Ich werde jetzt die Lalandes anrufen, um ein wenig von Ihnen zu reden.

Die Lalandes angerufen, es ist Lisou, die am Apparat ist (Jacques ist im Theater, Jacqueline ist ausgegangen). Sie sagt mir, daß ein Telegramm aus Italien bis zu eineinhalb Tage dauern könne – das ist lang, aber so lange wird es doch nicht dauern, nicht wahr?

Zur Concierge hinuntergegangen – sie ist immer noch nicht da. Ein paar Schritte auf der Straße gemacht, in Richtung Trocadero, dann wieder hinaufgegangen. Mein Gott, ich habe Sie immerhin ein wenig ins Unbekannte fahren lassen. Hier, in unserer Wohnung, brennen die Lampen. Das ist hart. Ich muß so dringend wissen, daß es Ihnen gut geht! Vielleicht werden Sie mich noch heute abend anrufen, obgleich das nicht ausgemacht war? Wir haben an so viele Dinge gedacht, nicht an das, das erste, woran wir hätten denken sollen.

Vorhin habe ich daran gedacht, unseren Sohn anzurufen. Aber ich muß ihm sagen können, wie es Ihnen geht, ich werde Ihr Telegramm abwarten. Werde ich nach Deutschland fahren können? Dort werde ich noch mehr in der Ungewißheit sein.

Es ist 20 Uhr 30, ich werde bei Tops[22] anrufen. Mit Top telefoniert, der sehr nett ist. Ungefähr fünf Minuten lang gesprochen, gespürt, wie mir die Tränen kommen. Wieso habe ich zugestimmt, Sie so weit reisen zu lassen, mon amour?

Strähne, kommen Sie zu mir zurück.

Für Augenblicke habe ich in diesen letzten Jahren geglaubt, nach einem anderen Gesetz leben zu müssen. Aber ich bin ganz tief, von Grund auf, Ihr Ehemann.

Ich verstehe Sie, mon amour, ich verstehe Sie. Soviel Schmerz, soviel Einsamkeit, soviel Bitterkeit. Aber hier, jetzt, ist mein Herz voll von Ihnen. Ich spüre Ihren Mund, ich küsse Sie, wir sind auf dem Bahnhof, und ich sage Ihnen, daß ich Sie liebe, und ich sage es aus der Tiefe meiner Seele, und Sie spüren es. Ihre Augen, mon amour, Ihre Augen. Ihre Seele, groß, aufrecht, ohne Tadel. Kommen Sie, mein Licht, seien Sie da.

Daran gedacht, Ihnen zu telegraphieren, doch man sagt mir, daß die Gefahr besteht, daß das Telegramm erst morgen bei Ihnen ankommt oder, falls dringend, gegen Mitternacht. Habe bei der Auskunft nach der Nummer des Genio gefragt.

Sicherlich denken Sie an den Sohn, an mich. Mon amour.

Und ich brauche auch Ihre Ratschläge.

Ich habe die Nummer, doch wenn ich Sie anrufe und Sie sind ausgegangen, werden Sie bei der Rückkehr beunruhigt sein, wenn Sie erfahren, daß ich angerufen habe, was ich auch immer an Beruhigendem sagen mag (das aber womöglich schlecht übermittelt wird).

Ich habe Ihnen keinen Vorwurf zu machen. Und ich werde Ihnen auch keinen mehr machen. Épinay – natürlich, Sie konnten gar nicht anders handeln[23]. Ich weiß es ja, ich spüre es. Die Helligkeit wird bei uns einkehren, für lange, mit unserer nie verlorenen Liebe.

Nie habe ich bei meinen eigenen Reisen das empfunden, was ich in diesem Augenblick empfinde.

In Ihnen entsteht meine Kraft neu, durch Sie. Kommen Sie. Wie habe ich Ihnen nur sagen können, mich nicht anzurufen? Rufen Sie mich an, reden Sie mit mir.

9 Uhr 20: habe im Genio angerufen, mit Voranmeldung für Madame Antschel. Seien Sie da, mon aimée, seien Sie da. (Eine halbe Stunde Wartezeit wurde angekündigt.)

Dem Sohn geht es gut, nicht wahr, er fährt Ski, er vergnügt sich, er lernt. Unser lieber Eric, unsere Hoffnung. Unser Sohn, der uns lebend geschenkt worden ist[24], der lebt und der leben wird, ein Mann, ein Mensch. Und stark und gut beschützt, und von hier, aus Ihrer Heimat, aus seiner Heimat. Und Jude, menschlich, demütig, stolz.

9 Uhr 35: Das Telefon läutet einmal, ich hebe ab – keine Antwort.

9 Uhr 45: Wiedertelefon: »Offenbar ist in Rom der Hörer neben

dem Telefon liegengeblieben.« – Ich, dummerweise, weil ich mir sage, daß das Telefon des Hotels besetzt ist: »Gut, dann annulieren Sie.« Dann besinne ich mich eines andern und frage wieder, aber es ist bereits eine andere Person da, ob die Voranmeldung angenommen worden ist. – Hoffentlich sind Sie nicht beunruhigt. Oh, ich weiß, ich bin sehr ungeduldig, sehr ungeschickt.

Ohne diese Kampagne gegen mich[25], und die, das wird immer deutlicher, ein groß angelegter Versuch ist, diesen ein wenig auswärtigen Dichter, der ich bin, zu verdrängen, auszuschließen, ohne das alles: wie ausgeglichen wäre unser Leben doch gewesen, voll von Liebe und Arbeit, ganz der Erziehung unseres Kindes hingegeben. Aber wir werden nicht locker lassen, wir werden standhalten[26], alle drei, zusammen, immer vereinter.

Die Sanduhr umgedreht.
Ich muß mich beruhigen. Es geht Ihnen gut, Ihr Aufenthalt in Rom wird ein Erfolg sein.

Man ruft mich an: Es war tatsächlich so, daß im Genio der Hörer neben dem Telefon liegen geblieben ist, so daß der Anruf nicht durchgekommen ist.

Es geht Ihnen gut, Sie sind zufrieden.
Wieder zur Concierge hinuntergegangen, die diesmal da ist. Kein Telegramm, aber im Grunde ist das normal. Morgen werde ich Nachricht von Ihnen bekommen. – Ich drehe die Sanduhr um, alles geht weiter. Ich werde jetzt ein Dominal[27] einnehmen, dann werde ich, während ich an Sie denke, an unseren Sohn denke, an Eurer beider Rückkehr, zu Bett gehen.
Ich muß Sie allein lassen können, ruhig, in aller Ruhe.
Aber ich möchte, daß Sie so, ganz ruhig, da sind, bei mir, jetzt.

Montag
7 Uhr 15
Nacht mit Unterbrechungen, ziemlich schlaflos, leicht albtraumhaft. Doch Vertrauen beim Erwachen. Ich werde um Mittag Ihr

Telegramm bekommen, ich werde Ihnen eines schicken, ich werde diesen Brief zur Post bringen.

Ein Päckchen Gauloise, das Du, angebrochen, da gelassen hast. Und Dein Feuerzeug. Hast Du Dir ein anderes gekauft? Sicherlich hast Du am Bahnhof eine Zigarette geraucht. Ich lasse Dein Feuerzeug aufflammen, ich knipse an, ich mache Licht.

Ich sehe Sie in Rom, selbstsicher, stark, mutig, das, was zur Arbeit nötig ist, hellsichtig, die Augen auf die Dinge geöffnet. Und die Dinge sprechen zu Ihnen. Die Menschen sprechen mit Ihnen, empfangen Sie freundlich, auf italienische Art, voller Respekt: sie verstehen, wer Sie sind, sie verstehen es sofort.

8 Uhr: Ankunft Carmens.

Den Band mit den Yeats-Gedichten auf Seite 62 aufgeschlagen:
The Lover Tells of the Rose in his Heart[28]

Vor neun Uhr: Ihr Anruf. Bleiben Sie nicht länger, als Sie Lust dazu haben, mon amour. Eine Woche, wenn Sie können. Machen Sie dann einen Sprung zu Ihrer Freundin in Cabri und kommen Sie zurück.

(Bei der Post von heute morgen ein Brief von Madame Porena, der Frau des römischen Komponisten, sehr nett, sie hat an den beiden letzten Gedichtbänden gearbeitet, auch am »Meridian«[29]. Ich glaube, daß Du sie anrufen solltest: 50-24-04. Adresse: Via Bruzzesi 7. Wenn Du Leute siehst, wird die Zeit viel leichter herumgehen.) –
Ich werde am Mittwoch für zwei Tage nach Würzburg fahren.

The lover tells of the *Rose* in his heart

Paul

[am Rand:] Die Tops, mit denen ich gestern telefoniert habe, dringen darauf, daß Du ihre Freunde Schaedel[30] aufsuchst.

195

Hotel Genio
Via Zanardelli 28
Roma.
18. Januar 1965

Mon chéri, ja, ich bin sehr froh jetzt, daß ich Dich gehört habe und daß ich mit Dir habe reden können. Ich bin übrigens ganz gerührt darüber, und ich muß ein paar Tränen trocknen, so groß war meine Freude, Dich zu hören. Mein erster Tag ist sehr hart gewesen, und ich habe es nicht gewagt, am Bahnhof einen Gepäckträger zu nehmen, aus Angst, nicht genügend Geld fürs Taxi zu haben. Im Hotel sprach man französisch. Man hat mir ein Zimmer zur Straße angeboten, groß und gut, doch ich habe mich für ein weniger gutes entschieden, das auf den Hof geht, in der Hoffnung, daß es weniger Lärm gäbe. Um halb eins mittags war ich am Bahnhof, um eins verließ ich mein Zimmer, dessen Möglichkeiten ich wirklich erschöpft hatte. Bewaffnet mit einem Plan von Tophoven, wagte ich mich auf die Straßen von Rom in der Hoffnung vor allem, ich hätte wenigstens den Mut, in eine Kneipe zu gehen, um einen Kaffee zu trinken, aber... obgleich ich durch eine fast schlaflose Nacht sehr müde war, habe ich diesen Mut nicht vor halb fünf nachmittags aufgebracht, und von Panik ergriffen bei dem Gedanken, mich zu verirren und mich nicht einmal zu trauen, nach dem Weg zu fragen, am Stadtplan klebend, bin ich mit großen Schritten durch zahlreiche kleine Straßen gelaufen und habe einen riesigen Spaziergang gemacht. Nach einem kurzen Halt habe ich mich wieder aufgemacht – was hätte ich sonst auch tun sollen! – bis um halb sechs, wo ich mich in der Nähe des Hotels erschöpft in einer Trattoria wiederfand, in der eine Pizza und ein Glas Rotwein, gefolgt von Frutta, mich ein wenig stärkte, ich hatte nicht zu Mittag gegessen und das Wort Cappuccino vergessen, Du siehst, welcher Art meine Verwirrung war! ich hatte mich mit einem entsetzlichen kleinen Espresso zufriedengeben müssen und mit einem ganz kleinen belegten Brot. Um halb sieben war ich im Hotel und um acht Uhr glaube ich, daß ich schlief – Doch was für eine Nacht – ich bin zehnmal wach geworden –, ich habe entsetzliche Albträume gehabt, nach denen ich schweißgebadet aufgewacht bin. Es regnete, regnete, wie es in Rom, so wurde mir gesagt, regnen kann – Trotz des so schönen Sonnenscheins vom Vortag, an dem das Wetter zum Glück prächtig war. Um halb neun heute morgen unternahm ich das Abenteuer, bis zur

Post zu gehen, ich bin, nachdem der Hotelier mir die Straße vor dem Hotel angegeben und mir gesagt hatte, immer »gerade aus«, voller Mut aufgebrochen, von wegen! nach drei Metern hatte ich mich bereits verlaufen, und ich mußte mein schönstes Italienisch hervorkramen, ohne natürlich zu wissen, was *die Post* heißt. Mit Gebärden und dem Telefono, und nachdem ich sechsmal nach dem Weg gefragt hatte, bin ich schließlich bei strömenden Regen an der Piazza San Silvestro angekommen. Dort habe ich 1700 Lire bezahlt, und dort hätte ich sicherlich in der Lage sein müssen zu erklären, daß man verlängern soll, wenn ich die Zeit überschreite, aber woher wissen und wie voraussehen, so daß wir unterbrochen worden sind. Trotzdem hat das für mich eine Minute wahrer Freude bedeutet, in der ich nicht mehr so verloren war in diesem großen Rom. Im Augenblick die beste Minute meines Aufenthalts. Denn ich bin hier ganz schön weit weg. Als ich Dich am Telefon verließ, bin ich ins nächste Café am Platz gegangen, von wo ich Dir schreibe und, vor einem zweiten Cappuccino sitzend, diesmal nach meinem Geschmack, zuschaue, wie der Regen fällt – Im Augenblick kommt mir jeder Schritt wie ein schwieriges Abenteuer vor. Ich bin nicht mehr siebzehn wie damals, als ich das letzte Mal in Rom war, und ich bin hier allein[1]. Denken wir, daß sich in den kommenden Tagen alles bessern wird!

Wenn ich gestern abend nicht so müde gewesen wäre, ich glaube wirklich, daß ich wieder einen Zug genommen hätte, selbst auf die Gefahr hin, im Stehen reisen zu müssen. Im Augenblick ermesse ich vor allem, wie weit ich von Dir weg bin, aber ich werde auf einen vierzehnseitigen Brief warten können, was mir wieder Mut macht, den ich wirklich brauche.

Von meinem gestrigen Spaziergang behalte ich dennoch die Erinnerung an ziemlich bezaubernde Straßennamen: Piazza Cinque Lune, Piazza und Via del Paradiso, Via di Grotta Pinta, Via dell'Arco di Parma, Lungotevere, Via di Tor di Nona, Isola Tiberina, Via del Caravita, Via della Minerva, della *Palombella*[2] – und sehr beeindruckt hat mich trotz allem auch die ziemlich wunderbare Piazza Navona, vor allem am Abend, als die Nacht hereinfiel und als die Brunnen angestrahlt wurden, und alle möglichen kleinen Gassen ohne Bürgersteige, die um das Hotel herum liegen und durch die man gern flanieren möchte. Die Dächer sind schön in Rom und die alte, schmutzige und bräunliche Farbe der Häuser, von denen ich hoffe, daß sie nie neu verputzt werden!

Ich denke an Dich, ich hoffe, daß Dir die Silbermanns nicht allzusehr an den Fersen kleben, daß Carmen Dich ein wenig verwöhnt. Ich hoffe, daß Du ein wenig arbeitest, daß Du Dich nicht allzusehr langweilst. Ich denke an die Stunden, in denen die Post kommt, in denen die Zeitungen kommen[3] – Ich sehe Dich in unserem trotz allem leeren Haus, allein mit Deinen großen Schwierigkeiten. Ich wünsche Dir viel Mut und Ausdauer, Hoffnung vor allem. Ich denke an Deine Abreise nach diesem Deutschland, das in so trauriger Weise trotz allem das unsere ist, und ich hoffe, daß es Dir Freude machen wird, Allemann zu sehen, der sicherlich ganz gerührt sein wird, daß Du diese Reise für ihn machst[4] –

Eine der wenigen Wortgruppen, die mir in den Sinn kommen ist: Se non e vero e ben trovato – wozu könnte mir das hier nützen!

Ich umarme Dich, mon chéri, mit meiner ganzen Liebe, ich werde versuchen, auf der Post eine Briefmarke zu finden, auch zu telefonieren. Was für ein Abenteuer, was für ein Energieaufwand! Anschließend werde ich vielleicht in ein Museum gehen. Ich werde Dir sehr oft schreiben. Ich umarme Dich noch einmal, mon Amour chéri

Gisèle

196

[Paris] den 19. 1. 1965

Mon aimée,

Ihre Stimme heute morgen am Telefon. Bleiben Sie nicht, wenn Ihnen das lang erscheint, sehen Sie es nicht als eine Pflicht oder als irgendeine Aufgabe an. Kommen Sie zurück, sobald Sie Lust dazu haben, über Nizza oder direkt[1].

Der gestrige Tag: eher leer, drei Briefe geschrieben: an die DVA (Firgès, Gruppe 47), nach Oslo (Weigerung, an dem Almanach mitzumachen, der aus Anlaß ihres Gruppe-47-Abends veröffentlicht wird[2]), an Chr. Perels, ein Schüler Killys und neuer Fischerlektor (Banalitäten)[3]. Dann »Hafen« nach Bukarest geschickt, für ihre Zeitschrift, sowie einen sehr netten Brief an das Mädchen, das mich um eine Mitarbeit gebeten hat[4]. – Bei Claude David, 2 Bücher über K. Kraus[5] gesucht. Geschenk für Monsieur und Madame: »Dans l'Entremonde«, Aquarelle von Klee[6].

Mit allzu flinkem Auge eines der Bücher über Kraus gelesen: widerliche, der Sorbonne nicht würdige Sache, über einen fragwürdigen Menschen, ein fragwürdiges Werk[7].

Heute morgen drei Briefe von Eric, die ich diesem hier beilege, zusammen mit einem frankierten Umschlag, damit er Ihnen schreibt, drei andere für seine Tanten.

Ich werde morgen abreisen, die Fahrt ist lang, ich komme gegen sieben Uhr abends an. Warum das alles? Ein wenig zum Ausdruck gebrachte Anwesenheit, Nervosität, vor allem Reiselust.

Um ein Uhr die Silbermanns. Er, ein wenig besser, redet lang und breit über Kraus. Ich sage, was ich denke. Der unglaubliche Abschnitt aus dem »Merkur«, den ich ihm zeige, ruft keine Reaktion hervor[8]. Sie: Dummheit vor allem, das Kleinbürgertum mit mal hohen, mal flachen Absätzen. Sie hätten auch noch gern gehabt, daß ich an ihrer Stelle die Metro nehme.

Ich werde nachher Eric schreiben, werde heute abend versuchen, ihn anzurufen. Dann ein Brief für Monluçon[9] zu schreiben, ein anderer an Michaux[10] zu richten.

Bei der Post heute abend ein Brief von Ruth K., die mir die Übersendung des »Merkur«[11] ankündigt, ein anderer, kaum höflich, von einem Schweizer Schriftsteller, der für Larese einen Auswahlband von Cassou herausgibt, an dem ich mitwirken soll. Das riecht, entschuldige bitte, ein wenig nach Erpressung[12].

Ma chérie, niemand da, der uns hilft, der uns bei all dem unterstützt. Bieten wir die Stirn, allein, immer, zusammen. Nichts wird uns trennen.

Ich umarme Sie, mon Aimée
Paul

197

[An Eric Celan]
[Paris] den 19. 1. 1965

Mein lieber Eric,

drei Briefe heute morgen[1] – ich habe mich sehr darüber gefreut.

Mama ist, wie Du weißt, seit Sonntag in Rom, es sieht so aus, als fände sie das eher ermüdend, ich denke, daß sie bald wieder heimkommen wird. Ich selbst fahre morgen früh nach Deutschland und werde Ende der Woche zurücksein.

»Die Sonne herrscht über dem Azur. Die Nacht bringt den Schnee zum Keimen«: das ist sehr hübsch, gut ausgedacht; mein lieber Eric, ich bin sehr froh, wenn Du so zu uns sprichst. Aber wegen der Orthographie mußt Du Dich sehr anstrengen – ich zähle da unbedingt auf Dich. Der Stern, den Du für Deine Leistungen als Skifahrer mitbringen wirst, wird dann doppelt so hell strahlen.

Schreib Mama sofort, ich lege Dir einen frankierten Umschlag mit ihrer römischen Adresse bei. Aber schieb es nicht auf, denn die Post braucht in Italien oft lange.

Arbeite gut, fahr schön Ski, vergnüge Dich schön. Was das Skifahren angeht, so habe ich keine Sorgen (doch gib auch acht!). Was die Arbeit und das Betragen angeht, so zähle ich fest auf Deine Anstrengungen und Deine Fortschritte!

Ich umarme Dich
Dein Papa

Solltest Du vor Ende der Woche etwas Wichtiges fragen wollen, so ruf Tante Solange an (Madame de Bourgies), *Car*not 02-96. Aber wahrscheinlich wirst Du sie nicht anzurufen brauchen.

198

Via Zanardelli 28
Hotel Genio
[Rom] 19. Januar 1965

Mon chéri, mon Amour, Was für eine Freude, als ich bei meiner Rückkehr heute abend (19 Uhr) Deinen so langen Brief fand. Das tut gut, glaube mir, wenn man so allein ist, sich trotz allem so geliebt zu wissen und derart im Gedanken desjenigen, den man liebt – Auch für mich war die Abfahrt des Zuges dem Unbekannten entgegen, Dich auf diesem tristen Bahnsteig zurücklassend, sehr traurig, sehr schmerzhaft. Die Ankunft in Rom war noch viel schlimmer, und dieser lange erste und anstrengende Spaziergang, ich konnte nicht mehr weitergehen, und ich ermaß wirklich die Meilen, die uns trennten.

Gestern war es noch nicht besonders nach Deinem Anruf, ich habe versucht, die Ufers und Iris[1] zu erreichen, aber wie jeder Fremde habe ich mich geirrt und zu früh auf den Knopf gedrückt, so daß ich einige Lire verloren habe und vor allem den Mut, den ich gebraucht hätte, um dieses Unterfangen anzugehen. Ich habe es bis zum Abend aufgegeben und habe es dann vom Hotelier machen lassen, der sehr nett ist und französisch spricht. Ufer antwortete nicht, die Nummer von Iris war unvollständig! Aber unterdessen hatte ich trotzdem noch einmal ein wenig Rom gesehen: die Piazza San Pedro, die Kirche, wo ich die »Pietà« von Michelangelo bewunderte, um in diesem Augenblick einen spanischen Fremdenführer zu hören, der erklärte, daß das Original im Augenblick in Amerika und daß dies eine Kopie sei! Dann im Vatikan-Museum, die Sixtinische Kapelle mit ihren so schönen Fresken von Michelangelo: »Das Jüngste Gericht« und »Die Erschaffung der Welt«. Als ich 17 war, hat das einen ungeheueren Eindruck auf mich gemacht, und mit 37 war es immer noch großartig. Ich bin mit weit offenen Augen eine halbe Stunde dort geblieben, doch den Rest des Vatikans habe ich mit fast geschlossenen Augen schnellstens durchquert! Ich bin, ohne zu Mittag zu essen, gegen vierzehn Uhr sachte ins Hotel zurückgekommen – Um fünfzehn Uhr bin ich wieder aufgebrochen mit der Absicht immerhin, mir weiter Rom anzusehen, da ich nun einmal da bin. Ich bin über den Corso bis zur Piazza del Popolo gegangen, ich bin im Viertel der Galerien und der Luxus-Antiquariate herumspaziert, dann die Piazza di Spagna, die wunderschön ist. Ich bin diese große Treppe hinaufgegangen und habe Rom von oben bewundert, habe einen Kuckucksblick auf die Villa Medici geworfen und bin über die Piazza del Popolo wieder hinuntergegangen, sachte über die verführerische Piazza Navona zum Genio zurückgekommen und habe für 1000 Lire zu Abend gegessen, ein paniertes Schnitzel mit Salat, ein Viertel Rotwein und Gorgonzola. Das geschah um 18 Uhr 30, was zeigt, daß ich immer noch Mühe habe, meine Tage zu füllen, vor allem, wenn die Nacht hereinfällt, ich habe solche Angst, mich zu verirren, und ich bin unfähig, eine Straßenbahn zu nehmen –

Es scheint hier jede Nacht zu regnen, doch am Morgen bessert es sich, und ich kann trotzdem herumlaufen, ohne daß mir je kalt ist. Es gibt sogar Leute, die auf den Terrassen sitzen, doch für mich ist es etwas zu kühl –

Heute morgen habe ich schlecht geschlafen, aber nicht so schlecht wie in der Nacht zuvor, und ich war gerade aufgestanden, als das Telefon geklingelt hat. Ich habe mir Vorwürfe gemacht, daß ich nur über nichts mit Dir reden konnte. Dieser Apparat ist für mich lähmend, vielleicht auch die Entfernung, der Wunsch, die so knappe Zeitspanne, die einem, wie man spürt, gegeben ist, bestens auszufüllen.

Wenn ich Dir wenigstens gesagt hätte, Dir keine Sorgen zu machen, daß es immerhin besser ginge, daß ich etwas mehr Mut hätte, um nach dem Weg zu fragen, daß ich nicht mehr so am Stadtplan klebe und anfange, mich zurechtzufinden, zumindest in diesem Viertel! Wenn ich Dir wenigstens gesagt hätte, daß ich Dich liebe und die ganze Zeit über an Dich denke, was wahr ist! Aber nein, als ich Dich hörte, blieb mir die Luft weg.

Und heute dritter römischer Tag! Er hat gut angefangen mit Deinem Anruf, gut aufgehört mit Deinem Brief.

Ich habe das Pantheon besichtigt, bin wieder den Corso hinaufgegangen, um auf der Piazza del Popolo in dem sogenannten Intellektuellencafé[2] (wenig Köpfe für einen sehr teueren Kaffee) einen Cappuccino zu trinken, dann langer Spaziergang in den Pincio und die Villa Borghese, wo ich mich mächtig verirrt habe, wo ich aber zwei schöne Stunden inmitten prächtiger Bäume, kleiner Paläste, Tempel, Arenen, riesiger Pinien, Orangenbäume, Kakteen, einem guten Geruch nach feuchter Erde und fast niemandem verbracht habe – Es war sehr angenehm – Mit Dir wäre es *wunderschön* gewesen – Ich habe trotzdem, nicht ohne Mühe, die Villa Giulia gefunden, wo ich das sehr schöne etruskische Museum besichtigt habe, das aber für meine sehr geringe Fähigkeit, aufzunehmen und geistig zu erfassen, reichhaltig, sehr reichhaltig, allzu reichhaltig ausgestattet ist – Trotzdem eine Stunde zwischen beachtlich dargebotenen Vasen, Statuetten, Schmuckstücken, prächtigen Sarkophagen. Ich erinnere mich vor allem an einen sehr schönen *Sarcofago degli sposi*, rührend vor innerer Ruhe, Zauber, Liebe, und ich habe gebetet, so mit Dir für die Ewigkeit zusammenzusein, zu wissen, daß das so sein könnte, ist eine wunderbare Hilfe. Diese beiden vereinten und heiteren, ruhigen und im Tod so zärtlichen Liebenden gesehen zu haben hat mich glauben lassen, daß auch wir beide, mit unserem harten Leben, aber über allem stehend und voller Liebe, vielleicht in ferner Zeit ein Anrecht auf das Schicksal dieser beiden etruskischen Liebenden hätten, die ich am 19. Januar 1965 in der Villa Giulia in Rom gesehen und dabei an Dich gedacht habe. (Ich habe zwar die Reproduktion, aber sie besagt nichts.)

Anschließend hat mein Magen in der Via Flaminia sein Recht gefordert, und ich habe mir hinter dem Tor des Volkes 1/4 Hühnchen, Salat und eine Birne geleistet. Es war nach vierzehn Uhr – Anschließend habe ich meinen Tee an der Piazza di Spagna in diesem ziemlich lustigen englischen Tea Room[3] getrunken, inmitten einiger alter, allein sitzender Engländer und englisch sprechender italienischer Serviermädchen, was sich ziemlich komisch anhört –

Dann Friseur! – ja, und Wiederspaziergang durch die eleganten

Straßen mit sehr hübschen Schaufenstern, viel Eleganz (Via del Tritone), um an die sehr belebte Piazza Colonna (Genre Geschäftsleute) zu gelangen, wo ich mich noch erinnere, daß ich mit Yolande ständig von Kindern angesprochen wurde, die einem anboten, Geld zu wechseln. Das gibt es nicht mehr, aber ich habe dort den »Figaro« gefunden, und ich bin an der Piazza San Silvestro, gegenüber der Post, wo ich Dich angerufen hatte, in ein Café gegangen, um ihn zu lesen, und danach habe ich einen ganz besonders guten Cappuccino getrunken.

Rückkehr ins Hotel mit dem Taxi, weil gegen 19 Uhr wirklich müde –

Ich habe vergessen, Dir zu sagen, daß ich heute morgen die Ufers angerufen habe (ich habe den ganz einfachen Trick des öffentlichen Telefons begriffen!), aber der Alte hatte Mühe zu begreifen, wer ich bin! Himmel... aber als er es begriffen hat, ist er sehr nett gewesen. Da seine Frau nicht da war, hat er meine Telefonnummer notiert, und Frau Kraisky[4] hat mich gerade sehr nett angerufen und kommt mich morgen abend um neun Uhr nach dem Abendessen abholen, um zu ihnen zu fahren – Iris Kaschnitz hat nicht auf meinen Brief geantwortet, aber es ist auch noch etwas früh – Ich habe auch an die Adresse von Tante Edith[5] geschrieben, nur so, um ein paar Stunden zu überbrücken, ich frage sie, ob sie mich einen Moment empfangen wolle (sie war eine enge Freundin von Mama, sehr bigott), sie kümmert sich um Studenten, und obgleich ich ihr sage, daß ich weit über das Alter hinaus bin, gedenke ich sie zu bitten, ob sie nicht eine Gruppenmöglichkeit? hätte, um ein wenig die Umgebung Roms zu besichtigen – Ich bin bis jetzt unfähig gewesen, die CIT[6] zu entdecken, und dabei bin ich sicherlich mehrmals nur zwei Schritte davon entfernt gewesen –

Du siehst, daß ich trotz meiner schwierigen Anfänge versuche, mich einigermaßen zurechtzufinden. Rom ist trotzdem sehr verführerisch, es gibt so viel zu sehen, sogar dann, wenn man lange hier bleibt, ich werde mir einen guten Teil fürs nächste Mal mit Dir[7] aufheben – Ich gestehe, daß ich immerhin vom Zauber, vom Licht und von der Farbe gefangen bin, die so anders sind als in Paris. So viele schöne Paläste, alte, enge Straßen, sehr Reiches, aber auch *sehr* sehr Armes.

Was würde ich jetzt nicht alles dafür geben, eine lange Stunde mit Dir zu verbringen, hier, in diesem ziemlich tristen und schlecht beleuchteten Zimmer, in diesem kleinen Bett!... Mon amour, ich habe im Augenblick einen großen »Strom« für Dich, Paul, mon

Amour, mon chéri, ja, ich bin die Kaiserin aller *Deiner* Bukowinas, aber nicht der andern!

Mach Dir keine Sorgen wegen mir, die schlimmen Stunden des Anfangs sind schließlich vorbei, ich habe schließlich Lust, denn Rom ein wenig zu sehen ist sehr anziehend, ich werde nicht bleiben, wenn ich mich allzusehr langweile, sicherlich nicht. Aber da ich schon einmal hier bin, will ich doch, wenn ich kann, die Gelegenheit nützen, um ein wenig auszuhalten – Selbst wenn ich sehr allein bin, selbst wenn ich mit niemandem rede.

Im Grunde liegt auch ein gewisser Zauber darin, in einer großen Stadt völlig anonym zu sein. Im Augenblick möchte ich lieber, ich verhehle es Dir nicht, mit Dir hier sein oder wenigstens ein paar Freunde haben, die ich nicht habe, aber ich werde versuchen, meine Einsamkeit zu überwinden und sie mit den römischen Gärten, den römischen Straßen, einigen Museen auszufüllen – Ich nehme immerhin einiges in mir auf. Ich denke vage an kommende Radierungen. Ich denke nicht, leider, daß ich hier arbeiten kann (wenn ich nur mein neues Atelier[8] hier hätte!). Aber vielleicht bei meiner Rückkehr! Erinnere Dich, nach Amsterdam habe ich vier oder fünf Radierungen gehabt, die von allein gekommen sind, darunter »Je maintiendrai«[9]. Danke für alle diese schönen Titel[10].

Ich zitiere Dich jetzt noch einmal zu meiner Freude und damit es noch einmal geschrieben steht: »Ich werde alles wiederfinden, was nötig ist, um Sie mit meinen Armen zu umfangen, um meinen Arm um Sie zu legen und Sie zu erleuchten, Sie, so hell bereits, so strahlend. Ich liebe Sie, mon Amour.«

Bis bald, mon Amour, ich werde selbstverständlich wieder zu Ihnen zurückkommen, und alle drei werden wir standhalten und wir werden kämpfen, und wir werden siegen –

Für die Gerechtigkeit, die Wahrheit: für die Dichtung: für die Liebe.

Vorwärts!

Gisèle

199

[Paris, 19. 1. 1965]

Ma Chérie,

es ist neun Uhr abends vorbei, um acht Uhr ist es mir gelungen, den Sohn ans andere Ende der Leitung zu bekommen, er scheint sehr zufrieden zu sein, das ist sicherlich das Skifahren, dann noch einmal das Skifahren, und danach, ziemlich lange danach, die Arbeit. Aber er brauchte das auch, daß er sich einmal entspannt und ein wenig auf anderen Pisten glänzt als denen der Orthographie. Ich habe nicht versäumt, ihn wieder daran zu erinnern – ich hatte es schon brieflich getan –, daß ich auf ihn zähle, natürlich was seinen zweiten Stern angeht, aber auch auf seine Arbeit und sein Betragen.

Langes Telefonat, gegen sieben Uhr, mit Solange, die Dir schreiben wird. Briefe an Monluçon, an Michaux, abgeschickt[1].

Den Weckdienst für sechs Uhr früh angerufen; die Schublade aufgeräumt. Ich lege alle Schlüssel in die mittlere Schublade des Schreibtischs und den Schlüssel dieser Schublade unter den Sachs-Villatte[2].

Ma Chérie, ich umarme Sie und umarme Sie.

      Bis bald

                      Paul

19. 1. 1965

Ich gehe jetzt, um die Grünpflanze in Ihrem Atelier ausgiebig zu gießen.

200

[Frankfurt a. M.] 20. 1. 1965

15 Uhr 30

Ma Chérie, bin gerade in Frankfurt angekommen, wo ich in einer halben Stunde einen Zug nach Würzburg haben werde. Ich habe mich gefragt, als ich mir die Landkarte ansah, ob ich nicht über Zürich zurückfahren soll, was mir die Gelegenheit geben wird, Margarete Susman[1] zu sehen und, eventuell, Erwin Leiser[2].

Lassen Sie es sich gutgehen, ich umarme Sie von ganzem Herzen

                      Paul

201

[Würzburg] 20. 1. 65

Von Würzburg, dieser Festung, die Sie kennen ...[1] Neske ist hier, aber ich werde ihn erst morgen nach der Antrittsvorlesung[2] sehen.
Ich umarme Sie, ich umarme Sie

Paul

202

Rom, 20. Januar 1965

Mon chéri,
Ich muß Ihnen mein erstes, ziemlich anrührendes Abenteuer erzählen, Sie werden sehen.
Ich steige in einen Bus für »un torno di Roma Antica«, ich freunde mich mit einer Französin an, mit der ich den Nachmittag verbracht habe und die ich morgen wieder sehen werde, um ihr die Villa Borghese zu zeigen (ich bin jetzt Romführer), aber nicht da spielt meine Geschichte. Vor dem Kolosseum steigen alle aus (wir waren sechs!), und da bei jedem Halt die Postkartenverkäufer herbeieilen, mache ich lächelnd ein nettes »Nein« und höre ihn sehr freundlich »Shalom« sagen, und dann, ein wenig zögerlich und auf französisch: »Sind Sie Jüdin?« Du weißt, daß mir diese Art von Geschichten ziemlich Spaß macht, und ich antworte, wobei ich ihm die Hand drücke: »Fast«, was für meinen eindeutig primitiven Gesprächspartner eine unverständliche sprachliche Nuance war. Doch wir waren Kumpel, ich, um von ihm zu erfahren, wo sich die Synagoge und das jüdische Viertel befinden, die ich bisher auf keinem Stadtplan hatte finden können, ich verstehe, daß die Synagoge modern ist und das Viertel völlig verändert und luxuriös (?), war es Stolz oder war es wahr, auf jeden Fall werde ich hingehen, um dort herumzulaufen (Kumpels, ich, um ...), und er, um mir einen ganzen Packen Postkarten in die Hand zu drücken und mir dabei zu erklären, daß ich ein Geschäft mache, daß er sie mir fast schenke, natürlich unmöglich abzulehnen, ich habe ihm gedankt, habe ihm 1000 Lire gezahlt, ich habe wieder die Hand gedrückt, ich habe mit großem Vergnügen »Shalom« gesagt: es war meine erste Begegnung mit einem italienischen Juden der sephardischen Richtung, vor dem Kolosseum, an diesem 20. Januar[1] 1965 in Rom. Das ist wieder so etwas, das ich nicht vergessen werde. Selbst wenn er sich ins Fäustchen gelacht hat, weil er mich ganz schön hereingelegt hat (aber laß

mich glauben, daß er es nicht getan hat). Es ist eine Begegnung, die mich berührt hat, und ich werde hingehen, um in diesem jüdischen Viertel herumzulaufen.

Ich fange an, mich in Rom besser zu fühlen, und in bestimmten Vierteln finde ich mich ein wenig zurecht, ich habe auf dem römischen Pflaster einen Absatz verloren und habe mir Schuhe mit flachen Absätzen kaufen müssen. (Ich hätte als erstes daran denken müssen, welche mitzunehmen.) Ich habe sicherlich ein paar Gramm abgenommen, was mir Freude macht! Ich nehme im Augenblick nur jede zweite Mahlzeit zu mir, viele Cappuccinos und hin und wieder ein kleines belegtes Brot. Es gibt viele Strickwaren hier, und nur halb so teuer wie in Paris, ich werde nicht widerstehen können –

21. Januar –
Gestern abend ist Herr Kraisky ins Hotel gekommen, um mich abzuholen und zu sich nach Hause zu bringen, wo auch die Ufers hingekommen sind – Sie sind alle vier sehr nett gewesen. Sie bedauern es sehr, daß Du hier nicht bei mir bist, doch sie sind bereit, mich unter ihre Fittiche zu nehmen, wenn ich so sagen kann, fast mit etwas zuviel Eindringlichkeit. Man könnte glauben, daß ich nicht mehr allein in Rom herumlaufen darf, was ich im Grunde ziemlich angenehm zu finden begann. Nachher, um vierzehn Uhr, treffe ich mich mit Frau Kraisky (sie arbeitet an der Piazza Navona[2]), und sie wird mich zum Mittagessen mit nach Hause nehmen und sich bis um sechs Uhr um »mich kümmern« – Wenn morgen schönes Wetter ist, sollen die Ufers mich für den ganzen Tag in die Villa Adriana führen! Aber es regnet Bindfäden, und so bin ich bei strömendem Regen mit meiner langweiligen Französin von gestern (übrigens aus Algier) mit dem Taxi ins Museum Borghese gefahren, das mich zutiefst gelangweilt hat und von dem ich nur eines im Gedächtnis behalten werde, nämlich die Freundlichkeit des Kellners im Café am Eingang des Museums, der mich gefragt hat, als er herausfand, daß ich Pariserin bin: »Gibt es immer noch Boches[3] in Paris? Das sind Halunken, sie sind böse«; wieder ein Bruder, Du siehst, daß es welche gibt. Er hat an der Place Pigalle gelebt, ist Kellner in der Rue des Martyrs gewesen und ... im Poccardi[4] ab 1927. Es hat den Anschein, als sei er de Gaulle gefolgt und in Algerien gewesen, doch was am häufigsten wiederkam: »Die Boches sind Halunken!«

Iris, die schöne Iris, hatte mir gestern abend eine Botschaft hinterlassen, und ich habe sie heute morgen erreichen können, sie ist umgezogen – Sehr nett, aber sehr beschäftigt in ihrem Büro in diesen beiden Tagen, sie will mich am Samstag zurückrufen – Hat mich immer wieder gefragt, wie es Dir geht, auch nach Hannover[5] gefragt.

Was die Kraiskys angeht, so waren sie nahe daran, mich mit dem Botschafter Israels bekanntzumachen und ... mit allen möglichen Leuten, Kunstkritikern – usw. Ich habe sie bremsen müssen, aber ich bin mir des Ergebnisses nicht sicher! Ich muß gestehen, daß mich das nicht begeistert. Ich habe die beiden Alten sehr rührend gefunden, ihr Gesicht ist wirklich gezeichnet von den entsetzlichen Jahren, die Art Gesichter, wie wir ihnen an dem Abend bei Großbarts[6] begegnet sind, aber bescheidener und weniger neureich – Sie ist sehr nett gewesen – So froh, daß sie Dich in Wien und Rom wiedergefunden hat[7] – Bei Kraisky hingegen habe ich ein bißchen den Eindruck eines Blenders, aufdringlich und nicht sehr geistreich, trotz seiner Absichten. Ein wenig angeberisch, aber voller Freundlichkeit, er hat mir erzählt, daß er mit Dir auf der Piazza di Spagna russisch gesprochen hat, und alle vier haben sehr bedauert, daß sie Dich bei Deiner letzten Durchreise nicht länger sehen konnten –

Brave Leute mit sicherlich schnell erreichbaren Grenzen! (Nein?) Bereit, sich vierteilen zu lassen, die mich als eine der ihren ansehen und wollen, daß ich mich als zu ihrer Familie gehörig betrachte – Das ist im Grunde rührend und sehr gastlich: etwas Jüdisches, Russisches, das mir gefällt, wenn ich an die Kälte des scheußlichen Milieus denke, in dem ich erzogen worden bin – Jetzt bin auch ich von ganz woanders her –

Kraisky war sofort bereit, mir Neapel an einem Tag zu zeigen, was mir ziemlich absurd erscheint – Sie sind ganz gewiß sehr nett zu mir, sie haben mir große Vorwürfe gemacht, daß ich sie nicht schon am ersten Tag angerufen habe.

Ich habe ihnen erzählt, was ich von Rom gesehen habe, sie waren ganz verblüfft und konnten mir nicht glauben. Ich war froh, als ich sah, daß ich mich immerhin an die drei hier verbrachten Tage erinnern konnte, in denen ich die ganze Zeit über gelaufen bin –

Was meine Begegnung mit dem italienischen Juden am Colosseo angeht, so hat es den Anschein, daß mir meine Naivität einen Streich gespielt hat, aber das ist mir egal. Frau Ufer kennt ihn gut, und sie sind, wie es scheint, zu mehreren in dieser Gegend, die das Spiel spielen – Und sei's drum, nicht wahr?

Ich komme jetzt ins Hotel zurück und finde Deinen Brief und die Briefe von Eric. Ich lese sie, lese auch wieder Deinen ersten, und eine große Sehnsucht nach Dir überkommt mich. Unser Sohn scheint zufrieden zu sein und kommt gut allein zurecht, ich muß gestehen, daß mich das berührt, sein: »Mein lieber Papa, die Sonne herrscht über dem Azur. Die Nacht bringt den Schnee zum Keimen«. Schade wegen der Fehler –

Was die Ausgabe einer Auswahl von Cassou-Gedichten für Larese angeht, so ist es vielleicht Erpressung, aber Du hast keinen Grund, darauf einzugehen, ich bin die letzte, die Dich zu Kompromissen dieser Art drängen würde, um eine Ausstellung oder ein Buch[8] zu bekommen – Ganz bestimmt nicht –

Ich hoffe, daß Deine Reise nicht durch kleine, unerquickliche Dinge markiert wird – Die Allemanns sind immerhin nett, und ihn magst Du sehr. Er hat Glück, daß Du diese Reise machst, und ich denke, daß er sehr angetan sein wird.

Ich hoffe, daß Du in Deinem Brief an die DVA wegen Firgès[9] fest geblieben bist. Man muß sicherlich auch weiterhin auf diese Art von Dingen umgehend reagieren, aber es darf auch nicht alle Deine Kräfte in Anspruch nehmen, was natürlich schwieriger ist –

Bis sehr bald, mon Amour, ich umarme Sie wie ich Sie liebe

Gisèle.

203

[Würzburg] 21. 1. 65

Versammelt, nachdem wir Herrn Allemann, bei seiner Antrittsvorlesung, über die Intensität[1] haben sprechen hören, versammelt also um einen Tisch, in der Residenz, in einem Saal, der »*Seinsheim*«* heißt, diese »Grouesse«[2]:

    Brigitte Neske
    Beda Allemann
    Auf Wiedersehn am 10. Februar in Paris, Günther Neske[3].
    Dank!
    Doris Allemann

* das war, aber ja, ein Bischof...[4]

204

22. Januar 1965
in Rom

Mon chéri,

Ich schicke Dir heute abend diese Olivenblätter aus der Villa Adriana, wo ich mit den Ufers einige schöne Stunden verbracht habe. Unsere Gespräche waren von der Art »Gespräch im Gebirg«[1], mit Kopfnicken. Ich weiß, ich weiß, und Verständigung ohne große Worte über viele Dinge – Die schmerzlichen Punkte sind die gleichen, und das Gedächtnis ist das gleiche.

Aber ich bin so müde, verzeih mir, daß ich Dir so wenig schreibe – Du mußt wissen, daß Du Dir wegen mir hier keine Sorgen mehr zu machen brauchst – Ich habe mich angestrengt, ich habe die Augen weit aufgemacht, und Rom hat das übrige besorgt (auch diese in Rom im Exil lebenden Juden).

Bis bald, mon Amour, lassen Sie es sich mutig gutgehen, um mir zu erlauben, noch ein bißchen heiter hier zu bleiben, bevor ich wieder nach Hause zu Ihnen zurückkomme. Von ganzem Herzen, mit meiner ganzen Liebe umarme ich Sie

Gisèle

205

[Zürich] 23. 1. 65

Herzlichen Glückwunsch zum Jahrestag[1],
   mon Aimée!

Zürich, nach einem Würzburg mit Bankverlängerung (Geldumtausch) – Allemanns Rede leider blaß, aber ich werde Ihnen mehr darüber erzählen. Kein Leiser, aber heute Margarete Susman und Schlösser[2]. – Um nicht bei Nacht reisen zu müssen, werde ich die Fahrt in Basel unterbrechen, von wo aus ich Sie, wenn ich Glück habe, ans Telefon[3] bekommen werde. Morgen werde ich in jedem Fall gegen ein Uhr in Paris sein.

Ich umarme Sie, ma Chérie

Paul

206

78, RUE DE LONGCHAMP. XVIe
[Paris] Montag, 25. Januar 1965

Ma Chérie,
gestern um ein Uhr aus Basel zurückgekommen, habe ich bei Ihren so guten und so schönen Briefen einen sehr guten Nachmittag verbracht, vor allem, weil ich Sie in Basel am Telefon gehabt hatte, sichtlich – »hörbar«! – höchst zufrieden mit Ihrem Aufenthalt, mit Ihrer für den nächsten Tag geplanten Spazierfahrt nach Neapel. Auch ein kleiner Brief von Eric lag da, und um acht Uhr habe ich ihn, wie vor der Abreise, am Telefon gehabt. Seine ersten Worte, wie neulich: »Bist du es, Mama?« Ich habe den Eindruck gehabt, aber vielleicht liegt es auch ein wenig am Telefon, daß er nicht hellauf begeistert war, daß aber dennoch alles in Ordnung ist. Er hat einen Brief von Dir bekommen, hat dir einen geschickt. Dann, gegen Ende: »Weißt du, du fehlst mir.« Darauf habe ich ihm, gerührt, gesagt, daß er mir natürlich auch fehlt und daß wir bald wieder zusammensein würden.

Heute, um elf Uhr, Erwin Leiser, von London kommend, nach Berlin weiterreisend. Viele gemeinsame Punkte – gibt es eine Hoffnung für Solidarität? Er kommt am 4. Februar wieder[1].

Dann P.: sehr, sehr anstrengend[2]. Ich erfahre von ihm, daß Mâle Analytiker[3] ist. Ich werde trotzdem am dreißigsten hingehen. Aber P. ist entsetzlich anstrengend, und das ist der Grund, weshalb dieser Brief schließt, ohne Dir viele Einzelheiten oder echte Gedanken zu bringen.

Jean Bollack angerufen, der aus Frankfurt zurück ist[4]: er hat seine Angelegenheiten in Ordnung gebracht, was meine Probleme angeht, sehr viel dringender als die seinen, so überhäuft er mich mit Plattitüden und Worthülsen, umwunden mit billigen Intellektualismen. Aber ja. Nicht einmal gefragt, wie es Dir geht.

Trotzdem die Stirn bieten.

(Bei der Post was von H. W. Richter[5] und von H. Bender, letzterer besonders widerlich[6].)

Ein Brief von Françoise Bonaldi für Sie, ein Brief vom Versicherungsagenten ...

Heute abend Minder, Belaval[7]. Werde mich wieder zusammennehmen müssen.

Heute morgen, und ich werde ihn nachher wieder vorfinden und lesen, Ihr Brief aus der Villa Adriana, die Lorbeerblätter[8], die Karte mit den Ufers[9]. Richten Sie ihnen viele schöne Grüße aus, ebenso den Kraiskys. Aber ja, Frau Ufer hat ein jüdisches Gesicht, das stark geprägt ist von dem, was gewütet hat und weiterhin wütet. Herr Ufer hingegen ist kein Jude, aber brav, wirklich brav[10].

Sicherlich werden Sie Iris sehen und, eventuell, ihre Vettern, die Marschalls (von Biederstein[11], glaube ich), die mich sehr nett empfangen haben, die wirklich sehr nett sind. Bemühen Sie sich ein wenig um sie, auch in meinem Namen, Sie verdienen es.

Ach ja! Gestern abend ein Telegramm von Ruth[12]: Nadja und Sohn wohlauf. Schicken Sie Nadja ein paar Zeilen (Pohne, Schwalbengasse 2A, Köln), ich habe in unserer aller Namen ein Glückwunschtelegramm geschickt. Werde ich in acht Tagen zur Beschneidung (»Brith«) fahren können, wie ich es Marcel versprochen hatte[13]? Es wird dann nur ein Hin und Zurück sein, denn die École fängt wieder an. Was kann ich kaufen (in der Châtelaine[14])?

Ich umarme Sie sehr fest

Paul

207

Roma –
26. Januar 1965

Mon chéri,

Heute morgen am Telefon habe ich Sie ein wenig traurig gefunden, nicht sehr in Form, und ich warte ungeduldig darauf, von Ihnen zu hören, wie es Ihnen geht. Diese Arztbesuche bei P. schaden Ihnen mehr, als sie Ihnen helfen, und schon lange hoffe ich, daß der von Michaux empfohlene Arzt[1] weiß, wer Sie sind und Ihre seit so langem bestehenden großen Schwierigkeiten, die Sie durchleben müssen, versteht. Hoffen wir, hoffen wir voller Mut. Sie werden aus dieser mißlichen Lage herauskommen, mon Amour, und Sie werden herauskommen, mit Ihrem Sohn und mir an Ihrer Seite, und zwar siegreich. Glauben Sie es, wie ich es glaube –

Auch ich habe heute einen schlechten Tag, ich bin sehr müde, um halb zwei von Kraiskys zurückgekommen, ich habe schlecht und wenig geschlafen, ich habe so ein Jucken im Bauch und bin ziemlich mutlos. Eher aus Pflicht als aus einem anderen Grund bin ich heute morgen im Vatikan gewesen, aber Dir kann ich es ja gestehen, ich habe mich dort zutiefst gelangweilt, dann habe ich, in einer Trattoria, schlecht zu Mittag gegessen, wie so oft, und dann bin ich, da ich nicht so recht wußte, was ich tun sollte, ins Greco an der Piazza di

Spagna gegangen, um einen Kaffee zu trinken, und bin zurück ins Hotel, wo ich vergebens zu schlafen versucht habe, es ist erst halb fünf – Ich weiß wirklich nicht, was ich tun soll. Um neun Uhr gehe ich zu Iris. Ohne große Lust –

Gestern abend sind die Kraiskys sehr nett gewesen, sie hatten Sarah und Abraham?...[2] eingeladen, Israelis, er soll in Israel einen Lehrstuhl für Kunstgeschichte gründen und ist in einer vagen diplomatischen Mission für zwei Jahre in Rom, auch um zu studieren – Sehr jung, ziemlich nett (es ist der berühmte Botschafter, vor dem ich solche Angst gehabt hatte!) Stell Dir vor, daß er mit mir sehr freundlich über Terry Haass[3] gesprochen hat, von der er vor zehn Jahren eine Ausstellung in Israel gesehen hat. Wir haben vor allem über Malerei gesprochen, dann ist ein römischer Dichter gekommen, dessen Name in jedem Fall nicht ganz alltäglich ist: Mario Socrate[4], ziemlich sympathisch.

Die Unterhaltung verlief zur Hälfte auf Italienisch, zu einem Viertel auf spanisch und einem Viertel auf französisch, und ich habe einen sehr guten Abend verbracht, ich habe mich sehr wohl gefühlt, wahrscheinlich auch dank der reichlich bemessenen Whiskys, die mir Marianne[5] eingegossen hat. Ich habe viel gesprochen, ich war ziemlich aggressiv, ich hoffe, nicht allzusehr – Ich fühlte mich sehr jüdisch. Die Atmosphäre war entspannt, und die Unterhaltung ging über Israel, über Spanien, über Henri Michaux, über die Dichtung, die Kunst, die Sprachen usw. Marianne, der ich eine »Kleine Komposition«[6] geschenkt hatte, hat sie allen gezeigt, wie übrigens auch Dein Buch[7], sie hat die Familie Celan etwas über Gebühr herausgestrichen, aber im Grunde auf nette Weise.

Sie ist besser als er, subtiler, diskreter, einfacher und zutiefst gekennzeichnet von ihrer Kindheit und dem, was sie erlebt hat – jüdischer im wahren Sinne des Wortes als er –

Ich frage mich ein wenig, ob ich Rom nicht verlassen werde, das einzige, was mich zurückhält, ist das nahende Wochenende, an dem Marianne die Absicht hatte, falls das Wetter schön ist, mit mir in die Umgebung zu fahren. Das antike Ostia reizt mich, wie übrigens auch die beiden etruskischen Städte, die nicht weit sind.

Morgen werde ich mich übrigens erkundigen und sehen, ob es keine Möglichkeit gibt, mit dem Zug hinzufahren –

Heute habe ich mich plötzlich völlig übersättigt gefühlt – ohne den geringsten Wunsch, noch etwas zu sehen – Ausgeschöpft meine Möglichkeiten zu sehen – zu laufen – zu unternehmen – Aber diese zwei Stunden im Hotel sind schlimmer als alles. Es ist sehr düster, weil der Hof winzig ist und die Lichter unmöglich sind. So daß ich dennoch ein wenig ausgehen werde, um wahrscheinlich in einem Café zu landen und die Zeit totzuschlagen bis zum Abend. Trotz allem nicht leicht, Rom, trotz Rom! Eine kleine Stunde mit Dir, nur eine kleine! oder zwei! Man braucht schon, wie ich Dir heute morgen auf meiner Postkarte[8] sagte, eine starke Widerstandskraft für die Abende in Rom!

Fünf Uhr! Mein Sohn kommt vom Skifahren zurück, Nachmittagskaffee, dann eine Stunde Hausaufgaben, wahrscheinlich ist das für ihn auch der etwas harte Augenblick des Tages – und für Dich, um fünf Uhr, noch nicht das Ende des Tages, die Dämmerung, oft auch der schwierige Augenblick – Wir sind alle drei weit voneinander entfernt. Bald werden wir unser »Celanien« wiedergefunden haben – Was für eine Freude wird das sein –

27. Januar 1965.

Der Abend bei Iris ist gut verlaufen, aber ich habe die Atmosphäre nicht sonderlich gemocht – sie, ganz in ihrem Element – sehr elegant – sehr *sehr* mondän, kaum liebenswürdig zu mir – auch der Vetter Marschall[9] war da, der sehr gut französisch spricht und der nett gewesen ist, aber auch er kommt mir ziemlich mondän und oberflächlich vor, die Porenas waren da, sie bezaubernd, er ebenfalls sympathisch, außerdem ein Germanist, dessen Namen ich nicht mehr weiß, und ein alter italienischer Graf (Chelsea !?)[10], der bemerkenswert gut französisch sprach. Vor allem mit ihm habe ich mich über Michaux unterhalten, den er gut kennt, über Mithras, dem er noch jetzt Zauberkräfte zuzuschreiben scheint, und der mich gefragt hat, ob mir, als ich in dessen Tempel war, nichts zugestoßen sei. Leider habe ich einige ziemlich starke Eindrücke gestehen müssen (es war der untere Teil der Kirche[11], den ich mit Frau Ufer besichtigt habe und der mich ganz besonders beeindruckt hat), aber es ist mir nichts zugestoßen, ich muß es gestehen, nichts Fließendes, wie es ihm zufolge hätte geschehen müssen –

Iris gab den mondänen Ton an, es wurde über alles und über nichts gesprochen, über Nelly Sachs und Adorno – über Dich selbstverständlich (vor allem die Porenas und der Vetter, auf sehr nette Weise). Ich habe Iris sehr schön, aber kalt gefunden, sie hat mich ein wenig an Yolande von ihrer schlimmsten Seite erinnert oder auch an Monique bei ihren mondänen Treffen, vor ihrer Hochzeit, mit Sybille, Rouch[12] usw. Was mich angeht, so war ich heiser, hatte Halsschmerzen, war sehr müde und hatte große Lust zu fliehen – Es ist trotzdem gegangen – Der Vetter hat mir eine Fahrt nach Cerveteri[13] vorgeschlagen, aber ich glaube nicht, daß er sein Versprechen hält – Die Porenas, daß ich zu ihnen kommen solle, ohne aber einen Zeitpunkt festzulegen – Iris überhaupt nichts. Der Vetter hat mich eingeladen, mit in die Premiere von Tschaikowski[14] zu gehen, für die er noch einen Platz übrig habe, er wird morgen mit Iris kommen, um mich im Hotel abzuholen, um vorher mit ihnen zu Abend zu essen. Iris hat einfach gesagt, und dabei war ich sehr würdevoll in marineblau, daß ich natürlich ein Kleid haben müsse, denn es sei sehr elegant, sie ist von der Art, einen genau zu kontrollieren und dabei festzustellen, daß es nicht die letzte Mode ist (ich liebe das). Leider habe ich dummerweise zugegeben, daß ich ein Kleid habe, das, wie ich meine, gehen könnte! Denn im Grunde habe ich überhaupt keine Lust auf diesen Abend – Ziehe im Grunde das Ghetto Ufer vor –

22 Uhr.

Um auf diese Iris zurückzukommen (obgleich sie nichts von einer Iris hat, aber vielleicht doch, genaugenommen, nämlich die Steifheit!), ich habe sie nicht sonderlich gemocht, auch nicht gewisse Bemerkungen über die armen Bewohner bestimmter Viertel Roms oder Neapels, die ihr zufolge die Möglichkeit hätten, in modernen Vierteln zu leben, was sie aber abgelehnt haben sollen, weil sie ihre Elendsquartiere vorzögen – Ich habe nichts übrig für diese Art grob vereinfachenden Denkens über gesellschaftliche, politische und menschliche Probleme – Aber das ist ganz und gar ihre Art, sie scheint eher nach dem »Dolce Vita«[15] hin zu tendieren. Diese fürnehme Atmosphäre hat mir nicht gefallen.

Da ich heute morgen Rom nicht mehr ertragen konnte, habe ich den Zug nach Ostia genommen, und ich muß sagen, dort habe ich ein wenig meinen Mut wiedergefunden. Das Wetter war sehr schön, doch der Himmel wolkenverhangen – Ich bin gewissermaßen allein drei Stunden lang durch die Ruinen dieser Stadt mit den Resten ihrer Häuser, Paläste, Theater, Läden, Thermen, Forii usw. gestreift. Das ganze an einem sehr einsamen Ort und in einer bewundernswerten Natur –

Leider spüre ich heute abend wieder ein wenig meinen Knöchel, wenn ich aufhöre zu gehen, brennt es etwas, doch wenn ich gehe, ist alles bestens – Ich denke, daß es morgen vorbei sein wird –

Um vier Uhr hat mich Marianne, wirklich nett, im Hotel abgeholt, und wir sind im jüdischen Viertel um die Synagoge herum spaziert – Als wir dort nach dem Weg fragten, hat man nach der Antwort »Shalom« zu uns gesagt, und ich glaube, daß die italienischen Juden normalere Beziehungen zu den Leuten haben als anderswo. Oder aber ich irre mich. Es ist ein sehr armes Viertel, wo die Köpfe natürlich befrachtet sind mit Kenntnissen, mit Leiden. Wir werden gemeinsam dorthin zurückkehren, nicht wahr –

Dann einige Kirchen mit schönen Mosaiken und einige Galerien mit meinen »Kollegen« Burri, Dorazio und Fontana[16] – Und jetzt bin ich hier. Fest entschlossen, heute abend früh zu Bett zu gehen mit dem Wunsch, gut zu schlafen, was mir hier selten gelingt – Ich habe hier seit meiner Ankunft nicht ein einziges Mal durchgeschlafen –

Der Tag ist ziemlich gut gewesen! Morgen? Keine Ahnung, was ich tun werde – Der Tschaikowski-Abend mit Iris und Marschall. Freitag abend bei den Kraiskys mit anderen Freunden von ihnen – Samstag und Sonntag mit den Kraiskys außerhalb von Rom, es sei denn, Marschall kommt auf sein Angebot zurück, in diesem Fall ein Tag mit ihm, den andern mit den Ks.

In der darauffolgenden Woche werde ich Dir entgegenfahren, vielleicht werde ich trotzdem einen Tag mit Françoise B. verbringen. Ich schreibe ihr heute abend.

Danke für Deinen heute morgen erhaltenen Brief, ich kann Dir sagen, wenn ich meinen Schlüssel hinhänge oder wieder an mich nehme, durchsucht mein Auge immer prüfend das Brieffach.

Ich habe gut daran getan, daß ich meinen Brief nicht heute morgen abgeschickt habe, weil es mir jetzt, wie Du siehst, besser geht. Der Tag war, alles in allem, gut! Schöne Stunden und schöne Tage auch für Dich –

Ich umarme Dich, mon Amour – denk oft an mich, denk sehr oft an mich, bitte. Ich mag es, Deinen Gedanken nahe bei dem meinen zu spüren – Ich brauche das.

    Bis bald, sie umarmt Dich

Deine Frau
Maja.

208

> [An Eric Celan]
> 78, RUE DE LONGCHAMP. XVIe
> [Paris] den 26. Januar 1965

Mein lieber Eric,
ich bin neulich sehr froh gewesen, als ich Dich, von der Reise zurückkommend, am andern Ende der Leitung hatte. (Ich hatte bei meiner Ankunft nur einen kurzen Brief vorgefunden, für den ich Dir danke.)

Als Du mir am Ende unseres Gesprächs gesagt hast, daß ich Dir fehle, bin ich außerordentlich gerührt gewesen. Auch Du fehlst mir, mein Sohn, und Du fehlst Mama, Du fehlst uns beiden.

Mama sagt mir, daß sie Dir oft schreibt – sicherlich hast Du ihre Briefe bekommen. Du mußt ihr antworten, Du mußt ihr sehr oft schreiben; hier, zu diesem Zweck, einige Umschläge mit der vollständigen Adresse und bereits frankiert. Ich lege Dir auch einige andere Umschläge bei für mich und für die Tanten[1], wenn Du ihnen schreiben willst.

Was macht Deine Arbeit, was macht das Skifahren? Ich habe vorhin in der Rue Hamelin das Bulletin von Monsieur Blazewski[2] gesehen, und ich sehe, daß Ihr oft den Skilift nehmt. Gewöhnst Du Dich daran? Wenn Du Schwierigkeiten hast, mach Dir nicht allzuviel daraus, das kommt nach und nach. Und außerdem gibt es so viele Abhänge, die Du schon seit langem fröhlich hinaufgehst, und zwar im Kopf. Auch Mama war gerührt von Deiner »Nacht, die den Schnee zum Keimen bringt«.

Bald werden wir beisammen sein. Aber vorher mußt Du schön arbeiten – ich zähle auf Dich für einen »Wiederaufstieg« auch in dieser Hinsicht, mögest Du Dich gut amüsieren und uns schreiben.

Ich umarme Dich
Dein Papa

Schreib immer das Datum auf Deine Briefe.

209

[Paris] Donnerstag [28. 1. 1965], nachdem ich Sie
angerufen habe:

Es gehe Ihnen gut, mon Aimée, es gehe Ihnen gut! Achten Sie auf Ihre Gesundheit, bleiben Sie, wenn es Ihnen gut geht und Sie das möchten, aber kommen Sie zurück, wenn Sie können, um sich behandeln zu lassen. Aber ich hoffe, das wird nicht nötig sein.
Kein Brief von Ihnen heute morgen, auch nicht von Eric.
Gestern habe ich die Visitenkarten abgeholt – hier sind einige, für den Fall, daß Sie Frau Ufer Blumen schicken möchten.
Schreiben Sie mir, sprechen Sie mit mir, kommen Sie zu mir zurück.

Paul

Ihrem Rat gefolgt und Jean angerufen – ich spiele morgen wieder Tennis mit ihm, Fusco, Fernandez[1].

210

Hotel Genio
Zanardelli 28
Roma
28. Januar 1965.

Ich hoffe, mon chéri, daß ich Dich voll und ganz über mein Ergehen beruhigt habe. Denn es geht mir wirklich gut. Es würde mir noch besser gehen, wenn Du hier bei mir wärst. Ich habe die Freunde der Tophovens[1] angerufen, sie ist äußerst nett und liebenswürdig gewesen, aber sie steckt mitten im Umzug, sie wird mich morgen zurückrufen. Ich werde sie wahrscheinlich im Verlauf des Tages sehen – Du kennst mich, und Du weißt, daß ich mich nicht leicht bei Freunden von Freunden zu melden wage, aus Angst, sie zu belästigen –
Ich denke an Dich, an diesen Besuch Sperbers, an den Leisers[2], beide sicherlich Personen, die verstehen können müßten, doch – die Leute neigen dazu, in all dem nur den persönlichen Standpunkt sehen zu wollen, ohne sich einzugestehen oder zu begreifen, daß es nicht nur schlimm ist für Dich, sondern daß es auch schlimm an sich ist. Es ist sicher, daß Du am Ende immer ganz allein handeln oder Entscheidungen fällen mußt, und ich hoffe, daß Dr. Mâle[3] Dir in

dieser Hinsicht helfen kann. Wir wissen nur allzu gut, daß man auf die andern nicht zählen darf, und, weißt Du, wenn nichts dabei herauskommt, ist es im Grunde demütigend, über all das zu reden, man tut ihnen zu viel Ehre an, glaube mir.

Heute abend mit Iris und ihrem Vetter[4], Du hast nichts zu befürchten, ich werde sehr höflich und liebenswürdig sein, gewiß, doch ihnen die Ehre antun, mit ihnen über all das zu sprechen, was uns wirklich am Herzen liegt und wesentlich für uns ist – nein – ich glaube nicht, daß es Worte an die richtige Adresse wären, und ich glaube, daß es wichtig ist zu wissen, an wen man sich wenden kann und an wen nicht –

Manchmal bedeutet es auch Stärke, in den Banalitäten zu bleiben, freiwillig. Meinst Du nicht auch?

Bei ihnen habe ich wirklich den Eindruck, unter Intellektuellen von rechts zu sein und nicht bei dieser so typisch deutschen »Linken«, nicht einmal das – nicht einmal! Vielleicht ist es im Grunde dasselbe – Aber die fürnehme Seite macht die Sache nicht besser, und ich glaube nicht, daß ich mich irre. Wenn Du da gewesen wärst, hätten sie es sicherlich nicht gewagt, so nichtssagend und mondän zu sein, aber neulich abends waren sie unter sich, fühlten sich in ihrem Element und durch meine Gegenwart nicht gehemmt – Ich habe beobachten können, glaube mir – M. L. Kaschnitz hat gelitten und ist älter, das ist nicht dasselbe (und nicht einmal das, wirst Du mir sagen!), nein, es ist etwas anderes, aber die junge, nach Rom emigrierte Generation, dieses Muster genügt mir. Du hast zu mir gesagt: »Sei nett, bemüh Dich ein wenig um sie, sie haben mich gut aufgenommen.[5]« – Ich werde es tun. Aber vergiß nicht, Du bist für sie Paul Celan, ein großer Dichter, das spielt eine wichtige Rolle beim äußeren Empfang und bei der Freundlichkeit – Vielleicht irre ich mich. Ich möchte Deinen Erfahrungen nicht noch weitere hinzufügen!

Und ich zitiere Dich: »Lassen wir ihnen ihre Chance!« Ich kenne sie wenig. Aber instinktiv!... nun gut, lassen wir ihnen ihre Chance! Kraisky ist ein äußerst einfältiger, primitiver Mensch, langweilig, dem es in jeder Hinsicht an der elementarsten Feinheit fehlt, das steht ihm übrigens ins Gesicht geschrieben. Aber es gibt überhaupt keinen Grund, ihm deswegen böse zu sein, er ist weder von der Natur noch von den Göttern verwöhnt worden, der Ärmste. Man darf nichts von ihm erwarten, muß ihn nehmen, wie er ist, oder ihn überhaupt nicht nehmen, wenn man nicht die Geduld aufbringt (mein Fall). Sie ist keine Leuchte, aber sie ist brav – sie hat

Herz und sie gibt sich für mich wirklich alle Mühe, die sie sich geben kann, mit einer sehr großen Freundlichkeit – Ohne je mit ihr vertraut werden zu können, schon in Anbetracht der Umstände, meine Einsamkeit in Rom, wird sie trotzdem nebenbei eine Hilfe für mich gewesen sein. Frau Ufer ist krank und ruft mich fast jeden Tag an, um zu hören, wie es mir geht: es ist doch rührend – sie und ihre Tochter haben mich wirklich auf jüdische Art mit weit geöffneten Armen aufgenommen. Und der Alte ist rührend, zwar nicht Jude, aber trotz allem ein jüdisches Schicksal!

Ein Uhr morgens – Ich komme nach Hause, es regnet Bindfäden, meine Regenrinne erzählt geräuschvoll ihre Geschichte, und ich habe nicht den Eindruck, daß ich leicht einschlafen werde. Es ist seltsam, wie schlecht ich in Rom schlafe –

Iris und der Vetter von wahnsinniger Eleganz: sie, hellgrün broschierte weiße Seide, er im Smoking mit schwarzer Schmetterlingskrawatte – Und ich mit meinem kleinen, marineblauen Kleid, mal Dir das aus – Wir kommen an: wahnsinnige Eleganz, aber alles ziemlich häßlich. Entsetzliche Premierenatmosphäre[6] – Der erste Akt so langweilig, wenn Du wüßtest! In der Pause vertreten wir uns die Beine, begegnen Henze[7], der mir, sehr liebenswürdig, in einem guten Französisch ein Kompliment macht – Ich werde sie am Ende alle kennenlernen – Frisch hingegen werde ich nicht sehen, er ist in Paris wegen der Premiere von »Andorra«, worüber ich im »Combat« eine ausgezeichnete Kritik[8] gelesen habe. Dann gehen wir in die Via Veneto (Champs-Elysées von Rom, ziemlich uninteressant), um einen Whisky zu trinken – Ich vergaß, auch Ingrid Bachér war da – die mir etwas mehr Niveau zu haben scheint. Eifrige Gespräche über alle Welt, und das längste über Hochhuth und den Papst[9]. Marschall, ziemlich gute Reaktion zu Anfang, findet, daß es nicht Sache eines Deutschen sei, dieses Stück zu schreiben – Iris, die nichts dabei findet, meint, es sei gut, daß das einmal gesagt wurde. Sehr anti-päpstlich – Aber darauf sagen der Vetter und Bachér, »sehr päpstlich«, wenn ich einmal so sagen darf, daß die Wahl für ihn, entweder Partei für die Juden zu ergreifen oder die deutschen Priester zu opfern, ein schwieriges Problem war, und daß er im Grunde nichts anderes tun konnte – Und darauf verdammt ihn Iris, entsetzt. Ich habe trotzdem bei mir gedacht, daß das Stück vielleicht nicht nutzlos war, denn ich sehe, daß es Leute gibt, die, ohne dem moralischen und menschlichen Problem, das der Papst zu durchleben hatte, eine Hauptbedeutung geben zu wollen, Entschuldigungen für ihn fanden oder jedenfalls sein Schweigen durch ein politisches

Problem erklärten, angesichts dessen er nicht frei war, anders zu handeln – Sein Verhalten natürlich nicht billigten – Aber zumindest zweideutig – Du kannst Dir vorstellen – Kurzum, ein deutscher Abend – Sie vereinfachen, wenn sie nicht zu weit gehen wollen – Das alles auf deutsch – ich habe trotzdem ein paar Worte gesagt. Wir haben schon so viel über diese Probleme gesprochen – Aber Iris war an diesem Abend etwas besser – Vielleicht errichtet ihr äußeres Erscheinungsbild eine Schranke zwischen ihr und mir? I. Bachér kommt aus Berlin zurück, sie hat ihre kleine sentimentale Note über den Horror der Berliner Mauer gehabt, aber ich habe sie ziemlich angenehm gefunden.

Und darüber hoffe ich nun, mon amour, daß Du schon schläfst, und ich werde versuchen, das gleiche zu tun. Ich habe immer noch eine seltsame Stimme, aber es geht mir gut: Hals und Knöchel!

Bis morgen –

29. Januar, Freitag – Vierzehnter Tag meiner römischen Wanderungen – Es ist elf Uhr, es regnete dermaßen, daß ich bis in die Puppen geschlafen habe, und ich komme erst jetzt im Taxi zu einem Platz, den ich ziemlich mag, in der Nähe der Post, wo ein Café ist, in das man sich in aller Ruhe setzen und seinen Cappuccino trinken kann, während ich Dir schreibe.

Heute morgen zahlreiche Anrufe: Frau Ufer, die mich zum Abendessen einlädt, dann Marianne, die mich holen kommt, um zu ihrer Mutter zu fahren, und die mich dann von dort wieder abholt, um zu ihr zu fahren, sie hat noch andere Freunde eingeladen, von denen sie unbedingt will, daß ich sie kennenlerne – Du siehst, wie sie mich verwöhnen. Dann Anruf von Frau Schaedel, die mich am Samstag abend holen kommt und die mich irgendwohin zum Abendessen führen wird – Vorher hoffe ich, wenn schönes Wetter ist, mit Marianne nach Cerveteri, Tarquinia und Viterbo fahren zu können. Am Montag abend die Porenas, wieder mit Iris und wahrscheinlich der ganzen Gruppe – Am Ende gehe ich jeden Abend sehr spät zu Bett und führe ein mondänes Leben! Ich fühle mich ziemlich wohl inmitten von all dem, was mich hin und wieder erstaunt – Ich glaube nicht, daß ich heute viel unternehmen kann, ich werde versuchen, etwas für Eric zu finden, und werde mir eine Strickjacke leisten. Was Dich angeht, mon Amour, ich schaue und schaue, ich mache viele Schaufensterbummel, und ich finde nichts –

Ich warte auf den Brief von Françoise Bonaldi und beschließe dann meine Rückkehr –

Mit Vergnügen werde ich Rom am Dienstag abend verlassen, um am Mittwoch in Nizza zu sein, und werde dann am Donnerstag oder am Freitag abend den Zug nach Paris nehmen – Das Wochenende wird mich also wieder zu Dir bringen – Ich hoffe, daß ihr Brief schnell kommt und daß sie zu Hause ist – Aber weißt Du, nicht nur in Paris wird gestreikt, sondern auch hier, und keine Postbeförderung ist vorgesehen –

Soweit für heute. Ich hab ein wenig genug. Aber es war trotzdem ein sehr schöner Aufenthalt. Ich denke an Dich, an diese wichtige Unterredung mit dem Arzt heute. Ich hoffe, ich hoffe –

Immer noch nichts von Eric –

Bis sehr bald, mein geliebter Paul, mein

Seidelbast[10].

Ich umarme Sie

Gisèle.

211

Roma
Sonntag [31. 1. 1965]

Guten Abend, mon chéri,

Es ist 10 Uhr 45, ich bin nicht ärgerlich, meinen Tag zu beenden – Gestern nach ein Uhr heimgekommen, und die ganze Woche über entsetzlich spät, nie habe ich ein so mondänes Leben geführt – Tarquinia hat mich begeistert. Drei Stunden lang haben Marianne und ich mit einer Gruppe nicht allzu unerquicklicher Amerikaner und einem annehmbaren Fremdenführer Gräber besichtigt, und diese Bilder haben mir sehr gefallen – Das Buch über die etruskische Malerei[1], das Du mir geschenkt hast, war sehr schön, und ich werde es mir von neuem anschauen, aber die Wirklichkeit ist noch schöner – Wir haben auch das etruskische Museum[2] gesehen, sehr schön, in einem prächtigen Palast. Haben auch die kleine, mittelalterliche Stadt gesehen, äußerst hübsch und fesselnd. Es ist was anderes als der Barock, zu dem ich mich immer noch nicht bekehrt habe, abgesehen von sehr seltenen Ausnahmen – Dann sind wir bis nach Viterbo gefahren, ebenfalls sehr schön, aber wir hatten zu wenig Zeit und haben nur eine Fahrt mit dem Auto ins mittelalterliche Viertel gemacht – Abendessen heute abend in einem sehr römischen Restaurant, Dell'Orso[3], dann Kaffee in einem sehr römischen Café, dann eine kleine Runde mit den Schaedels, sehr brave Leute, sehr nett, ein wenig langweilig und spießerhaft, aber es ist gut gelaufen –

Morgen fahre ich mit der treuen Marianne nach Orvieto – und Montag abend zu den Porenas. Wenn es mir gelingt, am Morgen aufzustehen und einen Bus zu finden, werde ich nach Cerveteri fahren, um mich noch ein wenig zu »etruskern« – Am Dienstag esse ich bei den Kraiskys zu Mittag und mache dann meine kleinen Päckchen und meine Abschiedsbesuche in Rom – das ich bald mit Dir wiederzusehen hoffe – Ich werde den Zug am Dienstag abend um 10 Uhr 30 nehmen, um gegen 10 Uhr, glaube ich, in Nizza zu sein – Ich habe den Lalandes ein paar Zeilen geschrieben, die dort sein werden, wie ich glaube, und ihnen vorgeschlagen, mit ihnen zu Mittag zu essen. Ich werde sehen, ob sie am Bahnhof sind, aber sie werden keine Zeit haben, mir zu antworten – Wenn sie nicht da sind, glaube ich nicht, daß es mir möglich sein wird, sie bei Jacquelines Eltern abzuholen. Vielleicht telefonierst Du mit Lisou für den Fall, daß ihre Mutter sie anruft – Ich werde ihnen ein Telegramm schicken und darin sagen »Werde Mittwoch in Nizza sein, um soundsoviel Uhr«. Wenn sie können und Lust dazu haben, brauchen sie nur zum Bahnhof zu kommen –

Ich werde dann einen Bus nach Grasse finden müssen (1 Uhr 30), von wo ein anderer Bus mich gegen vier Uhr in Françoises Dorf[4] bringt (45 Min.) – Ich werde sicherlich bei ihr übernachten (Mittwoch abend) und werde dann sehen, ob ich Donnerstag oder Freitag weiterfahre. Im Grunde scheint mir das alles sehr kompliziert und bedeutet für mich zwei Nächte im Zug, was ich anstrengend finde – Ich werde spätestens am Samstag morgen in Paris sein – Zusammen, mon Amour! Zusammen –

Und jetzt gehe ich zu Bett. Was für ein Leben! Die Erholung! Aber trotz allem war es anstrengend, aber unterhaltsam, und ich glaube, daß das besser war als das zwar erholsame, vor Einsamkeit aber allzu strapaziöse provenzalische Nest –

Ich umarme Dich, mon chéri, Deine Frau kommt, spürst Du sie, in einigen Tagen wird sie in Deinem Haus sein, mit Dir – Und wir werden darin mutig leben und alles wird gut werden.

Bis sehr bald.

Ich umarme Dich noch einmal – mit all meiner Liebe für Dich komme ich zurück.

Gisèle.

212

Die ihn bestohlen hatten[1],
nannten ihn einen Dieb,
die ihn nachäfften,
verbreiteten, er sei ein Plagiator.

Diejenigen, die ihm Impulse verdankten,
fanden ihn nicht lebendig genug,
die er belebte, nicht nur mit Worten,
nannten ihn einen Toten.

Die Reklametüchtigen
ließen sich Bescheidenheit attestieren
und ihm Hybris.

Die Meuchler
nannten ihn feige.
Die sein Vertrauen mißbrauchten,
nannten ihn mißtrauisch,
die ihn beleidigten,
fanden ihn viel zu empfindlich.

Als er an
Solidarität appellierte,
bekundete man ihm Mitleid und Beileid.
Die gehetzt hatten gegen ihn,
verteidigten ihn,
»wie der Strick den Gehenkten«.

Wem er heraufgeholfen hatte,
der ließ ihm hinunterhelfen.

Er wurde
zerkleinert
und neu verteilt.
Es waren
nicht wenig Freunde unter den Nutznießern.

Einer
wollte in die Arena steigen –
er bestieg

die Stufen einer Akademie,
derselben,
die denjenigen Preise verlieh,
die ihn verraten und verleugnet hatten.
Es stiegen noch mehrere
dorthin »empor«.

Ehemalige Hitlerjungen
halfen ihm aus seinen Erlebnissen heraus
und hängten sie derjenigen über,
die sie nicht gehabt hatte
und sich willig ins neue Konzept
der Ehemaligen fügte.
Von der Ehemaligen gnaden
wurde sie zur
schlechthinnigen Jüdin.
Man nannte sie königlich – wovon
war ihr Purpur rot?
»Mag sein«, verkündete sie,
»daß das Schicksal meines Volkes
an mir leuchtet.«
Mag sein.
    Doch wie?
Aber das
aus ihr selber Leuchtende
töteten sie.

Wer und was
trieb Nelly Sachs in den Wahnsinn?
Wer
brachte ihr
Verrat und Vermessenheit bei?

In Stockholm hört ich sie sagen:
»Die in Auschwitz
litten nicht das, was ich leide.«[2]
Das hörten auch andre, darunter
Lenke Rothmann[3].
Wer förderte das? Und welche Schuld
tobte dahinter?

. . . .   *im Jänner 65*

213

[Paris, 29. 3. 1965]

Ma Chérie,

in Ihren Kupfern erkenne ich meine Gedichte wieder: sie gehen durch sie durch, um darin zu sein, immer wieder.

Paul

29. März 1965

214

La Ferté-Macé [15. 4. 1965]
15 Uhr 15.

Mon chéri,

Wir haben während des ersten Teils der Strecke (1/3) an Dich gedacht, und wir denken an Dich bei unserem ersten Halt[1] – Alles läuft gut. Wir kommen langsam, aber sicher vorwärts.

Bis bald, mon Amour. Es ist schwer. Es ist hart, sehr hart. Aber wir werden siegen. Mut. Ich liebe Sie, ich habe Sie immer geliebt. Es gibt so wenige Dinge, deren ich sicher bin. Daran aber kann ich nicht zweifeln.

Ein wenig müde, ein wenig gebeutelt, aber trotzdem mit Hoffnung.

Nahe bei Dir. Mon chéri. Bis bald.

Ich umarme Sie

Gisèle.

215

[Paris] Donnerstag abend [15. 4. 1965], acht Uhr dreißig –

Mon aimée!

Sie sind sicherlich bei Francine angekommen – richten Sie ihr viele Grüße von mir aus – und jetzt fangen für Sie acht Tage der Ruhe und der Erholung an, und die Spiele, das Glück für Eric, in Gesellschaft anderer Kinder.

Ich habe, unter unserer Lampe[1], Dein Foto und das des Sohnes vor mir. Und auch, in einem Wasserglas, den kleinen Birkenzweig[2] von zu Hause, aus Moisville. Sie müssen einfach wieder hochkommen, mon aimée. Meine ganze Liebe für Sie ist da, in mir, ebenso groß wie im ersten Augenblick. Nichts von unserer Liebe ist verloren: *Wir sind es noch immer*[3].

Umarmen Sie unseren Sohn – ich umarme Sie von ganzem Herzen, fest, treu

Paul

[am Rand:] Ich sehe den Arzt erst morgen, da ich zu spät mit dem Bus gekommen bin[4].

216

Bei Madame Payelle
Ker Eol
Saint-Enogat – Dinard
Ille-et-Vilaine
Freitag [16. 4. 1965]

Mon chéri,

Ich wäre froh gewesen, wenn ich Sie heute morgen am andern Ende der Leitung gehabt hätte, wenn ich hätte spüren können, daß Sie ein wenig Ruhe und Mut wiedergefunden haben. Ich hoffe, daß Sie beruhigt sind, mon Amour, Sie wissen genau, daß ich nur Sie habe, zusammen mit meinem Sohn, und daß ich nur Sie und meinen Sohn haben will.

Glauben Sie wirklich, daß mir irgend etwas fehlen könnte? Überglücklich, wie ich durch Sie war, überglücklich, ich kann es immer noch sein, durch Sie. Im Augenblick ist es sehr hart für uns, ich vermag Ihnen nicht zu folgen, und Sie können das nicht akzeptieren. Verstehen Sie mich, ich verstehe Sie.

Kämpfen wir noch einmal, um zusammen zu leben.

Kämpfen wir noch einmal, indem wir zusammen sind.

Ich weiß, daß es Ihnen nicht gutgeht, aber mir geht es auch nicht gut, mir geht es auch nicht übermäßig gut.

Wenn ich wüßte, daß es Ihnen besser geht, könnte ich mich natürlich erholen, und es würde mir auch schnell besser gehen –

Eric geht es sehr gut, die Seeluft, die Sonne, der Wind werden ihm ein Aussehen verleihen, das bei seiner Rückkehr nach Paris noch schöner sein wird. Er verbringt angenehme Ferien. Heute ist schönes Wetter gewesen, und der Strand ist für ihn eine gute Möglichkeit gewesen.

Vor dem Fenster ein immenses Meer mit einigen Inseln und Felsen, die Flut steigt, die Wellen brechen sich auf dem Sand. Das alles regt sich, bewegt sich, lebt auf geheimnisvolle Weise. Wie immer ist es ein wenig beunruhigend, und ich träume davon, während ich das betrachte, daß ich es bald mit Dir zusammen, immer und immer wieder, betrachten und dieselben Dinge sehen kann.

Morgen werde ich Deine Stimme hören können, ich hoffe, daß ich Dich ein wenig ruhiger und sicherer spüren werde. Du wirst sicherlich auch die gestern in La Ferté-Macé geschriebenen Zeilen bekommen haben. Sie werden Dir, so hoffe ich, ein wenig von meiner Liebe gebracht haben.

Bis bald, mon chéri.

Fügen wir unsere Kräfte und unseren Mut zusammen. Daß wir für immer, Du und ich, ein neues Eins sein werden.

    Ich umarme Dich

                        Gisèle

217

[Dinard – Saint-Enogat] Samstag 17. April[1] 1965

Mon chéri,

Ich habe mich gefreut zu spüren, daß Sie heute etwas weniger verzweifelt waren. Ich weiß, daß Sie mich lieben, Sie wissen, daß ich Sie liebe. Unsere Liebe, die in großen Schwierigkeiten steckt, wird die Stärkere sein.

Sie wird uns helfen, den Weg zu finden.

Sie wird dafür sorgen, daß wir standhalten.

Das ist sehr hart im Augenblick, und es geht uns nicht gut, aber wir werden wieder hochkommen. Bewahren wir Vertrauen.

Wir sind so verloren, wenn wir fern voneinander sind, so verloren auch im Augenblick der eine mit dem andern. Aber das wird sich ändern. Die Liebe wird uns helfen, den Weg zu finden.

»Wir sind es noch immer«[2]

Ihr Brief hat mich so sehr gefreut, so sehr berührt, so sehr aufgemuntert.

Ich bin immer noch müde, natürlich habe ich mich gestern in der Sonne ausgeruht, ich bin sogar braun geworden, aber ich sehe immer noch schlecht aus und habe entsetzliche Ringe unter den Augen. Heute ist es grau und regnerisch, aber es ist nicht kalt. Ich habe gerade zwei Stunden bei weit geöffnetem Fenster in meinem Zimmer verbracht und versucht, mich auszuruhen. Eric war mit den andern Kindern am Strand, und ich sah ihn mit seiner Schaufel, seinem Eimer in der Hoffnung weggehen, Sand-Aale im Sand zu fangen. Er ist sehr zufrieden, es geht ihm sehr gut und er ist sehr nett.

Es ist Ebbe.

Viele Felsen, Möwen, und in der Ferne die Heul-Bojen, die in regelmäßigen Abständen ihr trauriges Signal ertönen lassen. Die Villen am Strand sind abscheulich, doch der Anblick des Meeres ist sehr schön. Wir werden nachher aufbrechen, um alle zusammen einen Spaziergang zu machen, und morgen werde ich vielleicht mit dem Schnellboot nach Saint-Malo fahren, das zehn Minuten von hier entfernt ist. Es ist eine von Festungswällen umgebene Stadt, und ich glaube, daß das Eric gefallen wird.

Henri[3] ist am Ende nicht so unausstehlich, und ich fühle mich sehr frei, hier zu bleiben oder ganz allein oder mit Eric spazierenzugehen.

Ich rufe Dich morgen und jeden Tag an. Mut, mon Amour, und bis bald

Gisèle.

218

[Paris] Dienstag [20. 4. 1965]

Nur eine Zeile, mon Aimée, nur dieses *Wir-sind-es-noch-immer*[1], um Sie bei uns in Moisville[2] zu empfangen, in unserem Haus, Sie mit unserem Sohn.

Es ist hart, aber wir werden wieder hochkommen[3], wir werden Eric helfen zu leben.

Am Abend meiner Rückkehr aus Dreux, hierher, habe ich gedacht, daß auch ich von hier bin, daß ich mich innerhalb meiner Wände befinde, ich werde mich nicht von der Stelle bewegen, ich werde Frankreich nicht verlassen – das Land, in dem ich meine Frau gefunden habe, in dem ich Sie gefunden habe, Sie, meine Sehr-Reine, meine Sehr-Wahre, meine Sehr-Aufrechte-und-sehr-Treue.

Umarmen Sie unseren Eric. Grüßen Sie das Haus. Grüßen Sie unsere Pappeln, unsere Rosen, unsere Blumen und unser Grün.

Ich umarme Sie
Paul

219

78, RUE DE LONGCHAMP. XVIe
[Paris, 5. 5. 1965?¹]

Mon Aimée,
alles was ich tue, tue ich, glauben Sie es, für unseren Sohn, für Sie, für uns drei.

Ich werde mich in Behandlung begeben², Sie werden Eric wieder zu sich nehmen, Sie werden ihn zum Arbeiten anhalten, Ihr werdet zusammen auf meine Rückkehr warten, und dann werden wir alle drei zusammen leben und arbeiten, glücklich.

Paul

Alles wird gut werden. Wir werden auch unsere Freunde wiederfinden. Und alles, was wir lieben.

220

[An Eric Celan]
78, RUE DE LONGCHAMP. XVIe
[Paris, 5. 5. 1965¹]

Mein lieber Eric,
Du weißt, daß es mir im Augenblick nicht sehr gut geht – ich muß mich in Behandlung begeben.

Du wirst einige Tage bei Tante Monique bleiben, dann wird Dich Mama abholen kommen, Du wirst in unser Haus zurückkehren, Du wirst fleißig arbeiten, Du wirst wachsen, Du wirst mit Mama warten, bis ich zurückkomme, um mit Euch zu leben, mit Euch und für Euch zu arbeiten. Nichts, das weißt Du genau, kann uns auseinanderbringen. Sei lieb zu Mama.

Ich umarme Dich ganz fest, mein Sohn Eric!
Bis bald! Gruß!
Dein Vater

221

[Widmung und Eintragung von der Hand Paul Celans in der zweiten Auflage von Die Niemandsrose[1]*:]*

> Für Sie, mon Aimée, in
> Gedanken an Eric, den wir
> bald alle drei wiederfinden werden,
> um ihn zu erziehen, um zu
> sehen, wie er arbeitet und groß wird
> neben uns, in unserem
> Haus, in dem wir selber arbeiten,
> für ihn.
> Auf der Brücke der Jahre[2], in Paris,
> den sechsten Mai 1965.
>
> Paul

[S. 53, als letzte Strophe zum Gedicht Die hellen / Steine[3]*:]*

> Und unser Sohn Eric
> lebt mit uns,
> froh,
> wächst auf,
> während wir für ihn
> arbeiten
> und
> da sind.

222

[Paris, 7.? 5. 1965]

Für Sie, mon Amour,
    Für Sie, Alix-Marie-Gisèle[1]
    de Lestrange, verheiratete Antschel
Für Sie, meine Hoch-Edle,
    Für Sie, die Mutter meines Sohnes

[Ohne Unterschrift]

Ein Dröhnen: es ist
die Wahrheit selbst
unter die Menschen getreten, mitten
ins Metapherngestöber.

7. Mai 1965[2]

223

[An Eric Celan]
78, RUE DE LONGCHAMP. XVIe
[Paris, 7. 5. 1965?[1]]

Mein lieber Eric, wir werden standhalten[2]!
    Dir geht es gut, Mama geht es gut, mir wird es gutgehen. Wir werden in unserem Haus wohnen und werden arbeiten, glücklich und frei. Hier in der Rue de Longchamp. Nichts kann uns auseinanderbringen. Ich umarme Dich, zusammen mit Mama, wir bleiben zusammen, Gruß, bis bald[3]!

Dein Vater

224

[An Eric Celan]
[Paris, 8. 5. 1965?[1]]

Auf Wiedersehen, Eric. Sei stark, arbeite fleißig, ich liebe Dich. Ich werde wiederkommen.

Dein Vater

225

78, Rue de Longchamp
Paris 16[e]
Samstag, 8. Mai 1965

Mon chéri, mon Amour,
    es ist sehr hart gewesen, daß wir uns verlassen mußten[1], und ich denke unaufhörlich an Dich. Ich bin gut heimgekommen in unser Haus. Ich habe Deinen Brief wiedergelesen, ich habe das Gedicht[2] wiedergelesen, und dann habe ich mit unserem Sohn telefoniert. Es

geht ihm gut, es geht ihm sehr gut, er vergnügt sich, er ist zufrieden, selbstverständlich hat er mich sofort gefragt, wie es Dir geht, und ich habe ihm gesagt, daß Du Dich einige Zeit in der Umgebung von Paris erholen mußt, daß es aber nicht für lange sein wird und daß wir bald, sehr bald, von neuem alle drei beisammen sein würden.

Er wird mir helfen, auf Dich zu warten, so wie ich ihm helfen werde, auf Dich zu warten.

Alles wird gut gehen, mon Amour, und wir werden gemeinsam siegen. Mut, mon chéri. Du wirst stärker zu uns zurückkommen, und wir werden, wie immer, wieder von vorn anfangen zu leben, zu kämpfen.

Auch ich werde mich erholen, ich werde mich verwöhnen, wie Du es wünschst, und am Montag werde ich Madame Magder[3] anrufen, damit sie mir hilft, wieder hochzukommen.

Mach Dir wegen uns keine Sorgen. Erhol Dich so gut wie möglich, wir brauchen Dich so sehr.

Morgen werde ich diesen Brief abgeben, so daß Du sehr schnell Nachricht von uns hast. Und am Montag werde ich Dir, nachdem ich den Sohn gesehen und mit ihm zu Hause zu Mittag gegessen habe, einen anderen Brief bringen. Und dann hoffe ich, daß ich kommen kann, um einen Augenblick bei Dir zu bleiben. Du bist so nahe bei Paris. Und ich habe ein solches Verlangen, Dich zu sehen.

Bis bald, mon Amour chéri.

Ich liebe Sie und umarme Sie

Gisèle

Schreib mir, wenn Du kannst.

226

Le Vésinet, Sonntag, 9. Mai 1965

Ma Chérie,

Ich habe eine gute Nacht verbracht, auch der Vormittag ist gut gewesen, vor einigen Augenblicken – es ist fast Mittag – kurze Visite von Dr. L., dann von Dr. Mâle[1]. Was mich beunruhigte, verblaßt, ist fast schon verblaßt, ich bin selbst über die Schnelligkeit überrascht, mit der das geschehen ist.

Ich habe die Ärzte L. und Mâle gebeten, daß sie Ihnen erlauben, mich so oft wie möglich zu besuchen – Sie können. Und Sie können mir auch so oft schreiben, wie Sie Lust dazu haben.

Morgen werde ich ein Briefchen von Ihnen haben. Ich kann es kaum erwarten zu erfahren, wie es Ihnen geht, wie es dem Sohn geht.

Ich lese ein wenig, blättere in den mitgebrachten Büchern[2] herum, das gibt mir von Zeit zu Zeit eine eigene Idee[3]. Auch da heißt es wieder hochkommen.

Ich schaue Sie an, lange, ich umarme Sie und sage Ihnen, unseren Sohn zu umarmen.

Paul

[am Rand:] Bringen Sie mir bitte etwas Obst mit – ich hatte zu Hause einen ziemlich großen Konsum, wie Sie wissen, und jetzt fehlt es mir.

227

78, Rue de Longchamp
Paris 16ᵉ
Montag, 10. Mai 1965

Mon chéri, mon amour,

Ich denke an Dich, und ich hoffe, daß Du Dich so gut wie möglich erholst. Du wirst wieder zu Kräften kommen, und bald werden wir von neuem alle drei beisammen sein. Ich habe Eric um halb zwölf in der Schule abgeholt, er war sehr froh, als er mich sah, er hat mit seinem Vetter[1] ein sehr gutes Wochenende verbracht, aus dem er prächtig aussehend zurückgekommen ist, es geht ihm sehr sehr gut, bitte mach Dir überhaupt keine Sorgen wegen ihm, er hat sich sehr vergnügt, sich sehr gut mit allen verstanden, und er hat zwei gute Tage auf dem Lande verbracht und schönes Wetter gehabt, heute morgen ist er mutig wieder zur Schule gegangen, und das hat gut geklappt. Wir haben die Einkäufe gemeinsam gemacht, und ich habe ihm Erdbeeren gekauft. Wir sind jetzt fertig mit dem Mittagessen, und er spielt in seinem Zimmer, während ich Dir schreibe. Ich habe ihm gesagt, daß Du bald wieder heimkommen würdest, daß Du Dich im Augenblick aber ausruhen müßtest. Wir warten also beide zusammen in Ruhe auf Deine Rückkehr.

Ich habe Madame Magder angerufen, die ich morgen um halb drei aufsuchen werde, sie wird mir helfen, alle meine Kräften wiederzufinden.

Alles wird gut werden, mon Amour. Nachher werde ich diesen

Brief für Sie abgeben, und heute abend werde ich den Arzt anrufen,
um zu erfahren, wann ich kommen kann, um Dich zu besuchen.
    Bis bald, bis sehr bald, mon Amour chéri,
       ich umarme Dich wie ich Dich liebe
                                    Gisèle

228

                             Le Vésinet, Montag 10. Mai 1965
Ma Chérie,
  danke für Deinen so guten Brief. Ich habe ihn gestern nach meinem Mittagsschlaf bekommen – vor dem Mittagsschlaf hatte ich Ihnen einen geschrieben. Im Verlaufe des Vormittags hatte ich den Eindruck, einen blauen R 8 Major[1] ganz langsam am Gitter vorbeifahren zu sehen – waren Sie das, waren Sie gekommen, um Ihren Brief abzugeben?
Es ist halb eins, um diese Zeit holen Sie Eric aus der Schule ab und bringen ihn nach Hause – in unser Haus. Ich bin so froh bei diesem Gedanken, und Sie wissen auch weshalb, aus wievielen Gründen!
Sie können mich alle zwei oder drei Tage besuchen kommen – werde ich Sie schon nachher sehen? Oder morgen?
  Ich versuche zu lesen, ich mache mir Notizen[2], ich habe sogar ein Gedicht geschrieben (dem ein Beinah-Gedicht[3] vorausgeht).
  Umarmen Sie unseren Sohn – ich lege meine Arme um Euch beide, ich umarme Sie, ich bin mit Ihnen.
                                                   Paul

229

                                 78, Rue de Longchamp
                    [Paris] Dienstag, 11. Mai 1965, zehn Uhr
Mon chéri,
  Was für eine Freude beim Erwachen, Nachrichten von Ihnen zu haben und zu wissen, daß Ihre Sorgen sich entfernen, daß Sie gut geschlafen haben und daß ich Sie bald besuchen kommen darf. Ich fahre nach Le Vésinet, um Ihnen das Obst zu bringen, denn wie Sie wissen, gehe ich heute nachmittag zu Madame Magder. Auch ich habe heute nacht besser geschlafen.
  Das Haus ist sehr still. Eric geht es gut, und er ist froh, daß er wieder bei mir ist, froh, daß er zu Hause ist. Ich habe Blazewski getroffen, der mir gesagt hat, daß es wieder aufwärts mit ihm geht.

Heute abend hoffe ich Dr. L. erreichen zu können und dabei zu erfahren, ob ich morgen kommen kann; gestern abend habe ich einen anderen Arzt am Telefon gehabt, er hatte Dich am Abend ebenfalls gesehen und hat mir gesagt, daß es Dir schon viel besser ginge.
Bis bald also, ich umarme Dich, mon chéri, wie ich Dich liebe

Gisèle

230

Le Vésinet, den 11. Mai 1965

Ma Chérie,
danke für Ihren zweiten Brief, danke für den von Eric. Es war eine große Freude, ihn zu bekommen: ich hatte Sie ein wenig erwartet, dann, gegen vier Uhr, als ich schon glaubte, daß irgend etwas Sie daran gehindert hatte zu kommen, bin ich der kleinen, dunkelhaarigen Krankenschwester begegnet, die ihn mir lächelnd hingehalten hat.

Gestern abend hatte ich eine ziemlich lange Unterhaltung mit einem der hiesigen Ärzte, Dr. G. Ich erfahre gerade, daß er es war, mit dem Sie gestern abend am Telefon gesprochen haben. Sicherlich werde ich heute abend wissen, ob Sie morgen kommen. Ich hoffe es sehr.

Die Tage sind natürlich ein wenig lang, der heutige Vormittag ist glücklicherweise durch eine Filmvorführung unterbrochen worden – Reise auf dem Nil, Felsentempel – von Madame L.[1] mit viel Geschick und Apropos gemacht.

Meine große Zerstreuung von heute nachmittag wird es sein – ganz allein, wie ein Großer –, zum Friseur aus dem Ort zu gehen.

Ich lese oder besser: ich versuche zu lesen. Das Wetter ist schön, vor mir sehe ich Eichen mit sehr langen Stämmen, die ich für Eschen gehalten hatte – (die in das Gedicht eingehen werden, von dem ich Dir gestern erzählt habe – und die darin bleiben werden)[2].

Danke Eric für seinen Brief. Ich bin so froh, daß es ihm gut geht. Und geben Sie auf Ihre Gesundheit acht, verwöhnen Sie sich.

Dr. L. sagte mir vorhin, daß sie mich vierzehn Tage zu behalten gedenkt. Das ist lang und doch nicht zu lang. Es wird also für den 23. sein, für den Jahrestag[3].

Ich küsse Sie auf den Mund und sage Ihnen, unseren Sohn auf die Stirn und auf beide Wangen zu küssen.

Paul

231

*Erinnerung an D.*¹

Lichtenbergs zwölf mit dem Tischtuch
ererbte Mundtücher – ein
Planetengruß an
die Sprachtürme rings
in der totzuschweigenden Zeichen-
Zone.

Sein
– kein Himmel ist, keine
Erde, und beider
Gedächtnis gelöscht
bis auf den einen
eschengläubigen Blauspecht –
sein vom Stadtwall gepflückter
weißer Komet.

Eine Stimmritze, ihn
zu bewahren,
im All.

Das Rotverlorene eines
Gedanken-
fadens.
Die lautgewordenen
Klagen darüber, die Klage
darunter – wessen
Laut?

Damit – frag nicht
wo –
wär ich fast –
sag nicht, wo, wieder.

Endgültige Fassung
Le Vésinet, 10. 5. 1965. 18 Uhr.

232

[Le Vésinet] Mittwoch [12. 5. 1965] halb fünf

Danke, mon Aimée, daß Du gekommen bist, danke, daß Du immer da bist, standhältst.

Sie haben mir Kraft gegeben – ich werde ebenfalls standhalten, bei Ihnen und unserem Sohn.

Von ganzem Herzen umarme ich Sie

Paul

[An Eric Celan]
[Le Vésinet] den 12. Mai 1965

Mein lieber Eric,

ich bin sehr froh gewesen über den Brief, den Du mir nach deiner Rückkehr von der Mühle[1] geschrieben hast, sehr froh auch, daß ich durch Mama und diesmal mündlich gehört habe, wie es Dir geht.

Ich weiß, daß es wieder voll aufwärts mit Dir geht in der Schule – und dazu gratuliere ich Dir, ich bin darüber, das weißt Du ja, sehr stolz.

Morgen wirst Du uns neue Lieder mitbringen.

Arbeite fleißig, vergnüg Dich schön, mein Sohn!

Bis bald! Gruß!

Dein Papa

233

78, Rue de Longchamp
Paris 16ᵉ
Mittwoch, 12. Mai 1965

Mon chéri,

Ich war froh, daß ich Dich heute gesehen habe, froh festzustellen, daß Du etwas ruhiger bist, froh zu wissen, daß Du ein wenig schreibst, daß Du ein wenig liest.

Ich hoffe, daß Du bald wieder zu Kräften kommst, zu Kräften, um zu kämpfen, zu Kräften auch, die Dir Gelassenheit geben, zu Kräften für Eric und für mich.

Es ist halb sieben, ich beende mit Eric das Diktat und die abendliche Arbeit, ich hoffe, daß ich diesen Brief nicht allzuspät zur Post bringen kann, damit er Dich morgen erreicht.

Bei meiner Rückkehr werde ich mit Eric zu Abend essen, und am Abend werde ich wieder Dein Gedicht[1] lesen, ich werde wieder Deine Briefe lesen, ich werde an Dich denken und werde früh zu Bett gehen, denn auch ich muß viel schlafen.
Ich umarme Dich, mon chéri, bis Freitag, bis bald, für immer.

Gisèle

234

Le Vésinet, 13. Mai 1965

Ma Chérie,
Ich habe Ihren Brief von gestern abend heute morgen bekommen, kurz nach dem Frühstück, nachdem ich eine sehr gute Nacht verbracht habe. (Ich bin gegen halb zehn eingeschlafen und um sieben Uhr wach geworden, mit einer kurzen Unterbrechung, doch ohne daß ich wieder irgendwelche Arzneien einnehmen mußte.)
Sie selbst werden sich heute ausruhen und ein wenig verwöhnen können, und der Sohn hat wunderschönes Wetter für seine Pfadfindertaten. Heute abend wird er ganz zufrieden nach Hause kommen, mit neuen Liedern.
Vorhin ist Madame L.[1] dagewesen, zur Visite – wirklich, seit gestern kommt vor allem sie – sie war vor allem froh zu erfahren, daß ich eine gute Nacht verbracht hatte. Ich habe ihr vor allem von meinem Gedächtnis[2] erzählt – sie ist optimistisch.
Seien also auch wir optimistisch. Wir werden, alle drei, weiterhin kämpfen, leben.
Ich umarme Sie, lange. Umarmen Sie unseren Eric.

Paul

235

78, Rue de Longchamp
Paris 16^e
Freitag, 14. Mai 1965

Mon chéri,
Ich habe gestern abend von Madame L., die ich am Telefon hatte, erfahren, daß Sie besser geschlafen haben, und heute morgen bekomme ich Ihre beiden so netten Briefe, die mir helfen, die mir Ihre Liebe bringen. Ich danke Ihnen dafür. Sie sind für mich ein ungeheures Geschenk.

Ich breche nachher auf, um Sie zu besuchen, doch vorher schreibe ich Ihnen diese Zeilen in der Hoffnung, daß Sie sie morgen früh haben werden.

Es ist schönes Wetter, und Paris ist ziemlich unerträglich, doch ich bleibe vor allem im Haus, ohne daß es mir gelingt, etwas Besonderes zu tun, ich muß es gestehen. Nächste Woche mache ich mich wieder an die Arbeit, und ich werde auch ins Atelier[1] gehen, sobald ich ein Projekt für eine Radierung im Kopf habe. Mein Atelier da oben[2] ist mir im Augenblick keine große Hilfe, es gelingt mir nicht, irgend etwas zu machen.

Eric und ich haben mutig unsere allabendlichen Diktate wieder aufgenommen, es gibt Augenblicke, in denen ich mich dem nicht allzusehr gewachsen fühle. Die Adverbien und die Präpositionen bilden einen ganz schönen Salat in meinem Kopf, aber ein wenig fange ich trotzdem an, mich zurechtzufinden.

Ich hoffe, daß dieser Aufenthalt in Le Vésinet anfängt, für Sie Ruhe und Kräfteerneuerung zu sein. Eric und ich haben es so dringend nötig, daß Sie wieder stark werden, um uns jeden Tag zu helfen –

Ich bewahre mein ganzes Vertrauen, erhol Dich, achte auf Deine Gesundheit für Dich und für uns –

Bis bald, mon Amour, ich umarme Sie wie ich Sie liebe

Gisèle.

Eric war sehr froh über Deinen Brief und dankt Dir dafür; er hat die Absicht, Dir zu schreiben – Aber Du weißt ja, das ist nicht seine Stärke.

236

Give the Word[1]

Ins Hirn gehaun – halb, zu drei Vierteln? –,
glaubst du, genächtet, die Parolen – diese:
»Tatarenpfeile«, »Kunstbrei«, »Atem«.

Es kommen alle, keiner fehlt und keine.
(Sipheten und Probyllen sind dabei.)

Es kommt ein Mensch.

Weltapfelgroß die Träne neben dir,
durchrauscht, durchfahren
von Antwort,
Antwort,
Antwort.
Durcheist – von wem?

»Passiert«, sagst du,
»passiert,
passiert, passiert.«

Der stille Aussatz löst sich dir vom Gaumen
und fächelt deiner Zunge Licht zu, Licht.

Le Vésinet, 14. 5. 1965
Endgültige Fassung

Irrennäpfe, vergammelte
Tiefen.

Wär ich die Esche draußen,
ich wüßte, wohin
mit soviel bitterem
Grau
und dem eng-
gezogenen Denkkreis
um solche
Bilder.

Le Vésinet, 9.5.1965

237

78, Rue Longchamp
Paris 16ᵉ
Freitag, 14. Mai 1965

Mon chéri,
    Bewahren Sie Geduld, bewahren Sie Mut, bewahren Sie die Hoffnung, bewahren Sie Vertrauen, und alles wird gut werden. Ich weiß,

daß es für Sie nicht lustig ist, in Le Vésinet zu sein, daß die Tage bestimmt lang sind, schwer zu füllen. Ich verstehe Ihre Einsamkeit, mon Aimé, ich verstehe sie wirklich.

Es hat mir Freude gemacht, Sie zu sehen, zu erfahren, daß Sie weiterhin zu lesen versuchen, daß Sie schreiben, und das, Sie wissen es, ist schon etwas. Das heutige Gedicht gehört zu den schönsten, glaube ich.

Bei meiner Rückkehr mit dem Eis bin ich von unserem Sohn gut aufgenommen worden, der ebenfalls froh war, etwas von Ihnen zu hören. Froh, daran zu denken, daß er nach Moisville fahren kann.

Altmann hat angerufen, sehr nett, ich habe ihm gesagt, daß Du sehr erschöpft bist und Dich auf dem Land bei Paris erholst, daß ich Dir die Druckfahnen am Montag bringen werde, wir telefonieren am Mittwoch abend wieder miteinander, um mit Fequet und Baudier einen Termin auszumachen. Aber er meint, daß es nicht dringend ist. Er hat die Druckfahnen gelesen und scheint zu glauben, daß es nur einen Großschreibungsfehler gibt. Ansonsten sind ihm Papier und Format der Druckfahnen völlig normal erschienen. Mit dem Umbruch werden noch andere Druckfahnen nach dem wirklichen Format zu machen sein[1] –

Ich freue mich so sehr, daß dieses Buch Gestalt annimmt. Es ist für mich, Du weißt es, eine wahre Freude, daß ich mit meinen Radierungen Deine Gedichte begleiten kann, auch eine große Ehre, und ich hoffe, daß es ein schönes Buch werden wird. Unser beider Buch für unseren Sohn.

Ich schreibe Ihnen diese Zeilen in der Hoffnung, daß Sie auf diese Weise am Montag Nachrichten von mir haben werden. Ich werde, wie vorgesehen, am Montag gegen 3 Uhr 15 kommen.

    Ich umarme Sie, mon chéri –
    Bis bald

                           Gisèle.

238

Le Vésinet, Samstag, den 15. Mai 1965

Ma Chérie,

Ihre beiden Briefe sind vorhin angekommen –: was für eine Überraschung, was für eine schöne Überraschung!

Geduld, Mut, Hoffnung: Ja, das habe ich noch, und ich werde alles tun, um sie zu behalten, zu bewahren, zu festigen, zu vermehren. Ja, es ist hart. Aber selbstverständlich, wir werden standhalten[1].

Heute nachmittag werden Sie mit Eric nach Moisville fahren, ich hätte Sie gern dort erwartet, zumindest mit einem Brief, doch meinen Berechnungen zufolge wäre er nicht rechtzeitig angekommen.

Hier also diese Zeilen, um Ihnen am Montag, in der Rue de Longchamp, guten Tag zu sagen, wo wir genau wie in Moisville zu Hause sind.

Ich bin froh über den Anruf von Altmann. Aber ja, es ist unser Buch, es wird gemacht, es wird bald da sein, und wir werden noch andere machen, seien Sie dessen sicher.

Es ist halb elf, der Arzt ist noch nicht vorbeigekommen, ich werde ihn bitten, diesen Brief selber zur Post bringen zu dürfen, damit Sie ihn rechtzeitig bekommen.

Es ist sehr heiß. Gestern abend, als ich draußen etwas Luft schöpfte, hat mich die kleine Dame, die »An English Murder«[2] liest, angesprochen. Wir haben uns über das Wetter und das Abendessen unterhalten (es war fast Essenszeit). »Es ist der Sieg des Lauwarmen«, sagte sie zu mir (im Hinblick auf das Wetter oder auf das Abendessen?). Dann: »Wohnen Sie in Frankreich, Monsieur?« – »Ja, Madame, ich wohne in Paris.« Sie wird morgen entlassen und teilt mir mit, daß der Aufenthalt hier gewöhnlich vierzehn Tage dauert.

Wie haben Sie das Haus in Moisville gefunden? Es ist schön. Wir werden es behalten. Und wir werden viele Bäume pflanzen.

Ich umarme Sie und umarme Sie. Und bitte Sie, unseren Eric zu umarmen.

Paul

[am Rand:] Können Sie mir, für die Korrektur der Druckfahnen, auch einen Radiergummi mitbringen? Und einen gewöhnlichen Bleistift? Danke.

239

Moisville, Eure
Sonntag, 16. Mai 1965

Mon chéri,

Ich denke an Dich, an diesen langen Tag für Dich, an diese langen Tage, und freue mich, daß ich Dich morgen besuchen komme.

Ich bin in Moisville, allein mit Eric, das Wetter ist nicht allzu schön, wir haben heute Feuer angemacht, und ich schreibe Dir vor dem Kamin, Eric, gefesselt vom »Dschungelbuch«[1], sitzt neben mir.

Alles ist ungeheuer gewachsen. Das Gras überwuchert alles, die Pfingstrosen vor dem Haus fangen an, sich zu öffnen, die anderen werden sich ebenfalls bald öffnen, die Iris sind voll entwickelt, und alles ist in den vierzehn Tagen, in denen ich nicht mehr hier gewesen bin, stark gewachsen. Auch die Maulbeerbäume haben jetzt Blätter[2] und der Nußbaum.

Die Rosen haben Knospen, bald wird die erste Rose des Jahres blühen. Die Vögel sind geboren, und die Vogelmutter[3] wird immer aggressiver. Unter dem Portal ist auch ein von Spatzen, wie ich glaube, bewohntes Nest, ein anderes hinter der Tür des Speichers, oberhalb der Treppe, und noch ein anderes dort, wo ein Ziegelstein fehlt, am rechten Winkel der Hausfassade. Alles wird wiedergeboren, alles lebt von neuem. Es ist sehr trocken gewesen, und ich habe gestern abend und heute morgen viel gegossen. Die Geranien, die Du mir am ersten Mai gekauft hast, sind groß in Form, und der Flieder blüht.

Auch dem Haus geht es gut. Aber ich kann Dir nicht verhehlen, daß es hart war gestern abend, Dich nicht anrufen zu können, ich habe einen ziemlich traurigen Abend verbracht und an Dich gedacht, an diese Trennung, an unsere Einsamkeiten, an das Leben, das im Augenblick für uns so hart ist.

Ich bin im Haus umhergeirrt, und heute morgen habe ich versucht, einige Unkräuter auszureißen, damit Du einen einladenden, sauberen Garten vorfindest, mit Blumen. Eric ist nett, nett. Allein vergnügt er sich weniger, spielt weniger, aber er interessiert sich mit mir mehr für die Fortschritte des Frühlings, für die Pflanzen, die wachsen. Er war so froh über die Vögel, die Blumen, das hohe Gras – Es wird für ihn trotzdem ein gutes Wochenende sein, aber es ist ziemlich kalt, und ich habe nicht allzuviel Mut, mit ihm zu spielen.

Hier erinnert mich alles an Dich, wie überall, so viele Erinnerungen, Prüfungen und Freuden markieren unsere Gegenstände, die Orte, an denen wir gemeinsam gelebt haben. Ich denke an Dich, ich denke an Dich, mit meiner ganzen Liebe, mit meinem ganzen Wunsch, daß es Dir besser gehen möge, daß Du wieder zu Kräften kommst, auch die Lebensfreude wiederfindest.

Ich warte mit Eric auf Dich –

Bis morgen, mon Amour chéri, tun Sie sich Gutes an, ich liebe Sie

Gisèle.

Ich habe schöne Gedichte von Supervielle in »Les Amis inconnus«[4] gelesen. Wir werden sie zusammen wiederlesen, wenn Du willst, an einem Abend in Moisville. Sie sind einfach und haben nichts Außergewöhnliches, aber an manchen Abenden berühren sie einen zutiefst, nicht wahr?

240

Le Vésinet –
Dienstag, 18. Mai 1965

Ma Chérie,
ein paar Zeilen, um den Tag zu beginnen, um Ihnen nahe zu sein, um Ihnen zu sagen, wie sehr mir die drei Stunden, die wir gestern zusammen verbracht haben, gut getan haben.

Bei der Rückkehr[1] ist wieder ein Arzt (G.) zur Visite dagewesen, dann habe ich gelesen – eine ganze Novelle von Camus[2], die ich in einem gelesen habe und der ich *folgen* konnte –, ich habe zu Abend gegessen, ich habe wieder gelesen. Und ich habe, ohne noch einmal Mérinax[3] einzunehmen, eine sehr gute Nacht verbracht.

Wenige Worte, wenige Dinge – und doch ist es ein großer Fortschritt. Es sind wiedergefundene Kräfte, um gemeinsam zu kämpfen, für und mit unserem Sohn. Auch die Poesie wird uns helfen. Wir sind immer bei ihr, wir sind immer in ihr[4].

Umarmen Sie Eric. Ich umarme Sie und umarme Sie noch einmal. Bis morgen!

Paul

241

[Le Vésinet] Dienstag, 18. [5. 1965] halb sechs

Mon Aimée,
Ich habe bei der Rückkehr von einem kleinen Spaziergang Ihren Brief aus Moisville bekommen. Ihren Blumen-und-Bäume-Brief, geschrieben neben dem lesenden Eric.

Mögen die Dinge für uns eine andere Wendung nehmen – die der Blumen, der Bäume, der Vögel, der wirklich menschlichen Menschen.

Morgen werden Sie da sein, und wir werden meine Abreise von hier organisieren. Es wird, wie Sie wissen, der Anfang eines neuen

Kampfes sein, den wir führen müssen. Wir werden eine wirkungsvolle, tatsächliche Hilfe brauchen. Wir werden sie finden.

Ich habe ein ganzes Theaterstück von Shakespeare – Coriolanus[1] – lesen können, ohne den Faden zu verlieren[2]. »Das Rotverlorene« – erinnerst Du Dich[3]? Nun, wir werden es wiederfinden, dieses »Rotverlorene«, ungemein rot, ungemein lebendig.

Mit allen meinen Kräften für Sie und den Sohn.
Es lebe Moisville! Es lebe Paris!
Wir werden standhalten[4].

Paul

242

Le Vésinet, Donnerstag, 20. Mai 1965

Ma Chérie! Mon Aimée!

Es ist zwei Uhr nachmittag, ich habe soeben, nachdem ich (ohne zu schlafen) eineinhalb Stunden auf dem Bett gelegen bin, die Tür geöffnet, die auf die Terrasse führt, eine Amsel[1] spaziert über den Rasen, es ist schönes Wetter, die Sonne scheint, eine Ruhe überkommt mich – ich schreibe Ihnen.

Heute ist der Tag vor meiner Rückkehr, ich denke die ganze Zeit daran, seit heute morgen. Morgen, um dieselbe Zeit, werden Sie nach Vésinet kommen, Sie werden im Büro der Klinik regeln, was zu regeln ist, dann werden Sie mich abholen kommen, und mit Ihnen zusammen werde ich ›Das Haus‹ wiederfinden, das in der Rue de Longchamp, das in Moisville, ›Diese beiden Häuser‹, in denen Sie mit Eric auf mich gewartet haben.

Danke, mon Aimée, wieder und wieder danke für alles, was Sie sind, für alles, was Sie tun!

Es gibt, ich weiß es ja, viele Dinge, die noch zu überwinden sind. Wir werden sie überwinden.

Der Sohn ist da, die Schicksalsprüfungen haben sich ihm glücklicherweise nicht mitgeteilt, er hat seine Freuden, er ist voller Gaben, er entfaltet sich und wird sich auch weiterhin entfalten, wird wachsen, ein Mann werden. Unsere Herzen, noch bedrückt, werden sich nach und nach öffnen für alles, was von Eric zu uns kommt, ruhig werden wir an seiner Seite atmen.

Und wir werden unsere Arbeit wieder aufnehmen. Ich habe Ihre Radierungen neben meinen Gedichten entstehen sehen, und Sie wissen ja, daß »Atemkristall«, das mir, wieder einmal, die Wege der Poesie geöffnet hat, aus Ihren Radierungen heraus entstanden ist. –

Wieso also sollen wir in unserem tiefsten Innern nicht das wiederfinden können, was uns, auf seine Weise, geholfen hat und uns helfen wird, Eric zu begleiten? Natürlich werden wir alles das wiederfinden, was unser ist, wir werden wieder zu Kräften kommen und unsere Freuden wiederfinden.

Ich hoffe, daß Sie diese Zeilen morgen früh bekommen werden, um den Tag zu beginnen.

Umarmen Sie unseren Sohn Eric, umarmen Sie ihn sehr fest, sehr zärtlich. Ich lege meine Arme um Euch beide, ich bin mit Euch, ich umarme Euch

Paul

243

Moisville, Eure
Mittwoch, 21. Juli 1965

Mon chéri,

Schließlich schreibe ich Ihnen nicht aus Dreux, sondern aus Moisville[1]. Ich habe schließlich in Paris die Adresse der Allemanns vergessen, die ich aber zum Glück auch hier in meinem Adreßbüchlein habe.

Wir haben eine gute Reise gehabt und sind bei strömendem Regen in Dreux angekommen, aber bei ziemlich mildem Wetter. Die Kinder sind geschwommen, und ich glaube, daß Eric einen sehr guten Schwimmunterricht bekam. Sein Schwimmlehrer hat ihn mehrmals einen Gegenstand vom Boden des Beckens holen und dann mit seinem Rettungsring ins Wasser springen lassen. Er hat sich tapfer und gut aus der Affäre gezogen. Dann kamen die Bewegungen und dann hat er sich mit den Kindern Bourgies vergnügt, die er dort wieder getroffen hat. Sein Schwimmlehrer ist optimistisch, er hat keine Angst, nur noch eine gewisse Mühe, die Bewegungen korrekt auszuführen. Eric ist voller Hoffnung und zufrieden.

Bevor wir weggefahren sind, habe ich noch den Termin ausgemacht, aber für *11 Uhr 30*, da der Zahnarzt am *Mittwoch, dem 28.*, nachmittags nicht konnte.

Ich habe auch mit Jacqueline ziemlich lange telefoniert. Der Zustand ihres Vaters[2] verschlechtert sich. Er ist in Reims im Krankenhaus, wo man ihn im Prinzip vierzehn Tage lang untersuchen sollte. Die Ärzte sprechen jetzt von drei Wochen. Doch man macht nichts mit ihm. Man weiß nicht genau, was er hat, und er wird von Tag zu Tag schwächer, ißt fast nichts mehr. Alle Pläne Jacquelines sind ins

Wasser gefallen, sie fährt nicht zu Jacques, sondern heute abend für einige Tage nach Vitry. Das Schweizer Projekt mit Jacques ist annuliert, auch die Reservierung in der Bretagne, wohin sie mit Jean-Pierre und Mimi fahren sollten, ist abbestellt.

Ich glaube, es geht ihr nicht sehr gut, sehr erschöpft und sehr angegriffen durch den Zustand ihres Vaters –

Ich denke, daß ich Jacques in Avignon[3] sehen werde, wo ich sicherlich mit ihm zu Mittag essen werde, bevor ich nach La Messuguière[4] weiterfahre. Ich schicke ihm heute ein paar Zeilen in diesem Sinn.

Bernard[5] ist anschließend mit einer schönen Schachtel Pralinen für mich und einer Schachtel Spielmünzen für Eric angekommen. Ich glaube, daß seine Mutter sehr froh ist über Bernards Aufenthalt bei uns.

Nach langem Suchen im Garten haben wir Lapinus[6] in den Himbeeren wiedergefunden, ebenso wie einige endlich herausgekommene Kapuzinerkressen, drei oder vier schöne Rosen, auch Maulwurfhügel. Und außerdem ein leeres leeres leeres Haus. Der Wind bläst mir diese Worte zu: allein allein allein. Es ist ganz grau. Martine ist gekommen, eine Stunde lang sind die Attribute und Kongruenzen vorbeimarschiert[7]. Dann habe ich »An Edom«[8] wiedergelesen, dann habe ich wieder einen Gang in den Garten gemacht, einen Gang zu den Maulwürfen, einen Gang zu den Blumen, einen Gang zu den Bäumen, ich bin wieder ins Haus zurückgekehrt, der Wind hat immer noch sein Wort geblasen, und ich bin wieder hier heraufgekommen, von wo ich Dir schreibe.

Es ist jetzt annähernd vier Uhr, ich hoffe, daß Du eine gute Reise gehabt hast, daß Du eine gute Unterredung mit Dumitriu[9] gehabt hast, daß Du nicht allzu müde bist. Für mich sind die wenigen Stunden Schlaf heute nacht ungenügend gewesen, und ich spüre wieder die Müdigkeit.

Du fährst zu den Allemanns schon mit einem Eindruck von Deutschland, schon mit einer Vorstellung von dem, was Deine Unterredung mit Dumitriu sein kann.

Wenn Du diesen Brief bekommen wirst, wirst Du Deine Lesung[10] schon hinter Dir haben, hoffe ich, ich hoffe, daß alles gut abläuft, ich warte ungeduldig darauf, es zu erfahren.

Ich hoffe, daß Urs[11] nicht zu ermüdend ist, daß die Allemanns nett sein werden, grüße Sie herzlich von mir.

Ich hoffe ein wenig, daß ich noch vor meiner Abreise von hier von Dir höre, aber es wird wohl etwas zu knapp sein.

Ich bin verzweifelt über die augenblickliche Unmöglichkeit eines echten Einvernehmens zwischen uns beiden. Das macht mich untröstlich. Nimmt mir jeden Mut, jeden Wunsch. Ich verstehe das nicht. Ich weiß, daß ich Dich aufrege, obwohl ich es nicht möchte. Ich verstehe nicht warum. Ich weiß, daß meine Gegenwart Dir wehtut, ohne zu etwas anderem gelangen zu können. Ich bin sehr beunruhigt, ich verhehle es Dir nicht.

Von neuem arbeiten zu können, davon fühle ich mich weiter entfernt denn je. Ich habe Mühe, große Mühe zu leben.

Meine Rückkehr hierher ist sehr hart gewesen. Diese wenigen Tage, die ich noch hier verbringen muß, freuen mich nicht. Das einzige: Eric ist zufrieden, vergnügt sich, verbringt schöne Ferien, lernt schwimmen und arbeitet ein wenig. Aber das ist das einzige.

Es ist so hart, so hart.

Ich habe so wenig Lust, nach Cabris[12] zu fahren, wie hier zu bleiben oder sonstwohin zu fahren. Ich weiß wirklich nicht, was ich dort unten suchen werde und auch nicht, was ich dort finden könnte –

Nun ja, das hat so wenig Bedeutung.

Möge Deine Lesung gut verlaufen, mögen Deine Gespräche mit den Studenten und den Allemanns gut sein! Mögest Du Dich mit Dumitriu und mit diesem, hintenherum, so fragwürdigen Verlag einigen[13]! Mögest Du klar sehen bei der Organisation des Michaux-Bandes und ihn zu einem guten Ende führen[14]! In aller Ruhe und Gelassenheit.

Ich mache mir solche Sorgen um Dich, wenn Du nur wüßtest, Sorgen auch wegen diesem Monat August, ob Du ihn allein in Paris verbringst oder ob Du ihn in Deutschland verbringst.

Ich hoffe, daß alles gut werden wird. Es geht Dir im Augenblick besser, Du liest ein wenig, Du schreibst viel[15], Du kommst wieder hoch, Mut, mein Liebster, viel Mut und bis bald.

Deine Frau, die Dich liebt, weißt Du!

Gisèle.

[am Rand:] Am Samstag nachmittag und zum Abendessen gehen wir zu Solange[16].

244

[Paris] 28. Juli 1965

Ma Chérie,

sechs Uhr – die Stunde, in der Sie La Messuguière entgegenfahren, in der Sie vielleicht dort ankommen. Ich hoffe, daß alles gut gelaufen ist, ohne irgendwelche Widrigkeiten.

Ich für meinen Teil bin, ein wenig spät – gerade, als ich aufbrechen wollte, kam ein Anruf von Altmann –, zum Zahnarzt gegangen. Es war, Sie hatten es erraten, ein Pflücken, ein doppeltes, ohne Spritze, aber mit Kältebetäubung (kalter Wasserstrahl, nehme ich an). Weg damit, und das in dem Augenblick, in dem ich, innerlich, wieder Biß bekomme.

Keine Post von Eric heute morgen und auch nicht, bis jetzt wenigstens, heute abend. (Was die Post ganz allgemein angeht, Drucksachen.)

Ich habe, ziemlich ausführlich, an Erich von Kahler[1] geschrieben. Es wird darin einiges gesagt, nicht allzu schlecht formuliert – ich lege Dir eine Abschrift[2] bei. (Kleine Anmerkung: Die Spartakisten – der Spartakusbund – waren nach dem Krieg von 1914 bis 1918 die deutschen revolutionären Kommunisten[3] um Karl Liebknecht und Rosa Luxemburg. – Rosa L. war Jüdin, geboren, wie Mandelstamm, in Warschau. – »Gleichschaltung«, das ist der Zwang zur Einheitlichkeit im Denken und Handeln der Nazis. Ich setze ihr die Gleichheit entgegen, die wahre Égalité.)

Tante Berta angerufen, der es gut geht und die Dir »Grouesse«[4] schickt.

Viele Grüße der armen und so mutigen Françoise.

Ich umarme Sie
Paul

[An Erich von Kahler]

78, Rue de Longchamp   Paris, am 28. Juli 1965

Verehrter Herr von Kahler,

aus England, wo ich mit den Meinen eine aus Wien dorthin emigrierte Schwester meines Vaters besuchte, zurückgekehrt und kurz vor einer Reise nach Deutschland[5], fand ich die beiden Sonderdrucke, in denen Sie mich mit so ehrenvollen Worten zu bedenken, die Sie mit so wohltuenden Worten zu begleiten die Freundlichkeit hatten.⁶ – Seien Sie herzlich bedankt dafür, verehrter Herr von Kahler.

Oft habe ich, nach Ihrer Abreise und aus mancherlei Anlaß, an die Gespräche zurückgedacht, die ich in Paris mit Ihnen führen durfte.⁷ Zurückgedacht auch – erlauben Sie mir, es unumwunden zu sagen – mit dem Bedauern darüber, daß manches mich, hauptsächlich vom Jüdischen her, Beschäftigende, manches vom Dichterischen Vor- und Mitgegebene, manches im Deutschen Beheimatete unerörtert blieb.

Viel Beklemmendes geschieht, auch zu dieser Stunde, in der Welt – ich verliers nicht aus den Augen. Wie ich nicht aus den Augen verliere, was in Deutschland geschieht, gerade da, wo ich noch gestern, von sehr weit her, mit einigen Hoffnungen war. – Linksnationalismus, *auch* Linksnationalismus, ist mir, wie Linksantisemitismus, verhaßt. Solange wir, die wir Juden sind, Juden zu sein und zu bleiben versuchen, nicht als Gleichgeborene und Ebenbürtige anerkannt werden, bleibt alles beim alten. Da, verehrter Herr von Kahler, scheints bleiben zu wollen, mit aller – auch von den »Neuen«, Jüngeren – bei Proto- und Paranazismus geschöpfter und wiederbelebter Kraft.

Gleichheit –: ja, immer. Gleichschaltung –: nie!

Vielleicht entsinnen Sie sich, daß ich seinerzeit in Darmstadt an Gustav Landauer erinnerte⁸ – was nicht nur von der Presse, sondern sogar, an Ort und Stelle – staunen Sie! Staunen Sie *nicht*! –, von den Mikrophonen der hochperfektionierten Lautsprecheranlage tot- (fast möchte ich sagen: lebendig-)geschwiegen wurde.⁹

Nicht daß ich mir nicht im klaren wäre darüber, daß Landauer – auch unsere gute Margarete Susman sagts ja¹⁰ – die tragischsten, ja kindischsten (oder kindlichsten?) Irrtümer begangen und in die Welt, auch die der Literatur, gesetzt hätte. Aber sehen Sie: mitten im Kriege kam mir, wieder und wieder, ein Gedanke Landauers in den Sinn, den er, glaube ich, in seinen Tagebuch-Aufzeichnungen aus dem ersten Weltkrieg festgehalten hat: der Gedanke an die *neu Ergriffenen*.¹¹ Daraus, verehrter Erich von Kahler, habe ich in jenen Jahren gelebt, und *damit* bin ich, als ich dazu kam, nach Deutschland gegangen, in ein Land, das ich erst jetzt, erst heute, ein wenig zu erkennen beginne.

Gewiß, wie hätte es anders kommen sollen? Wer will, ergriffenerweise, zwischen Dreiviertel- und Vierfünftel-Wahrheiten unterscheiden können, auch nach den ersten (und »zweiten«) Erfahrungen, unterscheiden zwischen neugeborenem und mehrfach überliefertem Übel, zwischen Braunrot und Rotbraun, zwischen selbstgefundenem und (mitunter von jüdischen Selbsthassern) geschenktem (oder zumindest mitgenährtem) Antisemitismus?

Nun, lieber Erich von Kahler, ich erzähle Ihnen ja nichts Neues – ich erzähle es nur neu, zum andern (wievielten?) Mal. Ja, ich weiß ein Lied zu singen von »jüdischen« Kapos. Und eins – dasselbe – von der ... Metapher der KZ-Methoden in der deutschen Literatur unsrer Tage.[12]

Doch ... wie's auch sei. In mir lebt, nicht ohne Schmerz, doch stark, jenes auch von Landauer Überkommene fort, auch mit einigem spartakistischen »Trotz alledem« versetzt. Es lebt da – darf ichs sagen? – mit Älterem, Jüdischem, zusammen, ein wenig vereinsamt, doch nicht abgeschnitten von den Quellen, nicht ohne Hoffnung auf ein menschliches Heute und Morgen – es lebt, nicht ohne Berührung mit dem Dichterischen, nicht ohne dessen Befragung und Infragestellung, nicht ohne allen Zuspruch von daher.

Erlauben Sie mir, Sie herzlich zu grüßen und Ihnen, ebenso herzlich, alles Gute zu wünschen.

Ihr Paul Celan

245

Avignon. Place de la Mairie[1]
Mittwoch, 28. Juli 1965

Mon chéri,

Guten Tag und einen schönen Tag! Mut für die Zähne!

Ich habe nicht viel geschlafen. Eine Reise ohne Geschichten zwischen der alten, braven Russin und einem ältlichen, ein wenig barschen Mädchen. Ich habe meinen Kaffee ausgetrunken und am Güterbahnhof von Avignon mein Auto abgeholt und sitze jetzt vor den Platanen unter einer angenehmen provenzalischen Sonne. Die Plakate künden die »Jasminade« an, das Fest des Jasmins in Grasse. Man darf zumindest auf olfaktive Freuden hoffen – Die Leute gehen spazieren, trinken ihren Kaffee, herrschen sich an mit diesem Akzent, bei dem man lächeln muß, der im Grunde aber ziemlich häßlich ist. Ich habe von weitem die Befestigungen der Umfassungsmauer gesehen. Bin durch die schöne Platanen-Allee gefahren und habe mein Auto am Fuße des Papstpalastes abgestellt, um sicher zu sein, daß ich es wiederfinde. Das ist alles, ich habe nicht viel zu tun.

Ich wollte Dir schon bei Tagesanbruch einen Gruß schicken, einen zweiten Kaffee trinken, der nicht kommen zu wollen scheint, und dann werde ich spazierengehen, versuchen, ein wenig die Augen offenzuhalten in dieser Stadt, die ich mit Dir zusammen geliebt habe, durch die ich mit Dir gelaufen bin und die voller ferner und gegenwärtiger Erinnerungen ist[2].

Mittag: Ich bin in La Fourchette[3], Du kommst vom Zahnarzt. Hoffentlich ist alles gutgegangen. Es ist sehr heiß. Ich bin viel gelaufen, ich habe ein wenig Schlaf. Ich habe den menschenleeren und Lavendelduft verströmenden Garten des Papstpalastes so wiedergesehen, wie wir ihn damals gesehen haben – und dann die Dächer, die runden Ziegel, den Pont Saint-Bénezet, l'on y danse, l'on y danse[4] – Ich bin für eine Stunde in Villeneuve gewesen, aber ich habe dort das kleine Restaurant mit seiner Wirtin nicht mehr wiedergefunden, hingegen ist die so schöne Kartause mit ihren Kreuzgängen immer noch da, ebenso wie die dicken Türme und die Umfassungsmauer. Das ist sehr schön, aber, es war ein wenig langweilig –

Ich denke wieder an all das, was Du mir über die Reise nach Deutschland erzählt hast, und ich freue mich sehr wegen der Lesung[5]. Das hat Dir geholfen, wieder deutsch zu sprechen, und auch die Kontakte mit den Studenten. Ich spüre, daß Du arbeiten wirst, daß Du schreiben wirst, ich freue mich darüber, daß es wieder aufwärts geht, was sich immer mehr bestätigt. Du bist auf dem richtigen Weg. Mut.

Ich höre auf. Es ist heiß, heiß, ich bin nicht daran gewöhnt, es ist ein wenig ermüdend.

Bis bald. Ich umarme Dich

Gisèle.

In der Renault-Werkstatt hat man mir gesagt, dieses Geräusch habe nichts zu sagen –

246

[Paris] Donnerstag, 29. Juli 1965¹

Ma Chérie,

danke für das Telegramm². Ich bin froh, daß alles gutgeht, für Eric und für Sie. Ich glaube, daß die Ruhe – und sogar, ich sagte es Ihnen, und habe dabei Madame L.³ zitiert, die Langeweile – heilt. Sie wissen, daß ich viel tiefer am Boden war, als Sie es im Augenblick sind, und doch lebe ich wieder auf. Sie leben wieder auf und werden wieder aufleben, wie ich, und Sie werden neue Dinge machen, schöne, sehr schöne.

Ich bin heute nachmittag bei Fequet und Baudier vorbeigegangen, bei dieser Gelegenheit habe ich unser Buch wiedergesehen, ohne Ihre Radierungen natürlich, aber beide, Monsieur und Mademoiselle (Fequet? Baudier?) haben mir gesagt, daß sie sie schön fänden. Das Muster gesehen, die bei Fequet in Betracht gezogenen Leinenmuster – es ist, bis auf Kleinigkeiten, das gleiche wie bei Duval. Sie werden sehen⁴.

Post von heute morgen: Brief von Dumitriu, korrekt⁵. Auch ein Brief vom Versicherungsagenten – ich schicke Dir die Bescheinigung der Versicherung mit. Heute abend: 1. »Mercure«, letzte Nummer⁶. 2. Jean Bollack, Empédocle I, mit der folgenden Widmungszeile (mit Bleistift): »A Paul et Gisèle Celan / ›Et jamais Ils ne cessent d'échanger leurs chemins...‹ Aux Barreyroux, 27 juillet 1965 / J.B.«⁷

Das ganze auf geschäumtem Alpha-Papier... und, zumindest, was die Widmungszeile angeht, Alpha-Papier, das schäumt und schäumt, das heißt, sich schaumschlagend selbst herausstreicht. Es gibt halt solche und solche, wie es so schön heißt (auch unter den Akademikern).

So ist das. – Allemann ist da anders.

Ich lege dir die Kopie eines Briefes an Petre Solomon⁸ bei. Auch da muß man etwas Strenge zeigen*.

Nach dem Besuch bei Fequet im Quartier Latin gewesen, zwei Bücher für die École⁹ mitgebracht.

Ich umarme Sie

Paul

[am Rand:] *Beim Abschreiben finde ich diesen Brief zu hart, auch zu explizit – ich halte ihn zurück¹⁰.

247
[Cabris] Freitag, 30. Juli [1965]

Mon chéri, Ich bin froh gewesen heute morgen, einen Brief von Ihnen vorzufinden. Froh auch zu sehen, daß Ihr Humor wieder auflebt. Ihr Mut fortdauert. Unser Buch wird sehr schön werden, ich bin etwas ungeduldig, es erscheinen zu sehen.

Heute morgen habe ich in Cabris »Le Monde« vor einem Glas Traubensaft gelesen. Aber es herrscht eine glühende Hitze: 32 im Schatten. Seit heute nacht bläst der Mistral. Wahrscheinlich hat er mich um vier Uhr geweckt, in einem wenig erfreulichen, alptraumhaften Zustand der Angst und schweißgebadet. Trotzdem habe ich danach gut geschlafen – Ich hatte mir heute morgen einen langen Spaziergang vorgenommen, doch ich habe nicht den Mut dazu gehabt, und heute nachmittag ist es dasselbe, es ist schon fünf Uhr, aber ich halte es draußen nicht aus. Ich weiß nicht, ob es der Mistral ist oder die Sonne oder wieder ich selber, aber ich muß ständig in Bewegung sein. Trotzdem habe ich heute morgen eine gute Stunde unter einer riesigen Linde hier Gedichte von Supervielle gelesen. Und ich habe ein wenig folgen können.

Schon gestern abend habe ich in der Bibliothek ein Buch von Robert Misrahi gesehen: »La condition réflexive de l'homme juif«[1]. Ich habe es mitgenommen, doch es ist im Augenblick ein wenig zu intelligent für mich – Ich werde es trotzdem versuchen – Ich habe übrigens erfahren, das ist lustig, wie Du mir zugeben mußt, daß er mit seiner Tochter Judith, der dieses Buch gewidmet ist, in einer der Villen von La Messuguières war – Ich habe auch eine mit Françoise eng befreundete junge Frau mit ihrem Mann und ihren drei Kindern kennengelernt. Es ist der junge Thiry[2]. Sie sind sehr sympathisch, und ich habe einen Kaffee mit ihnen getrunken. Er ist Philosophielehrer in Korsika. Sie war mit in Les Oiseaux[3].

Das wärs, was soll ich sonst noch sagen, ich will Dir die Gespräche der alten Weiber und des »sich für einen Romancier Haltenden« ersparen, der von entsetzlicher Langweiligkeit ist – Du sprichst von solchen und solchen, auch unter Akademikern. Auch ich könnte Dir lange darüber berichten. Doch das Niveau ist zuweilen so, daß ich es fast schon komisch finde –

Wo weht der Geist?

Ich halte mit jedem ein kleines Schwätzchen, denn alle sind sehr höflich und erkundigen sich oft nach dem Befinden. »Gewöhnen Sie sich gut ein?« »Schlafen Sie gut?« »Sind Sie zufrieden?« Sogar:

»Glauben Sie, daß Sie sich hier vergnügen werden?« Das ist der jungen Engländer, der möglicherweise Humor hat? Aber ich bin mir nicht sicher –

Gestern habe ich trotzdem zu zeichnen versucht: aber es ist klein, klein – Wo also ist meine Freiheit, mein Aufstieg?

Ich habe Françoise gestern in Grasse gesehen (entsetzlich und laut, Grasse, nach Möglichkeit zu meiden). Sehr abgemagert, sehr schwach, enttäuscht darüber, daß sie nicht auf Besserung hoffen kann – Sie ist heute hier angekommen – Ich habe eine Stunde mit ihr verbracht, aber sie war erschöpft – Wenn Du wüßtest, wie sehr sie seit Januar gealtert ist – Allerdings fand sie mich auch sehr weiß geworden – (haarmäßig, meine ich[4]).

Ich werde nach Grasse fahren, um etwas zu trinken, denn es ist trocken, und um diesen Brief zur Post zu bringen, sowie die Briefe der alten, ein wenig inka-ähnlichen Holländerin, die mir ihren furchtbaren Kugelschreiber geliehen hat, denn ich hatte keine Tinte mehr –

Es ist noch ein kanadischer Akademiker da, der sich zwischen zwei Stöcken dahinschleppt, zwei alte Wissenschaftlerinnen, eine alte stellvertretende Schuldirektorin vom Lycée Condorcet[5], vier Undefinierbare und der pausbäckige Säugling mittleren Alters, der den Roman erzählt, den er hier schreibt und der am Gymasium von Cannes Latein und Französisch unterrichtet – Er weiß alles und streckt die Brust heraus, um zu erklären. Ich bin selten jemandem begegnet, der langweiliger ist als er und geschwätziger!! Seit zwölf Jahren kommt er jedes Jahr hierher –

Das Ende des Monats wird ihn gehen sehen. Was wird mit der nächsten Ladung sein?

Bis bald – mon chéri – Gute Arbeit – Es geht mir gut – Machen Sie sich keine Sorgen –

                      Ich umarme Sie, mon Amour
                                Gisèle.

248

[Cabris] Samstag [31. 7. 1965]

Mon chéri, Es ist halb neun, ich gehe nach Grasse hinunter, und ich gedenke heute morgen in Nachbarschluchten herumzulaufen. Ich habe den Tag früh beginnen wollen, aber es ist schon sehr sehr heiß. Der Mistral ist verschwunden, kein einziger Hauch. Alles ist sehr

ruhig hier. Ich werde Dich bald anrufen, denn ich habe Lust, Dich zu hören –
Das Buch über die Druckgraphik[1] fast ausgelesen, ich habe dabei ein bißchen was gelernt – Im Misrahi weitergekommen. Ich bin gestern lange in meinem Zimmer geblieben und am Abend fast einsam in der Bibiliothek –
Ich umarme Dich

Gisèle.

249

[Paris] Samstag, 31. Juli 1965

Ma Chérie,

nur ein paar Zeilen, um Ihnen für Ihre Briefe zu danken – die sehr schön, sehr belebend und stärkend sind – und für Ihre heute morgen gekommene Karte[1].

Schade, daß es so heiß ist. Aber ganz sicher wird Ihnen dieser Aufenthalt guttun. Richten Sie Françoise schöne Grüße von mir aus. Ich kann ihre Enttäuschung verstehen, ihre Erschöpfung nach so viel vergeblich eingesetztem Mut. Sind die dortigen Ärzte gut? Sie müßte die besten aufsuchen können, und wir müßten ihr, wenn nötig, dabei helfen.

Ich habe Ihnen noch nicht für Ihren Anruf gedankt – entschuldigen Sie bitte. Von Eric habe ich nur die Zeilen, die Sie mir abgeschrieben haben. Was ist das für eine Geschichte mit dem Riemen, der an seinem Rucksack fehlt? Könnten Sie ihm einen schicken? Oder ich?

Meine Tage hier sind sehr ruhig und außer der Post ereignislos, das heißt außer Ihren Briefen und den Episteln, die ich meinem »Beruf« zu verdanken habe. In dieser Hinsicht gibt es eine deutliche »Verbesserung«, mit einer Ausnahme: der Brief des Herausgebers der Zeitschrift »Die Horen«, der mich – es muß hier eine undichte Stelle von seiten des Fischer Verlages gegeben haben, dem Rundschreiben Dumitrius nach zu schließen – in aller Form, womit er den sado-masochistischen Wechsel dieser Linksnibelungen illustriert, die im »Magnetfeld« der Gruppe 47 ihre Kreise ziehen, um nach Lüge stinkender Entschuldigung bittet[2].

Daneben bittet mich die Wiener Nationalbibliothek mit einer »k.u.k.«- Höflichkeit um ein Foto[3]. Eine andere Bitte um ein Foto, und sogar um ein Porträt (Ölbild oder Bleistiftzeichnung...), natürlich in einer Reproduktion, vom Kröner Verlag, für eines ihrer Lexika[4].

Gleichzeitig mit Ihrer Karte aus Messuguière heute morgen eine große Ansichtskarte aus Würzburg, mit den Unterschriften von Allemanns Studenten[5]. – Brief von der DVA, sehr höflich: neue Auflage von »Mohn und Gedächtnis«[6].

Ansonsten wenig zu berichten. Ein wenig Lektüre. Neulich mehrere Briefe geschrieben, schließlich nur einen einzigen abgeschickt: an die Buchhandlung in Würzburg wegen des bessarabischen Teppichs[7]. Ich lege Dir eine Abschrift davon bei. (Die Zeile auf Russisch[8] ist aus einem Lied, das Sie mich oft haben singen hören; *Tatar-Bunar* ist der Name einer Ortschaft, in der es in den zwanziger Jahren einen kommunistischen Aufstand gegeben hat, der von den Rumänen niedergeschlagen wurde.)

Morgen mache ich mich ernsthaft an die Arbeit[9]. Gestern Tennis mit Heinz Wismann und seiner Braut[10]. Regen – strömender Regen gestern abend, eine richtige Sintflut, so daß ich nicht weiß, ob wir heute abend wieder spielen können. Morgen, wenn es schön ist.

Ich bin ein eifriger Besucher der Cinémathèque geworden (weil das Ranelagh geschlossen hat.)[11]

Gestern abend »Früchte des Zorns«[12], ziemlich schön.

Wir leben wieder, mein Liebes, und wir werden siegen, mit unserem Sohn. – Gute Arbeit, gute Lektüre, gute Erholung!

Richten Sie Françoise viele Grüße aus

Paul

Neulich Jacqueline angerufen: sie war nicht da. Vorhin hat mir Lisou, die ich erreichen konnte, gesagt, daß es sehr schlecht um Jacquelines Vater steht[13].

[An Edith Hübner]
Paris, am 29. Juni 1965

Liebe und verehrte gnädige Frau,

nun ist Ihr Geschenk, der bessarabische Teppich, hier – herübergekommen, unbefragt, auch über diese Grenze. (»Nimmer kannt ich die Länder.«[14]) Und wird in ein paar Wochen weiterfahren in die Normandie, wo er sein Haus und seine Hütte haben soll, lange.

Bessarabien – was ist das für mich? Viel, von den Menschen her, von Menschlichem her. Namen.[15] Solche, die Ihnen geläufig sind, und solche, die Ihnen geläufig sein könnten, spät: weil ich sie mitgenommen habe, wie Sie, gnädige Frau, den Teppich.

Einmal, vielleicht wenn Sie, auf dem Weg in die Bretagne, in Paris oder in Moisville – so heißt der Ort in der Normandie, wo Ihr Geschenk, der bessarabische Teppich, sein und warten soll – Station machen, will ich diese Namen auf- und herzuzählen versuchen, sie zu beleben.

Его за вечер в степи молдованской[8] –

– ein Lied, oft gesungen, eine »Schnulze« (von Wertinskij?[16]) und doch keine, mit der »Moldowanka« drin, angeweht von Odessa her, von Babels Reiterarmee[17], vom Sohn des Rabbi, von Tatar-Bunar.
Und nicht nur davon. Belebt durch Ihren durch den »Warthegau«[18] – wie furchtbar! – gewanderten Teppich. (Wir, daheim in der Bukowina, wir, die wir »Rumänisches« nicht mochten, auch deshalb, weil es uns – uns Juden – die Sprache verbot, die deutsche, *auch* die Sprache, wir nanntens »Kotzen«.[19])

Erst heute, gnädige Frau, *durch Sie*, und weil so viel damit und darin zur Gegenwart erwacht, lern ichs lieben, lehr ichs lieben.

Es war schön in Würzburg – ich danke Ihnen, auch dafür, herzlich. Und Ihrem Schwager[20]. Und Fräulein Rede[21].

Ihr Paul Celan

250

CABRIS
La chèvre d'or
Sonntag [1. 8. 1965].

Es regnete heute morgen, mon chéri, und diese Vorstellung war erfrischend. Ich habe mich sehr darüber gefreut, doch die Sonne kommt schon wieder. Ich habe Françoise gerade zur Messe gefahren, sie kann sich kaum auf den Beinen halten, doch sie beklagt sich nie – Cabris ist ein sehr hübsches kleines Städtchen. Ich bin ein wenig dort herumspaziert und schließlich hier vor einem Ananassaft gelandet.
Ich habe einen sehr harten Vormittag gehabt, nun ja, einige Stun-

den, sagen wir zwei, aber es geht langsam wieder etwas besser. Stell Dir vor, daß ich mit meinem Toastbrot einen halben Zahn heruntergeschluckt habe. Du weißt, wie deprimierend so etwas ist. Ich weiß nicht, ob es nervös war und sonstwas, jedenfalls habe ich überstürzt den Speisesaal verlassen müssen, um mich zu erbrechen, und ich habe mich davon noch nicht richtig erholt. Als würde er mir immer noch im Hals stecken. Ich weiß nicht, ob ich Dir nachmachen wollte, aber es ist wirklich sehr mißlich und an einer ganz unpassenden Stelle, ich kann nicht mehr lachen, nicht etwa, daß ich hier sonderlich viel lache, aber es ist schrecklich von oben bis unten: der Nachbar des Eckzahns ist nur noch ein schrecklicher Zahnstummel, der sichtbare Teil ist natürlich weg – Was soll ich Dir sagen, wir werden auch nicht jünger, und der fehlende Mut, zum Zahnarzt zu gehen, rächt sich jetzt, das war vorauszusehen. Morgen lasse ich mir beim Zahnarzt einen Termin geben, um so mehr, als sich kalt und heiß spürbar machen.

Entschuldige bitte, daß ich Dir das alles erzähle. Ansonsten geht es gut. Gestern nachmittag habe ich wieder nach Grasse hinunter müssen, um Eric den Riemen für seinen Rucksack zu schicken. Ich bin in der Altstadt herumspaziert, und das war ziemlich schön und wohlriechend. Dann bin ich ins hochgelegene Dorf hinaufgegangen, von wo ich das Meer, Inseln und wunderbare Hügel sah. Doch ich war schlecht in Form und nicht sehr gut drauf. Das Feuer verwüstet alles. Es ist ziemlich eindrucksvoll, die Feuerstellen zu sehen, die der Mistral entfacht, und den schwarzen Rauch, der das Blau des Himmels völlig verdeckt.

Das kommt so oft vor, daß die Leute schon gar nicht mehr darauf achtzugeben scheinen.

Der Kanadier mit seinen beiden Stöcken ist wieder abgereist und sofort von einem Arzt-Ehepaar ersetzt worden – Die Holländerin verfolgt mich mit ihrer Freundlichkeit und versucht mich zu allen möglichen Leuten hinzuziehen, die sie hier kennengelernt hat, Töpfer, regionale Halb-Maler usw. Ich fliehe sie ein wenig, da ich dazu überhaupt keine Lust habe.

Morgen werde ich Françoise ins Krankenhaus fahren, wo sie ihren Arzt aufsuchen und endlich erfahren soll, was er vorhat. Im Augenblick weiß sie nichts, nur, daß sich eine Niere verschoben hat und daß sie durch die Untersuchungen, die sie über sich ergehen lassen mußte, vier Kilo abgenommen hat, und daß die Infektionsgefahr wegen der Sonden, die sie verletzt haben, sie im Augenblick zu einer Behandlung mit Antibiotika verurteilen, was sie ungeheuer ermüdet und doch nicht verhindert, daß sie ein leichtes Fieber mit sich herumschleppt.

Sie ist wirklich eine Persönlichkeit, und ich glaube, Du würdest sie mögen. Sie ist von großer Güte, von einer großen Sensibilität, und sie ist durch so viele Dinge hindurchgegangen, daß ihr Verständnis und ihre menschliche Wärme außergewöhnlich sind.

Ich glaube, sie hat die Radierungen, die ich ihr gezeigt habe, sehr gemocht.

Ich arbeite ein wenig. Ich lese ein wenig. Ich gehe ein wenig spazieren. Ich mache alles ein wenig, aber ich bin noch nicht in sehr großer Form.

Ziemlich müde, ohne großen Mut.

Ich muß die Bourboulons[1] anrufen, aber ich habe keine große Lust dazu.

Morgen werde ich Dich anrufen, denn ich habe großes Verlangen, etwas von Dir zu wissen – Hast Du etwas geschrieben? Wie kommt der Michaux voran? Arbeitest Du schon für die Schule mit den Büchern, von denen Du mir sagst, daß Du sie gekauft hast? Das mit Françoise befreundete Ehepaar, mit der Frau war ich in Les Oiseaux[2], hat sehr anrührende Gesichter; sie hat vor mehreren Jahren einen Autounfall gehabt, so daß sie jetzt ein schiefes Gesicht und ein sehr kleines Auge hat, aber sie ist sehr schön. Sie haben das Leben in Paris nicht mehr ertragen können und haben sich in ein kleines korsisches Dorf zurückgezogen, von wo aus er zu seinem Philosophieunterricht fährt, sie erziehen ihre drei sehr netten Kinder in einer großen Einsamkeit und Armut – Sie machen sich auf den Weg nach Paris, um ihre Familie zu besuchen, die ihnen seit fünfzehn Jahren die Türen verschlossen hatte, weil er geschieden war und die Familie diese Ehe immer verleugnet hat.

Entschuldige bitte, daß ich Dir so ärmliche, so leere Briefe schreibe. Sie sind ein wenig nach meinem Bild.

Ich langweile mich nicht allzusehr, das Leben ist ein wenig langsam. Ich lege nicht viel hinein, aber ich schaue und ich sehe ein wenig. Formen und Linien tummeln sich ein wenig in meinem Kopf. Ich möchte, daß daraus etwas wird – Das Buch von Misrahi[3] ist sehr langweilig, und ich erfahre aus ihm nicht viel. Ich werde versuchen, mir einen Faulkner vorzunehmen – Ich habe lange in einem Buch über Valéry und in einem anderen über Konfuzius geblättert. Ich bin ein wenig konfus. Du kennst diese Schwierigkeit, die Teile eines Ganzen wieder zusammenzufügen.

Ich höre auf, mon chéri. Hast Du Nachrichten von Jacqueline?

Ich habe niemandem geschrieben, nur Dir und Eric. Ich hoffe ein wenig, daß ich morgen von ihm höre.

> Ich umarme Dich, mon amour
> Gisèle.

251

> [Cabris, 3. 8. 1965]

Danke für Deinen langen Brief, für die Abschrift des Briefs an Fräulein »Würzburg«[1]...

Auf den Bergen steht jeden Tag eine andere Stelle in Flammen, so trocken ist alles. Sehr schöner Spaziergang heute morgen auf einer großen Domäne voller Eichen, wohin ich Françoise gebracht habe, und ich bin zwei Stunden spazierengegangen –

Heute nachmittag nach Grasse, wegen der Kfz-Werkstatt. Ich werde Sie von dort aus anrufen.

> Ich umarme Sie   Gisèle

252

> [Paris] Dienstag, 3. August 1965

Ma Chérie,

heute morgen, wie gestern, zwei Ihrer schönen Briefe – aber ja: *schönen* – und die Karte aus Cabris. Danke, danke, danke[1]. Heute morgen auch Erics Brief, den ich diesem hier beilege –: es geht ihm gut, das ist das Wesentliche, aber seine Orthographie, mit-wesentlich, ist nicht glorreich. Es wartet noch Arbeit auf Sie.

Es tut mir leid wegen Ihres Zahns, ma Chérie. Was soll ich sagen? Immer und immer wieder angegriffen, gebeutelt, über Jahre und Jahre hinweg, haben wir trotz allem die Lage gemeistert. Aber wir sind gezeichnet, Sie und ich. Trotzdem kommen wir bereits wieder hoch, werden wir weiter hochkommen.

Wenn Sie den Zahnarzt sehen, fragen Sie ihn, ob er Ihnen nicht wenigstens die Wurzel erhalten kann, um Ihnen einen *Stiftzahn* einzusetzen. (Das hat man auch bei Solange getan. Für mich, Mensch ohne Wurzel, kein Stift.)

Aber ja, auch ich habe am Tag Ihrer Abreise bemerkt, daß Ihre weißen Haare etwas zahlreicher geworden waren. Ich entschließe mich, vertrauensvoll, diesen Zeilen einen Brief beizulegen, den ich neulich geschrieben und zurückgehalten habe – hier ist er.[2] Aufrecht werden wir weitermachen, ohne wegen dem zu erröten, was uns gezeichnet hat – mögen die erröten, die dafür verantwortlich sind! – ohne zu wanken.

Denken Sie an Ihre Rückfahrkarte, ma Chérie. Bleiben Sie nicht zu lange, aber auch nicht zu kurz. Ich erwarte Sie immer, alle Tage.

            Ich umarme Sie
               Paul

Freundliche Grüße an Françoise

Gestern habe ich mit dem Michaux begonnen – bis dahin hatte ich Novalis[3] gelesen –, es hat sehr gut geklappt, ich schicke gleichzeitig mit diesem Brief fünf durchgesehene Kapitel an Dumitriu[4].

           [Paris] 29. Juli 1965

Spät in der Nacht denke ich an Sie, mon Amour.
 Ich sehe Sie.
 Ich sehe Ihre Augen: Deiner Augen Gestalt und Adel[5].
 Ich sehe auch Ihre Haare, und ihre weißen Haare, zahlreicher seit einiger Zeit. Tragen Sie sie, ma Chérie, in diesen künstlichen Zeiten, tragen Sie sie voller Stolz: Sie lassen meine Liebe jünger werden. Und meine Liebe wird Sie jünger werden lassen.
               Paul

253
          [Paris] 4. August 1965
Ma Chérie,
 danke für Ihren Anruf von gestern, ihre Karte (Wieder-Messuguière, sehr schön, sehr »Marquise de Cabris«, sehr Mirabelle also...) von heute[1]. Sie ist gleichzeitig mit einer Karte von Katja Arendt, aus Prag, angekommen, die mich wieder an den Zauber dieser Stadt[2] erinnert hat und durch die ich auch erfahren habe, daß Erich Arendt in Neuwied war, bei Luchterhand... Wir haben eben solidarische Freunde[3]!
 Angeregt durch Ihre Frage, habe ich gestern abend in der Fon-

taine de Jade[4] geschrieben, während ich über die chinesischen Pilze und die Bambussprößlinge nachgedacht habe – there was some chicken, too – dann, an meinem Tisch – auf dem nichts wächst – dieses Gedicht[5]. Es ist, wie Sie sehen, aufständisch und eisig zugleich. Spruchbänder-Aufstand, röter als rot[6], unter den – erstaunten? – Augen der Seehunde. Aufstand auch anderer Dinge, Dinge der Geologie, der Bücher, des Herzens. – Aber keine Kommentare! Zuerst die Poesie (Frankreich, Deutschland usw. danach)!

Ich umarme Sie, ma Chérie!

Paul

DUNSTBÄNDER-, SPRUCHBÄNDER-AUFSTAND,
röter als rot,
während der großen
Frostschübe, auf
schlitternden Eisbuckeln vor
Robbenvölkern.

Der durch dich hindurch-
gehämmerte Strahl,
der hier schreibt,
röter als rot.

Mit seinen Worten
dich aus der Hirnschale schälen, hier,
verscharrter Oktober.

Mit ihm das Gold prägen, jetzt,
wenns herausstirbt.

Mit ihm den Bändern beistehn.

Mit ihm das glasharte Flugblatt vertäuen
am lesenden Blutpoller, den
die Erde durch diesen
Stiefpol hinausstieß.

Paris, 4. VIII 1965

254

[An Eric Celan]
[Paris] den 4. August 1965

Mein lieber Eric,
 danke für Deinen Brief, der mir eine große Freude gemacht hat. (Ich habe ihn sofort an Mama geschickt, die sich ebenfalls darüber freuen wird.)
 Das Lagerfeuer in Gesellschaft aller Horden aus der Umgebung ist sicherlich etwas Tolles gewesen, und Du wirst es gewiß nicht vergessen. Sag mir ein Wort mehr über den Ort, an dem Ihr seid, in den Pyrenäen – diese Berge, die ich noch nicht kenne[1] und die ich dank Deiner Berichte ein wenig kennenzulernen gedenke.
 Ich bin nur eine Woche in Deutschland geblieben, zuerst in Würzburg, wo ich an der Universität Gedichte gelesen habe – es waren viele Leute da, die auch wirklich zuhörten[2] – und wo ich die Allemanns wiedergesehen habe – viele Grüße von ihnen, ebenso von Urs (es wird ausgesprochen wie »ours«[3]), dann in Frankfurt, wo mich mein Verleger im achtzehnten Stock eines Wolkenkratzers untergebracht hat[4].
 Ich habe Deine Kannibalengeschichten mehrmals erzählt – mit großem Erfolg.
 Am achten, in vier Tagen also, werde ich zu Deiner Rückkehr hier, in Paris, sein. Ich denke, daß uns eine kleine Fontaine de Jade[5] nicht schaden wird.

Ich umarme Dich
Dein Papa

[am Rand:] Es wäre nett, wenn Du noch einen Brief schreiben würdest – hier ist ein frankierter Umschlag.

255

[Paris] 5.[1] August 1965

Ma Chérie,
 Ich habe gerade festgestellt, daß die erklärten Wörter, die ich dem gestern abgeschickten Gedicht beilegen wollte, auf meinem Tisch liegengeblieben sind – ich schicke sie also heute[2].
 Ich schicke Ihnen auch einen Ausschnitt aus »Combat« über das »deutsche Europa«[3]. (Ich habe Mühe, mich als »Europäer« zu verstehen, wie ich auch nie »westlich« zu sein vermochte. Es gibt doch

überall auf der Welt Menschen, oder?) Das scheint mir gar nicht so weit von dem entfernt, was ich seit einer Weile schon in der Entwicklung der deutschen Dinge zu beobachten glaube.

Heute morgen kein Brief von Ihnen – Haben Sie einen guten Tag bei den Bourboulons verbracht? Ich hoffe es sehr. – Auch kein Brief von Eric – ich habe ihm gestern geschrieben, ohne daran zu denken, daß er diesen Brief genau am Tag vor seiner Rückkehr bekommen wird.

Heute morgen Anruf von Jacques, aus Vitry-le-François: der alte Lévy[4] scheint wirklich im Sterben zu liegen. (Ich hatte gestern angerufen, sie gehörten immer noch zu den abwesenden Fernsprechteilnehmern, man sagte mir, sie seien in Vitry.) Jean-Pierre ist ebenfalls dort, Lisou ist nach Ungarn gefahren.

Keine Post heute morgen, nur eine Drucksache (Hartungs Anthologie)[5]. – Das Leben ist auch hier langsam.

       Ich umarme Dich, ma Chérie

             Paul

Band (Pl. Bänder) – bande, ruban / Dunst – vapeurs / Spruchband – transparent, pancarte dans les manifestations (révolutionnaires) / Aufstand (Pl. Aufstände) – insurrection / Schub (Pl. Schübe) – poussée / Frost (Pl. Fröste) – gel / schlittern – glisser, patiner / Buckel (Pl. Buckel) – bosse / Robbe, -n – phoque / Volk (Pl. Völker) – peuple / hämmern – marteler / Strahl, -en – rayon, jet / der durch dich hindurchgehämmerte Strahl – le rayon / jet martelé à travers toi / Hirn – cerveau / Schale – bol, écorce / Hirnschale – boîte crânienne / schälen – peler, décortiquer / verscharren – enfouir, enterrer / prägen – empreindre (un chriffre sur une médaille) graver; frapper, battre monnaie; estamper, monnayer / sterben – mourir / »hinaussterben«[6] (eigenes Wort) – mourir vers l'extérieur, apparaître en mourant, de par la mort / beistehen – secourir / glashart – dur comme verre / Flugblatt – manifeste / vertäuen – amarrer / Poller (seltenes Wort, Marinewortschatz) – pivot (en bois ou métal) pour amarrer les bateaux / Blut – sang / Pol – pôle / Stief – (existiert nicht allein, Du kennst es aus Stiefmutter – belle-mère, marâtre; Stiefsohn – beau-fils, fils d'un autre lit; das Wörterbuch[7] enthält auch »Stiefkönig« – roi illégitime ou d'emprunt) / stoßen – pousser

256

[Paris] 6. August 1965

Ma Chérie,

nur ein paar Zeilen: um Ihnen zu sagen, wie froh ich gewesen bin, daß ich Sie gestern abend am Telefon hatte und dabei erfuhr, daß Sie sich allmählich erholen. Das ist auch für mich erholsam.

Und um Ihnen Erics Brief zu übermitteln und den unerwarteten von Herrn Blabla[1]. (Ich habe mir erlaubt, ihn zu öffnen.) – Was ist das für eine »Indisposition«, die Eric während meines Klinikaufenthalts gehabt hat und von der Sie mir nichts erzählen wollten[2]?

Ich umarme Sie
Paul

Ich glaube, daß Sie Bl. nicht antworten sollten, jedenfalls nicht sofort.

257

[Cabris] La Messuguière
Freitag, 6. August 1965

Mon chéri,

Ich lese alle Ihre Brief wieder, die auch Gedichte sind, und das Gedicht, und ich fühle mich sehr verwöhnt. Allein in einer Ecke des Gartens mit einem Anschein von Frische unter den Olivenbäumen, denke ich an Sie, an alle Reichtümer, die Sie mir geben. Ich fühle mich nicht allein, ich fühle mich ganz besonders beschenkt und überglücklich und nahe bei Ihnen –

Ich lese Ihre Worte der Hoffnung, der Aufmunterung wieder und mache sie zu den meinen, ich wiederhole sie mir und finde nach und nach meinen Mut wieder, meine Kraft. Die Ruhe dieses Ortes, die Schönheit der Gegend, die Möglichkeiten, mit Françoise zu reden, aber auch andere helfen mir. Ich mache nichts Besonderes, aber in unserer großen Einsamkeit tut es doch gut, wenn man von Zeit zu Zeit ein paar Worte wechseln kann, selbst wenn es keine wesentlichen Worte sind – Es zerstreut mich, vielleicht ein wenig so, wie Du ins Kino gehst, weil ich nichts Besseres habe, oft ist es ein wenig belanglos, ein wenig sorglos, auch der Einfluß der Sonne, der Hitze, die alle hier als drückend empfinden.

Ich ruhe mich viel aus. Der Liegestuhl, die kühle und immer oder fast immer leere und sehr ruhige Bibliothek – Die große Linde mit ihrem kleinen Tisch – Der Gesang der Zikaden. Alles das hilft mir, und ich spüre, daß ich wieder hochkomme. Ich bin ein wenig sorglos und fühle mich im Grunde ziemlich wohl. Ich habe das Gefühl, zum Haus zu gehören, die Küche steht mir offen. Ich trinke dort ab und zu mit einfachen und braven Leuten einen Pastis (nicht jeder hat dieses Privileg), außerdem diese kleine Gruppe, Nicole Belmont, der Engländer, jung und sorglos, dieser brave, körperlich behinderte Mensch, aber so einfach und offen, der sich von seinen Runden als umherziehender Bibliothekar ausruht. Das ist nicht viel, aber ich spüre, daß ich wieder ein wenig lachen (trotz des Zahns, der schon hingenommen und vergessen ist) und auch lachen machen kann – auch ein wenig nachdenklich machen – Und außerdem ist da noch Françoise, nett, einfach, arm, aber so reich und bescheiden in ihren Überzeugungen. Ich habe ihr gerade einen kleinen Abschnitt aus Deinem Brief vorgelesen, in dem Du sagst, daß Du ihre Enttäuschung über so viele umsonst unternommene Anstrengungen verstehen kannst, ich habe ihn nicht vor mir, Du sagst es natürlich sehr viel besser. Sie war darüber so gerührt. »Ja, es ist genau das, es ist mir nicht klargeworden«. Ich spüre in ihr ein solches Verständnis, eine solche Empfänglichkeit, eine solche Offenheit dem andern gegenüber, gegenüber dem, der leidet, der sucht, der kämpft. Ich hoffe wirklich, daß Du sie eines Tages kennenlernst, ich glaube, Du könntest Dich wirklich mit ihr verstehen. Aber ich komme auf das Gedicht zurück, ich bin ein wenig gestolpert, wie Du Dir denken kannst, vor allem über »Blutpoller« und »vertäuen«, jetzt, mit allen Deinen Erklärungen, danke für diese große Geduld, die Du mit mir hast, wird alles klar, und ich finde zunächst das wahre Du, den wahren Revolutionär, so fern den Kommunisten, immer in der Wahrheit und im Reinen – und außerdem den Dichter, das ist so nahe in Dir, so eng verbunden mit diesen treffenden Formulierungen, die so typisch für Dich sind, so schön, so geheimnisvoll und zugleich so einfach. Ich liebe diese »Robbenvölker«, dieses »röter als rot«, diesen Frostschub, diesen Eisbuckel und auch

> »Mit seinen Worten
> dich aus der Hirnschale schälen, hier,
> verscharrter Oktober.«[1]

Ich spüre das wahre Leben, das in Ihnen hochsteigt, die Möglichkeit, unseren Reichtum wiederzufinden, der immer so nahe ist und Ihnen – oft – so fern scheint.

Versuchen Sie, den Fischer-Ereignissen keine allzu große Bedeutung beizumessen, ich weiß, wie schwierig es ist, in einem Klima der Lüge und des Unverständnisses, der Schurkerei zu arbeiten (ich denke vor allem an Musulin), der Laschheit und der Halblüge und der Versprechungen, die nie zu einem Ergebnis führen[2]. Ich weiß, ich verstehe. Aber, ich versuche auch, an die anderen Realitäten zu denken – An diese Gruppe von Studenten zum Beispiel, von denen Du mir gesagt hast, daß sie so still waren, um Dir zuzuhören[3]. Die, abgesehen von der Möglichkeit, Dich Deine Dichtung dadurch vermitteln zu hören, daß Du sie sprichst, Dich auch über Deine Dichtung sprechen hören konnten. Du weißt, wie selten die menschlichen Beziehungen und die Augenblicke des Verständnisses sind, man muß wissen, daß sie selten sind, wissen auch, daß es »Zweitaugenblicke« sind, in dem Sinne, in dem Du »Zweitzustände« sagst.

Du bist so reich, Du kennst (mit einer wahren Kenntnis), Du hast auch ein Wissen, das alles ist so selten und ist Dir so großzügig gegeben worden, und Du hast es nicht nur zu behalten gewußt, sondern es Früchte tragen lassen und zu teilen vermocht. Das ist sehr schön, weißt Du. Ich wiederhole es mir oft. Du weißt, daß ich immerhin eine Deiner größten Bewunderinnen bin! Nein? Dann wisse es.

Ich spüre, daß wir bei meiner Rückkehr arbeiten werden, ich glaube, daß ich immerhin etwas Kraft in mir mitbringen werde, es ist noch unbeständig, und die Mutlosigkeit, meine große Feindin, lauert mir oft auf. Aber es wird uns schon gelingen, zusammen unsere geistige Jugend und unsere Kraft wiederzufinden. Du wirst mir dabei wieder helfen, so wie Deine Briefe mir helfen, und außerdem werde ich es auch mit meinen schwachen Mitteln versuchen –

Vielleicht werde ich nach dem Abendessen nach Cabris gehen, um diesen Brief einzuwerfen. Die Abende sind kühl und so angenehm und erholsam, doch in den Nächten mach ich mir trotzdem Sorgen, und ich schrecke oft im Bett hoch, nicht sehr ruhig, sogar beunruhigt. Es ist nicht immer leicht, fern zu sein von seinem Liebsten und seinem Sohn –

Trotzdem glaube ich, daß es eine Chance für mich ist, hier zu sein – Ich entspanne mich sehr unter den Alten, und jetzt hat sich alles etwas verjüngt, und morgen sollen zwei kleine Junge ankommen, das heißt, so um die dreißig.

Ich kann mich im Grunde noch unter den Dreißigjährigen bewegen. Vielleicht sogar besser als unter den Alten, die zwar rührend, aber nicht sehr belebend und ein wenig deprimierend sind –

    Bis bald, mon amour –
    Ich umarme Sie   *Gisèle.*

258

[Paris] 10. August 1965

Danke für Ihre Briefe, ma Chérie, danke für Ihre guten, Ihre schönen Briefe[1]. Danke-Danke.
Es geht Ihnen besser, ich bin dessen sicher.
Gestern war Erics Tag. Und der Ihres Telefonanrufs. Und Ihres Briefes vom Freitag, den sechsten, eingeworfen und abgegangen gestern morgen in Cabris.
Vor allem Erics Tag.
Es geht ihm gut (obgleich er nicht, wie ich glaube, außergewöhnlich gesund aussieht). Sicher, vom Standpunkt der Unabhängigkeit aus – stell Dir vor, er hatte seine Hemden selbst gewaschen – hat es ihm sehr gut getan. Es gibt auch, ich habe es Dir gesagt, neue Lieder – vor allem, er singt richtig.
Um viertel nach acht, nach einem Telefonanruf, bin ich zu Madame Rieul hinaufgegangen. Ich mußte mit Bernard (oder Bertrand?) Rieul[2] noch ein Kartenspiel – Familien[3] – beenden. – In der Wohnung ein Bad. Die zu waschenden Sachen in den Rucksack gepackt. Ihr Anruf. Marie-Thérèse in die Fontaine de Jade[4] eingeladen. Dort die »Spezialitäten des Hauses« bestellt: Pekingente, Lamm à la Sezuan (oder umgekehrt), dann, als Dessert, Krapfen mit flambierten Äpfeln. Da uns Marie-Thérèse, zufrieden, um ein Uhr wegen einer geschäftlichen Verabredung verlassen hat (Rue de Bourgogne, Appartement), sind wir zur Fuß Richtung Alma gegangen, und als wir unterwegs in der Avenue Bosquet auf einen Spielzeugladen gestoßen sind, in dem ein kleines und nicht sehr teures Flugzeug ausgestellt war, das mit Hilfe eines Gummis abgeschossen wird, sind wir hineingegangen, um es für Antoine[5] zu kaufen. Dabei ist mir die Idee gekommen, die Besitzerin – ein wenig aus der alten Zeit – zu fragen, ob sie auch Puzzles habe. Sie hatte welche, es waren zwei, ein einfacheres für den Vetter, ein anderes, ohne Bilder, very English, doch made in France, für unseren Sohn. – Ins Musée Galliera[6], mit dem 63 bis zum Trocadéro. Bis dahin ein richtiges Gespräch mit Eric – ich bin froh, mich zu hören, wie ich meinem Sohn etwas erzähle, ohne den Faden zu verlieren[7] (wie so oft in den letzten Jahren). Deutlicher Eindruck, daß Eric sich freut, wieder bei mir zu sein – übrigens, heute morgen hat er mir gesagt, daß wir ihm gefehlt haben –, später, gegen halb vier, als Monique und Robert[8], auf die wir vor dem Haus gewartet haben, ihn abholen kamen, habe ich sogar den Eindruck, daß Eric ein wenig traurig ist, daß er nicht bei mir bleiben kann.

Ich gehe wieder hinauf, um zu arbeiten, dann, gegen sechs Uhr, gehe ich hinunter, um die korrigierten Manuskripte Dumitriu zu schicken (der mir bis jetzt noch nicht den Empfang der ersten Manuskripte bestätigt hat)[9].

Und weil die Cinémathèque[10] montags geschlossen hat, gehe ich als echter Spaziergänger bis zur Étoile, laufe von dort weiter und denke vage daran, einen Film zu finden, bleibe immer öfter vor den Schaufenstern stehen – auf der Suche nach einem Seidenschal für Sie, nach einer schlichten Krawatte für mich – biege in die Avenue Franklin Roosevelt ein, komme an die Rue du Faubourg-Saint-Honoré, biege dort ein im Hinblick auf einen Seidenschal, finde leider keinen, der hübsch ist – es wird einfach alles versnobter – lande schließlich am Palais Royal und beschließe – der Tag ist gastronomisch – mir im Pied de Cochon[11] ein Abendessen zu leisten. Was gemacht wurde: Artischockenböden, Tournedos à la Béarnaise, das ganze mit einer halben Flasche Saint-Amour begossen.

Das ist alles.

Heute: einen Brief von Ihnen. Am Mittag in der Mühle angerufen: Eric, glücklich, teilt mir mit, daß die Rabette ihr Bett verlassen hat[12].

Gearbeitet – wobei es nur langsam voranging. Ihren Brief vom Sonntag abend[13], der – die Concierge ist nicht da, die Verteilung der Post läßt zu wünschen übrig – ein wenig aus dem Schlitz des Briefkastens herausragte.

Vergessen Sie nicht, sich um Ihre Rückfahrkarte zu kümmern, mein Liebes. Verbringen Sie gute, sehr erholsame Tage! Richten Sie Françoise freundliche Grüße aus.

Ich umarme, umarme Sie
Paul

259

[Paris] Mittwoch 11. August 1965

Ma Chérie,

Nur ein paar Zeilen, damit Zeilen auf Ihrem Tisch liegen, die von dem meinen kommen.

Guter Tag gestern, mit, nach einem eher langsamen Vormittag, ein wenig Cinémathèque gegen halb sieben – nachdem ich meinen Brief abgeschickt hatte – »Que Viva Mexico«, von Eisenstein[1], aber stumm, aber zu ethnologisch für meinen Geschmack, weshalb ich nach dreiviertel Stunden und einem guten Dutzend mit dem Messer gefällter Riesenkakteen und – wenn ich richtig verstanden habe – mit Hilfe einer Art Kalebassen-Siphon von sehr runzligen Bauern, die mit ihren an Mauleseln hängenden Fässern von weither gekommen waren, *ausgesaugt* wurden, so daß ihre Milch in dünnen Strömen in diese Fässer floß, gegangen bin. – Oder es war auch etwas anderes, und ich habe nichts begriffen[2]. Es gab auch Prozessionen, mit der Jungfrau, Jungfrauen und Wieder-Jungfrauen, mit Schleiern und Lächeln. Dann Elend, ausgiebig aufgenommen – in Mexiko natürlich und nicht in Rußland, wo es das zu jener Zeit massenweise gab, caramba!

Nach dem Abendessen bis halb vier früh Michaux. (Apropos: Madame Viénot ist also die Tochter von Madame Mayrisch Saint-Hubert, der Michaux sein »Ecce homo« – in »Epreuves, Exorcismes« – gewidmet hat und das vom Unterzeichneten in die (austro?-)deutsche Sprache übersetzt wurde[3].) Es geht voran, langsam.

Heute morgen Brief von Dumitriu, der mir das erste Manuskript bestätigt und mir sagt, daß sich Leonhard für das Ende des Monats in Frankfurt vorgesehene Treffen bereithält[4]. Ich werde nicht umhinkönnen, hinzufahren, aber das wird den Vorteil haben, die Arbeit abzuschließen.

Walter, dieser liebe Schweizer, antwortet nicht – Pech für ihn und seinen (linken und neo-katholischen!) Schweizerkäse[5].

Eine Stunde lang Tennis – ziemlich gute Leistung.

Wieder-Michaux. Anruf vom Österreichischen Institut, dann ein Abgesandter der Wiener Kultur, auf der Durchreise in Paris, um »culturophores« (so habe ich beschlossen, die teutonischen »Kulturträger« auf französisch-celanisch zu übersetzen) zu kontaktieren[6].

Morgen wird dieser Herr, reinleinen höflich, der mit Ihrem Mann in Erwägung ziehen möchte, wer, in der Landschaft der deutschen Literatur, wohl für diese sehr-mutige Zeitschrift schreiben könnte, die er auf Kosten dieser höchst republikanischen Fürstinnen, Baronessen und anderer -innen und -essen[7] herausgibt, die mit dem Segen des reichlich eingemotteten Austro-Marxismus den Westen und den Osten zusammenfließen lassen, denn wir sind, in Wien, nicht allzu weit entfernt von unserem schönen Passa-u, wo alles zusammenfließt, zusammenfließt, zusammenfließt, die, sagte ich, den Westen und den Osten zusammenfließen lassen mit ihren Süßwassergewässern, die sehr süß und sogar ein wenig zuckersüß sind[8] – morgen also wird dieser Herr-ès-Qualitas kommen, um mit mir in Erwägung zu ziehen, wer, für die besagte Zeitschrift, einen Artikel über mich schreiben könnte[9]. Es wird zur Kaffeezeit sein[10].

Und nun lasse ich meine Redseligkeit schweigen
und umarme Sie

Paul

260

[Cabris] La Messuguière
12. August [1965].

Mon chéri,

Unter der Linde, in der Ruhe von La Messuguière, einige verstreute Personen unter den Olivenbäumen, allein an meinem Tisch. Ich lese, ich lese wieder, ich lache und lache noch einmal – Ihr Brief über »Viva Mexico« und die »culturophores«! Ich finde Sie darin wieder, und ich freue mich darüber um so mehr, als ich, obwohl teuer, gerade ein gutes und langes Telefongespräch mit Ihnen gehabt habe – Ich lasse mir den Rücken bräunen, da mein Gesicht die brennenden Strahlen dieser unaufhörlich sengenden provenzalischen Scheibe nicht lange erträgt. Ein wenig Luft heute, aber immer noch ein sehr blauer Himmel. Auch ich bin froh, daß ich meine Rückkehr so einfach und bequem habe regeln können.

Meinst Du nicht, wir müßten Jacques anbieten, wenn das möglich ist, ich habe keine Ahnung, wie lange er in der Klinik bleiben muß[1], mit Jacqueline nach Moisville zu kommen? Man könnte das Bett aus dem Bibliotheksdurchgang[2] hinunterstellen in den großen Raum, damit er keine Treppe zu steigen hat, vielleicht wäre das immerhin besser, als in Paris zu bleiben – Ich sage ihnen nichts davon, da ich lieber erst wissen möchte, ob Du einverstanden bist. Du wirst im September wahrscheinlich nicht oft da sein, aber ich hoffe sehr, daß Du nicht allzu lange in Deutschland bleiben wirst und wir trotzdem einige Zeit zusammen in Moisville verbringen können.

Die Glocke wird läuten, ich verlasse Dich, um Dich sehr bald brieflich, sehr bald telefonisch wiederzufinden, und, in Kürze wirklich, Dich, Deinen Körper, Deine Seele. Beide brauche ich sehr.

Ich umarme Dich wie ich Dich liebe. In der Freude, Dich den schwierigen Hang aufwärtsgehend zu wissen.

Gisèle.

[am Rand:] 16 Uhr. Ich habe gerade lange mit einer neu Angekommenen geplaudert, Madame Schrade, eine sehr sympathische, geistreiche, sanfte und sehr jung gebliebene alte Dame. Sie ist, glaube ich, die Witwe eines großen deutschen Musikwissenschaftlers³ (kennst Du ihn?). Sie scheint eher Schweizerin zu sein, aber aus Basel, mit amerikanischer Staatsangehörigkeit. Nachher werde ich mir, zusammen mit dem Jungen aus dem Bücherbus und seinem steifen Bein, in der Chèvre d'Or einen Pastis leisten, es ist der einzige Ort dieser Art in Cabris.

G.

261

[Paris] Freitag [13. August 1965] –

Ma Chérie,

entschuldigen Sie bitte wegen des so enervierenden Telefonanrufs von gestern abend¹: ich stand noch unter dem Schock der Nachricht von Jacques' Autounfall. Daher war mir alles, was mir Ihre Autoreise zu verlängern schien, unerträglich.

Vielleicht ist diese Rückkehr in drei Etappen, die ich Ihnen vorschlug, wirklich zu lang. Tun Sie das Bestmögliche, wie es Ihnen richtig erscheint. Vermeiden Sie aber bitte unnötige Risiken. Sie wissen ja, man ist vor dem Nachbar nie sicher. Bei der Rückkehr aus den Ferien sind die Leute oft gereizt, noch unvorsichtiger als gewöhnlich.

Lassen Sie die Reifen nachsehen usw. Wenn Sie das Auto auf den Güterzug verladen, nehmen Sie einen *sehr guten Platz* im Zug, *Schlafwagen*, wenn möglich.

Ich habe heute morgen Ihren Brief vom Dienstag erhalten²: danke.

Bleiben Sie gesund, denken Sie an sich, denken Sie an uns.

Ich umarme Sie
Paul

262

[Saint-Paul-de-Vence, 17. 8. 1965]

Hierher zurückgekommen¹ vor allem, um diesen prachtvollen Giacometti-Saal in seinem einzigartigen Rahmen wiederzusehen.

Wir müssen beide hierher zurückkommen[2]. Du wirst es sehr mögen. Es ist sehr furchterregend, es kennt kein Pardon, es ist für Augenblicke böse und eisig, es ist die Hölle, vielleicht doch nicht. Aber es ist sehr wahr. Das hat mich überzeugt und sehr berührt. Ein Offenbarung, wie selten.
Ich umarme Dich
Gisèle

263

La Messuguière
CABRIS Alpes-Maritimes
Mittwoch, 18. August 1965

Mon chéri,
Ich habe Dir zwar gestern eine Karte aus der Fondation Maeght geschickt, aber ich habe Dir nicht zu sagen vermocht, was diese Begegnung mit Giacometti für mich gewesen ist. Wenn Du wüßtest, diese fadenförmigen Figuren, aus einer anderen Welt und doch von dieser Welt, die eilig und schmerzgebeugt dahingehen, allein, sich kreuzen, ohne sich zu sehen, diese Masse einsamer Mensch, die inmitten anderer allein dahingehen, allein, und dann die Pinien dahinter, gerade, schlank und schön. Farben, Linien, Atmosphäre, alles das wunderbar, erschütternd auch. Die Leere zwischen all dem, die Leere. Vision eines Alptraums, der Realität, schwierig, empörend, abstoßend, anziehend, geheimnisvoll und ganz nahe, verschlossen, offen. Wie soll man es sagen? Böse! Verständnisvoll! Mit einem Wort wahr, sehr wahr –

Man muß viel davon zusammen sehen, sich von einer, zwei, allen diesen ein wenig beängstigenden Skulpturen, die einsam, gemeinsam hin- und hergehen, überwältigen lassen. Es ist »nach dem Bilde der Zeit«[1], nach dem Bilde des Lebens.

Heute nachmittag wird es mir auch im Picasso-Museum sicherlich wieder den Atem verschlagen, es wird die aufs Meer geöffneten Fenster[2] geben. Diese blauen Klüfte, wo das Auge sich ausruhen möchte, wo es aber von neuem auf das verwirrende und beunruhigende Geheimnis stößt. Leere?

Ruhiger Vormittag, unter einem Olivenbaum – unter dem ich Dir schreibe, mir die beiden Telefongespräche von gestern wieder in Erinnerung rufend – Eric. Du – Du – Eric –

Madame Viénot, mit ihren guten Augen und ihrem rührenden Charme, kommt mit der Post. Ich spiele den Briefträger, nichts für

mich dabei, doch meine Nachbarn, auf der Terrasse verstreut, freuen sich.
    Ich werde jetzt der Tante[3] schreiben.
      Bis sehr bald. Schreib mir noch einmal.
        Ich umarme Dich, mon chéri
                                  Gisèle.

264

                                  [Paris, 20. 8. 1965]
Ma Chérie,
    Ich schreibe Ihnen weniger – woran Sie sehen können, daß ich ein wenig den Schwung verloren habe. Aber ich habe gestern am Telefon mit Ihnen reden können. Heute morgen ein Anruf von Solange und von Eric – er ist zufrieden, vergnügt sich, spielt Tischtennis (besser: versucht zu spielen), bedauert in Toisley[1] das Fehlen eines »Flippers«. Der scheint, ich habe das bereits in Paris festgestellt, seine neue Leidenschaft[2] zu sein. Das Ziel einer unserer Spaziergänge war tatsächlich das »Bowling« in der Avenue Victor Hugo, das zum Glück geschlossen war. Weil aber der Bus in Dreux Halt gemacht hat, hat »Tante Solange« diese Neigung ihres Neffen eben fördern wollen.
    Vorgestern habe ich dieses Gedicht hier geschrieben[3]. Es ist ziemlich gelungen, wie mir scheint, vielleicht nicht opak[4] genug, nicht »da« genug. Doch am Ende holt es auf – erholt es *sich*.
    Ansonsten nichts Neues. Keine Post heute morgen, keine Antwort von Walter[5], keine von Insel, denen ich am sechsten und per Einschreiben die Papiere für die Steuern[6] geschickt habe.
    Ich spiele heute abend Tennis mit den beiden Brüdern von Mayotte und mit Heinz Wismann[7]. Gestern abend habe ich mir in der Cinémathèque einen russischen Othello geleistet, ziemlich »kitschig« mit seinen schönen überlokalen Farben – oder lokalen Überfarben – und seinen Deklamationen[8]. Doch das Russische ist eine so schöne Sprache und Shakespeare – für mich gibt es nichts Schöneres und Größeres als Shakespeare. Was die Personen angeht, vor allem was den Jago betrifft, so muß ich sagen, daß sie, alles in allem und den Verhältnissen sowie den Taschentüchern entsprechend, sehr aktuell bleiben. So etwas darf nicht verlorengehen, die Treubrüchigen . . .[9] Wir kennen welche, nicht wahr?
    In den deutschen und anderen Gazetten die Kommentare über den Frankfurter Prozeß. Etwas anderes war gar nicht zu erwarten.

Das wird einige Lichtmonate lang der Heuchelei und der Schminke neue Nahrung geben...[10]

Gut, ich höre auf. Man müßte vielleicht auf Stelzen gehen, wie diese Giacometti-men, von denen Du so schön in Deinem Brief sprichst, aber auch da, nicht wahr, landet man in den Stiftungen.

Also umschlinge ich Sie mit einem nicht allzu langen, nicht allzu fadenförmigen Arm, und schließe dann mit dem andern den Kreis.

Paul

Freitag, 20. August 1965, in Panam[11].

RUH AUS IN DEINEN WUNDEN,
durchblubbert und umpaust.

Das Runde, klein, das Feste:
aus den Blicknischen kommts
gerollt, nahebei,
in keinerlei Tuch.

(Das hat
– Perle so schwer
wars durch dich –,
das hat sich den Salzstrauch ertaucht,
drüben, im Zweimeer.)

Ohne Licht rollts, ohne
Farbe – du
stich die Elfenbeinnadel hindurch
– wer weiß nicht,
daß der getigerte Stein, der dich ansprang,
an ihr zerklang? –,
und so – wohin fiel die Erde? –
laß es sich drehen zeitauf,
mit zehn Nagelmonden im Schlepptau,
in Schlangennähe, bei Gelbflut,
quasistellar.

Paris
18. August 1965

durchblubbert – »transglouglouté« / umpaust – entouré d'intervalles / »Das Runde ... Tuch.«: *es ist die Träne* (von der das Gedicht spricht) / Elfenbein: ivoire / zeitauf – »en amont du temps« (en remontant le temps) / Nagelmond – lunules (des ongles) / Schlepptau – câble de remorque (ins Schlepptau nehmen – prendre en remorque) / quasistellar – quasi stellaire ...

265

La Messuguière
Cabris, Alpes-Maritimes
Samstag, 21. August 1965

Mon chéri,
Wenn ich Dir von den alten Steinen der Abtei von Le Thoronet[1] erzählen könnte, die ich gestern gesehen habe, rosa, rot, orange, grün und blau im Schatten. Wunderbar. Ich kann kaum darüber sprechen. Man kommt in die völlig leere Kirche, nichts, das sie verunstaltet, nicht ein Stuhl, nicht eine Statue. Stein, und was für ein Stein, Bögen, und was für Bögen! Man ist schon ergriffen, ich gehe sachte auf den Zehenspitzen weiter, so beeindruckend ist das schon. Darauf geschieht das Unglaubliche: ein kleiner Chor von vier jungen Leuten stimmt ein Miserere* an. Ich werde fast am Boden festgenagelt, so schön ist das. Mir treten Tränen in die Augen. Ich warte, ich lausche, ich schaue, das dringt in mich ein, zwingend, ich mache ein paar Schritte, ich habe meine Nachbarn völlig vergessen. Durch ein kleines Portal (ich bin immer noch in der graurosa, graublauen, grauvioletten Kirche) das Kloster im vollen Licht, aber ein sanftes Licht, es ist fünf Uhr, es erscheint rosa, orange, flammend. In diesem Augenblick sehe ich den schlichten Jungen mit seinem steifen Bein, er ist Atheist, ich betrachte ihn, er hat ein Kinderlächeln, er macht eine Gebärde, er ist ebenfalls völlig ergriffen, ich glaube, daß er etwas sagen will, aber er ist unfähig dazu. Schweigend fahren wir fort, ohne irgendetwas teilen zu können. Etwas weiter weg hat sich der Engländer hingesetzt, auch er sagt nichts. Wenn ich Dir von diesem Kloster erzählen könnte, dieser Kirche, diesen Terrassen, dieser Einfachheit, dieser Reinheit der Linie, dieser Strenge und auch ... dieser Religiosität, nein, es ist nicht das. Ich finde nicht das richtige Wort. Ich bin lange dort geblieben, eine Stunde vielleicht, in jedem Augenblick war das Licht anders, die Steine lebten anders, die Steine sagten etwas anderes, was für eine Sprache! Was für eine

Kommunikation! Was für ein Leben! Wenn ich es Dir zu sagen wüßte.

Das alles liegt, denke ich, in dem, was schon der Beginn der Mauren ist. Große Korkeichenwälder, Kastanienwälder, braunrote Erde, verbrannte Bäume mit geschwärzten Schäften, gefällte, entrindete Bäume, die rot auf dem Boden erscheinen. Ein Haus von Zeit zu Zeit, streng, schön. Wenn Du doch mit mir dagewesen wärst!

Ich freue mich, daß ich mich auf diese Weise wieder von schönen Dingen durchdringen lassen kann – überwältigen von gebieterischen Eindrücken. Ich werde hier einige sehr schöne, seltene Augenblicke der Gnade oder »Zweitaugenblicke« der Gnade gehabt haben. In Le Thoronet, vor den Giacomettis[2], im Estérel, bei Françoises Hütte[3] –

Du siehst, daß ich ein wenig auflebe. Was noch nicht allzugut läuft, das sind die Nächte, als wollten sie sich für meine Tage rächen – und sie verderben. Ich fühle mich jetzt mit allen sehr wohl, weiß genau, wem ich und wie ein Wort sage, ein Wort zuhöre, oder ihn meide, bin frei auch unter den Jüngsten, ziemlich unbedarft und oberflächlich. Ich werde auch nicht meine langen Stunden vergessen, in denen ich am Morgen der Ruhe pflegte, von neun Uhr bis ein Uhr, versteckt unter einem Olivenbaum in einer Ecke. Dir schreibend oder lesend oder einfach in der Sonne liegend oder einige Schritte machend.

Die Leute sind nicht sehr lustig, doch nach einer gewissen Zeit gewöhnt man sich daran, und das ist besser als nichts für eine Person, die allein ist, es hat schließlich nichts mit einem Hotel zu tun!

Ich höre jetzt auf. Werde auf einen Sprung zu Françoise gehen, deren Freundin wohl abgereist ist. Ich werde eine kleine Stunde bei ihr verbringen.

Im Augenblick ein Anruf von Françoise, ihre Freundin reist heute morgen ab, es ist ihr lieber, wenn ich morgen komme. Im Grunde freue ich mich. Ich werde diesen grünen Tisch verlassen, auf dem die Wissenschaftlerin Linien zeichnet, die von für mich geheimnisvollen Formeln unterbrochen sind, die Dame ist aber sehr nett. Ich werde ein paar Schritte machen und vielleicht diesen Brief in Cabris einwerfen, wobei ich mir in diesem Falle einen Pastis leisten werde.

Ich umarme Sie, mon chéri, wie ich Sie liebe

Ihre Frau Gisèle.

Grüße an die Lalandes, wenn Du sie siehst. Vielleicht werde ich Mimi und Jean-Pierre mitnehmen, wenn ich am 1. abreise. Mach das mit ihnen aus. Eric wird begeistert sein, wenn Mimi kommen kann.

[am Rand des ersten Absatzes:] *Etwas Ähnliches war uns passiert, erinnerst Du Dich, in Assisi[4], in der Unterkirche oder sogar in der Krypta San Francesco?

266
                                                            [Paris, 21. 8. 1965]
Ma Chérie,
   Nur diese wenigen Zeilen, um Mariannes[1] Brief zu begleiten, den ich gestern abend bei meiner Rückkehr vom Tennis unter der Tür gefunden habe.
   Ich bin glücklich, daß Sie bald zurückkommen.
      Ich umarme Sie
                                              [Ohne Unterschrift]
Samstag[2], 21. August 1965

267
            [Paris] Sonntag, 22.[1] August [1965], sieben Uhr abends.

Ma Chérie,
   Kein sehr prächtiger Tag gestern, trotz Ihres schönen Briefs vom Donnerstag und des Anrufs.
   Also wirklich, dieser Verlag, der mir, ohne Begleitbrief, *geöffnet*, Briefe schickt, die an mich persönlich adressiert sind – nein, das geht nicht[2]. Meine Frage, immerhin von Dumitriu »protokolliert«, wegen der »beiden großen amerikanischen Verlagshäuser, die sich für mein Werk interessieren« (Postkarte aus New York, geschrieben von der lieben Tutti vor zwei oder drei Jahren) –: immer noch ohne Antwort[3].
   Diese Halunken brauchten einen bekannten Schriftsteller deutscher Zunge, der außerdem eine »Lyrik«-Reihe für sie lancieren konnte – also hat man mir mit Hilfe dieses sehr-literarischen Halunken Hirsch eine Falle gestellt –, und ich bin hineingetappt[4], beraten von meinen »Freunden« Ingeborg, Lenz[5], Schallück.
   Nun gut.

Heute nachmittag wieder in der Cinémathèque: »Oktober« oder besser »Zehn Tage, die die Welt erschütterten« (nach dem Buch von John Reed, das ich Dir vor einigen Jahren geschenkt habe), in der Inszenierung von Eisenstein[6]. Die UdSSR hat diesen Film aus der Zeit vor dem stalinistischen Terror, er ist von 1928, aus den Archiven geholt, und im Vorspann, vor den Bildern, konnte man lesen, daß er dem Proletariat von »Piter« gewidmet war – das ist der volkstümliche Name für Petersburg – :

Питерскому Пролетариату[7],

darauf,
Du kennst mich ja, habe ich applaudiert.
– Pst! Keine Reaktion!
Das bekam ich zur Antwort, und das hat sich durchgesetzt in einem Saal, in dem niemand meinen Applaus unterstützt hat. Dabei waren immerhin Leser des »Observateur« darunter ... Aber der »Observateur«, das ist der »Linksradikalismus«, das sind die Liebhaber der Série noire, die Schwulen, l'Idhec[8], der Yea-Yea-Marxismus usw. usw.

Darauf habe ich, allein, Petersburg gesehen, die Arbeiter, die Matrosen der Aurora. Es war sehr ergreifend[9], erinnerte für Augenblicke an den »Panzerkreuzer«[10], erinnerte mich an die Gedanken und die Träume meiner Jugend, meine Gedanken von heute und immer[11], die immer-treue-immer-wahre-Dichtung, ich habe meine Spruchbänder gesehen, in großer Zahl, jene, die ich, vor gar nicht allzu langer Zeit, in dem Gedicht beschworen habe, das ich Dir geschickt habe – »Dunstbänder –, *Spruchbänder-Aufstand*«[12], ich habe die Oktoberrevolution gesehen, ihre Männer, ihre Fahnen, ich habe die Hoffnung gesehen, immer unterwegs, Schwester der Dichtung, ich habe ...

Dann, in einem bestimmten Augenblick, dem Augenblick, in dem die Aufständischen den Winterpalast besetzen, fing das Ganze an, die Dichtung aufzugeben und Kino zu werden, Filmaufnahme, tendenziös und übertrieben, die Zwischentexte gerieten zur Propaganda – alles das, was die Geschichte und ihre herausragenden Gestalten ausmachte, blieb draußen, war sonstwo, von Anfang an, das, was weniger überzeugend war, die Rolle der Sozial-Revolutionäre von links, wurde völlig unterschlagen – darauf ließ der Druck nach, das Herz suchte nach Stille (gewonnen, verloren, wiedergewonnen), umgab sich damit und führte mich nach draußen, allein, wie ich hereingekommen war, ging ich an dem Spalier der kinoversessenen jungen Leute und der jungen Mädchen »mit tupierter Frisur«[13] vorbei, übertrieben geschminkt wie sie waren, in Hosen, so etwas wie linksangehauchte Jugend aus den schönen Vierteln[14], willensschwach und schlaff. – Aber einige waren sicherlich darunter, die, sich darauf einlassend, auch hier um die furchtbaren Finsternisse wußten.

>   Es leben die Matrosen von Kronstadt!
>   Es lebe die Revolution! Es lebe die Liebe!
>   Es lebe Petersburg! Es lebe Paris!
>   Es lebe die Dichtung!

Paul

268

[Paris] Dienstag, 24. August 1965

Ma Chérie,

hier ist ein Brief von Lisou[1], der heute morgen angekommen ist, ich habe mir erlaubt, ihn zu öffnen.

Jacques angerufen, der mir sagt, daß es ihm besser geht[2]. Ich werde ihn morgen um vier im Krankenhaus besuchen. Jacqueline ist bei ihrem Vater[3].

Keine Nachricht von Eric, aber das Wetter ist schön, er vergnügt sich wohl, er vergnügt sich bestimmt.

Ich erwarte Sie. Gute Reise! Gute Ankunft!

Paul

269

Paris, Gare de l'Est, den 1. September 1965[1]

Guten Tag, ma Chérie, guten Tag und auf Wiedersehn und bis bald!
Guten Tag, mein lieber Eric, bis bald.
Ruht Euch aus, vergnügt Euch, arbeitet ein wenig.
    Ich umarme Sie.
Auf Wiedersehn![2]

Paul

Freundliche Grüße an Jean-Pierre. Freundschaft[2]!

270

FRANKFURT AM MAIN, so wie es nicht oder nur sehr wenig ist
Mainpromenade¹ 2. IX. 1965

Ma Chérie, ich bin jetzt in Frankfurt, nach einer guten Reise. – Dumitriu schlief, er arbeitet nur nachmittags². In der Stadt. Notizbücher³ gekauft. Buchhandlung: in der Reihe »Der Dom« (in den zwanziger Jahren von Insel veröffentlichte Mystikerreihe) die Schriften Ruisbroecks gefunden, den Michaux, neben Lautréamont, seinen »genialen Kumpan«⁴ nennt. – Telefongespräche: Dr. Lotsch⁵, den ich morgen mittag sehe. Unseld, der mich für Montag abend zum Abendessen eingeladen hat. Frau Kaschnitz bis Montag abwesend. Es ist halb elf, ich werde zu Insel gehen wegen der Steuergeschichte⁶.

        Ich umarme Sie mit Eric
            Paul

271
        Moisville, 2. September 1965
Mon chéri,
 Ich wollte Ihnen sagen, endlich, ich habs geschafft und mich wieder an die Arbeit gemacht. Mutig. Schon gestern, vor Deiner Abreise, aber ich wollte es Dir nicht sagen, denn es war nur ein Anfang, und es hätte dabei bleiben können – Aber nein, ich habe auch heute wieder gezeichnet, Aufzeichnungen durchgesehen, die ich dort gemacht habe¹, mich erinnernd, glaube ich, sie dort wahrgenommen und erfaßt zu haben, ich versuche, nichts entkommen zu lassen – Ich habe nachgedacht und mindestens zwei Radierungsprojekte ausgearbeitet, über die ich noch nicht sprechen kann. Ich habe auch ein wenig in »Art abstrait« von Brion gelesen und mir einige Zeilen notiert, darunter diese Worte:
 »La figure est un support, mais elle est aussi une limite, et c'est en s'affranchissant de cette limite que l'abstraction peut entrer en communication avec le sacré.«
 »Le rythme relie les données disjointes de l'espace et du temps et les dénoue, les libère, les parachève et fait tout rentrer dans l'ordre de l'unité.«²

Ich kümmere mich auch nicht wenig um die Arbeit der Kinder, was mir allein schon bei der Vorbereitung Zeit nimmt, und weil das Niveau im Deutschen verschieden ist, habe ich doppelte Arbeit damit – Wir sehen die logischen und grammatikalischen Analysen durch – Eine Zug-Aufgabe, die ich schlecht gelöst habe!... Martine Desmares[3] kommt morgen zurück. Das alles nimmt mir drei Stunden am Tag und zwei für die Kinder, doch in Anbetracht des furchtbaren Wetters, Regen und große Kälte, ist das eine gute Beschäftigung.

Heute morgen eine der Rasenflächen gemäht (rechts) – Der Regen hat mich daran gehindert, auch auf die andere zuzugehen, obwohl es dringend wäre – Unmöglich, ins Schwimmbad zu gehen –

Ich denke an Dich, an Dich in Deutschland angesichts dieser schwierigen Menschen, doch stark, weil Deine Arbeit abgeschlossen ist und weil Du Freude und Erstaunen empfindest über den Michaux[4] – Schau, betrachte, beobachte ohne vorgefaßte Meinung, ohne Strenge, Du hast es nicht eilig, Dich für den einen oder andern zu entscheiden, Du mußt es gut bedenken[5]. Das ist schwierig.

Ich hoffe, schon bald Nachrichten von Dir zu bekommen. Daß alles gut abläuft!

Sag mir, ob Du Italien immer noch ins Auge faßt? Dort hättest Du zumindest Sonne. Komm o Sonne[6]! Wie Dein Sohn lernt.

Ich umarme Dich

Gisèle.

Ich habe mehrere Briefe an Leute aus La Messuguière geschrieben, an Madame Viénot. Ich habe eine gewisse Mühe, von dort zurückzukommen, es ist, als ob ich meinen Aufenthalt verlängerte, indem ich darüber rede!

272

FRANKFURT INTERCONTINENTAL[1]   Wilhelm-Leuschner-Str. 43
6000 Frankfurt am Main 1
Tel. 33 05 61

Frankfurt, 4. September 1965

Ma Chérie,
    nur ein Wort.
Ich hoffe, daß es Euch gutgeht, Ihnen und Eric.
Die Arbeit hier mit Leonhard gestern und vorgestern hat gut ge-

klappt. Ich hoffe, heute abend oder morgen fertig zu sein. Außerdem muß Leonhard morgen abend heimfahren, da seine Frau vor einigen Tagen an der Gallenblase operiert worden ist.

Dumitriu ist nach Wien gefahren, wo Musulin schon wartete, angeblich wegen des Historikerkongresses[2].

Am Montag werde ich noch Einzelheiten über den Druck des ersten Bandes von Michaux regeln müssen, dann werde ich einige von mir übersetzte Seiten diktieren.

Am Montag abend sehe ich Unseld, bei ihm zu Hause. Beim Insel Verlag* sind die Einzelheiten wegen der Steuern geregelt, ich habe das bis 1967 gültige Papier, das auch für S. Fischer gilt[3].

Mit Krolow[4] telefoniert, mit Frau Kaschnitz telefoniert, die am Montag zurückkommt.

Werde ich nach Italien (oder besser nach Vicenza) fahren? Vielleicht, ich habe ein wenig Lust dazu.

Wir halten stand. Nous maintiendrons.[5]

Ich umarme Sie, mit Eric.

Paul

Komisches Papier, nicht wahr. Es ist ganz und gar »intercontinental«[6].

* man ist dort äußerst höflich gewesen.

273

FRANKFURT Wilhelm-Leuschner-Str. 43
INTERCONTINENTAL 6000 Frankfurt am Main 1
Tel. 33 05 61[1]

Montag, 6. September 1965

Mon Aimée,

Ihre beiden ersten – so schönen – Briefe[2] heute morgen: danke. Danke. Danke für Sie, für Eric, für alles.

»Komm o Sonne.«[3]

Es geht mir gut. Sogar heute morgen bin ich in einer kleinen poetischen Trance, einer Art Überschäumen: ich habe ein kleines Gedicht geschrieben, das ich Ihnen heute abend oder morgen abschreiben und das ich Ihnen kommentieren werde[4].

Die Arbeit mit Leonhard hat gut geklappt. Heute morgen ist er wieder nach Esslingen gefahren: seine Frau war dort am Tag vor seiner Ankunft an der Gallenblase operiert worden. Er wird am Donnerstag von dort zurückkommen, und wir werden noch für gut zwei Tage Arbeit haben. Werde ich nach Italien fahren? Ich weiß es nicht. Offen gestanden dachte ich nicht mehr daran, hinzufahren, aber da Sie mich in Ihren Briefen dazu ermuntern ...
Heute abend gehe ich zum Essen zu den Unselds.
Nachher – es ist zwei Uhr nachmittag – zum S. Fischer Verlag.
Heute morgen wieder versucht, Sie in Moisville anzurufen: nichts zu machen, es war etwa zwei Stunden lang »besetzt«. Aber ich habe über Jacques erfahren können, wie es Ihnen geht.
Sagen Sie Jacqueline und ihrer Mutter, daß ich an sie denke. Ich habe durch Jacques erfahren, daß der alte Lévy[5] vor zwei Tagen gestorben ist. Ich denke an den alten Lévy.
Arbeiten Sie gut, mein Geliebtes. Wir kommen hoch, wir sind mitten im Aufstieg. Und Eric steigt mit uns auf, neben uns. Umarmen Sie ihn.

Ich umarme Sie
[ohne Unterschrift]

Freundschaft[3] für Jean-Pierre

274

Les trois Bouleaux[1]
Moisville
Montag, 6. September 1965

Mon chéri,
Ich erfahre durch Jacques, den ich gerade angerufen habe, daß Du mich nicht erreichen konntest und daß Du bis Ende der Woche in Frankfurt bleibst. Nun, was soll ich sagen? Machs gut und Gute Arbeit. Und anschließend! Wo fährst Du hin? Ich werde natürlich versuchen, Dich anzurufen, aber heute abend bist Du wohl bei Unseld, und wann soll ich Dich anrufen?
Hier geht alles gut. Die Delrues[2] sind gerade eine Stunde hier gewesen, es sind Leute, die vom Geld verdorben und egoistisch sind, wie man sich das gar nicht vorstellen kann, aber ansonsten sind sie nett und sympathisch, vor allem er – Aber wirklich, ihre Reaktionen angesichts der Schwierigkeiten von Jacques und Jacqueline[3] sind so gut wie nicht vorhanden – Mimi ist also bis Samstag da, glaube ich,

und alles läuft wunderbar. Da der Direktor von Janson[4] noch nicht empfängt, denke ich, Montag oder Dienstag für einige Stunden nach Paris zu fahren –

Ich schreibe Dir vor einem prächtigen Feuer, umgeben von Rosen in einem sehr schönen Zimmer – Die Kinder spielen draußen. Heute »hat Zeus nicht ständig geregnet«[5], so daß ich endlich die zweite Hälfte des Rasens mähen konnte – Aber die Unkräuter sind fast immer alle da – Es herrscht schlechtes Wetter, es gelingt mir nicht, draußen zu arbeiten. Da ist eben nichts zu machen. Die Hauptsache ist die wahre Arbeit, die Arbeit an der Radierung – Gestern habe ich mehrere Stunden damit verbracht, ich habe es Dir geschrieben. Heute morgen auch, aber es ist noch nichts endgültig –

Der Schwung ist da, und das ist schon viel.

Sophie[6] scheint sich etwas ermüdend anzulassen. Aber da muß man eben durch. Ein Pastis hilft dabei, genauer, der zweite, ohne mich die Sonne sehen zu lassen, hilft mir in dem Sinne, daß ich das angenehm finde – und genaugenommen tut es gut, dort, wo es durchkommt. Aber ich übertreibe nicht, hab keine Angst!

Ich habe heute morgen Deinen Brief bekommen, für den ich Dir danke, und ich freue mich über Deinen Mut, über Dein solides und gründliches Wiederhochkommen, das mich ernstlich aufmuntert. Auch für Dich eine Karte von den Allemanns aus Sils[7] bekommen, einen Brief von Jokostra, der im Var gewesen ist und ein kritisches Buch über Frankreich schreibt (in was mischt er sich da ein?). Er scheint sehr zufrieden mit sich zu sein, macht nicht mit bei der Anthologie von Domin – Versteht nicht, warum es Mißverständnisse zwischen Euch beiden gibt wegen Döhl und Exner, zumal der letztere der »erträglichste« von »ihresgleichen«[8] ist – und er liebt Deine Dichtung – Ungefähr das, vor allem ein gutes Gewissen – Eine Fotokopie vom Verlag der Nation, von der DVA geschickt, der Dich für eine Anthologie mit Graphiken um »Schibboleth«[9] bittet (bezahlt nur mit zwei Belegexemplaren). Das ist alles. Das genügt, und es ist ungenügend –

Aber was soll man sagen? Das Wichtigste, nicht wahr, ist doch, wieder von vorn zu beginnen, zu arbeiten und vor allem, *sich zu lieben*.

Mit diesem schönen Wort werde ich aufhören, in meiner angenehmen Küche meinen häuslichen Pflichten nachgehen, die Kartoffeln wieder aufwärmen und ein Stück Huhn für die Kinder aufschneiden. Dann werde ich ihnen »Die silbernen Schlittschuhe« vorlesen. Da Jules Verne wirklich unlesbar ist[10] –

Anschließend werde ich ein wenig zu arbeiten versuchen, oder ich werde mich von neuem in den Frazer vertiefen: »Die Götter des Himmels«, die mir erlaubt haben, Dir zu sagen, daß »Zeus nicht ständig geregnet hat«!
Ich warte auf Nachrichten von Dir. Auch über Deine Pläne für Vicenza.

Ich umarme Dich, mon chéri,

Gisèle –

Eine ziemlich schöne Stunde mit den drei Kindern, die meinem Vorlesen dreiviertel Stunden lang gespannt zugehört haben. Es macht Freude, Freude machen zu können. Eric und Jean-Pierre machen sich vor Mimi ein wenig wichtig, doch mit einer Nuance respektvoller Bewunderung, die ziemlich rührend ist. Ich denke, daß sich das Trio gut versteht. Ich habe nach dem nächsten Schwimmbadbesuch ein Mittagessen in der Auberge Normande[11] versprochen! Aber ob es zu dem Schwimmbadbesuch kommen wird, ist überhaupt nicht sicher – Alles ist ruhig und still –

Mein langer Abend beginnt – Die Nächte sind trotzdem immer noch ziemlich schlecht. Ich habe idiotische Alpträume gehabt und bin sehr spät eingeschlafen. Aber ich habe auch geträumt, daß Sie mich küßten, und zwar gegen drei Uhr morgens, und das Erwachen war eher unangenehm, denn ich war allein und habe nichts begriffen. Ich hatte Mühe, wieder zu mir zu kommen.

275

[Moisville, 7. 9. 1965]

Dienstag, 7. September – Aux trois Bouleaux – In meinem brieflichen Ungestüm – und mitgerissen von meiner Unterhaltung, habe ich Deine Post vergessen, entschuldige bitte, ich mache den Brief[1] nicht mehr auf, sondern schicke Dir dies gesondert.

1. Insel: die Fotokopie des Finanzamtes[2], Du weißt Bescheid.
2. Wahlkontor deutscher Schriftsteller, Berlin (unterschrieben, nach dem, was ich lesen kann, und ohne mir sicher zu sein: Hubert Fichte und Klaus Rickles[3]):

Sehr verehrter P. C.,

ohne parteipolitisch gebunden zu sein, versuchen wir, eine Veränderung der deutschen Politik zu unterstützen und setzen dabei

einige Hoffnung auf die Sozialdemokraten. Deshalb haben wir den vorliegenden Aufruf verfaßt. / Ihre Stimme zählt im öffentlichen Leben Deutschlands. Wir hoffen, daß unser Aufruf Ihren Meinungen nicht widerspricht, und bitten Sie um Ihre Unterschrift. Es ist aus technischen Gründen nötig, daß wir Ihre Entscheidung möglichst bald erfahren. Der Aufruf wird als Inserat in allen überregionalen Tageszeitungen, Wochenzeitungen, Illustrierten und in Zeitschriften erscheinen. / Mit den besten Empfehlungen
Es folgt der »Aufruf für eine neue Regierung« und die Unterschriften von Bender, Buchholz, Eich, Grass, Goes, Härtling, Hagelstange, G. Hartlaub, W. Jens, H. W. Richter, Schallück, Wagenbach, Stomps, Ernst Bloch und noch andere[4] –

Das ist alles, morgen früh, wenn noch was anderes kommt, werde ich es aufschreiben, bevor ich nach Dreux fahre.

Heute morgen Deinen Brief erhalten, Deinen guten Brief, freue mich, daß alles gut zu gehen scheint.

Nichts für Dich. Ein paar Zeilen von der Tante, deren Kuchen zwischen Paris und hier herumzuschwirren scheint ...[5]

Wir fahren nach Dreux, um Einkäufe zu machen, aber keine Hoffnung fürs Schwimmbad. Ein schreckliches Wetter –

Komm o Sonne!
Die Natur gern haben!
Zu Hause bleiben!
Nach Hause gehen![6]
Das sind die letzten Errungenschaften Deines Sohnes!

[ohne Unterschrift]

276

[Moisville] Les Trois Bouleaux
9. September 1965

Mon chéri, schon gestern habe ich Ihnen geschrieben, dann aber den Brief zerrissen, weil ich nicht wußte, wo ich ihn hinschicken sollte. Werden Sie morgen noch in Frankfurt sein? – sicherlich, aber die Post aus Moisville kann Sie nicht mehr erreichen, und wo werden Sie anschließend sein? Schade, aber ich muß trotzdem mit Ihnen plaudern, vielleicht würde ich eine Adresse bekommen, an die ich Ihnen meine Tagesberichte schicken kann.

Heute: Arbeitstag. Die verbrannten Pinienstümpfe aus dem Estérel sind mit Macht in meinen Kopf zurückgekommen, ich habe versucht, etwas daraus zu machen, und dann sind mir die Figuren Giacomettis erschienen[1]. Ich habe einen sehr eindeutigen Bezug zwischen den beiden gesehen. Ich habe gezeichnet, mehrere Blätter mit einem mehr oder weniger genauen Tasten. Nach einiger Zeit dachte ich, daß es soweit ist, daß meine Radierung entstehen würde, daß ich das Recht hätte, die Möglichkeit, das Papier für das Kupfer aufzugeben, aber es kam etwas anderes, jedesmal gebieterischer.

Schließlich entscheide ich mich, ein schönes Kupfer, sehr sauber, gut abgerieben, ich fange an. Nach Stunden der Arbeit im Hinblick auf eine erste Ätzung. Ich glaube, daß es gut ist, die Ätzung, wie ich sie wollte, gelungen. Und jetzt, von neuem die Unentschlossenheit, ich dachte weiterzumachen, ich hatte noch mindestens einen großen Arbeitstag in zwei Etappen vorzusehen. Was tun? Wenn Du da wärst. Soll ich weitermachen, um mein Projekt konsequent durchzuführen? Oder soll ich aufhören. Denn ich glaube, daß es steht, das Wesentliche ist da, und daß alles übrige, viele Dinge sollten noch kommen, überflüssig wäre.

Nun bin ich ganz allein mit meinen einsamen Figuren.

Im Augenblick könnte man es »Bewegung« nennen. Zu Anfang war es fast auf bizarre Weise eine: »Hommage an Giacometti und an die verbrannten Pinien des Estérel«! Soll ich mich an diese »Bewegung« halten oder weiter vorstoßen, zu Giacometti und den Pinien hin? Natürlich ohne daß es deshalb dieser Titel sein wird!!...[2]

Vielleicht warte ich mit einem Abzug auf Deine Rückkehr! Vielleicht muß ich aufhören und eine andere Radierung machen, die in die erste Richtung geht. Ich weiß es nicht, ich weiß es nicht. Die Versuchung!!

Ich habe den ganzen Morgen über gearbeitet – werde ich Dir sagen, daß mir Eric aus eigenem Antrieb einen heißen Kaffee und getoastetes Butterbrot ans Bett gebracht hat! –, den ganzen Morgen und den ganzen Abend über. Morgen hoffe ich wieder arbeiten zu können.

Das Wetter ist ziemlich schön, und die Kinder haben draußen gespielt!

Ich kann es kaum erwarten zu erfahren, wie Deine Woche gewesen ist, sowohl für die Arbeit mit Leonhard als auch für die Begegnungen mit Verlegern und Schriftstellern. So viele so schwierige Beziehungen als echte Beziehungen anzuknüpfen!

Mein Schwachpunkt: die unregelmäßigen und von Alpträumen

und angstvollem Erwachen gespickten Nächte, ich dehne sie aus bis gegen neun Uhr, da es mir nicht gelingt, ganz wach zu werden. Die Augen, die ich mühsam öffne, bleiben lange schlaftrunken.

Gestern habe ich wieder Gedichte aus »Von Schwelle zu Schwelle« gelesen, ich habe sie sehr gemocht. Ich habe auch in einer Anthologie[3] Du Bellay und Ronsard gelesen, aber ich vermag, außer den Ihren, nur die Gedichte von Michaux und von Supervielle zu lesen. Ich habe lange in den Reihen französischer Dichtung in unserer so schönen Bibliothek herumgeblättert, aber ich komme immer wieder auf dieselben zurück –

Ich warte auf das Gedicht, das Du mir angekündigt hast, und ich freue mich über Deine »poetischen Trancen«! Es geht Dir so gut im Augenblick, Du arbeitest, Du bist ganz neu. Mögen noch in diesem Winter Gedichte kommen! Aber auch Radierungen!

Mit Eric: »Wie schön ist es im Herbst!«
»Das Laub wird gelb, rot und braun.«[4]
Es klappt sehr gut, wir lesen, er versteht, das öffnet sich, und ich bestehe nicht allzusehr auf dem Wortschatz, auch nicht auf dem Gedächtnis, er errät, richtig, er merkt das und ist darüber ganz froh. Am Montag werde ich am späten Vormittag mit den Kindern nach Paris fahren, wir werden bei Jacqueline zu Mittag essen, Jean-Pierre wird Jacques besuchen, und ich werde mit Eric den Direktor[5] aufsuchen. Am Abend werden wir nach Moisville zurückkehren, und endgültig nach Paris dann am Samstag, dem 18., ich denke, am Nachmittag – Schulanfang ist am 20.

Und Du, wo wirst Du bis dahin sein? Wenn ich Dich wenigstens telefonisch erreichen könnte! Aber wann?

Ich hoffe, wenn sich alles wie vorgesehen mit der Schulkantine für Eric organisieren läßt, daß ich öfter ins Atelier komme, vielleicht drei Tage in der Woche. Daß ich auch meine Galeriebesuche wieder aufnehmen kann – Ich hoffe auf ein gutes Arbeitsjahr für uns beide. Ein wenig wie unser erstes Jahr in der Rue de Longchamp[6]! Ich frage mich, was Du unternehmen wirst, ob Du etwas Schönes übersetzen wirst. Ich freue mich, wenn Du Pläne machst wie neulich mit Altmann[7]!

Freitag, 10. Es ist schönes Wetter, wir fahren nach Dreux, ich werfe den Brief ein!... Keine Nachrichten von Dir heute morgen.
    Wo bist Du?
                      Ich umarme Dich, wo Du bist
                                  Gisèle

277

[Frankfurt a. M., 10. 9. 1965, *Telegramm*]

Der Michaux ist abgeschlossen[1] ich fahre morgen über Innsbruck nach Italien umarme Sie mit Eric

Paul

278

FRANKFURT　　　　　　　　　　　Wilhelm-Leuschner-Str. 43
INTERCONTINENTAL　　　　　　　6000 Frankfurt am Main 1
　　　　　　　　　　　　　　　　　Tel. 33 05 61

Frankfurt, den zehnten / neunten 1965

Mon Aimée,

Sie haben mein Telegramm bekommen – ich fahre tatsächlich morgen früh nach Italien, nach Verona, dann von Verona nach Vicenza, aber nicht über Österreich, die Pässe sind überflutet, sondern über die Schweiz. Der Zug, über Basel, ist bis Mailand direkt, wo ich morgen abend um 17 Uhr 32 sein werde.

Kein Halt in Basel. Aber in Mailand werde ich die Gelegenheit nutzen, um mit Mondadori (Frl. Calabi[1]) zu sprechen. Nach Mailand Verona. Dann Vicenza. Padua, Parma, Ferrara? Vielleicht. Bei der Rückfahrt kurzer Aufenthalt im Tessin, um Robert Neumann[2] aufzusuchen. Dann Rückkehr nach Hause, zu Ihnen, zu unserem Sohn, nach Paris, nach Moisville.

Bravo, mein Sohn, Du kannst schwimmen! Ich gratuliere. Ich bin stolz auf Dich.

Michaux (I) ist fertig. – Heute abend besuche ich Unseld wieder, in Gegenwart von Martin Walser, dann Diskussion. Nichts Endgültiges. Aber im Grunde korrekte Angebote[3].

Ich liebe Sie. Es lebe unsere Liebe. Es lebe unser Sohn Eric. Es lebe die Poesie. Es lebe die Wahrheit. Es leben die Juden.

Immer der Ihre
Paul

Danke für Ihre Briefe, Ihre so schönen Briefe. Danke. Bis bald. Für immer.

279

[Paris, 11. 9. 1965, *Telegramm*]

Ich bin nach Hause gekommen[1] alles geht gut rufen Sie mich an ich rufe Sie an und umarme Sie mit Eric

Paul

280

78, RUE DE LONGCHAMP. XVIe
[Paris, 19. 9. 1965]

Ma Chérie, mon Aimée,

Sie werden schnell aus dieser Heimsuchung[1] herausfinden, sie werden größer, geheilt, bereichert herausfinden, Sie leben und Sie werden leben, mit mir bei unserem Sohn Eric, Sie werden zahlreiche glückliche Jahre verleben, Jahre voller Liebe, voller Arbeit, voller Glück, gemeinsam werden wir dieses Leben führen, ja, gemeinsam werden wir es führen, Sie, indem Sie, auch, Radierungen machen, auch Ölbilder, wenn es Ihnen Spaß macht[2], Sie werden schöne Dinge sehen, sie werden zu Ihnen kommen, in aller Schlichtheit, zahlreich, Sie werden, wie ich und unser Sohn Eric, das Judentum im Herzen tragen, das wahre, Sie werden mit mir sehen, wie Eric beim Lernen Fortschritte macht, er wird auf die Universität gehen, einen schönen Beruf ergreifen, sich verheiraten, mit einer Frau, die seiner würdig ist, Sie werden mit mir Eric und seine Frau besuchen, unsere Enkelkinder, Jungen und Mädchen, ja, Sie werden das alles erleben und alles, was wahr und schön ist.

Paul

19. 9. 1965

281

[An Eric Celan]
78, RUE DE LONGCHAMP. XVIe
[Paris, 19. 9. 1965]

Mein Sohn Eric, Du lebst, Du wirst leben, Du wächst, Du wirst wachsen, Du wirst ein aufrechter, mutiger Mensch werden, Du lernst und wirst lernen, Du schreibst und Du wirst schreiben, Du singst und Du wirst singen, Du liebst und Du wirst lieben, Du wirst geliebt und Du wirst geliebt werden, Du wirst eine Frau haben, die

Deiner würdig ist, intelligent und schön, Du wirst Kinder haben, Jungen und Mädchen, Du wirst einen schönen Beruf haben, Du wirst loyale und offene Freunde haben, Du wirst gerecht und mildtätig sein, Du wirst die Dichtung lieben und wirst Gedichte machen, Du wirst Religion haben und die der andern respektieren, Du wirst ein guter Jude sein, Du wirst immer gesund sein, lange gesund sein, ein wahrer Mensch.

Dein Vater

19. 9. 1965

282

[Paris] 24. 9. 1965[1]

Gezinkt der Zufall, und zerweht die Zeichen
Gezinkter Zufall, doch zerwehte Zeichen

    Luftdurchstoßen Irr- und Abersinn

Farbenbelagerte, zahlenbelagerte[2]
Liebe
Farbenbelagerte, zahlenbelagerte
Wahrheit
Farbenbelagerter, zahlenbelagerter
Mensch:
Mit Hilfe von oben
wirst Du frei, mit Liebe und Wahrheit,

Eric, du wächst, groß und gesund

283

78, RUE DE LONGCHAMP. XVIe
[Paris, 10. 10. 1965]

Ma Chérie,
   wir sind seit beinahe dreizehn Jahren verheiratet, seit vierzehn Jahren leben wir zusammen. Wir haben zwei Kinder verloren[1], wir haben Eric, der an unserer Seite wachsen soll, den wir erziehen müssen.

Uns zu trennen wäre der Sieg unserer Feinde. Ich lasse diese Trennung[2] nicht zu. Ich lasse nicht zu, dieses Haus zu verlassen, mein Haus. Hier werde ich kämpfen, noch und immer. Hier werden Sie Ihre Kräfte wiederfinden, Ihre Arbeit, Ihre Liebe, Ihr Verständnis, und Sie werden mir bei diesem Kampf helfen.

Hier wird mein Sohn Eric leben und wird wachsen, er, unsere Freude und unser Stolz.

Hier wird die Poesie leben. Hier wird unsere Liebe leben, unzerstörbar.

Paul

10. Oktober 1965

284

[Paris, 15. 10. 1965]

Weißt du, wir sind es noch immer.[1]

15. 10. 1965

285

[An Eric Celan]
[Saint-Jean-de Luz] 22. Oktober 1965

Mein lieber Eric, das hier für Deine Sammlung, eine sehr hübsche Ansicht des Hafens von St-Jean-de-Luz, wie ich sie heute morgen sehen konnte, als ich aus dem Zug gestiegen bin[1]. Vor dem Bahnhof stand ein riesiger Baske, der sich der Springende nannte, und ganz grün: es war ein Bus (den ich vielleicht nehmen werde, um nach Ascain zu fahren). Dann, sehr viel kleiner und unter (Basken-)-mützen... Basken[2]. Thunfisch und Wiederthunfisch, ein ziemlich schöner kleiner Strand, beherrscht von prächtigen und geschlossenen Hotels. Die Stadt ist von der Art schmuck und sommerlich.

Arbeite fleißig, vergnüg Dich schön, sei nett zu Mama und umarme sie von mir.

Ich umarme Dich

Dein Vater

286

[An Eric Celan]
[Ascain] 22. Oktober 1965

Mein lieber Eric,

Dein Vater, so baskisch schon, wird immer baskischer: jetzt ist er, um drei Uhr nachmittags, dank des »Springenden« in Ascain, einem »typisch baskischen« Dorf, wie es im Fremdenführer heißt. Sehr weiße Häuser, sehr geleckt, mit Ziegelhut, schön bemalten Fensterläden, grün oder rot. Das alles gut angeordnet, gut aufgeräumt um die Leere der Nachsaison herum. –

Dem Gespann, das Du siehst, bin ich gerade begegnet: wahrscheinlich kamen sie mit neu geschorener Perücke[1] vom Friseur. – Umarme Mama!

 Ich umarme Dich   Dein Papa

287

[An Eric Celan]
[Hendaye] 22. Oktober 1965

Mein lieber Eric,

Am selben Tag, etwas weiter, in Hendaye. Ich bin über die Straße an der Steilküste hierher gekommen – es ist 14 Kilometer von St-Jean-de-Luz entfernt –, ich habe den Ozean zu meiner Rechten gehabt, ruhig, blau, einmal, in der Ferne, hat eine Welle, sehr weiß, für mich den namenlosen Fisch[1] gespielt. – Hier bin ich bis zur Grenze gegangen, es ist eine Brücke[2], auf der anderen Seite habe ich die Stadt Irún erblickt.

Ich liebe diese Karte sehr, die mit so wenig drauf alles sagt.[3]

Umarme Mama – ich umarme Dich

                Dein Vater

288

Pau, Hotel Beaumont[1], Place Royale
den 23. Oktober 1965

Ma Chérie, ma Très-Aimée,

Noch einmal herzliche Glückwünsche zum Jahrestag[2]! In zwei Monaten wird es unser großer Jahrestag[3] sein, mögen wir noch viele andere haben, im Vollbesitz unserer Kräfte, *aller* unserer wiedergefundenen Kräfte, uns der Erziehung Erics widmend!

Ich umschlinge Sie mit meinen Armen,
 Ich halte Sie, ich
  küsse Sie   Paul

289
                                              [An Eric Celan]
                                              Pau, 23. Oktober 1965

Mein lieber Eric, ich habe gerade das Schloß besichtigt, mit seinen französischen Decken (mit sichtbaren Balken und Kassetten), seinen Möbeln (Gotik, Renaissance und Louis XIII. usw.), seinen Gobelins und flämischen Tapisserien, seinen Baldachinbetten, seinen Pendeluhren, seinen Kaminen.
    Das hier ist Schildkrötenpanzer (oder Schildpatt), in dem, wie es heißt, der gute König Henri gewiegt worden ist.[1] – Aber viele sind »außer-Schildkröte« gewiegt worden, darunter Du und ich.
    Ich umarme Euch, Mama und Dich.
                                              Dein Vater

[am Rand:] Bravo für Deine zwanzig Punkte[2] in Konjugation! Mach weiter so!

290
                                              [An Eric Celan]
                                              [Pau] 23. Oktober 1965

Mein lieber Eric, die Sonne, die, wie die Zeitungen berichten, vorgestern ein großes Stück des Kometen mit dem japanischen Namen[1] geschluckt hat, der sich ihr zu nähern wagte, diese Sonne also dauert über dieser guten Stadt Pau fort, wo ich in einem Hotel an der Place Royale[2] die Nacht verbracht habe und wo die Statue von Henri IV. steht, »lou nouste Henric« auf béarnaisisch, Du weißt doch: das ist der, der Frankreich dem Béarn, das Huhn dem Topf und seinen Namen einem Tournedos gegeben hat, das ich gestern abend gekostet und mit einem guten Landwein aus der Gegend begossen habe.
    Ich umarme Deine Mutter, und ich umarme Dich

                                              Dein Vater

291

[An Eric Celan]
[Tarbes] 23. Oktober 1965

Mein lieber Eric, das Wetter ist schön, und ich bin, um es zu sehen, aber auch, um Dir eine neue Karte zu schicken, nach Tarbes gefahren, der Hauptstadt des ehemaligen Landes Bigorra. Es ist das Departement *Hautes*-Pyrénées, das Pyrenäen-Hochgebirge, doch ich habe nicht im mindesten die Kühle der Höhe verspürt. Die Stadt ist, offen gestanden, häßlich. Im Zug waren eine Menge Leute, die nach Lourdes fuhren, das auf dem Weg lag. Stellenweise ließ sich das Gebirge blicken. Ich habe ein kleines Gedicht geschrieben.[1]
Ich umarme Euch, Mama und Dich.

Papa

292

[An Eric Celan]
Pau, den 24. Oktober 1965

Eric, mein lieber Sohn! Es ist Sonntag, ich hoffe, Du vergnügst Dich gut mit Deinen Freunden. Mama ist sicherlich ihre Freundin in Reims[1] besuchen gegangen – sie wird heute abend da sein, und Du wirst ihr so viele Dinge zu erzählen haben!
Gestern abend, als ich aus Tarbes zurückkam, habe ich zwei Gedichte geschrieben[2], dann habe ich lange, stark an Dich und Mama gedacht.
Ich umarme Euch, Dich und sie.

Dein Papa

Gute Schule, gutes Gymnasium! Gruß!

293

Toulouse, Montag, 25. Oktober 1965

Ma Chérie,
Ich denke an Sie, ich denke an unseren Sohn, an unsere Liebe.
Ich möchte, daß Sie wissen, wie sehr ich an unsere Liebe glaube. Meine Kräfte – sie sollen mir wiederkommen, und auch die Ihren werden wiederkommen. Eric ist stark und mutig, intelligent – seine Schwierigkeiten sind nur vorübergehend.

Pau, gegenüber den Pyrenäen, war ruhig. Hier, unter einem etwas wolkenverhangenen Himmel, ist es laut, sehr laut. Ich werde, nachher, den Zug nach Montpellier nehmen. Zuvor werde ich versuchen, Sie anzurufen.
Anschließend werde ich langsam wieder hochkommen.
Ich sehe Sie, ich schaue Sie an.
Ich umarme Sie, meine Geliebte, ich halte Sie und stütze Sie, ich umgebe Sie mit Zukunft

Paul

294

[An Eric Celan]
[Toulouse] 25. 10. 1965

Lieber Eric! Ich schicke Dir einen Gruß aus Toulouse[1]. Toulouse, die »rote« oder »rosafarbene« Stadt, so genannt wegen ihrer zahlreichen Backsteinhäuser. Die Basilika ist die älteste romanische Kirche Südfrankreichs und von einer sehr viel nüchterneren und imposanteren Schönheit als auf dem Foto.

Ansonsten erinnerte die Place du Capitole, im Stadtzentrum, zwischen ein und zwei Uhr ziemlich an den Boul'Mich', mit den Studenten und den Studentinnen in den Cafés. An Lärm fehlt es nicht, ganz im Gegenteil. – Gute Gesundheit! Bis bald. Ich umarme Euch, Mama und Dich.

Papa

295

[An Eric Celan]
[Montpellier] 26. Oktober 1965

Mein lieber Eric, hier ist die tägliche Postkarte, diesmal aus Montpellier, wo ich die Nacht verbracht habe.

Das Meer ist nicht weit weg, aber ich werde nicht hingehen, um den Fisch zu spielen. Ich habe Lust auf einige Höhen und Aufstiege. – Arbeite fleißig.

Ich umarme Deine Mutter, und ich umarme Dich.

Dein Vater

296

Avignon, den 26. Oktober 1965

Ma Chérie,
 ich sitze hier im Café de la Gare in Avignon, der Wallumringten, vor unseren beiden Platanenreihen[1], die voller Blätter sind und ein Kronengewölbe bilden.
 Ich werde mit Ihnen und mit unserer wiedergefundenen, erneuerten Liebe hierher zurückkommen[2].
 Hier noch ein kleines Gedicht, das ich heute nacht in Montpellier geschrieben habe[3].

Ich umarme Sie, ja.

Paul

Die Unze Wahrheit tief im Wahn,

an ihr
kommen die Teller der Waage
vorübergerollt,
beide zugleich, im Gespräch,

das kämpfend in Herz-
höhe gestemmte Gesetz[4],
Sohn, siegt.

Montpellier
25.10.1965

297

L'Isle-sur-Sorgue, 26. Oktober 1965

Ma Chérie,
 Avignon, unsere Hochzeitsstadt – ich schaue meinen Ehering an –, was hätte ich dort ohne Sie tun können? Ich habe es Ihnen vorhin gesagt, ich werde mit Ihnen dorthin zurückkehren, mit unserer wiedergefundenen Liebe.
 Mir ist der Gedanke gekommen, René Char aufzusuchen. Auch, um ein wenig aus den Städten herauszukommen, sich die Busse zunutze zu machen. Dann, in Richtung Fontaine de Vaucluse – erin-

nerst Du dich: ».... Und wir sangen die Warschowjanka. / Mit verschilften Lippen, Petrarca«[1], es war, zugewandt dem Sibirien der Exilierten, der Dichtung, Exil und Erde des Menschenstolzes, zugewandt jener »Judenglocke, wirst nicht grau«[2], es war, uns umfassend, mit Eric, unsere hartnäckige Existenzberechtigung, und das ist er noch immer – eben keine touristische Fontäne, kein Dichter-Terminus, keine Laura-die-Hostellerie.[3]

Die Landstraße nach Saumane entlanggegangen, das Haus Chars[4] gefunden – er war nicht da. Es ist gut so[5].

Ich bin einige Kilometer zu Fuß gelaufen, und ich habe diese provenzalische Landschaft wiedergesehen, die ich ohne Sie einfach nicht lieben kann.

Ich warte auf einen Bus. (Und auch auf etwas, das jenseits von Buß' und Schuld ist und mich wieder ins Lot bringt.)

Sie sehen: ich rede mit Ihnen, noch und immer.

Paul

298

[An Eric Celan]
[L'Isle-sur-la-Sorgue, 26. 10. 1965]

Guten Tag von hier, guten Tag von überall, für überall!
Bis bald! Gruß!

Papa

299

[An Eric Celan]
[Avignon] 26. 10. 65.

Hierher werden wir alle drei kommen, Mama, Du und ich, und wir werden tanzen[1] vor Freude. Aber in Paris gibt es ebenfalls Brücken, und auch dort werden wir auf unsere Weise tanzen.

Bis bald!

Papa

300

[Valence, 26. Oktober 1965]

Ma Chérie,

Valence – Gott, wie habe ich nur glauben können, es sei schön? Es kommt mir so nichtssagend vor.

Ein Gedicht, für Sie, mon Aimée, begleitet diese ärmlichen Zeilen[1], geschrieben von dem schlechten Reisenden, der ich bin[2]. Es sind unsere »grünen Berber«[3], die es mich, aus der Ferne, aus so großer Nähe, haben schreiben lassen.

Ich habe Sie zutiefst verletzt, ich weiß es. Aber meine Rückkehr aus Frankfurt[4], das war gewissermaßen die Rückkehr des Kriegers – des jüdischen Kriegers.

Meine Jüdin, ich umarme Sie. Umarmen Sie meinen Sohn, Jude, der, mit uns, kämpft[5].

Paul

In den Geräuschen, wie unser Anfang,
in der Schlucht,
wo du mir zufielst
– es war eine Schlucht –,
zieh ich die Spieldose auf, wieder,
du weißt:
die unsichtbare,
die
unhörbare.

Endgültige Fassung[6] –

Spieldose: boîte à musique / aufziehen: remonter

301

[Lyon, 27. 10. 1965[1], *Telegramm*]

Ich komme heute abend um dreiundzwanzig Uhr nach Hause umarme Sie mit Eric –

Paul

302

[Paris, 21. 11. 1965]

Um unsere Liebe wiederzufinden

Paul

21. November 1965

Das Wort vom Zur-Tiefe-Gehn[1],
das wir gelesen haben.
Die Jahre, wortlos, seither.
Wir sind es noch immer[2].

Weißt du, der Raum ist unendlich.
Weißt du, sie fliegen nicht weit.
Weißt du,
nur was ich dir zuschwieg,
hebt uns hinweg in die Tiefe

303

[An Monique Gessain]
78, RUE DE LONGCHAMP. XVIe
[Paris] 27. November 1965

Meine liebe Monique,
 hier ein paar Zeilen für Gisèle[1] – ich weiß nur durch Solange und telefonisch, wie es ihr geht.
 Bitte verstehen Sie mich: Gisèle muß mit Eric zurückkommen, Eric muß daheim sein, er muß wieder mit der Arbeit, dem Lernen beginnen.
 Ich bin zu einem ruhigen Gespräch bereit – meine Verwirrung kommt nur von dieser Entfernung, zu der ich natürlich durch meine Abreise nach England beigetragen habe[2].
 Ich danke Ihnen, Monique, für alles, was Sie tun werden. Schikken Sie mir ein paar Zeilen.

Paul

78, RUE DE LONGCHAMP. XVIe
[Paris] 26. November 1965

Ma Chérie, schnell, geben Sie mir ein Lebenszeichen, von Ihrer Hand, Nachrichten von Eric, von seiner Hand.

Ich warte – antworten Sie mir bald.

Ich umarme Sie, zusammen mit Eric

Paul

Schnell, ma Chérie, wir müssen alles tun für Eric, und wir werden ihm nach besten Kräften helfen zu leben.

304

[Paris] Dienstag, 30. November 1965

Paul Paul

Was soll ich sagen? Ich bin gestern mit Eric heimgekommen, er hat mutig wieder mit dem Unterricht am Gymnasium begonnen, auch ich werde wieder hochkommen, Madame Madger[1] wird mir dabei helfen.

Du mußt Dir also um uns keine Sorgen machen.

Aber Du mußt Dich behandeln lassen, Du mußt wieder zu Dir selber finden. Seit Deiner Rückkehr aus Deutschland, im September, ging es Dir nicht gut. Bitte, laß Dich behandeln, Du mußt, und verlier Deinen Mut nicht, Paul, Paul, bitte!

Gisèle.

305

[Suresnes, den 6?[1]. 12. 1965]

Ich bin, wie Sie sicherlich wissen, im Krankenhaus von Schloß Suresnes[2] – daher möchte ich Sie bitten, mir sooft wie möglich mitzuteilen, wie es Eric und Ihnen geht, er soll mir eigenhändig schreiben.

Was soll ich sagen?

Ich brauche eine Schlafanzughose – besser einen Wollschlafanzug.

Helfen Sie Eric – er wird Ihnen dann ebenfalls helfen. Ich denke an Sie und umarme meinen Sohn.

Paul

Können Sie mir den »Choix de Poèmes« von Eluard[3] schicken – ich habe vergessen zu fragen, ob das möglich ist, aber Sie könnten sich vielleicht telefonisch erkundigen.

306

78, Rue de Longchamp
Paris 16ᵉ
Dienstag, 7. Dezember 1965

Paul, Du mußt Dir wegen uns keine Sorgen machen, Eric geht es sehr gut, er ist, Du weißt es, unglücklich gewesen wegen allem, was zu Hause geschehen ist, aber jetzt hat er seine Kräfte wiedergefunden, hat neue Kraft geschöpft, mit der Arbeit geht es besser, er ist nett und brav und gibt sich Mühe. Er braucht sicherlich dringend Ferien, Ruhe, aber für ihn läuft alles gut, er ist immer noch genauso froh mit den Wölflingen, mit dem Judo, und auch das Gymnasium gefällt ihm, er hält sich ran.

Ich habe, wie Du Dir denken kannst, in dieser letzten Zeit sehr gelitten. Ich bin mager geworden, habe wenig geschlafen, und mein Blutdruck ist gefallen. Madame Madger hat mir die gleiche Behandlung verordnet wie damals[1], und das wird mir helfen, wieder hochzukommen –

Aber Du, Paul, Du mußt Dich behandeln lassen, Du mußt wieder hochkommen, Dir ging es seit über zwei Monaten so schlecht. Du hast zu lange gewartet, jetzt mußt Du unbedingt, unbedingt Deine Ruhe wiederfinden, Deine wahre Person. Dein wahres Du ist so weit weg von den Bildern, den Zeichen, die Dich weiter fortgetrieben haben, als Du dachtest: so weit, daß Du meine Treue in Zweifel gezogen und es mir unmöglich gemacht hast, nach Hause zurückzukommen.

Ich denke unaufhörlich an Dich. Ich weiß, wie unglücklich Du bist, ich weiß, wie schwierig alles ist. Aber Mut, Du mußt die Krankheit besiegen, Du mußt leben, Du mußt schreiben, Du mußt Dich wieder in der Wirklichkeit zurechtfinden.

In dieser Hoffnung

Gisèle

307

Château de Suresnes, 10, Rue Galieni[1]
[Suresnes] den 9. Dezember[2] 1965

Gisèle, ich schicke Ihnen diese Zeilen, nachdem ich, vor einem Augenblick, die Ihren vom 7. Dezember bekommen habe. (Sie werden im Briefordner des Monats November, über dem Heizkörper, einen Brief für Sie finden.[3])

Aber selbstverständlich bin ich froh zu erfahren, daß Sie wieder hochkommen und daß es unserem Sohn gutgeht. Es war, wie Sie ja wissen, sehr hart für mich, nach meiner Rückkehr aus London vor einer so schrecklichen Alternative[4] zu stehen. Ich habe alles getan, um *mich*, wie Du sagst, *wieder* in der Wirklichkeit *zurechtzufinden*. Die Krankheit muß besiegt werden, sagst Du zu mir. Selbstverständlich, aber hier, auf Schloß Suresnes, hat man mir schlicht mitgeteilt, mündlich, daß ich von Amts wegen in eine geschlossene Anstalt[5] *eingewiesen* wurde*. Ist Dir klar, was das bedeutet? Du mußt alles tun, damit ich Suresnes verlassen kann und in eine vom Erziehungsministerium bezuschußte Klinik komme**. Tu es schnell. Du wirst es nicht nur für mich, sondern auch für Eric und Dich getan haben, und, weil Du mir sagst, ich solle schreiben – schreiben, das heißt für mich Gedichte machen –, für die Dichtung. Nach einer alten Gewohnheit, die Du von mir kennst, nehme ich Dich beim Wort: *In dieser Hoffnung!* Umarmen Sie Eric und danken Sie ihm in meinem Namen für seinen Brief. Schreiben Sie schnell!

Paul

Ich darf nicht allzu lange von meinem Milieu, meinen Tätigkeiten, den Dingen entfernt bleiben.

[am Rand:] Danke für den Schlafanzug und das Hemd.

* eine genau Frist bekam ich nicht gesagt
** La Verrière[6] wäre eine.

308

[Paris] 12. Dezember 1965

Mein lieber Paul, Eric war heute hochzufrieden über seinen Ausflug mit den Wölflingen, es regnete, und sie sind in Paris geblieben, aber er hat sich sehr vergnügt. Mit seiner Arbeit am Gymnasium hat es in letzter Zeit gut geklappt, er steigt in Rechnen ganz deutlich wieder auf, und seine Lehrerin, die ich getroffen habe, hat mir gesagt, daß sie gute Hoffnung habe, daß auch im zweiten Trimester alles klappt. Übrigens ergeht es allen Jungen in seiner Klasse ganz ähnlich, sie haben Mühe, sich an die Methoden des Gymnasiums zu gewöhnen,

die verschieden sind von denen der Volksschule. Eric geht es also sehr gut, und er wartet wie gewöhnlich voller Ungeduld auf die Ferien, ganz der Freude hingegeben, Ski fahren zu können –
Was mich angeht, so habe ich, wie Madame Madger es von mir verlangt hat, mit einer neuen Reihe Spritzen angefangen, und das geht gut, ich schlafe wieder, und mein Blutdruck soll wieder steigen –
Du weißt, daß Leo und Regine[1] für einige Tage in Paris sind, sie sind untröstlich gewesen, Dich nicht hier anzutreffen, und schicken Dir durch mich jede Menge freundliche Grüße –
Sie sind voller Geschenke für Eric und für mich hierher gekommen, wie Du Dir vorstellen kannst, und ich habe mir große Mühe gegeben, um deutsch mit ihnen zu reden. Da Leo beschäftigt war, ist Regine heute abend allein gekommen, und ich habe ihr ein wenig das erleuchtete Paris gezeigt – Morgen fahren sie wieder zurück.
Ich hoffe, daß es Dir allmählich wieder besser geht und daß Du Dich schnell von dieser so mißlichen Verwirrung erholst. Ich denke viel an Dich und tue alles, damit Du nach La Verrière kannst.
Entspann Dich, Du hattest das so nötig, und tu etwas für Deine Gesundheit, damit Du Dich bald in Deinem wahren Du wiederfindest.
Wenn Du Bücher brauchst oder etwas von hier, sag es mir – Willst Du Obst?
Ich denke an Dich, Paul, ich denke viel an Dich.

                    Mut!   Gisèle

Eric umarmt Dich, er wird Dir morgen schreiben.

309

[Suresnes] den 14. Dezember 1965

Meine liebe Gisèle, ich danke Ihnen bestens für Ihren guten Brief vom zwölften, den ich gestern abend erhalten habe.
Danke, daß Sie mir sagen, wie es Ihnen geht, mir sagen, wie es Eric geht. Ich bin froh wegen dem, was Sie mir über seine Arbeit im Gymnasium sagen, froh wegen dem, was er mir selber darüber sagt, das ist doch, nicht wahr, beruhigend. Mögen ihn die Ferien, die schon nahe sind, festigen, mögen sie ihm viel Freude verschaffen!

Auch Ihnen wird diese kleine Veränderung guttun – ich wünsche es Ihnen.

Ich habe Ihnen noch nicht für die Sendung der Gedichte Eluards gedankt. Es ist etwas sehr Frühlingshaftes in diesen Gedichten[1].

Du sagst mir, ich solle wieder zu mir finden – selbstverständlich ist mir nichts lieber als das, und ich tue hierzu, wie Du siehst, mein Möglichstes. Sei im voraus bedankt für alles, was Du in diesem Sinn für mich tust.

Danke, daß Du mir Mut wünschst. Ich denke an Dich.

Paul

Ich schreibe Eric und lege den Brief an ihn diesem hier bei.

[An Eric Celan]
[Suresnes] 14. Dezember 1965

Mein lieber Eric,

Danke für Deine guten Briefe – ich bin sehr froh, daß Du wieder mit der Arbeit im Gymnasium begonnen hast, ich bin stolz auf Deine Ergebnisse und auch sehr froh zu wissen, daß Du Dich gut vergnügst.

Bald wird es Ferien geben, Du wirst Ski fahren – vergiß nicht, daß man auch da wissen muß, wie man sich vergnügt –, Du wirst eine Menge schöner Dinge kennenlernen.

Was die Noten für das Trimester angeht, so würde ich sie gern kennen – aber die Hauptsache ist natürlich, daß Du in allen Fächern wirkliche Fortschritte machst.

Danke, daß Du an mich denkst, Eric. Ich denke an Dich, Du weißt es ja.

Ich umarme Dich
Dein Vater

310

[Paris] 17. Dezember 1965

Mein lieber Paul,

Ich bin gestern nach Suresnes gekommen, um Dir einen Schlafanzug zu bringen, ich hoffe, er paßt Dir. Ich habe Mühe gehabt, einen Arzttermin in La Verrière zu bekommen, ich wollte warten, bis ich den Arzt gesehen habe, bevor ich Dir schreibe. Ich habe ihn heute gesehen, es ist Dr. Le., ein junger und sehr sympathischer Arzt, der alles tun wird, damit Du, sobald das möglich sein wird, nach La Verrière kommst. Du kannst auf ihn zählen –

La Verrière ist, wie Du weißt, die Klinik des Schuldienstes, es ist eine völlig freie Klinik, in der nur Kranke aufgenommen werden, die sich behandeln lassen und gesund werden wollen und die von den Ärzten vorgeschriebene Behandlung akzeptieren. Ich habe viele Schritte unternehmen müssen, über die ich Dir nichts sagte, weil ich es vorzog, Dich nicht in der Ungewißheit zu lassen. Die Ärzte, immer sehr beschäftigt, sind, wie Du weißt, nicht leicht zu erreichen – Jetzt, wo der Kontakt hergestellt ist, wird es sicherlich möglich sein, Deine Überweisung nach dort zu erreichen. Aber ich flehe Dich an, laß Dich in Suresnes behandeln, damit Du so früh wie möglich dort herauskommst, um nach La Verrière zu gehen, was Du ja wünschst –

Brauchst Du etwas? Du weißt, daß ich, wie vorgesehen, mit Eric nach Montana fahren werde, ich denke, daß ihm das sehr guttun wird, er braucht Ferien, und ich, wenn ich ein wenig Schnee und Sonne sehen kann, ich werde vielleicht ebenfalls Entspannung finden.

Eric hat immer mehr Arbeit, obwohl die Klassenarbeiten ihren Abschluß gefunden haben, gibt es noch zahlreiche Hausarbeiten und mündliche Aufgaben. Er hat gerade einen richtigen Erfolg gehabt mit einer 15 für den Aufsatz, den er in Moisville über den Herbstabend geschrieben hat. Es ist die beste Note der ganzen Klasse, und er war darüber sehr zufrieden. Er gibt sich viel Mühe. Ich werde Dir die Trimesternoten schicken, sobald ich sie habe, aber im Augenblick kenne ich sie noch nicht alle – Seine Ergebnisse werden sicherlich nicht außergewöhnlich sein, aber insgesamt hat er sich nicht allzu schlecht aus der Affäre gezogen, und ich hoffe, es wird auch im zweiten Trimester gehen, wenn noch die ersten Lateinstunden dazukommen – Als ich am Donnerstag von Suresnes zurückkam und durch den Bois de Boulogne fuhr, habe ich Erics Pfadfindergruppe gesichtet, sie spielten Ball, und Eric, den ich deutlich unter den andern gesehen habe, war sehr energiegeladen und entspannt. Die Führerin ist übrigens froh, daß sie ihn in der Gruppe hat, und findet, daß er ein guter Wölfling ist. Du brauchst Dir überhaupt keine Sorgen um ihn zu machen. Es geht ihm gut –

Wenn Du etwas brauchst, laß es mich durch einen Arzt wissen. Ich rufe sie jeden Tag an.

Wie fühlst Du Dich? Hast Du den Eindruck, daß es Dir besser geht?

Ich hoffe, bei meiner Rückkehr bessere Nachrichten von Dir zu haben. Ich hoffe, daß dann schnell Deine Überweisung nach La Verrière vonstatten gehen kann und daß Du Dich in einem angenehmeren Rahmen weiterbehandeln lassen kannst, an einem Ort, wohin Du zu gehen wünschst –

Meine Adresse in Montana ist: Nouvel Immeuble Farinet, Appartement 13, Montana-Vermala, Valais, Schweiz – Gib mir Nachrichten von Dir – Mach alles, um gesund zu werden – Mut, ich weiß, wie schwierig das ist

Gisèle.

Eric will Dir unbedingt schreiben, doch heute abend, mit der Schularbeit und dem Judo, war es schwierig. Morgen wird er es sicherlich tun.

311

Suresnes, den 20. Dezember 1965

Meine liebe Gisèle,

Zunächst einmal Dank für Ihren langen Brief und für die Nachrichten, die er mir bringt. Ich bin, Sie können es leicht erraten, glücklich und stolz über Erics Ergebnisse in der Schule. Ich habe den Brief von ihm, den Sie mir ankündigen, noch nicht bekommen, aber er muß bald da sein.

Ihre Ferien sind nahe – doch ich hoffe, daß diese Zeilen Sie noch vor Ihrer Abreise nach Montana erreichen werden. Ich hoffe auch, daß Sie dort mit der Unterkunft zufrieden sein werden. Ich möchte Sie, sowohl für Eric als auch für sich selbst, um etwas Vorsicht bitten. Schreiben Sie mir regelmäßig – ich werde versuchen, dasselbe zu tun. Und als erstes, sagen Sie mir, an welchem Tag Sie abreisen und wann Sie zurück sein werden.

Hier und was mich selber angeht, was soll ich sagen? Die Tage sind lang. Ich werde einer antidepressiven Behandlung mit Spritzen unterzogen. Glauben Sie mir: ich tue mein Bestes. Sie sagen mir, Sie wüßten, wie schwer das ist – ich danke Ihnen für dieses Verständnis. Ebenso wie ich Ihnen dafür danke, daß Sie mir Mut wünschen. Sagen Sie Eric, daß ich an ihn denke und daß ich darauf warte, von ihm zu hören.

Paul

Danke für den Schlafanzug und für die Hemden

312

78, Rue de Longchamp
Paris 16ᵉ
21. Dezember 1965

Mein lieber Paul,
Ich habe heute morgen Deinen Brief erhalten, ich danke Dir dafür, ich wundere mich, daß Du mich um kein Buch bittest, dabei müssen die Tage doch lang sein, zögere nicht, wenn Du etwas brauchst.

Ich habe heute lange mit Dr. R. gesprochen. Paul, Du mußt Dich behandeln lassen, um aus dieser schlechten Periode herauszukommen. Du mußt Dich wieder in der Wirklichkeit zurechtfinden, um von neuem ein normales Leben führen, um schreiben, lehren, übersetzen, alles das verwirklichen zu können, was Du noch zu tun hast. Selbst wenn das lange dauern wird, selbst, und ich verstehe das, glaub mir, wenn Dir das deprimierend erscheint. Verliere nicht die Hoffnung, noch kannst Du wieder zu Dir selber finden, aber Du mußt die ärztliche Hilfe annehmen, Du weißt es.

Ich werde morgen kommen, um diesen Brief und zwei Schlafanzüge für Dich abzugeben. Am Abend reise ich mit Eric ab. Wir haben große Mühe gehabt, Sitzplätze zu bekommen, aber heute morgen habe ich sie bekommen. Wir werden um 8 Uhr 45 in Sierre ankommen und in Montana wahrscheinlich eine Stunde später. Marie-Thérèse wird seit dem Vortag da sein. Wir werden am 4. abends zurückkommen, für Eric fängt am 5. wieder die Schule an.

Ich glaube, ich habe Dir die Adresse angegeben:

Nouvel Immeuble Farinet
Studio 13
Montana-Vermala
Valais, Schweiz.

Laß von Dir hören, wie es Dir geht. Du mußt da herauskommen wollen. Du mußt gesund werden wollen, Paul. Du mußt alles dazu tun. Hilf Dir, damit man Dir helfen kann.

Eric fährt weg mit einem Aufsatz, einer Textinterpretation, Grammatik, die zu lernen ist! Das ist viel. Aber es wird für ihn eine gute Erholung, eine gute Luftveränderung sein, und es wird ihm guttun. Er ist sehr froh wegzufahren.

Ich hoffe, daß ich bei meiner Rückkehr bessere Nachrichten von Dir habe. Ich hoffe, daß ich in Montana von Dir hören werde.

Mut, Paul
Gisèle.

313

Suresnes, den 23. Dezember 1965[1]

Danke, Gisèle, für die beiden Briefe. Der erste, gestern morgen angekommen[2], war, wegen seines Kommentars über Erics Noten, ein wenig trocken, aber der zweite – der vom 21. Dezember –, am Nachmittag angekommen, und den ich gar nicht erwartete, hat so etwas wie eine Verwunderung hervorzurufen vermocht.

Ja, die Tage hier sind lang. Ich habe Dich außer den Gedichten Eluards[3] um keine Bücher gebeten: zunächst einmal, weil ich aus Le Vésinet[4] einige mitgebracht habe[5]; und außerdem, weil mir das Lesen schwerfällt. Man bringt mir jeden Abend die Tageszeitung »Le Monde«.

Was die Behandlung angeht, so unterziehe ich mich ihr seit meiner Einlieferung. Gestern abend habe ich etwas Fieber gehabt (38°), heute morgen ebenfalls, deswegen muß ich jetzt drei Tage lang Tabletten schlucken.

Ich möchte, daß Ihr Euch, Eric und Du, in Montana wohlfühlt. Hier hat es geregnet, deshalb sage ich mir, daß dort oben guter, weicher und ausgiebiger Schnee Euere Pisten bedeckt. Schöne Ferien! Sagen Sie Eric, daß ich stolz auf ihn bin und daß ich ihn umarme.

Paul

314

Nouvel Immeuble Farinet
Studio Nr. 13
Montana-Vermala
Valais, Suisse
24. Dezember 1965

Mein lieber Paul, wir haben in Montana viel Schnee vorgefunden, aber im Augenblick scheint keine Sonne, es ist mild trotz des schlechten Wetters (es schneit fast den ganzen Tag über), Eric ist schon viel Ski gefahren – Unterrichtsstunde am Morgen, mit Marie-Thérèse, und mit mir am Nachmittag – Er hat sofort seine Form wiedergefunden und flitzt mit großer Geschwindigkeit und bemerkenswerter Wendigkeit dahin.

Die Ferienwohnung ist sehr gut, ziemlich sauber, komfortabel, gut geheizt. Abends zu dritt ist es ein wenig schwierig, aber Eric schläft leicht ein. Auch ich lege mich früh hin. Die Schlittschuhbahn gestern abend war laut, und das war nicht lustig, aber die Musik hört gegen elf Uhr auf, und heute abend herrscht vollkommene Ruhe.

Marie-Thérèse ist sehr müde angekommen und ruht sich morgens aus. Ich übrigens auch, nachdem ich Eric zum Ski-Unterricht begleitet hatte, bin ich ein wenig spazierengegangen.

Heute nachmittag sind wir, ohne sehr hoch zu steigen, denn es schneite, alle drei zwei Stunden lang Ski gefahren. Und hinterher, Du weißt ja, sind die Abende ziemlich lang, kleiner Imbiß, kleiner Gang, Eric hat sich mit dem Geld, das er zu Weihnachten und Neujahr bekommen hat, einen sehr schönen Malkasten gekauft, was ihn hier, wie ich hoffe, angenehm am Abend beschäftigen wird – Er hat außerdem noch Arbeiten zu erledigen.

Eric ist begeistert, und ich atme die Luft der 1500 Meter, eine Bergluft, die mir guttun wird –

Aber Du, Paul? Schick mir Nachrichten von Dir, schreib mir, wie es Dir geht. Ich hoffe, daß ich noch vor Ende der Woche einen Brief von Dir bekomme – Bessere Nachrichten bekomme! Damit ich weiß, daß die Ruhe, die Medikamente, die Ärzte Dir helfen, Dich wieder in der Wirklichkeit zurechtzufinden, um wieder zu beginnen, voll zu leben.

                                            Mut, Paul. Mut.
                                                    Gisèle.

315

                    Suresnes, Dienstag, den 28. Dezember 1965

Danke, Gisèle, für Deine beiden Briefe, den vom Tag vor Deiner Abreise und nach Deiner Unterredung mit Dr. R., und den zweiten, der gestern abend gekommen ist und mir die ersten Eindrücke von Montana brachte. Gleichzeitig habe ich Erics Wünsche erhalten – ich bin sehr erfreut, ihn so unverkrampft zu sehen, so unbefangen mit den Farben umgehend[1].

Nach dem Platz zu urteilen, den Crans in den Zeitungen einnimmt, scheint es noch schlimmer zu sein, als Sie es vor zwei Jahren beschrieben hatten, und ich bin sehr froh, daß Sie Montana haben wählen können.

Schade, daß das Hotel etwas laut ist – nach welcher Seite der Schlittschuhbahn liegt es? –, aber an einem Ort wie Montana gewöhnt man sich ziemlich schnell an diese Art Hintergrundgeräusche.

Eßt gut, gönnt Euch beide auch mal was außer der Reihe – das Relais de la Poste[2] kommt mir in den Sinn, und die Mahlzeiten, die wir dort einnahmen und die gar nicht teuer waren.

Sie bitten mich, von mir zu erzählen. Also: die Behandlung mit Spritzen, von der die Ärzte (Dr. R. und Dr. Fo.) mir gesagt hatten, sie entspräche der oralen Behandlung, die sie ursprünglich vorgesehen hatten, erweist sich nun als doch nicht so wirksam, so daß man mir wieder die andere vorschlägt, mit Moditen[3], zunächst für eine Dauer von drei Wochen – und ich muß gestehen, daß ich immer noch sehr zögere und mir eine Bedenkzeit zugestehe.

Abgesehen davon sind die Tage das, was sie sein können. Die kleine Temperaturerhöhung ist völlig verschwunden, und das ist auch besser so, denn um diese kleinen, wieder aufgetretenen Banalitäten aufzuspüren, ist es wirklich besser, sich den richtigen Rahmen auszusuchen. – Ich habe gefragt, ob Du mich nach deiner Rückkehr besuchen könntest – doch dem widersetzt sich Dr. R. ganz eindeutig.

Ich wünsche Dir sowie Marie-Thérèse sehr schöne Tage in Montana, ich wünsche Dir ein sehr gutes Neues Jahr

Paul

P. S. Erinnerst Du Dich an die großen blauen, linierten Hefte, die ich aus Montana[4] mitbrachte? Kannst Du mir einige davon mitbringen?

[An Eric Celan]
[Suresnes] 28. Dezember 1965

Mein lieber Eric,

Deine Neujahrswünsche mit den von Tannen so gut bestandenen Bergen – aber auch den berühmten Ski-Pisten, die man dort erraten kann – ebenso berühmt wie von Pulverschnee bedeckt – mit dem sich so klar abzeichnenden, dem so wohlwollenden Himmel – Danke für das alles!

Ich weiß, daß Du schnell Deine Form wiedergefunden hast – behalte sie, entwickle sie weiter. So wie ich stolz bin auf Deine Heldentaten fürs Gymnasium, so bin ich auch stolz auf die als Skifahrer. (Trotzdem ein wenig Vorsicht, nicht wahr?)
Ich wünsche Dir ein gutes Neues Jahr
und umarme Dich
Dein Vater

316
[Montana] 28. Dezember 1965

Mein lieber Paul,
Wir haben trotz allem gestern einen sehr schönen Sonnentag gehabt, aber deshalb herrschte auch viel Betrieb auf den Pisten. Heute morgen von neuem Nebel und Wolken. Es könnte sein, daß wieder Schnee fällt. Eric ist trotzdem sehr froh und verbringt sehr gute Ferien, wobei er jeden Tag neue Fortschritte im Skifahren macht.

Die Abende sind ein wenig lang, aber Eric, der zum Schulanfang Arbeiten abzugeben hat, macht sich jetzt dahinter. Wir haben sogar das Präsens des Verbs sein auf Latein gelernt und mit der ersten Deklination angefangen: Rosa. Im Augenblick kann ich ihm noch helfen. Aber das wird schnell vorbei sein bei meinen nicht vorhandenen Kenntnissen in Latein.

Marie-Thérèse ist sehr nett zu Eric, der sehr entspannt ist und sich gut mit ihr versteht.

Ich hoffe, daß Deine Grippe jetzt vorbei ist und daß Du kein Fieber mehr hast.

Aber wie steht es mit all dem andern? Ich kann mir denken, daß alles schwierig für Dich ist. Wenn ich Dir hätte helfen können, das alles zu vermeiden, wenn Du Dich früher hättest dazu entschließen können, Dich behandeln zu lassen, Dich zu erholen und Dich eine Zeitlang im September von der Post, dem Telefon, den Leuten, von allem, was Dir geschadet hat, fernzuhalten. Aber kommen wir nicht mehr darauf zurück. Jetzt mußt Du Dich ganz einfach behandeln lassen, um so schnell wie möglich hier herauszufinden.

Du darfst nicht zu lange in Suresnes bleiben. In La Verrière[1] wärst Du besser aufgehoben, Du mußt diese Etappe in Richtung auf Deine Heilung gewinnen, damit Du Deine Aktivitäten wieder aufnehmen kannst.

Mut, Paul, Mut, Du mußt siegen, Du mußt die Krankheit besiegen, um Dich wiederzufinden, um Dich in der Wirklichkeit wieder zurechtzufinden, aber dazu mußt Du Dir selber helfen.

Gisèle.

317

Suresnes, den 30. Dezember 1965

Meine liebe Gisèle,

danke für die beiden Ansichtskarten, die vom Tag Deiner Ankunft und die vom 27., mit der Du den Empfang meines Briefes bestätigst[1]. Alles, was Du sagst, atmet Zufriedenheit, es ist fast ansteckend, und ich bin in der Tat froh, jedesmal, wenn ich an Eric und Dich in Montana denke.

Heute habe ich auch Dein Paket mit der Schokolade und dem Brief vom 28. bekommen – die Sachen brauchen wirklich nicht lange, bis sie da sind.

Meine Grippe ist vollkommen ausgeklungen, ich habe keine Temperatur mehr. Ich hatte geglaubt, Dir heute schreiben zu können, daß ich mit der oralen antidepressiven Behandlung begonnen habe, aber die Medikamente sind noch nicht angekommen, und wahrscheinlich werde ich erst morgen meine erste Tablette einnehmen.

Alles, was Du mir gegen Ende Deines Briefes sagst, ist wirklich lieb und berührt mich sehr. Sicherlich werde ich Dich bei Deiner Rückkehr in einigen Tagen um einige Gänge bitten (auch in bezug auf La Verrière).

Sie haben sich bereits wiedergefunden – und Sie werden weitermachen. Ich bin glücklich, daß es Eric gutgeht, sagen Sie es ihm. Und sagen Sie ihm, daß ich ihn umarme.

Paul

318

Nouvel Immeuble Farinet
Studio Nr. 13
Montana-Vermala
Valais, Suisse
31. Dezember 1965

Mein lieber Paul,

Danke für Deine Briefe. Ich denke, daß Du recht gehabt hast, die Medikamente zu akzeptieren, die man Dir vorgeschlagen hat. Ich weiß, daß Du nicht gern welche einnimmst, aber ich will glauben, daß Dir das helfen wird, Du weißt ja, nur wenn Du mit den Ärzten an Deiner Heilung mitwirkst, wird es Dir gelingen.

Hier, wie Du mich bittest, die Lage der Ferienwohnung im Verhältnis zur Schlittschuhbahn[1] – Sie ist dieses Jahr übrigens

sehr ruhig, es gibt derart viel Schnee, daß sie fast immer geschlossen ist, und es gibt keine Musik. Der Ort ist schließlich doch sehr ruhig.
Was soll ich sonst noch sagen? Das schlechte Wetter hält leider an. Seit unserer Ankunft fällt unaufhörlich Schnee, es ist wegen des Unwetters und des Windes unmöglich, sehr hoch zu steigen, deshalb bleiben wir immer auf den leichten Pisten, in der Umgebung des Signals[2].
Keine Sonne, aber auch nicht allzu kalt. Eric wird viel Ski gelaufen sein. Heute morgen hat er den Bronzetest bestanden, und morgen wird er den Silbertest probieren, aber ich denke nicht, daß er ihn bestehen wird, denn das ist schon sehr schwierig. Er will es unbedingt versuchen. Aber sein heutiger Erfolg hat ihn vor Freude schon überglücklich gemacht.
Ich fahre wenig Ski, das schlechte Wetter nimmt mir jeglichen Mut. Aber ich ruhe mich aus. Die Vormittage verbringe ich zu Hause oder mache mit Marie-Thérèse Besorgungen; am Abend sind es Kartenspiele oder Scrabble. Eric hat seine zahlreichen Hausaufgaben für den Schulanfang beendet –
Gestern haben wir im Relais de la Poste[3] zu Abend gegessen, doch in der Regel nehmen wir unsere Mahlzeiten in der Wohnung ein, oder wir essen mittags belegte Brote mit einem Tee im Restaurant des Signals. Wir geben wenig Geld aus und passen auf.
Das Jahr geht zu Ende – ein hartes Jahr – ein schwieriges Jahr – Hoffen wir, daß das nächste besser sein wird. Zuerst und vor allem Deine Gesundheit, Deine wiedergefundene Kraft und viele Gedichte sind die Wünsche, die ich habe.
In dieser Hoffnung wünsche ich Dir allen notwendigen Mut. Glückliches neues Jahr!

Gisèle

319

Suresnes, Montag, 3. Januar 1966[1]

Meine liebe Gisèle,
hier ein Wort zur Begrüßung bei Deiner Rückkehr in die Rue de Longchamp.
Möge dieses neue Jahr gut zu Ihnen, gut mit Ihnen sein! Mögen Sie auch weiterhin Eric helfen und für sich selber arbeiten können.
Ich habe Ihnen keine großen Neuigkeiten über mich zu vermel-

den. Am Tag vor Weihnachten habe ich die Behandlung mit Moditen[2] begonnen. Die Behandlung mit Spritzen (deren Namen ich nicht kenne) geht weiter.

Wie Sie, meine auch ich, daß die Überweisung nach La Verrière[3] wünschenswert ist und innerhalb kürzester Zeit erfolgen sollte: ich bitte Sie, in diesem Sinne zu handeln, und energisch.

Ein Wort an Eric begleitet diese Zeilen.

Ich denke an Sie   Paul

[An Eric Celan]
[Paris] den 3. Januar 1966[4]

Mein lieber Eric,

danke für Deine Karte vom 30. Dezember, mit ihrer so schönen Aussicht auf das Rhônetal und seine Berge und mit, vor allem, ihren so guten Nachrichten über Deine Form im allgemeinen und die Form der Skifahrer im besonderen. Alles scheint zum besten zu stehen, und ich beglückwünsche mich dazu, indem ich Dich beglückwünsche. Dies übrigens genauso für Deinen Malkasten, den Dir Deine Tanten[5] geschenkt haben. Ich nehme an, daß es auch da beachtliche Fortschritte gibt – unter Deiner Mitwirkung selbstverständlich. (Ein Malkasten, nicht wahr, der arbeitet eben nicht von allein?)

Aber jetzt bist Du zu Hause, mit, um Dich herum, einem großen Neuen Jahr, das Dir ganz offensteht, und Du wirst Dich, hinsichtlich Gymnasium, dran halten müssen.

Ein gutes neues Jahr, Eric! Die Dinge öffnen sich für Dich, kommen Dir entgegen, erwarten, daß Du ihnen entgegenkommst.

Ein gutes und glückliches neues Jahr!
Dein Vater

320

5. Januar 1966
78, Rue de Longchamp
Paris 16ᵉ.

Mein lieber Paul,

Danke für Deinen Brief, den ich bei meiner Rückkehr vorgefunden habe – Wir haben trotz des Gedränges eine gute Reise gehabt. In Montana war so viel Schnee gefallen, daß die Seilbahn nicht mehr funktionierte. Wir sind also mit dem Bus nach Sierre hinuntergefahren.

Eric hat den Unterricht am Gymnasium wieder aufgenommen, auch mit Latein begonnen. Sein alter Geschichtslehrer hat ihm die letzte Arbeit vom Dezember zurückgegeben, in der er 18 Punkte gehabt hat – Es war zusammen mit einem anderen die beste Note der Klasse! Er war natürlich froh darüber und ich auch – Ich hoffe, daß das zweite Trimester noch besser laufen wird als das erste, aber er wird viel arbeiten müssen.

Ich habe Dir Hefte aus der Schweiz mitgebracht, wie Du mich gebeten hast, ich werde Dir morgen welche in der Klinik abgeben. Ich hoffe, daß ich Dr. R. sehen kann, und ich werde mich mit Dr. Le. aus La Verrière in Verbindung setzen, sobald das möglich ist. Am Telefon hat mir Dr. Fo. gesagt, daß es Dir besser ginge, daß Geduld nötig sei.

Ich brauche Dir wohl nicht zu sagen, daß ich verstehe, wie groß Deine Schwierigkeiten sind, und wie sehr ich weiß, daß dieser Aufenthalt in Suresnes hart für Dich ist, auch wenn ich es Dir nie sage.

Ich werde alles tun, was ich kann, Du weißt es, damit Du unter besseren Bedingungen behandelt wirst.

Trotz des schlechten Wetters hat Eric seinen Aufenthalt in Montana maximal genutzt, und obgleich uns die Sonne gefehlt hat, hat uns das gutgetan, und er ist sehr zufrieden mit seinem Aufenthalt gewesen –

Ich hoffe, daß die Ruhe Dir hilft und daß die Behandlung Dir helfen wird, wieder hochzukommen, Dich wiederzufinden. Ich hoffe es

Gisèle.

321

Suresnes, Mittwoch 5. Januar[1] 1966

Meine liebe Gisèle,

Sie sollten gestern mit Eric zurückkommen, ich erwartete Ihre Nachrichten spätestens heute, und weil ich keine bekommen habe, schreibe ich Ihnen in Sorge diese wenigen Zeilen.

Aber am Donnerstag haben Sie, wegen Erics Schulanfang, natürlich sehr viel zu tun.

Ich hoffe für morgen auf Nachrichten von Ihnen, mit der Post oder einem im Schloß abgegebenen Briefchen.

Ich denke an Eric, ich denke an Dich

Paul

322

[Suresnes] Donnerstag¹, 6. Januar [1966], nach dem Mittagessen

Meine liebe Gisèle,
Dr. Fo. ist vorhin zur Visite vorbeigekommen und hat mir mitgeteilt, daß Sie ihn gestern nachmittag nach drei angerufen hatten – ich bin also Ihretwegen beruhigt.
Ich hoffe, daß Eric sich leicht wieder in die Schule eingewöhnt hat.
Was mich angeht, so werde ich auch weiterhin ruhig meine Moditen-Tabletten² schlucken: Dr. R. findet, daß sich die Behandlung gut anläßt.

Ich habe mich gestern an die beiden Lesungen erinnert, die ich für Mitte Februar akzeptiert habe: Genf und Zürich³. Ich darf da nicht locker lassen.
    Ich schaue Sie an und denke an Sie

                                            Paul

[am Rand:] Könnten Sie, wenn Sie vorbeikommen, einen meiner *Woll*schlafanzüge abgeben? Danke im voraus. – Vielleicht sortieren Sie auch ein wenig die Post?

323

                                             Paris
                            Freitag, 7. Januar 1966
Mein lieber Paul,
    Ich habe gestern Deine beiden Briefe bekommen, als ich im Büro vorbeiging, bevor ich den Arzt aufgesucht habe. Ich hatte vorgestern schon angerufen, aber man konnte mich erst gestern empfangen, ich habe gleichzeitig einen Brief für Dich abgegeben, sowie die aus Montana mitgebrachten Hefte und das Briefpapier. Ich habe mir gedacht, daß Du mit der Post meine Nachrichten auch nicht früher bekommen hättest.
    Ich habe mit dem Arzt wegen La Verrière gesprochen, doch er hat mir gesagt, daß es verwaltungsmäßig¹ im Augenblick unmöglich sei und daß man noch warten müsse, um Schritte in dieser Richtung zu unternehmen. Trotzdem werde ich mich wieder mit Dr. Le. in Ver-

bindung setzen. Du wirst am Sonntag sicherlich ebenfalls mit dem Arzt reden, der Dich untersuchen kommt. Ich hoffe, Du weißt, daß ich alles Menschenmögliche tue und tun werde, damit Du die beste Behandlung, und unter weniger mißlichen Umständen, bekommst –

Du fragst mich, ob ich Deine Post sortiere, ich ordne sie einfach ein, indem ich das Eingangsdatum auf die Umschläge schreibe. Es sammeln sich viele Bücher und Drucksachen an, auch Briefe, und ich glaube, einer von Böschenstein[2]. Ich weiß nicht, was ich Deiner Meinung nach tun soll. Wenn Du willst, kann ich Dir das alles nach Suresnes schicken, ich weiß nicht, ob Du den Mut hast, Dich im Augenblick mit den Briefen von Fischer und andern zu beschäftigen. Du wirst mir sagen, was ich Deiner Meinung nach tun soll.

Es hat nicht viele Anrufe gegeben, aber Walter hat angerufen und um eine Bestätigung für das geplante Treffen[3] gebeten. Er hat vierzehn Tage später wieder angerufen. Ich habe ihm gesagt, daß Du Paris verlassen mußtest und daß ich nicht wüßte, wann Du zurückkommen würdest. Das Österreichische Institut hat ebenfalls angerufen wegen der Anthologie, denn sie hatten erfahren, daß Du die Rechte verweigert hattest[4]. Der Institutsleiter[5] hofft, daß Du diese Entscheidung noch einmal überdenkst, da er großen Wert auf Deine Gedichte legt und sie in dieser Anthologie für äußerst wichtig hält. Ich habe ihm gesagt, daß er während Deiner Abwesenheit und solange er nichts Neues von Dir gehört hat, Deine Entscheidung respektieren müsse. Er hat gebeten, im Laufe des Januar wieder anrufen zu dürfen – Der Sekretär der École[6] hat zweimal angerufen, um sehr nett zu fragen, wie es Dir geht, und seine Wünsche für eine baldige Genesung zu übermitteln. Auch Claude David, der untröstlich war, als er erfuhr, daß Du zur Erholung wegfahren mußtest.

Sag mir, ob ich etwas tun kann und was ich am Telefon sagen soll. Vorhin hat ein Monsieur BLOKH, Russe, denke ich, Bücher mit russischen Gedichten zurückverlangt, die er Dir vor zwei oder drei Jahren geliehen hat[7]. Ich habe ihn gebeten zu schreiben und ihm gesagt, daß Du nicht in Paris bist, denn ich habe die Namen der russischen Dichter, um die es sich handelte, weder verstehen noch behalten können.

Eric hat sich ans Latein gemacht, ich ebenfalls, doch ich fühle mich dafür nicht sehr begabt. Eine Deutscharbeit in Sicht: wir bereiten sie jeden Tag ein wenig vor. Gestern ist er zum Spielen bei seinen Vettern Bourgies gewesen, wo ich ihn abgesetzt hatte, bevor ich nach Suresnes gekommen bin. Er ist sehr froh gewesen.

Antworte mir wegen der Briefe und der Anrufe.

Wisse, daß ich Dich nicht vergesse, und alles tun werde, damit Du unter den besten Bedingungen behandelt werden kannst, aber das hängt nicht ganz von mir ab, im Gegenteil.

Ich denke an Dich, Du weißt es

Gisèle.

324

Suresnes, Freitag, 7. Januar[1] 1966

Meine liebe Gisèle,

danke für Deinen lieben Brief. Man hat ihn mir kurz vor dem Abendessen gegeben, zusammen mit den Heften und dem herrlichen Briefpapier, ich bin sehr froh darüber gewesen. Oft lese ich Sie wieder.

Dr. R. ist gestern abend ebenfalls vorbeigekommen, auf einen Sprung gewissermaßen, und hat mir mitgeteilt, daß mir Dr. Fo., mit dem zusammen er Sie gestern gesehen hat, bei der heutigen Visite ausführlich über die gestrige Unterhaltung berichten würde.

Das ist inzwischen geschehen: Dr. Fo. ist gerade dagewesen – Als erstes habe ich erfahren, daß die Ärzte der Meinung sind, daß die beiden Lesungen, in Genf und in Zürich*, etwas zu früh kommen. – Ich hingegen hatte gedacht, gerade die Wiederaufnahme von Kontakten sei etwas Gutes – und ich glaube es immer noch. Aber ich habe die – sehr nahe beieinander liegenden – Daten nicht im Kopf – ist es nicht gegen den zwanzigsten Februar[2]? Auf jeden Fall wäre es schwierig, sie zu verlegen. Man muß drauf bestehen.

Dann hat mir Dr. Fo. von La Verrière... als einem sehr exklusiven Etablissement (»Lange Voranmeldungen sind nötig, da ständig ausgebucht« usw.) gesprochen. Dr. Fo. sagte mir auch, in La Verrière werde erwartet, daß der Kranke sich einer genau festgelegten Behandlung unterzieht, sonst wird er gar nicht erst aufgenommen[3]. – Sie sehen, daß es Gründe gibt, das Bild zu ergänzen, daß Sie sich von La Verrière machen. – Ich glaube, es ist das beste, wenn ich mich hier erst einmal der begonnenen Behandlung unterziehe, die im Prinzip am zwanzigsten Februar beendet sein soll.

Dann ist da die Post. Hier gibt es, wie Du ja siehst (was mich ein wenig verwundert)[4], nicht den geringsten Widerstand. Steck also alles in einen großen Umschlag und gib ihn hier für mich ab... und sei so nett, ihn selbst abzugeben: ich mag keine Post, die neu adressiert ist usw.⁵ Mach es dann später immer so. Gib kleine Päckchen mit Briefen für mich ab, mit ein paar Zeilen von Dir drin.

Ich bin sehr erfreut über Erics Erfolg – Du weißt nicht, wie glücklich ich bin, wenn ich das, was Sie mir darüber schreiben, wiederlese. Ich denke an Eric, ich denke an Sie

Paul

* Ich hatte die Absicht, Sie dorthin mitzunehmen, wenn Sie Lust dazu haben.

325

[Suresnes, den 7.? 1. 1966¹]

Danke, ma Chérie, für das alles. Ich behalte die Bücher² nicht, sie nehmen zu viel Platz weg.
    Noch einmal danke. Bis bald.

Paul

Ich habe heute morgen einen ziemlich langen Brief für Sie zur Post gegeben.

326

[Suresnes] Sonntag, neunter Januar 1966

Meine liebe Gisèle,
    danke für Ihre guten Briefe – Ihre so reichhaltig guten Briefe. Oft lese ich sie wieder.
    Ich werde versuchen, auf ihre wesentlichen Punkte zu antworten.
    Zuerst Eric: ich bin stolz und glücklich über seine Ergebnisse – sag es ihm.
Mein Aufenthalt hier beziehungsweise meine Überweisung nach La Verrière¹:
Heute morgen hatte ich Besuch – in Begleitung der beiden hiesigen Ärzte – von einem Amtsarzt, Dr. Du., der mir erklärt hat, daß ich auf Grund eines Gesetzes von 1838² von Amts wegen in eine geschlossene Anstalt eingewiesen worden sei. – Ich hatte mich mit dieser polizeiamtlichen Einweisung bereits bei einem früheren Besuch desselben Arztes und der beiden hiesigen Ärzte auseinandersetzen müssen. – Diesmal hat mir Dr. Du. (oder Dou.?) gesagt, dies sei eine

De-facto-Situation, die abzulehnen ich das Recht hätte. Was ich natürlich auch getan habe. Das eröffnet von neuem die Perspektive Verrière, und ich bitte Dich, mit Dr. Le. Verbindung aufzunehmen und ihm die Lage zu schildern. Das ist ganz essentiell. Und, erlaube mir das Wortspiel, das hier keines ist, existentiell. Sei sicher, daß ich Deine Hilfe ermessen kann. (Müßte man einen Juristen zu Rate ziehen? Wo ihn finden? Durch eine Empfehlung von Seghers'[3] Teilhaber?)

Meine Lesungen[4] in Genf und Zürich (Mitte Februar): Die Ärzte sind dagegen, es ist zu früh.

Meine Post: Ich weiß nicht so recht, manche Dinge werden mich eventuell zerstreuen können. Schick sie mir oder besser, gib sie einmal wöchentlich in einem Umschlag hier ab.

Walter: ich werde ihm schreiben, aber ich habe seine Adresse nicht – doch, ich habe sie. Blokh: er ist der Vater des Ehepaares, bei dem wir in der Rue du Bac einmal eingeladen waren (Sie: entsetzliche Abmalerin, er: Romancier). Ich weiß nicht, wo das Buch ist, aber ich werde es wieder suchen[5].

Aber ja, sagen Sie den Leuten, daß ich nicht in Paris bin und daß ich mich (auf dem Lande) erhole.

Wir werden versuchen, wieder hochzukommen, herauszukommen.

Ich brauche keine Bücher – ab und zu schlage ich Eluards[6] Gedichtband auf, um darin einen Vers zu finden – ansonsten lese ich Deine Briefe und die des Sohnes.

Vielleicht sollten wir etwas unternehmen, damit wir uns für einige Augenblicke wiedersehen können[7]. *Erzählen Sie mir ein wenig mehr von sich.*

Dich anschauend, an Dich denkend

Paul

Wegen der angekommenen Bücherpakete: öffnen Sie sie, datieren Sie die Bücher, schicken Sie mir, wenn möglich, eine Liste der Autoren und der Titel, chronologisch, mit den Namen der Absender[8].

[am Rand:] P.S. Was die österreichische Anthologie angeht: ich lehne es ab – und habe es auch schon den S. Fischer Verlag wissen lassen –, in einer Anthologie zu stehen, die von dem Kollaborateur A. Thérive[9] herausgegeben wird.

[am Rand und doppelt angestrichen:] Entschuldige diese kleine Schrift: es geschieht unabhängig von meinem Willen.

[am Rand:] Sag dem Arzt von La Verrière, daß ich weder Schlafkur noch Elektroschock will[10].

327

[Paris] Montag [10.? 1. 1966]

Mein lieber Paul,

Hier ist die Post, um die Du mich bittest, ich hoffe, daß es gute Post[1] ist! Du wirst mir sagen, was ich tun soll. Ich habe Dir Aktenordner besorgt, damit Du sie einordnen kannst, wenn Du weitere Hefte brauchst, sag es mir.

Ich habe heute morgen auch einen Schlafanzug gekauft, ich hoffe, daß er warm genug sein wird und daß er Dir paßt. Ich hatte keine große Auswahl, denn am Montag haben viele Kaufhäuser geschlossen, und die Wintersachen werden allmählich bereits durch die Sommersachen ersetzt –

Wenn Jean Starobinski anruft, wie er es in seinem Brief ankündigt, soll ich dann etwas über die Lesungen[2] sagen?

Halte mich auf dem laufenden, wenn ich wegen der Post schreiben oder antworten soll –

Eric kommt heute nachmittag früh aus der Schule, ich fahre sofort nach Suresnes. Ich werde Dir bald wieder schreiben, um Dich über die Schritte auf dem laufenden zu halten, die ich wegen La Verrière habe unternehmen können, aber das wird nicht vor einigen Tagen sein können.

Carmen kommt nur noch an zwei Vormittagen in der Woche, es war im Augenblick zu viel für mich und auch zu teuer – Aber es geht gut so.

Ich denke an Dich

Gisèle.

328

78, Rue de Longchamp Paris 16ᵉ
11. Januar 1966

Mein lieber Paul,

Es ist mir endlich gelungen, Dr. Le. zu erreichen, und ich schreibe Dir sofort ein paar Zeilen. Er meint, daß es im Augenblick noch zu früh für La Verrière ist, wo, wie er mir sagt, die Behandlungsbedingungen sehr speziell sind.

Außerdem muß die Zwangseinweisung[1] von Amts wegen aufgehoben sein, damit Du dort aufgenommen wirst. Wir werden also abwarten müssen, bis die Behandlung wirkt und bis es Dir besser geht. Ich weiß nicht, ob Du genau verstanden hast, was Dr. Du. Dir gesagt hat. Diese Situation ist eine Tatsache, daß Du sie jedoch ablehnst, vermag an dieser Tatsache nichts zu ändern. Im Gegenteil, ich glaube, daß sich nichts dagegen machen läßt. Daß Du Dich während einer gewissen Zeit, die, so hoffe ich, nicht allzu lange dauern wird, in Suresnes behandeln lassen mußt, und dann wird La Verrière, das, so denke ich, vom Rahmen her angenehmer ist und wo das Leben wohl nicht so unerquicklich ist wie das, was Du augenblicklich hast, möglich sein. Dr. Le. hat mich gebeten, ihn auf dem laufenden zu halten, und ich denke, sobald die Behandlung wirkt und es Dir etwas besser geht, wird er Dich aufsuchen.

Ich habe die Bücher, die Du nicht wolltest, mit nach Hause genommen, ich schicke Dir also die Liste[2] mit dem, was alle Päckchen enthielten. Ein Brief von Felten[3] war fehlgeleitet worden, ich schicke ihn Dir wie auch einen Brief vom Crédit Commercial, den ich irrtümlich geöffnet habe[4].

Ich habe auch die Briefe von Heine[5], in denen Dir Geldanweisungen auf Dein Konto angekündigt werden.

Vor einigen Tagen habe ich einen Anruf von der École erhalten, in dem ich gebeten wurde, heute Monsieur Flacelière aufzusuchen, was ich getan habe. In Wirklichkeit ist er äußerst nett gewesen, und nachdem er das ärztliche Attest von Dr. Mâle wegen Deiner dreimonatigen Krankschreibung bekommen hatte, hat er sich Sorgen gemacht, und ich habe ihm gesagt, ich wisse nicht, wann Du die Arbeit wieder aufnehmen könntest. Er hat äußerst nett von Dir gesprochen und mir gesagt, daß die École großen Wert auf Deine Mitarbeit lege und daß Du dem Posten, den Du einnimmst, weit überlegen bist[6]. Daß er untröstlich war, daß er von den Verwaltungsbehörden nicht etwas Besseres für Dich erhalten konnte. Zum andern hat er mich darauf hingewiesen, daß er für die Zeit Deiner Abwesenheit, vorgesehen für drei Monate, Monsieur Tophoven gebeten habe, Dich bei den Schülern zu vertreten, ohne jedoch im geringsten die Absicht zu haben, ihn an der École zu behalten, und daß er hoffe, daß Du so schnell wie möglich wieder Deine Kurse aufnehmen kannst[7]. Er hat mir Grüße an Dich aufgetragen und gute Wünsche für Deine Gesundheit und mich dann gebeten, den Verwaltungsdirektor aufzusuchen (Monsieur Cousin[8], glaube ich), mit dem ich gewisse Papiere für die Krankenversicherung habe regeln müssen. Dein der Krankenversicherung nicht gemeldetes Gehalt vom Dezember wird nicht gekürzt. Anschließend denke ich, daß mir mit Hilfe von Monsieur Cousin für drei Monate die Zahlung des halben Gehalts bewilligt werden wird. Auf jeden Fall war auch er sehr liebenswürdig und hilfsbereit und erbot sich, mir zu helfen, falls ich mit der Krankenversicherung Schwierigkeiten haben sollte, was nie ganz auszuschließen ist. Wegen eines Lohnzettels, der mir fehlte und der tatsächlich in Deinem Fach lag, hat er mir Deine Post mitgegeben, die ich Dir ebenfalls schicke –

Was soll ich sonst noch sagen, die Anfänge in Latein sind schwierig, und Eric ist nicht begeistert – Er hat im Augenblick den Schnupfen, aber es ist nichts Ernstes, und er geht weiterhin ins Gymnasium –

Du bittest mich, mehr von mir zu reden. Was soll ich sagen? Bevor ich nach Montana fuhr, habe ich gewissermaßen nichts anderes gemacht, als Schritte bei den Ärzten zu unternehmen, und das nicht so knapp. Glaube mir – Und dann habe ich schnell begriffen, Du kannst es Dir denken, daß das alles sehr hart war. Es war sehr schwierig, und die Tage zu Hause waren nicht leicht. Ich konnte absolut nicht arbeiten, und ich bin übrigens immer noch nicht ins Atelier zurückgekehrt.

Ich habe begriffen, daß es besser ist, wenn ich versuche, eine Arbeit zu finden, die mich ein wenig fordert und die auch etwas einbringt. Ich habe einige Schritte in dieser Richtung unternommen, die aber immer noch nicht zu einem Ergebnis geführt haben. Du weißt, daß ich weiß, daß ich nicht viel zu machen imstande bin, aber ich spreche darüber mit allen, die ich sehe, und ich hoffe, etwas zu finden. Natürlich wäre es das beste, etwas durch meine Radierungen zu finden. Apropos, André du Bouchet hat das Buch gesehen und mich gebeten, es im Pont Cardinal zu zeigen[9]. Es hat den Anschein, daß Hugues es sehr gemocht hat und andere Radierungen zu sehen wünscht. André du Bouchet sagte mir, daß er ehrlich glaubt, eines Tages eine Ausstellung machen zu können. Aber dann kamen die Ferien, er ist noch nicht zurückgekommen, und ich habe ihn noch nicht erreichen können – Das wäre natürlich gut. Ich habe auch eine andere kleine Hoffnung mit einer kleinen Galerie, die ich dieser Tage aufsuchen werde und die mir vielleicht einige Radierungen abnehmen wird. Ich muß mich immerhin dazu entschließen, es ernsthaft zu versuchen. Das ist alles. Was soll ich sonst noch sagen? Ich verbringe die Stunden zwischen Eric, den Ärzten, den Schritten, die ich unternehme, um irgendeine Arbeit und Einkommen zu finden, und dann das Haus, so oft ohne Carmen, wo etwas mehr zu tun ist. Seit drei Tagen habe ich wieder ein wenig zu zeichnen angefangen, es von neuem versucht. Vielleicht werde ich nächste Woche ins Atelier gehen. Ich weiß nicht. Das alles ist nicht sehr interessant.

Sag mir, ob die Post nicht allzu anstrengend für Dich gewesen ist, wenn Du irgendein Buch aus der Liste brauchst, sagst Du es mir. André du Bouchet war untröstlich, als er erfuhr, daß Du Paris hattest verlassen müssen, und er hat mir auch sehr liebe Grüße an Dich aufgetragen. Auch er respektiert Dich und weiß ein wenig, wer Du bist – weißt Du?

Ich höre jetzt auf.

Hab Mut, Geduld, um Dich behandeln zu lassen, damit es Dir endlich gutgeht und Du Dich in der Wirklichkeit zurechtfinden kannst

Gisèle.

329

[Suresnes] Dienstag [11. 1. 1966]

Meine liebe Gisèle,

Nur ein Wort über die Post: außer einigen wenigen Briefen, die ich beiseite gelegt habe, gibt es nichts Besonderes, Neujahrsgrüße, ziemlich zahlreich, außerdem diverse Banalitäten.

Aber als Sie mit all dem hier vorbeigekommen sind, habe ich es gespürt, ganz einfach, ganz groß. Sagen Sie mir doch, was Sie machen!

Starobinski mußt Du sagen, wo ich bin. Persönlich hätte ich gern mit ihm gesprochen – aber das wird für ein andermal sein. Sag ihm, ich möchte, daß die Februarlesung auf später verlegt wird – April, Mai zum Beispiel – man muß nach Zürich schreiben – im Ordner August oder September werden Sie den entsprechenden Brief finden (»Radio Zürich«)[1].

Es hat geschneit.

Wo sind die Meinen? Sie sind da, ich schaue sie an, ich denke an sie – an Sie. Denken Sie an sich, Sie müssen. – Ich umarme Eric

Paul

Werden Sie eines Tages vorbeikommen?
Soll ich darum bitten, Sie sehen zu dürfen?[2]

[am Rand:] Kommen Sie nicht allzu oft vorbei, wenn es Sie ermüdet[3].
Aber wenn Sie vorbeikommen, wären Sie dann so gut, mir meine baumwollenen langen Unterhosen mitzubringen?

330

Paris, Samstag, 15. Januar 1966

Mein lieber Paul,
Ich wäre früher gekommen, aber ich war sehr erkältet und durch diese Grippe ein wenig niedergeschlagen. Außerdem machte der viele Schnee auf den Straßen den Verkehr schwierig. Jetzt wird ein wenig geräumt, und die Erkältung geht dem Ende zu. Auch Eric hat es überstanden, und er hat das Gymnasium nicht versäumt. Ich gebe heute also einen sauberen Schlafanzug für Dich ab, zwei Unterhemden, und eine lange Unterhose, wenn Du andere willst, sag es mir und ich werde welche kaufen.
Ich hoffe, daß Dir die Behandlung guttut, die Ärzte haben mir am Telefon gesagt, daß Du sie gut verträgst. Sag mir, wie Du Dich fühlst.
Es ist nicht viel Post gekommen, ein paar Zeilen von den Lucas[1], einige Drucksachen, die »Frankfurter Hefte«, »Hörspielbuch 65« von Kiepenheuer – »Hörspiele im Westdeutschen Rundfunk« von K. und Witsch[2] mit dem beiliegenden Brief[3], außerdem, und das ist unangenehmer, sind die Druckfahnen des Michaux[4] gekommen, sag mir, was ich damit machen soll.
Ich habe Starobinski gestern für einige Augenblicke gesehen, er war untröstlich, als er erfahren hat, daß Du in der Klinik bist, und wünscht Dir gute Besserung und baldige Genesung. Er meint, daß er Dir schreiben wird[5]. Er hat wieder von Ajuriaguerra[6] gesprochen, der mit viel Freundschaft von Dir gesprochen habe, und er denkt, daß es gut wäre, wenn er Dich in der Klinik besuchte, und daß das sicherlich machbar sei, denn er kommt oft nach Paris. Er hat

mir geraten, ihm zu schreiben, um ihn um eine Verabredung mit Dir in Suresnes zu bitten, ich glaube, das ist eine gute Idee. Starobinski hat großes Vertrauen zu ihm und meint, daß er Dir helfen könnte.

Ich werde ihm also schreiben, wenn Du einverstanden bist. Antworte mir bitte in dieser Sache.

Ich suche auch weiterhin nach Arbeit und beschäftige mich nach wie vor mit meinen Radierungen. Am Dienstag werde ich Hugues beim Point Cardinal aufsuchen, hoffen wir! Am Montag werde ich eine meiner Kusinen sehen (Guislaine, die ich in Südfrankreich kennengelernt hatte[7]), die Ideen zu haben scheint – Es ist nicht einfach, ich weiß nichts Besonderes zu tun, aber ich hoffe, daß es mir trotzdem gelingen wird, etwas zu finden.

Eric ist gerade dabei, seine Deutscharbeit zu schreiben, wir hatten gestern abend wieder geübt, auch mit Jean-Pierre, der zwar einen schlechten Akzent hat, sich aber gut aus der Affäre zieht.

Viel Arbeit im Gymnasium, Deklinationen, Konjugationen, Wortschatz und schon kleine Übersetzungen aus dem Lateinischen und ins Lateinische. Im Augenblick klappt es ziemlich gut.

Sobald ich meine Erkältung auskuriert habe, werde ich die Ärzte nachdrücklich bitten, ob ich Dich nicht besuchen kann, und ich glaube, das müßte bald realisierbar sein. Ich habe schon oft mit ihnen darüber gesprochen, aber ich glaube, es ist besser, wenn ich nicht die Grippe in die Klinik einschleppe. In drei oder vier Tagen denke ich, daß ich kommen kann. Ich werde ihn telefonisch schon am Montag darum bitten –

Ich hoffe also bis bald. Alles ist schwierig für Dich, auch für mich ist es nicht leicht, das weißt Du. Lasse Dich weiterhin behandeln, tu etwas gegen Deine Krankheit. Bis bald

Gisèle.

331

[Paris] Montag 17. Januar 1966.

Mein lieber Paul,

Ich dachte, heute morgen ein paar Zeilen von Dir zu bekommen! Aber nein. Ich gehe jetzt ins Atelier. Da es einen Brief von Walter[1] gibt, schicke ich Dir die Post von heute morgen in der Annahme, daß es vielleicht doch eilig ist –

Ich habe den Brief von Radio Zürich noch nicht gefunden, um darauf zu antworten. Starobinski hatte sich bereit erklärt, es Böschenstein auszurichten[2].

Ich bin immer noch ein wenig erkältet, aber ich werde trotzdem den Arzt heute fragen, wann ich Dich sehen kann.
Bis bald
Gisèle.
Antworte mir wegen der Druckfahnen Michaux!

332
[Paris] Dienstag 18. Januar 1966
Mein lieber Paul,
Ich habe seit langem keine Nachrichten von Dir, aber durch Dr. Fo. oder Dr. R. erfahre ich regelmäßig, daß es Dir besser geht. Ich hoffe, daß die Behandlung Dich nicht allzusehr ermüdet.

Im Hinblick auf Deine Verlegung nach La Verrière haben die Ärzte der Klinik mich gebeten, daß ein Chefarzt zur Untersuchung hinzugezogen wird, ich denke also, daß Du zu diesem Zweck sehr bald Besuch von Prof. Dr. Deniker bekommen wirst. Ich hoffe zutiefst, daß dieser Schritt eine Hilfe in dieser Richtung sein wird.[1]

Wenn Du kannst, schreib mir ein Wörtchen.

Ich habe Dir einen langen Brief geschrieben, in dem ich Dir von den Schritten gesprochen habe, die ich unternommen hatte, Du sagst mir nichts dazu. Ich habe Monsieur Hugues heute morgen im Point Cardinal[2] gesehen, ich glaube, daß ihn meine Arbeit ehrlich beeindruckt hat, ich soll ihn dieser Tage wieder aufsuchen, ich habe den Eindruck, daß er mich bitten wird, ihm Radierungen dazulassen, die er wirklich zeigen und ab und zu »hängen« wird. Vielleicht wird er mehr tun? Ich weiß es nicht. Auf jeden Fall hat er mich sehr nett empfangen und mir viel Gutes über meine Radierungen gesagt. Das hat mich aufgemuntert.

Nichts Neues. Ich bin kaum genesen von einer lästigen Grippe, die irgendwie auch den Darm betroffen hatte, und von einem anstrengenden Schnupfen. Seit gestern geht es besser. Eric ist wieder sehr gut in Form, die Arbeit klappt gut, 4 Punkte in Latein werden kompensiert durch 18 Punkte. Glückwünsche für die letzte Textinterpretation: »Eric Celan gewöhnt uns wirklich daran, daß er gute Ideen hat« oder so ähnlich. Er wird in Französisch sehr ermuntert und sagt allmählich, daß er Aufsatz und Textinterpretation sehr mag. Beim Latein prüfe ich nach, ob er die Lektionen beherrscht, und ich kann sogar, mit dem Buch natürlich, die kleinen Übersetzungen aus dem Lateinischen und ins Lateinische nachprüfen.

Wir warten voller Ungeduld auf die Ergebnisse der Deutsch- und der Erdkundearbeit. Beide scheinen gut gelaufen zu sein.

Ich muß für Eric die Arbeit wieder aufnehmen, ich versuche es nach allen möglichen Seiten mit meinen Radierungen und auch etwas Einträglichem. Ich habe in den letzten Tagen zu Hause gearbeitet und mehrere Radierungen angefangen, tastend und mich plagend, ich habe Mühe, aber ich mache weiter.

Ich habe wieder mit dem Arzt gesprochen, wegen des Besuchs bei Dir, er zieht es ebenfalls vor, daß meine Grippe völlig ausgeheilt ist, aber ich glaube, daß es bald möglich sein wird.

Ich hoffe, daß Du bald diese so schwierigen schlechten Wochen hinter Dir hast. Ich hoffe es lebhaft, weißt Du.

Sag mir, was ich wegen der Druckfahren für den Michaux tun muß – Ich habe den Brief aus Zürich immer noch nicht gefunden, ebensowenig den Ordner, den Du mir angegeben hast, aber ich denke jetzt, daß sie vielleicht oben in Deinem Zimmer sind[3].

Könntest Du mir, durch die Ärzte der Klinik, den Wohnungsschlüssel geben lassen, den Du bei Dir haben mußt. Ich habe nur einen, wie Du weißt, und es kommt vor, daß ich bei Erics Rückkehr nicht immer zur genauen Stunde da bin, ich müßte ihm hin und wieder einen Schlüssel überlassen können, danke.

Bis bald, Paul, ich denke an Dich, an
Deine riesigen Schwierigkeiten, an Deinen Schmerz

Gisèle.

333

78, Rue de Longchamp
Paris 16[e]
Donnerstag, 20. Januar 1966

Mein lieber Paul,

Ich habe seit mehreren Tagen keine Nachricht mehr von Dir, außer durch die Ärzte. Meine Grippe ist jetzt ausgeheilt, und ich kann Dich besuchen kommen. Wenn Du es wünschst, wird der Arzt sicherlich zustimmen. Eric ist heute mit Jean-Pierre und Mimi im Palais de la Découverte[1], war schon vor acht Tagen einmal hingegangen, und es hat ihnen so gut gefallen, daß sie wieder hingegangen sind, ich glaube, vor allem wegen des Planetariums. Erics Arbeit läuft gut, doch ich muß ihm trotzdem viel helfen. Er hat 14 Punkte in der Deutsch- und 15 in der Erdkundearbeit gehabt. Das sind zwei gute Noten, über die ich mich gefreut habe und die Dir, wie ich denke, Freude machen werden.

Gestern bin ich in die Klinik gekommen und habe einige Augenblicke Prof. Deniker mit Dr. Fo. gesehen. Er hat, wie Du weißt, die Behandlung der Klinik gebilligt und eine neue Behandlung angeraten, um Dir zu helfen, Deine intellektuellen Möglichkeiten sowie die zur Arbeit wiederzugewinnen. Das geht, denke ich, in die Richtung dessen, was wir alle wünschen. Sag mir, wie Du darüber gedacht hast, ob er Dir Vertrauen eingeflößt hat. Er hat auch über La Verrière mit mir gesprochen, wovon er eine sehr gute Meinung hat, doch er zieht es vor, daß Du erst nach der Behandlung dorthin gehst, zur Genesung, vor der Wiederaufnahme eines normalen Lebens. Ich werde Dr. Le. auf dem laufenden halten.

Ich werde Dir mündlich von den wirklich guten Reaktionen Hugues' angesichts meiner Radierungen erzählen. »Atemkristall«[2] hat ihm sehr gefallen, und er bedauert, daß er nicht deutsch kann, um es zu lesen. Aber das Buch, Edition, Umbruch, Druck, Radierungen – er hat das sehr schön gefunden.

Es ist nicht mehr kalt, und Paris ist sehr schmutzig bei diesem Regen. Die Seine führte in den letzten Tagen zahlreiche Eiswürfel mit sich, und Paris hatte ein neues Gesicht, das man nur selten an ihm kennt.

Ich warte auf Deine Nachrichten, Du wolltest, daß ich Dich besuchen komme. Das war mir unmöglich wegen dieser Grippe, aber jetzt kann ich es – Schreib mir.

Ich hoffe bis bald

Gisèle.

334

[Suresnes, 21. 1. 1966]

Ma Chérie,
ich liebe Sie. Alles in mir möchte es Dir sagen.
Halten Sie stand. Danke dafür, daß Sie sich um Eric kümmern.

Ich umarme Sie
Paul

Freitag abend

335

Suresnes, den 25. Januar 1966[1]

Meine liebe Gisèle,
hier ein paar Zeilen, um wieder zu Ihnen zu finden, in diesen für Sie so harten Tagen, hart auch für mich.

Mit Dr. R. bespreche ich neue Wünsche, wir ziehen eine Lösung in Betracht.

Würden Sie nicht für einen kurzen Besuch nach Suresnes kommen? Ich hoffe es
    Ich denke an Dich

                                          Paul

336

                              78, Rue de Longchamp
                                          Paris 16e
                                        26. Januar 1966

Mein lieber Paul,
Ich weiß, wie schwierig alles für Dich ist, und dieser Gedanke läßt mich nicht los. Sei sicher, daß ich ständig mit den Ärzten in Verbindung bin, die sich direkt oder indirekt um Dich kümmern. Sie allein, und das weißt Du, können Dir im Augenblick helfen.

Selbstverständlich werde ich Dich besuchen kommen, doch Dr. Fo., den ich gerade angerufen habe, bittet mich, noch einige Tage zu warten.

Du sprichst so wenig mit mir in Deinen Briefen. Wir haben uns das letzte Mal in einem so dramatischen Augenblick[1] gesehen. Alle meine Wünsche, all mein Wollen gehen zu Deiner Heilung hin, und ich weiß, daß die Ärzte in diesem Sinne versuchen, Dir zu helfen. Geduld, Paul, Du mußt Dich wiederfinden, Du mußt Deine Fähigkeit zur Konzentration wiedererlangen für Deine Arbeit, um zu schreiben, auch Dein Gedächtnis, Du mußt Deine Ruhe wiederfinden.

Das wird alles wiederkommen, ich weiß, daß es lang für Dich ist, ich kann, glaube mir, Deinen Schmerz ermessen.

Eric geht es sehr gut, das Gymnasium, das Judo, die Wölflinge, alles läuft gut. Mach Dir um ihn keine Sorgen.

        Bis bald, und verlier nicht den Mut. Du wirst Dich wiederfinden

                                            Gisèle.

337

78, Rue de Longchamp
Paris 16ᵉ
Freitag, 27. Januar 1966

Mein lieber Paul,
Ich habe heute einen Brief von Tante Berta bekommen, und ich schicke beiliegend einen Brief für Dich¹.
Du bittest nicht mehr um die Post. Sag mir, ob ich sie für Dich abgeben soll. Die Druckfahnen des Michaux kommen weiterhin², sag mir, ob ich ihnen deswegen schreiben soll und in welchem Sinne –
Viele Grippefälle in Paris, und ich habe von neuem einen schönen Schnupfen, aber es geht mir gut, und es stört mich nicht. Ich habe in den letzten Tagen eine Reihe von Abzügen auf meiner Druckerpresse gemacht, und ich habe an einigen Radierungen gearbeitet, von denen mir keine wirklich gute Ergebnisse gebracht hat, aber ich versuche, mich wieder dahinterzumachen, auch, indem ich zu den Frélauts³ gehe, wo die Arbeitsatmosphäre für mich immer ein wenig stimulierend ist.
Eric arbeitet nach wie vor gut und folgt sehr ordentlich dem Unterricht, ausgenommen die Orthographie, bei der es hapert und wo er noch nicht ganz auf dem notwendigen Niveau ist, er hat gute Noten und fängt zu Hause seit einigen Tagen an, sich sehr anzustrengen, um ganz allein zu arbeiten – Was eine gute Sache ist. Ich glaube, Latein fängt an, ihm zu gefallen, auf jeden Fall kommt er sehr gut damit klar und ohne allzu große Mühe –
Gib mir Nachricht von Dir. Wenn Du es kannst, schreib.
Ich hoffe, daß es bald möglich sein wird, daß ich Dich besuchen komme.
Bewahre Dir Deinen ganzen Mut, um gesund zu werden.

Gisèle.

338

Suresnes, Montag, 31. Januar 1966

Meine liebe Gisèle,
ich schulde Dir seit langem einen Brief, und mehrmals habe ich einen Anlauf genommen, um Dir einen zu schreiben.
Aber was soll ich sagen? Mit Bekanntem und Unbekanntem... ich spinne... ich spinne nach der richtigen Seite hin, möchte ich sagen, auch nach der geschützten Seite hin.

Wo ist Eric? Wo sind Sie? Dies sind meine beiden fundamentalen Fragen, mit, natürlich, einem wo bin ich? das es wert ist, gekennzeichnet zu werden.

Kein Edelmut bei[1], Du siehst ja. Wem das Wort überlassen? Euch beiden, meinem Sohn und meiner Frau.

Ich lese überhaupt nicht – es ist ein Jammer. Möge Ihnen eine solche Phase (»Phase«)[2] erspart bleiben!

Ich mache – tugendsam – eine Runde durch mein Zimmer, das riesig und ebenfalls tugendsam ist, aber auch sehr hallend, was das Inartikulierte oder Para-Artikulierte angeht. (Gott! Nicht damit enden!)

Wenn Sie einen Brief von Eric haben, schreiben Sie ihn ab und geben Sie ihn mir.

Ich mache Schluß – ich schaue Sie an

Paul

[auf der Rückseite des Umschlags:] Man hat mir gerade Deinen Brief vom 27. gebracht.

339

78, Rue de Longchamp
Paris 16ᵉ
Dienstag, 1. Februar 1966

Mein lieber Paul,

Ich bekomme gerade Deinen Brief von gestern. Zunächst einmal muß ich Dich in einem Punkt beruhigen: Eric und ich sind in Paris, in der Rue de Longchamp. Du fragst mich, ob ich einen Brief von Eric habe, und bittest mich, ihn für Dich abzuschreiben und ihn Dir zu schicken. Aber er ist hier bei mir. Er ist im Augenblick im Gymnasium, und müßte sogar gerade dabei sein, seine Lateinarbeit zu schreiben. Gestern abend und heute morgen (dienstags geht er erst um 9 Uhr 30 in die Schule) haben wir uns zusammen Wortschatzlisten angesehen und die Anwendung der Fälle, er wußte gut Bescheid, und das umgehend, das ist natürlich eine große Gedächtnisanstrengung, aber er begreift gut und kommt gut zurecht. Ich glaube sogar, daß er jetzt Latein wirklich mag. Mach Dir wegen ihm keine Sorgen, er hat zwar noch mit einem abklingenden Schnupfen zu tun, aber er ist in Hochform. Ich helfe ihm jeden Abend bei der Arbeit. Nach dem Abendessen lesen wir zusammen, und er liebt es, wenn ich ihm vorlese, und ich versuche, meine Sorgen vor ihm zu verbergen. Er ist still und ruhig. Heute abend werde ich ihm sagen, daß er Dir schreiben soll. Er tut es nicht oft, denn er hat, wie Du weißt, viel zu tun mit dem Gymnasium, und er kann es dann kaum erwarten, wenn er fertig ist, ein wenig spielen zu gehen und sich zu entspannen –

Was mich angeht, was soll ich sagen? Du weißt es, Paul, ich denke unaufhörlich an Dich, Du kannst nicht daran zweifeln. Um standzuhalten, um mir zu helfen, dieses Drama um Deine Gesundheit zu überstehen und mich weiterhin, so gut mir das möglich ist, um den Sohn zu kümmern, habe ich mich wieder an die Radierung gemacht. Von Zeit zu Zeit gehe ich zu Lacourière, wo die Arbeitsatmosphäre mir ein wenig hilft und mich aus einer allzu großen Einsamkeit herausholt. Zu Hause arbeite ich ebenfalls.

Ich habe wieder angefangen, mit meiner Druckerpresse zu arbeiten, und mache im Augenblick alle drei Tage Abzüge meiner Radierungen. Ich habe so die Platten »Statt einer Inschrift«, »Unterwegs«, »Die Netze wieder«[1] in zwanzig Exemplaren aufgelegt, und das auf schönem Japanpapier, das ich gleichzeitig mit der Presse bei Madame Chassepot[2] gekauft hatte.

In den nächsten Tagen werde ich damit beginnen, die Edition von »Silberschwarz« zu drucken, die in Deinem Zimmer ist, und »Dünennähe«[3]. Ich glaube, daß ich Dir gesagt habe, daß ich Frélaut gebeten habe, mir zehn Exemplare der neuesten Radierungen zu drukken, die ich letztes Jahr gemacht habe und die zu groß sind, als daß ich sie selber machen könnte, erstens wäre es zu anstrengend, und außerdem bin ich nicht dazu eingerichtet, um sie unter guten Bedingungen zu machen, und es gelingt mir auch nicht, sie ziemlich gleichmäßig zu drucken, wenn sie zu groß sind. Ich schaffe mir auf diese Weise also eine Möglichkeit, meine Radierungen zu zeigen und gegebenenfalls auch einer Galerie zu überlassen, die sie verkaufen kann, wenn sich die Gelegenheit bietet. Ich hatte keine anderen Exemplare als die, die ich zu Hause behalten muß –

Ich habe Dir gesagt, daß die Galerie vom Point Cardinal[4] mir sieben oder acht abgekauft hat, ich denke, daß ich sie in acht Tagen »liefern« kann. Monsieur Hugues hat sie, wie ich glaube, wirklich gemocht. Er hat mir gute Ratschläge erteilt, wie ich versuchen kann, auch bei anderen Kollegen welche zu verkaufen, und ich hoffe, daß sich daraus etwas ergibt. Ich gedenke die Galerie Maeght[5] aufzusuchen, sobald ich die bei Frélaut gedruckten Radierungen habe, um ihnen etwas Neues zu zeigen. Ich gehe wenig aus, ich lese wenig.

Mein Blutdruck ist sicherlich wieder gestiegen, doch ich bin trotz allem ziemlich müde, und ich werde in nächster Zeit wahrscheinlich wieder zu Madame Madger gehen.

Was ich von Tag zu Tag durchlebe, ist ein schweres Los, ein schweres Leben, weißt Du. Meine Gedanken gehen zu Dir, und ich verstehe, glaube mir, Dein Drama und Dein Unglück. Ich werde alles tun, was ich tun kann, um Dir zu helfen, doch Du weißt, wie schwierig das ist.

Es ist nicht einfach für mich, Dich in Suresnes zu wissen, und ich verstehe, wie entsetzlich es dort ist. Ich warte voller Ungeduld darauf zu erfahren, daß es Dir besser geht und daß man Deine Verlegung nach La Verrière[6] ins Auge fassen kann, was für Dich ein Schritt zu einem normaleren Leben wäre.

Ich denke, ich denke unaufhörlich an Dich.

Alles ist so schwierig, ungerecht in dieser Welt, für Dich, für mich, für viele. Trotzdem müssen wir standhalten, bessere Tage ins Auge fassen.

Ich habe ein Briefchen von Böschenstein erhalten, der erfahren hat, daß Du krank bist und nicht nach Genf kommen kannst[7], er bedauert das aufrichtig, wünscht Dir eine baldige gute Besserung und sagt mir, daß er mit Deinen Gedichten lebt und unter seinen Studenten häufig junge antrifft, die Deine Dichtung mögen und zutiefst von ihr berührt sind.

Vergiß es nicht, selbst wenn Du es nicht immer spürst, Du sollst wissen, Paul, viele leben mit Deiner Dichtung, durch Deine Dichtung –

Ich höre jetzt auf. Ich muß die Wohnung ein wenig aufräumen, aber auch da brauchst Du Dir keine Sorgen zu machen, Carmen kommt zwar nicht mehr so oft, aber Eric und ich, das bringt gar nicht soviel materielle Arbeit, und ich komme sehr gut zurecht, ohne allzuviel zu tun.

Ich habe keine feste Arbeit gefunden, und vielleicht wird es mir auch nicht gelingen, es ist nicht dringend, aber ich suche immer noch. Ich werde Dich auf dem laufenden halten.

Schreib mir, Paul, wenn Du es kannst – Verlier nicht das Vertrauen. Du wirst Deine Ruhe wiederfinden, Dein wahres Du, Dein Gedächtnis, Deine Arbeitsmöglichkeit.

                                Ich denke an Dich

                                         Gisèle

340
[Suresnes] Donnerstag, 3. Februar 1966
Meine liebe Gisèle,
 danke für Deinen Brief, den von gestern, danke für *Deine* Briefe, zahlreich und hilfreich, aus dieser ganzen Zeit – auch Eric hat mir geschrieben – ich werde auch ihm ein Wort des Dankes sagen, er verdient es so sehr.
 Danke für das Briefpaket; ein Brief ist dabei, den Du Dir sicherlich angeschaut hast: ich erfahre durch ihn, daß Margarete Susman am 16. Januar in Zürich gestorben ist[1]. Du weißt ja: es ist ein echter Verlust.
 Ich lege dieser Seite den Brief von Radio Zürich bei, zusammen mit einem Brief, den abzuschicken ich Dich bitten möchte*[2]. Es ist höchste Zeit, daß ich absage – Gott weiß, daß ich mich gefreut habe, nach Zürich zu fahren, eine für mich heitere und gastliche Stadt, mit und auch wegen Margarete Susman. Möge meine Feder wieder etwas agiler werden, und etwas näher bei den Dingen, die jenseits meiner Mauer-Horizonte geschehen.
 Ich bin froh, daß sich Deine Arbeit um das herum ordnet, was Du, in der Kunst, zum Leben erweckst und was Du deutlich machst. Jetzt wirst Du Dich in aller Freiheit in der Radierung verwirklichen.
 Ich hatte eine Zeitlang Darmschwierigkeiten, aber seit gestern ist es vorbei (es war eine große, sehr schmerzhafte Verstopfung). – Jetzt müssen noch einige nebensächliche Erscheinungen verschwinden. Dann – für wann dieses dann? – sehen wir weiter.
 Umarmen Sie unseren Sohn.
 Ich spreche mit Dir. Ich schaue Dich an
                                                                          Paul

P.S. Sie haben doch Böschenstein geschrieben, um abzusagen, nicht wahr?

* Ich warte bis morgen, um ihn zu schreiben.

[Suresnes] 4. Februar 1966
Meine liebe Gisèle,
 noch ein paar Zeilen, um Dir wieder vorzuschlagen, mir an einem Nachmittag einen kleinen Besuch hier abzustatten. (Dr. R. sagt mir, daß das, seiner Meinung nach, überhaupt kein Problem ist.) –

Komm also, wann Du willst, je früher, desto besser, nach zwei Uhr nachmittags, Du mußt Dich nur bei Dr. R. oder seinem Vertreter anmelden, und man wird Dich sicherlich zu dem Pavillon führen, in dem ich mich befinde.

Noch etwas *Dringendes*: ich lege Dir den Brief von Radio Zürich[3] bei – man muß ihnen sofort sagen, daß ich mich, abgespannt, auf dem Land erhole, und folglich verhindert sein werde, nach Zürich zu kommen, wie ich es vorhatte. Sag ihnen, daß ich das aufrichtig bedaure und hoffe, bei einer nächsten Gelegenheit eine Gedichtsendung machen zu können. – Schreib ihnen auf französisch, in Deinem Namen, von mir. Ihre Adresse ist, ich stelle das gerade fest, in Bern – schreiben Sie sie vom Umschlag oder vom Briefkopf ab. Ich frage mich übrigens, ob es nicht einfacher wäre, zu telegrafieren...

Also – ich erwarte Sie. Ich wünsche ganz einfach, daß Du kommst. Aber wenn es für Dich schwierig ist, dann bitte, bitte sag es einfach, wie immer.

Paul

Hab mirs überlegt: ja, schicken Sie ein Telegramm an
DR. KURT WEIBEL REDAK. RADIO UND FERNSEHEN
SCHWARZTORSTRASSE 21 BERN
BEDAUERE AUFRICHTIG LESUNG ZÜRICH KRANKHEITSHALBER ABSAGEN ZU MÜSSEN MIT DEN BESTEN GRUESSEN

PAUL CELAN

341

[Paris] Montag [7. 2. 1966]

Mein lieber Paul,

Ich habe erfahren, daß Prof. Deniker Dich in seine Abteilung[1] aufgenommen hat, man muß das als einen Schritt hin zur Klinik von La Verrière[2] ansehen, also einen Schritt hin zur Wiederaufnahme des normalen Lebens –

Ich denke unaufhörlich an Dich.
Mut!   Gisèle.

342

                    Clinique de la Faculté de Médicine
                           1, Rue Cabanis (14e)
                        [Paris] Montag, 7. Februar 1966

Meine liebe Gisèle,

hier ein paar Zeilen, mit der neuen Adresse, um Dich auf dem laufenden zu halten. Übrigens hat man mir in Suresnes gesagt, daß man Sie auf dem laufenden gehalten hat.

So daß ich gestern, Sonntag, hier ein Besuchstag, ein wenig damit gerechnet habe, daß Sie kommen werden. Der zweite Besuchstag ist donnerstags. Bitte kommen Sie. Bis dahin geben Sie bitte (ich heiße hier* Paul *Antschel*) zwei Handtücher ab, einen Kamm, eine Zahnbürste, zwei Waschlappen, einen Block Briefpapier im gleichen Format wie dieses[1], Umschläge, zwei Kugelschreiber. Was soll ich sonst noch sagen. Ich tue mein bestes.

Umarmen Sie unseren Sohn von mir. Schreiben Sie mir, ich brauche das, so wie ich Erics Briefe brauche.

                                                        Paul

P.S. Sei so gut und tue die Sachen, um die ich Dich bitte, in einen *kleinen* Koffer, den ich behalten werde.

Besuchszeiten: Sonntag und Donnerstag, ein Uhr bis halb vier.

* Das beste ist: Paul Antschel-Celan – so wird man sich an die beiden Namen gewöhnen.

343

                               [Paris] Montag, 7. Februar 1966

Mein lieber Paul,

Ich bekomme gerade Deinen letzten Brief aus Suresnes, er hat mir Freude gemacht, und ich danke Dir dafür. Du hast mich gebeten, Dich zu besuchen. In der Abteilung, in der Du jetzt bist, ist das sicherlich auch möglich. Sprich mit dem Arzt. Du bist sicherlich schon Dr. O.[1] begegnet. Er ist mir verständnisvoll vorgekommen, sein ganzer Wunsch ist es, Dir zu helfen, ich hoffe, daß Du Dich gut mit ihm verstehen wirst. Bitte ihn, daß ich Dich besuchen darf.

Da ich hinsichtlich Deiner Post keine Antwort von Dir bekommen habe, Paul, habe ich den Entschluß gefaßt, Radio Zürich ein Telegramm zu schicken, um ihnen zu sagen, daß Du krank bist und am 20. nicht kommen kannst. Mach Dir deswegen also keine Sorgen. Böschenstein ist von Starobinski in Kenntnis gesetzt worden.

Mut, Paul, ich weiß, daß Du gehofft hast, diese Lesungen machen zu können, und ich freute mich schon, nach Zürich und Genf zu fahren. Diese Gelegenheit wird sich wiederfinden, wie auch Deine Arbeit an der École – und alle Gedichte, die Du noch schreiben wirst. Alle diese Prüfungen, durch die Du hindurchgehst und von denen ich weiß, glaube es mir, was sie für Dich bedeuten, werden ein Ende nehmen.

Ich denke unaufhörlich an Dich – Schreib mir – gib mir Nachricht von Dir, sag mir, ob Du Bücher brauchst und ob ich Dir etwas schicken kann. Sag mir, wie Du Dich fühlst –

Ich habe erfahren, daß Du schmerzhafte Darmprobleme gehabt hast, zum Glück ist es jetzt vorbei, aber es ist bestimmt nicht lustig gewesen.

Eric hat gerade die Ergebnisse der Deutscharbeit bekommen, bei der er 17 Punkte hatte, und bei den beiden Mathe-Arbeiten ebenfalls 17. Ich bin ebenso froh wie er, Dir das mitteilen zu können. Wenn es so weitergeht, wird das zweite Trimester noch besser werden als das erste. Er gibt sich Mühe, und diese guten Noten haben ihn heute sehr ermutigt –

Ich habe Larese in der Buchhandlung Hune kurz gesehen, bei der Vorstellung eines Buches von Hartung[2], zu der er uns beide eingeladen hatte, er hat bedauert, Dich nicht zu sehen, ich habe ihm gesagt, daß Du im Augenblick nicht in Paris bist. Ich habe sein Gedächtnis aufgefrischt, was seine Versprechungen hinsichtlich einer Ausstellung für meine Radierungen angeht, er war nur für zwei Tage da, kommt aber im März wieder und hat mir versprochen, zu uns nach Hause zu kommen und das Datum festzulegen[3] –

Ich habe heute Papier, Umschläge und einen Ordner für Dich abgegeben. Ich schicke Dir Briefmarken, das ist für Dich vielleicht einfacher, als um welche zu bitten.

Ich weiß, daß Du in einem Viererzimmer bist, es sind die besten, die es in der Abteilung gibt, sag mir, ob es nicht zu hart für Dich ist –

Ich denke an Dich

Gisèle.

344
[Paris] Mittwoch, 9. Februar 1966
Meine liebe Gisèle,
ich habe gerade Deinen Brief erhalten, und gleichzeitig war die Visite von Dr. O. (den ich vorgestern schon einmal gesehen habe).
Ja, komm mich also morgen besuchen – ich freue mich darauf. Alles wird hier flexibel gehandhabt, eine Eigenschaft, die ich schätze.
Bitte bei der Ankunft darum, daß Du ein wenig zu dem Gebäude geführt wirst, in dem ich bin (Universitätsklinik, Direktor: Prof. Delay[1]).
Kannst Du mir ein paar Orangen und ein Päckchen Lu-Butterkekse mitbringen? Und auch ein wenig Geld, 30 neue Francs werden mir genügen.
Umarme Eric und beglückwünsche ihn in meinem Namen für seine Arbeit in der Schule.
    Ich warte auf Dich   Paul

345
[Paris] Freitag [11. 2. 1966]
Ma Chérie,
Danke, daß Sie gestern gekommen sind, das gibt mir Hoffnung für uns alle.
Heute morgen bin ich von Prof. Delay empfangen worden, dann von seinem Büronachbarn, Prof. Pi., den wir im Österreichischen Institut kennengelernt haben und der mich sofort wiedererkannt und mich dann auf Bitten von Prof. Delay sofort zu einem Gespräch empfangen hat.
Umarmen Sie unseren Sohn, ich umarme Sie
                                                                      Paul

346
78, Rue de Longchamp
Paris 16e
Sonntag, 13. Februar 1966.
Paul, mon chéri,
Vergiß nicht, daß ich ganz nahe bei Dir lebe, daß ich unaufhörlich an Dich denke und daß mir nichts von dem, was Dir geschieht, fremd ist –

Wir haben immer ein schwieriges Leben gehabt. Ich weiß, Du hast glauben können, daß ich mich von Dir entferne, es ist nur so, daß ich wegen Deiner Krankheit in den letzten Monaten nicht mehr konnte. Aber Du wirst aus all dem herauskommen. Du wirst Dich wirklich wiederfinden können. Du mußt Vertrauen haben. Du bist umgeben von den besten Ärzten, die wissen, wer Du bist, die Dir helfen wollen. Ich weiß, daß im Augenblick und seit einiger Zeit schon alles sehr hart für Dich ist, ich denke oft daran.

Anschließend wirst Du dann sehen, die Kräfte kommen wieder und das Gedächtnis und die Konzentration und die innere Ruhe, und auch durch die Arbeit wirst Du wieder aufleben. Es ist das, was ich selber versuche. Es ist das einzige, was ich tue, um standzuhalten, um Eric weiterhin zu helfen, ein Mann zu werden, auch um zu sein –

Bis bald, Paul, hab Vertrauen zu den Ärzten, es wird bessere Tage geben, ich erwarte sie ebenfalls voller Vertrauen –

Bis bald, bis sehr bald.

Neben unserem Sohn, der Dich ebenfalls liebt,
der ebenfalls auf Dich wartet

Gisèle.

347

78, Rue de Longchamp
Paris 16ᵉ
14. Februar 1966

Paul, mon chéri,

Ich habe heute morgen an Sie gedacht, als Sie wegen der Röntgenaufnahme ins Cochin[1] gegangen sind. Sobald Sie das Ergebnis wissen, sagen Sie es mir. Ich habe Dr. O. erreichen können und habe mit ihm, wie Du mich gebeten hast, über Deine Darmprobleme, über das Essen und auch über Deine Zähne gesprochen. Sobald Du den Zahnarzt und den Augenarzt gesehen hast, sag mir, wie es aussieht.

Ich denke oft an Dich, an all den Mut, den Du haben mußt, um Dich behandeln zu lassen und um aus dieser schlimmen Lage herauszukommen. Wir dürfen nicht das Vertrauen verlieren, Paul, wir müssen an bessere Tage glauben.

Madame Zucman, die Ärztin, die ich in La Messuguière[2] kennengelernt habe, ist heute gekommen und hat zwei kleine Graphiken gekauft, »Grau und Schwarz«, Du weißt, die, die in Deinem Zimmer hängt und die Du so magst, und auch die »Kleine Komposition«³, die jetzt übrigens vergriffen ist, es bleiben uns nur noch die drei ersten Nummern, die ich von jeder aufgelegten Graphik für uns drei zurückbehalte. Ich habe also heute wieder 20 000 alte Francs verdient.

Soll ich Dir, wenn ich wiederkomme, die letzten Radierungen mitbringen, die ich gemacht habe, um sie Dir zu zeigen? Ich weiß wirklich nicht, was sie taugen. Ich zeichne viel, komme aber nicht immer zu einem Ergebnis.

Ich beginne eine neue Serie mit Radierungen im gleichen Format wie das Buch – vielleicht werden wir etwas daraus machen können⁴.

Jedesmal, wenn ich eine Radierung mache, wird mir bewußt, was für einen enormen Anteil Du an ihnen hast. Nicht eine einzige meiner Radierungen wäre da ohne Dich. Du weißt es. Und als Du mir gesagt hast, daß Du in meinen Kupfern Deine Gedichte erkennst⁵, konntest Du für mich nichts Schöneres und nichts Größeres sagen.

Bis bald, Paul, bis sehr bald, bei Dir,
mit Deinem Sohn   Gisèle

Morgen werde ich ins Atelier gehen, bis Eric heimkommt, wo mich dann Übersetzungen ins Lateinische und Deutsche sowie Übersetzungen aus beiden Sprachen erwarten. Aber das Niveau der fünften Klasse macht das für mich noch möglich, außer in Mathe, wo die Zeitzonen völlig über meinen Horizont hinausgehen. Die wissenschaftlichen Kenntnisse Erics über die Meridiane sind schon groß, aber auch die Kenntnis über den Meridian und die meridianhaften Dinge⁶ werden ihm kommen, dessen bin ich sicher.

348

[Paris] Dienstag, 15. Februar 1966

Danke, mon Aimée, für Deinen Brief vom 13.: er erleuchtet mein Herz ebenso wie der sehr lockere und zugleich sehr unbefangene Brief unseres Eric.

Hier geht alles seinen gewohnten Lauf, gestern war es also die Bronchoskopie, von der ich Dir erzählt habe. Ergebnis: nichts Beunruhigendes, was die Bronchien angeht.

Auf dem Rückweg hierher treffe ich H.¹, der gerade seine Visite macht und mir sagt, daß man Deine Besuche organisieren müsse, nachdem ich ihn dieserhalb aufgesucht hatte. Er sagte mir auch etwas von einem Gespräch mit mir, aber ich habe heute noch keine Nachricht. Das wird kommen, ich gedulde mich.

Du weißt nicht – doch, Du weißt es genau, was Dein Brief für mich bedeutet. Auch Du brauchst Ruhe – aber, nicht wahr, zu wissen, daß ich vor Rückfällen geschützt bin, das umgibt Dich doch mit Gedanken, wie wir sie – immer – in uns aufkommen und dauern zu lassen verstehen.

Ich umarme Dich, und ich umarme Eric

Paul

[am Rand:] Stell Dir vor: ich bin in der Röntgenabteilung Dr. Mâle[2] begegnet, der zufällig vorbeikam.

349

[Paris, 16. 2. 1966]

Ma Chérie,

ich habe gegen Mittag Ihren Brief vom 14. bekommen – er ist wieder, wie die vorhergehenden, etwas »seelisch«[1], es ist eine Freude.

Nach der Arztvisite Dr. H. gesehen (ist der Name so richtig geschrieben?[2]), der mir unter anderem gesagt hat, daß Du ihn anrufen und aufsuchen kannst, wann immer Du es willst. Ich habe ihm gesagt, wie sehr ich Gesten dieser Art zu schätzen wisse. Dann gewisse »Themen« der Kampagne gegen mich[3] – er versteht das alles.

Was Deine *Besuche* angeht, so glaubt er, daß man sie auseinanderziehen müßte, aber ich habe ihm ein – elastisches – *alle zehn Tage* entreißen können.

Was machen wir mit dem nächsten Sonntag, den ich mit Ihnen ausgemacht habe? Ich würde sagen, komm diesen Sonntag, dann werden wir weitersehen.

Sag Eric ein Wort und entschuldige mich, daß ich ihm – aber ich werde ihm bald schreiben – nur auf dem Umweg über Dich schreibe.

Ich schaue Dich an und umarme Dich. Umarmen Sie
unseren Sohn.

Paul

350

[Paris] Mittwoch, 16. Februar 1966

Ma chérie,

ich stelle fest, daß ich nicht auf Deine Frage über Deine Radierungen geantwortet habe.

Ich möchte sie gern alle sehen, doch ich fürchte, daß sich die Bedingungen hier nicht allzusehr für diese Art Vernissage eignen. Bringen Sie also die nicht allzu großen, die Du in einer Zeichenmappe unterbringen kannst.

Die Kürze dieses Briefes – Du weißt, daß sich auch das bessern soll. Letzten Sommer, als Sie in der Provence waren, habe ich, unter anderem, auch meine Kraft zum Briefeschreiben wiedergefunden[1]. Ich werde sie auch jetzt einmal mehr wiederfinden.

Ich umarme Dich, kommen Sie am Sonntag,
    ich umarme Sie noch einmal,

                                              Paul

351

[Paris] Donnerstag, 17. Februar 1966

Ma Chérie,

ja, kommen Sie diesen Sonntag*, und bringen Sie einige Ihrer Radierungen mit, jene, die nicht allzu groß sind: Sie kennen den Ort, an dem ich bin, mit seinen Möglichkeiten.

Ich habe gestern O. gesehen, er scheint mit der Entwicklung meines Zustandes zufrieden zu sein. (Die Enzephalographie hat nichts ergeben, sagt er mir.)

Die Bronchoskopie war ein wenig ermüdend, doch auch hier sind die Ergebnisse gut. – Dr. O. hat mir gesagt, Du könntest ihn jederzeit aufsuchen oder ihn anrufen – ich habe ihm dafür herzlich gedankt.

Doch die Langeweile gräbt sich einen kleinen Platz – ich hoffe, die Behandlung wird für Abhilfe sorgen.

Umarmen Sie Eric, ich umarme Sie

                                              Paul

P.S. Mademoiselle Arrietta (ich weiß nicht, ob ich ihren Namen richtig schreibe)[1] erwartet Dich am Samstag, um die Versicherungspapiere in Ordnung zu bringen. Sie hat ein gutes Gesicht und erwartet Dich mit genau diesem Gesicht am Samstag nachmittag.

Für mich, bitte vergessen Sie das nicht, die beiden Plastikbecher.

* aber sagen Sie vorher
Dr. O. Bescheid.

352

78, Rue de Longchamp
Paris 16ᵉ
Montag, 21. Februar 1966.

Paul, mon chéri,
Ich habe mich gestern gefreut, denn ich habe gefunden, daß es Ihnen besser geht, eindeutig besser, ich habe mich auch gefreut über Ihren Mut, sich behandeln, gesundpflegen zu lassen. Noch einmal, Sie werden aus dieser schlimmen Lage herausfinden.

Als ich Sie verließ, habe ich gestern gearbeitet bis zur Rückkehr Erics, der begeistert vom »Capitaine Fracasse«[1] heimgekommen ist, obwohl ihn Theater und Kino immer ein wenig enttäuschen, denn als aufmerksamer Leser gibt es für ihn immer zu viele Einzelheiten, die fehlen.

Langer, ein wenig ermüdender Ateliertag, aber eine neue große Radierung ist auf dem Weg. Ich gedenke diese Woche mehrmals ins Atelier zu gehen. Es ist im Augenblick ruhig, und man kann gut dort arbeiten. Habe ich Dir erzählt, daß Max Kohler, ein Schweizer, sehr schweizerisch, sehr brav, aber etwas langweilig, den ich bei Friedlaender kennengelernt hatte, jetzt dort oben arbeitet[2]. Ich glaube, daß Du ihn damals ebenfalls kennengelernt hast.

Hier ist die kleine Zeichnung von Eric[3], es ist kein Meisterwerk, aber es ist für Dich gemacht, und das von ganzem Herzen.

Ich bin müde und werde versuchen, früher zu schlafen. Ich habe von 10 Uhr bis 6 Uhr gearbeitet. Um sechs Uhr dreißig Eric, Latein, Deutsch, Abendessen, Geschirrspülen, Wäschewaschen, es ist bereits elf Uhr, und ich kann nicht mehr. Morgen früh, sobald Eric wach ist, Vorbereitung der Texte! Tag mit Carmen! Vielleicht werde ich mir eine Ausstellung ansehen gehen. Auf jeden Fall denke ich nicht, daß ich viel arbeiten werde.

Ich erwarte voller Ungeduld die Ergebnisse

[am Rand:] Deiner Untersuchungen, Bronchien, Augen, Zähne. Halte mich auf dem laufenden. Schreib, wenn Du kannst. Bis Sonntag

Gisèle

353

[Paris] Mittwoch, 23. Februar 1966

Ma Chérie,

die gute Nachricht: ich habe nichts an den Augen, aber ich werde eine Brille tragen müssen.

Noch keine Behandlung: man wartet die Röntgenaufnahme der (rechten) Lunge ab, wegen einem Fleck, den man nicht einordnen, nicht entziffern konnte. Doch der Radiologe und die Ärzte von der Bronchoskopie sind deutlich und bestimmt gewesen: es ist nichts, was beunruhigen könnte.

Das ist alles. Heute morgen war ich gegen elf Uhr beim Augenarzt, ein Krankenpfleger hat mich gerade dort abgeholt: es ist Delay, der mich zusammen mit O. und einem anderen (Internisten wahrscheinlich) empfängt. – Einer, der nicht ganz so leutselig, aber trotzdem sehr nett ist. Er läßt sich meine Krankenakte zeigen, die Röntgenaufnahme, O. kommentiert das alles. Möge dieser Mann im Sinne meiner Hoffnungen handeln!

Es wurde auch von La Verrière[1] gesprochen, was ihm nicht sonderlich zu gefallen schien.

Und Sie? Ihre Radierungen sind sehr schön. Sie wissen es genau, und meine Poesie wird sich immer in ihrem Schein, ihrem Licht wohlfühlen, in ihren Schluchten und geleitet von ihren Unebenheiten[2].

Umarmen Sie Eric.
Ich umarme Sie

Paul

P.S. Kannst Du mir am Sonntag zwei saubere Unterhosen mitbringen? Vergiß nicht, O. um die Erlaubnis zu bitten, mich zu besuchen.

354

78, Rue de Longchamp
Paris 16ᵉ
1. März 1966

Paul, mon chéri, gestern hatten die Optiker geschlossen, doch bereits heute morgen habe ich die Gläser mit einem Goldgestell bestellen können, das einfachste, das ich gefunden habe. Es ist schwierig, auszusuchen ohne anzuprobieren, und ich hoffe, daß es gehen wird. Auf jeden Fall kannst Du später umtauschen, wenn es Dir nicht gefällt. Die Brille wird morgen abend fertig sein, und ich werde am Donnerstag morgen vorbeikommen, um sie abzugeben.

Ich habe die beiden Briefe an die DVA[1] und an Hübner[2] abgeschickt. Seitdem keine Post –

Nichts Neues hier. Ich war gestern im Atelier, und Jacques Frélaut hat über lange Zeit hinweg Abzüge für mich gemacht, denn ich hatte in den beiden letzten Monaten viel gearbeitet. Er schätzt ganz bestimmt meine Arbeit, auf jeden Fall in einem gewissen Maß, und es macht mir Freude zu sehen, daß meine Radierungen gut gedruckt sind. Es war ein wenig die Summe meiner Arbeit vom Januar und Februar. Ich wäre beruhigt, wenn ich sicher sein könnte, daß es alle Monate so weitergeht. Aber das ist einem nicht gegeben, und vielleicht braucht man im Grunde auch diese Art Unruhe angesichts des Unbekannten, diese Nicht-Sicherheit, noch etwas auf ein Kupfer schreiben zu können, um dazu angestoßen zu werden. Aber wie so oft nach einer fruchtbaren Arbeit von mehreren Wochen ist es jetzt so, als mache sich eine große Leere breit, als hätte ich nichts mehr durch das Kupfer mitzuteilen – Ich frage mich, ob ich heute, wie es meine Absicht war, etwas Neues vorbereiten und anfangen kann.

Jedes Mal, Du weißt es, ich habe es bei Dir gelernt, ist es ein Neuanfang, man kann sich nur über seine glücklichen Funde lustig machen und sich vor seinen Kenntnissen hüten, jedoch neu anfangen, als ob man nichts wüßte; die ganze Vergangenheit, das Erworbene ist da, aber das Neue findet man nur, wenn man dem Unbekannten entgegengeht[3]. Diese Art vielleicht zu fragen, eher noch als eine Antwort zu finden. Im Augenblick!

Ich habe mir meine Radierungen gestern abend lange angesehen. Oft erkenne ich sie nicht so richtig, ich habe Mühe, sie zu verstehen, als ob sie mich überforderten, vielleicht, weil sie, selbst wenn sie in der Zeit brauchbar sind, notwendigerweise auch einen Augenblick haben, der sie zum Entstehen gebracht hat, und weil der Atem, der ihnen in diesem Augenblick Leben eingehaucht hat, sich nicht genau wiederfinden läßt.

Schreib mir und sag mir, wie es Dir geht. Du weißt, daß Dr. O. und D.[4] mich gebeten haben, sie erst wieder am Samstag in acht Tagen aufzusuchen. Vielleicht werden sie zuvor eine neue Behandlung beschlossen haben und werden Dir auch schon die Dauer hierfür angegeben haben. Halte mich also auf dem laufenden.

Ich versuche zu arbeiten, mich aufs beste um Eric zu kümmern, ihm zugleich aber auch beizubringen, ab und zu ohne mich auszukommen. Bald wirst auch Du wieder aufleben, wieder arbeiten können.

Mut Paul! Du versuchst, Dich wieder in der Wirklichkeit zurechtzufinden, so wie ich versuche, mich wieder in der Wirklichkeit zurechtzufinden, es ist sicherlich der einzige Weg, der zu einer Hoffnung führen kann.
    Bis bald. Ich umarme Dich
                                Gisèle.

355
                      [Paris] Mittwoch, 2. März 1966
Ma Chérie,

Dr. D., der mich heute gegen Mittag zu sich rief, hat mir gesagt, daß er einen Anruf von Dir bekommen hat und daß Du Dir Vorwürfe machst, erst am 10. März, das heißt am Donnerstag in acht Tagen, wiederzukommen.

Ich danke Dir, ma Chérie, für diese Tat, danke, daß Du mir hilfst zu lernen, was warten heißt[1].

Was meine Behandlung hier angeht, nichts Endgültiges – morgen werden sich die Ärzte nach der »Großen Visite«, das heißt der Visite von Prof. Deniker[2], zusammensetzen und meine Behandlung festlegen.

Meine Zähne: ich werde den Stomatologen des Krankenhauses aufsuchen müssen. Geben Sie das Insadol[3] also bitte für Dr. D. ab, und man wird es ihm bringen.

(Geben Sie bitte einen *metallenen* (*keinen* silbernen) Kaffeelöffel für mich ab!)

Umarmen Sie unseren Eric, verwöhn ihn bitte. Und sag mir, was wir, Eric und ich, Dir schenken können zu meinem[4] Geburtstag.

Ich umschlinge Dich mit meinen Armen, ich küsse Dich

                                        Paul

[am Rand:] Dr. D. hat mir gesagt, daß Du schon (oder demnächst) die Brille hast – danke!

356

[Paris] 2. März 1966

Mein lieber Paul,

Nur ein paar Zeilen, bevor ich zur Porte de Vanves fahre, um Kupfer zu holen¹. Ich habe gerade ein langes Telefongespräch mit Altmann gehabt, der wissen wollte, wie es Dir geht, und Dir seine treuen Grüße schickt mit der Hoffnung, Dich bald wiederzusehen. Er ist sehr froh über das Projekt des Goethe-Instituts und hat mich gebeten, ihm den Namen des Direktors² zu schicken, was ich tun werde. Was das Datum angeht, so werden wir noch einmal darüber reden, aber ich denke, man sollte es so legen, daß sicher ist, daß Du zur Vernissage kommen kannst. Der Direktor des Goethe-Instituts schien kein sehr volles Programm zu haben und genau genommen ist »Atemkristall« ziemlich wichtig, um zu dem Zeitpunkt gezeigt zu werden, der uns paßt³. Altmann hat mich anschließend gefragt, ob ich in letzter Zeit viel gearbeitet habe, und er hat mir vorgeschlagen, sechs oder sieben Graphiken in einem Portfolio und einer Auflage von etwa zwanzig Exemplaren herauszubringen⁴.

Ich war froh, und ich werde von jetzt an ernsthaft über dieses Projekt nachdenken, um in einigen Wochen wieder mit ihm darüber reden zu können, mit genaueren Vorstellungen und vielleicht dem Entwurf eines Modells.

Es gibt also Arbeit, und eine Arbeit, die ich machen und entwerfen kann, wie ich will. Altmann hat im Grunde die großartige Eigenschaft, daß er den Leuten völlig freie Hand läßt.

Ich werde also über Format und Folge der Graphiken stetig und zunehmend nachdenken.

Ich hoffe, daß Dir dieses Projekt gefällt. Ich glaube, daß es gut ist –

Ich höre jetzt auf, nicht ohne Dir zu sagen, daß der Arzt, den ich heute morgen am Telefon hatte, seit Deiner Ankunft hier einen deutlichen Fortschritt bei Dir feststellt. Ich bin jedesmal, wenn ich sie sehe oder mit ihnen telefoniere, überrascht von ihrer Zuverlässigkeit und ihrer Nachdenklichkeit. Ich bin sicher, daß sie nicht leichtfertig handeln und daß sie alles tun, um einen gerechtfertigten Entschluß zu fassen, ohne Übereilung, mit Umsicht und Bedacht. Man muß ihnen vertrauen. Wegen des Insadols zieht er es vor, weil er nicht genau weiß, was es ist, daß Du zuvor den Klinikzahnarzt aufsuchst; wenn sie es vergessen sollten, erinnere sie daran.

Mut, mon chéri, ich weiß, daß es klappen wird, halt aus, wenn Du aber nicht einverstanden bist mit ihnen, sag es. Ich umarme Dich. Bis bald. Bis Donnerstag.

Gisèle.

P.S. Erna Baber hat gerade die Übersetzung von Deinem »Gespräch im Gebirg«⁵ geschickt. Ich werde sie Dir am Donnerstag mitbringen –

[oben ergänzt:] Eric hat für seine Geographiearbeit 18 Punkte bekommen: das ist bemerkenswert! Es ist wirklich ein schöner Erfolg, denn es war schwierig: die Felsen und Gesteine –

357

[Paris] Donnerstag¹ mittag, 3. März 1966

Ma Chérie, schnell ein paar Zeilen, um Dir zu sagen, daß sich meine so lange erwarteten Gläser, ganz vergoldet, sogar sehr stark vergoldet, auf meine Nase gesetzt haben und mir dabei helfen, diesen Brief zu schreiben. Zum Lesen ist es wirklich eine wirksame Hilfe, um aber damit durch den ganzen Tag zu schauen, dazu eignet sich mein Glas (im Augenblick?) kaum.

Morgen, am Tag nach der Großen Visite², oder in diesen Tagen, wird meine Kur mit Deniker festgelegt werden – bis dahin noch einmal zum Stomatologen in der Gegend hier.

Ich hätte gern, daß Du am Donnerstag, den 10. März kommst, aber wenn das nicht geht, komm am 18. März – es sei denn, Du kannst Dich nur am Sonntag freimachen.

Die Vernissage im Goethe-Institut, bei der das Buch und Deine Radierungen ausgestellt werden – für wann sollen wir sie festlegen? Werde ich dann immer noch hier sein? Ich hoffe es nicht, ich habe große Lust, dort zu sein, mit Dir an meiner Seite. Ostern fällt auf den 10. April, vielleicht werde ich bis dahin in guter Form sein – offen gestanden bin ich es schon einigermaßen – versuch das herauszufinden, wenn Du bei den Ärzten anrufst oder wenn Du sie aufsuchst.

Ich habe vorhin Mademoiselle Arrieta kurz gesehen: Sie will Dich anrufen (ich habe ihr die Telefonnummer³ gegeben).

Ehrlich, ich sehe, was ich schreibe, und das freut mich, denn *lesen* ist ein fester Bestandteil meines Lebens.

Ich danke Dir, ich umarme Dich, ich bitte Dich, meinen Sohn von mir zu umarmen
Paul

358

[Paris] Donnerstag[1], 3. März 1966

Nur ein paar Zeilen, ma Chérie, um Dir zu sagen, daß die Brille »funktioniert«. Ich habe mich in einem Spiegel betrachtet: die Gläser sind reichlich eingefaßt. Etwas zu sehr, wenn Sie mir diese kritische Bemerkung (an die Adresse des Optikers in der Avenue Kléber) erlauben.

Meine Behandlung, ich hatte es Ihnen schon gesagt, beginnt in diesen Tagen.

Ich werde alles tun, ma Chérie. Ich bitte Sie, Eric zu umarmen und ihn für seine großen Heldentaten zu beglückwünschen.

Werden Sie heute in acht Tagen kommen, oder werden Sie diesen Sonntag kommen, ich weiß es nicht, aber ich bin sicher, daß ich auf Dich warten werde
Paul

359

[An Eric Celan]
[Paris] den 4. März 1966

Mein lieber Eric,

danke, vor allem für Deine Briefe und die hübsche Zeichnung, die Du mir geschickt hast. Ich bin sehr zufrieden mit Deinen Fortschritten, von denen mir Mama berichtet, wenn Sie mich besucht oder wenn sie mir schreibt.

Jetzt wirst Du auch weniger Mühe haben, Deine Schrift wiederzufinden, wieder zu richten, und gute Noten in Orthographie heimzubringen, ich bin davon überzeugt.

Du fragst mich, wie es mir geht; nun, es geht mir deutlich besser, und ich wünsche mir, mit Dir und Mama wieder in unserem Haus zu sein.

Weißt Du, daß am 19. März Mamas Geburtstag ist? Sicherlich hast Du schon daran gedacht – vielleicht kannst Du mir sagen, worauf Mama Lust hast. Ich werde Dir dann das Geld zukommen lassen können, das Du brauchst, um es zu kaufen. Ich werde Mama sagen, daß sie Dir in meinem Auftrag das Geld zurückgeben soll, das Du mir einmal geliehen hast und das ich Dir noch nicht zurückgegeben habe.

Aber es gibt da noch etwas anderes: zwei kleine Gedichte, auf deutsch[1], die ich Dir in diesem Umschlag mitschicke.
Umarme Mama von mir.
Ich umarme Dich

Dein Vater

*

Um Dein Gesicht die Tiefen,
die Tiefen blau und grau,
viel Singendes, Gereiftes –
du weißt, du ungenau.

Der ungestufte Abgrund,
er tut sich selber auf,
es kommt das Gehn-und-Gehen
und erst zuletzt der Lauf.

Die Adlerschnäbel brechen
dich von dir selber frei –
Geräusche ihr, kaukasisch,
im Großen Einerlei.

*

Flüssiges Gold, in den Erdwunden erkennbar,
und du, außen und innen
verrenkt zur Warnung
vor Sinn- und Wahlspruch.

Der Unbotmäßige kaut
mit an den reifen, voranschreitenden
Schoten der Lippen-
blütler.

(28. 2. 1966)

360

> 78, Rue de Longchamp
> Paris 16ᵉ
> Freitag, 4.¹ März 1966.

Mon chéri, Ich habe Ihre beiden Briefe erhalten: den einen vor, den anderen nach der Brille. Gefällt sie Dir? Du sagst mir nicht, ob Dir das Gestell steht. In Wirklichkeit gab es, obgleich es sich um einen guten Optiker handelt, in vergoldet keine so große Auswahl. Aber Du kannst sie auf jeden Fall später umtauschen.

Was die Gläser angeht, so wird man, stelle ich mir vor, eine gewisse Zeit brauchen, um sich daran zu gewöhnen, aber sie werden Dir sicherlich helfen.

Vielleicht möchtest Du, daß ich Dir ein Buch bringe, sag es mir.

Ich werde Dich selbstverständlich am nächsten Donnerstag besuchen, bis dahin hoffe ich, oft von Dir zu hören.

Ich habe Henri Michaux angerufen. Er hat kein Doppel der Druckfahnen[2] bekommen. Er hat mich gebeten, ihm Radierungen vorbeizubringen, und hat mich heute abend lange empfangen und sie dabei lange betrachtet. Ich war ein wenig bewegt, denn er hat sechs Radierungen gekauft, darunter fünf große, so daß ich hunderttausend Francs[3] verdient habe. Ich war sehr erstaunt über seine Wahl. Jene, die etwas Unruhiges oder Ausdrucksvolles oder ein wenig Düsteres haben, wollte er nicht in seiner Wohnung haben, er fand das zu beunruhigend. Er hat fast alle unter den früheren ausgesucht, und außerdem eine hübsche Auswahl, wie ich glaube, »Spuren«, »Heute«, »Begegnung« (wie ich glaube, eine der schönsten, ich weiß, daß Du sie ebenfalls sehr magst). Seltsamerweise hat er auch »Aquatinta« ausgesucht (die wir immer ein wenig zu chinesisch, ein wenig zu leicht fanden) und außerdem »Silberschwarz«, die kleine Radierung, die in Deinem Zimmer hängt[4]. Auch eine große, die noch auf einen Titel wartet und aus der Zeit der Rückkehr aus Hannover stammt (Technik kleine Reliefs, wie in »Atemkristall«[5]). Das ist alles. Du weißt, daß er sehr verschwiegen ist und nicht viel spricht, trotz allem war ich sehr gerührt, daß er meine Radierungen betrachtet hat, daß er so viele behalten hat, und ich hatte immerhin den Eindruck, daß er sie nicht allzu schlecht gefunden hat.

Gestern abend habe ich lange über das Portfolio nachgedacht, es ist nicht einfach. Ich habe einige Vorstellungen, ich habe bis spät in die Nacht hinein gezeichnet und gesucht, und vielleicht wird es mir

heute abend gelingen, etwas sprießen zu sehen, das ein wenig genauer ist. Im Grunde ist es ein kleiner Zyklus, den ich machen muß, von dem ich hoffe, daß Du einen Titel für mich finden wirst[6] –
 Eric war sehr zufrieden darüber, daß Du mich bittest, ihn zu verwöhnen, aber sei unbesorgt, ich schikaniere ihn nicht! Wenn er nur nicht soviel Arbeit hätte! Ich glaube, daß die Reihe der Klassenarbeiten zu Ende ist, es stehen nur noch einige Ergebnisse aus. Französisch und Latein werden nicht glänzend gewesen sein, aber Deutsch, Mathe, Geschichte und Geographie sehr gut.
 Morgen werde ich nach Moisville fahren. Ich denke, daß ich in Anbetracht des Regens, der diesen Winter gefallen ist, ein etwas feuchtes Haus vorfinden werde, das gut gelüftet werden muß, und einen sehr grünen, aber von Unkraut überwucherten Garten.
 Ich werde das Wasser wieder aufdrehen, denn Eric hat nach einer Woche Gymnasium die Ruhe und die Entspannung von Moisville dringend nötig, und er hat große Lust, wieder die Wochenenden auf dem Lande zu verbringen –
 Morgen werde ich Dir den Kaffeelöffel mit der Post schicken. Ich hoffe, daß Du ihn ganz schnell bekommen wirst. Wenn ich Dir am Donnerstag etwas bringen kann, sag es mir.
 Zum andern sag mir, wie es mit den Entscheidungen der Ärzte wegen der Behandlung aussieht.
Ich umarme Dich
Gisèle.

361

[Paris] 7. März 1966

Eine Zeile, ma Chérie, um Dir zu danken. Deine Radierungen haben den Großen Weg genommen, den sie sich am Ende geöffnet haben.
 Ich warte ein wenig ungeduldig auf die Ausstellung im Goethe-Institut[1]: werde ich an diesem Tag wieder zu Hause sein, oder werde ich in der Lage sein, für einige Stunden nach Hause zu kommen.
 Danke und Bravo für Eric. Sag ihm, daß es mich ganz besonders berührt, daß er so gut in Deutsch ist.
 Meine Brille ist mir schon nützlich gewesen. Ich werde am Donnerstag mit Dir darüber sprechen.
 Jetzt umarme ich Dich und sage Dir, auch Eric zu umarmen

Paul

362

78, Rue de Longchamp
[Paris] Dienstag, 8. [3. 1966]

Mon chéri, Eric war froh, daß er gestern ein paar Zeilen von Dir erhalten hat. Heute morgen bin ich an der Reihe, und ich danke Dir ebenfalls dafür –
Gestern habe ich im Atelier gearbeitet, heute gehe ich wieder hin. Morgen werde ich Probeabzüge machen, um zu sehen, was dabei herauskommt, und am Donnerstag komme ich Dich besuchen. Ich habe Musić getroffen. Er hat mit mir über Deine Gedichte gesprochen, er hat drei von Deinen Bänden und hat mich gefragt, ob Du in nächster Zeit nicht ein neues Buch veröffentlichen würdest[1]. Er kannte »Atemkristall« nicht, aber ich habe es ihm gestern von den Frélauts zeigen lassen. Ich konnte nicht bleiben, weil Eric zu Hause auf mich wartete. Vielleicht wird er heute da sein und etwas zu mir sagen. Ich bin sicher, daß es ihm gefallen hat, denn er mag Deine Gedichte, und ich glaube, ein wenig auch meine Radierungen.
Ich habe gestern bei den Veyracs zu Abend gegessen, sie schicken Dir freundliche Grüße und wünschen Dir baldige Besserung. Sie hatten auf dem Tisch die Karte von Rembrandt liegen: »Die jüdische Braut«, die wir ihnen aus Amsterdam geschickt hatten[2]. Sie lieben sie sehr und haben sie seitdem aufbewahrt. Ich habe ihre sechs Monate alte vierte Tochter kennengelernt.
Ich weiß nicht mehr, ob ich Dir nach unserer Rückkehr aus Moisville geschrieben habe. Wir haben nur einen Nachmittag dort verbracht, Eric und ich, aber das Wetter war sehr schön. Einige Osterglocken auf dem Feld, Veilchen zwischen den Ligusterhecken – sehr grünes Gras und Knospen überall. Wir werden am nächsten Samstag sicherlich wieder hinfahren. Das Haus ist feucht, und die Sonne müßte so oft wie möglich hineinscheinen.
Bis Donnerstag, Paul, ich gehe ins Atelier. Ich vergesse Dich nicht, Mut, bis bald

Gisèle.

363

[Paris] 8. März 1966

Diese Zeilen nur:
Ich hoffe von ganzem Herzen, mit meinem ganzen Sein, daß wir in Bälde wieder zusammenkommen werden.
Umarmen Sie Eric, ich umarme Sie

Paul

364

[Paris] Dienstag, 8. März 1966

Mon chéri,
Nur ein Wörtchen, um Dich zu bitten, wenn Du Mademoiselle Arrieta siehst, sie daran zu erinnern, daß sie versprochen hatte, mich anzurufen. Ich kann sie telefonisch nicht erreichen, und ich habe ihr heute abend zum zweiten Mal geschrieben. Außer der Zusatzversicherung, um die sie sich kümmern sollte, muß ich auch, nach dem, was mir Dr. O. heute morgen gesagt hat, durch sie Auskünfte erhalten, um eine Verlängerung des Krankheitsurlaubs sowohl für die Sécurité Sociale als auch für die École zu beantragen.

Ich habe übrigens heute abend ein langes Telefongespräch mit Moret[1] gehabt, der wissen wollte, wie es Dir geht, er hofft, daß Du so schnell wie möglich den Unterricht wieder aufnehmen kannst, und ich habe wirklich gespürt, welchen Wert sie einerseits auf Deine Mitarbeit legen, daß er andererseits aber nicht wollte, daß Du Dir Sorgen machst. Von ihrer Seite, dessen bin ich sicher, gibt es kein Problem, was die Wiederaufnahme Deiner Kurse angeht, sobald Dir das möglich ist. Mit großer Diskretion und Freundlichkeit hat er mir noch einmal gesagt, wie sehr es ihnen leid tut, daß sie bei der Verwaltungsabteilung, an die sie sich im Dezember gewandt hatten, kein höheres Krankengeld durchsetzen konnten, weil ihnen klar ist, daß diese Situation finanzielle Probleme aufwerfen kann. Er ist sehr nett gewesen, und ich habe von neuem, wie schon das erste Mal beim Direktor, erfahren, was für einen großen Wert man in der École auf Deine Mitarbeit legt und daß man weiß, wer Du bist, und daß die Stelle, die Du dort hattest, weit entfernt ist von der, die Du hättest haben sollen[2].

Die Übersetzung ins Lateinische mit 14 Punkten hat die 9 Punkte für die Übersetzung aus dem Lateinischen abgelöst. Was die Deutscharbeit angeht: ein wenig enttäuschend das Resultat, er hat nur 12 Punkte bekommen, aber es ist nicht schlecht. Eine kleine

Katastrophe ist für die letzte Mathe-Arbeit von gestern vorauszusehen, zum Glück sind die beiden andern gut gewesen. Aber hinsichtlich der Zug-Aufgaben bin ich leider keine Hilfe für Eric.
Ich habe heute wieder viel gearbeitet, aber trotz zweier sehr schöner Kupfer haben mich die Abzüge sehr enttäuscht. Ich hoffte auf zwei neue Radierungen, in Wirklichkeit werde ich noch einmal daran arbeiten müssen, und vielleicht kommt nicht das erhoffte Ergebnis dabei heraus. Morgen bleibe ich zu Hause. Ich werde hier arbeiten und abends bei Terry Haass zu Abend essen, die bereits seit mehreren Wochen aus Amerika zurück ist, die aber immer so beschäftigt ist, daß ich sie nur im Atelier sehr flüchtig gesehen habe.
Dr. O. hat mir heute morgen am Telefon gesagt, er fände, daß Du regelmäßige Fortschritte machst, doch er kann Deine Entlassung noch nicht voraussehen, ich habe ein wenig insistiert und von dieser Ausstellung im April gesprochen, er hat mir keine Gewißheit geben können. Aber er ist zuversichtlich und ermutigend. Was für eine große Geduld man doch braucht! Ich habe mit ihm über das Insadol[3] gesprochen, der Zahnarzt ist einverstanden, er wird versuchen, es sich über das Krankenhaus zu besorgen, und wird mir am Samstag sagen, ob das möglich ist oder ob ich es selbst bringen soll. In diesem Fall werde ich Richter um ein Rezept bitten, es sei denn, Du ziehst es vor, daß ich bei Stéphan[4] anrufe, Du wirst es mir sagen.
Ich höre auf. Ich habe viel gearbeitet und bin müde müde. Ich hoffe, früh und lange zu schlafen.
Ich umarme Dich, mon chéri

Gisèle.

365

[Paris] 10. März 1966

Mon chéri,
Jedesmal, wenn ich komme, spüre ich, daß es Ihnen besser geht, man braucht soviel Geduld, soviel Mut. Aber Du wirst da herauskommen, und diesmal muß es dauerhaft sein. Wir können uns nicht, weder Du noch ich und vor allem Eric nicht, das weißt Du, in einer so dramatischen Situation wiederfinden wie von September bis Ende November. Ich weiß, wie hart es für Dich ist und wie lang.
Ich habe auf Mademoiselle Arrieta warten müssen, aber ich habe sie sehen können, und ich werde die Unterlagen, die ich heute abend mit ihr auf den Weg gebracht habe, am Samstag, wenn ich die Ärzte

aufsuche, vervollständigen. Ich hoffe, daß sie die Zusatzversicherung bekommen wird. Sie ist sehr nett gewesen.

Ich bin sehr spät nach Hause gekommen. Eric hat bis zum Hals in seinen Briefmarken gesteckt, er hat sich seit einiger Zeit wieder daran gemacht. Seine Schularbeit war fertig. Er ist weggegangen, um sich mit seinem Freund Jean-Pierre ein wenig zu entspannen. Ich erwarte ihn jeden Augenblick zum Abendessen –

Am Samstag werde ich Dir, wie vorgesehen, Zeitungen und Äpfel abgeben.

Ich höre jetzt auf.
Bis bald. Ich umarme Dich   Gisèle.

366

78, Rue de Longchamp
Paris 16^e
Montag, 14. März 1966

Paul, mon chéri,

Ich habe Dir in den letzten Tagen nicht geschrieben, Samstag und Sonntag war ich mit Eric in Moisville. Zu müde heute morgen, konnte ich mich nicht dazu entschließen, in die Druckerei zu gehen, ich werde morgen hingehen. Den Vormittag habe ich damit verbracht, ein wenig Ordnung zu machen und Wäsche zu waschen. Heute nachmittag habe ich mich wieder daran gemacht, meine morgige Arbeit im Atelier vorzubereiten.

Ich habe wieder Mühe. Und dabei muß ich diese Folge von Graphiken für Altmann[1] fertigmachen, aber es ist ein wenig so, als ob dieser Auftrag, der doch vollkommen frei ist, mir so viele Schwierigkeiten bereitete, daß ich nicht wußte, an welchem Ende ich anfangen sollte. Und dabei ist für Altmann zu arbeiten, der einem alle Freiheiten läßt, ein Traum.

Ich habe heute morgen einen neuen Anruf vom Direktor des deutschen Instituts[2] bekommen, der gern einen genauen Termin wissen möchte. Ich habe ihm versprochen, ihn Ende der Woche diesbezüglich anzurufen, nachdem ich Dich am Donnerstag gesehen habe. Natürlich möchte ich, daß Du bei dieser Vernissage dabei bist. Es wäre vielleicht ein wenig hart für Dich, denn es ist natürlich ein Ort der Begegnung, der Überraschungen bereiten kann, die für Dich unerquicklich sind[3]! Aber wir haben dieses Buch nun einmal zusammen gemacht, und es wäre natürlich für mich, Du kannst es

Dir denken, ein wenig betrüblich, wenn wir nicht zusammen wären, um es vorzustellen –

Was soll ich sagen? Ich habe mit dem Arzt darüber gesprochen, Du müßtest selber mit ihm darüber sprechen, es schien gar nicht sicher, daß das realisierbar ist. Ich habe ihn auch gefragt, ob Du nicht am 19. März[4] einige Stunden zu Hause verbringen könntest, aber das scheint ihm noch zu früh.

Ich weiß, wieviel Geduld Du haben mußt. Ich weiß, wie lang die Tage für Dich sind. Aber es geht Dir schon besser, und dieses Besser muß jetzt vertieft werden, damit es dauerhaft ist. Du kannst nicht und Du willst nicht, für Eric, für Dich, für mich, von neuem riskieren, nicht wahr, Dich in der gleichen Lage wiederzufinden wie letzten Oktober. Du mußt Dich wieder vollständig in der Wirklichkeit zurechtfinden, in Deinem wahren Du, dann wirst Du von neuem, dessen bin ich sicher, schreiben, lesen, arbeiten und leben können, trotz der Schwierigkeiten und Ungerechtigkeiten, die uns umgeben. Dann wirst Du auch das erkennen können, was nicht schlecht ist und existiert und wirst Dich darüber freuen. Die Dinge werden einfacher werden. Oh, ich weiß schon, daß alles schwierig ist in einem solchen Leben wie dem unseren, ich weiß auch um die Einsamkeit, ich weiß auch um den Schmerz, ich weiß auch um das Unverständnis, nicht in dem Maße, in dem Du darum weißt, aber in einem gewissen Maße doch. Aber ich weiß auch, daß es Eric gibt, daß es seine Liebe zu uns beiden gibt, lebendig und wahr, ich weiß auch, daß das Leben existiert und daß trotz allem nicht alles an ihm schlecht ist.

Es gibt mögliche Begegnungen, über den Weg der Dichtung vor allem.

Ich habe gestern in Moisville versucht, einige Gedichte von René Char zu lesen, und ich kann es nicht verhehlen, ich habe Mühe gehabt. Ich bin nicht so sehr gefesselt, aber ich habe eines gefunden, das ich Dir abschreibe[5], sag mir, was Du davon hältst, ich habe es schön gefunden.

Bis Donnerstag, Paul, ich freue mich schon darauf,
Dich besuchen zu kommen, ich werde Dich nicht vergessen.

                Ich umarme Dich
                      Gisèle.

Redonnez-leur...

Redonnez-leur ce qui n'est plus présent en eux,
Ils reverront le grain de la moisson s'enfermer dans l'épi et
                                s'agiter sur l'herbe.
Apprenez-leur, de la chute à l'essor, les douze mois de leur visage,
Ils chériront le vide de leur cœur jusqu'au désir suivant;
Car rien ne fait naufrage ou ne se plaît aux cendres;
Et qui sait voir la terre aboutir à des fruits,
Point ne l'émeut l'échec quoiqu'il ait tout perdu.[6]

    (René Char)

367

[Paris] Montag, 14. März 1966

Ma Chérie, in einigen Tagen ist Dein Geburtstag, gewiß, wir werden uns vorher sehen, am nächsten Donnerstag, doch ich sehe, daß nichts richtig »Geburtstagliches«[1] vorgesehen ist, deshalb kommt mir der Gedanke, für diesen Tag um Urlaub zu bitten. Ehrlich gesagt ist es Dr. O., dem wir die Neuigkeit von der Vernissage Deiner Radierungen anvertraut haben – Dr. O. also hat mir gesagt, daß er mich nicht gern wegschickt oder wieder wegschickt, ohne daß er mir nicht schon einmal für einen Tag Ausgang gegeben hat. Nun, wir werden ja am Donnerstag oder etwas später sehen – ich kenne die Meinung des Arztes, es ist notwendig, die der andern zu hören –

Übrigens, der Stomatologe hat tatsächlich vor, mir zwei bis vier Vorderzähne zu ziehen, die nach der Vernarbung, was ungefähr einen Monat dauern wird, durch diskrete Zähne *aus Harz* ersetzt werden.

Ma Chérie, mon Aimée, ich bitte Dich noch um etwas: die Anthologie der russischen Poesie, herausgegeben von Elsa Triolet[2] (für meine Dokumentation), und den *Mallarmé* mit dem Vorwort von *Sartre* in der neuen Gallimard-Reihe (»Poésie«)[3].

Du hast mit Deiner Arbeit, klopfen wir auf Holz, eine Glückssträhne gehabt.

Möge sie dauern, und auch sie wird Dir helfen, Dich wiederzufinden.

Umarme Eric, ich umarme Dich, mit ihm.

                                                        Paul

368

[Paris] 15. März 1966

Danke, mon chéri, für Deinen Brief, den ich unter der Tür gefunden habe, als ich gerade meine Tagesarbeit beendet hatte, kurz vor Erics Rückkehr. Denn am Ende bin ich doch wieder zu Hause geblieben, trotz meines Vorsatzes, ins Atelier zu gehen, aber ich glaube, daß ich die drei begonnenen Kupfer ein wenig vorangebracht habe, obgleich ich lange gezögert, nachgedacht, gezweifelt habe, bevor ich mich zu dem Versuch entschloß, sie zu lenken, zugleich aber auch wissend, daß ich sie mich lenken ließ. Es ist oft, wie Du weißt, ein Dialog, der sich entspinnt, bei dem man nicht immer das letzte Wort hat[1]. Von daher auch diese Unruhe, diese so verwirrende Ungewißheit, die macht, daß man nicht mehr so richtig weiß, woran man ist, und wenn man fertig ist und der Abzug kommt, der sagt, was Sache ist, dann erkennt man das manchmal nicht ganz als von einem selber kommend –

Morgen beginne ich mit dem Ätzen, auch da hoffe ich, daß sich der Dialog entspinnen wird, und am Montag ist der Druck der vier ersten Platten für Altmann[2]. Wenn es einigermaßen in Ordnung ist, werde ich einen Termin mit ihm vereinbaren, um ihm den Anfang meines Projekts zu zeigen und ... mit ihm über Preis und zu veranschlagende Auflagenhöhe zu reden.

Wegen meines Geburtstags mache Dir keine Sorgen, Eric scheint ihn ein wenig vergessen zu haben, damit er nicht allzu traurig ist am 19., habe ich diskret sein Gedächtnis aufgefrischt, und ich denke, daß er sich morgen um den Schreiber kümmern wird. Du weißt, es wird kein großes Fest geben. Mir steht nicht der Sinn danach, natürlich muß ein kleiner Kuchen sein, zur Freude Erics. Ich tue alles, damit er glücklich ist und damit er nicht zu jung schon zu schwere Sorgen zu tragen hat. Mit einem zehnjährigen (bald elf!) Kind kann man nicht alles teilen. Man muß es auch schonen.

Ich wäre an diesem Tag gern ein paar Stunden mit Dir zusammen gewesen – Wenn wir zusammen einen Gang hätten machen können, selbst für eine Stunde! Ich habe nicht so recht verstanden, was Du mir in Deinem Brief über den für den 19. erbetenen und abgelehnten oder nicht ganz abgelehnten Ausgang gesagt hast?

Du wirst es mir am Donnerstag sagen.

Ich werde mich um die Bücher kümmern, die Du mich zu kaufen bittest, und ich werde sie Dir so früh wie möglich bringen.

Bis Donnerstag, mon chéri, ich umarme Sie

Gisèle.

369

[Paris, 15.3.1966]

Deinen Brief vom Montag vor mir, gelesen und immer wieder gelesen.

Es ist Deine Seele, aufgerichtet, ein schwimmendes Segel für mich.

(Hier, für Dich wieder die Erinnerung an Saint-John Perses und sein »Chant de l'Alienne«[1] bedacht.)

Du wirst am Donnerstag kommen, es ist gar nicht mehr weit hin.

Dein Sohn, mein Sohn ist mit Dir und kämpft.

Möge er die Früchte seiner Arbeit in ihrer Wahrheit pflücken, immer und immer wieder.

Ich umarme Sie
Paul

[am Rand:] Vielleicht rufen Sie im Goethe-Institut an, um zu erfahren, wie sie dort über das *Datum* für die Ausstellung[2] denken.

Ich könnte eventuell Ausgang für diesen Tag bekommen.

370

[Paris] Mittwoch, 16. März 1966

Ma Chérie,

ich habe gerade mit Dr. O. gesprochen: er ist nicht sehr angetan von meinem Ausgang anläßlich der Ausstellung unseres Buches. Ebensowenig angetan von dem, was für uns das Wichtigste ist: vom Kontakt mit der literarischen, der künstlerischen Welt. Aber vielleicht wird es uns trotzdem gelingen, diese Ausgangserlaubnis(se) zu bekommen...

Auf jeden Fall versuche, wenn Dich dieser Brief vor Donnerstag erreicht, herauszufinden, wie die Termine des Goethe-Instituts sind.

Entschuldige bitte, daß ich so kurz angebunden bin, wir werden morgen gemeinsam besser darüber diskutieren können.

Ich umarme Eric und umarme Dich

Paul

Ich hatte diesen Brief gerade beendet, als ich zu Dr. Delay gerufen wurde. – Lange Unterhaltung mit ihm, darüber hier das Wichtigste:

er bittet Dich, ihn anzurufen, sobald Du kannst, morgens vor halb zehn. Tu es, ma Chérie, hier ist seine Nummer: Elysée 77-07. Er will, daß Du ihn aufsuchst.

    Ich umarme Dich noch einmal

                              Paul

371

                    [Paris] Donnerstag, 17. März 1966

Paul, mon chéri, Ich war wirklich froh, daß wir heute eine wahre Begegnung haben konnten. Nach Hause gekommen, habe ich André du Bouchet angerufen, er hat sich gefreut, daß er »Le Méridien« veröffentlichen kann, und wird versuchen, einige Gedichte zu übersetzen[1]. Ich habe ihm gesagt, daß Du froh wärst, wenn er Dich besuchen käme, und er hat sofort gefragt, wann er kommen könne. Im Grunde kann er nur am Donnerstag. Er wird Dir übrigens schreiben, und ich schlage Dir vor, daß ich Dich nächsten Sonntag besuche, das heißt übermorgen, er käme dann am Donnerstag. Andernfalls würde sich das etwas zu weit hinauszögern.

Ich habe dann mit Raczynski telefoniert, dem Direktor des Deutschen Instituts. Die Ausstellung wird also in der zweiten Aprilhälfte stattfinden, und er wird nächsten Mittwoch hierher kommen, um sich meine Radierungen anzusehen. Man wird in der Tat noch vor meiner Abreise planen müssen, wie die Ausstellung gezeigt werden wird, denn sie wird sehr schnell nach meiner Rückkehr stattfinden[2]. Er bedauert, daß er den Abschnitt aus Deiner Übersetzung von Picassos Stück, den er ins Programm aufnehmen wollte, nicht bekommen konnte, so wird er einfach darauf hinweisen, daß Du es übersetzt hast[3].

Ich versuche vergeblich, Altmann zu erreichen, den ich mit Raczynski zusammenbringen muß, wenn er am Mittwoch hierher kommen könnte, wäre es am besten –

Ich verlasse Dich jetzt, mon chéri, um in zwei Tagen wiederzukommen – Bis Sonntag –

    Ich umarme Dich

                                        Gisèle.

372
[Paris] Donnerstag, 17. März [1966]

Paul, mon chéri,

Ich muß Dir sofort danken, denn Eric hat nicht mehr länger widerstehen können und mir bereits heute abend von Dir und von ihm einen sehr hübschen Parker geschenkt, den er, wie Du Dir denken kannst, stolz und heimlich ausgesucht hat. Heute abend, nachdem er ihn mir gegeben hatte, hat er mich gefragt, ob er sich ein Eis kaufen dürfe. Es hat etwas lang gedauert, bis er wieder zurückgekommen ist, und ich habe mich darüber gewundert, der liebe Eric ist mit drei hübschen Rosen zurückgekommen. Du siehst, hinsichtlich Vorgeburtstaglichkeit[1] bin ich immerhin sehr verwöhnt worden.

Es liegen also heute abend auf meinem Tisch Deine Gedichte[2], Rosen und der Schreiber. Danke für das alles.

Altmann hat mich heute abend angerufen, er ist froh, daß die Ausstellung stattfindet, und hofft, daß Du da sein kannst. Er wird sich beim Direktor des Goethe-Instituts[3] wegen eines Termins anmelden, er will wissen, was in Vitrinen und was an der Wand ausgestellt wird, aber mit Sorgfalt, und ich habe gespürt, daß er dem Buch große Bedeutung beimißt – Im Grunde weiß er genau, daß dieses Buch mehr ist als das, was er im allgemeinen macht.

Er wird mich über seinen Besuch bei Raczynski auf dem laufenden halten, und ich werde ihn nächste Woche in seinem Büro aufsuchen, wir werden wieder über die mit Raczynski getroffenen Entscheidungen und auch über das Portofolio sprechen. Er hat mich außerdem gefragt, ob Du einverstanden wärst, daß er vor meine Radierungen[4] ein unveröffentlichtes Gedicht von Dir stellt, und ich hoffe sehr, daß Du das möchtest, das Format, das ich gewählt habe, ist ziemlich groß, ich weiß nicht, ob Altmann es akzeptieren wird und ob es Dir gefällt. Ich hoffe es –

Ich bin gerade einen Augenblick bei den Peycerés gewesen, das Ehepaar, das mit Dubs[5] zu uns gekommen war. Sie ist sehr sympathisch (Musiklehrerin an einem Gymnasium), er macht Radierungen. Sie sind jung, aber was er macht, ist nicht uninteressant, und vielleicht wird es eines Tages sehr gut sein. Sie sind sehr nett gewesen und haben ganz aufrichtig, glaube ich, »Atemkristall« sehr gemocht, das ich ihnen auf ihre Bitte hin, weil sie bei Lacourière davon gehört hatten, gezeigt habe.

Es ist wieder sehr spät, aber abends kann ich nicht früh schlafen.

Ich habe mich so gefreut, Dich heute zu sehen, ich habe den Eindruck gehabt, daß wir einander näher waren. Ich danke Dir für Dei-

nen Mut und für Deine Geduld, die Dir beide helfen werden, alles zu überstehen und noch einmal von vorn zu beginnen. Ich kenne die Schwierigkeit, ich verstehe, was Du durchmachst, was Du denkst.
  Guten Abend, mon chéri
               Gisèle.

Freitag morgen –
 Es ist mir gelungen, Delay zu erreichen, der mich nächsten Montag in der Klinik der Fakultät empfangen wird.
  Bis Sonntag, mon chéri, ich umarme Sie
               Gisèle.

373

ANGEFOCHTENER Stein,
grüngrau, entlassen
ins Enge.

Enthökerte Glutmonde
leuchten ein Kleinstück Welt aus:

das also warst du
auch.

In den Gedächtnislücken
stehen die eigenmächtigen Kerzen
und sprechen Gewalt zu.

17. 3. 1966
An Gisèle, zum 19. März 1966[1]

374
              [Paris] 18.3.1966

Morgen ist Dein Geburtstag, ma Chérie – herzlichen Glückwunsch also!
 Mon Aimée, wir müssen weitermachen, nicht wahr!

Mögen, in einer neuen Form, die sieben Rosen¹ anwesend sein, für Sie und für unseren Sohn.

Paul

Heute morgen bei D. gewesen, aber es waren Assistenten da, Studenten, die umfassende Studien machten, ich habe nicht mit ihm über mich sprechen können. (Wir sprachen über »Nadja«², als ich da war.) Ich werde Dr. D. bald wieder sehen.

Aber wir haben kurz von Deiner Ausstellung gesprochen – um sagen zu können, ob ich dabei sein darf, müssen sie hier das Datum wissen. Rufen Sie sie also an, wenn Sie es festgelegt haben.

Ich habe ein neues Gedicht geschrieben, komponiert, kann man diesmal sagen, ein hartes Gedicht, aber wahr, und dabei hilfreich. Ich schicke es Dir morgen.³
    Ich umarme Dich, mit Eric,

Paul

375

[Paris] 18. März 1966

Mon aimée, schnell diese Worte, um Dir dafür zu danken, daß Du mir bei Deiner Rückkehr geschrieben hast. Ich bin froh, daß André du Bouchet so reagiert hat, wie Du sagst.

Aber ich muß diese Zeilen den Krankenpflegern geben, damit Du sie morgen bekommen kannst.
    Ich umarme Dich, bis Sonntag

Paul

376

Die Atemlosigkeiten des Denkens,
auch auf den Gletscherwiesen,
ohne Beweis.

Über den Großen Steinschild
stürzt ein Morgiger heim.

»Ihr Tiefgesenke
mit euren Trögen aus Lehm,
unterwegs.«

Rauhbrüchiges schabt
an Namen und Stimmen herum,
eine unverlierbare Nothand
brennt Sterniges ab.

Der durch nichts zu trübende Blick.

Einen Tod mehr als du
bin ich gestorben,
ja, einen mehr.

An Gisèle, am 20. 3. 1966

377

[Paris] Montag, 21. März 1966

Ich glaube, heute beginnt der Frühling, bald werden die Meisen im Briefkasten in Moisville ihr Nest bauen[1] –
    Ich breche auf, um Delay zu treffen und ich werde den »Ulysses«[2] für Dich abgeben, den »Tao-te-king«[3] habe ich nicht gefunden, es stehen so viele Bücher auf dem Regal (alle, die neu angekommen sind, sind dort abgestellt worden). Aber am Donnerstag werde ich es haben. Ich denke an Dich bei dieser neuen Prüfung mit den Zähnen.
    Ich werde heute Du Bouchet anrufen, um für Donnerstag einen Termin zu vereinbaren –
    Bis Donnerstag. Ich umarme Dich, mon chéri
                                            Gisèle

378

78, Rue de Longchamp
Paris 16ᵉ
Montag, 21. März 1966

Paul, mon chéri, ich habe Delay nur ziemlich kurz gesehen, und es gibt nichts wirklich Neues darüber zu sagen. Nach dem, was ich verstanden habe, ist die Insulinkur[1] überhaupt noch keine beschlossene Sache. Was Deinen Ausgang angeht, worüber ich natürlich gesprochen habe, konnte er mir ebenfalls kein Datum angeben. Ich habe mit ihm über die Ausstellung gesprochen, und obgleich er es für zu früh hält, heute schon darüber zu entscheiden, wird es vielleicht möglich sein, ich hoffe es, daß Du zur Vernissage kommen wirst.

Er hat mir immer wieder gesagt, wie wichtig es sei, daß die Besserung Deines Zustands noch tiefer geht und daß Du anschließend natürlich eine ernsthafte medizinische Hilfe brauchst –

Ich habe nicht lange mit ihm reden können, Du kannst Dir wie ich, vorstellen, wie gefragt er ist, aber ich habe ihn sympathisch gefunden, und ich habe sofort gesehen, daß er sich ganz besonders für Dich interessiert und alles tun würde, um Dir zu helfen und Dir aus der Klemme zu helfen. Er hat mir noch einmal gesagt, wie herzlich René Char Dich ihm empfohlen habe[2].

Nichts ist leicht, wir wissen das, aber man muß kämpfen und immer wieder kämpfen, um noch einmal herauszukommen und nicht mehr so tief zu fallen –

Du weißt sehr gut, daß ich im Grunde nie jemand anderen geliebt habe als Dich und daß es, seit ich Dich kenne, nur Dich in meinem Leben gibt und niemand anderen, Eric natürlich – Daran darfst Du nie wieder zweifeln –

Aber Du hast, dessen bin ich sicher, dieses Wissen wiedergefunden, und alle Deine Besorgnisse mir gegenüber müssen einfach eine nach der andern verschwinden.

Heute nachmittag bin ich einen kleinen Augenblick bei Regine gewesen, die sich so viele Gedanken gemacht hat, weil sie wissen wollte, wie ich Dich gefunden habe und auch, ob Du froh warst über das Hemd der Tante, über die Schokolade, den Kuchen usw. Es ist unglaublich, wie diese Leute an Geschenke und Pralinen denken! Ich muß gestehen, daß ich ihr nichts gegeben habe, auch nicht für Berta, denn mir stand nicht der Kopf danach, und natürlich bin ich mit Geschenken überschwemmt worden! Im Grunde brave

Leute mit viel Herz auf ihre Art, und ansonsten muß man ihnen alle Entschuldigungen zugestehen – Ich habe sie zum Flughafen Le Bourget[3] begleitet, worüber sie sehr gerührt waren. Leo, obgleich mit seinen 75 Jahren unverzagt, war durch seinen Aufenthalt, seine Vorträge[4] und seine zu kurzen Nächte sehr erschöpft – Sie haben Tante Berta versprochen, sie heute Abend gegen Mitternacht bei ihrer Ankunft anzurufen, denn sie hatte ihnen dieses Versprechen abgenommen. Sie macht sich so viele Sorgen um Dich, um uns drei und hofft jedes Mal, wenn das möglich ist, auf bessere Nachrichten. Vielleicht schreibst Du ihr ein paar Zeilen, wenn Du den Mut dazu hast. Auf jeden Fall werde ich ihr in einigen Tagen schreiben – Eigentlich erleichtert mich diese Abreise ein wenig, denn Du weißt ja, der Gesprächsstoff ist ziemlich schnell erschöpft, vor allem bei meinen so großen Beschränkungen im Deutschen –

Morgen esse ich, wie Du weißt, bei den Bollacks zu Mittag, und am Nachmittag werde hier arbeiten; am Mittwoch der Direktor des Goethe-Instituts, bei dem ich auf Verständnis hinsichtlich der Vitrinen und der Präsentation des Buches hoffe[5] – Ich werde Dir das am Donnerstag erzählen, wenn ich mit André du Bouchet komme. Ich werde nicht lange bleiben, denn Du wirst sicherlich Lust haben, ein wenig allein mit ihm zu sprechen – Bis Donnerstag, ich hoffe, vorher von Dir zu hören.

[am Rand:] Ich hoffe, daß es beim Zahnarzt nicht allzu schlecht gelaufen ist –

        Ich denke an Dich   Gisèle.

379

[Paris] 21. 3. 1966

Ma Chérie,

Danke für »Ulysses« – es ist ein Buch, das ich seit langem mag, das ich ziemlich oft wiederlese[1].

Ich hoffe, daß alles gut läuft, daß alles gut laufen wird. (Was meine Zähne angeht, so war heute Hochbetrieb, und nachdem wir eine gute Stunde gewartet hatten, ist jemand gekommen, um uns zu sagen, daß wir erst am nächsten Montag dran kommen werden.)

Ich habe noch ein Gedicht geschrieben – hier ist es[2]. (Nicht allzu viele unbekannte Wörter, mit Ausnahme von »*krauchen*«, das ein – expressiveres – Synonym von »*kriechen*« ist.)

Ich umarme Dich, mit Eric

                                              Paul

KANTIGE, schief-
gesichtige Sippe,
mit hellem Holz erspäht.
Dahergekraucht kommt sie,
durch Königsstaub.

Hier wohnen wir nicht.

Umdrängt jetzt
von Unverlierbarem,
groß und unverschwiegen: du.

Hör dich ein, sieh dich ein,
sprich dich ein.

———
21. 3. 1966
An Gisèle

380
        [Paris] Dienstag abend, den 22. März 1966

Mon chéri, heute morgen habe ich Deinen Brief mit dem Gedicht erhalten, und ich danke Dir dafür. Ich habe Schwierigkeiten mit der ersten Strophe, ich kann mir »Kantige« schlecht erklären, und ich habe Mühe, es zu verstehen, Du wirst es mir erklären. Immerhin sind meine Deutschkenntnisse doch sehr begrenzt. Ich danke Dir, daß Du es mir schon geschickt hast, etwas davon kann ich immerhin verstehen. Die andern Gedichte habe ich übrigens abgetippt und werde sie Dir am Donnerstag bringen[1], was ich verstehen kann, berührt mich, berührt mich sehr, sie sind nicht einfach für mich, trotzdem werde ich mich ihnen langsam immer weiter nähern –
 Die Bollacks, bei denen ich heute zu Mittag gegessen habe, schikken Dir die allerfreundlichsten Grüße und hoffen auf eine baldige Besserung. Ich habe mit ihnen über die Ausstellung von »Atemkristall« im Goethe-Institut[2] gesprochen, sie meinen ebenfalls, daß es eine gute Sache ist – Sie arbeiten immer noch soviel, jetzt ist es die Doktorarbeit von Mayotte[3], die auf dem Weg ist. Jean wird für drei Monate nach Berlin gehen, zu einem Seminar, glaube ich – Ich habe nichts sehr Neues erfahren, wir haben weder über die Fischers[4] noch über Deutschland gesprochen, und das hat mir auch nicht gefehlt, wie Du Dir denken kannst –

Ich kann den »Tao-te-king«⁵ einfach nicht wiederfinden, und das ist mir sehr unangenehm, ich weiß nicht, wo ich ihn hingestellt haben könnte, allerdings ist die Bibliothek mit den seit Deiner Abwesenheit gekommenen Büchern überladen. Ich hoffe, daß ich ihn finde –
Bis Donnerstag, mon chéri, ich werde also, wie abgemacht, mit André du Bouchet kommen, ich freue mich, daß Du ihn sehen kannst, denn ich glaube wirklich, daß er ein anständiger Mensch ist.

Ich umarme Dich
Gisèle.

381

78, Rue de Longchamp
Paris 16ᵉ
Freitag [25. 3. 1966] –

Mon chéri,
Da ich morgen früh vorbeikommen werde, um zu versuchen, mit Dr. O. oder D. zu sprechen, schreibe ich Dir diese wenigen Zeilen, die ich dann abgeben kann.

Am Donnerstag nachmittag habe ich einige Abzüge gemacht, die mir fehlten, aber ich werde erst am Montag an Ort und Stelle im Goethe-Institut wissen, wie viele Radierungen und welche mit dem Buch¹ ausgestellt werden – Heute habe ich in der Galerie Point Cardinal² die Ausstellung eines Tschechen von etwa siebzig Jahren gesehen, wenig bekannt in Frankreich, der mir ein großer Maler zu sein scheint: Joseph Sima – Durch den Surrealismus hindurchgegangen, jedoch ein Surrealismus, der nicht anekdotisch ist und außerdem persönlicher vielleicht durch eine Malerei, die mir religiös vielleicht zu sein scheint, von einer Art geheimnisvoller Heiterkeit, von einem tiefen Wissen. Es gibt wenig auf seinen letzten Bildern, aber es scheint mir, daß auf ihnen das Wesentliche genau dort ist, wo es sein soll – Aber ich kann nichts darüber sagen, ich hätte gern gehabt, daß Du diese Ausstellung sehen kannst.

Ich habe bei Christiane d'Estienne³ zu Mittag gegessen, die mich sehr nett in einer sehr kleinen, sehr hübschen Wohnung an der Place Dauphine, mit Blick zur Seine, empfangen hat, ich mag das, was sie macht, nicht sonderlich, aber sie ist so brav, und wenn man einmal von ihrer ein wenig mondänen Seite absieht, ist sie im Grunde sehr einfach und herzlich.

Sie fährt zu einer Ausstellung nach Dänemark und wird drei oder vier Radierungen von mir mitnehmen, um sie ihrer Galerie zu zeigen, deren Eigentümerin oft nach Paris kommt, wie sie mir sagt, in der Hoffnung, daß sie sich für das interessiert, was ich mache[4], das ist immerhin sehr nett.

Früh nach Hause zurückgekommen, habe ich zu zeichnen versucht, aber ich bin von neuem so müde und auch ein wenig entmutigt von den letzten Abzügen meiner Projekte für Altmann bei den Frélauts, die mir nur schlechte Radierungen ohne Schwung zu sein scheinen, ohne wirkliche Notwendigkeit zu existieren – Ich soll sie ihm nächste Woche zeigen, aber ich weiß nicht so recht, was das taugt.

Auch mein Leben ist im Augenblick nicht leicht, Paul, Du weißt es – Und außerdem verlangt die Arbeit Erics eine große Geduld von mir, und es gibt Tage, an denen ich nicht mehr kann, er übrigens auch nicht: wir brauchen beide Schulferien – Am Mittwoch abend hat er endlich Ferien!

Bis Sonntag, entschuldige bitte, daß ich nur von mir gesprochen habe –

                  Ich umarme Dich
                      Gisèle.

382

                [Paris] Samstag, 26. März 66

Ma Chérie, Sie kommen morgen, der Sohn fährt in die Ferien – ich bin der einzige, dessen Lage sich nicht ändert.

—

Weil meine Feder abwesend ist, habe ich mit dem Kuli geschrieben, rund und polyglott, den die Krankenpfleger mir gegeben haben[1].

Ich lege dieses Gedicht[2] bei, um wieder in Ihren poetischen und französischen Gegenden[3] zu sein.

Ich kann es kaum erwarten, Sie wiederzusehen.

    Umarmen Sie Eric,
        ich umarme Sie   Paul

Fischer Bücherei
Jahnn, Perrudja
A. Adler, Menschenkenntnis
Die Neue Rundschau
Akzente

Darf ich Sie bitten, mir die oben genannten Bücher und Zeitschriften mitzubringen[4]?
    Ich danke Ihnen im voraus.   Paul

Unterhöhlt,
vom flutenden Schmerz,
seelenbitter,

inmitten der Worthörigkeit
steilgestellt, frei.

Die Schwingungen, die sich
noch einmal bei uns

melden

26. 3. 66
endgültige Fssg

383

Vor Scham, vor Verzweiflung,
vor Selbst-
ekel fügst du dich ein,

sprachfern,
kommt das Unirdische, kippt
in sich zurück,

beim erdig Umher-
liegenden, bei
den Ulmenwurzeln
hebt es ein neues Gelaß aus,
ohne Geträum,

einmal, immer

    *

———

An Gisèle
Samstag, 26. März 1966

384

[Paris] Sonntag, 27. März 1966

Ma Chérie! Mon Aimée!

Danke, daß Sie gekommen sind, danke, daß Sie mit mir über meine Probleme haben sprechen wollen (die nahezu ausnahmslos die Deinen sind und bleiben).

Ich warte – j'attends.

Mögen Sie Bahnfahrkarten finden und, über die Hinfahrt hinaus, auch für die Rückfahrt, beide in dem Komfort, den Ihr Zustand verlangt.

Zu meiner Rechten, zu meiner Linken[1]: Du. Und wir gehen, und Eric schließt sich uns an. Umarmen Sie ihn.

                Ich umarme Sie
                            Paul

385

[Paris] Montag, 28. März 1966

Diese Zeilen, ma Chérie, nach der Rückkehr vom Zahnarzt: die beiden unteren wackligen Zähne sind gezogen worden. Es war, wie bei den ersten Extraktionen, ein Pflücken. Was mich ein wenig enttäuscht hat, ist die Tatsache, daß die Prothesen nicht fest eingesetzt werden. Die andere Enttäuschung: mein nächster Termin ist auf den 4. Mai festgesetzt.

Ich habe über alles nachgedacht, was wir uns gestern gesagt haben.

    Bis Donnerstag,
        ich umarme Dich   Paul

386

[Paris] 28. 3. 66

Ma Chérie,

hier bin ich wieder, mit zwei Gedichten, gereift zwischen vorgestern und heute[1]. Nehmen Sie sie als den aus einem Herzen herausgeschleuderten Gruß.

Ich liebe Sie

                                    Paul

ÜBER DIE KÖPFE
hinweggewuchtet
das Zeichen, traumstark entbrannt
am Ort, den es nannte.

Jetzt:
Mit dem Sandblatt winken,
bis der Himmel
raucht.

28. 3. 1966

WIRFST du den beschrifteten
Ankerstein aus?

Mich hält hier nichts,
nicht die Nacht der Lebendigen,
nicht die Nacht der Unbändigen,
nicht die Nacht der Vielhändigen[2].

Komm wälz mit mir den Türstein
vors Unbezwungene Zelt.

28. 3. 1966

387

78, Rue de Longchamp
Paris 16ᵉ
Montag abend [28. 3. 1966]

Nur ein paar Zeilen heute abend, Paul, mon chéri. Ich habe heute an Dich gedacht, weißt Du, es ist auch für mich nicht leicht. Gehen, kommen, arbeiten, diese Ausstellung[1] vorbereiten mit all den zu fällenden Entscheidungen, und Dich unterdessen dort zu wissen, wo Du bist, mit Deinen Zähnen und den Sorgen, die sie Dir machen, mit der Behandlung und der so langen Zeit, in der man sich behandeln lassen, sich gedulden und trotz allem versuchen muß, zu arbeiten. Ich weiß das alles, ich brauche es Dir nicht zu sagen – Ich finde

heute abend bei meiner Rückkehr Deine beiden Briefe, und ich weiß genau, ohne daß Du es mir sagst, daß es hart ist für Dich, daß Eric ins Gebirge fährt, daß ich in den Süden fahre und daß Du dableibst. Ich weiß, ich weiß, ich verstehe, glaub mir –
 Aber verlier nicht den Mut, Du kommst wieder zu Kräften, und Du findest Dich wieder. Heißt das nicht, Dich bereits wiederfinden, daß Du jetzt begreifst, wie Du mir am Sonntag gesagt hast, daß Du zu weit mit Eric gegangen bist und daß das nicht gut für ihn war. Dein wahres Du ist immer in Dir, es wartet auf Dich, es ruft Dich, und Du hörst es schon.
 Du wirst Dein Vertrauen zu mir, zu andern, wiederfinden, vor allem zu Dir, und trotz aller Bosheit der Welt, aller Ungerechtigkeit, wirst Du von neuem leben und standhalten und Deinem Sohn, Deiner Frau, auch andern helfen können –
 Wir liebten uns, wir taten uns weh, und wir waren bei einer Unmöglichkeit des Dialogs angekommen, die zum Verzweifeln war. Jetzt werden wir wieder von neuem aufbauen, neu anfangen müssen, ich weiß, daß das Dein Wunsch ist, daß Du alles in dieser Richtung und in dieser Hoffnung tust, das stützt mich schon. Wir müssen hoffen. Wir werden es versuchen, wir versuchen es schon –
 Machen wir nicht schon einige Schritte in diese Richtung?
 Natürlich, Paul, und Du spürst es, nicht wahr, wie ich –
 Bis Sonntag, mon chéri, ich umarme Dich

Gisèle.

Ich hatte kein Briefpapier mehr, und in Deinem Vorrat habe ich dieses Format[2] gefunden, das ich, wie ich Dir gestehen muß, nicht sonderlich mag!

388

[Paris] Dienstag, 29. März 1966

Mon Aimée,
 hier, in seiner ganzen Nacktheit, ein Zeitvertreib-Gedicht – nein, hier ein richtiges Gedicht[1] – der Ungebändigte ist der, den man nicht zähmen kann –, um uns ein wenig daran zu klammern und uns leben zu hören.
 Bis Donnerstag.
 Umarme Eric, wenn Du ihm schreibst,
 jedesmal, immer

Paul

Der Ungebändigte, dreimal
überschüttet mit Gaben,
deutlich, weithin,

die Ulmwurzel
entläßt die Liebenden aus
der Umklammerung,

Schwerzüngiges, alt und am Sterben,
wird abermals laut, Beglänztes
rückt näher,

über der Tafel
schweben die doppelt geohrten
Becher aus Gold. Keiner
der wild gegeneinander Gestoßnen
war dem Ungebändigten
jemals so nah.

29. 3. 66

389

[Paris] Mittwoch, 30. März 1966

Ma Chérie, ich habe gerade Deinen Brief vom Montag erhalten – danke für alles, was Du mir darin sagst. Als Antwort schenke ich Dir ein kleines, vorhin geschriebenes Gedicht: *Nach dem Lichtverzicht* (Après avoir renoncé à la lumière*).

Ich schreibe Dir das Gedicht[1] ab –

Am Schluß Deines Briefes ist ein Fehler: Du sagst mir bis *Sonntag*, doch ich habe notiert, daß Du am *Donnerstag* kommen wirst, also *morgen*. Ich rechne fest damit, mon Aimée.

[ohne Unterschrift]

[am Rand:] Kannst Du mir ein Heft mitbringen, ziemlich dick, aber aus gewöhnlichem Papier[2]? Danke im voraus.

* oder: Après le renoncement de la lumière

NACH DEM LICHTVERZICHT:
der vom Botengang helle,
hallende Tag.

Die blühselige Botschaft,
schriller und schriller,
findet zum blutenden Ohr.

30. März 1966

390

[Paris] 5 Uhr 35, Donnerstag, 31. März [1966]

Ich komme gerade zurück, mon chéri, und ich stelle fest, daß ich vergessen habe, Dir Geld da zu lassen, daher versuche ich es mit diesen wenigen Zeilen, ich hoffe, es wird ankommen, bestätige es mir –
    Alles läßt sich gut an mit dem Plakat. Hock ist ebenfalls sehr zufrieden damit[1]. Wir haben noch einmal ein paar kleine Einzelheiten für den Druck der Liste meiner Radierungen regeln müssen – Ich habe mir erlaubt, bei der biographischen Notiz unser Hochzeitsdatum hinzuzufügen – von dem ich immer bedauert habe, daß es im Katalog von Hannover[2] nicht erwähnt ist –
    Ich muß noch meine letzten Kupfer ausmessen, von denen sie ebenfalls die Maße wissen wollen – Folglich jede Menge kleiner Dinge vor meiner Abreise zu tun, deshalb entschuldige bitte, daß ich so kurzangebunden bin.
                                    Ich umarme Dich
                                           Gisèle.

391

[Paris, 31.? 3.1966[1]]

Guten Tag, ma Chérie, hier ist das »tägliche« Gedicht[2] – hoffentlich hält es an.
    Ruhen Sie sich aus, zeichnen Sie, machen Sie sich Notizen, schreiben Sie Eric und seinem Vater.
    Schöne Ferien, schönes Morgen
                                               Paul

Einbruch des Ungeschiedenen
in deine Sprache
Nachtglast,

Sperrzauber, gegen-
wirkend.

Von fremdem, hohem
Flutgang unterwaschen
dieses
Leben.

An Dich, Gisèle, heute und immer [31. 3. 1966]

*

392

[Paris] 1. April 1966

Ma Chérie,
   ich sitze da, mit den Büchern, ich lese (nicht sehr gut, aber trotzdem ziemlich gut)[1].
   Haben Sie eine gute Reise gehabt?
   Sie haben vierzehn Tage vor sich – ich hoffe, das Wetter ist bei Dir, dort, wo Du bist, ebenso schön wie hier.
   Entschuldigen Sie bitte, daß ich Ihnen, ohne Kommentar, das Gedicht »Einbruch des Ungeschiedenen« (»Infraction du non-séparé«[2]) geschickt habe. Hier noch einige erklärte Wörter: Glast: »luisance«, »Sperrzauber« – anticharme (charme-barrière), »Flutgang« – (dé)marche du Flot (l'océan)
   Geben Sie mir Nachricht von Dir und von Eric.

Ich umarme Sie
Paul

393

[Antibes] Freitag, 1. April 1966.
Mittag

Mon chéri,
   Ich komme gerade in Antibes an, mit etwas Verspätung, wenig Schlaf, starken Kopfschmerzen und immer noch kein Kaffee im

Magen. Die Sonne scheint heiß, das Meer ist einfach nur blau, und die Küste wie immer laut und autovoll[1] –

Es war auch nicht sehr lustig gestern abend ganz allein abzureisen in der Menge der Urlauber, die zahlreicher waren denn je. Es ist mir schließlich gelungen, ein Taxi zu finden und den Bahnhof ohne allzu große Mühe zu erreichen. Unmöglich einen Liegewagen zu bekommen, doch in meinem Abteil, in dem alles reserviert war, bin ich schließlich allein geblieben, so daß ich mich ausstrecken und ein wenig schlafen konnte, und dabei die Wahl hatte, entweder zu ersticken oder zu erfrieren, je nachdem, ob ich das Fenster auf- oder zumachte, und auch die Wahl hatte, aus meinem Mantel eine Decke oder ein Kopfkissen zu machen. Schließlich bin ich angekommen, sitze jetzt vor einem Kaffee und Butterbroten, draußen, in der Sonne.

Mein Mut ist nicht riesig, ich sehe den Hafen, die Palmen, auch Autos – Ich werde ein wenig in der Stadt umherirren, aber nicht lange. Dann werde ich meinen Koffer holen gehen, den ich in der Gepäckaufbewahrung gelassen habe, werde ein Taxi zum Cap nehmen, denn ich muß mich ein wenig waschen und ausruhen –

Ich denke an Dich, ich denke an Dich, viel, Paul, Du weißt es. Alles, was Dir zustößt, versteh das, berührt mich im Tiefsten meiner selbst, und Deine Wunden, Dein Drama, Dein Schicksal durchlebe ich ebenfalls, ohne allzuviel darüber zu sagen, ganz allein, aber sehr intensiv. Du sagtest zu mir: das ist ein Geheimnis; wie meinst Du das? Es gibt kein Geheimnis, und ich habe es Dir oft gesagt. Du warst alles für mich, oft ist das zusammengestürzt, aber Du bleibst alles für mich – In dem Drama und in der Einsamkeit des Schmerzes, die ich durchlebe, helfen mir Eric und seine Gegenwart und sein Alter und sein Bedürfnis nach Leben, nach Freude, nach Ruhe, mich wieder zu fangen, wie auch die Arbeit, wie auch Dein Mut, um diese harte Prüfung der Behandlungen zu akzeptieren, die im Augenblick Dein Los ist –

Wenn ich unter Leute gehe, wenn es mir äußerlich gelingt, mich nicht allzu schlecht aus der Affäre zu ziehen, so schließt das nicht andere schwierige Stunden aus und auch nicht diese physische und moralische Erschöpfung, die mich oft überwältigt und die Oberhand gewinnt – Ich hoffe, daß ich die Sonne, die Luft, die Natur mit Gewinn genießen kann, das ist eine Kraft bei mir, von der ich so sehr möchte, daß Du sie wieder hättest wie vorher.

Ein Stein, ein Grashalm, die Linie eines Berghügels, Zeugen des ständigen Dramas der Natur, sind für mich Realitäten, die mir helfen können. *Nicht zu verstehen, aber vielleicht zu wissen*² – Ich hoffe, Stunden des Nachdenkens, der Stille zu finden, ich weiß genau, daß es auf alle meine Fragen keine Antwort gibt und daß schließlich alles Geheimnis bleibt, doch im Wissen um das Geheimnis kann man vielleicht die Dinge vertiefen, und, ohne darin eine Erklärung zu finden, kann darin doch ein wenig Gelassenheit liegen –

Meine Auflehnung gegen die Ungerechtigkeit des Lebens und die Schwierigkeit zu sein, die kann ich nicht für einen Augenblick von mir entfernen, doch ein ruhigeres Wissen vom Leben, das wünsche ich –

Aber ich bin müde, und es gelingt mir nicht, Dir zu sagen, was ich fühle, so wie ich es möchte. Ich werde Dir bald wieder schreiben, laß mich nicht ohne Nachrichten. Mögest Du bald bei mir sein, in der Sonne umherspazieren, frei –

Verzweifeln wir nicht, mon chéri.

Ich umarme Sie

Gisèle.

bei Madame Marraud
Villa Pampero
Rue Notre-Dame³
Cap d'Antibes, Alpes-Maritimes

394

[Paris] Samstag, 2. April 1966

Ma Chérie, ich habe gerade Deine beiden Briefe erhalten, den von vor Deiner Abreise und den aus Antibes.

Sie sind offen – Sie wissen genau, wie sehr ich, genau wie Sie, wissen muß, daß sich die zurückgekehrten Kräfte bereits zeigen.

Sie schreiben: *Nicht zu verstehen, aber vielleicht zu wissen.* Möge die so beschworene Wirklichkeit da sein, da bleiben, möge sie Sie begleiten.

Es ist gut, daß die Ausstellung bald stattfindet¹, in diesem Frühling neuer Anläufe.

———

Danke für die kleinen Bilder².

———

Ma Chérie, was tun, um Sperber die Medikamente zu schicken? Du hast doch das Adreßbuch, suchen Sie dort bitte unter Margul-Sperber oder einfach unter Sperber, und schick ihm per Luftpost ein paar Zeilen, um ihn nach dem Namen des Medikaments zu fragen – Du kannst es dann von Antibes aus schicken[3].

Hast Du Nachrichten von Eric? Ich denke, Sie haben welche. Dann sagen Sie es mir. Ich höre Sie gern »wiederholen«.

Ich umarme Sie
Paul

395

chez Madame Marraud
Villa Pampero
Avenue du Soleil
Cap d'Antibes
Alpes-Maritimes
Samstag, 2. April 1966.

Paul, mon chéri,
Die Vettern, das heißt Guislaine und ihre beiden Söhne, sind spät gestern abend angekommen, und ich bin ein wenig bummeln gegangen, habe meine Müdigkeit und ... meinen Verdruß hinter mir hergeschleppt, habe ein wenig gezeichnet und an das Projekt Altmann gedacht, das ich wieder aufnehme[1]. Eine gute Nacht, aber zu kurz. Ich habe Mühe gehabt, die »Pensées« von Joubert[2] zu lesen, ich habe das, ich muß es gestehen, langweilig gefunden. Ich gedenke, Camus wiederzulesen, ich habe gesehen, daß sie die Pléiade-Ausgabe haben – Wir haben sie nicht – Soll ich sie hier kaufen und sie Dir schicken[3], es ist eine Lektüre auf französisch, aber vielleicht würde es Dir trotzdem Freude machen, sie zu haben: sag es mir –

Heute morgen habe ich einen Gang ans Meer gemacht: die Côte, einfach scheußlich – Riesige und reiche Villen verschandeln eine Gegend, die wunderbar sein müßte, natürlich bleiben Pinien und schöne rote Erde, doch die Menschen haben so vieles kaputtgemacht, und außerdem gibt es nur noch Privatstrände, und am Meeresufer spazierenzugehen heißt, auf der Landstraße zu laufen. Du kannst Dir vorstellen, wie schrecklich das ist – Schade. Ich hab zwar geahnt, daß das Land weit weg ist, aber schon Antibes ist zu Fuß weit weg, und die Hoffnung, hin und wieder einen Bus zu nehmen, um in die Berge zu entfliehen, ist fast unmöglich. Darauf war ich zwar gefaßt, aber bereits gestern, als ich die Möglichkeiten der unmittelbaren Umgebung ausfindig machen wollte, habe ich gesehen, daß es keine gibt. Bleibt das Zimmer, klein aber nett, der tadellose und sehr geleckte Garten, kein Unkräutchen und jeder Busch, jeder Strauch ist genau studiert, steht genau dort, wo man ihn haben wollte – Stühle, Tische, Liegestühle fehlen nicht, aber trotz der Sonne geht etwas Wind, und es ist nicht sehr warm.

Es ist also nicht sehr berauschend, aber trotzdem sicherlich erholsam – Man wird sehen – wenn es mir gelingt, ein wenig zu arbeiten, wünsche ich mir sonst nichts – hoffen wir –

Ich habe mich in der Adresse geirrt, die ich Dir gegeben habe, es ist die *Avenue du Soleil* und nicht Notre-Dame – aber es wird trotzdem ankommen, wenn Du mir schon geschrieben hast, was ich hoffe –

Bis bald, Paul, mon chéri, ich denke an Dich, umarme Dich

Gisèle

396

[Paris, 2. 4. 1966]

Das Narbenwahre (Le vrai-cicatrice), hier ist das Ergebnis meiner verschiedenen Überlegungen[1].

Heute umarme ich Dich, bevor ich mit den (notwendigen!) Wörtern zurückkomme

Paul

2. 4. 1966

---

    das Äußerste – l'extrême
    nicht zu Entwirrende[2] –

Das Narbenwahre, verhakt
ins Äußerste, nicht zu
Entwirrende,

Längst
ist der Schautanz getanzt,

der schwergemünzte,
hier in der Einfahrt,
wo alles noch einmal geschieht,

endlich,
heftig,
längst.

---

2. 4. 66
An Gisèle

397

[Paris, 3. ? 4. 1966]

Für Gisèle

Die Narbe – la cicatrice / narbenwahr – vrai comme une cicatrice / vrai-»cicatricement« / verhakt – accroché / der Haken – le crochet / das Äußerste – l'Extrême / entwirren – Antonym von verwirren – brouiller, / das nicht zu Entwirrende – impossible à dévider, à sortir de la confusion / längst – il y a bien longtemps / der Schautanz – la danse-»show«, / die Schaumünze – la médaille (genaugenommen: démonstrative) / münzen – frapper monnaie / die Einfahrt – l'entrée (pour automobilistes) / heftig – avec violence

398

[Paris] 4. April 1966

Ma Chérie, hier ist das Gedicht von gestern – heute habe ich es abgeschlossen, das heißt, ich glaube, daß ich keine neue Änderung mehr vornehmen werde[1].

Ich mag es, mich von meinen Gedichten zu lösen, Du weißt das ja.

Haben Sie Nachrichten von Eric?

Noch zu nervös, um Ihnen eine Liste mit den Wörtern zu schikken – auch das wird noch kommen.

Ich liebe Sie und wünsche Ihnen eine gute Zeit der Erholung (in der Arbeit)

Paul

Bedenkenlos,
den Vernebelungen zuwider,
glüht sich der hängende Leuchter
nach unten, zu uns,

Vielarmiger Brand
sucht jetzt sein Eisen, hört,
woher, aus Menschenhautnähe,
ein Zischen, –

findet,
verliert

Schroff,
so liest sich, minutenlang,
die schwere
schimmernde
Weisung.

---
4. 4. 1966
endg. Fassung

399

[Paris, 5. ? 4. 1966]

Bedenkenlos

Bedenken haben – avoir des scrupules, des hésitations / Vernebelung – obnubilation / zuwider – contre / sich nach unten glühen – lueurs en bas, descendre incandescent / vielarmig – au bras multiples / Brand – incendie / Eisen – fer (Brandeisen – tisonnier) / aus Menschenhautnähe: Nähe – proximité / Menschenhaut – peau d'homme / Zischen – sifflement / schroff – dur comme pierre, brutal / die Weisung – l'ordre,

400

> chez Madame Marraud
> Villa Pampero
> Avenue du Soleil
> CAP D'ANTIBES

Paul, mon chéri,   Dienstag 5.[1] April 1966.

Das Leben ist ziemlich langsam, meine Müdigkeit besteht trotz einer sehr großen Schonung und dem völligen Fehlen von Verpflichtungen und Aktivitäten fort –

Ich habe heute nacht besser geschlafen, meine Tage beginnen nicht vor zehn Uhr morgens – Gegen Mittag, manchmal nach einem Gang nach Antibes (Menschenmenge, Parkschwierigkeiten, Lärm, völlig uninteressant) wegen der Einkäufe nehmen wir eine gute Stunde ein Sonnenbad auf den Felsen, zwischen einer Bananenschale und einem Fischer, aber es ist ziemlich ruhig und angenehm – Mein käsiges Aussehen fängt an zu verschwinden, dafür bin ich jetzt voller Fieber- und Müdigkeitspickel – Am Nachmittag ist wieder Ausruhen angesagt – jeder in seinem Zimmer oder draußen auf einem Liegestuhl. Ich lese wieder Camus, das ist schön, es gelingt mir ein wenig, mit Mühe.

Ich versuche einige Linien, einige Formen aufzuschreiben, so wie Du es mit Wörtern machst, in der Hoffnung auf eine Radierung. Aber ich muß zuerst die Müdigkeit verdrängen – Ich komme physisch wieder ein wenig zu mir, wenigstens hoffe ich es, denn ich merke noch nichts davon. Gegen sieben Uhr abends falle ich vor Müdigkeit um, aber wenn neun zehn Uhr einmal vorbei ist, kann ich nicht mehr schlafen. Meine Kusine ist nett, die beiden Vettern, ihre Söhne, sehr brav – Der eine 22 Jahre alt, der andere 16, sehr viel netter als früher und große Fortschritte machend, zu seiner großen Freude schlägt er mich beim Dame-Spiel und beim Tischtennis, aber mit Müh und Not –

Ich habe so etwas wie eine große Leere in meinem Kopf.

Ich freue mich so, daß Du weiterhin schreibst, aber ich habe das Gedicht nicht erhalten, zu dem Du mir heute die Erklärung bestimmter Wörter schickst[2] – Vielleicht war es das letzte, noch in Paris erhaltene[3] –

Ich denke an Dich, wir werden eines Tages, eines nahen Tages zusammen in die Provence kommen, Du wirst das mögen[4], dessen bin ich sicher –

> Ich umarme Dich
> *Gisèle* –

401

[Paris] Mittwoch, 6. April 1966

Ma Chérie, ich habe bisher nur einen einzigen Brief bekommen: den vom 2. April.

O. ist abwesend – also keine Nachrichten von ihm, und auch keine von Dr. Denicker, der verreist ist.

Ich schicke Dir wieder ein Gedicht[1] – mit einigen Wörtern.

Schreiben Sie mir, geben Sie mir Nachrichten von Dir und von Eric.

Paul

Das Seil, zwischen zwei hoch-
wohlgeborene Köpfe gespannt, oben,
langt, auch mit deinen Händen
nach dem Ewigen Draußen,

das Seil
soll singen – es singt,

Ein Ton
reißt an den Siegeln,
die du befremdet erbrichst

Endg. Fassung
6. 4. 1966

Das Seil – la corde / hochwohlgeboren – de haute lignée / spannen – tendre / draußen – dehors (hier Substantiv): Le dehors / an etwas reißen – essayer d'ouvrir par la force / Siegel – sceau / erbrechen – ouvrir par la force, arracher / befremdet – étonné

402

[Paris] Donnerstag[1], 7. 4. 1966

Ma Chérie, ich hoffe, nachher Nachricht von Dir zu bekommen. Unterdessen habe ich ein Gedicht aufgeschrieben, das heute morgen gekommen ist, mit wenig Zögern auf beiden Seiten, seiner und meiner[2]. Hier ist es, ohne Kommentar (außer: »Sehklumpen«, ein

Wort zusammengesetzt aus »sehen«, voir, und »Klumpen«, motte (– de terre – Erdklumpen usw.) also motte œilletée³ usw.⁴).

Es ist schon eine Woche her, daß Sie abgereist sind – denken Sie daran, von Dir hören zu lassen und auch von Eric.

Ich umarme Sie

Paul

Mit dem rotierenden
Sehklumpen stößt du zusammen
bei Eisfeuerschein:

Erblickt, erblickt! – Durchstoßen, –

du kennst den Schrei,
weißt, daß geschrien wird, auch
an deiner Statt,

mehr als das steht dir nicht zu,
das Spiel geht ohnehin weiter,

es wälzt sich
durch die erste beste
Buchstabenöffnung

und meldet ungehört
Gewinn und Verlust

———
7. 4. 1966
Endgültige Fassung

403

[Paris, 7. 4. 1966¹]

Vom Hochseil

Hochseil – corde raide / herabzwingen – forcer quelqu'un de descendre / ermessen – évaluer / Gabe – don, cadeau / käsig – »fromageux« / über jemanden herfallen – tomber dessus, attaquer / Zeiger – aiguille de la montre / nach Menschenart – à la manière des humains / herauserkennen – que tu reconnais dans la foule / unbußfertig – qui n'est pas prêt de dire sa coulpe, qui n'est pas prêt à dire (apporter) son repentir / die Buße – le repentir, l'amende / unbotmäßig – qui ne se plie pas, n'est pas serf / Botmäßigkeit – servitude

Hier ist noch ein Gedicht[2], ganz jung, für Sie.

Ich umarme Sie
Paul

Vom Hochseil herab-
gezwungen, ermißt du,
was zu gewärtigen ist
von soviel Gaben,

Käsig-weißes Gesicht
dessen, der über uns herfällt,

Setz die Leuchtzeiger ein, die Leucht-
ziffern,

Sogleich, nach Menschenart,
mischt sich das Dunkel hinzu,
das du herauserkennst

aus all diesen
unbußfertigen, unbotmäßigen
Spielen.

[7. 4. 1966]

404

[Paris, 8. 4. 1966]

... Oder es kommt
der türkische Flieder gegangen
und erfragt sich
mehr als nur Duft

―――
8. 4. 66

Dies ist das Fragment eines zu »gehaltvollen«[1] Gedichts – ich habe es gerade ausgegraben und gut zu Ende gebracht. Hier ist eine französische Variante davon:

*... Ou bien s'en vient
le lilas à la turque,
questionnant, il obtient
plus que du parfum

Ich habe Ihre Briefe[2] bekommen – danke, das hilft mir, Du weißt es ja.

          Ich umarme Dich
             Paul

* Ou bien s'en vient
le lilas à la turque
ses questions, à la ronde,
glanent plus que du seul parfum
(cueillant plus que du parfum
    (odeur etc.))

405
          [Paris] Samstag[1] [9. 4. 1966]

Dieses ziemlich schwarze – »tägliche« – Gedicht[2], doch von der Art »aufrecht« und »dennoch«, hart, herb, rauh.

 Das Vokabular wird Ihnen nicht (oder kaum) fremd sein, auf jeden Fall hier einige »erklärte Wörter«:
   stachlig < Stachel: dard, pointe
   Hartlaubgebüsch: maquis, garrigue
 Umarmen Sie Eric, ich umarme Sie. Gute Rückkehr! Bis bald
               Paul
9. 4. 1966

Notgesang der Gedanken,
von einem Gefühl her,
das hat

der wachgesungenen
Namen nicht viele,

stachlig,
so, unverkennbar,
aus dem Hartlaubgebüsch³,
steht es mit ihnen hervor, dir
entgegen,

stachlig.

Es geht ein kleines Sterben
umher, umher

9. 4. 66

406

[An Eric Celan]
[Paris, 12. 4. 1966]

Mein lieber Eric,

Du bist jetzt wieder in unserem guten Haus – ich schreibe Dir, um Dir meine Freude darüber zum Ausdruck zu bringen, daß Du Fortschritte in der Schule machst, meine Freude darüber, daß Du auch in so vielen Spielen und Sportarten Erfolg hast.

Auch ich habe ein wenig gearbeitet und bin darüber nicht unzufrieden. Du weißt ja: die Dichtung ist etwas sehr Hohes, sehr Herbes. Ich habe die Gedichte gezählt, die ich seit der »Niemandsrose« (»La Rose de Personne« oder »La Rose Nulle«¹) geschrieben habe, und ich stelle fest, daß ich einen neuen Gedichtzyklus abgeschlossen habe und daß damit ein neues Buch abgeschlossen ist². Ich habe nie soviel geschrieben; ich habe für das Erscheinen eines Buches nie soviel *Arbeit* gehabt. Aber Du wirst – bald – sehen, wenn Du noch weitere Fortschritte in Deutsch gemacht hast, wir werden anfangen oder besser: wir werden weiterhin gemeinsam sehen, was ich mache, was Du machst. Mama wird Dir so sehr geholfen haben – umarme sie, auch dafür.

                          Ich umarme Dich
                                 Dein Vater

407
 [Paris] Donnerstag abend [14. 4. 1966].
Paul, mon chéri,
 Nur ein paar Zeilen, bevor ich zu Bett gehe, um Dir zu sagen, daß Eric und ich, als wir Dich verließen, wie vorgesehen im Goethe-Institut gewesen sind. Das Plakat hat mir gefallen, und ich glaube, daß es wirklich gelungen ist[1] – Dort waren sie alle sehr zufrieden damit, sowohl Raczynski als auch Hock, die Bibliothekarin, die uns im Saal zur Hand geht, und Herr Schmitt (? ich weiß nicht mehr seinen genauen Namen[2]), der ehemalige Direktor des Goethe-Instituts. Sie haben schon damit begonnen, so ziemlich überall in Paris welche zu verteilen – Ich schicke Dir das Programm und die Einladungen[3] – Du hattest mir gesagt, ich solle es nicht tun, aber Du siehst, es ist so diskret und nimmt so wenig Platz ein, daß ich es dennoch tue – Es ist immerhin unser gemeinsames Buch, ich wollte Dich so früh wie möglich an dieser Ausstellung teilhaben lassen – Wir haben lange gearbeitet, und Eric half uns hochzufrieden.
 Die meisten Radierungen sind bereits gerahmt, und es läßt sich gut an – Zum andern ist der lange Tisch, auf dem das Buch ausgestellt werden wird, fast ganz fertig, es fehlt nur noch der Stoff, mit dem er überzogen werden soll, ich werde ihn morgen zusammen mit der Bibliothekarin im Marché Saint-Pierre[4] auf dem Montmartre kaufen gehen – ein Stoff, den wir alle ganz schlicht wollen, so in der Art von dem in meinem Atelier[5] oben und eine ähnliche Farbe wie die von »Atemkristall«. Ich glaube, daß alles sehr gut sein wird – Sie hatten an einen anderen Stoff gedacht, den sie hatten, der mir aber nicht sehr hübsch vorkam, und sie sind sofort einverstanden gewesen, einen andern zu kaufen.
 Es gibt noch viel zu tun, aber es spielt sich schon gut ein, und es sind auch noch vier Tage bis dahin –
 Ich denke an Dich – Natürlich hätte ich das alles gern mit Dir vorbereitet, wie Du Dir denken kannst –
 Eric war zufrieden, daß er die Radierungen anreichen, die Rahmen an der Wand entlang tragen und mir seine Meinung sagen durfte – Wir sind spät im Institut weggegangen, und ich hatte nichts zu Hause, also haben wir beschlossen, in der Avenue Victor Hugo in einem kleinen Restaurant zu Abend zu essen, in dem er vor schon langer Zeit mit Marie-Thérèse gewesen war. Er war ganz stolz, mich dorthin zu führen –
 Früh heimgekommen – den Ranzen mutig vorbereitet – und schnell ins Bett – Er schläft schon lange – Morgen fängt für ihn die Schule wieder an –

Ich höre jetzt auf, ich muß schlafen gehen, morgen ist wieder ein langer Tag – Der Stoff, die Kupfer des Buches, die ausgestellt werden, müssen bei den Frélauts abgeholt werden – Die Blätter des Buches müssen gerahmt werden – Eric und seine Arbeit, am Abend –
Ich vergesse Dich nicht, ich denke an Dich – Ich umarme Dich, mon chéri

Gisèle.

Schreib mir jedesmal, wenn Du es kannst –

Du wirst sehen, in Nr. 22 des Katalogs habe ich den Titel »Je maintiendrai« umgeändert in »Erinnerung an Holland«, wie Du mich gebeten hattest[6] –

408

[Paris] *Samstag* [16. 4. 1966]

Ma Chérie,
auf dem Faltblatt steht das Datum vom 19. April als Datum der Vernissage, während auf der Einladungskarte das Datum vom 18. April steht[1].
Ich hoffe, daß das jemand rechtzeitig gemerkt hat*. Aber ja, man hat es rechtzeitig gemerkt**.
Bewahren Sie unsere Hoffnung, immer –
Ich sage Ihnen, daß Sie Eric umarmen sollen
und umarme Sie

Paul

* Andernfalls, was wahrscheinlich ist, versuch, daß Du[2]
** Die Vernissage ist gewissermaßen vorrangig, *alles wird gutgehen.*

Das Seil, zwischen zwei
Köpfe gespannt, hoch oben,
langt, auch mit Deinen Händen,
nach dem Ewigen Draußen,

das Seil
soll jetzt singen – es singt.

Ein Ton
reißt an den Siegeln,
die du erbrichst.

Endg. Fssg
17. 4. 1966³

409

*Mit uns*¹   *[An Eric Celan]*

Avec nous autres,
les cahotés et néanmoins
du voyage,

l'un et l'autre
intacte²,
point »usurpable«, –
le chagrin
insurgé

An Eric, ihn umarmend
   Sein Vater
Paris, 16. 4. 1966

410

[Paris] Dienstag¹ [19. 4. 1966]

Paul, mon chéri, das so schöne Gedicht »Das Seil« kommt heute morgen bei mir an. Ich danke Dir dafür und auch für die beiden Briefe, die mir aus Antibes nachgeschickt worden sind mit wiederum schönen Gedichten. Nichts geht verloren, wie Du siehst, aber eine kleine Verspätung auf Grund des Streiks –

Und jetzt muß ich Dir sagen, daß die Vernissage sehr gut verlaufen ist – Aber Du hast mir gefehlt, sehr gefehlt, und zahlreich sind die Leute², die bedauert haben, Dich nicht dabei zu sehen und die mich mit Freundschaftsbotschaften und guten Wünschen zur baldigen Genesung beauftragt haben. Es waren viele Leute da, vielleicht zweihundert bis zweihundertfünfzig.

Ein wenig zu viele Leute und ein wenig zu mondän, wie bei allen Vernissagen in Paris, aber sehr anrührende Anwesenheiten, wie zum Beispiel die Drucker von »Atemkristall«, Fequet und Baudier, wenn Du wüßtest, wie begeistert sie das Buch und die Radierungen betrachtet haben, von ihnen viel echte Freundlichkeit für Dich – Und dann die Frélauts, stolz und glücklich für mich, rührend vor Einfachheit, sich freuend, daß sie so viele Radierungen kennenlernen und das Buch wiedersehen. Und außerdem Flacelière höchstpersönlich, ebenfalls mit ein paar sehr netten Worten. Viele andere – die Davids, die Bollacks und Drijard ganz besonders interessiert, viele freundliche Grüße, untröstlich zu erfahren, daß Du krank bist – Colleville – Delmas – Moret – Studenten von Deiner École. Leute aus dem Atelier – Hölzer – Engelhorn, Frau Weber, Tophoven. Der Bruder von Mayotte[3] – Diese Arztfrau, die ich in Messuguière kennengelernt habe und die mir letzten Monat Radierungen abgekauft hat, ein anderes Mädchen, das ich dort kennengelernt habe – Die Leute vom Goethe-Institut usw. Meine Schwestern, Francine[4] – die Driguez' – usw.

Alle waren voller Bewunderung angesichts des gelungenen Buches, der Präsentation der Ausstellung, des Saals. Alles war vollkommen. Ich bin sicher, die Leute sind beeindruckt gewesen – Ich habe lange mit Madame Meier-Denninghoff geplaudert, sehr einfach, sehr sympathisch, ihr Mann[5], der mit ihr bildhauert, ebenfalls – Sie hätten gern, daß wir uns nach Deiner Rückkehr einmal sähen –

Und außerdem war Eric da, den ich gegen 7 Uhr abends Marie-Thérèse anvertraut hatte, sie hat ihn zum Abendessen mit nach Hause genommen, dann ist er sehr schön, sehr sauber, ein wenig aufgeregt und sehr stolz für eine Stunde in die Ausstellung gekommen – Er war so froh, und man spürte seinen Stolz, der Sohn seines Vaters und seiner Mutter zu sein –

Alles ist wunderbar gelaufen, alles wäre noch besser gewesen, wenn Du da gewesen wärst – Wenn ich nicht diesen Gedanken gehabt hätte, Dich während dieser Zeit in Deinem Krankenhauszimmer zu wissen.

Aber Paul, wir werden wieder ein Buch[6] und eine Ausstellung machen, vielleicht wieder dort, in einigen Jahren, damit ich die Zeit habe, neue Radierungen zu machen, und vielleicht wirst Du dabei auch Gedichte lesen können.

Der Direktor[7] war sehr zufrieden, Hock, der sich soviel Mühe gemacht hat, wie auch die Bibliothekarin, Fräulein Ezold, und die

Sekretärin, Fräulein Gerloff, haben gefunden, daß es ein echter Erfolg war, und Frau Raczynski, die aus einem der baltischen Länder stammt und die das *r* auf russische Art rollt, ist sehr einfach und überhaupt nicht mondän, nicht sehr feinfühlig vielleicht, aber brav und herzlich, sie ist natürlich und unbefangen, und für sie: endlich eine Ausstellung, die ihr etwas sagt, denn die andern, Fruhtrunk, Meier-Denninghoff und Kalinowski[8] sagten ihr nichts, und sie hat es nicht verheimlicht –

Das, mon chéri, ist ein rascher Bericht über den Montagabend – Heute morgen ein Anruf von Engelhorn, um mir für die so schöne Ausstellung zu danken und um Dir von ihm und von Frau Weber gute Wünsche und freundliche Grüße zu übermitteln – er ist immer sehr höflich und hat etwas Ernstes an sich –, sie waren untröstlich, daß sie Dich nicht gesehen haben, untröstlich zu erfahren, daß es Dir nicht sehr gut geht – Und außerdem ... hat er das Buch so schön gefunden: *sie kaufen es – Erstes Ergebnis der Ausstellung*. Ich habe die Adresse des Buchhändlers[9] angegeben – Sie werden morgen auch kommen, um die seit so langer Zeit bestellte Radierung abzuholen und zu bezahlen –

Altmann – Ergebnis der Liste, die Du für mich aufgestellt hast, um Prospekte des Buches zu verschicken – hat *drei Antworten sicherer Käufer* bekommen: Fräulein Hoffmann, Walter Neumann, Prof. Mayer – Es freut mich, Dir das mitteilen zu können –

Und außerdem noch etwas sehr Rührendes: Beda Allemann ist zwei Stunden vor der Ausstellung nach Paris gekommen, um heute für zehn Tage nach New York weiterzureisen. Er ist gestern abend gekommen – und heute morgen hierher. Er ist ein echter Freund – Paul – ein großer Freund – und Du weißt das wohl genau. Er hat ein paar Zeilen für Dich[10] dagelassen, die ich Dir am Donnerstag mitbringen werde – Er hat »Atemkristall« bestellt und erhalten, und er ist sehr glücklich darüber –

Wenn es Dir nur ganz und gar gut ginge, dann wäre alles in Ordnung, wie Du siehst – Aber es wird Dir ganz und gar gut gehen – und alles wird gut gehen.
Mut, mon chéri, und bis Donnerstag.
    Ich umarme Sie
                                                          Gisèle.

411

[Paris] 21. April 1966

Nur ein paar Zeilen, Paul, mon chéri, um Dir zu sagen, wie groß meine Freude ist, daß ich Dich voller Hoffnung gesehen habe, voller Mut für diesen Schritt der Genesung entgegen, die diese neue Behandlung bedeutet. Groß auch meine Freude, daß ich Dich auch ein wenig an der Ausstellung »Atemkristall« und Radierungen teilnehmen lassen konnte – Danke, daß Du mir vertraut hast, um das alles allein zu organisieren – Ich bin auch froh, daß Dir das Plakat gefällt –

Mit gleicher Post schicke ich einen Katalog der Ausstellung an D., O. und Deniker[1] –

Nachdem ich Dich verlassen hatte, bin ich im Goethe-Institut vorbeigegangen. Der Saal war so still, es war niemand da, und wie ein Kind habe ich mir von neuem jede meiner Radierungen genau angesehen und lange das Buch – Ich habe im Gästebuch gesehen, daß Henri Michaux gekommen war, und das hat mich sehr berührt – Es war die letzte Unterschrift: vielleicht war er gerade erst hinausgegangen. Ich habe erfahren, daß ein ganz junges Mädchen, wahrscheinlich eine Deutsche, gekommen war und jedes Gedicht abgeschrieben hat – Allein diese Geste rechtfertigt schon die ganze Ausstellung – Ich hoffe, es berührt Dich wie mich. Als die Dame vom Empfang es mir vorhin erzählt hat, hatte ich Tränen in den Augen, und auch sie machte den Eindruck, als sei sie überglücklich, es mir zu sagen –

Sicherlich wird es während dieser drei Wochen noch einige Personen geben, für die die Möglichkeit, die Gedichte in der Stille dieses so schönen Saals zu lesen, eine Hilfe bedeutet und die ein wenig davon verwandelt werden – Das alles ist gut, und ich freue mich, es Dir zu sagen –

Eric kommt jetzt heim, damit auch er eines Tages »Atemkristall« lesen kann, werden wir zusammen Deutsch lernen.

Bis Donnerstag, mon chéri, ich umarme Sie so, wie Sie wissen, daß ich Sie liebe

Gisèle.

412

[Paris] *Freitag, 22. April 1966*

Hier ist das neueste der täglichen Gedichte[1], ma Chérie. Es möchte Ihnen auch sagen, wie sehr ich, in allem, was ich unternehme, Ihnen nahe bin, immer und immer wieder.
 Man hat mir gerade Blut abgenommen – wozu? Ich weiß es nicht, das Wort »Glykämie« – war es das? Ich habe keine Ahnung. Es ist sicherlich, um die Kur[2] vorzubereiten. Man hat mir gerade gesagt, daß ich gegen sechs Uhr geröntgt werde.
 Ich bin stolz auf dieses Buch, das wir gemacht haben, es ist ein aufrechtes Buch[3], kaum eine Pause beim Gehen – unserem Gehen mit unserem Sohn.
  Umarmen Sie Eric,
   ich umarme Sie   Paul

P. S. Denken Sie nach, an welchem Tag Sie mir die Ausstellung zeigen wollen, damit ich um eine Ausgangserlaubnis bitten kann.

Wildnisse, den Tagen um uns einverwoben.

Alleingängerisch, wieder
und wieder, rauscht,
über die Meldetürme hinweg,
eines großen weißen Vogels
rechte Schwinge
hinzu.

22. 4. 1966

413

[Paris] Freitag abend, 22. April 1966

Mon chéri, mein geliebter Paul,
 Ich wollte Dir heute abend sagen, daß ich in der Einsamkeit meiner Abende, in der Einsamkeit meiner Tage an Dich denke. Ich halte durch für meinen Sohn, für Dich und Deinen Mut und Deine Hoffnung, letzten Donnerstag, als Du mir das mitgeteilt hast, da halfst

Du mir, hast mich bestärkt – Bewahre diesen Mut zu kämpfen, um gesund zu werden, so wie ich den Mut bewahre, um zu arbeiten, da zu sein, um auf Dich zu warten. Damit wir uns endlich wiederfinden, für immer zusammen –
Ich liebe Dich, Paul, selbst wenn ich es Dir nicht sagen kann –
Ich liebe Dich, Paul, für immer, wisse es –

Von ganzem Herzen
Gisèle.

414

[Paris] 23. April 1966

Ma Chérie,

morgen wird wahrscheinlich die Insulinkur beginnen, und ich schreibe Ihnen, um Ihnen zu sagen, daß mir seit gestern ein wenig bange ist. Ich habe heute morgen – nach einer nicht sehr guten Nacht – sogar daran gedacht, die Ärzte aufzusuchen und mit ihnen zu sprechen. Aber ich werde es nicht tun. »Il n'y a pas de repli«, sagt René Char, auf dem Stein, den er uns gegeben hat, »mais une patience millénaire«[1].

Es gibt viele Ausgangserlaubnisse um mich herum, und selbstverständlich registriere ich alle Abgänge. (Monsieur Sébille, der ebenfalls geht, wird diesen Brief zur Post bringen[2].)

Nun ja, ich versuche es noch einmal. Aber ich muß wieder unter den Menschen leben, bei Ihnen und unserem Sohn.

Umarmen Sie Eric von mir.

Ich umarme Sie   Paul

415

2. Brief, [Paris] Samstag 23. 4. 1966

Ma Chérie,

ich bekomme gerade Deinen Brief vom 21. – ich weiß gar nicht, wie ich Dir danken soll.

Ja, ich gehe der Heilung entgegen.

Alles, was Du über die Ausstellung sagst, freut mich. Und ich spüre, »ganz groß«, unsere Herzen, die in der Stille »zueinander« sprechen, miteinander sprechen.

Du versorgst mich mit Licht, mit Lichtern, ich spüre es ganz stark, und ich lebe davon. Bis Donnerstag!

Paul

[Paris] Samstag nachmittag, 23. April 1966

Ma Chérie,
man hat mir, kurz nachdem Du da warst, Deinen Brief vom Freitag abend heraufgebracht.
Wie soll ich Dir dafür danken?
Ja, es gibt unsere Liebe. Und den Mut unserer Liebe. Und Eric, dieser Große der Liebe.
Ich liebe Dich, ma Chérie, für immer.
Ich lebe, ich warte, ich lebe von diesem Warten.

Von ganzem Herzen
Paul

Ich habe, nachdem Du vorbeigekommen warst, auch Dr. D. gesehen – ebenfalls sehr ermutigend.

[Paris] Samstag abend, 23. April 1966

Mon amour, mein Licht, Geliebte[1],
Dein Brief, ganz Dir gleich, erfüllt mein Herz – ich lasse ihn um mein Herzland[2] und zu allen meinen Gestaden reisen, ich überschwemme die Welt damit, die Deine und die meine, ich jubiliere schmerzlich in der Wahrheit.
Wie bin ich doch so verblendet gewesen, während, so nahe bei mir, Deine Liebe mir noch und noch den strahlenden Beweis der Frau lieferte, für die mein eigenes Herz, unterwegs, von weit hergekommen, verpfändet bleibt. *Ich sehe Dich, ma Chérie.*
Ich schreibe Dir, hier, einige Zeilen[3], aus einer Welt, unserer, *der* unseren, gekommen:

Schreib dich nicht
zwischen die Welten,

vertrau der Tränenspur
und lerne leben.

Paul

[Paris] Samstag, 23. April 1966
Ma Chérie,
ich muß berichten: meine Kur wird nicht, wie ich zu verstehen geglaubt hatte, am Montag, den 25. April, beginnen, sondern erst am Freitag, den 29. Der Grund ist der, daß ich vorher ein Elektrokardiogramm brauche und der Kardiologe erst am Freitag vorbeikommt.
Ich werde Sie also, nicht wahr?, am *Donnerstag, den 28.*, sehen. Ich umschlinge Dich mit meinen Armen, ich umarme Dich

Paul

416

[Paris] Samstag, 23. April 1966.
Paul, mon chéri,
Ich habe gerade mit Dr. D. gesprochen, der wirklich sehr ermutigend gewesen ist. Ich hatte zuvor Monsieur Sébille getroffen, der mir Deinen Brief gegeben und von Deiner Besorgnis gegenüber der Insulinkur gesprochen hatte. D. hat mir noch einmal gesagt, daß es keine richtige Insulinkur sei (er ist nie dafür gewesen)[1]. Nur ein paar Spritzen mit dem Ziel, Dein Gedächtnis, Deine Konzentrationskräfte anzuregen und um die Verbesserung Deines Zustands dauerhaft zu machen. Es besteht überhaupt keine Gefahr, es gibt keine nachteiligen Folgen, das hat er mir noch einmal versichert, er hat mir außerdem versprochen, daß er heute morgen ein paar Minuten finden wolle, um Dich von neuem zu beruhigen – Zum andern ist er sicher, daß Du kommen kannst, um Dir die Ausstellung anzusehen, deshalb sage ich Dir noch einmal die Öffnungszeiten: von Montag bis Freitag von 11 bis 13 Uhr und von 16 bis 20 Uhr. Ich werde Dich also an einem Morgen abholen können, wir würden ein paar gute Stunden zusammen verbringen, wir würden ins Goethe-Institut gehen, würden zusammen zu Mittag essen, dann würdest Du noch ein wenig bei mir bleiben, um auf die Rückkehr Erics zu warten, der ebenfalls so froh sein wird, Dich zu sehen – Ich sehe, daß die Ausgänge, Ausgangserlaubnisse, wie Du sagst, Gestalt annehmen, es wird noch andere geben, und dann wird es der wirkliche Ausgang, die Entlassung, und die Wiederaufnahme des wirklichen Lebens sein – Ich freue mich, Paul – Du hältst das richtige Ende, und jetzt wird es gehen – Es ist nicht wirklich eine Insulinkur wie die, vor der Du Angst hattest, andernfalls könnte ich Dich nicht besuchen kommen, man hätte Dir völlige Schonung verordnet, und davon kann

keine Rede sein, ich werde kommen, Du wirst ausgehen können – Mut, Paul – Bewahre Deine Hoffnung – Setze Deinen Kampf fort, um Dich ganz und gar wiederzufinden –

Ich fahre gleich nach Moisville. Ich treffe Eric um 11 Uhr 30, wir essen unterwegs in einem kleinen Restaurant, das Du bald kennenlernen wirst, zu Mittag, und dann werden wir uns die Meisen² ansehen, wie ich hoffe, die Schwertlilien, die Pfingstrosen, das Gras und alle neuen Triebe – Ich habe ebenfalls schlecht geschlafen.

Ich erhoffe mir viel von diesen beiden Tagen der Ruhe und der frischen Luft – Der Lärm der Arbeiten neben unserem Haus ist ermüdend, ich bin in den letzten Tagen immer spät zu Bett gegangen, wegen der Ausstellungspapiere, die in Ordnung zu bringen waren, der Radierungen usw. Zum Glück ist Carmen zurückgekommen, und ich werde sie drei Wochen lang etwas länger haben, Marie-Thérèse, mit der ich sie teile, fährt in die Bretagne, sie wird also in ihrer Abwesenheit öfters kommen –

Ich freue mich darauf, alle diese guten Neuigkeiten Eric mitteilen zu können. Bis Donnerstag, mon chéri, und vor allem, bewahre an der Schwelle eines neuen Aufbruchs alle Deine Hoffnung, allen Deinen Mut.

Ich umarme Dich
Gisèle.

417

[Paris, 24. 4. 1966]

Gisèle, mein Licht und mein Leben,
hab Dank für den *Herzbrief*[1], hab von Herzen Dank.
Umarme unseren Sohn, denk an uns drei.

Paul[2]

24. 4. 66,
am späten Nachmittag

418

[Paris] Montag morgen, 25. April 1966

Mon Aimée,
ich hätte um eine Ausgangserlaubnis bitten sollen, ich hätte sie sicherlich bekommen, aber alles ist diese Woche noch möglich, da

meine Behandlung erst nächsten Montag anfängt. Ich sage mir, daß Freitag oder Samstag die Daten sind, um die nachzusuchen wäre. So hätte ich Donnerstag erst einmal Deine Meinung. Zum andern wird gerade donnerstags, bei der Großen Arztvisite[1], um Ausgangserlaubnis gebeten. Laß mich brieflich wissen, wie Du darüber denkst.

Umarme unseren Sohn, ich umarme Dich

Paul

419

[Paris] Montag 25. April 1966.

Paul, mon chéri, was für eine Fülle von Wörtern, von Zeilen voll des besten und des liebevollsten Ihrer selbst! Danke für alle diese Blumen, alle diese Sterne, die Sie in meinem Herzen entstehen lassen. Ich freue mich über Ihre Ruhe, über Ihren Mut, über Ihre Hoffnung, die Sie sich immer bewahren müssen, wie auch Ihr wiedergefundenes Vertrauen zu mir.

Ich habe Dir auf Deine Frage wegen des von Dir in Aussicht genommenen Ausgangs geantwortet – in einem Brief am Samstag abend. Es wäre besser, wenn Du am Freitag Ausgang bekommen könntest, denn die Ausstellung ist am Samstag geschlossen – und ich hätte gern, daß Du sie sehen kannst. Ich freue mich, daß wir beide zusammen in diesem Saal zwischen meinen Radierungen und unserem Buch[1] sein können, ich bin sicher, daß das Ganze Dich ein wenig beeindrucken wird, denn ich finde das im Grunde, ich muß es gestehen, ziemlich eindrucksvoll, es ist so selten, daß man in Paris einen so schönen Raum mit so vielen Radierungen sieht, und dazu, in der Mitte, einem so schönen Buch –

Die Meisen[2] sind zurückgekommen, das Weibchen brütet mutig seine neun Eier aus, geduldig, stolz, sein Auge ist immer schwarz und ein wenig ängstlich, wenn man die Tür aufmacht, wie auch sein Schnabel sehr spitz und angriffslustig ist. Immer dasselbe und doch jedes Jahr neu!

Bis Donnerstag, Paul, und dann bis Freitag hier, vielleicht. Ich umarme Dich, und ich danke Dir noch einmal

Gisèle

420

[Paris] Montag abend [25. 4. 1966]

Paul, ich kann Dir gar nicht sagen, mit welch einer Ergriffenheit ich das Gedicht »Schreib Dich nicht« und die Briefe, die ich heute abend von Dir bekommen habe, lese und immer wieder lese – Du nennst mich Dein Licht, Dein Licht und Dein Leben – Du siehst mich, Du erkennst mich –

Soviel Schmerz, eine so lange Trennung, ein schwieriger Weg in der Hoffnung auf eine neue Begegnung. Und jetzt öffnet sich die Bresche in der Mauer, die uns getrennt hat, öffnet sich

Ein lebendiger Schein entzündet Millionen Sterne, die jetzt leuchten. Millionen Sterne, die ich anschaue, die ich sehe. Eine ganze Welt, die neu entsteht. In Dir, in mir, von der unser Sohn wird leben können –

Das ist unglaublich schön.

Danke
Gisèle.

421

[Paris, 27. 4. 1966]

Weihe – initiation / gießen – verser / Guß – versement / Weihguß – »offrande liquide« / spenden – dispenser, faire don de / spalten – fendre / Abgott – idole, faux dieu / huldigen – rendre hommage

Ma Chérie, ein kleines Gedicht[1] und einige Wörter – ich hoffe, Du wirst es mögen.

Ich warte auf Dich, um auf Dich zu warten, um zu bleiben, um mit Dir zu leben, mit dem Sohn, und ... wenigen Leuten.

Bis morgen!

Paul

27. 4. 66

Weihgüsse, zur Nacht,
aus der Tiefe
lehmiger Hände gespendet.

Unter abgespaltenem Licht:
der für immer entstiegene,
flüchtig aufscheinende
Abgott,
dem ein Teil deiner selbst
huldigen kommt
in der Pause.

Endg. Fssg
An Gisèle: 27. 4. 66

422

[Paris], 27. April 1966

Ma Chérie,
 hier die gute Nachricht: Dr. D. hat mir für übermorgen, Freitag, eine »Ausgangserlaubnis« bewilligt.
 Sie werden mich also morgens abholen kommen, sagen wir gegen zehn Uhr (oder besser neun Uhr, wenn das nicht zu früh für Sie ist), und ich werde mit Ihnen und Eric den Tag verbringen, der gegen sechs Uhr, die Zeit des Abendessens, zu Ende gehen wird oder – ich muß mich erkundigen – gegen acht Uhr.
 Umarmen Sie Eric, ich umarme Sie.   Paul

P. S. Morgen, wenn Sie da sein werden, wirst Du bei Monsieur Duval[1] nach meinen Kleidern schauen müssen – ich selbst weiß nicht, ob ich Schuhe hier habe. – Das wird schnell getan sein.

423

Paris, Freitag abend
29. April 1966.

Ja, Paul, mon chéri, es war auch für mich ein wenig hart, daß Du heute abend wieder ins Krankenhaus zurückgehen mußtest, Du hast schon zu lange Monate hinter Dir, und wenn ich an Deiner Stelle die Wochen machen könnte, die noch bleiben, würde ich es sofort tun. Aber Dein Mut, Deine Ruhe, Deine Hoffnung und diese bereits so große Verbesserung ermutigen mich.

Wenn Du wüßtest, wie froh Eric gewesen ist, aber Du hast es gespürt, er war ganz aufgeregt, Dich wiederzusehen, und begeistert – er hat nur bedauert, daß er Dich nicht länger gesehen hat, und hat bedauert, daß Dein erster Ausgang nicht an einem Sonntag gewesen ist –

Gerade als ich zurückkam, hat Mayotte angerufen, sie wußte überhaupt nicht, daß Du heute kommen solltest, und hat es sehr bedauert, daß sie Dich verfehlt hat. Sie wäre so froh gewesen, wenn sie Dir hätte guten Tag sagen und ein wenig mit Dir plaudern können – Jean ist bereits in Berlin –

Morgen werde ich den Arzt aufsuchen, es ist wichtig, daß er auch durch mich weiß, daß es Dir besser geht – wichtig auch für mich, daß ich weiß, was sie vorhaben. Ich werde Dir selbstverständlich darüber berichten.

Du bist, Paul, leidgeprüft und gezeichnet, Du weißt es, durch alles, was Du erlebt und durchlebt hast, durch Deinen Schmerz, durch Dein Unglück, durch die Krankheit, die Dich nicht verschont hat. Leidgeprüft auch durch diese lange Trennung, durch diese Ausgrenzung von allem, leidgeprüft auch durch die Behandlung. Aber es geht Dir schon soviel besser, wenn man an die Zeit von vor sechs Monaten denkt. Jetzt wirst Du noch etwas Geduld brauchen, Mut, auch nicht die Hoffnung verlieren. Denn das alles läßt sich vielleicht nur langsam wiedererlangen. Aber Du hast Dich schon wieder an die Arbeit gemacht, Du hast geschrieben, nach und nach werden die Fortschritte weitergehen und sich festigen. Glaube auch, daß meine Hoffnung wirklich[1]

Du weißt, daß ich oft an Dich denke, oft, fast unaufhörlich –

Selbstverständlich werde ich am Donnerstag kommen, und wenn diese Kur beschwerlich ist, wenn Du willst, daß ich von Zeit zu Zeit eine Stunde mit Dir verbringe, bitte darum. Ich werde selbstverständlich kommen.

Ich umarme Dich, mon chéri, ich umarme Dich

Gisèle.

Ein so schöner Tag wie der heutige für Dich, für Eric, für mich: für uns drei. Denken wir an alle schönen Tage, die wir noch zusammenleben werden.

424

[Paris] Sonntag, 1. Mai 1966

Ma Chérie, es ist tiefster Sonntag – Montag läßt auf sich warten, vor allem wegen eines Irrtums, nämlich diesem: man hat heute die Medikamentenbehandlung nicht abgesetzt, wie das bei der Sakel-Kur[1] der Fall sein sollte. – Ich weiß also nicht, ob meine Kur morgen beginnt oder später.

Ich denke an diese Tiefe von uns beiden, von uns dreien – an die Träne[2], die sich so leicht löst, die uns vereint – im Hinblick auf welche Freuden? Es wird noch andere geben, bald. Für heute noch das Gedicht, das ich beilege: »Zerstörungen« (Dévastations)[3]...

Ich umarme Euch, Sie und Eric

Paul

Die Zerstörungen? – Nein, weniger
als das, mehr
als das.

Es sind die Versäumnisse
mit den schwatzenden Ringel-
tauben an ihrem Rand,

Blick und Aug, zusammengewachsen,
erklettern die Kanzel
über der weithin in Streifen
zerschnittenen Grafschaft,

Eine Sprache
gebiert sich selbst
mit jedem aus
den Automaten gespienen
Gedicht oder dessen
Teilen.

1. Mai 1966 / An Gisèle

425
[Paris] 1. Mai 1966

Paul, mon chéri,

Eric hat heute morgen Maiglöckchen verkauft, ist sogar mit zwei anderen Wölflingen heraufgekommen, aus Angst, daß ich ihn im Viertel nicht antreffe, und so schreibe ich Dir also an einem völlig ruhigen Sonntag mit dem schönen Flieder und den Maiglöckchen im Zimmer – Nachher werde ich zu den Lalandes gehen, um einen Kaffee zu trinken, dann Frau de la Motte am Bahnhof abholen. Ich habe ein Hotelzimmer[1] für sie bestellt, wie Du mir geraten hattest (an der Place de Mexico über dem Tabakladen). Ich finde das alles doch ziemlich rührend, daß sie trotz ihres Alters von so weit her kommt, um »Atemkristall« und die Radierungen[2] zu sehen. Natürlich ist es auch ein wenig »überzogen«, aber wir dürfen die Einsamkeit dieser armen Frau nicht vergessen, die im Grunde keine Familie mehr hat und ihr Elend seit langem mit sich herumschleppt. Ich habe im Augenblick zwar nicht allzuviel Geduld für die Leute, doch für so kurze Zeit werde ich ihre Gegenwart auf mich nehmen können.

Ein sehr netter Anruf von Elisabeth, die zuvor in der Ausstellung gewesen war, sagt mir, wie schön das Buch und auch die Radierungen sind[3]. Sie freut sich, daß Du zu Hause gewesen bist, daß Du jetzt der Rückkehr nahe bist.

Eric hat gerade 16 Punkte in seiner Deutscharbeit bekommen, das ist eine sehr gute Note, er denkt, daß er 5. ist, und das macht mir Freude, was ihn angeht, so ist er darüber entzückt. Das sind Aufmunterungen, die er braucht. Seit seiner Rückkehr aus dem Gebirge scheint er übrigens wieder einen guten Anlauf genommen zu haben. Ich bin froh, daß Du ihn in so guter Form gesehen hast, vor dieser Fahrt war er wirklich sehr sehr erschöpft –

Die Leute sind offenbar alle aufs Land gefahren, es herrscht so schönes Wetter, die Straße ist ruhig, und die Läden sind geschlossen wegen der Sonne, ich höre die Turteltauben, die gurren, nicht ein Auto, es ist wunderbar – Ich habe heute ein wenig am Portfolio gearbeitet, man müßte einen Titel dafür finden, oder wird das Gedicht auch den Titel für das Ganze abgeben[4]?

Nächste Woche gedenke ich, ins Atelier zurückzukehren, denn ich habe mehrere Radierungen in Arbeit.

Ich denke an Dich, ich denke viel an Dich, ich sehe Dich wieder hier im Haus mit Deinem Mut, Deiner Ruhe, Deiner Hoffnung. Ich hoffe, daß Moisville Dir im Juli helfen wird, Deine Kräfte wiederzufinden und auch ein besseres Aussehen.

Bis Donnerstag, Paul, mon chéri, ich umarme Sie

Gisèle.

426

78, Rue Longchamp
Paris 16ᵉ
2. Mai 1966

Mon chéri,
Meine Gedanken sind mit Dir, eine neue Behandlung, in die wir die Hoffnung setzen und die Deine Rückkehr zum wahren Leben näherbringt, beginnt heute morgen. Ich warte auf Nachrichten von Dir.
Frau de la Motte, begeistert von den Gedichten aus »Atemkristall«, hat nicht widerstehen können, es zu kaufen, sie wird es ganz langsam, monateweise, bezahlen. Sie weiß um Dein Wissen, um Deinen Schmerz, sie versteht viel, ohne daß man es ihr sagt. Sie hat zu mir gesagt: »›Atemkristall‹, das ist die Leidenschaft eines Mannes«, und sie hat gestern abend zu Hause ein jedes Gedicht mit einer solchen Inbrunst, einer solchen Ergriffenheit, einem solchen Respekt gelesen. Heute morgen haben wir uns die Ausstellung angesehen, ich glaube wirklich, daß sie meine Radierungen versteht und vor allem Deine Dichtung, zum großen Teil. Sie bleibt bis morgen um 2 Uhr und geht am Vormittag noch einmal ins Goethe-Institut. Auch sie, weißt Du, hat viel gelitten, die Krankheit hat sie nicht verschont, sie kommt von weit, von sehr weit her, aber sie hat wieder Mut geschöpft, und sie hält durch, trotz ihrer Einsamkeit. Deine Gedichte sind für sie eine ungeheure Wirklichkeit voller Leben und Hilfe. Sie lernt viel, wenn sie liest, was Du schreibst –
Ich habe ein paar Zeilen von Erich von Kahler erhalten, der erfahren hat, daß es Dir nicht allzu gutgeht, und der mich bittet, Dir zu sagen, daß er mit großer Zuneigung an Dich denkt und daß er Dir alle seine Wünsche zur Genesung schickt. Er erwartet voller Ungeduld »Atemkristall«, das er in Hamburg bei Saucke[1] bestellt hat –
Altmann, den ich heute morgen gesehen habe, war glücklich, daß Du ihn angerufen hast – Das Buch verkauft sich, verkauft sich gut, achtzehn Exemplare bereits. Bald wird er den Verkauf einstellen oder den Preis erhöhen, dessen bin ich sicher – Ich sehe, trotz seiner geringen Mitteilsamkeit, daß er sehr zufrieden ist und auch später

mit uns (nun ja, vor allem mit Dir) zu arbeiten hofft. Wir haben wieder über das Portfolio gesprochen, jetzt liegt es an mir, mich zu beeilen.

Vielleicht sucht er Hugues am Point Cardinal[2] auf, um ihm vorzuschlagen, sich die Ausstellung anzusehen und bei ihm zu erreichen, daß er der Depositar des in Arbeit befindlichen Portfolio[3] wird. Es wäre gut, wenn er akzeptieren würde –

Ich bin müde, müde und glaube, daß ich mich ein wenig hinlegen werde, bevor Eric kommt.

Bis Donnerstag, mon chéri, ich hoffe, vorher von Dir zu hören.

Ich umarme Dich
Gisèle

427

[Paris] Montag, 2. Mai 1966

Ma Chérie,
danke für Deinen schönen Brief.

Ich muß meinen Brief von gestern dementieren: meine Behandlung[1] hat tatsächlich heute begonnen.

Ich freue mich darauf, Sie am Donnerstag zu sehen, ich danke Dir, daß Du kommst.

Umarmen Sie Eric.
Ich umarme Dich   Paul

428

[Paris, 2. 5. 1966]

Herbeigewehte mit dem voll
ausgefächerten Strandhafer-Gruß,
ich werde nicht da sein,
wenn du das Rad der Beglückung schlägst, unterm Himmel,
das himmelnde Rad,
dem ich aus unausdenkbarer Ferne
in die Naben greif,
ein Einsamer, schreibend.

Endg. Fssg An Gisèle
2. Mai 1966[1]

Ich umarme Sie   Paul

429

[Paris] Montag, 2. Mai 66

Ma Chérie,
 Vier Zeilen[1], am Abend, hier sind sie, mit den
feuilles de tilleul faisant évanouissement, le gardant.
Le tout, pour les précipités vers le haut,
est un psaume, dans un bruit de métal.

Man muß den Mut haben, so kurze Gedichte zu akzeptieren.
 Ich umarme Sie
                                                         Paul
   Umarmen Sie unseren Sohn.

Vergessen Sie nicht, für Donnerstag: zwei leichte Unterhemden, ein leichter Schlafanzug, die Uniprix-Pantoffeln.

Lindenblättrige Ohnmacht, der
Hinaufgestürzten
klirrender
Psalm.
———
Endg. Fssg
2. Mai 1966

430

[Paris] 4. Mai 1966
Meine so tief verletzte Liebe,
   Meine unverwundbare Liebe,
   von ganzem Herzen spreche ich zu Ihnen, ich umgebe Sie mit Schweigewörtern, ich umschlinge Sie mit meinen Armen, ich vereine uns um unseren Sohn, wir sind da, alle drei
                                                         Paul

431

[Paris] Donnerstag, 5.¹ Mai 1966

Paul, mon chéri,

Ich habe es Dir gesagt, ich schreibe es Dir jetzt. Bewahre Dir Dein Vertrauen, Deinen Mut, Deine Hoffnung. Diese Insulinbehandlung wird einzig und allein zu dem Zweck durchgeführt, vor Deiner Entlassung Dein Gedächtnis anzuregen und Dir zu helfen, Dich zu konzentrieren, wie auch um die schon bei der vorhergehenden Kur² festgestellten Verbesserungen zu verlängern. Anschließend wirst Du in drei oder vier Wochen anfangen auszugehen, Dich wieder ans Leben zu gewöhnen, auch ganz allmählich an die Bewegung, an den ermüdenden Rhythmus, und dann werden wir nach Moisville fahren, wir werden zusammen Moisville wiederfinden, zuerst wir beide, in der Stille unseres Landsitzes, unseres Hauses, dann mit Eric.

Das wird nicht leicht sein, das kann nicht leicht sein, aber es wird uns gelingen. Du wirst vorsichtig sein, und ganz allmählich werden Deine Kräfte neu entstehen. Das wird der Augenblick für Dich sein, in der Ruhe die Manuskripte wieder vorzunehmen, sie in die Maschine zu tippen, sie zu organisieren³ –

Vielleicht wirst Du auch einige neue Gedichte von Eluard übersetzen können⁴. Und außerdem werden wir viel laufen, in den Wäldchen oder über die Straßen mit dem Getreide, dem Klatschmohn, den Kornblumen. Die großen Margeriten, die Du liebst, werden längs der Mauer blühen, es wird Rosen geben, Geranien, Gras, Vögel –

Vielleicht können wir im August, wenn Du nicht allzu erschöpft bist, zwei oder drei Tage in Amsterdam⁵ verbringen. Oder aber im September einige Tage mit Eric am Meer. Wir werden sehen, wie es Dir geht. Wenn es Dich nicht ermüdet. Vielleicht wird André du Bouchet im September mit seinen Kindern⁶ für ein Wochenende kommen können und die Lucas für einige Tage, wenn Du Lust dazu hast. Viele Projekte sind realisierbar. Du weißt es –

Komm, Paul, diese schlechte Nacht hat Dich entmutigt, und außerdem hast Du die Nase voll, und das kann man verstehen, die Kranken sind eine Heimsuchung, es ist mir klar geworden, und ich wußte es schon lange, bevor Du es mir gesagt hast. Morgen früh werde ich D. anrufen. Es ist wichtig, daß die Behandlung genau eingestellt ist, es gibt vielleicht einige Schwankungen, aber ich bin sicher, bereits heute abend wirst Du gut schlafen können.

  Bis Sonntag! Mut, mon chéri,
  ich liebe Sie und umarme Sie   Gisèle.

432

[Paris] Donnerstag, 5. Mai 1966

Mon chéri, ich bin heute abend fünf Minuten in der Ausstellung gewesen, um einen Blick ins Gästebuch zu werfen, und ich habe einige Namen[1] notiert: D., La Taille, Cioran, Sonntag, Minder, Tézenas und Jean Clerc (ein sehr braver Junge, den ich in Messuguière[2] kennengelernt habe, weißt Du, körperlich stark behindert, aus einem sehr einfachen Milieu, der sich um die fahrbaren Bibliotheken gekümmert hat). Madame Tézenas, ich finde es gut, daß sie gekommen ist, sie könnte etwas kaufen! Die La Tailles, es ist nett von ihnen, Sonntag auch und Minder, sie und er, das beweist immerhin, daß diese Germanisten auch den Dichter in Dir respektieren. D., sprich mit ihm darüber.

Ich werde meinen Brief morgen früh weiterschreiben, nachdem ich mit ihm telefoniert habe. Ich hoffe, daß Du bereits einen guten, ruhigen, erholsamen Schlaf schläfst und daß Du morgen wieder Deinen Mut gefunden haben wirst.

Freitag, 6. Mai 1966.

Es ist mir gerade gelungen, D. zu erreichen, der, wie ich denke, Dich im Laufe des Vormittags aufsuchen wird. Er hat mich sehr beruhigt. Nichts Beunruhigendes, mon chéri, in diesen unangenehmen Stunden, die Du verbracht hast. Die Behandlung wird im Hinblick auf die Reaktionen der letzten Tage überprüft werden, und alles wird gut verlaufen. Mach Dir also keine Gedanken, auch diese Prüfung wird ein Ende nehmen.

Mut. Mut und noch ein wenig Geduld.

Ich weiß, ich verstehe. Bis Sonntag

Gisèle

433

[Paris, 7. 5. 1966]

Ma Chérie,

Dein guter Brief – wie machst Du das?

Ich habe heute nacht ein wenig geschlafen, mit Chloral, dann mit Immenoctal[1]. Aber es war nicht ausreichend.

Dr. D., sehr nett, ist heute morgen vorbeigekommen, dann Co.

Ich werde heute Nacht Théralène[2] bekommen.

Du bist voller guter Pläne – ja, ich werde Deine Rosen sehen, Deine Margeriten. Unseren Sohn. Die Freunde.
Ich bin es ein wenig leid, aber ich werde standhalten.
Entschuldige meine Schrift.
D. ist in der Avenue d'Iéna[3] gewesen, er hat es Dir sicherlich gesagt. Sehr nett.
Aber wo sind meine Kräfte?
Ich liebe Dich von ganzem Herzen, mit Deinem Sohn

Paul

Komm am Sonntag.
Bring Briefmarken mit.

434

[Paris] Montag, 9. Mai 1966

Paul, mon chéri,
Ich hoffe, daß ich morgen früh einen Brief von Dir bekomme, der mir sagt, wie es Dir geht und ob Du gut geschlafen hast. Heute morgen haben wir im Goethe-Institut die Ausstellung wieder in einen Karton zurückgelegt, es war zwar ein wenig traurig, aber jetzt werden wir mit einer neuen Arbeit anfangen müssen, eine neue Ausstellung vorbereiten. Am Ende gab es im Gästebuch genauso viele Unterschriften wie für die vorhergehende Ausstellung, bei der sie zu dritt waren, wir dürfen uns nicht beklagen. Ich habe gesehen, daß schließlich, wahrscheinlich am letzten Tag, Yves Bonnefoy und auch Yolande[1] vorbeigekommen sind. Weißt Du, daß Fräulein Ezold, die Bibliothekarin, der ich gesagt hatte, sie solle sich eine Radierung aussuchen, eine weitere gekauft hat, und einer ihrer Freunde ebenfalls (30 000 Franken[2] also für mich). Der Direktor[3] ist gekommen und hat mir gesagt, daß er seine Direktion gebeten habe, ein Buch für seine Bibliothek zu kaufen, auch versucht habe, eins für das Goethe-Institut in Rom und eins für Brüssel zu bekommen. Hoffen wir, daß er es erreicht. Ich glaube, daß er wirklich zufrieden gewesen ist.
Viele Grüße von ihm.
Ezold hat »Kämpfender Atem« und »Seelen« gekauft und ihr Freund »Ohne Kompaß«[4] –
Hoffen wir, daß die Ausstellung in der Folge ihre Früchte trägt, denn vom materiellen Standpunkt aus ist es etwas dünn.

Ich werde am Donnerstag wiederkommen, dann am Sonntag, zweimal die Woche jetzt, bis Du wieder nach Hause kommst. Halte durch. Es ist das Ende dieser so schmerzhaften Periode, anschließend werden wir einen neuen Anfang entwerfen müssen.

Ich umarme Dich, Paul
Gisèle.

435

[Paris] Montag [9. Mai 1966]

Ma très aimée,
 ich habe vor mich hingedöst, es ist Nachtmittag, halb vier.
 Heute morgen die Spritze[1], die mich ein wenig matt gemacht hat. Morgen Erhöhung auf siebzig. Meine Hand etwas unsicher, wie Du siehst.
 Bring mir bitte Butter mit. Viel Kompott, viele süße Orangen.
 Ich höre auf. Ich umarme Dich, mit Eric

Paul

436

78, Rue de Longchamp
Paris 16e
12. Mai 1966.

Mein lieber Paul,
 Ich habe heute abend nicht wiederkommen können, um Dir das Paket zu bringen. Entschuldige bitte, aber es war unmöglich. Ich bin nach Hause gekommen, die drei Kinder[1], die sehr viel Spaß gehabt hatten, hatten eine große Unordnung angerichtet und ... hatten natürlich noch nicht mit den Schularbeiten begonnen. Trotz ihrer Versprechen! Ich habe also wieder Ordnung machen, die Kleinen auf den Weg bringen müssen, dann Weggang des Klempners und viel Dreck – Da das Mädchen, das ich in Messuguière[2] kennengelernt habe, zum Abendessen kommen sollte, mußte ich noch Einkäufe machen und das Abendessen vorbereiten. Ich werde also erst morgen früh kommen, aber schon in aller Frühe, bevor ich ins Atelier gehe. Ich hoffe, daß ich nicht zu spät ankomme und daß Du nicht allzu lange hungrig bleiben wirst.
 Engelhorn hat angerufen: ich werde morgen abend nach dem Abendessen »Atemkristall« bei ihm abgeben.

Du warst heute viel besser als vor acht Tagen. Mut und Geduld für diese letzten, ziemlich anstrengenden Behandlungstage. Aber Du hast das richtige Ende.
  Bis Sonntag, ich umarme Dich   Gisèle.

437

[Paris] Mittwoch, 18. Mai 1966

Heute ist Ruhetag, wenig Insulin[1], und ich ergreife, ein wenig spät, ich weiß, die Feder, um Ihnen zu sagen, daß ich an Sie denke, an alles, was Sie sind, an alles, was Sie machen.
  Gestern Streik- und Ferientag – sicherlich haben Sie das Haus wiedergefunden, Meisen, Rosen und Margeriten, die ruhige, stabile Gegenwart unseres Hauses. Ich mache mit Ihnen einen Gang ums Haus, und ich sehe die Bäume, das Geißblatt, das nüchterne, elegante Innere.
  Morgen werden Sie wieder kommen, und wir werden über die Zukunft reden. Ich erwarte Sie und umarme Sie, mit Eric.

                                                  Paul

438

                               78, Rue de Longchamp
                                          Paris 16^e
                         [Paris] Donnerstag [19.? 5. 1966]

Paul, mon chéri, Ich habe, wie ausgemacht, Eric und Jean-Pierre zu Hause vorgefunden, sie waren gerade vom Trocadero zurückgekommen, wo sie herumgelaufen waren, sich Eis und Bonbons gekauft hatten, und sehr zufrieden und sehr ruhig bauten sie, ich weiß nicht was, mit ihrem unerschöpflichen Lego. Wir haben die deutschen Vergangenheitsformen gründlich wiederholt. Erics Akzent ist besser geworden, und seine Kenntnisse sind besser verarbeitet als bei Jean-Pierre. Ich muß dazu sagen, daß wir oft zusammen üben und daß er ebenso wie ich großen Wert darauf legt, daß Deutsch eines seiner starken Fächer ist, es ist sicher, daß Deutsch lernen für Eric einen anderen Stellenwert hat als für ein anderes Kind.
  Ich war froh froh, Dich in so guter Verfassung zu finden, und ich freue mich über die Fortschritte Deines Gedächtnisses, es ist übri-

gens wichtig, es wieder ein wenig arbeiten zu lassen, um es zu bewahren. Du bist wieder vollauf im Neubeginn, und ich erwarte viel von diesen Monaten in Moisville, um Dich wieder völlig in Form zu bringen. So viele Dinge, so viele neue Projekte zu realisieren. Lesen, arbeiten, schreiben, übersetzen, spazierengehen, laufen, Tennis, Badminton, Garten, wir haben zweieinhalb Monate, die wir dort verbringen werden in diesem Haus, das Du liebtest, das Du von neuem lieben wirst. Ich freue mich darauf. Ich hoffe, daß es mir gelingen wird, Deinem Rhythmus zu folgen, daß ich neue Radierungen machen und die Fahrten nach Paris dazu nutzen kann, um zu Lacourière zu gehen. Auch lesen würde ich gern. Vielleicht wirst Du wieder damit anfangen, mir vorzulesen –

Die Bourboulons und die Veyracs sind heute abend alle sehr brav gewesen, mit Wünschen für Dich und Freude darüber, Dich kurz vor der Entlassung zu wissen.

Tophoven war sehr gerührt und ergriffen, als ich ihm einen Gruß von Dir ausrichtete und ihm sagte, es sei Dein Wunsch, daß sie wieder nach Moisville kämen. Gerührt auch, daß Du ihn um Bücher bittest. Er hat nicht »Der Monat«[1], wollte die Ausgaben aber kaufen gehen. Ich habe ihm gesagt, daß ich mich um den Walser[2] kümmern werde, er hat nur eins: ein sehr dickes Buch, wie er mir sagt, er wird über andere Romane nachdenken – Sie fahren morgen beide nach Mainz und bleiben bis Dienstag, ich werde sie anschließend sehen, bevor ich am Donnerstag komme –

Ich habe wieder in Maria Banuşs[3] Hotel angerufen: sie sind bis Montag abwesend – Ich habe ihr also ein paar Zeilen geschrieben, werde versuchen, sie am Montag morgen zu erreichen, ich habe sie gebeten, sie solle versuchen, mich ebenfalls zu erreichen –

Jeder Tag, der vergeht, ist ein Tag auf Deine Rückkehr zu, jedesmal, wenn ich komme, stelle ich einen neuen Schritt nach vorne fest.

Du bist Dir ebenfalls Deiner Fortschritte bewußt – Dir bewußt, Dich wiederzufinden, daß es Dir besser geht – daß Du einem noch größeren Besser entgegen gehst – Das alles ist sehr kostbar –

Selbst wenn Du regelmäßig einen Arzt aufsuchen mußt, selbst wenn Du einige Medikamente einnehmen mußt, Du wirst jetzt standhalten. Du wirst alles hierzu tun – Für Dich, für Eric und für mich –

Neue Gedichte – neue Gedichtbände – Radierungen – gemeinsame Bücher erwarten uns, benötigen uns wie auch und vor allem Eric, der heranwächst, der wird.

Komm, allen dreien gehen wir entgegen.
Bis Donnerstag

Gisèle.

Danke, daß Du nicht allzu traurig gewesen bist wegen des Grases und des Maulbeerbaums[4]! Mich hatte es ein wenig bekümmert und empört, und ich hatte Angst, daß es Dich ebenfalls trifft. Das ermutigt mich dazu, neu anzupflanzen, neu einzusäen, neu zu begießen, wenn nötig.

439

[Paris] Freitag [20. 5. 1966]

Ein paar Zeilen heute abend, bevor ich zu Bett gehe, mon chéri, um Ihnen eine gute Nacht zu wünschen.

Ein wenig entmutigt durch meine Radierungen, die keine Antwort geben, es sind eher die Kupfer, die keine Antwort geben, die nicht zustimmen, die mir verschlossen bleiben und im Augenblick nichts von mir wollen. Falls nicht ich es bin, die sie im Augenblick nicht zu finden vermag – Auf jeden Fall ergibt sich kein Dialog Kupfer/Gisèle, und ich habe Mühe, Mühe. Du weißt, wie hart das ist. Um so mehr, als ich Stunden damit zubringe, und ich, mit dem Haus, mit Eric, mit ich weiß nicht was alles, mir bleibt eben wenig Zeit, Mühe habe, diese Stunden zu finden.

Morgen fahre ich nach Moisville. Ich habe heute soviel gearbeitet, von 10 Uhr bis 5 Uhr mit nur zehnminütiger Unterbrechung für einen Kaffee, ein belegtes Brot! Aber nichts, nichts! Morgen nehme ich weder Kupfer noch Papier mit. Ich werde schlafen und den Garten ein wenig für Dein Kommen herrichten. Wenn ich doch den Feigenbaum[1] wieder zusammenkleben und aus dem Gras herausbringen könnte!

Hartes Leben, hartes Leben, zu oft, zu lange. Zuweilen belastet es so schwer. Eines Tages werde ich mich vielleicht von neuem auf Deiner Ruhe und Deiner Kraft ausruhen können. Darauf warte ich. Du wirst mir das jetzt geben. Nicht wahr?

Einige schöne Jahre der Ruhe. Lange Jahre der Ruhe! Die Gräser sehen, die Blätter, mit Dir betrachten –

Ach ja! Das wird uns von neuem gelingen, nicht wahr. Erinnerst Du Dich noch an einen Winter, auf dem Balkon in der Rue de Longchamp, Du hattest mich gerufen, damit ich mit Dir den ersten Schnee des Jahres[2] betrachte! Vor dem ersten Schnee des Jahres wirst Du mich rufen, um mit Dir zu schauen.

Ich umarme Dich
Gisèle.

440

[Paris] Sonntag, 22. Mai 1966

Mon aimée,

es ist Sonntag nachmittag, fast fünf Uhr, Sie sind in Moisville, mit Eric, sicherlich draußen, vor dem Haus, in einem Liegestuhl, und Sie lassen die Augen über die efeubewachsene Mauer schweifen, inspizieren mit dem Blick die Pfingstrosen, die ihr Pfingsten[1] schon vorweggenommen haben, pflanzen bereits den Maulbeerbaum[2] neu und, vielleicht, einige andere Bäume. Eric ist in Ihrer Nähe, und Sie verbringen einen guten Sonntag.

Hier ist es schwül, die Besuche zahlreich, ich immer noch ein wenig enttäuscht, daß ich gestern keinen Brief bekommen habe. (Aber wahrscheinlich werde ich morgen einen bekommen.)

Die Behandlung[3] geht problemlos ihren Lauf – außer für meinen Nachbarn, der gestern ziemlich spektakuläre Krämpfe bekommen hat, ganz am Anfang, so daß man ihn sofort wieder gezuckert hat, aber leider nicht verhindern konnte, daß der Ärmste sich in die Zunge biß. Genau genommen bin ich erst bei meiner sechzehnten Spritze (oder »Piquouse«[4], wie sie hier sagen), und wegen Pfingsten werde ich noch ein gutes Stück vom Monat Juni zu knabbern haben. Aber ich werde Geduld haben.

Ich habe an die Bücher und Zeitschriften gedacht (Walser und »Monat«[5]), um die ich Sie gebeten habe, und sicherlich ist es ein wenig kompliziert für Sie, sie sich zu besorgen. Daher habe ich eine andere Idee, die einfacher zu verwirklichen und von einem in der »NRF«[6] gelesenen Artikel inspiriert ist. Bringen Sie mir Balzacs »La Peau de Chagrin« in deutscher Übersetzung. Sie werden das Buch im Dienstmädchenzimmer finden – nehmen Sie den letzten Band heraus (den zehnten, glaube ich), in dem Sie das gesamte Inhaltsverzeichnis finden werden, in dem aufgelistet ist, in welchem Band die einzelnen Romane jeweils stehen – der Roman heißt auf deutsch »Das Chagrinleder«[7]. Dann nehmen Sie unter den letzten Bänden einen zweiten, aufs Geratewohl, und bringen mir beide.

Offen gestanden bleibt mir noch ein großes Stück vom »Bauch von Paris«[8], aber ich finde die Wurstwaren, Gänseleberpasten, Sülzen, Schweinekoteletts mit Gurken usw. usw. darin allzu reichlich. – Vielleicht suchen Sie mir als zweiten Balzac einen Band mit kürzeren Erzählungen aus[9].

Pflegen Sie sich, essen Sie etwas mehr, Gemüse, Obst. Arbeiten Sie gut und halten Sie Eric zum Lernen an. Bis Donnerstag.

Ich umarme Sie von ganzem Herzen mit Eric

Paul

Ich brauche zwei saubere Unterhosen, auch einen Schlafanzug.

Bringen Sie mir Zeitungen, darunter den »Figaro littéraire« und die »Quinzaine littéraire«[10].

441

[Paris] Montag, 23. Mai [1966], zwei Uhr

Ma Chérie,

die Freude, heute morgen, als um halb elf Ihre beiden Briefe angekommen sind, der vom Donnerstag und der vom Freitag. Es war noch meine Insulin-»Sitzung«, sie ging ihrem Ende entgegen, und ich habe in aller Ruhe lesen können, was Sie mir schrieben.

Machen Sie sich keine Sorgen wegen Ihrer Zwiegespräche mit dem Kupfer: nichts daran kann in Frage gestellt werden, das ist zu fest verankert, das ist eine echte Verwurzelung, eine Notwendigkeit ebenso im Hinblick auf die Materie wie auf den Geist. Außerdem denke ich, wenn ich da wäre, würde es mir ziemlich schnell gelingen, Ihnen zu beweisen, daß das, was für Sie eine Infragestellung ist, sicherlich zu einem großen Teil auch Verwirklichung auf einem noch unbekannten Gebiet ist.

Sobald ich da bin, und das wird, wie ich hoffe, bald sein, will ich versuchen, so zu sein, wie Sie es wünschen. (Eine einzige Schwierigkeit wahrscheinlich: die Zähne, aber auch das werde ich zu überwinden versuchen.)

Ich bin so froh über Erics Erfolge, trotz aller Unwetter, die er sicherlich mitbekommen hat. Aber er hat mich als arbeitsam und stark gekannt, er sieht Sie arbeiten, handeln, er spürt Ihre große Gegenwart, er weiß, daß nichts uns auseinanderzubringen vermag, er hat dadurch schließlich, auch mit all dem, was es darin an Erschütterungen gibt, eine, wie ich glaube, ziemlich klare Vorstellung von un-

serer Liebe, die ihn einschließt und ihn hält und ihn immer halten wird.
Danke für den Vorstoß bei Top[1]. Wenn es nicht allzu kompliziert ist, bringen Sie mir am Donnerstag den dicken Schmöker von Walser. Und die beiden Balzacs, von denen ich Ihnen gestern gesprochen habe.
Von ganzem Herzen umarme ich Sie. Umarmen Sie
    Eric von mir.   Paul

Ich habe bald keine Briefmarken mehr – bringen Sie mir welche mit, sowie ein paar Umschläge. – Schöne Grüße an die Bourboulons und Veyracs.

442

[Paris] Dienstag, 24. Mai 1966
Ma Chérie,
Dienstag – noch zwei Tage vor Ihrem Besuch.
Es ist zwei Uhr, ich bin auf meinem Zimmer, mein Nachbar läßt sein Transistorgerät laufen, es ist mehr oder weniger ein »Beatle«-Programm, die beiden andern, auf ihren Betten liegend, schlafen trotz des Lärms.
Meine Behandlung[1] heute morgen ist ganz normal verlaufen – gegen halb elf, nach Dösen und Schwitzen, und diesmal nicht von »Irrereden« begleitet – ich zitiere den Bericht des Krankenpflegers, Monsieur Mann (wie Thomas) –, bin ich wieder gezuckert worden und war wieder auf den Beinen. Bei meinem Nachbarn hat es länger gedauert, und es war wieder ziemlich schlimm anzusehen. Er bekommt die »komatöse Schockbehandlung«, während es bei mir die »feuchte Schockbehandlung« ist. (Ich lerne, wie Du siehst.) Man hat ihn mit einer intravenösen Spritze gezuckert, um ihn ins »Paradies« zurückzubringen. (Sorry for this cruel language.)
Ma Chérie, ich warte auf den Donnerstag. Ich entschuldige mich dafür, daß ich wieder einmal etwas anspruchsvoll bin, aber ich brauche folgendes: 1 Schlafanzug, 3 Unterhosen, 3 Paar Socken, ein Unterhemd, Kölnisch Wasser »Florilège«, Panthène[2]. Danke, daß Sie das übernehmen wollen.
Ich schaue Sie an, Sie und unseren Sohn, bald ist Ihr Festtag[3], ich vergesse ihn nicht, ich umarme Sie
                                                            Paul
Bringen Sie mir bitte auch Umschläge mit.

443

[Paris] Donnerstag, 26. Mai 1966

Mon Aimée,

diesen Brief, kurz nach Ihrem Weggang von hier geschrieben, um Ihnen, Ihnen und unserem Sohn – sowie seinem Gast – an diesem Pfingstwochenende einen schönen Aufenthalt zu wünschen.

»Wenn das Denken den Pfingstweg heraufkommt« – »Quand la pensée remonte le chemin pentecôtier«, habe ich, vor zwei Jahren, glaube ich, angesichts der in der Kanne in Mengen versammelten Pfingstrosen[1] geschrieben. Nun, das Denken kommt wieder herauf – für uns alle, es geht mit diesen Zeilen zu den Meisen hinüber, es geht rund um den Garten, es wird, vor dem Tor der Drei Birken, zurückgerufen, um sich an den vierzig Knospen der Kletterrosen zu orientieren[2].

Euch beiden, Euch allen[3], guten Aufenthalt.

Ich umarme Sie

Paul

Danke für alles, was Sie tun.

444

[Paris] Donnerstag[1], 26. Mai 1966

Paul, mon chéri, Jedesmal, wenn ich komme, geht es Dir besser, und ich freue mich darüber, wie Du Dir denken kannst. Nachdem ich Dich verlassen hatte, habe ich Mademoiselle Arietta wegen der Krankenhausbescheinigung für die École aufgesucht, sie ist sehr nett und hilfsbereit und wird sich direkt mit Moret in Verbindung setzen, wie sie es schon einmal getan hat, es ist in der Tat unbedingt notwendig, daß Du für die Ferienmonate nicht aus der Sécurité Sociale ausgeschlossen wirst, was ein ganz kleines Problem deswegen aufwirft, als Du bis dahin den Unterricht in der École noch nicht aufgenommen haben wirst, andererseits aber auch nicht mehr im Krankenhaus bist. Doch sie weiß in diesen Fragen so gut Bescheid, daß sie eine Lösung finden wird. Vielleicht wird sie oder auch D. mit Dir darüber sprechen, denn es ist immerhin möglich, daß Du im Juni einmal an die École mußt, wie ich Dir sagte, was sie für unvermeidlich hält, um nicht diese unbedingt notwendige gesetzliche Krankenversicherung zu verlieren.

Sie hat mir gesagt, Du hättest Dich derart verändert und sie sähe allein schon an Deinem Gesicht, daß es Dir viel besser geht. Monsieur Duval[2] hat mir das ebenfalls gesagt, und beide haben mir gesagt, daß das Insulin für Dich ein voller Erfolg war. Diese Kur zu ertragen ist ebenfalls ein Zeichen dafür, daß es Dir gut bekommt; hingegen habe ich den Eindruck gehabt, daß die Reaktionen Deines Nachbarn sie nicht allzusehr erfreuen.

Als ich nach Hause kam, habe ich Eric mutig mit seinem Latein-Wortschatz beschäftigt gefunden, und ich habe ihm zwei gute Stunden geholfen, dann sind wir uns »La ligne de démarcation«[3] ansehen gegangen. Es ist ein sehr schöner Film, und ich bin froh, daß ich ihn mitgenommen habe. Er dankt Dir für diese gute Idee. Das hat ihn begeistert, natürlich ein wenig wie ein Abenteuerfilm, aber wir haben hinterher darüber gesprochen, und er hat viel verstanden.

Morgen werde ich ins Atelier gehen mit der neuen, im Entstehen begriffenen Radierung, die ich zu etwas Neuem zu bringen hoffe, sie ist noch etwas geheimnisvoll für mich, ich bin weder ganz sicher, noch weiß ich so recht, wohin sie mich zieht, aber ich hoffe. Im Augenblick ist sie es, die entscheidet, und ich folge ihr ein wenig schüchtern. Es ist trotzdem seltsam: es gibt Augenblicke, da weiß man ganz genau, was man sagen will, und es gelingt einem, es auszudrücken, und dann gibt es wieder andere, da glaubt man zu wissen, aber es kommt nichts, und dann, selten allerdings, da weiß man es nicht so genau, und es kommt trotzdem. Manchmal braucht man doch eine gute Dosis Demut, um trotz allem weiterzumachen, wenn die Anstrengungen und Ausdauer zu nichts führen, aber was für eine Freude auch, wenn ganz von allein etwas von einem selber fast trotz einem selber durchkommt, ja, man braucht Demut oder in jedem Fall eine innere Einstellung des Offenseins für das Unbekannte in sich, das wahrscheinlich achtgibt – Dieser Wunsch nach Selbsterkenntnis und einer Vertiefung der Menschenkenntnis, ich glaube, daß eine Arbeit wie die meine mir dabei hilft. Die Dichtung geht mit Sicherheit sehr viel weiter, aber durch die Radierung, ohne sie indes zu erreichen, ist sie mir manchmal vielleicht nicht fremd. Ich weiß nicht, ob Du verstehst, was ich sagen will. Ich empfinde es, doch ich drücke es sicherlich schlecht aus.

Ich wünsche Dir eine gute Nacht, ruhig und erholsam,
und ich umarme Dich, mon chéri

Gisèle.

Ich schicke Dir einen Briefentwurf für Walter mit, schicke ihn mir mit Deinen Korrekturen zurück, denn ich weiß nicht, ob er gut ist[4]. Ich werde ihn abschreiben, sobald Du ihn mir zurückgeschickt hast. Danke.

445

[Paris] Freitag, 27. Mai [1966], vier Uhr

Ma Chérie,

werden Sie diese Zeilen morgen, Samstag, vor Ihrer Abreise erhalten? In diesem Fall wünschen sie Ihnen zuallererst eine gute Reise und einen guten Aufenthalt. Oder aber Sie werden sie bei Ihrer Rückkehr am Dienstag vorfinden – dann eine gute Rückkehr in unser Pariser Haus!

Ich habe wieder an Morets Anruf und an seinen Vorschlag gedacht, im Juni einen Kurs zu halten. Man darf sich die Gelegenheit nicht entgehen lassen, und außerdem ist die Sache, denke ich jedenfalls, ganz und gar machbar, zwischen dem zehnten und dem zwanzigsten Juni zum Beispiel, da meine Insulinbehandlung in etwa zwölf Tagen abgeschlossen sein soll und der Arzt Ihnen etwas von *Ausgangserlaubnis* vor meiner endgültigen Rückkehr gesagt hat. Ich werde während eines solchen Ausgangs *sehr gut eine französisch-deutsche Übersetzungsübung halten können*[1], das ist, ich weiß es, ganz und gar machbar, vorausgesetzt, man gewährt mir zwei Tage, einen Nachmittag, um meinen Kurs vorzubereiten, und dann den nächsten Morgen für die Rue d'Ulm; am Abend des zweiten Tages würde ich in die Klinik zurückkehren. Rufen Sie doch Dr. D. an und reden Sie mit ihm. Anschließend kann man mit Moret und Tophoven und im Einverständnis mit den Studenten das Datum des Kurses festsetzen. Am besten wird es sein, Sie *schreiben* Dr. D.

Ich habe etwa hundert Seiten von Walsers Buch[2] gelesen: es ist von großer Meisterschaft, zu groß für die Geschichte eines Handelsreisenden, es ist garniert mit Bürgern, und es ist von großer Nutzlosigkeit, einschließlich des – künstlichen – Knirschens. Walser gehört zu Deutschlands bestem Feder-Vieh und ist, mit Enzensberger, einer der Grundpfeiler des Suhrkamp Verlags. Ich habe auch drei kleine Erzählungen Balzacs[3] lesen können.

Warten Sie noch mit dem Brief an Otto Walter: ich werde ihm ein paar Zeilen schreiben, und am Donnerstag nehmen Sie sie mit, um sie einzuwerfen.

Ich umarme Sie, Sie und unseren Sohn,
nous maintiendrons[4]   Paul

446

78, Rue Longchamp
Paris 16ᵉ
Freitag abend [27. 5. 1966]

Mon chéri, von zehn Uhr heute morgen bis um sieben Uhr heute abend habe ich mich mit dem Kupfer unterhalten, drei Platten sind bereits gut gestartet, glaube ich. Es war ein wenig hektisch dort oben[1], viel Betrieb, aber jeder arbeitete ernsthaft, und die Atmosphäre war gut.

Von meinem Tisch zur Säurewanne, vom Firnis zur Druckerpresse habe ich unaufhörlich gearbeitet.

Ich habe Eric erst nach dem Judo abgeholt. Er ist froh, daß ich arbeite und interessiert sich dafür, stolz auch, wenn ich auf ihn zählen kann und ich bei meiner Rückkehr seine Arbeit getan und gut getan vorfinde.

Er schläft jetzt ruhig nebenan. Und ich habe noch ein wenig gezeichnet, und bevor ich Dir schreibe, habe ich ein Blatt Papier mit kleinen Quadraten gefüllt, das ich Dir schicke[2]. Es ist nichts Großes, ich weiß, aber es hat mit einer der Radierungen zu tun, die ich heute gemacht habe[3]. Oh, es hat nur ganz entfernt damit zu tun, außerdem haben Füller und Papier nichts mit der Druckerschwärze auf dem mit Säure behandelten Kupfer zu tun.

Aber ich bin müde, ein Bad, und ich gehe zu Bett. Morgen fahre ich unserem Haus in Moisville entgegen. Ich hoffe nach der Arbeit im Garten auf schöne, ruhige Abende. Du weißt, daß es oft so ist, nach dem Wind und den Wolken tagsüber kommt die große Ruhe mit der Durchsichtigkeit der Luft, die mir dort so teuer ist, am Abend und diesem Licht, das nur von Ruhe schwer ist.

Bald werden wir das gemeinsam sehen, gemeinsam werden wir es wissen, gemeinsam werden wir es erleben.

Eric hat einen Anruf von Henri Michaux bekommen. Aber ich habe ihn nach meiner Rückkehr nicht erreichen können. Ich werde es morgen früh wieder versuchen. Seit sechs Monaten erkundigt er sich so treu nach Dir!

Gute Nacht auch für Dich. Ich denke an Dich.
Ich umarme Dich

Gisèle.

1 Gisèle und Paul Celan am Tag ihrer Hochzeit in Paris am 23. 12. 1952.

2 Widmung von »Der Sand aus den Urnen« vom 31. 12. 1951 für Gisèle de Lestrange, mit einer ins Buch eingelegten getrockneten Blume.

3 Rindenstücke von einer Platane, von Paul Celan in seiner Schreibtischschublade aufbewahrt.

Pour Maïa, pour ses yeux
où ces vers étaient et
restent inscrits
Pour vous, mon âme et ma vie –
pour que vous les ouvriez
sous notre lampe, près de notre
fils – Pour ce 19 mars 1959
Paul

4 Widmung von »Sprachgitter« für Gisèle Celan vom 19. 3. 1959, mit einem getrockneten vierblättrigen Kleeblatt.

5 Paul Celan, Brief 145 vom 30. 9. 1962 mit einer getrockneten Herbstzeitlosen und einem Automatenfoto (blauschwarze Tinte, 21×27).

6 a-c Gisèle Celan, Brief 214 vom 15. 4. 1965 mit dem dazugehörigen Umschlag; auf der Umschlagrückseite die Erstfassung des Gedichts von Paul Celan: »Pau, nachts« (blaue Tinte und Bleistift, 14,4×11,4).

Monsieur Paul Celan
45 rue de Longchamp
Paris 16ᵉ

7 Paul Celan und sein Sohn Eric in Innsbruck, Sommer 1959.

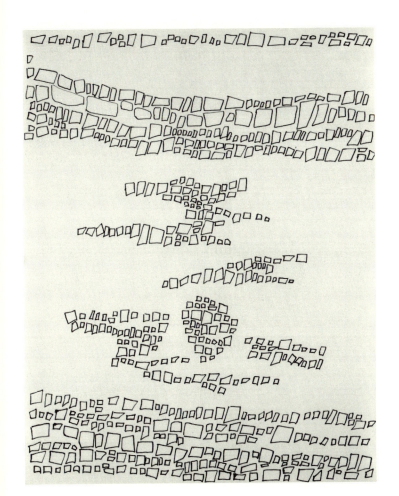

8 Gisèle Celan-Lestrange: Skizze für eine Radierung, Beilage zu Brief 446 vom 27. 5. 1966 (Tinte, 27×21).

9 Gisèle Celan-Lestrange: »Schlafbrocken«, Radierung (7×9,5), Beilage zu Brief 449 vom 2. 6. 1966.

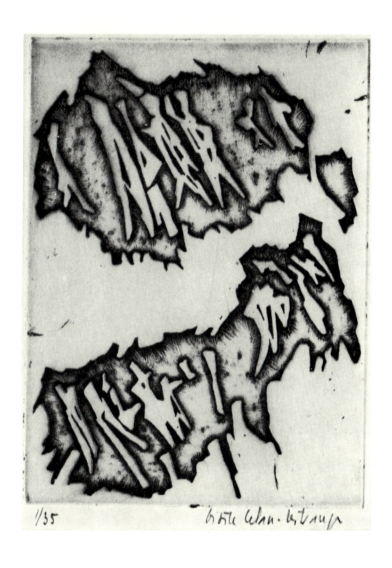

10 Gisèle Celan-Lestrange: »Fin d'année 12. 1966 – Jahresende 12. 1966«, Radierung (12×9), Beilage zu Brief 466, wohl vom 24. 12. 1966.

11 a,b Gisèle Celan-Lestrange: zwei Radierungen (o. T., je 10,5×8), Beilage zu Brief 583 vom 23. 11. 1967.

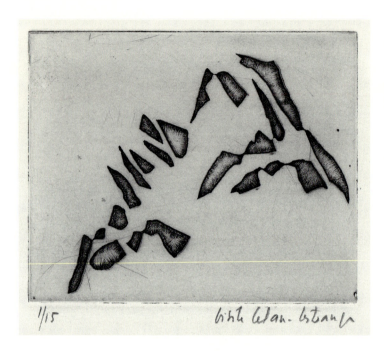

12 a,b Gisèle Celan-Lestrange: zwei Radierungen (o. T., 12×9 und 8,5×10,5), Beilage zu Brief 592, wohl vom 24. 12. 1967.

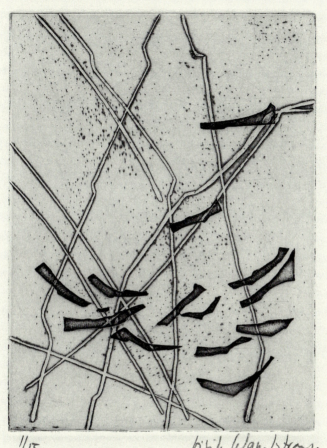

13 Gisèle Celan-Lestrange: Radierung (o. T., 8,5×10,5), Beilage zu Brief 593 vom 28. 12. 1967.

14 Gisèle Celan-Lestrange: Radierung (o.T., 10,5×8,5), Beilage zu Brief 631 vom 23. 12. 1968.

15 a,b Gisèle Celan-Lestrange: Gouache (schwarz, grau, blau, weiß, o. T., 17×23,2), Paris, Ende März 1969.

Gehässige Monde
rükeln sich seifend
hinter dem Nichts,

die sach-
kundige Hoffnung,
knipst sich aus,

Blaulicht jetzt Blaulicht
in Tüten,

Elend, in Kopfstein-
Trögen flambiert,

ein Würfsteinspiel
rettet die Sinnen,

Du sollst die Altäre
zeiteinwärts.

Paul Celan: Gehässige Monde (Abschrift von der Hand von Gisèle Celan-Lestrange, blaue Tinte).

16 Gisèle Celan-Lestrange: Radierung (o.T., 1969, 20×12), Beilage zu Brief 666 vom 25. 12. 1969.

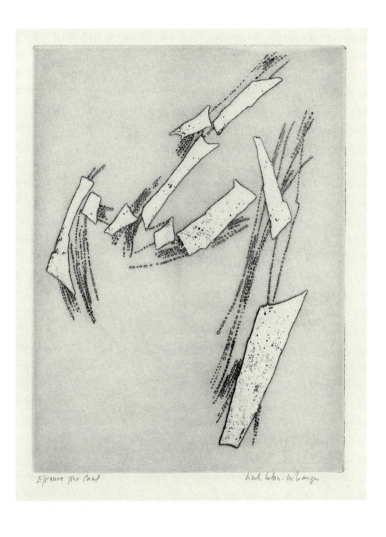

17 a,b Gisèle Celan-Lestrange: zwei Radierungen (o.T., je 22,5 ×17), Beilage zu Brief 667, wohl vom 31. 12. 1969.

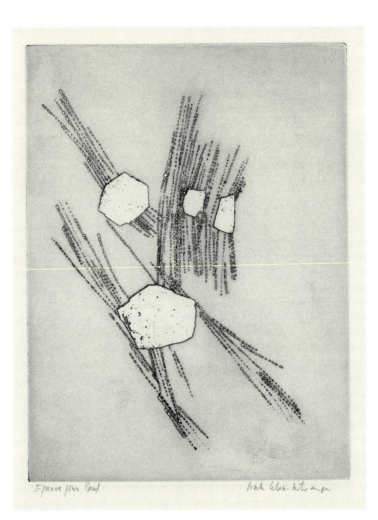

18 a,b Paul Celan: Jad va-Schem, Brief 677 (Vorder- und Rückseite).

447

[Paris] Samstag, 28. Mai [1966], zwei Uhr

Ma Chérie,

danke für Ihren Brief vom Freitag – ich bin sehr froh, daß wir gleichzeitig dieselbe Idee gehabt haben, was die in der Rue d'Ulm abzuhaltenden Kurse angeht. Wenn meine Kur[1] in etwa zehn Tagen abgeschlossen ist, werde ich, wer weiß, vor meiner endgültigen Entlassung noch ein paar Mal Ausgang im Juni bekommen und zwei bis drei Kurse halten können – was uns finanziell gut zupaß käme. Ich werde es sicherlich können, aber es muß vor der Veröffentlichung der Ergebnisse der schriftlichen Prüfung für die Agrégation stattfinden.

Ich habe angefangen, mir einige Notizen für das Gedicht zu machen, das Ihre Radierungen[2] begleiten soll. Es ist im Augenblick eine zwar noch ziemlich ungenaue, aber doch gegenwärtige Vorstellung. Aber vielleicht sehen Sie sich die Gedichte des zweiten Bandes an – der nach »Atemgänge« – und suchen dort ein Gedicht aus, das Ihnen gefällt[3].

Ich habe dem für Walter bestimmten Brief, der sehr gut ist, einige Sätze hinzugefügt. Behalten Sie den Entwurf als Kopie und schreiben Sie einen neuen Brief, mit dem vollständigen Text[4]. Danke für alles.

Ich umarme Sie, mit Eric

Paul

448

[Moisville] Sonntag abend [29. 5. 1966]

Mon chéri, Bei meiner Ankunft waren die Vögel bereits aus dem Nest geflogen, und der Platz war frei für den ersten Brief[1]. Es war der Ihre, der mich so gut empfangen hat. Ein großes Dankeschön für die Freude, die mir das gemacht hat.

Viel Wind, und das von der eisigen Art. Die Geranien haben gelitten, es war Nordwind, der, der die Wolken wegfegt und einen sehr blauen Himmel macht, der aber so kalt ist, daß er meinen Mut lähmte, im Garten zu arbeiten.

Eric und Sabine haben zwei sehr schöne Tage verbracht. Heute abend haben wir am Kaminfeuer gesungen. Eric macht Fortschritte und singt richtig. Sabine ist schlimm!

Das Gras wächst wieder, die ersten Rosen sind da, die letzten

Pfingstrosen in der Kanne, einige Schwertlilien noch – Auch Lupinen und die ersten großen Margeriten.

Maulwürfe, Maulwürfe, aber das Gras wächst wieder, und das wird bei Deinem Kommen nicht mehr zu sehen sein –

Die große Arbeit mit dem kleinen Moos vor dem Haus geht zu Ende, hoffentlich bleibt es so sauber bis zu Deiner Ankunft –

Der Wind hat heute abend ein wenig nachgelassen, und es war ruhig. Ich liebe das –

Morgen werden wir zu den Veyracs gehen, um Mah-jong spielen zu lernen. Ich denke, das wird im Sommer die tausend Grenzsteine[2] ersetzen, und ... das auf vorteilhafte Weise.

Am Dienstag eine Platte im Atelier zu Ende zu bringen. Ich hoffe, am Mittwoch viele Abzüge zu Hause machen zu können – Auch einen Termin mit Altmann auszumachen –

Ich umarme Dich, mon chéri

Gisèle.

449

[Paris] Donnerstag abend [2. 6. 1966]

Mon chéri, Ich verstehe, daß der Tag sehr ermüdend und anstrengend für Dich gewesen ist. Aber halte bitte aus, denn es ist wirklich das Ende dieser langen Prüfungen. Ich habe Mademoiselle Arietta aufgesucht, sie hatte bereits mit Dr. D. über die Wiederaufnahme der Kurse gesprochen, sie steht mit Moret in telefonischer Verbindung. Ich glaube wirklich, daß sich das regeln läßt. Das einzig Dumme ist nur, daß Moret verlangt hat, daß es der 12. oder 13. Juni[1] ist, ich weiß nicht mehr, und daß sie Deniker über diese Entscheidung informieren und sein Einverständnis einholen wollen, nun wartet Moret, und es ist natürlich eilig, aber Mademoiselle Arietta hat mir versprochen, das alles zu regeln, und zum andern werde ich D. morgen früh anrufen und Dir so schnell wie möglich sagen, wie es steht.

Ich habe eine ganze Weile damit verbracht, die Post zu ordnen und auf langweilige Briefe zu antworten, wie etwa das Telefon zu bezahlen usw. Ich habe vergessen, Dir zu sagen, daß der Brief an Walter abgegangen ist – Ich habe auch vergessen, Dir den Burns[2] zu bringen, ich werde ihn Dir morgen früh schicken.

Ich flehe Dich an, verlier nicht den Mut so kurz vor dem Ende aller dieser Prüfungen. Ich verstehe ja, daß Du mehr als genug davon hast. Das enge Zusammenleben der Kranken[3], das Drama eines jeden einzelnen, dieses so langsame Leben, die Langeweile, alles. Ich versichere Dir, ich verstehe es.

Morgen früh nach der Post, dem Anruf bei D., der Bibliothèque Nationale, werde ich ins Atelier gehen, aber zuvor werde ich ein paar Zeilen für Dich abgeben.

Ich bin müde müde, und schon wieder ein Fieberbläschen, was unerträglich ist. Ich brauche diese vier Tage in Moisville wirklich – In einem Monat werden wir alle beide dort sein, ich freue mich darauf, wenn Du nur wüßtest wie sehr! –

Ich schicke Dir eine Winzigkeit von Radierung[4], die ich eines Tages gemacht habe, während ich auf das Ätzen wartete. Ich habe sie gestern mit anderen abgezogen, die andern sind groß, eine ist, wie ich glaube, gelungen. Aber ich bin ein wenig erschöpft, und der Schwung ist nicht mehr ganz da, vielleicht wird das wieder kommen.

Ich habe Dir nicht erzählt, daß ich durch Christiane d'Estienne zusammen mit anderen Graphikern vielleicht Radierungen in einer New Yorker Galerie[5] haben werde, aber es ist noch nichts amtlich. Man wartet auf die tollen Amerikaner, aber die Person, die hier die erste Auswahl trifft, hat mich, wie es scheint, an die Spitze der Liste gesetzt!? Wir werden sehen.

Ich höre auf, um Eric ein wenig bei seinem Deutsch zu helfen. Ich schreibe morgen.

Ich umarme Dich, mon chéri
Gisèle.

450

[Paris] 3. Juni 1966

Mon chéri, ich habe gerade Dr. D. am Telefon gehabt. Er ist weiterhin zufrieden mit den Ergebnissen der Kur[1]. Er soll Dr. Deniker heute morgen aufsuchen, um mit ihm über das Ende der Kur zu entscheiden, es ist eine Frage von Tagen. Die vorgesehenen vier oder fünf Wochen zählen erst ab einer bestimmen Insulin-Dosis, die ersten Tage zählen also nicht. Er hat mir versichert, daß Du ans Ende der Kur gelangt bist. Er hat mich gebeten, ihn am Montag morgen anzurufen, um mir den genauen Tag sagen zu können, an dem die Kur beendet wird, aber ich denke jetzt, daß ich in Moisville sein werde. Auf jeden Fall wird er am Montag in der Lage sein, es Dir zu sagen, oder andernfalls wird es Mademoiselle Arrieta, die Du vielleicht bitten kannst nachzusehen, mit Sicherheit wissen. Er ist völlig einverstanden, daß Du im Juni einige Kurse hältst, nur muß Arrieta wegen der Sécurité Sociale mit Moret die Möglichkeit finden, daß zum einen Deine Behandlung im Krankenhaus für den Monat Juni weiter bezahlt wird und daß die École Dich bezahlen kann, damit Dir der Versicherungsschutz den Sommer über erhalten bleibt. Das alles ist ein wenig kompliziert, aber er hat mir versichert, daß sie eine Möglichkeit finden würden.

Deine Entlassung ist nahe, das Ende Deiner Behandlung ebenfalls – Glaube mir – Mut, mon chéri, ich weiß, daß es sehr lang ist, daß Du nicht mehr kannst, aber es kommt –

Ich habe der Bibliothèque Nationale zwei Radierungen verkauft: »Seelen« und »Kämpfender Atem«[2]. Ich gehe ins Atelier für eine Ätzung und um einige Kupfer nach Moisville mitzunehmen –

Paris ist ermüdend ermüdend. Ich habe wenig geschlafen, ich habe eine von drei Fieberbläschen entstellte Lippe, und ich fühle mich zittrig auf den Beinen. In Moisville gedenke ich viel zu schlafen.

Ich denke an Dich, Paul, ich denke an Dich.

Ich umarme Dich, mon chéri

Gisèle.

451

[Paris] Freitag, 3. Juni 1966

Ma Chérie,

Diese Zeilen zu Ihrer Rückkehr.

Ich habe vorhin Dr. Co. gesehen und mit ihm über die Kurse an der École vor der Veröffentlichung der schriftlichen Prüfung für die Agrégation gesprochen; ich habe ihn gebeten, mit Dr. D. darüber zu sprechen und ihn daran erinnert, daß D. mir vor vierzehn Tagen gesagt hatte, er werde mich zu sich rufen; C. hat mir gesagt, daß er mit D. über alles sprechen werde. Ich hoffe, daß ich die Kurse halten kann. Apropos: Ich brauche die Schreibmaschine, denken Sie bitte daran. Denken Sie auch daran, den *Burns* in der Buchhandlung Delatte[1] abzuholen.

Ich hoffe, daß »Retour Amont«, das auch, wie die Zeitung[2]

meint, die Sie mir gebracht haben, eine Huldigung an Giacometti[3] ist, ein schönes Buch ist. Die kommenden Tage kündigen sich schön an, ich sehe Sie in der Heiterkeit des Abends von Moisville.

Ich umarme Sie
Paul

452

[Paris] 3. Juni 1966

Guten Abend, mon chéri,
 Wir haben gestern abend von Ihnen gesprochen, Eric und ich, wenn Du wüßtest, mit was für einer Ungeduld er auf Deine Rückkehr wartet, er ist sehr froh bei dem Gedanken, daß Du bald wieder nach Hause kommst, sehr froh zu wissen, daß es Dir besser geht und daß Du mit uns in Moisville sein wirst – Heute abend hat er, sehr ungeduldig, meinen Muttertag schon im voraus gefeiert, auch weil er es unmöglich fand, daß er am selben Tag ist wie sein Geburtstag[1]. Du kennst ja den Wunsch, die Feste zu kumulieren! Wohlgemerkt, es ist bei einem Eis geblieben, das er kaufen gegangen ist und das er unbedingt zur Hälfte bezahlen wollte, und bei einer Art kleiner Pappschachtel mit mehr oder weniger hübschen Bildchen auf den Seiten: aber es war nett, selber etwas machen zu wollen – Im René Char[2] habe ich erst geblättert!
 Seinen Geburtstag will er unbedingt auch mit Dir feiern, und ich habe es ihm versprochen. So daß bei Deinem nächsten Kommen der Werkzeugkasten zwar schon geschenkt sein, das Familienfest aber noch stattfinden wird. Kuchen und Kerzen, darauf legt er so großen Wert.
 Er ist wirklich sehr lieb!
 Heute abend wieder ein Anruf von Moret, der Direktor, den Pouthier[3] angerufen hatte, wartet auf Deine Rückkehr, von dieser Seite gibt es überhaupt keine Schwierigkeiten, bloß muß die Entscheidung schnell fallen, um die Papiere wieder auf den Weg zu bringen, um so mehr, als es so angesehen werden wird, als hättest Du die Arbeit im Monat Juni wieder aufgenommen. Ich habe Arrieta ein paar Zeilen geschrieben und sie gebeten, sich am Montag unbedingt mit ihm in Verbindung zu setzen, und ich denke, wenn ich bei meiner Rückkehr am Mittwoch wie vorgesehen mit D. und mit Moret telefoniere, wird alles geregelt sein.
 Ich bin sehr müde, wahrscheinlich erschöpft mich, wie vor eini-

gen Monaten, die Präsophie-Periode[4], und diese Fieberbläschen haben wohl auch mit der Müdigkeit und der Nervosität zu tun, die ich verspüre – Ich hoffe, daß ich in Moisville rund um die Uhr schlafen kann, ohne wachzuwerden, dann wird alles gut sein.

Paris kommt mir absurder vor denn je, diese eilige Hast aller nach irgendwohin, und warum. Man verausgabt sich so oft in Zeitverschwendung und in Sinnlosigkeiten. Micheline[5] hat mich im Atelier besucht, wir sind oben[6] zusammen ein belegtes Brot essen gegangen. Viele Grüße von ihr und wirklich liebe Grüße – Sie ist körperlich sehr angeschlagen, ihr Körper knackt so ziemlich überall, sie schläft wenig, muß aus Paris heraus für eine echte Erholung, Ruhe, Ernährung, sie ist erschöpft. Luca geht es dem Anschein nach gut, er ist aus seinen depressiven Zuständen, die ewig gedauert haben, heraus, er sah niemanden mehr, ging nicht mehr aus dem Haus, arbeitete nicht mehr. Jetzt geht es ihm besser, aber sie ist ganz übel dran –

Ich bin mit zwei Radierungen vorangekommen, ich werde sie bei meiner Rückkehr abziehen. Ich habe einen Abzug mitgebracht, der, wie ich glaube, gut ist – Du wirst das alles sehen, wenn Du kommst. Bald! Bald!

[am Rand:] Bis bald also, zuerst werde ich Donnerstag kommen, dann wirst Du kommen, in dieser Erwartung umarme ich Dich, mon chéri

Gisèle.

453

[Paris] Montag, 6. Juni 1966

Ma Chérie,

Es ist der Geburtstag unseres Sohnes: herzlichen Glückwunsch ihm und Dir. Ich hoffe, daß die beiden nach Moisville geschickten Briefe rechtzeitig angekommen sind[1].

Ich habe Ihre Briefe erhalten, zwei am Samstag, den vom dritten heute morgen. Danke für den französischen Burns[2] – es ist leider nur eine kleine literarische Kuriosität, aber das konnte man nicht wissen.

Danke für die kleine Radierung – ich finde sie sehr schön, vielleicht werden wir, mit einem kleinen Gedicht, eine Neujahrskarte (und Karte zum neuen Tag) daraus machen[3].

Dr. D. ist am Freitag abend vorbeigekommen und hat mir mitgeteilt, was ich über den Wunsch der École schon wußte, aber auch,

daß ich möglicherweise am dreizehnten endgültig entlassen werde[4].
Offen gestanden, ich habe nicht verstanden, ob man an der École
wollte, daß ich am dreizehnten unterrichte. Aber der Entschluß ist
noch nicht gefaßt, es ist auch möglich, daß man sich für die Lösung
von Ausgangserlaubnissen entscheidet. Dr. D. erwartete Ihren Anruf für Montag, ich habe ihn darauf hingewiesen, daß Sie ihn wahrscheinlich nicht erreichen können, da Sie auf dem Lande sind. Sie
werden also am Mittwoch Nachricht haben, und ich, durch Sie, am
Donnerstag. Ich persönlich ziehe es natürlich vor, endgültig entlassen zu werden und die Kurse vorzubereiten, die ich halten soll
(mehrere, wenn möglich).
  Von Zeit zu Zeit füge ich dem Gedicht (»Opaque«[5]), das Ihre
neuen Radierungen begleiten soll, ein paar Zeilen hinzu.
  Verpassen Sie nicht die *Villon*-Ausstellung im Nouvel Essor, in
der Rue des Saints-Pères (ich glaube Hausnummer vierzig) und die
von Matta bei Iolas, Boulevard Saint-Germain[6].

Ich umarme Sie, mit Eric
Paul

Bringen Sie mir bitte zwei Unterhosen mit, einige Blatt Briefpapier,
eine Tube Zahnpasta.

454

[Paris] Mittwoch morgen [8. 6. 1966].

Mon chéri, Danke für den Brief, den ich bei meiner Ankunft hier
vorgefunden habe. Ich habe Mühe gehabt, Dr. D. zu erreichen, und
ich habe am Ende nur Mademoiselle Arrieta erreicht. Aber die
Nachrichten sind gut, obgleich ich nur einen ganz kurzen Augenblick mit ihr habe reden können, meine ich verstanden zu haben,
daß alles mit der École geregelt ist und daß Du am nächsten Samstag
endgültig entlassen wirst, es ist vorgesehen, daß Du einmal zurückkommst, um Dr. D. im Krankenhaus aufzusuchen, und daß Du ihn
dann in seiner Praxis aufsuchen wirst. Dieses Mal ist es also soweit,
noch ein paar Tage! Bravo! Ich freue mich so sehr!
  Ich muß jetzt aufhören, um noch vor Mittag diesen Brief einzuwerfen zu können.
  Ich habe in Moisville fast nichts anderes getan, als auf einem Lie-

gestuhl in der Sonne zu liegen, aber dadurch bin ich auch vollkommen ausgeruht und gebräunt zurückgekommen. Bis morgen dort. Bis bald hier. Eric, den ich gestern schon habe hoffen lassen, daß das Wochenende Dich nach Hause zurückbringen würde, ist verrückt vor Freude –

 Ich umarme Dich   *Gisèle.*

455

Schlafbrocken, Keile,
ins Nirgends getrieben:
wir bleiben uns gleich,
der herum-
getröstete Rundstern
pflichtet uns bei

―――

Paris, 13. Juni 1966[1]
Für Gisèle

456

             [Paris, 1966?[1]]

Guten Abend, ma Chérie, ruhen Sie sich aus, verbringen Sie gute Tage hier, in Paris, in unseren zwei Häusern, mit unserem Sohn.
 Ich nehme Ihre Hand, ich umarme Sie,
   ich umarme Ihren Sohn

                 Paul

457

    [Paris *oder* Moisville, Sommer/Herbst 1966[1]]

Ich habe gefunden, daß Du heute *sehr sehr* gut warst, ganz groß in Form – und sprühend vor Ideen[2].
 Verlier nicht den Mut, Deine reichen Möglichkeiten sind da, ganz nahe, selbst wenn sie manchmal ein wenig verborgen bleiben –
 Bis nachher. Ich umarme Dich

                Gisèle

458

[An Eric Celan]
[Conches-en-Ouche] 12. 7. 1966

Aus Conches, wo wir uns, nachdem wir das bezaubernde Rouloir-Tal besichtigt haben, mit unseren Freunden Luca und Micheline befinden, nachdem wir uns mit dem Nötigen versorgt haben, um unsere vier Forellen zu begießen und mit Beilagen zu versehen, ein liebevoller Gedanke, der Dich an unserem Festmahl teilhaben läßt,

Dein Papa

459

[An Eric Celan]
[Breteuil-sur-Iton, 18. 7. 1966]

Mein lieber Eric, unglaublich aber wahr: wir sind in Breteuil. Von wo wir einen Blick zu Dir und Deinen Pyrenäen schicken, wo, wie wir hoffen, die Sonne scheint.

Ich umarme Dich
Papa

460

[An Eric Celan]
[Dreux] 18. 7. 66

Mein lieber Eric, wie Du siehst, sind wir in Dreux, im Schatten des Stadtturms. Wir haben Luca und Micheline hierher begleitet, die nach Paris zurückfahren. Am nächsten Samstag werden wir ebenfalls heimfahren, um auf Dich zu warten.

Ich umarme Dich
Papa

461

[An Eric Celan]
[Damville] 20. 7. 66

Mein lieber Eric, wir sind in Damville, um Papier zu kaufen. Ich werde in der Tat einen Band Gedichte[1] fertig abtippen. Ich freue mich auf unsere baldige Rückkehr, ich umarme Dich

Papa

462

[An Eric Celan]
[Leiden, 12. 9. 1966]

Mein lieber Eric, wie Du sehen kannst¹, zigeunern wir immer noch umher, unsere Nomadenseelen² sind voll erwacht, Leiden, kaum berührt, wird sogleich verlassen für Den Haag. – Mit Mama umarme ich Dich

Papa

463

[An Eric Celan]
[Gent] 14. IX. 66

Mein lieber Eric, nach einem Besuch in Brügge und heute in Gent sind wir am Ende unserer Reise angelangt. Morgen, Donnerstag, den 15., werden wir nach Paris zurückkehren, um Dich dort zu erwarten. – Ich umarme Dich

Papa

464

Rue du Château d'Eau
Saint-Cézaire-sur-Siagne
Alpes-Maritimes
22. Dezember 1966

Paul, mon chéri,

Wenn Du wüßtest, wie blau der Himmel ist und wie gut es tut, sich in der Sonne zu aalen. Ich bin auf einem Weg, sitze auf einem dicken Stein, der Hügel fällt in Terrassen ab, und die Olivenbäume glänzen, die Büsche sind dicht und stechend: »vegetale Härte«¹. Es ist niemand da, kein Haus, nur Felsen, Gestein, Bäume, kleine Fuchsigkeiten, und außerdem höre ich die Siagne, die in der Tiefe dahinfließt: das ist alles.

Ich lausche: ein Vogel, ein Grashalm, der sich bewegt, ein Insekt, das vorbeischwirrt, und das alles lebt wirklich, auch für mich.

Der Weg, der nach unten führt, dreht sich und dreht sich unaufhörlich mit den Hügeln, als suche er das Herz des Rätsels.

Sehr spät gestern abend zu Bett gegangen, hatte ich mich noch auf dem Papier versucht, den Morgen habe ich in meinem Zimmer verbracht, bei weit geöffnetem Fenster, ich habe Gedichte von Emily Dickinson gelesen, die Françoise mir in mein Zimmer gelegt hatte, es ist schön, freie Zeit zu haben. Dann habe ich gearbeitet. Vielleicht ist doch ein wenig eine Gouache herausgekommen. Aber es ist nicht sehr neu. Außerdem muß man vielleicht den Mut haben oder die Demut, sich zu wiederholen.

In meiner so großen Ratlosigkeit, sowohl was meine Radierungen als auch was alles andere betrifft, sehe ich immer noch nicht klar, und ich weiß nicht so richtig, wo ich hingehe. Ich höre auf Dich und sage mir, daß man warten können muß, ich höre auf Dich und sage mir, daß man warten können muß. Ich weiß nicht, warum der Preis dieses leeren Wartens von nur wenigen Wochen mir so schwer erscheint.

Morgen ist der 23. Dezember. Der Tag des Flieders, der Tag der Vormimosen, der Tag[2].

Ich denke an Dich, ich denke, daß Du vielleicht, ganz allein, an Deinem Tisch sitzt und arbeitest, ich denke an die Gedichte, die entstehen werden, wie ich hoffe.
 Ich umarme Dich, mon chéri

Gisèle

465

[Paris] Freitag, *23. Dezember 66*
Herzliche Glückwünsche zum Jahrestag!

Ma Chérie,
 danke für Deinen Brief: ich bin froh, daß Sie gut aufgenommen worden sind. Tausend Dank an Françoise. Möge der Winter mild sein.

Vorgestern abend habe ich Eric zum Zug begleitet; um elf Uhr zwanzig, beim Einsteigen, ist der kleine Luc[1] nicht, wie ausgemacht, dagewesen, und ich glaube, daß Eric darüber sehr enttäuscht gewesen ist, obgleich er nichts gesagt hat.

Gestern für mich: zwei Sitzungen beim Zahnarzt, jede beinahe zwei Stunden. Ich habe vorne eine vorläufige Brücke. Heute morgen wieder Zahnarzt, und nachher wieder Zahnarzt.

Gestern ein sehr netter Anruf (aus Berlin!) von Peter Szondi[2] zu Gedicht und Radierung[3]. Vorgestern telefonischer Dank von Pierre Bertaux[4] (er fährt mit seinem Sohn, seiner Schwiegertochter und seiner kleinen Enkeltochter nach Draguignan (La Martinière, Route de Grasse), der mir gesagt hat, wenn Du Lust hättest, ihn zu besuchen, bedürfe es nur eines Briefchens oder eines Telegramms). – Dankesworte von Minder: »Dank für Ihre Glückwünsche und die wunderbare Radierung!« Vielleicht stattest Du ihnen, nachdem Du ihnen zuvor Bescheid gesagt hast, einen kleinen Besuch ab.

Heute morgen eine österreichische Zeitschrift, »Literatur und Kritik«, mit einigen Gemeinheiten und Niederträchtigkeiten über meine Mitarbeit am Michaux (I) – Liebes Österreich...[5] Und auch ein Brief von J.-C. Schneider, den ich Dir abschreibe[6] – sag mir, was Du davon hältst. –

Ich umarme Dich
Paul

466

[Saint-Cézaire-sur-Siagne, 24.? 12. 1966]

Mit allen meinen Wünschen[1], Paul, mon chéri, meine allerbesten Glückwünsche für 1967

[Ohne Unterschrift]

Saint-Cézaire-sur-Siagne
Dezember 1966

467

25. Dezember 1966
Rue du Château d'Eau
Saint-Cézaire-sur-Siagne.
Alpes-Maritimes

Mitternacht ist vorbei, mon chéri, ich höre auf zu malen, um Ihnen zu schreiben. Vielleicht sind Sie noch bei unseren warmherzigen Freunden, den Lucas! Vielleicht sind Sie schon nach Hause gekommen.

Wenn ich an Ihre Geduld beim Zahnarzt denke, so haben Sie dafür meine ganze Bewunderung, und ich schäme mich, daß ich währenddessen in diesem so schönen Landstrich in der Sonne liege. Aber weißt Du, im Winter ist er ziemlich streng, und die großen, düsteren Bergwände machen auch ein wenig schwindlig. Es ist hier sehr steil, und da es weder Häuser noch sichtbare Menschen gibt, hat das sehr viel Strenge und Größe; es ist keineswegs von der hübschen Art, es ist manchmal sogar so wild und so schroff, daß es eine geheimnisvolle und manchmal ein wenig beunruhigende Schönheit hat.

Ich habe wieder voller Freude an das Gedicht gedacht, das Du, wie Du mir sagst, geschrieben hast, ich hoffe, daß Du es mir schickst[1]. Entschuldige bitte, aber in diesem Gasthaus war das Telefon im Flur, die Gäste gingen vorbei, der Gastwirt kam jeden Augenblick, um die Sanduhr zu kontrollieren, und ich fühlte mich nicht vollständig in der Lage, Dir inmitten des Lärms und des Hin- und Herlaufens richtig zuzuhören. Ich war schon nach all den Versuchen sehr froh, daß ich Dich überhaupt erreicht habe, trotz des Ortes, der für einen wahren Dialog so wenig geeignet war –

Ich denke auch wieder an diese Kritik hinsichtlich des Michaux, es ist betrüblich. Ich sehe nicht, wie Du den Mut haben könntest, Dir unter den augenblicklichen Umständen von neuem einen zweiten Band zuzumuten. Ich hoffe immer noch, daß es Dir möglich sein wird, noch einmal Michaux zu übersetzen, aber ihn allein zu übersetzen[2].

Ich habe Françoise die »NRF«[3] gezeigt und gegeben. Sie liebt wirklich das Wenige, was sie von Deinen Gedichten kennt, und erinnerte sich an einige Zeilen, die ich ihr vor eineinhalb Jahren übersetzt hatte –

Ein Wort, einen Satz, um damit zu leben, erbittet sie von mir. Aber weißt Du, sie mag nicht sonderlich die Übersetzungen, und ihre geringen Deutschkenntnisse erlauben ihr mit einer wortwörtlichen Übersetzung mehr zu erfassen als durch J.-C. Schneider. Trotzdem ist sie froh über diese Hilfe für sie.

Das Weihnachtsfest scheint vorbei zu sein, was mich freut, ich mag so wenig diese Festatmosphäre. Gestern abend habe ich Françoise sehr früh verlassen, und nach einem langen Spaziergang habe ich gemalt, viel gemalt, und ich fing an, wieder ein wenig Freiheit zu finden. Hoffentlich ist es nicht allzu schlecht, ich habe gestern bis spät in die Nacht hinein gemalt, heute morgen, in den Abendstunden und jetzt wieder, aber ich weiß überhaupt nicht, wie es ist.

Ich taste mich ein wenig vor mit den Farben und den Mischungen, die mir ein wenig reicher zu werden scheinen, die aber ärmlich bleiben, das wiederholt sich sehr, vielleicht muß das so sein, nach dieser so großen Ratlosigkeit, nach diesen so verschiedenen Radierungen.

Es ist seltsam, daß mir diese unendlich zahlreichen Farben so viel weniger reich an Möglichkeiten erscheinen als diese Unendlichkeit, die vom Schwarz bis zum Weiß geht. Meine Farben wiederholen sich, und die Form bleibt weniger streng als bei den Radierungen. Außerdem weiß ich nicht, wohin ich gehe, wenn ich anfange, beginnt die große Unruhe, ich ertrinke darin, stürze mich hinein. Das letzte erscheint mir immer als das beste, aber dann kommt es zu dem Stapel, der mir so nichtssagend vorkommt.

Dennoch arbeite ich sogar ziemlich viel, mindestens vier Stunden am Tag.

Das Grau der Felsen, das Rot der Erde, die Grau- und Grüntöne der Bäume sowie die Fuchsigkeiten der Eichen treffen hier zusammen mit dem Blau des Himmels. Das alles findet sich ein wenig kunterbunt wieder. Gestern abend habe ich das Thema meiner Glückwunschradierung wieder aufgenommen, dieses »Presque des Iles – Ile aux enfants morts«[1], von der ich Dir vor meiner Abreise erzählt habe. Es ist etwas anderes geworden, aber Du wirst es erkennen –

Was ich im Augenblick mache, ist undenkbar ohne meine Spaziergänge, ohne das, was ich sehe, aber es hat nichts damit zu tun, und ich weiß nicht, was es ist. Das ist doch verwirrend. Ich weiß weder, worauf ich hinauswill, noch wohin das führt oder was dabei herauskommt. Ich weiß es überhaupt nicht, aber ich mache es mit Begeisterung und Schwung, und es drängt sich mir auf, ohne daß ich sonderlich nachdenke. Glaubst Du, daß es möglich ist, so zu arbeiten? Sag es mir!

Übrigens verstehe ich sie nicht allzusehr, diese Gouachen, ich weiß nicht, was ich dazu sagen soll, sie sind mir nicht ganz fremd, aber auch nicht ganz gegenwärtig –

Das ist hart, weißt Du, um so mehr, als mein Leben hier aus Augenblicken großer Einsamkeit besteht.

Françoise ist natürlich immer da, aber ihre Gegenwart ist eine solche Gegenwart, daß ich sie nicht allzusehr ertragen kann, wie übrigens auch nicht besonders alle diese Begegnungen mit schwierigen Schicksalen, zerbrochenen Menschen, Leid und Schmerz, von denen sie umgeben ist – Aber sie ist so gut, so sehr aus einer anderen Welt, so selten – Aber es ist ein wenig zuviel für mich –

Sie hat weiterhin Schmerzen im Bauch, oder in der Lunge oder im Brustfell, ich flehe sie an, einen Arzt aufzusuchen, aber ich muß gestehen, daß ich ein wenig Angst habe vor dem, worauf sie sich wieder gefaßt machen muß, in zwei Tagen wird sie einen aufsuchen.

Ich denke, daß ich morgen Deinen Brief bekommen werde, und ich freue mich darauf, aber schreib mir oft oft lange Briefe voller Dinge von Dir. Ich brauche das sehr. Von Eric erhoffe ich mir nicht allzu viele, aber wenn Du welche hast, schick sie mir –

Mein Zimmer ist zum Glück nicht allzu schlecht; ich verstehe nicht, wie es mir gelingt, darin so lange zu leben, denn die Heizung ist bescheiden, aber mir ist darin nie kalt. Das einzig Unerquickliche ist das eisige Treppenhaus. Es ist ziemlich lustig, ein Zimmer im dritten Stock eines leerstehenden Hauses zu bewohnen, ich habe den Schlüssel dazu, und ich bin völlig mein eigener Herr – Du könntest kommen, um einige Tage hier zu verbringen, wenn Du Lust dazu hättest, es gibt ein großes Bett, um Dich aufzunehmen, und mich dazu, Françoise wäre entzückt, aber abgesehen davon nur die Strenge eines Dorfs im Winterschlaf, alte Männlein, alte Weiblein, sehr nett, und kalte, zugige Straßen, aber zwei Schritte davon entfernt die Hügel, auf jeder Seite verschieden und schön, so schön.

Gestern bin ich nicht vor zwei Uhr eingeschlafen, ich gehe nie früh zu Bett, schlafe aber lange und beginne mich gegen 10 Uhr 30 morgens ein wenig aktiver zu zeigen. Ich möchte mich gern noch ein wenig erholen vor der Rückkehr, ich bin zwar nicht mehr so müde, glaube ich, aber es ist noch nicht gewaltig.

Schreib mir, mon chéri, lange. Ich umarme Dich

Gisèle.

468

Saint-Cézaire-sur-Siagne
26. Dezember 1966

Mon chéri, Dein erster Brief ist gestern zusammen mit der Abschrift des Briefes von J.-C. Schneider bei mir angekommen. Du fragst mich, was ich davon halte, also antworte ich sofort: Es ist unzureichend, Paul, sehr unzureichend.

I/ »Den Punkt bestätigen, über den wir bei unserem letzten Treffen diskutiert hatten«. »Der Punkt«, das bedeutet überhaupt nichts, man muß ihn benennen –

II/ ». . . M. und B. gebeten, die Gedichte von Goll, die ich angegeben habe, aus der Auswahl zurückziehen«[1]: das ist gut, aber Du müßtest das Doppel der Antwort oder die Abschrift dieses Briefes haben.

Er ist jung, und wenn er wirklich damit rechnet, Dich zu übersetzen, sehe ich nicht, was dagegen spricht, ihn um diese näheren Angaben zu bitten, damit er ein wenig Seriosität und berufliche Gewissenhaftigkeit erlangt, Du erweist ihm damit sogar einen Dienst – Wenn ihn das entnervt und er daraufhin alles hinschmeißt und aufgibt, so heißt das, daß er nicht der Richtige war. Ich denke nicht, daß er ein so empfindlicher und zu schonender Mensch ist, daß Du ihm das nicht sagen kannst. Das wird ihn nicht zerbrechen, sondern wird gut für ihn sein, und Du kannst Dir nicht erlauben, Dich mit ihm einzulassen, ohne dieses Minimum.

Das ist meine Vorstellung. Ich hoffe, sie entspricht auch der Deinen. Ich würde ihm ein paar Zeilen schreiben, um diese genaueren Auskünfte zu erhalten –

Heute morgen hat es geregnet, das ist ziemlich unglaublich – Nachher fahren wir nach Grasse hinunter, Françoise, die immer Schmerzen in der Seite hat, entschließt sich zu einer Röntgenaufnahme. Ich muß Papier kaufen, denn ich habe fast keins mehr, und ich werde versuchen, Dich anzurufen. Hier ist es sehr unpraktisch –

Ein paar Zeilen von Eric heute morgen, der nichts sagt, außer daß die Skier »phantastisch« sind, er scheint sehr zufrieden zu sein, und ich erwarte mir keine genaueren Nachrichten. Nichts über Luc –

Ich kann es kaum erwarten, von Dir zu hören. Bist Du bei den Lucas gewesen? Siehst Du Leute? Hast Du neue Gedichte geschrieben? Wann schickt Du mir das vom 23. oder 24.[2]?

Schreib mir, mon chéri –

Ich hoffe, daß ich Dich nachher am Telefon haben werde –

Ich hoffe.

Bis bald, ich umarme Dich

            Gisèle.

Weißt Du, es ist ziemlich schwierig mit dem Bus nach Draguignan zu fahren, um Bertaux zu besuchen, und ich kenne weder seine Schwiegertochter noch seinen Sohn... Minder... Ich weiß nicht so recht, vielleicht werde ich es versuchen[3].

469
[Paris] den 27. Dezember 1966

Ma Chérie,
zunächst einmal Danke und nochmals Danke für Ihre Glückwünsche und die Radierung. Sie hängt jetzt ihrer Schwester gegenüber: die Kupfer, von Ihrer Hand neu geschrieben, tauschen ihre Botschaften aus, »lestrangement«[1].

Ich hoffe, daß mein Eilbrief Sie nicht beunruhigt hat. Seitdem geht es wieder bergauf mit mir, und gestern, bei D., habe ich für alle diese Dinge einen kräftig artikulierten Gedanken wiedergefunden.

Gestern Besuch von Hugo Huppert: Übersetzer Majakowskis und, das habe ich allerdings erst nach der Lektüre der Bücher, die er mir gegeben hat, so richtig gemerkt, ein unverbesserlicher Stalinist.[2] Er hat mir drei meiner Bücher[3] dagelassen, damit ich sie signiere; aber ich werde sie ihm morgen unsigniert ins Hotel bringen, zusammen mit einem sehr höflichen, Brief, in dem ich ihn jedoch an Mandelstamm und Marina Zwetajewa und auch an meine eigenen antistalinistischen Positionen[4] erinnere. – Wieder einmal liebes Österreich[5]. Und darüber hinaus, leider, auch Zweifel an Erich Einhorn, der Huppert meine Telefonnummer und ein Foto gegeben hat, das ich ihm auf seine Bitte hin vor einigen Jahren geschickt hatte[6].

Heute morgen, Enttäuschung: der beigefügte Brief der Galerie von Frau Unseld[7]. Er ist kaum höflich und verspricht genau genommen nichts. Ich frage mich – schon! –, ob die Tatsache, daß Du Frau Unseld französisch geschrieben hast, nicht etwas damit zu tun hat. Was soll man sagen, was soll man sagen? (Dichtung, eine Sache von Abgründen.)

Gestern abend bei den Lucas: Freunde.

Morgen esse ich mit André du Bouchet zu Mittag: ein Freund.

Ich lege Dir einen netten Brief von J.-C. Hémery bei, der heute morgen gekommen ist[8].

Ich habe ein Gedicht geschrieben, hart, schwer zu übersetzen, unter anderen Zeilen diese: »Die Jüdin Pallas Athene«[9] –

Ich hatte auf einen Anruf gehofft – hat Eric Ihnen geschrieben? Ich habe keine Nachrichten von ihm. – Richten Sie Françoise freundliche Grüße aus.

Ein gutes neues Jahr! Ich umarme Dich

Paul

470

Saint-Cézaire
Mittwoch [28. 12. 1966]

Paul, mon chéri, es war gut, daß ich gestern ein wenig mit Dir reden konnte, um so mehr, als ich schon anfing, die Hoffnung zu verlieren, Dich telefonisch zu erreichen. Ich hoffe, daß Du inzwischen meine Briefe bekommen hast und daß Du nicht ohne Nachrichten bist.

Die Sonne ist heute morgen nach dem tristen Regentag von gestern zurückgekommen. Françoise ist mit einer drastischen Behandlung mit Cortison und Penicillin und einer etwas verschleierten Lunge heraufgekommen. Sie, die bisher noch nichts in dieser Richtung gehabt hatte! Aber man wartet noch das Ergebnis der Röntgenaufnahmen ab, und bis Montag droht von neuem ein wenig Besorgnis. Sie akzeptiert das alles auf außergewöhnliche Weise, aber sie fällt nach allen Seiten auseinander –

Ich habe Papier mit heraufgebracht, und gestern abend nach dem Abendessen habe ich es wieder versucht, aber es ist nicht sehr abwechslungsreich, und es befriedigt mich nicht. Was soll ich machen, ich bin nicht in allerbester Form. Diese Konfrontation mit meinen Mängeln erleichtert mir diesen immerhin einsamen Aufenthalt nicht sonderlich –

Ich werde versuchen, Minder zu erreichen, doch im Augenblick gelingt es mir nicht über das Telefonbuch und über die Leute, die ich kenne, ich nehme an, daß ich mich im Dorf irre. Vielleicht sind sie in Peymeinade und nicht in »Spéracédès« (wie man hier sagt)[1].

Wenn Harpprecht nach Paris kommt, denke ich, daß es nützlich und notwendig ist, mit ihm über diese österreichische Kritik zu sprechen, und ihm seine Verantwortung vor Augen zu führen, bevor ihr über irgend etwas anderes sprecht, würde ich ihn um eine Berichtigung bitten[2]. Natürlich wird er das wohl nicht tun, aber ich persönlich sehe nicht, wie Du das selber wieder klarstellen könntest. Es ist wieder einmal das gleiche Problem wie üblich, es liegt am Verlag, das zu tun[3] –

Was die Frankfurter Galerie angeht, weißt Du, habe ich wieder darüber nachgedacht, und das scheint mir nicht weiter schlimm und *hat absolut nichts mit dem Verleger zu tun.*

Leere Worte, etwas leichtfertig dahergeredet, von seiten der Galerie, der Wunsch von Frau Unseld, mir eine Freude zu machen, und vielleicht ein Brief von mir, der etwas zu weit ging. In der Tat sprach ich mit ihr bereits über alles, was ich ausstellen kann, es war sicherlich ungeschickt und etwas voreilig. Du erinnerst Dich, daß ich übrigens nicht sonderlich in Form war, um diesen Brief aufzusetzen. Die Galeristen haben ihre Projekte schon auf Monate im voraus festgelegt, dieser Übereifer hat ihm Angst gemacht, er bremst. Das ist nicht schlimm, und glaub mir, das ist gang und gäbe. Denk an die Erfahrungen der Graphiker, von denen ich Dir oft erzähle, denen man Versprechungen macht, die nicht gehalten werden. Aber sei beruhigt, das hat nichts mit Unseld zu tun. Da bin ich ganz sicher[4] –

Ich freue mich, daß Du bei Du Bouchet zu Mittag essen kannst, zum Glück hast Du einige wahre Freunde, und darüber freue ich mich. Es wäre gut, wenn sein Sohn[5] und Eric sich kennenlernten.

Bis bald, mon chéri, verlier nicht den Mut inmitten von all diesen so häufigen Ärgerlichkeiten. Aber laß nicht zu, daß sie Dich überwältigen. Du hast derart viel Großes und Schönes zu tun.

                Ich umarme Dich
                      Gisèle

Kennst Du Armand Robin, über den ich in den »Cahiers des Saisons« vom Winter 64 alle Arten von Huldigungen gelesen habe und von ihm selbst einige Texte, die mich sehr anrühren[6]?

Haben wir Bücher von ihm?

Sicherlich Übersetzungen. Weißt Du, er sprach alle möglichen Sprachen, um Gedichte übersetzen zu können (arabisch, chinesisch, ungarisch, schwedisch, deutsch, russisch usw. usw.)[7].

Es scheint, daß er ein richtiger Anarchist gewesen ist[8].

471

                Saint-Cézaire [29. 12. 1966]
                Ich glaube zwar Donnerstag, aber
                ich verliere allmählich den
                Zeitbegriff.

Ja, mon chéri, alle Tage gleichen sich, ich stehe spät auf, ich lese ein wenig oder versuche zu malen, dann gehe ich kleine Einkäufe machen, für die Mahlzeit, die ich mit Françoise zusammen einnehme.

Es geht ihr nicht allzu gut mit diesem Zweifel über ihre Lunge, und es ist besser, daß sie nicht aus dem Haus geht. Nach dem Mittagessen verlasse ich sie zu einem langen Spaziergang, auf dem ich nur schaue und höre, auf dem ich nur registriere und mir einpräge. Doch ich fühle mich oft so leer von Gedanken, und manchmal ist es eindeutig langweilig. Wenn die Sonne verschwindet, gehe ich nach Hause und male bis zum Abendessen, um dann weiterzumachen, oft bis spät in die Nacht.

Ich sehe niemanden außer Françoise, ihre alten Weiblein, die von Zeit zu Zeit zu ihr kommen. Es ist streng und einfach, weißt Du.

Heute abend muß ich gestehen, daß ich gern ins Kino ginge. Es ist komisch, so etwas in Saint-Cézaire zu denken, in diesem abgelegenen Dorf, wo alles nur wahre und wilde Natur ist, aber es ist nun mal so, ich muß es gestehen.Trotzdem liebe ich diese Ruhe, dieses Nichtstun, diese Leere, diese Stille. Du kennst dieses »was tun, wenn nicht arbeiten?« Wenn es wirklich nichts zu tun gibt. Ich werde versuchen, Dich nachher auf der Post zu erreichen, aber ich schreibe auf jeden Fall ein paar Zeilen, bevor die Post abgeht.

Heute morgen Dein Brief, ich habe mich darüber gefreut, denn er ist kostbar selten. Aber ich verstehe, daß Du keine Lust zum Schreiben hast.

Es ist gut, daß Du ein Gedicht geschrieben hast, das kompensiert derart die schlechten Dinge. Aber weißt Du, der Brief der Galerie ist auch ungeschickt wegen des primitiven Französisch. Natürlich will »nächstes Jahr« nichts heißen, aber andererseits ist es so ganz und gar die übliche und alltägliche Reaktion. Es hat keine Bedeutung, und ich versichere Dir, daß es nichts mit Frau Unseld zu tun hat. Sie hat getan, was sie konnte. Daß sie meine Radierungen[1] drei Tage nach ihrer Rückkehr nach Frankfurt einrahmen ließ, beweist doch, daß ihr an ihnen gelegen war. Warum meinst Du, sie hätte sich geärgert, weil ich französisch geschrieben habe, ich habe auch französisch mit ihr gesprochen, ich kann mich auf deutsch nicht ausdrükken, das weiß sie. Nein, wirklich, denk nicht mehr daran. Es hat nur wenig Bedeutung. Sieh doch, wie einfach ich das aufnehme, und dabei laufen mir die Ausstellungen bestimmt nicht nach. Es ist alltäglich, üblich, gang und gäbe. Der Preis, den man zahlen muß, wenn man anfängt. Bedenke: Peyceré mit Flinker[2], und für dieses Ehepaar mit dem zweiten Kind ist es lebenswichtig, daß es für sie klappt, es ist für sie ganz besonders dringlich.

Vertraue auf Unseld als Verleger[3]. Er ist kein Angeber, er ist würdevoll und gemessen, das ist gut so, in dieser Welt der falschen Versprechungen –

Sie mögen meine Radierungen, sie lassen zwei oder drei davon leben, die andere bei ihnen sehen werden, aber das ist sehr sehr schön so. In La Messuguière[4] hängen einige Radierungen, bei Françoise ebenfalls, diese wenigen Antworten auf die Radierung und das Gedicht[5], das ist anrührend. Menschen, die teilnehmen. Eine Radierung, die man mag, die ein wenig nachdenken läßt oder die beunruhigt, deren Geheimnis irgend jemand zu durchdringen versucht. Das ist schon riesig. Das ist mehr als eine Krume, Paul, und wir wollten nur »für die Krume[6]«.

Ich liebe Deine Reaktion gegenüber diesem Stalinisten. Ich liebe es, daß Du die Bücher nicht signiert hast – daß Du aber auf eine eventuelle künftige Möglichkeit des Dialogs hin geschrieben hast. Was Einhorn angeht, urteilen wir nicht allzu streng[7], er ist weit, weit fort, was hat er erlebt, erlitten? Aber natürlich hat er sich ändern, sich zu einem bedauerlichen Fern-von-sich-selbst hin entwikkeln können. Sich verraten. Alles ist so hart, und vielleicht hat ihn das, was er zu durchleben hat, überfordert – Man weiß es nicht, Paul.

Wir haben so viele unmögliche Rumänen gesehen, die gezeichneter sind, als ihnen bewußt ist. Das ist traurig.

Ich hoffe, daß es Dir gelingt zu leben, daß es im Augenblick nicht zu hart für Dich ist, mit all diesen Desillusionen, allen diesen harten Nackenschlägen.

Ich bin hier außerhalb der Zeit. Ich lese hin und wieder Oliven auf oder raffe Holz für das Kaminfeuer von Françoise. Es ist zwar auch nicht mein richtiges Leben, aber zwischendurch ist es auch eine Erholung.

Schreib mir – Schreib mir, wenn Du kannst.

Ich umarme Dich, mon chéri

Gisèle

472

[Paris] Donnerstag, 29. Dezember 1966

Ma Chérie,

Dein Anruf und, eine Stunde danach, Dein Brief vom Mittwoch. Danke, mon amour, danke.

Ich spüre, daß Dir dieser Aufenthalt in der Provence von Grund auf gut tut, selbst wenn Du es nicht unmittelbar wahrnimmst, wirst Du es in den kommenden Wochen und Monaten spüren.

Ein wenig traurig, daß Eric so wenig schreibt. Aber trotz allem voller Vertrauen in die wohltuenden Wirkungen des Skifahrens.

Armand Robin: ja, ich kenne ihn ein wenig. Wir haben von ihm Übersetzungen von Block, von Jessenin, von Pasternak und von[1] – ich vergesse (»Vier russische Dichter«[2]) – manchmal »überzogene«, »künstlerische« Übersetzungen, aber immer getragen vom Geist der Dichtung. Jemand hatte mir kürzlich gesagt, Robin sei Mitglied der Fédération Anarchiste gewesen – wer? war es Frénaud[3]? Ich erinnere mich nicht mehr.

Sag Françoise, daß ich ihr wünsche, daß alles dazu beitragen möge, sie zu unterstützen, sie zu halten, um sie in ihrer so mutigen, so glühenden Existenz zu unterstützen.

Dich, ma Chérie, umarme ich, immer und für immer auf der Brücke der Jahre[4].

Ein gutes neues Jahr! Gute neue Jahre!

Paul

[am Rand:] Dies ist auf die »Three Candlesticks«[5] von Tante Berta geschrieben, die uns gerade sehr nett geschrieben hat.

473

30. 12. 66
Saint-Cézaire.

Mon chéri, Dich so ganz allein in Paris zu wissen mit einer Gürtelrose und auch mit Deiner schweren Einsamkeit, wie ich sie fühle, das ist für mich sehr schwer. Weißt Du, ich finde das natürlich höchst beklagenswert, daß in den »Cahiers de la quinzaine« nichts über Deine in der »NRF«[1] übersetzten Gedichte steht, natürlich geht mir das nahe und empört mich, natürlich finde ich das erbärmlich. Weil ich sehe, daß Dir das alles so wehtut, wage ich es nicht, meinen eigenen Groll hinzuzufügen. Ich habe heute abend mit Françoise darüber gesprochen, sie war sehr schmerzlich berührt, daß man dort nicht darüber gesprochen hat – sie verstand das nicht –

Was die Gürtelrose angeht: kein Glück, wirklich nicht. Ich frage mich nur, wie Du das bekommen konntest. Ich glaube nicht, daß es ansteckend ist, aber es ist schmerzhaft, ich weiß. Ich glaube, daß es nicht lange dauert, daß es schnell heilt. Zum Glück ist es nicht am Auge, wie bei Micheline. Der Bruder von Françoise[2] hat eine um die Hüfte gehabt, sehr schmerzhaft und sehr lästig, die zwar schnell ausgeheilt war, die ihm aber wie nach einer schweren Grippe eine große Erschöpfung hinterlassen hat. Ich hoffe, daß Du Dich mit Madame de Montaigu[3] hast arrangieren können. Du mußt auch sehen, ob das nicht weitergeht, nicht zunimmt. Was für ein Pech, und genau dann, wenn ich nicht da bin.

Einsalben: ich könnte wenigstens das tun, anstatt in der Sonne herumzuspazieren. Aber genügt das? Es wundert mich, daß Du nichts einnehmen mußt, um schnell damit fertigzuwerden.

Ich kann es nicht erwarten heimzukommen. Sag mir, ob ich früher heimkommen soll, vielleicht nehme ich das Flugzeug: ich glaube, daß man in Stoßzeiten im Flugzeug leichter Plätze findet als im Zug. Meine Rückkehr am Freitag scheint mir so weit weit weg.

Was soll ich sagen, meine Einsamkeit ist groß, weißt Du, und nur Einsamkeit auf die Hoffnung hin, auf die Erwartung unseres Wiedersehens bei meiner Rückkehr. Es gelingt mir nicht mehr zu malen, nichts gestern, nichts heute. Ich trällere vor mich hin, um die Leere meiner Spaziergänge zu füllen, ab und zu ein etwas lebhafterer kleiner Denkmoment: wenn ich Dir schreibe, öffnen sich die Dinge für mich, und mein Wunsch, sie mit Dir zu teilen, läßt sie mich besser erfassen, macht mich offener, durchlässiger für sie.

Es ist wahr, weißt Du, im Grunde sind es meine besten Augenblicke, weil sie zu Dir zurückkommen.

Ansonsten, ich muß es gestehen, nach der Ergriffenheit, der Begeisterung des Anfangs gehen mir diese einsamen Spaziergänge auch auf die Nerven.

Ich habe mich gefreut, daß Du dieser armen Maria[4] einen schönen Abend bereiten konntest, sie ist sicher sehr froh gewesen, und ein wenig menschliche Wärme sind wie eine gute Mahlzeit sicherlich selten in ihrem Leben. Es ist gut, daß Du das tun konntest. Selbst in Deiner großen Einsamkeit, selbst bei Deinen Schwierigkeiten, weiß ich, daß Du den anderen etwas bringst, daß Du von Dir was gibst, und ich finde das sehr schön.

Die Rückkehr Erics mit seiner Freude, Dich wiederzusehen, die spüre ich schon. Das wird Dir ebenfalls helfen.

Aber ich werde morgen wieder versuchen, Dich anzurufen, denn ich bin ein wenig beunruhigt.

Der 31.: Ende des Jahres, Anfang eines neuen. Heute morgen Dein Brief vom Montag, den 29., mit dieser treuen »Brücke der Jahre«, die uns immer wieder findet, zu meiner großen Freude. Ich war so froh, es war ein so schöner Brief, der für mich zutiefst herzbewegend war. Ich habe ihn im Verlaufe des Tages oft wiedergelesen. Spaziergang zu dem, was man Le Plan nennt, Begegnung mit einem netten Schäfer, einem braven alten Mann, der mir von einfachen Dingen erzählt hat, von den Bergen, und weil meine Uhr stehengeblieben war und ich ihn fragte, ob er wüßte, wie spät es ist, hat er zu mir gesagt: »Uhren, das würde mich stören, ich wüßte nichts damit anzufangen, aber sehen Sie die Sonne«, sagte er zu mir, »es ist etwas über halb vier, in einer Stunde heißt es heimgehen.« Ein echter Weiser ...

Ich habe auch eine weiße Taube gesehen, sehr schön:
»Der Tauben weißeste flog auf
Ich darf dich lieben.«[5]
Ich habe diese Begegnung gemocht.
Françoise war ganz gerührt über Deine Zeilen für sie.

Nachher werde ich auf einen Sprung, hin und zurück mit dem Bus, nach Messuguière[6] fahren, um die von ihr gebundenen Bücher zu liefern, ihren mageren Lohn zu holen und ihren korsischen Freunden Thiry junior (Philosophielehrer in Korsika), dessen Frau und dessen drei Kinder sehr rührend sind, eine Botschaft zu überbringen. Sie haben das Drama des alten Thiry, Direktor der Messuguière, aus nächster Nähe miterlebt, der, wie ich Dir erzählt habe, mit 73 Jahren eine kleine Tochter von einer jungen Frau von 35 Jahren bekommen hat.

Für alle ist das eine große Erschütterung gewesen, die sie mutig aufzunehmen scheinen, die sie aber an den Rand des Dramas gebracht hat.

Überall so viele Schwierigkeiten!

Nicht leicht, dieses Leben.

Mon chéri, ich höre auf, in der Hoffnung, gleich mit Dir sprechen zu können.

Bis bald, hoffentlich tut diese Gürtelrose nicht allzu weh –

Ich umarme Dich mit meinem ganzen Selbst. Ich liebe Dich, vergiß es nicht

Gisèle

Ein gutes neues Jahr! Ein gutes neues Jahr! Erfreulich, ruhig, voller schöner Dinge, voller Liebe, Dichtung, voll von Eric und uns dreien!

474

[Paris, 4. 1. 1967]

Ma Chérie,

danke, daß Du wieder angerufen hast. Eric und ich warten auf Dich. Es ist schön bei uns.

Ich muß gestehen, daß mir meine Gürtelrose heute ziemlich zu schaffen macht: Jucken und leichtes Brennen, zwar nicht schmerzhaft, aber sagen wir, etwas stärker als gestern. Außerdem hat mich Madame de Montaigu, die gegen das Penicillin, das sie ihren Kranken verabreicht, allergisch ist, völlig (Gesicht und Hände) mit einem Ekzem bedeckt empfangen – nicht ansteckend, aber trotzdem. – Ich habe ein neues Gedicht geschrieben, hart und herb[1].

Ich umarme Dich
Paul

[am Rand:] Dein Zug, der Train BLEU[2], fährt um 20 Uhr 20 in Nizza ab und kommt um 8 Uhr 54 in Paris-Lyon an.

475

[An Eric Celan]
[Paris 8. 2. 1967]

Mein Sohn Eric, ich grüße Dich. Ich grüße Euch, Menschen

Paul Celan

8. 2. 1967[1]

476

78, Rue de Longchamp
Paris 16ᵉ
Freitag, 17.[1] Februar 1967

Mon chéri,

Dadurch, daß ich mich, wie jeden Tag, danach erkundige[2], wie es Dir geht, erfahre ich, daß Du Dir Sorgen machst wegen Eric. Es geht ihm gut, er geht weiterhin seinen normalen Beschäftigungen nach, Gymnasium, Hausaufgaben, Pfadfinder. Er hat bei den ersten Arbeiten des Trimesters sehr sehr gute Ergebnisse erzielt und ist von neuem in einer Periode von Klassenarbeiten mit viel Arbeit.

Wenn Du etwas brauchst, schreib mir oder laß es mir sagen.
Ich denke unaufhörlich an Dich, an alle Deine Schwierigkeiten.
Es ging Dir so gut im Januar! Mut, Paul, Du mußt leben, Dich in Ruhe wiederfinden.
Wenn ich für Deine Post etwas tun soll, sag es mir.
Ich hoffe, daß bald ein neuer Dialog zwischen uns möglich ist.
Bis bald
                                           Gisèle.

477   78, Rue de Longchamp
Paris 16ᵉ –
Montag [27. 2. 1967]

Paul, ich habe immer große Mühe, den Arzt zu erreichen, heute morgen habe ich einen kurzen Augenblick mit ihm sprechen können. Du wirst ihn erst morgen sehen, bitte darum, ihn zu sehen, um mit ihm über Deine Post zu sprechen, über das Manuskript, das Du noch einmal überarbeiten wolltest[1], über den Zahnarzt, für mich ist es sehr schwierig, am Telefon mit ihm zu sprechen, er hat viel zu tun, und der Moment, in dem ich ihn erreichen kann, ist der, in dem er in seinem Büro ist, fast immer auf einer Sitzung.

Ich denke nicht, daß es mir möglich ist, am Donnerstag[2] zu kommen – Du weißt, es ist sehr schwer für mich, Dir nicht noch mehr helfen zu können. Ich denke, es ist ein wenig früh, um über die wahren Dinge zu sprechen, die uns quälen. Ich denke, daß Du Ruhe und Erholung brauchst und daß man dieses Drama auch nicht allzusehr aufrühren sollte.

Wenn Du kannst, schreib ein paar Zeilen, um mir Nachricht von Dir zu geben, auch um mir zu sagen, ob Du etwas brauchst.

Der Arzt sagt mir, daß Dein postoperativer Zustand[3] gut ist, daß aber Dein physischer Zustand noch sehr geschont werden muß.

Ich denke an Dich, mein einziger Wunsch ist es, daß es Dir besser geht –

Ich bin sehr erschöpft, ich muß wieder zu Kräften kommen und die Arbeit wiederaufnehmen.

Eric geht es gut, aber auch er braucht Ferien. Er wird Ende des Monats wegfahren.

Ich werde Dich wieder besuchen kommen, sag, was der Arzt über Deine Post und Dein Manuskript denkt. Ich werde sie Dir bringen, sobald Du mich darum bittest.

                    Bis bald   Gisèle.

478
[Paris] Dienstag, 28. Februar 1967

Meine liebe Gisèle, ich habe heute morgen Deinen Brief von gestern bekommen, dann, gegen Mittag, Erics Brief, die Liste der eingegangenen Post, das Obst. Danke für alles.

Dein Brief hat mich bekümmert: ich verstehe Deine Sorgen, und ich glaube, dahinter auch eine gewisse Anzahl von Dingen zu verstehen. Wenn Du Dich für Donnerstag zu müde fühlst, dann komm erst am Sonntag.

Ich habe vorhin Dr. D. gesehen, und ich habe ihm von den Problemen erzählt, die wir neulich angesprochen haben: Antworten auf meine Post, Lektüre und Absenden des Manuskripts der neuen Gedichte[1], Sitzungen beim Zahnarzt. In allem hat sich Dr. D. sehr zuvorkommend gezeigt. Was den Zahnarzt angeht, so mußt Du Dich mit ihm in Verbindung setzen, damit er Dir die Anzahl und die Dauer der vorgesehenen Sitzungen sagt, so daß ich jeweils die notwendige Ausgangserlaubnis bekomme; anschließend wirst Du die Antwort dem Arzt und mir mitteilen.

Was die Post angeht, so gibt es, glaube ich, relativ wenige Briefe von Verlegern – aber die sind sicherlich wichtig[2]. (Bring bitte auch die andern mit, das wird mich zerstreuen.)

Was das Manuskript angeht, so versuch die Abschrift zu finden und mitzubringen, sowie einige Blätter weißes Papier (für die Inhaltsangabe usw.). Vielleicht könntest Du auch die Klammern mitbringen und die kleine Heftmaschine; und einige Mappen, um das Manuskript darin abzulegen.

Und jetzt werde ich, um Dich nicht zu ermüden, diesen Brief beenden. Nicht ohne mich an den ersten Brief zu erinnern, den Du mir hierher geschickt hast, sowie an die Worte, mit denen er beginnt. Du sagtest mir darin »Bis bald«. Ich sage es hier wieder.

Paul

479
[Paris] Mittwoch [8. 3. 1967]

Meine liebe Gisèle,
ich bin gerade von Dr. D. empfangen worden, der übrigens durch Dich über meine Zahnprobleme Bescheid weiß. Ich hatte bereits vorgestern, dem Tag, an dem sich die obere Brücke vollständig gelöst hatte, von mir aus um eine Unterredung nachgesucht.

Dr. D. sagte mir, daß er sich sofort mit Mademoiselle Arrieta in Verbindung setzen werde, um die notwendigen Besuche beim Zahnarzt in die Wege zu leiten. Ich werde daher sicherlich Ausgangserlaubnis bekommen, und dazu brauche ich meine Kleider: Überzieher, Schal, Jacke, Hose, Hemd, Unterhose, Krawatte, Sokken, Schuhe – Und wieder mußt Du Dich um den Transport all dieser Dinge kümmern, vielen Dank im voraus.

Wie geht es Euch, Dir und Eric? Ich wünsche, daß Du Deine Ruhe wiederfindest und den Gefallen an der Arbeit. Für Eric den Erfolg am Gymnasium und bald frohe Ferien.

Ich habe mich gestern und vorgestern um das Manuskript von »Atemwende« gekümmert. Es ist wirklich das Dichteste, was ich bisher geschrieben habe, auch das Umfassendste. Bei manchen Wendungen des Textes habe ich, ich muß es gestehen, Stolz verspürt. – Ich habe schließlich das Manuskript in Zyklen eingeteilt – es mußte gelüftet werden –, die in der Ausdehnung zwar ungleich, doch »in sich geschlossen«[1] sind, wie man auf deutsch sagt. Für das Ende, vor dem eine weiße Seite steht, allein und Zyklus zugleich, das »EINMAL«[2].

Zum andern habe ich die Briefe gelesen – darunter einer von einem jungen Berliner Komponisten, der mich sehr stark berührt: ein wahrer, ein schöner Brief[3]. Und ich habe die Broschüre mit dem Essay über meine Gedichte gelesen: Auch das ist ein Schritt nach vorn im Vergleich zu dem, was es bisher gegeben hat[4]. – Im Augenblick lese ich Schestow, ich bin zwar erst bei der Einleitung Benjamin Fondanes[5], aber – ich kann folgen, ich verliere nicht den Faden[6]! Ach, lesen können wie früher!

Diesen Nachmittag werde ich damit verbringen, das Inhaltsverzeichnis des Manuskripts aufzustellen.

Werde ich Dich noch vor Sonntag sehen, wenn Du die Kleider bringst? Wäre es nützlich, wenn Du, übermorgen zum Beispiel, Mademoiselle Arrieta anrufen würdest? Die Zeit drängt ein wenig – die Ferien kommen näher –, und der Zahnarzt muß die Termine festlegen.

Bis spätestens am Sonntag! Alle meine Wünsche!

Umarme Eric.

Paul

480

[Paris] 8. 3. 67¹
Mittwoch

Lieber Paul,
Ich kann es in Paris in dieser Wohnung mit den Telefonanrufen nicht mehr ertragen, mit diesem ganzen Drama, das wir durchleben. Ich werde am Sonntag nicht kommen können, *ich fahre morgen abend weg*², bevor mir die Nerven völlig durchgehen, was nichts besser machen würde –
Ich hoffe, daß ich mich schnell erholen werde, ein wenig abseits, bei völliger Ruhe.
Mut. Viel Mut

Gisèle

Ich habe Dir heute morgen das geschickt, wovon ich glaube, daß Du mich darum gebeten hast. Eric bleibt in Paris und wird weiterhin in die Schule gehen.
Es geht ihm sehr gut, mach Dir keine Sorgen.

[auf der Rückseite des Umschlags:] Gerade ist Dein Brief angekommen. Danke. Der Koffer mit Deinen Sachen wird heute abend bei Mademoiselle Arrieta abgegeben werden –

G.

481

[Paris] Donnerstag, 9. März 1967

Danke, meine liebe Gisèle, für die beiden heute morgen angekommenen Bücherpakete¹. Wie viele schöne Dinge zu lesen! Ich habe mit dem Lévi-Strauss begonnen, habe davon, bis jetzt, etwa zwanzig Seiten gelesen, von leichtem Zugang, aber es ist noch zu früh, um sich eine Vorstellung von Gehalt und Tragweite des Werkes zu machen².

Ich habe gestern die zweite Lektüre von »Atemwende« abgeschlossen und die Inhaltsangabe aufgestellt. Es ist jetzt ein Manuskript von 93 Seiten, und ich frage mich, ob das Canson-Papier, das als Schutzhülle dienen soll, auf der Rückseite des Manuskripts nicht zweimal gefaltet werden sollte. Wenn die Heftmaschine da ist, können wir alles für den Versand fertigmachen.

Vergiß nicht den Füller. Und gib in dem Brief an Unseld[3] die Nummer *Deines* Bankkontos an, ebenso wie die *meine*.

Umarme Eric, der, so hoffe ich aus tiefstem Herzen, alle Abhänge wieder hochkommt. – Komm auch Du sie wieder hoch.

Bis Sonntag
Paul

[am Rand:] Die Sitzungen beim Zahnarzt werden sicherlich am Montag oder Dienstag beginnen; Prof. Deniker hat gerade seine Zustimmung gegeben.

482

[Paris] Donnerstag, 10. März[1] 1967

Ma Chérie,

gerade bekomme ich Deinen Brief: ich erfahre, daß Du heute abend Paris verläßt, aber Du sagst mir nicht, wohin Du fährst. Ich bin darüber sehr bekümmert.

Gib mir regelmäßig Nachricht, und sag mir, wer bei Eric bleibt.

Gute Gesundheit! Gute Rückkehr!

Ich umarme Dich! Bis bald!

Paul

483

[Paris, 16. 3. 1967]

Meine liebe Gisèle, heute ist Donnerstag, am Sonntag ist Dein Geburtstag[1], ich möchte, daß diese Zeilen an diesem Tag da sind, bei Dir, um Dir meine Glückwünsche zu bringen: meine innigsten Glückwünsche.

Paul

484

78, Rue de Longchamp
Paris 16ᵉ
Montag, 3. April 1967

Lieber Paul,
Ich bin nach Paris zurückgekommen, entschuldige bitte, daß ich nicht habe schreiben können. Ich habe Deine Briefe vorgefunden, für die ich Dir danke, auch die Zeilen zu meinem Geburtstag, die mich sehr berührt haben. Als ich in die Provence gefahren bin, konnte ich einfach nicht mehr. Alles in Paris war mir unerträglich geworden, die Wohnung, die Telefonanrufe, die Leute, ich schlief nicht mehr, ich konnte vor Eric nicht mehr die sehr schwere Last von Schmerz und Unruhe verheimlichen. Ich konnte mich nicht mehr so um ihn kümmern, wie es sich gehörte, in Ruhe. Ich habe geglaubt, ich würde in La Messuguière einen Platz finden, da aber eine Gruppe in letzter Minute eingefallen war, bin ich schließlich in einem jämmerlichen Zustand bei Françoise gelandet[1]. Marie-Thérèse hat sich um Eric gekümmert und ihn zu sich genommen, er hat also bis zu den Osterferien weiterhin aufs Gymnasium gehen können. Er hat meine Abreise akzeptiert und verstanden, und er ist von seiner Tante umsorgt und verwöhnt worden.

Dich im Krankenhaus zu besuchen, Deine Hoffnung wiederaufleben zu spüren, nicht wissen, wie ich darauf antworten soll, weißt Du, das verwirrte mich sehr. Ein richtiger Dialog über das Drama, das Du erlebt hattest, das wir erlebt hatten. Eine solche Veränderung in Deinem Verhalten mir gegenüber, ich, die ich die drei so furchtbar schmerzlichen Tage des Unverständnisses nicht vergessen konnte, machte mir jede spontane Geste Dir gegenüber schwer, schwer.

Ich weiß, welches Deine Liebe ist, ich hoffe, Du zweifelst nicht an der meinen[2]. Dein Drama, Dein Schicksal beschäftigen alle meine Gedanken, doch in den ernsten Augenblicken entmutigt mich meine Unmöglichkeit, Dir zu helfen, vor allem aber gerade die Tatsache, daß meine Gegenwart für Dich so traumatisierend ist, und die Mauer des Unverständnisses, die zwischen uns entsteht, diese totale Einsamkeit, dieses Scheitern, das ich erlebe und das am Ende zu einer so dramatischen Situation führt, übersteigen meine Kräfte.

In solchen Augenblicken möchte ich Dich wenigstens nicht noch tiefer in Deine Schwierigkeiten, in Deinen Schmerz hineinstoßen – Das ist hart, das ist sehr hart.

Paul, lieber Paul, verstehst Du, wie schwierig, wie entsetzlich das auch für mich ist? –

Ich habe Eric bei seiner Abreise Umschläge mit Deiner Adresse geschickt, damit er Dir schreibt, ich hoffe, daß er es getan hat. Ich persönlich habe nur ein paar Zeilen bekommen, ein einziges Mal. Er schreibt nicht gern, aber er schien sehr froh zu sein, viel Ski zu fahren. Ich hoffe, daß er so viel wie möglich von seinen Ferien hat, die er ebenfalls nötig hatte –

Ich denke an Dich, ich denke unaufhörlich an Dich, doch die Zukunft, ich weiß im Augenblick nicht, wie ich ihr entgegensehen soll. Ich weiß, glaube mir, wie entsetzlich alles ist, was Du durchlebst. Es schmerzt mich, schmerzt mich sehr. Ich werde versuchen, mich wieder an die Arbeit zu machen, und ab Mittwoch abend, nach seiner Rückkehr, Eric wieder bei seiner Arbeit fürs Gymnasium helfen, dort, wo er es nötig hat –
Das Wissen, das ich von Dir habe, von dem Du so oft sagtest, Du hättest es vergessen, würdest es aber in meinen Worten wiedererkennen, als von Dir kommend, ist für mich kostbar, und die Treue zu diesem Wissen, von dem Du mir sagtest, mich zu seiner Hüterin gemacht zu haben, wird mir helfen, Eric zu helfen.
Sobald er zurück ist, werde ich Dir sagen, wie es ihm geht.
Sag mir, wie es Dir geht –
Ich denke an Dich, Paul. Gisèle.

485

[Paris] Dienstag, 4. April 1967

Ich danke Dir für Deinen langen Brief, liebe Gisèle. Ich war glücklich, als der Krankenpfleger ihn mir heute morgen brachte; so wie ich gestern glücklich war, als ich Erics Brief, mit Deiner Schrift auf dem Umschlag, bekommen habe. Vier Wochen Warten, das ist, vor allem für jemanden, der wie ich so wenig daran gewöhnt ist, ein langes Warten. Aber das ist etwas Neues in meinem Leben: ich habe gelernt, mich zu gedulden.
Wegen dem, was Du mir in Deinem Brief schreibst, was kann ich darauf antworten? Du schreibst mir, daß Du nicht weißt, wie Du der Zukunft entgegensehen sollst, ich verstehe Dich zwar, aber versteh doch, Gisèle, wir müssen der Zukunft entgegensehen, wenn es eine Zukunft geben soll. Und ich glaube ganz fest, daß es für uns drei eine geben muß, auf die eine oder andere Weise. Sicherlich kön-

nen wir die Lösungen nicht sofort finden, aber wir müssen uns, für eine Stunde vielleicht, von Zeit zu Zeit wiedersehen. Dann länger: um eine Lösung zu finden.

Du fragst mich, wie es mir geht: ich schlafe gut, und am Tag gelingt es mir zu lesen[1]. (Dank der übermittelten Post hat es mir nicht an Büchern gefehlt – die mir aber jetzt, hier, viel Platz wegnehmen.) – Und ich denke an uns.

Frau Dr. Si., die mich bis heute* behandelt hat, meinte, daß ich gegen Mitte Mai meine Kurse an der École wieder aufnehmen könne und solle (nach der schriftlichen Prüfung für die Agrégation), um sie bis Ende Juni fortzusetzen, da meine Heilung in meiner Arbeit liege. Mehr verlange ich gar nicht. Um aber meine Kurse vorzubereiten, muß ich zu Hause arbeiten, mit meinen Büchern – und Du, bist Du bereit, mir bei dieser Gelegenheit zu begegnen? Gib Dir einen Ruck, Gisèle: Du wirst es tun, wie auch immer die Lösung aussieht, die wir für uns drei finden werden, Du wirst es für uns drei tun. – Ich beabsichtige, mit Dr. D. über das Problem der wieder aufzunehmenden Kurse sowie über alles andere zu sprechen; er hat mir versprochen, mich zu einer Unterredung zu empfangen.

Eine kleine Überraschung für Dich: Die »Frankfurter Allgemeine« vom 24. 3. hat eine Graphik von Dir aus »Atemkristall« veröffentlicht, mit einer ziemlich vernünftigen Anmerkung[2] – hast Du es gewußt? (Denk daran, daß wir gemeinsam noch Dinge wie diese machen können[3].)

Ich werde mich diesen Sommer um die Druckfahnen für den neuen Band kümmern müssen – der ebenfalls einen wichtigen Einschnitt in meinem Leben bedeutet[4]. Und ich habe Lust, Gedichte zu übersetzen[5]. Vielleicht wird mir, wenn Dir das lieber ist, ein Freund vor und während des Sommers seine Wohnung leihen. Oder ich werde mir ein Zimmer mieten[6].

Aber es gibt auch praktische Probleme, die sich im Augenblick stellen: schmutzige Wäsche, Geld (André du Bouchet hat mir 10 000 F[7] geliehen**) usw. – Versuch am Donnerstag nachmittag für eine kleine Stunde in die Klinik zu kommen, ab halb zwei; um drei Uhr gehe ich in die Stadt zum Zahnarzt (der sehr gute Arbeit geleistet hat. Aber auch da brauche ich Insadol[8] usw.).

Umarme Eric und danke ihm für seinen Brief.

Meine Wünsche gehen zu Dir   Paul

* sie ist gerade durch eine neue Ärztin ersetzt worden
** Antworten auf Briefe

486

[An Eric Celan]
[Paris] Dienstag, 4. April 1967

Mein lieber Eric,

Du kommst morgen zurück, Mama wird da sein, um Dich zu empfangen – ich heiße Dich willkommen zu Hause.

Deinen Brief habe ich gestern erhalten, zusammen mit der Karte, die Dein nettes Hotel und den großen Hund zeigt, dessen Herr, ich muß es gestehen, ich gern sein möchte. Ich glaube, Du bist wie ich: Du magst die großen, starken und treuen Tiere[1].

Mir geht es wirklich besser (und ich bin froh, es Dich wissen zu lassen). Ich schlafe sehr gut, manchmal habe ich äußerst angenehme Träume – wie ich sie nur selten habe –, und tagsüber lese und schreibe ich. (Natürlich lese ich mehr, als ich schreibe[2]; das Gegenteil wäre ziemlich wünschenswert.) Weißt Du, ich denke, daß ein neuer Gedichtband im September im Suhrkamp Verlag (mein neuer Verleger in Frankfurt) erscheinen soll, das ist ein wichtiges Datum in meinem Leben, denn dieses Buch bedeutet in vielerlei Hinsicht, darunter, vor allem, im Hinblick auf seine Sprache, eine Wende (was seine Leser sicherlich mitbekommen werden)[3].

Und Du? Wie ist dieses zweite Trimester ausgegangen? Du erinnerst Dich, Du hattest mir Einzelheiten versprochen – ich warte darauf. Und ich warte auf neue, fruchtbare Anstrengungen im Gymnasium – auch da zähle ich auf Dich.

Schreib mir oft.

Ich umarme Dich
Dein Papa

487

[Paris] Freitag, 7. April 1967

Meine liebe Gisèle,

wie soll ich heute mit Dir sprechen, nachdem, was wir uns gestern alles gesagt haben? Ich denke an uns drei, an Dich, an Eric – zahlreiche, zahlreiche Gedanken, um das Herz herum, die ihren Platz suchen, ihre Umlaufbahnen.

Zwei Bitten[1]: schicke bitte das diesem Brief beigefügte Telegramm an die Tochter Ludwig von Fickers[2]; ich kann ihr keinen Brief schreiben; schicke es ihr als Brieftelegramm, das dauert zwar etwas länger, ist aber nicht so teuer.

Die zweite Bitte[1]: zwei Ordner für die Post April und Mai. Ich lege einige Zeilen für unseren braven Eric bei.
    Gute Arbeit! Gute Gesundheit! Gute Ruhe!

Paul

[An Eric Celan]
[Paris] Freitag 7. April 1967

Mein lieber Eric,
ich bin sehr zufrieden gewesen, als Mama mir gestern Deine Noten gezeigt hat: die Fortschritte sind eindeutig, sind vorhanden, sind nachgewiesen. Jetzt mußt Du sie festigen, sie halten und sie stellenweise – Briefe! – verbessern. Was Du, daran zweifele ich nicht, tun wirst.
    Außerhalb der Arbeit für die Schule: gutes Spiel! gute Lektüre!

Ich umarme Dich
Dein Papa

488

[Paris] Freitag, 7. [4. 1967], halb eins

Meine liebe Gisèle,
Ich schreibe Dir einen zweiten Brief, weil mir, nachdem ich darüber nachgedacht habe, eine Idee gekommen ist, die möglicherweise geeignet ist, das Problem der Wiederaufnahme meiner Arbeit in der Rue d'Ulm zwischen Ende Mai und Ende Juni zu lösen.
Ich werde keineswegs zweimal die Woche in die Rue de Longchamp zum Schlafen kommen müssen – wie ich es gestern in Betracht gezogen hatte –, sondern es wird genügen, wenn wir, am besten an einem Sonntag nachmittag, Bücher, Wörterbücher, Texte und Schreibmaschine in einer einzigen Fahrt in mein Büro in der Rue d'Ulm bringen, wo ich dann mit Erlaubnis von Dr. D. meine Kurse für den nächsten Tag vorbereiten, im übrigen aber weiterhin in der Klinik schlafen werde.
    Dies scheint mir eine Lösung zu sein, und ich bitte Dich, bei Deiner Unterredung mit D. darauf hinzuweisen.
    Ich möchte, ganz ruhig, zu Deiner Ruhe beitragen

Paul

489

[Paris] Montag, 10. April 1967

Danke, meine liebe Gisèle, für das heute morgen mit der Post gekommene kleine Notizbuch[1], Danke für das dicke Paket, das gerade bei mir angelangt ist[2].
Wie pünktlich Sie sind! Noch einmal Dank.

Ich habe einen ziemlich friedlichen Sonntag verbracht, am Morgen etwas träge – die Freigänger waren noch nicht alle aus dem Haus – dann, nach dem Mittagessen, verschiedene Lektüren, darunter zwei Kapitel aus dem »Zauberberg«, den ich mit achtzehn Jahren bewundert habe: »Schnee« und »Walpurgisnacht« (letzteres enthält den zum großen Teil auf französisch geführten Dialog zwischen Hans Castorp und Clawdia Chauchat)[3]. Nun, ich habe das fade gefunden, »Schnee von gestern«, wie Eric sagen würde, jedenfalls für ihn, aber auch, leider, schon weitgehend für uns. Leider? Nein, man sollte das gar nicht so sehr bedauern. Aber (self-made) Herbheiten, aber Felsvorsprünge, die aus der Tiefe emporragen, aber streng anti-bürgerlicher Geist.

Das hat mich dazu gebracht, zwei Gedichte zu schreiben, eins gestern und eins heute – alles in allem habe ich vierzehn geschrieben, seit ich hier bin[4].

Die neue Ärztin ist sehr nett, ich werde sie wahrscheinlich am nächsten Samstag sehen. Vorher wirst Du sicherlich Dr. D. gesehen haben.

Sag mir, wann der Tag der Ausstellung des Portfolio[5] ist: ich möchte gern meine Gedanken hinlenken.

Wegen Bochum[6]: ich glaube, daß in punkto »Gesellschaftsdamen« Frau de la Motte nach wie vor am ratsamsten ist*: sie ist aus der Gegend und kennt die Leute, sie mag, was Du machst, sie spricht nicht zu viel – eine Gefahr, die bei Nadja besteht, die außerdem von ihrer Arbeit in Anspruch genommen wird – sie wird Dir wirklich eine Stütze sein. Was Ruth angeht, so wirst Du sie natürlich einladen, wie Nadja, aber mehr nicht.

Es sei denn, man läßt zu, daß ich Dich begleite und mit meinen Gedichten »einrahme«[7] (die ich für diese Gelegenheit unter einem neuen Aspekt auswählen würde).

Mögest Du in Ruhe arbeiten und atmen können, mit unserem Sohn.

Paul

* Du mußt sie auf Deine Kosten einladen

490

78, Rue de Longchamp
Paris 16ᵉ
Dienstag [11. 4. 1967]

Lieber Paul,
Danke für Deine Briefe, ich habe Dr. D. am Telefon gehabt, Du hast inzwischen sicherlich mit ihm gesprochen. Wegen Bochum hat es den Anschein, daß eine mehrtägige Ausgangserlaubnis, ins Ausland, noch schwierig ist. Wegen der École hingegen glaube ich, daß er ernsthaft darüber nachdenkt. Ich werde mich mit Elmar[1] in Verbindung setzen, damit Du weißt, auf welchem Stand die Studenten sind und wann die Prüfungen anfangen.

Für das »Portfolio VI« von Brunidor ist keine Ausstellung vorgesehen, aber ich denke, daß ich an einem der nächsten Tage auf den andern ein Exemplar davon bekomme. Es wird (zum Teil?) in Bochum[2] ausgestellt werden, zusammen mit »Atemkristall« und 70 Radierungen, aber ... Ich habe keine Antwort auf meine letzten Briefe, in denen ich um nähere Angaben wegen der Ausstellung bat. Die Druckerei[3] dürfte wohl mit allem fertig sein. Ich habe schon einen großen Teil hier, den Rest werde ich morgen bekommen. Die Radierungen, die ich selber abziehen sollte, sind ebenfalls fertig. Ich warte nur noch auf Anweisungen aus Bochum, die aber nicht kommen.

Wenn ich nach Bochum fahre (werde ich den Mut dazu aufbringen? Ich werde sehen –), ja, ich werde mich melden, wie Du mir sagst, um Frau de la Motte einzuladen (in dem Sinne, in dem Du es meinst: Hilfe), auch Ruth und Nadja, aber ich habe bisher weder eine Einladung noch genaue Angaben erhalten.

Unterdessen habe ich einige gesundheitliche Probleme gehabt, die aber jetzt verschwinden, ich warte noch auf die Ergebnisse einer Untersuchung, um völlig beruhigt zu sein. Aber es geht mir gut – sehr gut. Eine Arbeit ist mir in den Schoß gefallen[4], und ich habe sie angenommen, in Wirklichkeit hatte ich gedacht, noch ein wenig zu warten, um mich wieder auf die Suche zu machen. Aber ich besitze so wenig Fähigkeiten, daß ich ein Angebot angenommen habe für die sofortige Übernahme einer kleinen Klasse mit einem im Grunde annehmbaren Stundenplan, der mir erlaubt, auch an der Radierung zu arbeiten, wenn mir das gelingt, eine Gelegenheit, die ich, wie ich meine, nicht auslassen durfte. Eric ist begeistert, findet das lustig, ich stürze mich in eine neue Arbeit, das macht mich ziemlich kopflos, denn ich weiß nicht, ob ich damit klarkommen werde. Wir werden ja sehen.

Heute habe ich Kontakt aufgenommen, morgen fange ich an.

Es ist sehr schnell gegangen, innerhalb von zwei Tagen. Vor einem Monat wäre ich noch zu erschöpft gewesen, hätte ich nicht gekonnt, und außerdem war die Ausstellung noch nicht fertig. Jetzt ist sicherlich der richtige Augenblick. Und in zweieinhalb Monaten werde ich sehen, ob ich weitermachen kann oder nicht – Finanziell ist es nicht sehr verlockend, aber vier Monate Ferien, in denen ich für mich arbeiten kann, und ich werde nur morgens von 9 bis 12 und an zwei Nachmittagen von 2 bis 5 in Anspruch genommen werden – Der Samstag ist frei.

Ich glaube, daß ich einfach annehmen mußte – Es ist eines der seltenen Dinge, das ich machen kann und das mir Zeit für mich läßt –

Ich kenne Deinen Mut, um weiterhin zu lesen, zu arbeiten, zu schreiben – Ich wünsche Dir, daß Du so früh wie möglich wieder ein richtiges Leben aufnehmen kannst.

Ich wünsche Dir, Paul, alles Beste.

Du schreibst, Du wirst noch soviel schreiben!

Gisèle.

Eric geht es sehr gut, die Arbeit am Gymnasium hat schon wieder sehr ernsthaft eingesetzt. Das Ergebnis einer Deutscharbeit während meiner Abwesenheit ist nicht so glänzend gewesen, wie man hoffen konnte: 12 Punkte nur. Das gefährdet den Preis am Jahresende, den er zu bekommen hoffte – Er wird Dir schreiben, er faßt oft den Plan dazu, doch er hat Mühe, sich dazu zu entschließen.

Mut, Paul. Mut.
G.

491

[Paris, 14. 4. 1967]

Dieser Brief, geöffnet, wie Du mich gebeten hast –

Ich freue mich sehr, viele gute Reaktionen von Unseld[1] – Endlich wirst Du einen guten Verleger haben! Möge er es bis ans Ende verdienen, es zu sein!

Meine Gedanken wenden sich Deiner Schreibmöglichkeit zu, der Möglichkeit, alle Gedichte zu realisieren, die Du noch schreiben wirst!

G.

492
[Paris] Samstag, 15. April 1967

Meine liebe Gisèle,

nur einige Worte, um Dir auf Deinen letzten Brief zu antworten und auf die Zeilen, die dem heute morgen angekommenen Brief von Unseld beigelegt waren.

Ich bin ein wenig beunruhigt, was Deinen Gesundheitszustand angeht. Du mußt in aller Deutlichkeit mit mir darüber sprechen und dabei die Dinge beim Namen nennen, wie früher. Sag mir also, was los war und wie es Dir geht.

Für Deine pädagogische Karriere meine besten Glückwünsche! Du hast seltene pädagogische Gaben, und Du wirst es ganz bestimmt schaffen. Außerdem sind die vier Monate Ferien nicht fern. Was aber *Vorrang* haben soll, ist Deine Radierung, an die ich glaube.

Ich habe André du Bouchet gesehen und ihm von meiner Situation erzählt, vor allem von der Notwendigkeit, eine Wohnung zu finden. Er hat mir versprochen, sich in seinem Bekanntenkreis umzuhören, und ich habe ihm eine Zeitungsanzeige aus dem »Figaro« gegeben, wegen einer kleinen Wohnung, die er sich ansehen will. – Ich erlaube mir, Dich wegen der Wohnung* am Trocadéro um das gleiche zu bitten – ich lege Dir die Zeitungsanzeige[1] bei. Geh bitte hin, nur zu meiner Orientierung (in der Regel schwanken die Preise zwischen 50 000 und 70 000 Francs).

Der Brief von Unseld ist gut – ich gedenke viel zu arbeiten.

Dir und Eric gute und ruhige Tage

Paul

[am Rand:] D. hat mich noch nicht zu sich bestellt. Aber ich habe nach einer Bemerkung von Mademoiselle Arrieta den Eindruck gehabt, daß sie glauben, ich könne in der Rue d'Ulm *wohnen* und *schlafen* – was nicht machbar ist. Nun, wir werden ja sehen.

Was verlangt Marie-Thérèse für ihre Einzimmerwohnung an Miete? (leer? möbliert?)

* es handelt sich um die *leere* Miete

493

78 RUE DE LONGCHAMP. XVIe
[Paris] Montag [17. 4. 1967]

Lieber Paul,
Mach Dir keine Sorgen um meine Gesundheit, ich habe gerade die Ergebnisse der Untersuchung bekommen. Der Arzt hat es vorgezogen, mir eine Röntgenaufnahme von den Lungen und ein Elektrokardiogramm machen zu lassen. Ich habe schließlich nichts, zum Glück. Das leichte Fieber von 37°7 jeden Abend, die übrigens vollkommen abgeklungenen Rückenschmerzen sind nicht beunruhigend. Ich bin sehr mager geworden, und mein Allgemeinzustand ist einfach nicht gut. Ich muß also eine Menge Stärkungsmittel nehmen und mir zwei Monate lang jeden zweiten Tag intravenöse und intramuskuläre Spritzen geben lassen. Im Prinzip soll das auch die Müdigkeit, kleine Darmbeschwerden, mehr oder weniger unbestimmbare Schmerzen zum Verschwinden bringen und dafür sorgen, daß es anschließend keine weiteren Beschwerden mehr gibt. Ich bin also, wie Du siehst, völlig beruhigt.

In der Klasse läuft es sehr gut, ich kann es selbst kaum glauben, es macht mir überhaupt keine Probleme, habe jetzt keine Furcht vor dem Scheitern. Ich glaube, die Kinder mögen mich, es müßte also sehr gut klappen.

Ich bereite in 15 Minuten den nächsten Tag vor und weiß mich ziemlich gut einzurichten, um die Arbeiten umgehend zu korrigieren und keine Hefte mit nach Hause zu nehmen. Ich kann selbst die Leichtigkeit nicht glauben, mit der ich mich an diese Arbeit gemacht habe. Ich möchte natürlich, daß das innerhalb meiner Tätigkeiten sehr sekundär bleibt. Abgespannt komme ich aus dem Unterricht, schon denke ich nicht mehr daran, in Anspruch genommen von anderen Sorgen, wie Du Dir denken kannst – Ich helfe Eric viel und springe also von der 1. zur 6. Klasse[1]. Eric funktioniert nicht sehr gut in Latein und Französisch, und sein Lehrer, der kein besonders guter Psychologe ist und ihn sehr schlecht zu kennen scheint, ist sich seiner ungeheuren Möglichkeiten nicht bewußt. Er muß es schaffen, ihm das in diesem Trimester zu beweisen –

Die Radierung! ja: das muß das Wesentliche bleiben. Du weißt, daß, wenn man wenig Zeit hat, die Zeit für das Wesentliche kostbar ist, und ich hoffe, daß ich sie nicht vergeuden werde. Natürlich bin ich sehr eingespannt, der Unterricht, Eric, das Haus, das ist nicht wenig Arbeit, aber ich habe die freien Nachmittage, die Samstage und die Sonntage ganz und die vier Monate Ferien: ich hoffe, daß es mir gelingen wird, das alles unter einen Hut zu bringen. Ich gehe nicht us und sehe gewissermaßen niemanden, auch abends kann ich für mich arbeiten und verliere keine Zeit mit ermüdendem Herumlaufen.

Bis jetzt habe ich noch keine neuen Radierungen gemacht, und dabei habe ich Zeit gehabt. Ich habe nur die Ausstellung vorbereitet: jetzt völlig startklar. Ich warte auf die Anweisungen Leos für den Versand. Er war verreist und hat mir gerade geschrieben. Der Katalog ist im Druck, aber er hat ein Gedicht aus »Atemkristall« verlangt. Ich habe es ihm also geschickt, ohne daß ich vorher mit Dir darüber reden konnte, aber es war dringend, »Fadensonnen« (für den Katalog)[2]. Ich hoffe, Du bist einverstanden. Ich habe ihm geschrieben, daß Du im Augenblick, da vorübergehend erkrankt, leider nicht zur Lesung kommen könntest – und wie sehr wir das bedauerten – (D. hat mir am Telefon gesagt, diese Reise sei ein wenig verfrüht!)

Ich hoffe, meine Arbeit in der Druckerei an zwei Nachmittagen in der Woche wieder aufnehmen zu können, und den Rest der Zeit zu Hause – Ich weiß, daß es schwierig ist, das alles in die Tat umzusetzen, aber ich habe seit Januar keine einzige Radierung verkauft, und außerdem wird sich diese ziemlich unglaubliche Ausstellung nicht jeden Tag wiederholen, ich habe geglaubt, mich auf diese Gelegenheit stürzen zu müssen. Da ich sehr genau weiß, daß meine wenigen Fähigkeiten mir nicht ermöglichen, leicht Arbeit zu finden, und Du weißt es, ziehe ich das bei weitem einer dummen Ganztagsarbeit in einem Büro vor.

Ich habe gerade versucht, die Einzimmerwohnung anzurufen, von der Du mir die Anzeige geschickt hast, es hat niemand geantwortet. Aber ich werde es heute abend noch einmal versuchen –

Ich habe gestern nachmittag einen Sprung zu den Tophovens gemacht, während Eric ausgegangen war. Elmar wird Dir schreiben, um Dir zu sagen, wie weit die Studenten sind und um Dir die Prüfungsdaten[3] anzugeben – Ich werde Dir den Brief sofort nachschikken.

Ich hoffe, ich hoffe mit allen meinen Kräften, daß es Dir auch weiterhin immer besser geht –

Alle meine Wünsche, Paul, für eine sehr schnelle Besserung. Ich freue mich über Deine Arbeitspläne. Durch Dich lebt die Dichtung, durch Dich lebt das Leben –

Gisèle

Mach Dir wirklich keine Sorgen um meine Gesundheit. Ich halte aus, trotz aller Schwierigkeiten, trotz der großen Schwierigkeit. Trotz der Sorgen, und ich werde auch noch Radierungen machen, hoffe ich.

Ich habe am Samstag gerade einen Abzug meiner kleinen Serie[4] auf sehr hübschem Papier gemacht, schön ausgestattet, ich will sie auf jeden Fall, wenn es mir nicht gelingt, sie zu veröffentlichen, gern als Unikat vor dem Verstählen[5] verkaufen – Du siehst, daß ich das trotz der Arbeitswoche in der Schule machen konnte. Und heute Montag, freier Nachmittag, habe ich eine neue Platte vorbereitet.

494

[Paris] Dienstag, 18. April 1967

Meine liebe Gisèle,

danke für Deinen so prompten Brief. Ich bin froh über die guten Nachrichten hinsichtlich Deiner Gesundheit, froh über Deinen Erfolg in der Schule. Aber was für eine Schule ist es denn[1]? Und – ich bin indiskret – wie ist Deine Bezahlung?

Ich bin gestern beinahe von Delay empfangen worden – dann ist es auf einen anderen Tag verschoben worden. Einige Worte mit D. gewechselt, den ich morgen länger sehen werde.

Ich schicke Dir in diesem Umschlag:

1. Einen Brief des Direktors der ENS[2]. Was die »Abrechnungsformulare« betrifft, so weiß ich nicht so recht, was das ist; hier sind jedenfalls die Auszüge des Crédit Privé sowie mein Lohnzettel: das ist alles, was ich besitze.

2. Ein abzuschickender Brief an Unseld, der freigemacht ist[3]

3. Ein *per Luftpost* abzuschickender Brief nach Moskau[4]

4. Kleinanzeigen/Einzimmerwohnung, darunter eine im »Méridien de Paris« ...[5]

Jean Bollack ist am Sonntag – kurz – vorbeigekommen und kommt am nächsten Sonntag wieder. André du Bouchet wird am Donnerstag in acht Tagen kommen. Morgen gehe ich zum letzten Mal zum Zahnarzt.

Alles Lichte für Dich und Eric
Paul

495

[Paris] Mittwoch, 19. April 1967

Meine liebe Gisèle, kannst Du bitte diese beiden Briefe¹ für mich abschicken? Du mußt nachsehen, ob die Adresse des Insel Verlags stimmt (und eventuell berichtigen), und die Briefe freimachen (30 Francs jeder).

Kannst Du bei Deiner Schwester Marie-Thérèse, die über diese Dinge immer auf dem laufenden ist, Einzelheiten über das Anmieten von Einzimmerwohnungen usw. erfahren: Miete, Nebenkosten usw. – ?

Danke für das alles
Paul

496

[Paris] Mittwoch, 19. [4. 1967] nachmittags

Liebe Gisèle,
ich bin heute morgen in Gegenwart von Dr. D. und Madame Gu. (die neue Ärztin) von Prof. Delay empfangen worden, ungefähr eine Viertelstunde. Was kann ich dazu sagen? Ich habe versucht, nach bestem Wissen zu antworten. Es ist auch von der Trennung die Rede gewesen, die Du möchtest.

Prof. Delay, sehr freundlich, hat mir beim Weggehen gewünscht, daß es »mir immer besser gehe«.

Ich lege diesen Zeilen eine neue Anzeige bei (aus dem »Figaro« von heute)¹. Die Sache sieht mir vorteilhafter aus als alles andere. Vielleicht machst Du was aus und siehst an Ort und Stelle nach, was es ist.

Ich danke Dir dafür
Paul

497

[Paris] Mittwoch [19. 4. 1967]

Darf ich Dich bitten, Paul, noch einmal nachzusehen, ob Du in den vorhergehenden Monaten über den Crédit Privé nichts von der École bekommen und ob Du keine anderen Lohnzettel hast.

Ich fürchte, daß sie den Fehler begangen haben, Dir weiterhin

Dein Gehalt zu überweisen, was eine Menge Schwierigkeiten verursachen wird, das Krankengeld, das ich selbst für Dich in Empfang genommen, aber auf mein Konto überwiesen habe, ist gering und kommt mit einer solchen Verspätung, daß ich nicht weiß, wie ich das alles zurückerstatten kann.

Sobald mir ein Augenblick Zeit bleibt, werde ich mir die Unterlagen wieder vornehmen und mich damit beschäftigen, aber im Augenblick habe ich nur wenig Zeit. Der Unterricht nimmt mir natürlich mehr Zeit weg, als ich erwartete. Die Eltern, die nach der Schule mit mir reden wollen, die Noten, die Korrekturen, Zeugnisse schreiben – Vorbereitungen – Das dauert lange. Ich bin natürlich schändlich schlecht bezahlt, 70 000[1] im Monat – aber das ist eben so – ich kann nicht die Privatstunden geben, um die man mich bittet: ich habe keine Zeit. Aber es ist eben so. Es läuft immer noch gut –

Viel Papierkram auch für den Zoll, die Versicherung, und der Versand nach Bochum[2] nimmt Gestalt an.

Ich werde versuchen, mich um die Anzeigen zu kümmern, die Du mir schickst. Auf die andere keine Antwort. Ich habe es mehrmals versucht –

Ich werde Deine Briefe morgen abschicken.

Ich habe nicht mehr viel Zeit, ich hoffe, daß ich trotz der Müdigkeit durchstehe –

Heute abend kommt wieder dieses junge Mädchen aus München, um Gedichte aus »Der Sand aus den Urnen« abzuschreiben[3] –

Ich habe gerade erfahren, daß die Mutter von Herrn Altmann gestorben ist – Schreib ihm vielleicht ein paar Zeilen[4].

Danke für Deine Briefe.

Möge es Dir so schnell wie möglich besser gehen!

Gisèle

498

[Paris] 20. April 1967

Meine liebe Gisèle,

ich habe gerade Deinen – so wenig erfreulichen – Brief von gestern erhalten und beeile mich, Dir zu antworten.

Zuerst was Deine Arbeit in der Schule angeht: ich habe es gleich geahnt, daß diese zusätzlichen Belastungen auftauchen würden. Aber versuchen Sie, sich nicht unterkriegen zu lassen: es gehört nicht zu Ihren Pflichten, Dich zu lange mit den Eltern der Schüler zu unterhalten.

Was die Lohnzettel und Kontoauszüge angeht, so finde ich hier nur den Auszug vom 31. 3. (Crédit Privé), den ich diesen Zeilen beilege. Vielleicht gibt es etwas zu Hause in den Ordnern der Korrespondenz Januar und Februar. Was die Lohnzettel angeht, schau in meiner Brieftasche nach. Wenn nicht, hat man mir vielleicht welche in mein Fach in der Rue d'Ulm gelegt – Elmar kann einen Blick darauf werfen.

Zum andern ist da der Brief der ENS, von dem ich Dir eine Kopie mitschicke: krankgeschrieben vom 1. 4. bis zum 29. Juni. Dennoch gedenke ich, die Kurse am 23. *Mai* wieder aufzunehmen (dieses Datum bekam ich mitgeteilt durch Elmars Brief, den Du mir vorgestern nachgeschickt hast[1]). D. ist mit dieser Wiederaufnahme einverstanden, das ist absolut sicher. Aber es gibt ja noch, unter anderem, das Wohnungsproblem. Vor und nach dem Ende der Kurse.

Prof. Deniker will mich ebenfalls wiedersehen; ich erinnere mich, daß ich Dir gesagt habe, daß er eine Nachkur plant. Ich jedoch brauche, so wie ich meinen Zustand sehe, meine Bücher, einen Ort zum Arbeiten, ein wenig menschlichen Kontakt, die Vertiefung und Erweiterung meiner Arbeit als poetischer Übersetzer (Emily Dickinson, Supervielle, André du Bouchet) im Einverständnis mit Unseld[2]. Die Fortsetzung des neuen Bandes[3] –: Alles das wird sich in meinem Kopf keineswegs in einer mehrmonatigen Nachkur entfalten...

Sag dem jungen Mädchen aus München, daß in der Wiener Nationalbibliothek ein Exemplar von »Der Sand aus den Urnen«*[4] steht. Gib ihr die Adresse von Fräulein Meinecke (die Schülerin Allemanns, die ihre Doktorarbeit über meine Dichtung schreibt[5]), und sag ihr, daß ich ihr, sobald ich kann, Fotokopien einiger Gedichte schicken werde, die in Bukarest vor meinem Weggang von dort erschienen sind[6].

Noch etwas über Deine Schule – wie ist ihr Name[7]? –: Du hast nur noch zwei Monate. Dann gibt es Ferien und Zeit für die *Radierung* und fürs *Nachdenken*.

Ich könnte Dir noch helfen, Gisèle, ich könnte. Aber ich möchte Dich auch nicht beunruhigen, wodurch auch immer.

Umarme Eric.

Ruhe, Arbeit, Klarheit, Erholung

Paul

[am Rand:] * In einigen Exemplaren sind viele nicht korrigierte Druckfehler.

499

[Paris, 21. 4. 1967]

Nur ein Wort, liebe Gisèle, um diese sehr hübschen Briefmarken zu begleiten, die die Sammlung unseres Sohnes bereichern sollen. Der Inhalt des Umschlags ist ein schönes Plakat von einer Lesung meiner Gedichte in Halle in Ostdeutschland. Es ist eine Geste des Muts und der Solidarität, für die ich sehr empfänglich bin[1].

Was mir ein wenig Sorgen bereitet, ist herauszufinden, ob ich, trotz der Krankschreibung, die Kurse am 23. Mai wieder aufnehmen kann. Aber ich denke, daß sich das leicht regeln läßt.

Ich denke an Deine Ausstellung, die, Du wirst sehen, ein anderes, umfassenderes Hannover[2] sein wird.

Alle meine Wünsche für Deine innere Heiterkeit.
Umarme Eric

Paul

Freitag, 21. April 1967

500

[Paris] Samstag, 22. [4. 1967] morgens

Meine liebe Gisèle,

geh doch, sobald Du kannst, auf einen Sprung in die Rue Desbordes-Valmore Nr. 5 und schau nach, was mit dieser Einzimmerwohnung los ist, von der ich Dir die Anzeige[1] mitschicke. Sie ist nicht teuer und sehr verführerisch.

Ich danke Dir dafür.
Einen guten Tag!

Paul

501

[Paris] Montag, 24. April 1967

Liebe Gisèle,

danke für die durch Jean[1] geschickten Bücher, danke für Deinen Brief vom Freitag[2].

Ich habe Dr. D. gesehen: ich werde also, dies auch im Einverständnis mit Prof. Deniker, meine Kurse in der Rue d'Ulm am *Dienstag, den 23. Mai*, wieder aufnehmen. Hier übrigens, für *Moret*, der (von Elmar mitgeteilte) Stundenplan, an dem ich festhalte[3]:

Dienstag: 9.30-10.30 Anfängerkurs
14.30-16.00 Agrégatifs(Übersetzungs-Übungen)
Freitag: 14.30-16.00 Agrégatifs (Übersetzungs-Übungen)
16.00-17.00 Anfängerkurs
17.00-18.00 Kurs der Fortgeschrittenen[4]

Um meine Kurse vorzubereiten, muß ich meine Papiere aus den vorhergehenden Jahren sammeln und sortieren (ich werde etwa 12 Übersetzungen in die Fremdsprache haben[5], was viel ist); muß ich die ENS-Bücher im Dienstmädchenzimmer ordnen und die aussuchen, die ich mitnehmen soll; hinzu kommt eine gewisse Anzahl anderer Werke und meine Schreibmaschine.

Um das zu tun, werde ich, da Dr. D. damit einverstanden ist, zweimal in die Rue de Longchamp kommen: am Sonntag, den 21., und am Montag, den 22. Es ist ausgemacht, daß ich, worauf Prof. Deniker bestanden hat, die Nacht vom Sonntag auf Montag nicht in der Rue de Longchamp verbringe. Ich werde also am Sonntag abend wieder weggehen und am Montag morgen wiederkommen. Hättest Du am Montag nachmittag Zeit – und Lust –, mich mit dem Auto in die Rue d'Ulm zu bringen[6]? – sag es mir ohne Umstände.

Ansonsten ist nichts Genaues festgelegt worden. Dr. D. hat mich gebeten, mit der Suche nach einer Wohnung noch zu warten. Dabei, und Dr. D. versteht das sehr gut, ist es doch wichtig, daß ich so früh wie möglich meine Tätigkeit als Schriftsteller und Übersetzer wieder aufnehmen kann. Persönlich hoffe ich, Anfang Juli eine Wohnung für mich zu finden, mich darin einzurichten – ich werde einige Einkäufe zu tätigen haben: Tisch, Stühle, Bett, Bücherregale[7] – und bis September zu arbeiten, wenn ich eventuell, auf Einladung der Freunde von Franz Wurm[8], ins Tessin fahre. Eine Verlängerung meines Aufenthalts in der Klinik bringt die Gefahr mit sich, daß sie deprimierend ist.

Mögen diese guten Dinge Wirklichkeit werden.

Schicke mir keine Bücher mehr: ich bin schon vollkommen zugestellt damit. Schick mir nur die Post und die Zeitschriften nach.

Wie sieht es aus mit Bochum? Berichte mir etwas ausführlicher darüber.

Meine Wünsche, alle meine Wünsche.

Umarme Eric, meinen großen Historiker (oder Geschichts-Arbeit-Schreiber)[9]. Ich hoffe ihn wiederzusehen, wenn ich vorbeikomme.

[ohne Unterschrift]

Schick mir bitte postwendend eine Anweisung über 30 F.

P. S. Elmar möchte mich vor dem 23. treffen, um mir den Schlüssel zurückzugeben – was kaum möglich ist. Ich werde ihn also bitten, ihn bei Dir abzugeben[10].

502

[Paris] 25. April[1] 1967

Lieber Paul,

Danke für Deinen Brief. Ich freue mich, daß die Wiederaufnahme Deiner Kurse Gestalt annimmt. Was die zu besichtigenden Einzimmerwohnungen angeht, so habe ich Dir gesagt, daß eine Entscheidung schwierig sein wird, wenn man nicht weiß, ab wann Du mieten willst. Sie bleiben nicht sehr lange frei, wie ich durch die zahlreichen, kürzlich getätigten Anrufe erfahren habe. Ich werde morgen versuchen, mir das in der Rue Desbordes-Valmore anzusehen, aber meine Minuten sind gezählt. Schule am Morgen, dann die Druckerei, um die Kisten mit den Radierungen fertigzumachen, Versand, am andern Ende von Paris. Anschließend muß ich zu Fequet, um die Exemplare des »Portfolio« abzuholen, eines davon nach Bochum zu schicken. Wegen Eric nach Hause gehen, der am nächsten Tag eine Geographiearbeit hat. Dann die Spritzen wie jeden zweiten Tag[2]. Die Besorgungen, das Abendessen. Wenn ich morgen nicht dazu komme, werde ich am Donnerstag nachmittag hingehen –

Ein Brief heute aus Bochum. Leo ist untröstlich, daß ich nicht kommen kann, und läßt daher die Vernissage vom 5. Mai ausfallen und gedenkt die Ausstellung am 7. und 8. ohne etwas Besonderes zu eröffnen – Er schlägt Dir vor, am 4. Juni zu kommen: »Dafür möchte ich am Sonntag, dem 4. Juni, als Matinee und im Rahmen und internen Zusammenhang einer ›Französischen Woche‹ unserer Volkshochschule diese Vernissage nachholen, vorausgesetzt, daß Ihr Mann zu diesem Zeitpunkt gesundheitlich völlig hergestellt ist und diesen Termin auch frei hat. / Bitte, sagen Sie uns auch, welches Honorar wir Ihrem Mann bieten können.«[3] Es folgen Genesungswünsche und Grüße.

Ich habe ihm sofort geantwortet, daß ich Dir seine Einladung für Anfang Juni übermittle, daß es mir persönlich aber, in Anbetracht meiner Arbeit, unmöglich sei, zu diesem Zeitpunkt zu kommen. (Das ist völlig unmöglich. Ich hatte schon alle Mühe von der Welt gehabt, daß ich erreicht habe, im Mai einen Tag zu fehlen, und ich kann das Datum nicht ändern.) Wenn es keine Vernissage gibt, meine ich, daß es sinnlos ist, hinzufahren, und ich warte ab, um zu sehen, was er sagen wird, um mich zu entscheiden.

Es ist schon spät, mein Unterricht kaum fertig für morgen, und ich halte nicht stand, wenn ich zu spät zu Bett gehe.

Alle meine Wünsche für eine baldige Genesung. Ich verstehe Deinen Wunsch, frei zu arbeiten, und weiß, was für eine Hilfe das für Dich sein wird.

Gisèle.

[am Rand:] In der Mittagszeit werde ich zur Post gehen, um Dir die Postanweisung zu schicken (ich habe erfahren, daß André du B. Dir für »L'Éphémère«[4] Geld gebracht hatte – Hast Du das geregelt[5] oder soll ich das tun?) Ich werde Dir auch einen Einschreibebrief nachschicken lassen, von dem ich die Benachrichtigung habe, den ich aber nicht ausgehändigt bekomme[6] –

503

[An Eric Celan]
[Paris, 27. 4. 1967]

Zur Erinnerung an einen kleinen Bummel in Deinem frühlingshaften Paris, mit André du Bouchet zuerst, dann allein wie ein Großer, diese drei Briefmarken – vor allem die von Zola, einem gerechten und mutigen Menschen[1] –, erstanden in der Rue Danton, auf dem Postamt, von wo ich Mama ein wenig mit meiner Feder verdientes Geld geschickt habe.

Schreib mir! Dein Papa

504

[Paris] Freitag 28. April 1967

Meine liebe Gisèle,

einige Zeilen, um Dir für Deinen Brief[1] zu danken, für die nachgeschickten Briefe, für die Geldanweisung, die heute morgen gekommen ist, die ich jedoch aus verwaltungstechnischen Gründen erst in drei Tagen ausgehändigt bekomme –

André du Bouchet hat mich gestern zu einem Spaziergang abgeholt, zuerst im Taxi zum Pantheon, dann durch die Rue de la Montagne-Sainte-Geneviève zur russischen Buchhandlung[2], wo ich für viel Geld – ich habe dazu den großen Geldschein meines Honorars für »L'Éphémère« gewechselt – Band zwei der Werke von Mandelstamm[3] gekauft habe. Danach ein kleiner Kaffee, dann Spaziergang bis zur Rue Danton. Da André eine Verabredung hatte, habe ich mich dort von ihm verabschiedet, um Dir eine Anweisung über 30000 Francs[4] zu schicken (Ich habe auch meine Schulden bei André beglichen, so daß ich nicht mehr sehr reich bin, nach zwei heißen Schokoladen und Butterbroten.) – Ich habe die Michaux-Ausstellung[5] gesehen, die mich enttäuscht hat. So profiliert in seinen Schriften, eignet sich Michaux in der Malerei soviel Andersartiges an.

Fußmarsch von der Rue des Saints-Pères bis zur Metro Raspail. Zwei Kilo Orangen eingekauft. Zurück gegen viertel nach acht.

Für Dr. Leo[6]: Du weißt ja, daß ich die Lesungen in Berlin und Freiburg[7] noch einmal absagen muß, außerdem habe ich die École. Aber versprich Dr. Leo, daß ich ganz sicher im Herbst kommen werde.

Guten Frühling, gute Jahreszeiten
Paul

[am Rand:] Jean, der am Sonntag kommt, hat sich bereit erklärt, mit einem Koffer zu kommen, um meine schmutzige Wäsche und einige Bücher mitzunehmen – erinnere ihn bitte daran. – Es wird auch ein Hemdenproblem geben, wenn ich den Unterricht an der École wieder aufnehme.

505

[An Eric Celan]
[Paris] Freitag 12. Mai 1967

Mein lieber Eric,
   ich bin so froh, Dich nächsten Donnerstag bei André du Bouchet[1] wiederzusehen. Wir werden dort zu Mittag essen, dann werden wir bis zur Ankunft von Gilles[2] (der jeden Donnerstag nachmittag reitet) in aller Ruhe miteinander plaudern. Wir werden auch auf einen Sprung in das nahegelegene Postamt in der Rue Danton gehen können, um nachzusehen, welche neuen Briefmarken in Deiner Sammlung fehlen.

Ich gratuliere Dir zu Deinen Erfolgen und Fortschritten auf dem Gymnasium: ich bin darüber sehr froh und ein wenig stolz. Jetzt, an Pfingsten, wirst Du den Aufenthalt in Moisville mit allen Deinen Kameraden nutzen. Und in weniger als zwei Monaten werden es die großen Ferien sein, mit ihren Freuden und Vergnügungen.

Ich umarme Dich
Dein Papa

506

78, Rue de Longchamp
Paris 16^e
Samstag, 13.[1] Mai 1967 –

Lieber Paul,
Ich habe schon lange nichts mehr von Dir gehört. Laß von Dir hören, wenn Du kannst. Ich kann es kaum erwarten zu erfahren, daß Du endlich aus dem Krankenhaus kommst. Ich werde die Sachen, um die Du mich durch André du Bouchet gebeten hast, vor Donnerstag für Dich abgeben. Vielleicht kann mir Mademoiselle Arrieta Deinen Mantel geben, der Dir sicher lästig fällt, ich werde Dir den Regenmantel bringen. Ich freue mich über Deine Ausgänge, über die Wiederaufnahme Deiner Kurse, aber ich kann es kaum erwarten zu erfahren, daß Du bald wieder an einem weniger betrüblichen Ort leben und arbeiten kannst. Jeder Schritt zu einer Wiederaufnahme des normalen Lebens freut mich.
Eric ist sehr froh, Dich am Donnerstag wiederzusehen. Er hat sich sehr gut mit Gilles du B. verstanden.
Ich fahre heute abend Eric zuliebe nach Moisville.
Mein Leben ist sehr voll und sehr leer. Viel Unwesentliches!
Einige Enttäuschungen mit Bochum, wo es keine Vernissage geben wird. Ich glaube, daß die Ausstellung eröffnet ist, aber ich habe weder Katalog noch Einladung erhalten und weiß nicht einmal, bis wann das dauern wird[2].
Das »Portfolio« ist herausgekommen[3], am Ende sehr schön, was die Einbanddecke und die Typographie des Gedichts angeht, das rettet die Radierungen und den unregelmäßigen Druck – Ich schicke Dir eins, auch einen Sonderdruck des Gedichts, wovon ich 6 oder 7 zu Hause habe –
Die Schule läuft gut, ich glaube, die Eltern sind insgesamt mit dem, was ich mache, zufrieden. Ich versuche mich wieder an die Radierung zu machen. Ich habe Mühe.

Meine intravenöse Behandlung geht ihrem Ende zu, und sie hat mir mit Sicherheit gut getan.
Ich denke an Dich, an Dein schwieriges Leben. Ich wünsche Dir das Bestmögliche.

Gisèle

Eric dankt Dir für Deinen Brief, der heute morgen angekommen ist.

Tante Berta ist untröstlich, daß sie keinen Brief von Dir bekommen hat, möchte unbedingt nach Paris kommen, um Dich zu sehen. Ich gedenke sie natürlich zu empfangen, wenn Du willst. Sie fleht mich an, ihr Wiener Geld anzunehmen, in jedem Brief fragt sie mich nach meiner Bankadresse, damit ich es Dir geben kann. Ich verspreche ihr, daß Du ihr sagen wirst, ob wir welches brauchen.
Apropos, Du dürftest kein Geld mehr haben, kann ich Dir welches schicken? Sag es mir ganz bestimmt.

507

[Paris] 17. 5. 1967

Liebe Gisèle,
   danke für Deinen Brief: ich finde, daß Du Dich darin wohler mit Dir selber fühlst und freue mich darüber. Und morgen werde ich die Freude haben, Eric zu sehen.
   Vorhin habe ich Dein Paket bekommen: noch einmal vielen Dank. Du kannst stolz sein auf das Portfolio: Deine Radierungen, sehr gut herausgekommen und präsentiert, der Druck und der Einband – alles ist vollkommen. Ich finde die Radierungen ihrer »Schwestern« außerhalb des Portfolio ganz und gar würdig: Du hast sie abgewertet, als Du davon sprachst. Sie sind wirklich gelungen.
   Aber ich bin mehr als erstaunt, daß auf der Titelseite nicht der geringste Hinweis zu finden ist, daß vor den Radierungen ein Gedicht von Paul Celan steht*. Ich bin ehrlich verärgert darüber und bitte Dich um eine Erklärung[1].
   Bis zum Ende der Woche hoffe ich etwas mehr über mein Schicksal zu wissen. – Du weißt sicherlich, daß ich am Samstag nachmittag mit Mademoiselle Arrieta vorbeikommen werde – ich hoffe, daß Du da bist, und wäre es auch nur, um mir ein wenig zu helfen, mich in

meinen Sachen zurechtzufinden. Und es wäre auch einfacher gegenüber Mademoiselle Arrieta.

Gute Tage!
Paul

[am Rand:] * meines Wissen tut man so etwas nicht.

508
[Paris] Mittwoch, 24. Mai 1967

Meine liebe Gisèle,

es ist viertel vor fünf, Monsieur Vial hat mir gerade Dein Paket mit dem Manuskript heraufgebracht und das, was es begleitete[1]. Ich danke Dir bestens dafür.

Ich hatte gerade ein Gedicht beendet, das ich Dir hier abschreibe[2].

DIE RAUCHSCHWALBE STAND IM ZENITH, DIE PFEIL-SCHWESTER

DIE EINS DER UHR
FLOG DEM STUNDENZEIGER ENTGEGEN
TIEF INS GELÄUT

DER HAI
SPIE DEN LEBENDEN INKA[3] AUS,

ES WAR LANDNAHME-ZEIT
IN MENSCHLAND,

ALLES
GING UM,
ENTSIEGELT WIE WIR.

Die Zeiten sind hart. Möge Israel dauern und leben[4]!
    Umarme Eric.

Gute Tage
Paul

509

[An Eric Celan]
[Paris] Freitag 25. Mai 1967

Mein lieber Eric,
ich bin gerade auf dem Postamt in der Rue d'Ulm gewesen (um die korrigierten Druckfahnen meines Buches[1] und einen Brief für Tante Berta abzuschicken), und ich habe dort die Briefmarke des Douanier Rousseau entdeckt, die ich Dir hier in einem doppelten Exemplar schicke.

Hast Du Lust, am nächsten Donnerstag mit mir in der Fontaine de Jade[2] zu Mittag zu essen? (Danach werden wir zusammen einen Gang machen.) Wenn ja, sag es Mama, damit sie es mich wissen läßt.

Ich umarme Dich
Dein Papa

510

[Paris] Mittwoch morgen (31. 5. 1967)

Liebe Gisèle, ich habe Deinen Brief[1] gestern abend bei meiner Rückkehr aus der École erhalten. Ich werde also um 12 Uhr 30 an der Haltestelle Alma des 63 sein. Ich denke, daß ich Dir morgen einen Rohrpostbrief schicken werde für den Fall, daß Dich diese Zeilen nicht erreichen werden.

Meine Kurse verlaufen sehr anständig, und ich schreibe weiterhin Gedichte[2].

Ich habe ein Wäscheproblem. Könntest Du hierher kommen (oder in die Rue d'Ulm), um die schmutzige Wäsche abzuholen und die saubere Wäsche, vor allem Hemden, für mich abzugeben. Ich fürchte, die Wäschereien beschädigen die Nylonhemden.

Schick mir das Paket des Insel Verlags, aber auch das Buch von Margareta Taussig (das ich neulich gesehen habe[3]) sowie das Exemplar der »Liaisons Dangereuses«, das Du auf dem Regal »Übersetzungen« im oberen Zimmer finden wirst[4], in die Rue d'Ulm (oder gib sie beim Hausmeister ab, am Eingang, unter der Fahne). Adressiere auch die Briefe in die Rue d'Ulm und leite sie mir dorthin weiter, sie werden mich so schneller erreichen, da ich 4 Mal die Woche dort bin.

Claude David hat in einem Artikel in »Le Monde« von gestern

sehr nett über mich gesprochen (im Rahmen eines Berichts über die Gruppe 47...).[5]

Laß von Dir hören.

Gute Tage!
Paul

Ich sehe Dr. D. heute morgen.

511

[Paris] Donnerstag abend [1. 6. 1967]

Nur ein Wort, um den Brief der »Groupe Chaillot«[1] zu begleiten (der an mich adressiert worden war) und um Dir zu danken.

Die Lage um Israel ist sehr kritisch.[2]

Ich war bewegt über die Stellungnahme Eugène Ionescos in »Combat«, die in »Le Monde« von heute nachgedruckt worden ist[3].

Sag Claude David ein Wort des Dankes – wenn Du der Meinung bist, daß Du es tun kannst.

Ich habe hier gerade einen Eilbrief von Unseld vorgefunden, in dem er mir seinen Prospekt vorstellt: ich stehe darauf an erster Stelle, gefolgt von dem polnischen Dichter Z. Herbert und von Max Frisch. Unseld ist voller Aufmerksamkeiten[4].

Gute Tage!
Paul

512

[Paris] Dienstag, 6. Juni 1967

Liebe Gisèle,

heute ist der Geburtstag unseres Sohnes, und ich richte diese Zeilen an Dich, um Dich zu beglückwünschen.

Ich denke an diesen sechsten Juni 1955, ich sehe uns wieder im Auto der kleinen Notare, dann in der Klinik am Boulevard Montmorency, bei der Ankunft der Ärzte, an das Gewitter, bevor Eric auf die Welt kam[1].

Ich denke vor allem an Deinen ruhigen Mut und an die Natürlichkeit, mit der Du sehr harte und schwierige Dinge akzeptiertest.

Mögest Du unseren Eric noch lange Jahre begleiten.

Paul

513

[Paris] Dienstag, 6. Juni 1967

Liebe Gisèle,

Ein paar Zeilen, um Dich zu fragen, ob Eric am Donnerstag mit mir zu Mittag essen kann. Wenn ja, laß es mich durch die Klinik wissen. Ich brauche mein Adreßbuch – kannst Du es mir durch Eric zukommen lassen?

Ich werde am Donnerstag am späten Vormittag – nach der Großen Visite[1], wenn ich mich auf den Weg in die Rue d'Ulm mache – das Paket mit der zu waschenden Wäsche ins Büro der Klinik hinunterbringen, ich werde Deinen Namen draufschreiben.

Danke für die Bücherpäckchen. Es war, von Unseld geschickt, eine ziemlich hübsche Ausgabe von E.T.A. Hoffmann[2] darunter – eines Tages, den ich zu erleben hoffe, wird Eric sie in die Hand nehmen, um darin zu lesen.

Gute Tage!
Paul

514

[Paris, 6. 6. 1967]

Dienstag, 6. Juni. Es ist halb sechs, ich bin immer noch in der École – meine beiden Kurse[1] sind gut verlaufen –, und da ist nun Dein Brief vom 5., der mich in meinem Fach erwartet.

Danke, Gisèle, so zu denken, zu fühlen, zu handeln. Danke, an diesem Tag, Eric daran teilnehmen zu lassen[2]. Danke, daß Du mir die Gelegenheit gibst, Dir ein drittes Mal an einem einzigen Tag zu schreiben.

Gegen Mittag lag in meinem Fach ein hektographiertes Blatt, worin es hieß:

Damit
ISRAEL LEBE
alle zur
Concorde
Dienstag, 6. Juni um 19 Uhr.

Ich habe Jean angerufen, den ich nachher, um viertel vor sieben, hinter dem Palais-Bourbon treffen werde, um an der Kundgebung teilzunehmen (die, wie ich glaube, von jungen Leuten organisiert wird)[3].

Israel wird siegen und leben.

Umarme Eric.

Von Herzen

Paul

515
[Paris] Mittwoch [7. 6. 1967], gegen drei Uhr

Ich habe am späten Vormittag zu Dr. D. gehen müssen und hoffte, Deine Antwort wegen des morgigen Mittagessens mit Eric zu bekommen.

Da ich morgen sicherlich erst gegen Mittag von hier weggehen werde, kannst Du mich noch morgen früh wissen lassen, ob Eric frei ist und ob ich ihn *um ein Uhr* an der Haltestelle des 63, Place de l'Alma, abholen kann.

Gute Tage!
Paul

516
78, RUE DE LONGCHAMP. XVIe
[Paris] 7. Juni 1967.

In Eile ein paar Zeilen, um Dir für die drei Briefe zu danken, die ich eben erst erhalten habe. Morgen, Donnerstag, wird es in der Tat schwierig sein, daß Eric mit Dir zu Mittag essen geht, denn wir haben bereits seit Tagen Freunde von ihm zu seinem Geburtstag eingeladen, den Nachmittag hier zu verbringen. Es ist jetzt sehr schwierig für mich, alles wieder abzublasen.

Wenn Du für Mai neue Lohnzettel hast, kannst Du sie mir schikken? Ich muß mir noch Untersuchungen, Medikamente und Arztbesuche von der Versicherung rückerstatten lassen.

Ich fahre übrigens jetzt in aller Eile zu meinem Arzt.

Wir freuen uns über einen bevorstehenden Waffenstillstand und den Mut und die Siege der Israelis. Jerusalem gehört vollständig ihnen, ich erfahre es gerade. Aber mögen diese mörderischen Schlachten schnellstens aufhören![1]

Gisèle

517

[Paris] Freitag, 9.¹ Juni 1967

Liebe Gisèle,

wenn Du nach Moisville fährst, versuch in dem großen Zimmer im oberen Stock, neben den Regalen mit meinen Veröffentlichungen in Zeitschriften oder Almanachs, die Sonderdrucke zu finden, und bring sie mir mit nach Paris. Aber vergewissere Dich zuerst, ob in dem Haufen auch die in der »Rundschau« erschienenen Übersetzungen von Emily Dickinson und von Supervielle sind². Andernfalls bring die jeweiligen Nummern der »Rundschau« mit.

Aber ich erinnere mich, daß ich zwei Gedichte von Emily D. veröffentlicht habe, das eine in einem Fischer-Almanach, das andere in einem Insel-Almanach³. Die beiden müssen auffindbar sein – versuch sie für mich zu finden.

Du schreibst mir von Deinem Arzt – was sagt er, wie findet er Dich? Und wer ist es?

Der Waffenstillstand ist da – Gott sei Dank!⁴

Gute Tage!
Paul

518

[Paris] Montag, 12. Juni 1967

Liebe Gisèle,

ich hoffe, daß Du mit Eric ein gutes Wochenende in Moisville verbracht hast. – Ich schreibe Dir aus der Rue d'Ulm, wo ich das Programm von Suhrkamp vorgefunden habe, mit, an erster Stelle, »Atemwende«. Es ist ein wirklich reichhaltiges Programm, und ich bin stolz, daß ich darauf der erste bin¹.

Für meine Ausgangserlaubnisse vom Donnerstag, den 15., bis Freitag, den 16., brauche ich nicht in die Klinik zum Schlafen zu kommen; ich werde die Gelegenheit nützen, um bei den Bollacks zu schlafen, und ich bitte Dich, zu den gewaschenen Hemden einen Schlafanzug zu legen.

Die Waffen schweigen um Israel – möge der Friede dort Einzug halten, für immer.

Gute Tage
Paul

Ich bin ein wenig erstaunt, daß von der Bank überhaupt keine Post dabei ist: Du müßtest vielleicht hinter dem Namen Antschel einen Bindestrich machen und den Namen Celan hinzufügen.

519

[Paris] Dienstag, 13. Juni 1967

Liebe Gisèle,

danke für den Brief und das Paket¹.

Offen gestanden, ich befinde mich, was den Übergang Erics in die 7. neusprachliche Klasse oder eine Wiederholung der 6. Klasse betrifft, in dem gleichen Dilemma wie Du.

Ich werde nachdenken. Und mit den Bollacks und André darüber diskutieren.

Kann Eric am Donnerstag mit mir zu Mittag essen? (Ich habe an diesem Tag um halb fünf eine Verabredung mit einem Freund Andrés²). Laß es mich durch die Klinik bis Donnerstag morgen wissen.

P.

Der Katalog ist recht gut gelungen, der Text von Leo überhaupt nicht dumm (außer was den Hinweis auf Friedlaender³ angeht). Es wird Echos geben, trotz der Sabotage⁴.

Danke für das hübsche Adreßbuch

520

[Paris] Mittwoch, 14. Juni 1967

Liebe Gisèle,

ich hatte gehofft, gestern abend meine Hemden vorzufinden – sieh zu, daß Du sie mir spätestens *morgen im Verlaufe des Vormittags* bringst: ich habe keine sauberen mehr.

Es wird das letzte Mal sein, daß ich Dich mit dieser Arbeit beauftrage.

Paul

Ich erwarte eine Antwort wegen des Mittagessens mit Eric.

521

[Paris] Donnerstag 15. Juni [1967]

Lieber Paul,

Dein Brief, in dem Du für heute morgen die Hemden von mir verlangst, erreicht mich um halb eins bei meiner Rückkehr aus der

Schule. Ich bekomme die Vormittagspost nur selten vor meinem Weggang, und ich komme nicht immer um Mittag nach Hause. Diese Verspätung tut mir sehr leid. Auch was den Brief wegen des Mittagessens mit Eric angeht[1]. Versuch mir früher zu schreiben, wenn Du etwas brauchst. Denn ich habe wenig Zeit, und ich komme nicht immer zum Mittagessen nach Hause.

Du wirst, denke ich, heute abend die Hemden bei den Bollacks vorfinden.

Ich höre auf. Noch einmal, aber es ist das letzte Mal, die Zeugnishefte und die Beurteilungen für das Trimester –

Gutes Wochenende
Gisèle.

Es ist in den letzten Tagen keine Post von der Bank gekommen, aber ich werde in Zukunft beide Namen angeben und werde die meine überprüfen, denn möglicherweise habe ich irrtümlich wieder einen Deiner Briefe von der Bank geöffnet, ihn eingeordnet, ohne es zu merken.

522

[Paris] Donnerstag, 15. Juni 67

Nur ein Wort, um Dir zu sagen, daß ich Deinen Rohrpostbrief[1] rechtzeitig gestern abend bekommen habe.

Ich werde nicht bei den Bollacks schlafen: das ist mir nicht erlaubt worden. Aber ich esse bei ihnen zu Abend, und ich werde Gelegenheit haben, über Erics Probleme zu diskutieren. Ich persönlich, und vor allem, weil auch Eric dazu neigt, bin, genau genommen, für eine Wiederholung. Aber warum nicht hoffen, daß er seine Versetzungsprüfung besteht?

Meine Lesung in Freiburg wird zwischen dem 19. und dem 25. Juli[2] stattfinden; mein Aufenthalt im Tessin, in Tegna, vom 10. bis zum 30. September[3]. Doch bis dahin... Ich werde – hat man mir gesagt – Dr. D. am Montag morgen (er ist in Guadeloupe) sehen, vielleicht werde ich dann klarer sehen. Im Augenblick ist die Klinik sehr schwer erträglich.

Ich weiß nicht, was ich machen soll wegen der Kleidung, die ich brauche. Es fängt an warm zu werden, die beiden Sommeranzüge, der blaue und der graue, wären mir nützlich. Für Freiburg brauche ich den dunkelgrauen Anzug und Hemden mit langen Ärmeln. Außerdem die Hemden. Fürs Tessin die bayrischen Schuhe, den englischen Pullover mit den langen Ärmeln, die (nicht gefütterte) Windjacke*[4]. Das alles wird wahrscheinlich zu Jean gebracht werden müssen, andernfalls zu André. Ich werde mir mit Jean die Daten ansehen, und dann werde ich wieder mit Dir darüber sprechen (persönlich in einem Brief und durch seine telefonische Vermittlung).

Für die Begegnung mit Eric setzen wir als Zeit zwölf Uhr Mittag fest (ich kann die Klinik nicht vor der Großen Visite[5] verlassen), ich werde eine Stunde mit ihm zusammenbleiben, Du wirst ihm zuvor zu essen gegeben haben.

Paul

* Den großen kastanienbraunen Koffer und den Lederkoffer

Die Briefmarken für Eric kommen von Tante Berta.

523

[Paris] Freitag, 16. Juni 1967

Liebe Gisèle,

ich bin, nachdem ich mit Jean und Mayotte darüber diskutiert habe, aber auch, leider, nachdem ich den letzten Brief Erics gelesen habe, für die Wiederholung der Klasse.

Danke für Deinen Brief. Ich habe gleichzeitig heute morgen den beiliegenden Brief erhalten. Ich denke, daß Du einige Radierungen verkaufen kannst, wenn Du Herrn Wille, den Direktor der Kunstsammlungen der Stadt Göttingen, empfängst[1]. Es würde sich lohnen, für einen Tag nach Paris zurückzukommen und Eric bei den Bourgies zu lassen. Schreib gleich, mach ein Datum aus, weise darauf hin, daß Du eigens vom Land zurückkommst, und entschuldige mich wegen Krankheit (oder finde sonst etwas zu sagen).

Die Briefe der Bank kommen bei mir an.

Ich glaube, daß ich gestern meinen neuen Gedichtband abgeschlossen habe. Darin steht auch ein Gedicht über Israel[2]. – Aber die Klinik ist *schwer erträglich*[3].

Gute Tage
Paul

Wird es möglich sein, Eric am Donnerstag zwischen Mittag und ein Uhr an der Place de l'Alma[4] zu sehen?

[am Rand:] Petre Solomon, augenblicklich in Belgien[5], wird dieser Tage nach Paris kommen. Ich habe ihm gesagt, er soll mir in die Rue d'Ulm schreiben.

[oben ergänzt:] Wichtig: in einem der Aktenordner – *Insel*, glaube ich – in der oberen Schublade des Aktenschranks, befindet sich die Bescheinigung für die Freistellung von der Steuerzahlung in Deutschland[6]. Versuch sie zu finden und schick sie mir.

524

[Paris] Freitag, 16. Juni [1967]

Liebe Gisèle,

hier ein neuer Brief: einige Zeilen begleiten den Lohnzettel, den ich gerade in meinem Fach gefunden habe; es ist der vom Juni. (Die Klinik hat mir immer noch nicht das von der École verlangte Zertifikat ausgestellt[1].) Um zwei Dinge möchte ich Dich noch bitten:

meine Übersetzungsunterlagen (im Schrank?), die Unterlagen der Übersetzungen der Shakespeare-Sonette, den Sonderdruck (»Rundschau«) der Shakespeare-Sonette[2]. Ich hoffe, daß sie leicht zu finden sind.

Und noch etwas: die Unterlagen mit den englischen Übersetzungen von Erna Baber[3]. Vielleicht ist es das einfachste, Du bringst sie zu Bollacks. Aber es ist nicht dringend-dringend.

Gutes Wochenende
Paul

525

[Paris] Sonntag abend [18. 6. 1967].

Paul, es gibt viele Übersetzungsunterlagen, ich habe sie alle bereitgelegt. Ich werde sie abgeben, sobald ich kann, aber die letzte Woche ist sehr ausgefüllt, sowohl in der Schule mit sehr anstrengenden »Schulfestivitäten zum Schuljahresende« als auch mit verschiedenen Besorgungen vor Erics Sommerlager. Ich gedenke, sie bei André abzugeben, falls ich dazu komme, bei ihm vorbeizufahren, um den Mantel abzuholen, oder bei Jean. Im Augenblick finde ich nicht die Baber-Übersetzungen. Ich werde sie oben[1] suchen!

Was die Sommeranzüge angeht, so erinnere ich mich, daß es den blauen nicht mehr gibt. Die Hose war zerrissen, erinnere Dich. Aber der graue dürfte gehen.

Was den dunkelgrauen Anzug angeht und die Hemden mit langen Ärmeln und die dicken Schuhe, so kann ich sie Dir, wenn es bei den andern zu viel Platz wegnimmt, im Juli schicken; Anfang Juli werde ich wieder nach Paris kommen und sicherlich dort bleiben.

Danke für den Brief von Wille, ich habe ihm geschrieben, aber es würde mich wundern, wenn er sich, da Du nicht da bist, mit mir verabreden wollte, nun, wir werden sehen[2].

Dienstag und Mittwoch ist Erics Prüfung in Latein. Aber es gibt nicht viel Hoffnung, und je mehr ich darüber nachdenke, um so mehr glaube ich, daß ein Jahr der Wiederholung um Ordnung, Organisation, Schrift wiederzufinden, unerläßlich ist. Er nimmt das sehr gut auf, was natürlich ebenfalls sehr wichtig ist –

Ich wollte Dir sagen, daß Du Dir dann, wenn Du Dir eine kleine Wohnung suchen kannst, selbstverständlich, wenn Du es wünschst, von hier Möbel nehmen kannst. Ich weiß nicht, wie Du das zu organisieren gedenkst, und auch nicht, ob Du nicht ein anderes Genre vorziehst als das, das wir haben. Auf jeden Fall kannst Du, falls Du es möchtest, hier alles nehmen, was Du willst. Alle Möbel Deines Zimmers zum Beispiel. Es ist für mich sehr schmerzlich, Du kannst es Dir vorstellen, so mit Dir zu reden – Entschuldige bitte, daß ich nicht weiß, wie ich es Dir anders vorschlagen kann.

Eric ist sehr glücklich von seinem Pfadfinderausflug zurückgekommen, er hängt sehr an dieser Aktivität, die ihm gefällt. Ich freue mich, daß er auch außerhalb des Gymnasiums einige Beschäftigungen hat, die für ihn entspannend sind und wo er Freunde findet –

Für Donnerstag bleibt es bei Mittag an der Place d'Alma, Haltestelle des 63. Du wirst Zeit haben, vorher mit dem Arzt zu sprechen. Aber willst Du nicht mit ihm zu Mittag essen? Es genügt, daß er um 2 Uhr am Trocadéro ist – Du wirst mir noch Bescheid sagen.

Ich hoffe, daß Du weiterhin schreiben kannst –

Meine besten Wünsche für alles

Gisèle

Ich nehme an, daß die École bald beendet ist. Wohin soll ich Dir Deine Post nachschicken lassen? In die Klinik oder die École?

Ich habe hier auch einen Ordner Crédit Privé, der Dir gehört, in dem auch alle Briefe sind, die bis annähernd Ende März angekommen sind. Ich habe sie alle geöffnet, wegen der Unterlagen, die ich für die Steuererklärung gebraucht habe. Es gibt da auch welche von Suhrkamp. Wenn Du sie brauchst, sag es mir.

526

[An Eric Celan]
[Paris] Montag 19. Juni 1967

Danke, mein lieber Eric, für Dein hübsches Geschenk. Wie Du siehst, mache ich sofort Gebrauch davon, indem ich Dir schreibe.
Morgen, am Tag Deiner Prüfung, werde ich Dir die Daumen drücken. Laß Dich nicht durch die Schwierigkeiten einschüchtern, Du bist in Französisch wie in Latein ganz und gar in der Lage, sie zu lösen. Bewahre Deine Ruhe und denke an das, was Du vor Dir liegen hast.
Ich hoffe, Dich am Donnerstag mittag für eine kurze Stunde sehen zu können. Sag Mama, mir dieses Treffen, sobald sie kann, zu bestätigen.
Und für morgen: »m ... hoch 13«[1]
Bis Donnerstag, ich umarme Dich

Papa

527

[Paris] Dienstag, 20. Juni 1967

Liebe Gisèle,
Danke für Deinen Brief vom Sonntag abend.
Ich freue mich, Eric am Donnerstag zu sehen; ich werde mit ihm Mittagessen gehen. Aber vergiß nicht, Dr. D. Bescheid zu sagen: er legt großen Wert darauf, daß »jeder meiner Schritte« *koordiniert* wird. Er hat mir mitgeteilt, daß er mich noch einige Wochen in der Klinik zu behalten gedenkt.
Wenn Du meine beiden Anzüge zu den Bollacks bringst, vergiß auch nicht meinen Paß und meine vier Gedichtbände[1]. (Aber die Bollacks fahren ebenfalls weg ... Vielleicht bekomme ich den Schlüssel.)
Die Lesung in Freiburg wird am 21. oder am 24. stattfinden, das hängt von der Anwesenheit Heideggers[2] ab.
Schick bitte meine Post an die Adresse der École: ich hoffe, daß ich auch noch nach den Kursen Ausgangserlaubnisse bekomme, die es mir erlauben werden, dort zu arbeiten. Ich werde mich an erster Stelle mit Supervielle[3] befassen.

Gute Tage
Paul

528

Moisville
24. Juni 1967

Lieber Paul,
 Eben erst, vor der Abfahrt, habe ich in Erics Ranzen Deine Zeilen mit der Liste gefunden, die Du ihm mitgegeben hattest[1]. Er hat es vergessen.
 Ich behalte sie, weil ich mich im Augenblick von hier aus nicht darum kümmern kann. Ich werde es aber gegen den 6. Juli machen. Jedenfalls hatte ich bestimmte Sachen von selbst in den Koffer getan, den ich bei den Bollacks abgegeben habe. Oben drauf habe ich eine Liste gelegt mit dem, was drin ist –
 Ich habe auch den Mantel mitgebracht, der bei André hing –
 Ich habe die Bücher, die Petre Solomon gebracht hatte[2], zu Hause behalten, Du wirst mir sagen, ob ich sie schicken soll.
 Eric ist froh, daß er hier mit seinem Freund in Ferien ist, sie haben trotz einer ermüdenden Gewitterschwüle bereits mehrere Stunden draußen gespielt.
 Ich hoffe, daß Du auch weiterhin Ausgang im Krankenhaus hast. Ich denke, daß die Kurse jetzt beendet sind. Ich wünsche Dir viel gute Arbeit und das Allerbeste für alles

Gisèle

529

[Paris] 26. 6. 67

Liebe Gisèle,
 ich hoffe, Ihr habt eine gute Reise gehabt und das Haus hat Euch gut aufgenommen.
 Werner Weber hat mein Gedicht über Israel an erster Stelle auf der Literaturseite gebracht (beiliegender Zeitungsausschnitt). Außerdem hat er das Gedicht in der Lokalausgabe der »NZZ« mit einer Interpretation gedruckt (bitte schick es mir bei Gelegenheit wieder zurück[1]). Außerdem ein sehr herzlicher Brief von ihm.
 Ich schicke der Tante[2] die gleichen Zeitungsausschnitte.
 Heute morgen habe ich Petre Solomon in seinem Hotel[3] abgeholt, er ging zu Ionesco, ich werde ihn morgen wieder sehen, am Tag von meinem letzten Kurs in der Rue d'Ulm. (Alle Studenten der Agrégation sind zur mündlichen Prüfung zugelassen.)
 Ich habe eine gewisse Anzahl von Gedichten Supervielles übersetzt – alles in allem sind es jetzt 29[4] –, und nachher, um drei Uhr,

werde ich Madame Supervielle sehen, sicherlich in Begleitung von Denise und Pierre[5].

Gute Tage
Paul

[An Eric Celan]
[Paris, 26. 6. 1967]

Mein lieber Eric,
ich danke Dir für Deine nette Karte. Ich hoffe, daß es mit dem Crawl gut klappt.

Ich habe Dir die neu erschienenen Briefmarken gekauft, aber ich behalte sie bis zu Deiner Rückkehr.

Amüsier Dich gut!

Dein Papa

530

Moisville, Eure
Mittwoch [28. 6. 1967]

Lieber Paul,
Ich danke Dir, daß Du mir dieses so schöne Gedicht geschickt hast, ich bin froh, daß Du es geschrieben hast und in dem Sinne, in dem Du es geschrieben hast. Es ist gut, daß es zu dem Zeitpunkt erscheinen konnte, an dem es erschienen ist. Zürich scheint auch weiterhin eine für Deine Dichtung empfängliche Stadt zu sein. Sicherlich ist es auch die Anwesenheit einiger wahrer Freunde wie Franz Wurm, die dazu beiträgt – Ich schicke Dir die beiden Presseausschnitte zurück. Ich habe das Gedicht abgeschrieben.

Es ist kalt und ziemlich schlechtes Wetter, aber die beiden Kinder amüsieren sich und entspannen sich. Die Puzzles für die Schlechtwettertage haben mehr Erfolg denn je und werden in einer unglaublichen Geschwindigkeit zusammengesetzt –

Eric ist den Sorgen des Gymnasiums schon sehr fern. Möge er fürs Latein im August wieder ernsthaft daran denken!

Denk daran, mir zu sagen, ob Du Bücher oder Manuskripte von hier brauchst.

Von dem Sammler aus Göttingen[1] habe ich nichts mehr gehört. Wenn ich rechtzeitig ein paar Zeilen bekomme, werde ich nach Paris zurückfahren, aber ich rechne nicht damit.

Was soll ich sagen? Außer meinem Wunsch, daß es Dir auch weiterhin immer besser geht

Gisèle.

[am Rand:] Ich freue mich über diese neuen Übersetzungen von Supervielle und wegen dieses neuen Kontakts mit Madame S. und den Bertaux'.

531

[Paris] 30. 6. 67

Liebe Gisèle,

danke für Deinen Brief, danke, daß Du »Denk dir« abgeschrieben hast. Es ist für mich ein wichtiges Gedicht[1]. Ich habe es Duniu, Alfi und der Tante[2] geschickt, und ich bin gerade dabei, es auch Erich von Kahler zu schicken.

Du kannst mir aus Moisville alle Supervielles mitbringen (die kleine deutsche Ausgabe – Fischer, Schulausgabe – eingeschlossen)[3]. Die Begegnung mit Madame Supervielle ist sehr gut verlaufen.

Ich habe *Mörike* auf dem Programm der Agrégation 67/68, und ich bitte Dich, mir die drei oder vier Bände der Tempel-Ausgabe[4] (orangefarben, glaube ich) mitzubringen.

Auf meinem Programm steht noch ein anderes Buch, das zu finden Du einige Mühen haben wirst: *Die Nachtwachen des Bonaventura*, ein Buch von stahlblauer Farbe, glaube ich, mit einem schwarzen Wappenschild, ziemlich dünn und schmal. Es steht bei den Romantikern[5].

Ich habe gestern meinen Sommeranzug angezogen: er steht mir bestens. Ich brauche für die Reise den Koffer aus kastanienbraunem Stoff. Auch meinen Rasierapparat, den Pinsel usw. – Ich werde zehn Tage Urlaub bekommen und werde – für wie lange? – bei meiner Rückkehr die Klinik wiederfinden.

Ich hoffe, Du profitierst von der Ruhe auf dem Land.

Gute Tage

Paul

[am Rand:] Ich habe für Eric ein Buch von Israel Zangwill (übersetzt aus dem Englischen) gekauft: »Les enfants du Ghetto«[6], das

ich in die Rue de Longchamp schicke. Es wäre gut, wenn Du ein wenig hineinschauen könntest: es ist nicht das, das ich in meiner Kindheit gelesen habe[7], und ich weiß nicht, was es taugt; aber es ist ein Moment jüdischen Lebens.

532

[Paris] 7. 7. 1967

Liebe Gisèle,

ich sehe, daß Du heimgekommen bist: ich begegne Deiner Schrift auf den Briefen, die Du mir nachschicken läßt. Sag mir, wie es Dir geht und wie es Eric geht (und gib mir seine Adresse und die Dauer seines dortigen Aufenthalts an)[1].

Ich habe meine Fahrkarte nach Freiburg gekauft; die Abreise ist auf den 22. festgesetzt, und ich werde etwa zehn Tage vor mir haben; so werde ich Allemann – der gerade nach Bonn berufen worden ist*–, Unseld und Klaus Reichert[2] sehen können. Ohne von Elmars Freund[3] zu reden, von der Tochter Ludwig von Fickers[4] usw. Gib mir den genauen Text des Druckvermerks von »Atemkristall« an – vor allem die Anzahl der Exemplare (70 oder 75?) und das Erscheinungsdatum: ich möchte in »Atemwende« eine Anmerkung dazu bringen[5].

Das Gedicht über Israel hat, wie mir Weber schrieb, ein großes Echo gefunden: »ungezählte Briefe« + ein Nachdruck in Israel[6].

Bring für meine Reise bitte folgendes zu Jean:

1. Koffer aus kastanienfarbenem Tuch
2. meine vier Gedichtbände + ein Mandelstamm[7]
3. Rasierapparat, Pinsel, Seife
4. Schweizer und deutsches Geld (rechte Schublade des Schreibtischs)

Ich danke Dir dafür.

Gute Tage
Paul

[am Rand:] Ich richte Dir die Grüße und Wünsche[8] von Erich von Kahler aus.

* wird aber nach Frankfurt kommen

533

[Paris 17. 7. 1967]

Liebe Gisèle,

Ich danke Dir, daß Du die beiden Koffer zu Jean[1] gebracht hast – ich werde den größeren nehmen, wenn ich am Samstag via Basel nach Freiburg fahre.

Franz Wurm trägt mir auf, Heidegger Grüße auszurichten, was mich nicht gerade beglückt[2]. In Wahrheit ist das tatsächliche Ziel meiner Reise Frankfurt, das heißt, die Unterredungen mit Unseld, Reichert, Allemann.

Heute abend esse ich mit André, dem ich als Überraschung den Zyklus »Der weiße Motor« in meiner Übersetzung mitbringe[3]. Morgen werde ich Weber die Gedichte schicken, für die »Zürcher Zeitung«[4].

Die Zeit erscheint mir manchmal unendlich lang und leer, vor allem in der Klinik. – Gleich nach meiner Rückkehr werde ich damit beginnen, die »Fadensonnen«[5] abzutippen und meine Kurse vorzubereiten.

Schreib mir, wie es Dir geht und wie es Eric geht.

Ich denke an Dich

Paul

17. 7. 67

[oben rechts auf dem Kopf und durchgestrichen:] Kannst Du mir, nach den Manuskripten, die zu Hause sind (»Atemwende«, erste Fassung), das Gedicht: »Frankfurt, September«[6] abschreiben?

Ich habe es gerade gefunden.

534

[Paris] 18. Juli 1967

Lieber Paul,

Dank für Deine kleine Karte. Ja, ich verstehe, daß Dir die Lesung in Freiburg mit der Anwesenheit Heideggers einige Schwierigkeiten macht. Ich hoffe trotzdem, daß sie gut über die Bühne gehen wird. Es ist sicherlich sehr nützlich, daß Du Unseld sehen kannst. Ich sehe, daß Du weiterhin viel arbeitest. André du Bouchet wird über diese neue Übersetzung wohl glücklich sein.

Ein kleines Briefchen von Eric, erst das zweite, nicht allzu glanzvoll in der Form. Aber er scheint sehr zufrieden zu sein. Spricht davon, daß er oft im Fluß gebadet hat, von sehr gelungenen Kochwettbewerben, von großen Spielen und »coolen« Nachmittagen, an denen er zu »lesen, lesen« gedenkt. Ich glaube, daß er sehr zufrieden ist.

Bei mir nichts Besonderes. Die Radierungen sind aus Bochum[1] zurückgekommen, ohne ein Wort. Es fehlen 7, das ist wenig! Ich nehme an, sie sind verkauft. Ich habe hingeschrieben, um nichtbezahlte Rechnungen von Fotos und Verpackung zu verlangen und um Erklärungen zu erbitten wegen dieser fehlenden Radierungen.

Ich versuche, so gut es geht, wieder zu arbeiten, und verbringe meine Tage in der sehr ruhigen und kühlen Druckerei –

Ich wünsche Dir einen guten Aufenthalt in Deutschland und fruchtbare Kontakte mit Unseld. Ich freue mich, daß Du trotz der augenblicklich so schwierigen Bedingungen arbeiten kannst, und hoffe, daß Du sehr bald das Krankenhaus verlassen kannst.

Alle meine Wünsche hierzu

Gisèle

Tante Berta hofft, daß Du sie diesen Sommer in London besuchen wirst.

535

[An Eric Celan]
[Basel, 22. 7. 1967]

Aus Basel, wo ich auf dem Weg nach Freiburg[1] haltgemacht habe, in Erinnerung an eine sehr schöne Klee-Ausstellung[2] – Du mußt Dir in Moisville das große Buch zeigen lassen, das wir über ihn haben[3].

Ich hoffe, Du amüsierst Dich gut.

Ich umarme Dich

Papa

22. 7. 67

536
[Paris] Mittwoch, 2. August 1967
Lieber Gisèle,
ich bin gerade zurückgekommen, befinde mich in der Rue d'Ulm und beeile mich, Dir ein paar Zeilen zu schreiben.
Ich hoffe, es geht Euch allen gut in Moisville.
Die Lesung in Freiburg ist ein außergewöhnlicher Erfolg gewesen: 1200 Personen, die mir eine Stunde lang mit angehaltenem Atem gelauscht haben und die mir dann, nachdem sie lange geklatscht hatten, noch einmal eine knappe Viertelstunde zugehört haben[1].
Heidegger war auf mich zugekommen – Am Tag nach meiner Lesung bin ich mit Herrn Neumann, dem Freund Elmars[2], in Heideggers Hütte im Schwarzwald gewesen. Dann kam es im Auto zu einem ernsten Gespräch, bei dem ich klare Worte gebraucht habe. Herr Neumann, der Zeuge war, hat mir hinterher gesagt, daß dieses Gespräch eine epochale Bedeutung hatte. Ich hoffe, daß Heidegger zur Feder greifen und einige Seiten schreiben wird, die sich auf das Gespräch beziehen und angesichts des wieder aufkommenden Nazismus auch eine Warnung sein werden[3].
Drei Tage in Freiburg, dann zwei bei den Allemanns in Würzburg, die übrige Zeit, sehr erfüllt, in Frankfurt, wo Unseld mich am Bahnhof abgeholt hat. Voller Arbeitspläne. Ich hoffe, daß mich die Klinik, wo ich nachher hingehen werde, losläßt.
Schreib mir. Ich bin froh, daß Du lebst, daß Du arbeitest.

Gute Tage
Paul

537
Moisville
über Nonancourt
Eure
Mittwoch, 2. August 1967 –
Lieber Paul,
Ich weiß nicht, wann Du nach Paris zurückkommst, aber ich denke daran, es ist hart für mich zu wissen, daß Du wieder ins Krankenhaus zurück mußt. Ich hoffe – oh wie sehr! –, daß es jetzt nicht mehr für lange sein wird. Moisville, das ist Ruhe, Luft, Erholung, Sonne, einfach alles. Es bedeutet mir wenig, wenn ich Dich noch dort weiß, wo Du bist.

Von Jean habe ich erfahren, daß einer seiner Studenten, der bei Deiner Lesung dabei gewesen ist, begeistert war, und ich habe mich darüber gefreut, gefreut, damit zu erfahren, daß alles gut gelaufen ist. Ich hoffe, daß die Kontakte mit Unseld ebenfalls gut und ermutigend gewesen sind. Ich hoffe vor allem, daß diese Reise nicht allzu ermüdend gewesen ist und daß dieses so schwierige Deutschland und seine so schwierigen Deutschen nicht allzu anstrengend gewesen sind.

Eric geht es sehr gut. Für ihn haben sich die Ferien in Moisville gut angelassen. Jean-Pierre ist nur für einige Tage da, Patricia[1] für den Monat August. Er macht ganz deutliche Fortschritte im Schwimmen. Endlich.

Er war begeistert über sein Lager und seine Aktivitäten als Pfadfinder. Aber ein Drama dort hat ihn natürlich sehr bekümmert und getroffen. Ein Junge ihrer Gruppe ist beim Baden im Fluß an einem Herzschlag gestorben. Das war sehr hart. Ein Klassenkamerad, ein Pfadfinderfreund, mit dem sie alle zusammenlebten, verläßt sie so von einer Minute auf die andere.

Ich selbst bin bis ins Innerste aufgewühlt gewesen für dieses Kind, für die Eltern, für alle seine kleinen Kameraden und für den Lagerführer, der wirklich nichts dafür konnte, aber trotz allem weitermachen und seine Gruppe bis zum Ende führen mußte.

Zum Glück ist bei den Kindern der Lebenswille groß, und nach zwei Tagen der Unschlüssigkeit haben sie das Lagerleben fortgesetzt.

Ich bitte Eric oft, Dir zu schreiben, er denkt an Dich, aber Du weißt ja, wie schwer ihm das Schreiben fällt. Er wird es bestimmt tun.

Er hat sich wieder an die Ferienaufgaben gemacht: nur Latein, ich glaube, es war nötig, aber es fällt ihm ein wenig schwer –

Wenn Du kannst, schreibe mir, wie es Dir geht. Nichts von dem, was Dir geschieht, kann mir gleichgültig sein, Du weißt es.

                        Ich denke an Dich, sehr
                                    Gisèle.

538

[Paris] 4. 8. 1967

Liebe Gisèle,
 unsere Briefe haben sich gekreuzt.
 Ich habe heute morgen Dr. D. gesehen, er hat mir gesagt, daß man mir nicht vor dem ersten September grünes Licht geben will.
 Aber ich werde in etwa zehn Tagen zu Tante Berta fahren können, für acht bis zehn Tage.
 Mein schwarzer Anzug ist mir jetzt ein wenig lästig, wo kann man eine Schutzhülle kaufen? (Ich werde ihn dann, es sei denn, ich kann Jean erreichen, der für einige Tage zurück in Paris ist, an den Kleiderständer in meinem Arbeitszimmer in der École hängen.)
 Der Aufenthalt in London wird sicherlich ziemlich anstrengend werden. Regine und Leo, die aus Wien zurück sind, werden mich ein wenig aufheitern... Aber es wird in jedem Fall besser sein als die Klinik, wo mir eine Anstrengung abverlangt wird, die mich allmählich überfordert.
 Viele Leute, die Allemanns an erster Stelle, die Neumanns, Unseld, die Höllerers[1], haben mich gefragt, wie es Dir geht.
 Ich habe eine Menge Briefmarken für Eric. Umarme ihn

Paul

539

Moisville
über Nonancourt, Eure
Samstag[1] 5. August 1967

Lieber Paul,
 Im Augenblick Dein zweiter Brief. Danke für beide. Es war eine große Freude zu erfahren, zu erfahren, daß Deine Lesung, die Begegnung mit Heidegger und die mit Unseld sehr gut gelaufen sind ... so gut – Ich freue mich auch, daß Du nach London fahren kannst. Die Tante wird so froh sein, sie erwartet es so sehr. Ich weiß, daß sie die Absicht hat, Dir wegen des Zahnarztes zu helfen, sie wollte mir den Geldbetrag schicken, Du wirst mit ihr ausmachen, wie es getan wird.
 Wirst Du ins Tessin fahren?
 Hier habe ich mit den Kindern der andern eine Menge Sorgen gehabt. Zuerst ein Sturz Jean-Pierres mit der Befürchtung eines gebrochenen Arms. Er ist also nach Paris gefahren, um am nächsten

Tag zurückzukommen, denn zum Glück hatte er nichts. Aber drei Tage später ist Patricia ebenfalls gefallen, und ich habe sie mit einem gebrochenen Arm nach Paris zurückbringen müssen. Das ist wirklich Pech. Ich denke, daß sie in einigen Tagen wiederkommen wird. Jean-Pierre fährt heute wieder heim. Das alles hat mich ziemlich mitgenommen.

Ich höre auf, denn ich muß rechtzeitig in Dreux ankommen, für Jean-Pierres Zug.

Kauf eine Schutzhülle im Prisunic für ein langes Kleidungsstück und einen Kleiderbügel Hose und Jacke + ein Säckchen Paradichlorobenzol zum Aufhängen am Kleiderbügel –

Deine Post ist irrtümlich zu mir zurückgekommen. Ich schicke sie Dir wieder.

Eric geht es gut, und er umarmt Dich. Kopf hoch, Paul

Gisèle

540

[Paris] 7. 8. 1967

Liebe Gisèle,

das ist wirklich Pech, die Sache mit Patricias gebrochenem Arm, und ich hoffe, daß Madame Virouleau es gefaßt aufgenommen hat. Wie lange gedenkst Du, in Moisville zu bleiben? Ich fahre am Samstag nach London, weiß aber noch nicht, für wie lange, zehn Tage vielleicht, oder zwölf, ich werde es am Donnerstag wissen, bei der großen Visite[1].

Habe ich Dir gesagt, daß Unseld im Prinzip einen Supervielle im Insel Verlag akzeptiert und einen André du Bouchet bei Suhrkamp[2]? Dazu, aber das hängt vor allem von meinen Kräften ab, einen Band Emily Dickinson[3]. – Wird man mich am 1. September gehen lassen? Dann werde ich zunächst bei Jean sein ... oder in der École. Am zehnten September gedenke ich, mich für drei Wochen im Tessin zu erholen, ich hab es nötig. Und für Dich fängt die Schule wieder an ... Das alles heißt, *unter anderem*, daß ich Eric erst nach meiner Rückkehr aus der Schweiz sehen werde ...

Ich habe für einen rumänischen Dichter, dessen Namen Du kennst: Ion Caraion, und der einen Gedichtband über Brancusi zusammenstellt, ein kleines Gedicht geschrieben, von dem ich Dir eine Abschrift mitschicke[4].

Umarme Eric. Gute Tage
Paul

BEI BRÂNCUŞI, ZU ZWEIT

WENN dieser Steine einer
verlauten ließe,
was ihn verschweigt:
hier, nahebei,
am Humpelstock dieses Alten,
tät es sich auf, als Wunde,
in die du zu tauchen hättst,
einsam,
fern meinem Schrei, dem schon mit-
behauenen, weißen.

4. 8. 67

541

[An Eric Celan]
[Paris] Dienstag 8[1]. 8. 67

Mein lieber Eric,
  ich bin äußerst erfreut gewesen, als ich heute morgen Deine lange und ausführliche Epistel sowie die Karte mit dem hübschen normannischen Haus gefunden habe, darin mir Deine Erfolge im Schwimmen verkündet werden. Herzliche Glückwünsche!
  Ich werde am Samstag aufbrechen, um Tante Berta einen kleinen Besuch abzustatten, und ich wette, daß ich, was Dich betrifft, nicht mit leeren Händen zurückkommen werde. Übrigens, wenn nützliche Käufe fürs Haus dort zu tätigen sind, sprich mit Mama darüber, damit sie es mir rechtzeitig sagt.
  Ich füge diesen Zeilen einige Ansichtskarten bei, die ich vor allem aus Freiburg im Breisgau und aus dem Schwarzwald (Forêt-Noire) mitgebracht habe, darunter eine mit Silberdisteln (Chardons d'argent)[2]. Ich hoffe, daß sie Dir gefallen.

                    Bis bald. Ich umarme Dich
                                Papa

542

>Moisville
>über Nonancourt
>Eure
>Dienstag [8. 8. 1967]

Danke, Paul, für das schöne Gedicht, für Deinen Brief. Ich wünsche Dir eine gute Reise nach England, einen guten Aufenthalt dort. Ich hoffe, daß Tante Berta nicht allzu anstrengend, allzu besitzergreifend sein wird. Sie ist so voller guter Absichten! Aber auch so auf die Nerven gehend. Nun, sie ist, wie wir sie kennen, und das Alter macht nichts besser, aber ihr Herz ist gut, und sie wird sich sicherlich sehr über Dein Kommen freuen.

Ich bin froh, daß Du ins Tessin fahren kannst, denn Du braucht ganz bestimmt gute Luft, Ruhe und Freiheit –

Da Deine Entlassung aus dem Krankenhaus endlich nahe zu sein scheint, wirst Du mir sagen, was Du aus der Wohnung haben willst, um Dich einzurichten. Seien wir einfach, Paul, Du weißt, daß alles, was wir haben, unser ist, wenn Dir das die Einrichtung Deiner Wohnung erleichtert, zögere nicht. Es sei denn, Du ziehst eine andere Art Möbel vor. Du wirst ja sehen. Du wirst es sagen.

Ja, selbstverständlich, ich verstehe, daß Du Lust hast, Eric vor Deiner Abreise in die Schweiz zu sehen, und der Schulanfang ist für mich am 15., für Eric am 18. September. Doch wenn Du es wünschst, kann ich bei Deiner Rückkehr aus London für einen Tag nach Paris zurückkommen, damit Du einige Stunden mit ihm verbringen kannst. Sag mir Bescheid.

Ich hoffe, daß Dich die Tante nicht allzusehr mit Geschenken für Eric traktieren wird, auf jeden Fall, wenn Du es nicht umgehen kannst, wäre ein Schlafanzug für den Winter vielleicht das beste oder ein hellgrauer Pullover zum Beispiel.

Guten Aufenthalt. Kopf hoch

>Gisèle.

543

>[Paris] 11. 8. 67

Liebe Gisèle,

ich habe gerade die beiliegende Zahlungsaufforderung[1] erhalten. Da ich nicht so richtig weiß, wie der Scheck auszufüllen ist, schicke ich ihn Dir, mit meiner Unterschrift versehen, damit Du ihn vervollständigst.

Morgen werde ich in London sein.
Umarme Eric. Gute Tage

[Ohne Unterschrift]

544

[London] Dienstag, 15. August 1967

Liebe Gisèle, ich bin bei Tante Berta, die weggegangen ist, um ihre Einkäufe zu besorgen – es ist elf Uhr vorbei –, und ich warte darauf, mich kulinarisch verwöhnen zu lassen, wie bisher. Aber schon haben die außer-kulinarischen Leckereien begonnen, und gestern hat sich ein neuer Burberry auf meine breiten Schultern gelegt.

Ich wohne bei Regine[1], diskret, wie Du sie kennst, sehr angenehm. Die Vormittage und die Nachmittage verbringe ich bei der Tante und lese dabei ein Buch[2] für die École. Ansonsten mache ich Shopping (dem Du ebensowenig entgehen wirst wie Eric). Heute soll der Sohn meiner Tante aus Chicago (Blanca)[3] nach England kommen, und wir hängen – eher Tante Berta, sehr »betroffen«, hängt am Telefon. Der erwartete Vetter ist der Bruder[4] von dem, den wir damals in Paris kennengelernt haben, er ist, wie ich glaube, Wirtschaftswissenschaftler und kommt, mit einem Stipendium versehen, mit seiner Frau und seinen beiden Kindern, um allerdings nicht in London, sondern an einem entlegenen Ort in England zu wohnen.

Heute nacht habe ich geträumt, habe – buchstäblich – ein kleines Gedicht[5] *geträumt*, ich bin sofort wach geworden und habe es aufschreiben können: solche Dinge sind mir nur ganz selten zugestoßen.

Ich habe Paris bei strömendem Regen verlassen, aber hier ist das Wetter eher mild, und ich hoffe, daß Ihr in Moisville schönes Wetter habt. Ist Patricia zurückgekommen?

Ich denke an Euch beide, ich frage mich, wie die neuen Radierungen sind.

Ich umarme Eric.

Gute Tage   Paul

Ich danke Dir, daß Du für einen Tag nach Paris kommen willst, damit ich Eric sehen kann. Sobald ich zurück bin und über die Absichten der Ärzte Bescheid weiß, werde ich mit Dir darüber sprechen. – Ich komme am 23. zurück.

545

[Paris] Mittwoch abend [23. 8. 1967]

Liebe Gisèle, Ich bin gerade zurückgekommen und habe Deinen Brief¹ von gestern gefunden – danke.

Ich bin in London zu meiner angenehmen Überraschung in der »Zürcher Zeitung«, an sehr guter Stelle, meinen Übersetzungen von André² begegnet.

Morgen werde ich in der Klinik erfahren, an welchem Tag ich nächste Woche Eric sehen kann.

Sag Erika freundliche Grüße von mir, grüß Jonas³.
    Umarme Eric.
    Gute Tage

                Paul

546

[Paris] Freitag, 25. August 1967

Liebe Gisèle,

ich habe gerade Erics Zeilen gefunden, die er von der Crêperie in Dreux aus geschickt hat, und ich freue mich sehr darüber. Sag es ihm – ich werde es ihm am nächsten Freitag, das heißt, am ersten September, dem Tag, an dem ich Dich bitte, mit ihm nach Paris zu kommen, noch einmal persönlich sagen.

Ich werde ihn um *halb eins* an der Place de l'Alma (Haltestelle des 63er) erwarten, ich werde mit ihm zu Mittag essen gehen, werde ihn in die Rue d'Ulm bringen, um dort: einen Pullover (für ihn), Schokolade + zwei Strickjacken* für Dich und die Briefmarken, die ich für ihn gekauft habe, abzuholen. Dann gedenke ich mit ihm an der Seine entlang zu spazieren und ihn Dir gegen fünf Uhr zurückzubringen.

Ich erwarte Deine Antwort.

Richte Erika und ihrem Sohn viele Grüße aus,
  umarme Eric.

             Ich denke an Dich
                Paul

Es wäre gut, wenn Eric seinen *Ranzen* mitbringen würde!

* Strickjacken und Schokolade sind Geschenke der Tante¹.

547

Moisville
Montag [28. 8. 1967]

Lieber Paul,
Dank für Deinen Brief, ich werde also am Freitag nach Paris kommen, Eric wird um halb eins an der Place de l'Alma sein.

Ich glaube, daß Erika froh ist, hier zu sein. Gestern sind Elmar, seine Schwester und Madame van Velde[1] für ein paar Stunden gekommen –

Du wirst, denke ich, Eric in Hochform finden, braungebrannt, er ist groß und kräftig geworden.

Sobald Du Bescheid weißt, wirst Du mir sagen, was der Arzt hinsichtlich Deiner Entlassung aus dem Krankenhaus beschlossen hat. Du weißt, wie sehr ich auch für Dich darauf warte.

Beste Grüße
Gisèle

548

[Paris], Freitag, 1. September 1967

Liebe Gisèle,
ich bin mit Eric in der École, nach einem Essen in der Fontaine de Jade[1]. Ich habe gefunden, daß Eric groß und sehr schön geworden ist.

Bald fängt die Schule wieder an, und ich schicke Dir hierfür 30 000[2] Francs.

Mein Buch ist erschienen: ich habe das erste Exemplar bekommen und schenke es Dir[3]. Die Notiz zu »Atemkristall« ist am Schluß der Inhaltsangabe[4].

Ich füge diesen Zeilen ein Rezept bei: es ist das, das man mir vor Freiburg ausgestellt hat. Für die Reise nach London war ich direkt von der Klinik mit Medikamenten[5] versorgt worden.

Ich fahre am Donnerstag abend für etwa drei Wochen in die Schweiz. Vorher, das heißt am Montag, werde ich wegen meiner Entlassung Prof. Deniker und Dr. D. sehen (der nicht sehr angetan davon ist, daß ich bei Jean und Mayotte wohnen soll[6]).

Ich hoffe, daß ich ein gutes Schuljahr haben werde, und hierzu muß ich die Klinik so früh wie möglich verlassen.

Meine Adresse in der Schweiz: P.C., c/o Herrn Wolgensinger, CH – 6652 *Tegna* (Tessin), Schweiz.

Gute Tage
Paul

[Widmung in Atemwende:*]*

>An Gisèle,
>>auf der Brücke der Jahre[7],
>>>>>Paul
>1. September 1967

549

[Paris] 2. 9. 1967

Liebe Gisèle,
  nur ein Wort, um Dich zu bitten, mir die Post nicht in die Schweiz nachschicken zu lassen, sondern wie bisher in die Rue d'Ulm.

  Dieses Gedicht von Supervielle[1] ist wirklich hübsch, und ich glaube, daß es für Eric eine gute Übung wäre, es auswendig zu lernen.

>>>Gute Tage
>>>>Paul

[An Eric Celan]
[Paris] 2. 9. 67

Lieber Eric,
  als ich im Hinblick auf ihre Übersetzung ins Deutsche Gedichte von Supervielle las, bin ich auf ein ziemlich kurzes, sehr hübsches Gedicht gestoßen – hier ist es, lies es, und, wenn Du Lust dazu hast, lern es auswendig.

>>>Ich umarme Dich
>>>>Papa

550

>>>Moisville
>>>2. September 1967

Lieber Paul,
  ich will nicht länger warten, um Dir zu sagen, wie ergriffen ich gewesen bin, daß Du mir »Atemwende« schickst. Danke, danke für die Widmung. Eric war ebenso glücklich darüber, daß Du mir diese Überraschung – und was für eine Überraschung! – bereitet hast, wie ich es war, sie zu bekommen.

Danke auch für Deinen Brief. Ich hoffe, daß Dein Aufenthalt im Tessin eine gute, wahre Erholung sein wird. Ich wünsche Dir dort schöne Spaziergänge, gute Freunde und auch gute Arbeit. Es ist aber vor allem Erholung, Ruhe, gute Luft, was Du ganz sicher brauchst, um Dich von diesem so harten Jahr, von diesem so langen Krankenhausaufenthalt zu erholen, bevor Du von neuem Paris und der École die Stirn bietest.

Ich danke Dir auch für das Geld. Bei meiner Rückkehr nach Paris muß ich Eric neu einkleiden, der, wie Du gesehen hast, sehr gewachsen ist. Dafür werde ich es ausgeben.

Danke für die Pullover, für den von Eric. Er ist im Augenblick sehr schön, das finde ich auch. Sein Lager hat ihm in jeder Hinsicht sehr gut getan, und das schöne Wetter in Moisville ebenso wie die zahlreichen Schwimmstunden sind für ihn sehr wohltuend gewesen.

Morgen wird Bruno kommen, einer seiner Pfadfinderfreunde, und ich denke, daß es für ihn noch vierzehn schöne Tage vor dem Schulanfang sein werden.

Er hat deutliche Fortschritte in Latein gemacht, und Mayotte schickt ihm regelmäßig die Lösungen seiner Aufgaben, was ihn ebenfalls anregt. Wenn er bei Schulbeginn nur die Möglichkeit einer Versetzungsprüfung hätte, ich bin sicher, daß er in die siebte hätte kommen können, doch diese Wiederholung der Klasse ist in Anbetracht seines jungen Alters trotzdem keine Katastrophe, und ich denke, daß er daraus Gewinn ziehen wird. Wenn er, wie ich hoffe, ein sehr gutes Jahr hinter sich bringen wird, dann wird er wieder ganz und gar Vertrauen zu sich finden und kann seine Ausbildung unter sehr guten Bedingungen fortsetzen. Die Inkompetenz seines Französischlehrers in diesem Jahr auf dem Gebiet der Kinderpsychologie trägt mit Sicherheit viel zu diesem Scheitern bei. Eric hat viele Entschuldigungen, denn der Lehrer war in vielerlei Hinsicht mehr als kläglich, und das hat ihn sehr entmutigt. Aber jetzt wird es mit Sicherheit klappen.

Ich behalte den Bescheid von der Sécurité Sociale und kümmere mich darum, sobald ich wieder zurück bin, aber wahrscheinlich fehlt mir dazu ein Lohnzettel, ich werde mich wieder bei Dir melden, nachdem ich es nachgeprüft habe –

Ich habe diesen Sommer ein wenig gezeichnet und hoffe, bei Schulbeginn neue Radierungen zu machen, vielleicht sogar während der letzten vierzehn Tage hier. Ich hoffe, daß es mir gelingt, Schule und Radierung unter einen Hut zu bekommen, das ist sicherlich nicht einfach, aber es ist trotz allem realisierbar, glaube ich.

Ich hoffe, daß Du vor Deiner Abreise noch weitere Exemplare von »Atemwende« bekommen wirst. Ich danke Dir noch einmal dafür, daß Du mir Deines geschickt hast.

Schöne, sehr schöne Ferien!

Gisèle

551

[An Eric Celan]
[Locarno] 8. 9. 67

Und hier bin ich bereits auf einem Bummel in Locarno, am Lago Maggiore, wo ich im Begriff bin, mir einen guten Campari . . . maggiore zu leisten

Dein Papa

552

[An Eric Celan]
[Bellinzona] 9. 9. 67

Mein lieber Eric, das Wetter ist nicht sehr schön, aber trotzdem fahre ich im Tessin umher oder besser, werde gefahren[1]. Ich bin jetzt im Hauptort des Kantons: Bellinzona. Auf der Karte eines der drei Schlösser, die die Stadt beherrschen.

Dein Papa

553

[An Eric Celan]
[Bellinzona, 10.? 9. 67]

Mein lieber Eric, hier ist das zweite der drei Schlösser von Bellinzona.

Am Morgen habe ich mich in der Sonne geaalt, jetzt, wo es regnet, spendieren mir meine Freunde in einem Café einen guten »Cappuccino«.

Ich umarme Dich
Dein Papa

554

Tegna, den 11. September 1967

Liebe Gisèle,

einige Zeilen, um Dir zu sagen, daß ich hier sehr gut untergebracht bin, in einem schönen, sehr geräumigen, sehr ruhigen Haus[1], umgeben von einem Garten, mitten in einem Tal, in geringer Höhe, aber mit einer hohen Dosis Freundschaft.

Jean, der Dr. D. aufgesucht hat, hat Dir vielleicht gesagt, daß Deniker meine Überweisung nach La Verrière[2] ins Auge faßt (sicherlich für eine »Nachkur«), daß sich aber D. und Madame Le Gu. dem widersetzt haben.

Ich werde also bei meiner Rückkehr weitersehen. Und ich werde wahrscheinlich in der École darum bitten, mich noch eine Zeitlang dort wohnen zu lassen.

Unseld besteht darauf, daß ich während der Buchmesse zu seinem Empfang komme, um in seinem Haus vor etwa fünfzig Gästen die Gedichte aus »Atemwende« zu lesen. (Eine Lesung von ungefähr 30 Minuten.) Ich habe im Prinzip zugesagt und hoffe, daß die Ärzte ebenfalls einverstanden sind. Es ist für den 12. Oktober vorgesehen[3].

Ich wünsche Dir einen guten und »aquaforten« Schulanfang.

Umarme Eric.

Gute Tage

Paul

Ich bleibe hier bis zum 20., dann wird es Zürich sein[4].

Heute abend sind wir bei den Höllerers eingeladen, die ein Haus in der Gegend haben[5].

555

[Widmung in Atemwende[1]*:]*

Für Dich, mein lieber Eric, der Du
eines Tages diese Gedichte lesen und verstehen wirst

Dein Vater

Tegna, den 12. September 1967

556

78, Rue de Longchamp
Paris 16ᵉ
Montag [18. 9. 1967]

Mein lieber Paul,
Ich danke Dir sehr für Deinen Brief aus dem Tessin, den ich bei meiner Ankunft hier vorgefunden habe. Ich hoffe, daß Du kein allzu schlechtes Wetter gehabt hast und daß Du trotz allem schöne Stunden draußen hast verbringen können. Ich freue mich, daß die Freunde nett sind und der Rahmen angenehm. Ich schreibe Dir noch nach dort, denn ich glaubte, daß Du bis Ende des Monats bleiben würdest, aber Du sagst mir, daß Du am 20. nach Zürich fährst. Ich hoffe, daß Dir mein Brief nachgeschickt wird, wenn Du nicht mehr dort bist.

Ich habe von den Bollacks überhaupt nichts gehört und wußte daher nichts von dem Plan Denikers für La Verrière, auch nicht, was D. dazu gemeint hat. Auf jeden Fall wirst Du mir sagen, was beschlossen worden ist, auch, ob ich Dir bei irgend etwas helfen kann. Ich glaube, daß es im Augenblick sehr leicht ist, freie Einzimmerwohnungen zu finden. Wenn Du Dir mehrere anschaust, bin ich sicher, daß Du innerhalb von acht Tagen etwas gefunden hast –

Ich denke, daß es für Dich gut sein wird, nach Frankfurt zu fahren, nicht wegen der Buchmesse, ich weiß, daß Du diese Art Veranstaltungen nicht sonderlich magst, sondern wegen der Lesung im Verlag. Die Veröffentlichung von »Atemwende« ist immerhin eine wichtige Sache, eine Lesung in diesem Augenblick erscheint mir sehr sehr gut.

Für Eric fängt gleich die Schule wieder an, das Gymnasium, er ist ein wenig bewegt und traurig, wie jedes Jahr, über das Ende der Ferien, aber in der Regel ist er zwei Tage später wieder sehr froh. Ich hoffe, daß das Jahr gut für ihn sein wird, ich glaube es wirklich.

Er dankt Dir für die Karten, für die Briefmarken, für den Gedichtband, für Deine Briefe. Er wird Dir ganz sicher schreiben, aber er bleibt für diese Art Dinge nach wie vor so faul! Er liest ungeheuer viel, wie immer.

Ich nehme morgen wieder meinen Unterricht in der Schule auf, ich habe mit der Schulleitung vor einigen Tagen wieder Kontakt aufgenommen – Versetzungsprüfung der Neuen, Einteilung der Klassen, Lehrerkonferenz. Das freut mich nicht übermäßig. Sie werden dieses Jahr sehr viel zahlreicher sein. Ich habe drei Tage ohne Unterbrechung gearbeitet, um das Trimester ein wenig vorzubereiten. Jetzt ist alles bereit, und ich warte auf Erics Stundenplan am Gymnasium, um zu sehen, wie ich die »wichtigste Arbeit«, nämlich die Radierung, unterbringen kann. Ich hoffe trotz allem lange Stunden für sie zu finden – Hoffen wir es!

Ich habe für Dich Besuch von Herrn Graisowsky bekommen, er hat Dir geschrieben und ist für einige Tage nach Paris gekommen, obgleich er keine Antwort erhalten hatte, in der Hoffnung, Dich zu treffen – Er ist, glaube ich, Regisseur im zweiten Programm von Radio Köln und möchte einen Film mit Deinen Gedichten machen. Ich kann mir das nicht so richtig vorstellen! Er möchte Dich unbedingt treffen, selbst wenn sich dieses Projekt nicht verwirklichen ließe. Er scheint wirklich Deine Dichtung zu mögen. Er sagt, daß er sie über alle anderen stellt. Er wird wahrscheinlich im Oktober anrufen, um zu erfahren, ob er nach Paris kommen kann, um Dich zu sehen (ein oder zwei Tage). Er fragt, ob Du ihm schreiben kannst, er wird ab dem *1. Oktober in 69 Heidelberg – Doßenheim – Im Hosend*[1] sein.

Ein Brief von der Bank für Dich ist irrtümlich geöffnet worden – entschuldige bitte –, ich schicke ihn Dir beiliegend mit.

Weißt Du, daß Du hier noch eine ganz neue graue Hose hast, wenn Du sie willst, sag mir Bescheid –

Ich höre jetzt auf, um Erics Sachen vorzubereiten und meine Radierungen von diesem Sommer vor dem Schulbeginn einzuordnen.

Ich denke an Dich
Gisèle

557

[An Eric Celan]
[Zürich] 20. 9. 67

Mein lieber Eric,

ich bin jetzt in Zürich, in dem Hotel[1], in dem wir vor sieben Jahren gewohnt haben, als wir Nelly Sachs empfangen haben. Ganz in der Nähe war der Zirkus Knie, Dein erster großer Zirkus[2].

Ich hoffe, daß der Schulanfang gut gelaufen ist und daß Du gute Lehrer hast.

Ich umarme Dich und sage Dir
Bis bald.

Dein Papa

558

45, Rue d'Ulm
[Paris] den 27. September 1967

Meine liebe Gisèle,
danke für Deine beiden Briefe.

Mein Aufenthalt in Tegna ist dadurch abgekürzt worden, daß die Wolgensingers[1], meine Gastgeber, die Fotografen und Filmemacher sind, von einem Tag auf den andern ein Angebot akzeptieren mußten, für ich weiß nicht was für einen großen Pharmaschuppen einen zusätzlichen Film über eine Vielzahl von Niederlassungen des besagten Schuppens zu drehen – was praktisch eine Reise um die Welt bedeutet. Bevor sie sie antraten, ist Frau Wolgensinger erst einmal in ein Sanatorium gegangen, um sich dort ein wenig zu erholen.

Zürich ist sehr freundlich zu mir gewesen, ich habe eine Menge Leute[2] gesehen, habe deutsch gesprochen, Gedichte[3] geschrieben. Und, vor allem: Franz Wurm ist ein echter Freund. In seinem Arbeitszimmer, wo er über die Werke Kafkas, Schönbergs[4], Wittgensteins nachdenkt, in einer gut sichtbaren, freien Ecke, Dein »Kämpfender Atem«[5].

Der Zufall hat es gewollt, daß ich in einer Buchhandlung Herrn Larese traf – sehr erfreut, mich wiederzusehen, hat er auf der Stelle mehrere Exemplare von »Atemwende«[6] gekauft, die er sich für sich und seine Freunde signieren ließ. Er hat mir gesagt, er habe an einem Morgen im Mai angerufen. Ich habe ihm gesagt, er solle abends anrufen, und mir scheint, daß er es nach dem fünfzehnten Oktober tun wird, bei seinem nächsten Aufenthalt in Paris[7]. Natürlich möchte er, wenn es zu einer Ausstellung kommt, daß ich eine Lesung mache. Vielleicht wirst Du finden, daß es möglich ist, mit mir hinzugehen; andernfalls müssen wir eine Ausrede finden, Du wirst zur Vernissage gehen, und ich werde später hingehen, um im Rahmen Deiner Ausstellung Gedichte zu lesen[8].

Ein ähnliches Projekt ist mir von Prof. Baumann aus *Freiburg*[9] vorgeschlagen worden. Noch nichts Genaues, außer daß sie dort die feste Absicht haben, Deine Radierungen auszustellen[10].

Und für Dich, wie für mich die Dichtung, kommt die Radierung vor dem Unterricht.

Ich bin selbstverständlich einverstanden, daß Du im Salon de la Jeune Gravure außer Deinen Graphiken auch »Atemkristall« ausstellen läßt.

Etwas anderes: Altmann schien mir in seinem letzten Brief (von vor einigen Monaten) eine Anspielung auf ein neues Buchprojekt[11] zu machen. Ich bin bereit, es mit Dir zu machen, die Gedichte gibt es schon, mehr als dreißig, die über »Fadensonnen«[12] hinausgehen, also fast die Hälfte eines dritten Bandes[13]. Wir brauchen außerdem Geld. Soll ich Altmann schreiben?

Ich würde Eric gern so bald wie möglich sehen: Donnerstag, den 5. Oktober, um halb zwei an der Place de l'Alma; oder, wenn das nicht geht, an einem anderen Tag, abends, nach der Schule, gegen halb sechs, für eineinhalb Stunden.

In einigen Stunden gehe ich in die Klinik zurück. Ich hoffe auf meine Entlassung, um unterrichten zu können. Ich hoffe auch am 12. nach Frankfurt fahren und dort meine Gedichte vortragen zu können[14] (das Buch scheint sich ziemlich gut zu verkaufen).

Ich denke an Dich und wünsche Dir gute, sehr gute Tage,

Paul

559

[Paris] 29. 9. 1967

Meine liebe Gisèle,

Du kennst den Schreiber des beigefügten Briefes: es ist ein jiddischer Dichter aus der Bukowina[1], der, als er vor zwei Jahren auf der Durchreise in Paris war, Deine Radierungen sehr bewundert hat; wir haben ihm die Radierung mit dem kleinen Gedicht[2] geschickt.

Ich rate Dir, Madame Mark zu empfangen. Das Projekt, Deine Radierungen in der amerikanischen Galerie auszustellen, ist noch ziemlich vage formuliert – es wird genauere Konturen annehmen. (Schick mir den Brief wieder zurück, damit ich antworten kann.)

Die Schule fordert drei Bücher von mir zurück:

Max Brod, *Heinrich Heine*
Die Zeitschrift »*Europe*«, Heine-Nummer
L. Marcuse, *Heine* (rororo)[3]

Schau nach, ob Du sie in Moisville oder zu Hause findest.

Außerdem bitte ich Dich, mir *La Futaie* von *Stifter*[4] mitzubringen – Du findest ihn bei den deutschen Bänden von Stifter[5] (grüner Leineneinband), im Flur. Ich habe Heidegger[6] dieses Buch versprochen, es bei Delatte[7] bestellt, aber ohne Erfolg. Wenn Du Zeit hast, gib das Buch bei der Concierge in der Rue d'Ulm ab (gleich links, unter der Fahne).

Dr. D. verläßt die Klinik; sein Nachfolger ist Dr. Co. Ich muß

meine Bescheinigung für die Wiederaufnahme der Arbeit bekommen, die École verlangt sie ganz dringend von mir.
Umarme Eric.

Gute Tage
Paul

560

[Paris] Freitag, 29. September [1967].

Danke, Paul, für Deinen gestern erhaltenen Brief. Ich habe es ein wenig für Dich bedauert, daß Dein Aufenthalt im Tessin abgekürzt worden ist, aber ich weiß, daß Zürich eine »liebenswürdige« Stadt ist und daß Du dort auch diesen wahren Freund hast. Ich habe viel an Deine Rückkehr nach Paris gedacht, und das hieß ja auch Rückkehr ins Krankenhaus mit all dem, was das an Entmutigendem und wenig Stimulierendem bedeutet. Glaube mir, ich warte wie Du ungeduldig darauf, daß Du endlich die Möglichkeit wiederfindest, so zu arbeiten wie Du es verstehst, unter normalen Bedingungen.

Durch einen Anruf heute abend von André du Bouchet erfahre ich, was Dir die École mitgeteilt hat, und er legt mir nahe, in Deinem Auftrag, glaube ich, bei D. anzurufen. Ich werde es so bald wie möglich tun.

Ich weiß, daß André ihn ebenfalls anrufen wird, er hat es sicherlich schon heute abend getan. Ich konnte noch nicht, eine ehemalige Pfadfinderführerin von Eric war dagewesen, und jetzt ist es zu spät, aber gleich morgen früh, ich hoffe, daß ich ihn erreichen werde, andernfalls werde ich es so lange versuchen, bis es mir gelingt.

Selbstverständlich mußt Du unbedingt wieder Deine Kurse an der École aufnehmen, das ist unerläßlich. Du kannst Dir unter keinen Umständen erlauben, diese Stelle zu verlieren, die schließlich, so glaube ich, nicht uninteressant ist. Ich weiß auch, wie sehr Du diesen Sommer die Kurse vorbereitet hast – Aber ich bin sicher, daß Du Dir keine Gedanken zu machen brauchst und daß das möglich sein wird.

Ich werde jedenfalls alles in diesem Sinne tun, was ich tun kann, das weißt Du –

Danke für alle Deine Vorschläge. Mein Graphikerberuf muß an erster Stelle bleiben, ich weiß das schon. Aber der Unterricht knabbert mir entsetzlich viel Zeit weg. Die Anwesenheitsstunden einerseits, die Schwierigkeiten mit manchen Kindern, die Eltern, die Vorbereitungsarbeit, die widerwärtige Buchhaltung der Noten, der Hefte, der zu korrigierenden Hausaufgaben. Ich versuche, meine Tage aufs beste zu organisieren, ich gehe wieder regelmäßig ins Atelier, und Du weißt, daß es mir gelingt, die Zeit zu nutzen, wenn ich wenig davon habe. Trotzdem habe ich Mühe, ich verhehle es nicht. Und dann muß ich auch noch Eric helfen, der bei seiner Arbeit nicht sehr gewissenhaft ist, außerdem die vielen kleinen Dinge, die hier zu machen sind. Natürlich hätte ich gern Ausstellungen, es muß mir einfach gelingen. Ich habe dieser Tage Larese einen Katalog aus Bochum geschickt, um mich bei ihm wieder in Erinnerung[1] zu bringen. Ich zähle nicht allzusehr auf ihn. Die vage Hoffnung aus Freiburg, von der Du sprichst, um so besser, danke, daß Du den Weg bereitet hast, aber dieses Jahr zu einer Vernissage zu gehen, obwohl ich weiß, wie nützlich das ist, da kann ich nichts versprechen. Mein Stundenplan ist genau eingeteilt und voll, ich kann nicht zwei Tage freinehmen, das ist absolut unmöglich. Ich glaube zwar nicht, daß ich es kann, aber es könnte mir gelingen, eine Ausstellung vorzubereiten und das Ganze hinzuschicken.

Wir werden sehen.

Was Du mir über ein Projekt mit Altmann sagst, so wundert es mich ein wenig, daß er jetzt neue Veröffentlichungen in Erwägung zieht. Oder aber er legt wirklich großen Wert auf uns – Natürlich wäre es schön, noch einmal ein Buch zusammen[2] zu machen. Aber werde ich es können? Vor allem dürfte ich zeitlich keine genaue Frist gesetzt bekommen, und außerdem, bin ich fähig dazu?

Ich habe im Juli Radierungen gemacht, im Sommer viel gezeichnet und mir jetzt wieder einige neue Radierungen vorgenommen, aber ich weiß nicht im geringsten, was das taugt.

Etwas mit Deinen Gedichten machen, das muß gut sein, sehr gut, und das ist nicht leicht. Um nichts in der Welt möchte ich eine solche Arbeit hinschludern. Du weißt, wie sehr mir am Herzen läge, daß es mir gelingt. Aber werde ich dazu imstande sein? Ich habe immer noch die kleine Serie von 11 Radierungen[3], die mir so sehr am Herzen lag!...

Herr Graisowsky, 69 Heidelberg, Doßenheim, Im Hosend, der in der Hoffnung vorbeigekommen war, Dich zu treffen, hat aus Deutschland angerufen – Er würde Dich gern treffen, immer in der Hoffnung, mit Dir an einem Film[4] zu arbeiten, versteht aber auch, daß Dich dieses Projekt nicht interessiert, er möchte Dich auf jeden Fall kennenlernen, mit Dir reden, er scheint Deine Dichtung wirklich zu mögen. Er käme nach Paris, wenn Du ihm einen Termin für ein Treffen angeben könntest, oder würde nach Frankfurt kommen, wenn Du hinfährst. Kannst Du ihm ein paar Zeilen schreiben, denn er wird mit Sicherheit wieder anrufen.

Ich höre jetzt auf, ich bin am Abend müde von den sehr ausgefüllten Tagen, und ich arbeite oft bis spät in die Nacht, obwohl ich mir einen schließlich nicht allzu kurzen Schlaf vorbehalten will.

Ich schreibe Dir, sobald ich etwas über D. weiß. Aber mach Dir keine Sorgen.

Ich vergesse es nicht
Gisèle.

561

[Paris, 2. 10. 1967]

Paul, ein Wort in Eile, bevor ich aufbreche. D. ist *sehr* verständnisvoll gewesen. Er sucht nach der Lösung, aber Du kannst *wirklich Hoffnung* haben. Ich bin sicher, daß er die Bedeutung der École für Dich versteht, ebenso wie auch die Bedeutung, daß Du wieder ein freies Leben aufnehmen kannst – Vertrau ihm.

G.

Ich schicke Dir Eric am Donnerstag um 13 Uhr 30. Bestätige es mir wieder – Ich hatte, glaube ich, vergessen, es Dir zu sagen.

Ist es wirklich um 13 Uhr 30? Autobushaltestelle Alma.

562

[Paris] Montag, 2. Oktober 1967

Meine liebe Gisèle,

danke für Deine beiden Briefe, die heute morgen[1] angekommen sind.

Du sagst mir nicht, ob ich Eric am Donnerstag um halb zwei oder[2], wenn das nicht möglich ist, am Freitag gegen sechs Uhr abends sehen kann. Ich habe auch am Samstag und Sonntag Ausgang – wenn Ihr nicht nach Moisville fahrt, könnte ich ihn an einem der beiden Tage sehen.

Was das Buch angeht, so hast Du Zeit: die Gedichte werden frühestens im Herbst *1969*[3] bei Unseld erscheinen.

Die Vernissage in Freiburg kann im Juli[4] stattfinden, zu einem Zeitpunkt, an dem Du frei bist.
Schick mir *schnell* ein paar Zeilen, damit ich Eric sehen kann.

Gute Tage
Paul

563

[Paris] Montag 2. [10. 1967], fünf Uhr –

Liebe Gisèle,
ich habe vergessen, Dir auf Deine Frage hinsichtlich der Sécurité Sociale zu antworten: Nein, in den Papieren von der Bank findet sich nicht die mindeste Spur davon.

Hingegen habe ich heute, von Dir nachgeschickt, den beiliegenden Brief der École erhalten, in zweifacher Ausfertigung (Kopien) und ohne irgendeinen Stempel.

Ich denke an Dich
Paul

564

[Paris] Dienstag, 3.[1] Oktober 67

Danke, liebe Gisèle, für die gute Nachricht. Ich werde D. und Co. morgen am späten Vormittag sehen und dabei sicherlich etwas Endgültiges erfahren.

Am Donnerstag werde ich um 13 Uhr 30 an der Place d'Alma sein, um Eric abzuholen.

Deine »kleine Serie« Radierungen: ich weiß, daß Du Wert darauf legst, sie *allein* zu veröffentlichen, ohne Begleittext. Wenn Du Dich allerdings dazu entschließen könntest, sie für das Buch herzugeben, wäre ich darüber, das sollst Du wissen, sehr froh.[2]

Gute Tage
Paul

565

78, RUE DE LONGCHAMP. XVIe
[Paris] 4. Oktober 1967

Lieber Paul,
Ich möchte, daß Du weißt und daß Du nicht daran zweifelst. Alles, was in meiner Macht steht, damit Du wieder ein freies Leben

führen kannst, wird getan werden. Ich habe seit einigen Monaten immer so gehandelt. Ich denke, daß Du verstehst, wie unabdingbar es ist, daß Du Dich behandeln läßt, wenn es Dir nicht gut geht, und wichtig, sehr wichtig, daß Du auch weiterhin medizinisch betreut wirst, selbst wenn es Dir gut geht, wie jetzt.

Wenn ich beschlossen habe, nicht mehr mit Dir zusammenzuleben wie vorher, dann deshalb, weil ich auch meine, daß ich Dir nicht nur nicht habe helfen können, sondern weil ich auch meine, daß wir uns, so nahe beisammen, weh taten. Wenn die Ärzte jetzt beschließen, daß Du das Krankenhaus verlassen kannst, dann hoffe ich von ganzem Herzen, daß Du eine kleine Wohnung findest, in der Du leben, schreiben, arbeiten kannst und in der es Dir gut geht. Das ist mein größter Wunsch.

Ich glaube, daß Du Dr. D. auch weiterhin vertrauen kannst. Ich weiß, daß er alles tun will, um Dir zu helfen, frei zu leben.

Verlier nicht den Mut und schreib mir ein paar Zeilen, wenn Du kannst, über das alles

Gisèle

Ich habe den Max Brod über Heine[1] nicht gefunden.

Ich glaube nicht, daß wir »La Futaie« von Stifter haben. Ich habe keine Erinnerung daran, es gesehen zu haben. Ich schicke Dir den einzigen französischen Stifter, den ich gefunden habe. Ist es das?[2]

Die Bescheinigung der École, Krankenschein, Kopie, und ohne Unterschrift, kam immer so, ich hefte sie im Ordner ein –

Hast Du Herrn Graisowsky geantwortet? Wegen des eventuellen Films[3] oder wenigsten eines Treffens, in Paris oder Frankfurt? Was soll ich ihm am Telefon sagen?

566

[Paris] 5. Oktober 1967

Liebe Gisèle,

danke für Deinen Brief, den Du mit Eric geschickt hast. Ich danke Dir dafür. Glaube mir: ich zweifele nicht an Deinem guten Willen.

Ich habe Deniker heute bei der Visite gesehen, ziemlich zurückhaltend; er hat mir unter anderem gesagt, daß er mich am Montag wiedersehen wird. Anschließend fahre ich nach Frankfurt[1], um mein Buch vorzustellen.

Laß es Dir gut gehen

Paul

[am Rand:] Der Stifter ist tatsächlich der, an den ich dachte. Such nicht mehr nach dem Brod: ich habe ihn zurückgegeben.

567

[Widmungen in William Shakespeare, Einundzwanzig Sonette[1]*:]*

Für Gisèle,
Paris, den 9. Oktober 1967
Paul

Für Eric,
den 9. Oktober 1967
Papa

568

[Paris] 10. 10. 67

Meine liebe Gisèle,

Prof. Deniker hat mir gerade gesagt, daß ich die Klinik nach meiner Rückkehr aus Frankfurt verlassen werde – Du kannst Dir meine Freude vorstellen.

In der heutigen Beilage der »F.A.Z« zur Buchmesse erste Besprechung von »Atemwende«, an erster Stelle[1].

Ich habe Tante Berta angerufen, um ihr die gute Nachricht von der Entlassung mitzuteilen.

Umarme Eric –
Gute, sehr gute Tage!

[Ohne Unterschrift]

Sag mir ein Wort wegen des Altmann-Projekts!

569

[Paris] 10. Oktober 1967

Lieber Paul, ich bin froh, daß Deniker Dich sofort über seine Entscheidung in Kenntnis gesetzt hat, die endlich, zu Deiner Rückkehr aus Deutschland, gekommen ist.

Du bittest mich, mit Dir über das Projekt Altmann zu sprechen. Es gibt da mehrere Dinge. Zunächst einmal, und das habe ich Dir gesagt, glaube ich, man sprach übrigens in diesem Sinne letzthin auch im Atelier darüber, es sieht so aus, als bremse er im Augenblick ein wenig seine Veröffentlichungen. Vor allem die letzten, der Hérold[1], haben ihn mehr gekostet, als er veranschlagt hatte. Übrigens hat er im Augenblick kein einziges Projekt am Laufen und auch nichts in der Druckerei angekündigt. Was bei ihm selten ist. Andererseits sind das mit dem »Portfolio« zwei Bücher von uns in kaum drei Jahren[2]. Man muß sicherlich ein wenig warten.

Zum andern meine »kleine Serie«[3]! Ja, ich weiß nicht so recht, was ich damit machen soll. Ich hatte gehofft, sie anderswo und nicht bei ihm zu veröffentlichen. Ich hatte gedacht, daß sie versuchen könne, ihren Weg allein zu machen. Du erinnerst Dich, wie wir damals »Atemkristall« gemacht hatten. Eine Radierung, ein Gedicht, dann alle Gedichte, die ich las, mit denen ich lebte, und nach und nach sind daneben, ganz nahe, auch die anderen Radierungen entstanden, und es war wirklich ein Ganzes. Je öfter ich mir dieses Buch ansehe, um so mehr liebe ich es, um so mehr glaube ich daran wegen der Beziehung Radierung/Gedicht. Und das scheint mir wesentlich für das Buch. Selbstverständlich sind die Gedichte, von denen Du für die kleine Serie sprichst, aus der gleichen Zeit. Aber die Radierungen sind wahrscheinlich nicht ganz auf der Höhe. Würde es hier diese so enge Verwandtschaft geben, die ich in »Atemkristall« spüre?

Ich weiß es wirklich nicht. Vielleicht muß ich noch einmal darüber nachdenken. Was ein anderes Projekt angeht, so müßtest Du die Auswahl der Gedichte treffen, ich müßte sie dann bekommen, müßte viel darüber nachdenken, sie in Betracht ziehen, Zeit haben[4].

Ich weiß wirklich nicht, ob ich kann. Im Augenblick mache ich große Radierungen, die mir ziemlich verschieden von den andern zu sein scheinen, aber ich täusche mich vielleicht, denn es gelingt mir nicht so richtig, sie zu unterscheiden, sie zu sehen. Ich fürchte, daß sie so etwas wie ein Übergang zu etwas anderem sind, das noch nicht da ist. Vielleicht wird es mir gelingen. Ich weiß es nicht. Ich habe Mühe herauszufinden, was sie taugen. Vielleicht nicht viel. Man muß also, glaube ich, ein wenig warten.

Ich freue mich für die Vorstellung von »Atemwende«, für diese Lesung im Rahmen der Buchmesse.

Die beiden Gedichtbände von Shakespeare sind angekommen. Danke, danke von mir, von Eric. Warum ist das Papier bei Unseld ein wenig zu fein? Ansonsten ist es sehr schön, und ich freue mich über dieses neue Buch, sehr.

Eric dankt Dir für die Briefmarken.
Obgleich er wirklich Mühe hat, Latein zu mögen, und er sich deshalb nicht die Mühe gibt, die ich mir wünsche, hat er *sehr* gute Ergebnisse gehabt. Dritter in der Übersetzung aus dem Latein, Siebter in der Übersetzung ins Latein. Bei seiner letzten Hausarbeit: 17. Aber er verliert schnell den Mut, wenn es darum geht, den Wortschatz und die Beispiele der Regeln zu lernen. Ich helfe ihm immer dabei – weil er hierzu kein Vertrauen zu sich hat und glaubt, daß er es nie schafft ... und dann schafft er es doch, sehr gut zu Anfang dieses Schuljahrs. Du hast sicherlich erfahren, daß er Zweiter in Deutsch geworden ist. Aber in Französisch und Orthographie bleibt er im Augenblick sehr schwach.
Meine Klasse kommt in Gang, und die Kinder mögen mich.
Gute Lesung und Guten Aufenthalt und Gute École...

Gisèle.

570
[Paris] Dienstag, 17. Oktober 1967
Meine liebe Gisèle,
seit gestern wieder zurück, habe ich Deinen Brief vom zehnten vorgefunden und danke Dir dafür. Ich bin zwar heute entlassen worden, warte aber noch darauf, daß mir Mademoiselle Arrieta wegen meiner Wiedereingliederung die Bescheinigung über die Wiederaufnahme der Arbeit schickt. Heute abend werde ich Dr. D. treffen.
Ich verstehe Deine Bedenken wegen eines neuen, gemeinsamen Buches; auch verdient Deine »kleine Serie«, daß sie gesondert verlegt wird; dennoch werde ich die Angelegenheit bei Altmann zur Sprache bringen, der mir nach dem Empfang von »Atemwende« geschrieben hat und der mich zu sehen wünscht.
In Frankfurt ist alles sehr gut gelaufen[1]: Unseld ist ein – mein – echter Verleger.
Ich möchte Eric am Donnerstag um ein Uhr an der Place de l'Alma sehen – sag mir in ein paar Zeilen, ob das möglich ist. Andernfalls Freitag, gegen sechs Uhr?

Ich habe mit Gerhard Neumann, dem Freund Elmars, telefoniert wegen einer eventuellen Ausstellung Deiner Radierungen in *Freiburg*, habe ihn aber auch davon in Kenntnis gesetzt, daß wir wahrscheinlich nicht gleichzeitig hinfahren können; es ist die Rede von *Juli*[2].

Ich denke viel an Dich. Umarme Eric.

Paul

571

[Paris] Dienstag abend [17. 10. 1967]

Danke, Paul, für diese kleine Tasche. Ich bin froh gewesen, durch die Tops[1] gute Nachrichten von Dir zu bekommen, zu wissen, daß die Lesung gut war, daß das Buch gut angekündigt ist, daß man darüber spricht, daß man es kauft. Ich schicke Dir beiliegend Briefe, die an uns beide adressiert sind, die ich geöffnet habe, bevor ich sie Dir schicke[2].

Ich werde wahrscheinlich im März eine Ausstellung in Stuttgart[3] haben. Ich werde wahrscheinlich nicht hinfahren, werde sie aber vorbereiten und hoffe, daß sie besser läuft als die in Bochum[4]. Von Bochum, wo ich immer noch auf die Begleichung der Rechnungen für die verkauften Radierungen und Antwort auf meine letzten Briefe warte, bleibt mir immerhin der Katalog. Ihm verdanke ich es ein wenig, daß ich diese Ausstellung in Stuttgart haben werde. Ich schicke ihn so ziemlich überall hin. Ich hoffe, daß Leo sich dazu entschließen wird, mir andere zu schicken. Im Augenblick antwortet er nicht, wie üblich.

Ich denke, daß Du das Krankenhaus verlassen hast. Endlich[5]!

Gute Arbeit
Gisèle.

Eric hat ungeheuer viel Arbeit. Ich helfe ihm weniger. Aber seine Hausarbeiten und die in der Klasse gemachten Notizen wegen der Orthographie noch einmal zu lesen ist schon eine Riesenarbeit. Es läuft gut. Ich glaube, daß er dieses Jahr *sehr* gute Lehrer hat.

572

[Paris, 20. ? Oktober 1967]

Liebe Gisèle,

hättest Du vielleicht ein paar Bettlaken, die ich benutzen könnte? Ich habe mir eins gekauft und könnte mir natürlich, wenn Du nicht genug hast, auch ein zweites kaufen.

Ich werde bald einen Teil meiner Bücher brauchen, die sich im Dienstmädchenzimmer befinden, einige Wörterbücher und Bücher von unten, meine Ordner mit den Briefen (darunter die Übersetzung von Erna Baber[1]) usw. Elmar will mir beim Transport helfen, und ich bitte Dich, einen Tag in Betracht zu ziehen (wenn möglich vor dem 3. November, dem Datum, an dem ich wieder mit meinen Kursen beginne).

In zehn Tagen werde ich Altmann sehen. Ich beabsichtige, ihn zu bitten, ein einzelnes Gedicht zu drucken: jenes, das ich nach meiner Begegnung mit Heidegger geschrieben habe. Es ist zwar schwer zu illustrieren, doch wenn Du glaubst, es um ein *gestochenes Zeichen* vermehren zu können, werde ich es gern akzeptieren[2].

Ich verstehe, daß Du mit Deinen Radierungen Deinen Weg allein gehen willst. Der nächste Band wird im Herbst 1968 erscheinen, wir hätten also praktisch auch gar keine Zeit für ein bibliophiles Buch, das ihm vorausgeht[3]. Bleibt das, an dem ich im Augenblick arbeite und das 1969[4] erscheinen wird. Ich kann eine bestimmte Anzahl von Stücken aussuchen und sie auf meine Art entziffern – mündlich[5], wenn möglich. Denk darüber nach.

Am Montag werde ich Dr. D. sehen. Ich werde auch Henri Michaux sehen. Ich schicke Dir mit Eric 400 neue Francs.

Ich wünsche Dir gute Tage

Paul

Wenn Du nach Moisville fährst, bring mir alle Supervielles[6] mit. Danke im voraus.

573

78, Rue de Longchamp
Paris 16ᵉ
Samstag 21. Oktober 1967.

Danke, Paul: die so schönen Rosen!
Ich danke Dir auch für die Tasche, die Erika mir von Dir gegeben

hat. Ich hatte Dir ein paar Zeilen geschrieben, in denen ich davon sprach, aber ich habe sie nicht abgeschickt, glaube ich, denn es war ein Brief wegen des gestrigen Treffens mit Eric, und Erika hatte die Botschaft übernommen. Danke auch für das Geld, das Eric mir gebracht hat.

Ich habe gerade mit Elmar telefoniert, der am nächsten Mittwoch, den 25. Oktober, nach Paris kommt, er hat am frühen Nachmittag eine Verabredung, kann aber vorher mit Dir hierher kommen*. Ich hoffe, daß Du die Bücher und Ordner leicht finden wirst. Der Schlüssel des Dienstmädchenzimmers wird auf dem Tisch liegen. Der Wohnungsschlüssel wird, weil die Concierge nicht oft da ist, unter der Fußmatte liegen, tu ihn bitte in einen Umschlag mit meinem Namen, und wirf ihn in den Briefkasten der Concierge, damit ich ihn am Abend, wenn ich heimkomme, finde.

Monsieur Rosenberg hat vorhin angerufen, und er möchte, daß Du ihn, wenn möglich, am Montag morgen anrufst, andernfalls an einem anderen Morgen, so bald wie möglich (628 61 08). Einer seiner Freunde, der Dich kennt, möchte, glaube ich, Dich sehen oder auf jeden Fall mit Dir sprechen wegen einer Zeugenaussage, die er braucht[1].

Nahe bei den Rosen, wünsche ich Dir eine gute Arbeit

Gisèle.

* Ruf ihn an, um einen Termin auszumachen.

574

[Paris 26. 10. 1967]

Ich habe gestern auf dem Tisch einen Klee gesehen – hier ist ein anderer, mehrere andere[1].

Dann habe ich Deine Radierungen bemerkt, habe sie ein wenig hochgehoben, um sie zu betrachten, ebenso wie die Radierung, die vor dem kleinen Tisch steht: sie sind alle sehr, sehr schön, ich beglückwünsche Dich dazu.

Paul

Sag mir, ob Du akzeptieren kannst, ein Zeichen zu stechen, das das Gedicht über die Begegnung mit Heidegger begleitet[2] –

26. 10. 67

575

78, Rue de Longchamp
Paris 16ᵉ
Freitag [3. 11. 1967]

Lieber Paul,
Durch einen Anruf von Altmann erfahre ich, daß er das Gedicht über die Begegnung mit Heidegger veröffentlichen wird, ich freue mich für Dich. Weißt Du, ich sehe nicht so recht, wie ich etwas hätte machen können, das dazu paßt, und ich denke, daß es besser so ist. Was Dein Projekt eines neuen Buches angeht, so hat er mir gesagt, daß wir im März wieder darüber reden würden. Ich habe den Eindruck gehabt, daß ihn dieses Projekt wirklich interessiert. Ich freue mich, daß ich wieder darüber nachdenken kann. Du weißt es, in der unmittelbaren Gegenwart weiß ich aus mannigfachen Gründen wirklich nicht, ob es möglich ist. Das läßt also Zeit, um zu sehen und zu wissen.

Ich habe wieder einen Anruf aus Deutschland erhalten, von Herrn Graisowsky, der Dich sehen möchte. Bitte, wenn Du ihm nicht antworten kannst – ich nehme an, daß er Dir wieder schreiben wird, ich habe ihm Deine Adresse in der École gegeben, denn ich hatte zuerst geglaubt, er sei für kurze Zeit in Paris, so daß es das beste wäre, wenn er Dir einen Rohrpostbrief schickt –, sage mir, was ich ihm sagen soll, denn ich weiß wirklich nicht mehr, was ich machen soll. Du erinnerst Dich, ich hatte Dir gesagt, daß er hier gewesen ist und gern versucht hätte, einen Film über Deine Gedichte[1] zu machen ... Obwohl ich mir das nicht so recht vorstellen kann. Und auch nicht, daß Du an diesem Projekt interessiert sein könntest, aber auf jeden Fall, wenn Du kannst, antworte ihm.

Ich habe ein Ausstellungsprojekt für Schweden, in Göteborg[2]. Der Direktor dieser Galerie scheint sich wirklich für meine Radierungen zu interessieren und zieht für den Frühling etwas in Betracht. Er würde auch gern »Atemkristall« ausstellen, ganz, alle Gedichte, wenn er kann. Wärst Du einverstanden? Ich habe auch mit Altmann darüber gesprochen, der entzückt wäre, um so mehr, als er diese Galerie zu kennen scheint und er das gut zu finden scheint. Fiorini und Bissière[3] sind gerade dort ausgestellt worden –

Altmann hat mir auch von Marseille[4] gesprochen, aber ich weiß absolut nichts, höchstens von einem vagen Projekt, von dem mir die Tophovens erzählt haben – Nichts Direktes im Augenblick.

Eric ist sehr zufrieden und in Hochform von seinem Wochenende zurückgekommen, er hat den ganzen Nachmittag über gearbeitet, um seine Geschichtsarbeit vorzubereiten und allem, was für den Schulanfang noch zu tun blieb, den letzten Schliff zu geben.

Ich wünsche Dir einen guten Schulanfang an der École und viel gute Arbeit.

Gisèle

Beiliegend eine Karte für die Jeune Gravure[5]. Es ist ohne Interesse, mehr als nichtssagend und uneinheitlich. Du kennst die Radierungen, die ich dort gehängt habe[6]. Sie werden, wo immer sie auch sind, sicherlich erdrückt werden durch die kolorierte, heftige und oft schwerfällige, um nicht zu sagen grobschlächtige Seite der augenblicklichen Tendenzen.

»Atemkristall« in zwei kleinen Vitrinen wird dort, denke ich, ein wenig verloren sein in dieser Ungeheuerlichkeit an Mittelmaß, mit dem Vorsatzblatt, vier Radierungen und einem Gedicht. Es ist ein so schönes Buch. Aber im Grund ist es dort nicht an seinem Platz –

Vergeudet!

Wenn einer oder zwei es wirklich sehen, dann wird es sich gelohnt haben.

576

[Paris] Sonntag 5. November 1967

Liebe Gisèle,

danke für Deinen Brief und Deine Einladung zur Ausstellung der Jeune Gravure.

Ich würde Eric gern am Mittwoch abend um halb sieben sehen und mit ihm essen gehen. Wenn das nicht möglich ist, dann am Donnerstag um ein Uhr oder am Freitag gegen halb sieben. Antworte mir bitte postwendend.

Ich bin froh, daß Du in Göteborg ausstellen kannst*. Eines nicht allzu fernen Tages wirst Du in Paris ausstellen, dessen bin ich sicher.

Gute Tage!
Paul

* Du kannst dort selbstverständlich »Atemkristall« ausstellen.

577

[Paris] Mittwoch, 8. 11. 67

Liebe Gisèle,
 danke für Deinen Brief¹ – ich werde Eric also am Freitag um 18 Uhr 30 an der Haltestelle de l'Alma erwarten.
 (Entschuldige meine Überstürztheit von neulich –: ich hatte meinen Brief am Sonntag eingeworfen, weil ich dachte, Du würdest ihn am Montag bekommen.)
 Wenn Du nach Moisville fährst, bring mir bitte alle Supervielles mit (+ eine deutsche Broschüre mit seinen übersetzten Gedichten, die zwischen den anderen Gedichtbänden stehen muß²) und »Das grüne Heft« von Mörike (eine faksimilierte bibliophile Ausgabe, die, von etwas größerem Format, bei den deutschen Klassikern liegen muß)³.

Ich wünsche Dir gute Tage
Paul

578

[Paris] Mittwoch, 15. November 67

Liebe Gisèle,
 danke für Deinen Brief. Ich freue mich über Deinen Erfolg im Salon de la Jeune Gravure.¹
 Ich fahre am Samstag morgen für eine Fernsehaufnahme nach Köln². Kannst Du Eric in Deiner großen Umhängetasche meine andere graue Hose* mitgeben? Ich danke Dir.
 Wegen der Supervielles – die ich dringend brauche – schau bitte in dem oberen Zimmer nach, auf den ersten Regalen von links (wenn man hereinkommt). Es müssen mehrere Gedichtbände dort stehen (drei oder vier), darunter die Erstausgabe von »Gravitations« und ein Gedichtband, in den mir Supervielle kurz vor seinem Tod eine Widmung hineingeschrieben hat³. – Andernfalls müssen sie auf dem Land sein. Aber wenn Du sie nicht findest, werde ich die Teile, die mir im französischen Text fehlen – es sind vor allem die ersten Fassungen einiger Gedichte aus »Gravitations« – bei Denise Bertaux⁴ abschreiben.
 Ich hoffe, daß Du bald Nachricht aus Freiburg⁵ bekommst.

Gute Tage!
Paul

Was anderes: Schau bitte in meinem Schrank auf dem obersten Regal nach, ob es nicht einen Sonderdruck von »Gespräch im Gebirg« gibt: Franz Wurm bittet mich darum, und ich würde ihm gern einen schicken[6].

* und *zwei Schlafanzüge*?

579
 [Paris] Donnerstag abend [16. ? 11. 1967[1]]
Lieber Paul,
  Es tut mir wirklich *sehr* leid, daß ich nirgends die Supervielles finde. Es ist unglaublich. Ich habe überall gesucht, hier und oben[2]. Habe ich in Moisville schlecht nachgeschaut? Ich finde auch das »Gespräch im Gebirg« hier nicht, aber es gibt sehr wenige Sonderdrucke; sie sind in Moisville, ich weiß, daß es dort welche gibt. Sag mir, ob ich deshalb nach Moisville fahren soll. Eigentlich fahre ich nicht mehr hin, weil das Wasser abgestellt worden ist. Aber wenn Du willst, werde ich auf einen Sprung hinfahren.
  Noch einmal gesucht und schließlich im Wandschrank das »Wörterbuch der Literatur«[3] gefunden.
  Ich schicke Dir die graue Hose, die beiden Schlafanzüge. Brauchst Du nicht den Mantel? Ich habe ein Unterhemd beigefügt, ein paar Handschuhe –
  Ich habe am Ende zwei Radierungen im Salon de la Jeune Gravure[4] verkauft. Immerhin das. Eine vom Graphik-Kabinett der Bibliothèque Nationale gekauft.
  Ich freue mich, daß Du Dich entschlossen hast, eine Lesung am Fernsehen anzunehmen. Dadurch werden sich die Bücher verkaufen, das wird die Gedichte leben lassen.
  Ich hoffe, daß es mit Deiner École gut klappt; daß Du weiterhin schreibst. Stimmt es, daß Du Ende des Jahres nach Berlin[5] gehen wirst? Es ist gut, daß Du so viele Einladungen hast, denn diese Lesungen bringen denen immer »viel«, die dabei sein können –
  Machs gut bei all diesen Reisen für die Dichtung.
        Ich hoffe, daß das alles
    ein Erfolg und eine Hilfe sein wird.   Gisèle.

Es tut mir wirklich *sehr* leid wegen der Supervielles. Wo mögen sie nur sein?

580

[Paris, den 18. 11. 1967]

Liebe Gisèle,

zwei Lücken in unserer beider Gedächtnis: die Supervielles, Eric hat es Dir gestern sicherlich gesagt, waren, von Dir selber abgegeben, bei den Bollacks. Ich habe es am Donnerstag abend erfahren und habe die Bollacks gebeten, es Dir telefonisch mitzuteilen; sie haben es nicht getan.

Ich fahre schließlich doch erst am nächsten Samstag (und komme Montag abend zurück).

Danke für die Schlafanzüge, das Unterhemd, die Handschuhe, die Hose.

Kannst Du nachsehen, ob unter den Ordnern, die in dem Schrank rechts vom Schreibtisch stehen, nicht einer ist, der einige Übersetzungen der Gedichte *Jean Daives* (von Schrynmakers[1]) enthält? Wenn Du sie findest, gib sie Eric, der sie mir am Donnerstag bei unserem Treffen an der Haltestelle de l'Alma mitbringen wird. Die Idee kommt mir, ihn in die Ausstellung Russischer Kunst[2] mitzunehmen – was hältst Du davon?

Bravo für Deine Radierungen im Salon!   Gute Tage!
                                                Paul

Ich bin froh, daß Du eine Stelle in der Schule behalten kannst[3].

581

[Paris] 21. XI. 67

Liebe Gisèle,

kannst Du morgen Eric meinen (roten) Wollschal mitgeben – er wird ihn mir um ein Uhr bringen? Ich danke Dir. Nach meiner Rückkehr aus Köln, nächste Woche, werde ich sicher irgendwann kommen, vielleicht am Donnerstag, um meinen Mantel zu holen, denn es ist ziemlich kalt. Eric wird mir vielleicht aufmachen können.

Ich habe seit gestern eine kleine Wohnung – möbliertes Zimmer + Bad-Küche – in der Rue Tournefort 24, fünf Minuten von der École[1] entfernt. (Aber schicke die Post bitte weiterhin in die Rue d'Ulm, wo ich praktisch die ganze Zeit über in meinem Büro sein werde, das ziemlich komfortabel ist[2].) – Ich habe Deine Radierungen[3] gesehen und beglückwünsche Dich dazu.

                                                Paul

582

[Paris] Dienstag abend [21. 11. 1967]

Lieber Paul,

Ich bin erleichtert gewesen – und wie! –, als ich erfahren habe, daß die Supervielles wiedergefunden wurden! Ich habe mir furchtbare Gedanken gemacht und begriff das nicht. Danke für Deinen Brief, der es mir bestätigt.

Ich habe heute abend halbamtlich erfahren, daß ich meine Stelle an der Schule für das ganze Jahr behalte. Ich denke, daß ich es morgen von der Direktorin erfahren werde. Ich freue mich darüber, denn es ist die einzige Arbeit, die ich in Betracht ziehen kann, die ich machen kann, die ich, wie ich glaube, gut mache und die mich nicht allzusehr langweilt, die mich im Gegenteil interessiert. Sie hat nur einen Fehler, außer dem, daß sie schlecht bezahlt ist, aber Du weißt ja, wie das im Schuldienst ist, dort ist man immer schlecht bezahlt, sie nimmt mir ein wenig zuviel Zeit in Anspruch. Diese sogenannte große Halbtagsstelle ist weit entfernt von einer wirklichen Halbtagsstelle, doch es gelingt mir im Augenblick, auch Radierungen zu machen. Weniger, als ich möchte, weil mir unheimlich viele danebengehen und weil wenige von denen, die ich beginne, schließlich zu Ende geführt werden. Die meisten gehen unterwegs verloren, und ich kann sie nicht mehr einfangen. Sie entgleiten mir oft.

Eric wird also wie vorgesehen am Donnerstag kommen. Ich denke auch, daß diese russische Ausstellung interessant sein kann, Du wirst sehen, was Eric dort lernen kann oder wodurch er berührt sein kann.

Ich habe leider wenig Zeit für diese Art Aktivitäten, und ich habe nichts gesehen –

Ich freue mich, daß Deine École so gut klappt. Ich denke an Dich. Ich gratuliere Dir herzlich zum Geburtstag. Eric wird Dir am Donnerstag alle meine Wünsche zum 23. November bringen

Gisèle

Paul, soeben ein Anruf aus Köln: Ruth, die gerade aus Wien zurückkommt, sie ist krank gewesen, im Krankenhaus, immer noch dieses Asthma, das sie einfach nicht los wird. Sie rief wegen Deines Geburtstags an, um Dir zu gratulieren. Ich habe ihr gesagt, daß Du wahrscheinlich nach Köln fahren würdest.

Sie ist nett und herzlich gewesen.

Durch einen freundschaftlichen Anruf von Altmann erfahre ich, daß Dein Gedicht über die Begegnung mit Heidegger Gestalt annimmt[1]. Ich hoffe, daß das auf dem Weg befindliche Projekt Deinem Wunsch entspricht. Ich konnte wirklich nicht irgendeine Radierung dazu besteuern! Versteh mich, Paul. Er hat mir von der Eventualität eines neuen Buches für nächstes Jahr gesprochen, aber er schien mir ziemlich vage zu bleiben. Nichts wird verkauft, alles ist im Augenblick stehengeblieben. Das ist die Meinung aller, und ich kenne Galerien, die Bankrott machen und schließen! Und außerdem versteht Altmann es nicht, seine Bücher zu verbreiten oder sie bekannt zu machen! Er tut nicht, was er tun müßte, weil er es nicht kann. Er hat andere Qualitäten. Aber nicht diese. Ich spüre, daß er sehr an Dir hängt, auch an meinen Radierungen, vielleicht wird er eines Tages doch etwas[2] machen, aus Liebe zur Sache!

583

[Paris 23. 11. 1967]

Herzlichen Glückwunsch zum Geburtstag[1], Paul!

[Ohne Unterschrift]
23. 10. 67

584

[Paris] 24. XI. 67

Danke für die beiden hübschen Radierungen, liebe Gisèle, danke für Deine guten Wünsche. (Sind diese Radierungen vom Oktober oder vom November? Ich möchte es gern wissen. Du hast sie auf den 23. 10. datiert, da aber die guten Wünsche das gleiche Datum tragen, bitte ich Dich um genauere Angaben.)

Ich glaube, Eric war sehr froh, daß er »Le Grand Meaulnes«[1] gesehen hat. Durch ihn habe ich die Konturen einer sehr alten eigenen Emotion wahrgenommen, bei der Du nicht gefehlt hast.

Ich habe mit Eric ausgemacht, ihn am Donnerstag, den 30., um ein Uhr am Trocadéro *vor dem Tabakladen* zu treffen, mit ihm essen zu gehen und anschließend, vielleicht, in die Ausstellung Russi-

scher Kunst². Hinterher möchte ich gern mit in die Wohnung kommen, um dort den Mantel und einige Unterlagen zu holen.
Die Wolgensingers schicken ihm immer noch Briefmarken.
Ich hoffe, daß Dir die französische Übersetzung der Gedichte von Nelly Sachs die Lektüre des Originals³ erleichtern wird. Ich denke, daß Du dieses Buch auch Eric in die Hände geben kannst.

Gute Tage!
Paul

585

[Paris] 25. November 1967

Mein lieber Paul,
Ja, entschuldige bitte, es ist natürlich ein Irrtum, und vom November sind die beiden Radierungen. Es ist wirklich nichts Großartiges. Ich habe sie beide vor mehreren Wochen angefangen und am 22. in der Druckerei fertiggestellt. Ich habe sie Dir sofort geschickt, aber ich habe wenig Zeit gehabt, sie mir anzusehen. Ich weiß nicht so recht, was sie taugen, ich kenne sie kaum, ich hätte Dir gern eine größere geschickt, aber das war nicht sehr praktisch. Wenn Du andere wünschst, Du weißt, daß die Nummer 1 einer jeden verlegten Radierung Dir gehört¹. Ich habe also eine ganze Mappe voll da oben², die Dir gehören. Du wirst mir später sagen, ob Du welche haben willst –

Eric ist sehr zufrieden über seinen Tag am Donnerstag mit Dir und dem »Grand Meaulnes«. Ich kann mir nicht so recht vorstellen, daß man mit diesem Buch einen schönen Film machen kann, aber vielleicht doch.

Danke für die Auswahl von Nelly Sachs, Eric wird sicherlich darin blättern, aber ich fürchte, daß es noch zu hoch für ihn ist, aber es reizt ihn, er wird es versuchen.

Er hat in der Schule gute Erfolge aufzuweisen, trotz seiner Unaufmerksamkeit und seiner Schwierigkeit, seine Arbeit sehr gewissenhaft zu machen. Seine Schrift, die mangelnde Sorgfalt bei seinen Hausaufgaben und seine Orthographie schaden ihm in allen Fächern, seine Lehrer beklagen sich darüber. Er müßte so weit kommen, daß er es besser macht. Aber er macht trotzdem ein sehr gutes sechstes Schuljahr, außer in Französisch. Er ist gerade erster in Deutsch geworden, worüber er sich sehr gefreut hat, und fünfter, glaube ich, in Latein.

Er wartet noch, bis er heute abend seine Pfadfinder getroffen hat, um zu erfahren, was er am Donnerstag macht, aber er wird auf jeden Fall kommen, um mit Dir zu Mittag zu essen, und wird folglich, wie Du es verlangst, um 13 Uhr am Trocadéro sein.

Ich muß noch einige Schritte unternehmen wegen Erics Paß und Personalausweis, die er braucht, um nach Österreich ins Gebirge zu fahren. Ich denke, daß ich bis Donnerstag alles Nötige beisammen habe, aber ich muß Dich ebenfalls ein Papier ausfüllen lassen. Auch muß ich Deinen Paß oder Deinen Personalausweis vorzeigen, um die Unterschrift des besagten Papiers zu bestätigen. Vielleicht wirst Du Dich am Donnerstag direkt mit Eric um das alles kümmern, indem Du aufs Kommissariat gehst, damit würdest Du vermeiden, mir Deinen Personalausweis zu überlassen, was immer unangenehm ist. Auf jeden Fall werde ich mich zuerst erkundigen und Dir dann am Donnerstag das alles durch Eric sagen.

Ich denke nicht, daß ich am Donnerstag nachmittag da bin. Neue Privatstunden nehmen jetzt manchmal diesen Tag bis spät in den Abend in Anspruch. Ich werde Deinen Mantel herauslegen und werde den Schlüssel von oben[3] auf den Tisch legen.

Ich hoffe, daß Du mit der kleinen Wohnung zufrieden bist, die ich mir nach den Beschreibungen Erics provisorisch vorstelle. Du wirst mich auf dem laufenden halten, was Deine Bücher[4] angeht.

Ich hoffe, daß alles gut geht.

Gisèle

Ich werde meine neueren Radierungen in einer Mappe hinlegen, aber genaugenommen sind es sehr wenige. Ich zerstöre viele.

586

[Paris] 3. XII. 67

Liebe Gisèle,

Ich bin an der Porte de Versailles gewesen, um Eintrittskarten[1] zu holen – vergebens, es gab keine mehr für Sonntag. Da ich am Sonntag darauf in Berlin sein werde, müssen wir, Eric und ich, auf andere Chöre, auf andere Tänze warten. Eric wird also an seinem Pfadfinderausflug teilnehmen können. Aber am Donnerstag, den 7., werde ich um halb eins am Trocadéro sein, um mit ihm essen zu gehen.

Ich habe ein Briefchen von Neumann (Freiburg) bekommen, seine Frau[2] hat gerade einen kleinen Jungen zur Welt gebracht. Du wirst in den kommenden Tagen auf direktem Weg Einzelheiten über Deine Ausstellung in Freiburg[3] erfahren.

Ich hoffe, daß Göteborg feste Gestalt annimmt. Ich werde morgen Nelly Sachs schreiben, dann werde ich ihr noch wegen Dir schreiben[4].

Gute Tage!
Paul

587

[Paris, Anfang Dezember 1967]

Liebe Gisèle,

Wenn ich nicht irre, haben wir Nelly Sachs letztes Jahr »Schlafbrocken« geschickt[1]. Schick ihr zu ihrem Geburtstag am 10. Dezember eine kleine Radierung[2]. Ich werde ihr schreiben, und wenn Du dann das genaue Datum Deiner Ausstellung in Göteborg weißt, werde ich ihr schreiben, um eine zweite Ausstellung in Stockholm[3] in Erwägung zu ziehen. – Ich habe den Schlüssel von oben[4] nicht zurückgelegt, er muß auf dem Schreibtisch liegengeblieben sein.

[Ohne Unterschrift]

Die Adresse von Nelly Sachs: Stockholm, Bergsundstrand 23

[auf der Vorderseite des Umschlags:] Du mußt Dir unbedingt die *russische Ausstellung*[5] ansehen!

588

[Paris] Donnerstag [7. 12. 1967]

Lieber Paul,

All dieses schöne Briefpapier, das ich heute abend durch Eric von Dir bekommen habe! Ich danke Dir. Dank auch für das Geld. Aber das, Paul, ist nicht nötig. Du weißt genau, daß es Eric und mir an nichts fehlt, Du darfst Dir keine Opfer auferlegen im Augenblick, in dem Du sicherlich für Deine Einrichtung so viele Ausgaben hast – in dem Augenblick auch, in dem das Fixum von Unseld für Dich wegfällt[1], was ich nicht wußte und was nicht sehr erfreulich ist.

Ich habe heute nachmittag einen Anruf von Schumacher bekommen, der im Rahmen des deutsch-französischen Clubs am 24. Januar an seiner Schule eine Begegnung mit deutschsprachigen Schriftstellern organisiert. Sie hätten gern, daß Du daran teilnimmst, es wird auch Lesungen von Breitbach, Glaser und Sperber[2] geben. Ich denke, daß Dich das überhaupt nicht interessiert. Sag mir bitte, ob Du ihm antwortest oder ob es Dir lieber ist, wenn er noch einmal anruft, daß ich ihm sage, daß Du nicht kannst oder nicht willst. Das liegt bei Dir –

Ich habe noch nichts Genaues für Schweden, aber habe ich Dir gesagt, daß er die Absicht hatte zu versuchen, das mit einer Kopenhagener Galerie[3] zusammenzubringen?

Ich habe nicht behalten, wann Du nach Berlin fährst, und auch nicht, wie lange Du dort bleibst. Ich hoffe, daß alles gut verläuft. Die Lesung und der Aufenthalt.

  Viel Glück für das alles   Gisèle.

589

[Paris] 14. XII. 67

Liebe Gisèle,

hier die Zeitschrift »L'Éphémère« mit der Übersetzung von »Engführung«[1], hier auch die Zeitschrift »Humboldt« mit, auf Seite 86, zwei ins Spanische übersetzten Gedichten aus »Die Niemandsrose«[2].

Und hier meine Berliner Adresse: Akademie der Künste, *1 Berlin* (West), Hanseatenweg 10[3]. Ich denke, daß ich bis nach Weihnachten dort sein werde, dann werde ich für einige Tage zu den Allemanns fahren (534 *Bad Honnef*, Böckingstr. 2).

Schick mir die Post bitte nicht nach, Eric wird sie mir bei meiner Rückkehr bringen.

  Gute Ferien, gutes neues Jahr!   Paul

590

[An Eric Celan]
[Berlin, 22. 12. 1967]

Mein lieber Eric,

ich bin seit Samstag hier in Berlin, nach einem sehr angenehmen Flug.

Es ist eine schöne Stadt mit sehr breiten Straßen, mit oft sehr eleganten und weit auseinander liegenden Häusern, viel Himmel, Tannen- und Birkengruppen, vielen Erinnerungen, vielen ...[1]

         Schöne Ferien!
           Papa

591

Berlin, Hanseatenweg 10
den 23. Dezember 1967

Liebe Gisèle,

ich habe vorhin von Beda Allemann, mit dem ich gerade telefoniert habe, erfahren, daß mich bei ihm ein Brief von Dir erwartet[1]. – Ich werde ihn erst in Paris bekommen, am 29., dem Tag, an dem ich direkt heimfahren werde, ohne über Bonn zu kommen.

Meine Lesung ist sehr gut verlaufen, in der Presse gab es am nächsten Tag ein erstaunliches Echo, das mir deutlich gezeigt hat, daß ich immer noch auf einem Niveau präsent bin, das mich trotz allem, ich muß es gestehen, verwundert hat[2].

Es ist kalt gewesen, und ich habe, zum ersten Mal seit zwanzig oder zweiundzwanzig Jahren, einen Winter gesehen, der aus Schnee und nochmals Schnee besteht[3]. Und ich habe mir eine Kehlkopfentzündung geholt, die ganz intensiv behandelt werden mußte, die ich von einem Arzt habe behandeln lassen müssen. Inhalierungen, Spritzen – zum Glück mit Erfolg. Verlegung auf später – den 28. – einer Fernsehaufnahme, die mir Ernst Schnabel[4] großzügig angeboten hatte. Aber keine Möglichkeit mehr, nach Bonn zu den Allemanns zu fahren. (Ich werde am 13. Januar hinfahren, zu einer Lesung.) –

Zwei Gedichte, davon eins über Karl Liebknecht und Rosa Luxemburg (am 16. Januar 1919 hier ermordet)[5]. –

Peter Szondi[6], ein zuvorkommender Freund.

Und ein anderer Freund, den Du in Zürich kennengelernt hast, Walter Georgi (ein Freund von Allemann): Wir sind auf dem Zürichsee mit ihm gesegelt[7]. Erinnere Eric daran.

Wenn Du da bist, werde ich Dich anrufen, sobald ich zurück bin, um zu erfahren, wie es Dir und wie es Eric geht.

Gutes Jahr!
Paul

592

[Paris, 24.? 12. 1967]

Mit allen meinen Wünschen für 1968[1]

Gisèle

593

Saint-Césaire-sur-Siagne
28. Dezember 1967

Lieber Paul,
Dein Brief erreicht mich heute morgen, und ich freue mich, daß die Lesung gut verlaufen ist. Du sagst mir: »Es gab ein erstaunliches Echo, das mir deutlich gezeigt hat, daß ich immer noch auf einem Niveau präsent bin, das mich trotz allem, ich muß es gestehen, verwundert hat.« Wie kannst Du daran zweifeln? Ich freue mich, daß Du ab und zu solche Beweise hast, aber ich bitte Dich, es nicht zu vergessen, es zu wissen. Ich verstehe so gut, daß Dir in der Einsamkeit, in der Du lebst, und auch inmitten von soviel Verständnislosigkeit Erfahrungen dieser Art eine große Hilfe sind. Ich wünschte sie mir noch viel häufiger. Aber diese hier, in Berlin – das berührt mich ganz besonders. Es tut mir leid, daß die Berliner Kälte so groß gewesen ist und daß Du ihr nicht allzu gut widerstanden hast. Ich hoffe, daß jetzt alles in Ordnung ist, aber es ist wirklich schade, daß Du nicht zu den Allemanns hast fahren können und daß diese Aufnahme auf später verschoben werden mußte. Du hast, wie es scheint, viele Reisen in Aussicht. Ich hoffe, daß es jedesmal, wie in Berlin, eine ermutigende Bestätigung sein wird – Es ist immerhin gut, daß es Begegnungen mit Deiner Dichtung auch für ein größeres Publikum gibt, durch das Fernsehen. Unter all denen, die zuhören, werden einige Bescheid wissen, werden berührt sein. Ich denke, daß Du völlig recht gehabt hast, diese Möglichkeit anzugehen, die Dir andererseits sicherlich nicht völlig angenehm ist –
Aber Du sagst nichts über Berlin. War es auszuhalten?
Natürlich erinnere ich mich an Georgi, er war mir sehr sympathisch erschienen, ich erinnere mich an die Bootsfahrt auf dem See, wo ich mich nur halb sicher fühlte, und auch im Anschluß daran an ein Abendessen mit ihm, wo ich Euch früh mit Eric, der müde war, verlassen hatte. Du hattest anschließend sicher noch einen Spaziergang mit ihm gemacht –
Auch ich habe mir noch am letzten Schultag eine böse Grippe eingefangen, und es hat nicht viel gefehlt, und ich hätte nicht wegfahren können. Ich schleppe das noch ein wenig mit mir herum, und das hat mich sehr erschöpft, was ich nicht gebrauchen konnte. Ich habe hier meine korsischen Freunde wiedergefunden, mit denen ich einen schönen Nachmittag habe verbringen können – Auch La Messuguière[1], wo ich immer einige herzliche Bindungen habe. Françoise geht es im Augenblick nicht allzu schlecht, und ich bin

froh, daß ich ein wenig in der Ruhe ihres Dorfes bin, die Berggipfel sind verschneit, und der Himmel ist blau. Ich werde am 2. am Vormittag zurückfahren. Ich habe immer noch keine Nachricht von Eric, es ist wirklich nicht nett von ihm, so wenig zu schreiben.

Sicherlich hatte die Post Verspätung wegen der Feiertage, aber trotzdem!

Ich schicke Dir noch eine kleine Radierung[2]. Das alles ist nicht sehr gut. Ich hoffe, bei meiner Rückkehr mehr und besser arbeiten zu können.

Ein sehr gutes Jahr wünsche ich Dir von neuem

Gisèle.

594

[Paris, 1967 oder 1968[1]]

Danke, liebe Gisèle. Ich habe nur *einen* Brief von Dir bekommen, in dem Du mir nicht sagst, ob ich am Donnerstag (und wann) mit Eric ins Kino gehen kann. Schreib mir ein paar Zeilen in diesem Sinne.

Gute Tage
Paul

595

[Paris, 8. 1. 1968]

Liebe Gisèle,

Ich schicke Dir fünf Gedichte[1] – entschuldige bitte, daß ich sie Dir nicht übersetze, ich werde es ein andermal tun[2]. Ich hoffe, daß sie Dich von selber ansprechen.

Ich werde Altmann nach meiner Rückkehr aus Bonn[3] sehen.

Gute Arbeit, gute Tage!
Paul

8. Januar 1968

TRECKSCHUTENZEIT
die Halbverwandelten schleppen
an einer der Welten,

der Enthöhte, geinnigt,
spricht unter den Stirnen am Ufer:

Todes quitt, Gottes
quitt.

———

Paris, rue de Longchamp[4]
3. 12. 1967

LILA LUFT mit gelben Fensterflecken,

der Jakobsstab überm
Anhalter Trumm,

Kokelstunde, noch nichts
Interkurrierendes,

von der
Stehkneipe zur
Schneekneipe.

———

Berlin, 23. 12. 1967

kokeln (berlinerisch) – jouer avec le feu et la lumière / Trumm (Einzahl von Trümmer) – moignon, ruine

BRUNNENGRÄBER im Wind:

es wird einer die Bratsche spielen, tagabwärts, im Krug,
es wird einer kopfstehen im Wort Genug,
es wird einer kreuzbeinig hängen im Tor, bei der Winde.

Dies Jahr
rauscht nicht hinüber
es stürzt den Dezember zurück, den November,
es gräbt seine Wunden um,
es öffnet sich dir, junger

Gräber-
brunnen,
Zwölfmund.

———

Berlin, 25. 12. 1967

DAS ANGEBROCHENE JAHR
mit dem modernden Kanten
Wahnbrot.

Trink
aus meinem Mund.

———

Paris, 2. 1. 68
Rue d'Ulm

Kanten – croûton

UNLESBARKEIT dieser
Welt. Alles doppelt.

Die starken Uhren
geben der Spaltstunde recht,
heiser.

Du, in dein Tiefstes geklemmt,
entsteigst dir
für immer.

———

Paris, rue d'Ulm, 5. 1. 1968

596
[Paris] Dienstag [9.? 1. 1968]

Lieber Paul,
Ich habe das Gedicht über die Begegnung[1] sehr gemocht. Ich freue mich, daß es so verlegt wird. Es ist sehr schön. Die andern Gedichte sind heute bei mir angekommen. Sobald ich kann, werde ich mich ihnen widmen, um sie genauer lesen zu können[2]. Ich habe gerade wieder drei Tage unter einer Nachgrippe zu leiden gehabt, die mir immer noch keine Ruhe läßt, und ich reiße mich aus meinem Bett, um Unterricht zu halten, und lege mich danach sofort wieder hin –
Ich bin ein wenig betrübt gewesen über Deine Reaktionen, was Eric angeht. Ich sehe in der so flüchtigen Begeisterung Erics[3] etwas durchaus Normales. Es ist seinerseits ein Zeichen des Vertrauens, daß er uns daran teilhaben läßt, und diese Öffnung, die er hat, erlaubt uns, daß wir ihm die Dinge erklären und ihm unsere Meinung mitteilen. Ich tue das immer, selbst wenn ich, wie in sehr vielen Fällen, nicht seiner Meinung sein kann. Glaube mir, was Du ihm sagst, bringt ihn immer zum Nachdenken, ein Dialog mit ihm ist nie verloren. Die Hauptsache ist doch, wie mir scheint, daß er vertrauensvoll und offen bleibt, daß er sich nicht in eine Welt einschließt, in der er nicht unser Verständnis spüren würde.
Ich wünsche Dir eine gute Lesung. Ich danke Dir noch einmal für die Gedichte. Ich bin entschlossen, zu versuchen, Radierungen zu machen, die den Gedichten, die Du mir schickst[4], nahe sind, aber ich kann nicht versprechen, ob mir das gelingt.

Möge alles gut für Dich laufen
Gisèle.

597
[Paris, 10. 1. 1968]

Liebe Gisèle,
ich habe gerade ein Gedicht[1] geschrieben, das aus ziemlich einfachen Wörtern besteht – ich schicke es Dir. Ich hoffe sehr, daß es Dich ansprechen wird.

Ich denke an Dich
Paul

10. Januar 68, acht Uhr abends

WAS NÄHT
an dieser Stimme? Woran
näht diese
Stimme
diesseits, jenseits?

Die Abgründe sind
eingeschworen auf Weiß, ihnen
entstieg
die Schneenadel,

schluck sie,

du ordnest die Welt,
das zählt
soviel wie neun Namen,
auf Knien genannt,

Tumuli, Tumuli,
du
hügelst hinweg, lebendig,
komm
in den Kuß,

ein Flossenschlag
stet,
lichtet die Buchten,
du gehst
vor Anker, dein Schatten
streift dich ab im Gebüsch,

Ankunft,
Abkunft,

ein Käfer erkennt dich,
ihr steht euch
bevor,
Raupen
spinnen euch ein,

die Große
Kugel
gewährt euch den Durchzug,

bald
knüpft das Blatt seine Ader an deine,
Funken
müssen hindurch,
eine Atemnot lang,

es steht dir ein Baum zu, ein Tag,
er entziffert die Zahl,

ein Wort, mit all seinem Grün,
geht in sich, verpflanzt sich,

folg ihm

Paris, 10. 1. 1968   Paul Celan

598

[Paris] 14. Januar 1968

Lieber Paul,

    Ich danke Dir für das *sehr* schöne Gedicht »Was näht« Ich glaube, daß ich ihm ein wenig folgen kann. Es scheint mir voller Hoffnung und auch das erste Gedicht von »Atemwende«[1] fortzusetzen – ich mag es sehr.

Ich habe einen Anruf von Altmann bekommen wegen einer Radierung, die ich vielleicht in einer Mappe mit Radierungen für Kanada[2] haben kann. Er hat mit mir über das Buchprojekt gesprochen, das noch in ziemlicher Ferne liegt. Ich habe ihm gesagt, daß ich bereit sei, es zu versuchen, daß ich aber keine Verpflichtung eingehen könne, bevor ich nicht mit den Gedichten gearbeitet habe. Er wird sicherlich mit Dir über die Formel sprechen, die gefunden werden muß. Er scheint an kleine Radierungen zu denken, muß aber zuvor die Gedichte sehen[3].
    Das Klingspor Museum in Offenbach wird wahrscheinlich »Atemkristall« und das »Portfolio« kaufen[4].

Jean-Claude Hémery hat mir ein paar Zeilen geschrieben, um mir für eine Radierung »zum Jahresende«[5] zu danken, und er bittet mich, Dir zu sagen, wie sehr er »Atemwende« bewundert, das er bei weitem noch nicht ganz ausgeschöpft hat.

Ein paar Zeilen von Unseld, dessen Frau sich wieder mit der Frankfurter Galerie in Verbindung gesetzt hat, die vielleicht etwas für meine Radierungen machen wird[6].

Ich weiß wirklich nicht, wie ich alle diese Ausstellungsprojekte zu Ende führen kann, bei der wenigen Zeit, die ich habe.

Stuttgart, Frankfurt? Freiburg? Göteborg, Kopenhagen? Aber wie viele von allen diesen Projekten[7] werden bleiben?

Meine Grippe geht langsam zu Ende, aber Eric ist jetzt sehr erkältet, es ist jedoch nichts Schlimmes. Er hat in den letzten Tagen sehr gute Erfolge am Gymnasium vorzuweisen gehabt und scheint einen guten Einstieg ins Trimester gehabt zu haben.

Ich hoffe, daß Deine Lesung[8] gut verlaufen ist,
ebenso Dein Aufenthalt in Deutschland. Ich wünsche
Dir eine gute Rückkehr nach Paris und viel
gute Arbeit

Gisèle

599

[Paris, März 1968?[1]]

Paul Celan

S c h w a r z m a u t[2]

HÖRRESTE, SEHRESTE im
Schlafsaal eintausendundeins,

tagnächtlich
die Bären-Polka:

sie schulen dich um,

du wirst wieder
er.

[Paris, 9. 6. 1967]

Restes d'ouï, restes de vue dans
le dortoir mille et un,

nuit journellement
la polka des ours:

ils te rééduquent,

tu deviens à nouveau
lui / il.

IHN RITT DIE NACHT, er war zu sich gekommen,
der Waisenkittel war die Fahn,

kein Irrlauf mehr,
es ritt ihn grad –

Es ist, es ist,
        als stünden im Liguster die Orangen,
als hätt der so Gerittene nichts an
als seine
erste,
muttermalige, ge-
heimnisgesprenkelte
Haut.

[Paris, 9./10./11. 6. 1967, 10. 9. 1967]

La nuit le chevaucha, il était venu à lui,
le sarrau des orphelins était le drapeau,

pas de course errante,
cela le rendait droit en le chevauchant –

C'est c'est,
        comme si se tenaient dans le troène des oranges,
comme si celui chevauché de telle manière n'ait rien sur lui
que sa
première,

tachetée d'envies, grivelée de mystère / secret
peau.

MUSCHELHAUFEN: mit
der Geröllkeule fuhr ich dazwischen,
den Flüssen folgend in die
abschmelzende Eis-
heimat,
zu ihm, dem – nach wessen
Zeichen zu ritzenden? –
Feuerstein im
Zwergbirkenhauch.

Lemminge wühlten.

Kein Später.

Keine
Schalenurne, keine
Durchbruchscheibe,
keine Sternfuß-
Fibel.

Ungestillt,
unverknüpft, kunstlos,
stieg das Allverwandelnde langsam
schabend
hinter sich her.

[Paris, 14. 6. 1967]

Tas de coquillages: avec
la massue faite de cailloux je fonçais dedans
suivant les fleuves dans
la patrie (de) -glace fondante
vers lui – qui doit être rayé / gravé d'après
le signe de qui? –
le silex (pierre à feu), dans
le souffle du bouleau-nain.

Des rats creusaient

Pas de plus tard.

Aucune
urne-cupule, aucun
disque ouvragé
aucune fibule en forme de pied d'étoile.

Inapaisé,
sans liens, sans art,
ce-qui-métamorphose-tout
monta / marcha derrière moi,
en grattant / crissant (de son pas le sol).

MIT DER ASCHENKELLE GESCHÖPFT
aus dem Seinstrog,
seifig, im
zweiten
Ansatz, auf-
einanderhin,

unbegreiflich geatzt jetzt,
weit
außerhalb unser und schon – weshalb? –
auseinandergehoben,

dann (im dritten
Ansatz?) hinters
Horn geblasen, vor den
stehenden
Tränentrumm,
einmal, zweimal, dreimal,

aus unpaariger
knospend-gespaltener
fahniger
Lunge.

[Paris, 15. 6. 1967]

Puisé avec / à la louche de cendres
dans l'auge de l'Être,
savonneux, au
deuxième
abord / coup, l'un vers l'autre,

incompréhensiblement nourris à présent
loin
en dehors de nous et déjà – pourquoi ? –
levés pour être séparés,

ensuite (au troisième
abord) soufflés
derrière la corne, devant
le tronçon des larmes, debout
une fois, deux fois, trois fois,

à partir d'un impair
germant-fendu
drapeleux / en bannière
poumon.

MIT MIKROLITHEN GESPICKTE
schenkend-verschenkte
Hände.

Das Gespräch, das sich spinnt
von Spitze zu Spitze,
angesengt von
sprühender Brandluft.

Ein Zeichen
kämmt es zusammen
zur Antwort auf eine
grübelnde Felskunst.

[Paris, 16. 6. 1967]

Lardées de microlithes / petites pierres
donnantes-données / offertes au don
mains.

Le dialogue qui se tisse
de pointe en pointe
roussi de
scintillant air d'incendie.

Un signe
le rassemble d'un coup de peigne
en faisant la réponse à
un art de roc qui rumine une pensée.

IN DIE NACHT GEGANGEN, helferisch,
ein stern-
durchlässiges Blatt
statt des Mundes:

es bleibt
noch etwas wild zu vertun,
bäumlings.

[Paris, 20. 6. 1967]

Allé dans la nuit, aidant
avec une feuille perméable à l'étoile
en guise de bouche:

il reste
encore quelque chose à gaspiller sauvagement,
arbrement.

WIR LAGEN schon tief in der Macchia, als du
endlich herankrochst.

Doch konnten wir nicht
hinüberdunkeln zu dir:

es herrschte
Lichtzwang.

[Paris, 24. 6. 1967]

Nous gésîmes déjà profondément dans le maquis, lorsque tu t'approchas enfin en rampant.

Mais nous ne pûmes
ténébrer vers toi:
il régnait
contrainte de lumière.

TRETMINEN auf deinen linken
Monden, Saturn.

Scherbenversiegelt
die Umlaufbahnen dort draußen.

Es muß jetzt der Augenblick sein
für eine gerechte
Geburt.

[Paris, 27./28. 6. 1967]

Mines sur tes gauches
lunes, Saturne.

Scellées (de tesson) / d'éclats
les trajectoires de révolution (astron.) là dehors.

Cela doit être maintenant le moment
pour une juste
naissance.

WER SCHLUG SICH ZU DIR?
Der lerchengestaltige
Stein aus der Brache.

Kein Ton, nur das Sterbelicht
trägt
an ihm mit.

Die Höhe
wirbelt sich
aus, heftiger noch
als ihr.

[Paris, 1. 7. 1967]

Qui vint se joindre à toi?
La pierre en forme d'alouette
dans la jachère.

Aucun son, seule la lumière d'agonie
aide à la porter.

La hauteur
tourbillonne en se creusant,
plus violemment encore
que vous.

ABGLANZBELADEN, bei den
Himmelskäfern,
im Berg.

Den Tod,
den du mir schuldig bliebst, ich
trag ihn
aus.

[Paris, 5. 7. 1967]

Chargé de reflet, chez les
scarabées du ciel,
dans la montagne.

La mort,
dont tu m'es resté(e) redevable, je
la porte jusqu'à sa maturité.

FREIGEGEBEN auch dieser
Start.

Bugradgesang mit
Corona.

Das Dämmerruder spricht an,
deine wach-
gerissene Vene
knotet sich aus,

was du noch bist, legt sich schräg,
du gewinnst
Höhe.

[Paris, 8. 7. 1967]

Feu vert aussi pour ce
décollage.

Chant de roue de proue avec
Corona.

La rame crépusculaire répond,
ta veine
réveillée par son arrachement / ouverture
se dénoue,

ce que tu es encore, se couche obliquement,
tu gagnes
de la hauteur.

BAKEN-
sammler, nächtlings,
die Hucke voll,
am Fingerende den Leitstrahl,
für ihn, den einen an-
fliegenden
Wortstier.

[Paris, 8. 7. 1967]

Collecteur de balises, vers la nuit,
la hotte pleine,
à la pointe du doigt le rayon conducteur,
pour lui, l'unique
arrivant (au vol)
taureau-parole.

AUS VERLORNEM Gegossene du,
maskengerecht,

die Lid-
falte entlang
mit der eignen
Lidfalte dir nah sein,

die Spur und die Spur
mit Grauem bestreun,
endlich, tödlich.

[Paris, 17. 7. 1967]

Toi, la coulée dans le perdu
ajustée au masque,

le long
du pli de paupière
avec le propre
pli de paupière être près de toi,

la trace et la trace
parsemer de gris,
enfin, mortellement.

WAS UNS ZUSAMMENWARF,
schrickt auseinander,

ein Weltstein, sonnenfern,
summt.

[Paris, 17. 7. 1967]

Ce qui nous jeta ensemble / réunit par un lancement
tressaillit et se défait,

une pierre du monde, loin du soleil,
bourdonne.

600

[Paris] 13. März 1968

Meine liebe Gisèle,
   hier ist die Liste mit den Adressen für die Frankfurter Ausstellung – behalte das Doppel[1].
   Ich glaube, es wäre gut, wenn Du hinfahren würdest.
        Gute Tage.
        Bis bald.
Umarme Eric   Paul

601

[Paris, 22. 3. 1968]

Paul! Noch einmal Dank für den Abend vom 19.[1], den Morgen des 20. In Eile, zwischen den Unterrichtsstunden vom Vormittag und denen vom Abend, schicke ich Dir die Stuttgarter Einladungskarte.

Sie haben eine sehr alte Radierung ausgesucht, »Nach dem Bilde der Zeit«[2] – Nun ja!
    Bis Freitag. Ich werde Dich Zeit und Adresse wissen lassen[3].

Gisèle.

602

[Paris] Montag [8.? 4. 1968]

Lieber Paul,
    Ich habe versehentlich einen Brief geöffnet, der an Dich gerichtet war[1], ich schicke ihn Dir, weil ich sehe, daß es sich um die Durchreise von Freunden handelt, denen Du vielleicht antworten willst –
    Eric ist in der Mühle[2], wo trotz des kalten Wetters ständig die Sonne scheint, ich habe gute Nachrichten von ihm, er amüsiert sich und ist ständig draußen, sei es beim Angeln, sei es im Park. Er scheint sich gut mit seinem Vetter und dem Freund seines Vetters, der ebenfalls da ist, zu verstehen. Ich werde ihn morgen wieder abholen, er fährt am Mittwoch in sein Lager.
    Hier gibt es nichts Neues. Die Leute, die ich kenne, sind alle weggefahren. Ich arbeite jeden Tag an den Radierungen des Buches[3], es ist von mir wirklich ein kühnes Unterfangen, ich kann nur sehr unter den Gedichten bleiben. Im Augenblick ist noch keine der Graphiken endgültig, aber drei sind auf dem Weg – Keine Nachricht aus Frankfurt, von wo ich die Einladungen hätte bekommen müssen[4].
    Monsieur Plat[5] ist sehr beladen mit meinem Paket Radierungen aufgebrochen. Ich hoffe, von ihm zu hören, sobald er zurück ist.
    Ich hoffe, daß es Tante Berta gut geht, daß Deine Londoner Ferien gut verlaufen und daß Du die Möglichkeit finden wirst, einen kleinen Abstecher aufs Land zu machen.
    Ich werde immer noch von einer ausklingenden Grippe verfolgt, die sich dahinzieht, aber ich schätze es, mich von der Schule auszuruhen.
    Ich wünsche Dir einen sehr guten Aufenthalt.
    Viele Grüße an Tante Berta, Regine und Leo

Gisèle

603

[London] Mittwoch, 10. [4. 1968]
Liebe Gisèle,
danke für Deinen guten Brief, danke für den nachgeschickten Brief.
Dieser Aufenthalt in London tut mir gut. Ich habe Leute gesehen, Fried – mit dem ich eine sehr offene, sehr fruchtbare (wie ich glaube) Auseinandersetzung über Israel, das Judentum, den Antisemitismus (einschließlich den von links[1]) gehabt habe –, Hamburger[2], den Rabbiner Friedlander[3] (ein Freund des sehr noblen Martin Luther King[4]) und andere[5].
Die Tante verwöhnt mich – was Dich sicherlich nicht verwundert. Aber sie ist ziemlich erschöpft, und ich habe beschlossen, auch aus diesem Grunde, am Dienstag, den 16., zurückzukommen. Vorher werde ich am kommenden Freitag den »Seder« (den ersten Abend des jüdischen Osterfestes) bei Leo und Regine feiern, dann werde ich die Ehrenbergs[6] aufsuchen.
Ich lege Dir die Antwort von Nelly Sachs[7] bei. Sie ist leider enttäuschend. Aber die Tante und Regine, denen ich sie gezeigt habe, schreiben sie ihrem Alter und auch ihrer Krankheit zu. In der Tat habe ich von anderer Seite erfahren, daß sie krank gewesen ist (sie selbst spricht davon). Laß trotzdem Einladungskarten an die angegebenen Galerien schicken, und schicke ihr (Nelly) ebenfalls einige (darunter eine für Lenke Rothmann und eine für Eva-Lisa Lennartsson)[8].
Hier blühen die Magnolien[9] – ich möchte sie fühlen und riechen können wie früher, in Czernowitz. Der Himmel kommt ohne Wolken aus, die Haare sind in der Regel kürzer, die Röcke beachtlich länger geworden. Das orangenfarbene Hemd[10] ist schwer zu finden.
Umarme Eric!
Gute Tage!

Paul

604

[Widmungen in Jules Supervielle, Gedichte[1]:]

[Paris, Ende April? 1968]
Für Dich, Gisèle,

Paul

Für Dich, Eric,

Dein Vater

605

[Paris] 2. Mai [1968]
Meine liebe Gisèle,
hier ist die Adresse von Nelly Sachs[1] – schreib ihr, das wird sie freuen.

Ich bin froh, daß das Buch[2] gemacht wird – es ist fast *da*, Deine Radierungen sind wirklich sehr schön, mit der Säure haben die Gedichte in Deine Kupfer gebissen, auf der Spur Deiner Hände, die ihnen vorausging, von ihnen begleitet

Paul

Man hat mir gerade den Ungaretti bestätigt.[3]

606

Hannover, den 2. Juli 1968
Liebe Gisèle,
hier als erstes der Text von Herrn Baumann: es ist, wie ich Dir schon gesagt habe, ein sehr schöner Text[1], und ich denke, es würde Herrn Baumann eine große Freude machen, wenn Du ihm eine Radierung schicken würdest[2]. Hier ist seine Adresse: Professor Dr. Gerhart Baumann, Freiburg im Breisgau, Andlawstraße 7.

Sehr gute Lesung in Freiburg! vor einem fast ebenso zahlreichen Publikum wie letztes Jahr[3]; Freundlichkeiten. Herr Kröner[4] war ebenfalls da, er kam, um mich zu beglückwünschen, dann hat er mir einen Vorschuß von tausend Mark für Deine Radierungen angeboten, was ich nicht angenommen habe, zum einen, weil es nur ein Vorschuß war – übrigens hofft er, auch weiterhin Deine Radierungen zu verkaufen –, zum andern, weil ich nicht allzu viel Geld mit mir herumtragen wollte; ich hatte auch schon in Betracht gezogen, wieder über Freiburg zurückzufahren. In Frankfurt bin ich durch die Arbeit ziemlich in Anspruch genommen worden, ich habe Vonderbank[5] nicht sehen können, doch ich fahre übermorgen wieder hin, nach der hiesigen Lesung[6]. In Kiel[7] gestern ist das zahlreich erschienene Publikum ebenfalls aufmerksam gewesen. Ich werde bis zum Morgen des zehnten in Frankfurt bleiben. Ich muß noch die Druckfahnen von »Fadensonnen«[8], der Gedichtbände von André du Bouchet[9] und von Ungaretti[10] korrigieren. Zwei Lesungen, eine an der Universität, die andere vor jungen Buchhändlern[11]. Unseld hat darauf bestanden, daß ich eine Lesung in Tübingen annehme, und dort werde ich am zehnten[12] lesen. Dann gedenke ich mir Ferien zu leisten.

Wenn Du mir nach Deiner Rückkehr nach Paris schreibst – Du wirst am sechsten da sein, nicht wahr? –, dann schicke den Brief als *Eil*brief (ebenso wie meine Post), damit ich ihn rechtzeitig bekomme. Ich werde Dich anschließend wissen lassen, wo Du mich erreichen kannst.

Ich schreibe gleichzeitig an Eric[13] und hoffe, daß er mir bald antworten wird.

Gute Tage
Paul

607

45, Rue d'Ulm
Paris, den 23. Juli 1968

Liebe Gisèle,

ich habe Eric geschrieben, aber ich habe noch keine Antwort von ihm. Ich denke, daß Du Nachrichten von ihm hast, und bitte Dich, mir postwendend zu sagen, wie es ihm geht.

Ich wüßte auch gern das genaue Datum seiner Rückkehr nach Paris, vielleicht kann ich ihn sehen[1], bevor ich nach Vaduz fahre.

Gute Tage
Paul

608

45, Rue d'Ulm
Paris, den 6. August 1968

Liebe Gisèle,
ich bin nach Paris zurückgekommen, da ich in Vaduz keine Möglichkeit gefunden habe, richtige Ferien zu machen.

Die Ausstellung ist eher zusammengewürfelt gewesen, ein wenig »Pop« würde ich sagen, verschieden von dem, was ich mache. Aber diese Dinge werden gemacht, und ich werde das in meinen Gedichten beachten müssen, wie alles Aktuelle.

Deine Radierungen, ungefähr ein Dutzend, waren gut ausgestellt, in einer Art kleinem »Salon«, in dem, wie in den anderen, eine Gipsskulptur stand; das Buch lag auf einem Pult, und die Leute blätterten darin[1].

Es waren viele Leute bei meiner Lesung, die Leute waren ziemlich verschieden von denen der vorhergehenden Lesungen, aber aufmerksam[2].

Ich beabsichtige jetzt zu lesen und zu schreiben, dann meine Studenten zu sehen. Anschließend Ferien zu machen.

Sage mir, was Eric für Pläne hat, schreibe mir, wie es ihm geht, wie es Dir geht[3].

Gute Tage
Paul

609

[An Eric Celan]
45 rue d'Ulm
Paris, den 6. August 1968

Mein lieber Eric,
danke für Deinen guten Brief. Ich habe ihn am Tag meiner Abreise aus Vaduz bekommen, wo die Hotelbedingungen nicht so waren, daß ich richtige Ferien hätte machen können.

Die Ausstellung ist ziemlich eigenwillig gewesen, die Dinge sehr verschieden voneinander. Das wirft Probleme auf, auf seine Weise, und folglich werde ich dem in meinen Gedichten, die versuchen, aktuell zu sein, auch Rechnung tragen müssen.

Ich bin froh über Deine Fortschritte, und ich bin sicher, daß Du auch in Englisch weiterkommen wirst. Ich werde Dir dabei helfen.

Ich denke viel an Dich und umarme Dich ganz fest. Schreib mir oft. Bis bald!

Dein Papa

610

Moisville
20. August 1968

Lieber Paul,
Ich hoffe, daß für Dich alles gut läuft. Wir haben schon lange nichts mehr von Dir gehört. Wirst Du die Möglichkeit haben, ein wenig Ferien zu machen, es ist schade, daß sich das in Liechtenstein nicht verwirklichen ließ, wie Du es Dir gewünscht hast.
Eric ist in Form und verbringt schöne Ferien. Nach der Durchreise der Bonaldis hatten wir Erika und die Kinder[1] da, leider war sehr schlechtes Wetter, aber ich glaube, daß sie trotzdem sehr zufrieden waren mit ihrem Aufenthalt. Sie sind jetzt abgereist. Das Haus ist wieder sehr ruhig geworden, und ich mache mich wieder an die Arbeit für das Buch[2]. Die Lateinarbeiten gehen ohne übertriebene Begeisterung weiter, aber er hat gute Noten, und ich glaube, daß diese Wiederholungen ihm helfen sollten, seine Prüfung zu bestehen. Du hast gesehen, daß der Schulbeginn für die Gymnasien wieder verschoben worden ist, bis zum 27.! Eric freut sich darüber, ich glaube, daß es ein wenig spät ist, vor allem, wenn man bedenkt, daß sie seit Mai so gut wie nicht gearbeitet haben[3]. Hoffen wir, daß die Reformen gut sein werden und daß er ein gutes Jahr auf dem Gymnasium verbringen wird. Ich habe keine Benachrichtigung wegen meiner neuen Arbeit bekommen, aber das ist normal.
Ich werde mir wahrscheinlich mit Eric einige Loire-Schlösser ansehen, wenn ich ihn zu seinem kleinen Freund fahre, wo er etwa acht Tage verbringen soll.
Es war die Rede davon gewesen, daß Mama einige Tage herkommt, doch es sieht so aus, als sei sie nicht mehr im Departement Orne, sondern im Departement Indre[4]. Ich denke also, daß dieser Plan nicht ausgeführt werden wird.
Wir wären froh, von Dir zu hören.
Beste Grüße
Gisèle

611

45, Rue d'Ulm
Paris, den 23. August 1968

Liebe Gisèle,
danke für Deine Briefe[1] und die nachgeschickte Post.
Diese Sommertage sind nicht leicht auszufüllen, meine Lektüre sollte zahlreicher sein, ich hoffe, daß ich sie vertiefen, mich mit mei-

nen Büchern unterhalten kann, mit zahlreichen Büchern, neueren, aktuellen. Die Probleme der Dichtung stellen sich für mich mit großer Schärfe, die Ereignisse – Du kannst Dir vorstellen, wie stark mich die aus der Tschechoslowakei berühren – beschäftigen mich mitten in dem, was ich schreibe, dem, was ich zu schreiben versuche[2].

Ich habe ziemlich oft die seit »Fadensonnen« geschriebenen Gedichte[3] wiedergelesen, manchmal mit der Versuchung, mit dem Verlangen, manchen von ihnen bessere Kontur zu geben. Vor wenigen Tagen habe ich, für neue Gedichte, die kompakte Diktion gefunden, die ich zu finden wünschte. Es wird ein neues Buch[4] sein.

Ich habe meine Studenten wiedergefunden[5], die Arbeit mit ihnen macht mir Spaß, es läuft sehr gut, wir werden noch eine Zeitlang weitermachen, dann werden meine Ferienpläne Gestalt annehmen, hoffe ich.

Gute Tage
Paul

612

[An Eric Celan]
45, Rue d'Ulm
Paris, den 23. August 1968

Mein lieber Eric,
  danke für Deine Briefe. Offen gestanden, obgleich die Tage lang waren, hatte ich gar nicht so sehr gemerkt, daß sie so zahlreich vergangen waren seit Deinem ersten Brief aus Moisville[1].

Die Tage, für mich, gleichen sich sehr: ich lese, ich schreibe, ich mache einige Spaziergänge oder Einkäufe, ich leiste mir von Zeit zu Zeit einen Film. Wenig Leute in meinem Viertel, erst seit wenigen Tagen fängt es wieder an, sich zu bevölkern.

Ich habe letzte Woche meine Studenten wiedergefunden, ich arbeite mit ihnen, und das macht mir Spaß.
Ich bin froh über Deine Fortschritte, froh auch bei dem Gedanken, daß Du Dich nicht langweilst. Ich bin sicher, daß Du Deine Prüfung bestehen wirst. Gute Spaziergänge, guten Aufenthalt bei Deinem Freund –

Meine Gedanken verlassen Dich nicht. Arbeite gut, amüsier Dich gut, schreib mir.

Ich umarme Dich
Dein Papa

613

45, Rue d'Ulm
Paris, den 15. September 1968

Liebe Gisèle,
 danke für Deine Zeilen, die ich gestern erhalten habe¹. Ich bin froh zu erfahren, daß Eric in guter Form ist.
 Hast Du den Brief erhalten, den ich Dir gleich nach dem Empfang Deines Briefes vom 20. August geschickt habe? Ich hatte Dich darin nach Erics Plänen gefragt und erwartet, daß Du mir sagst, wie lange er bei seinen Freunden zu bleiben gedenkt, wie seine Adresse ist, zu welchem Zeitpunkt er seine Prüfung macht usw. Ich hätte ihn natürlich gern bei seiner Rückkehr nach Paris gesehen.
 Ich sage mir, daß Ihr, weil Eric in diesen Tagen sicherlich seine Prüfung ablegen muß, nur übers Wochenende nach Moisville gefahren seid, und schicke Dir diesen Brief in die Rue de Longchamp.
 Ich wäre froh, wenn ich Eric am Mittwoch oder Donnerstag zum Mittagessen (oder Abendessen) sehen könnte – sage mir postwendend, ob das möglich ist².

Gute Tage
Paul

614

[Paris] Montag¹ [7. 10. 1968]

Liebe Gisèle,
 Danke für Deinen Brief¹ und, vor allem, für die guten Nachrichten über Eric. Ich habe festgestellt, als ich seinen letzten Brief² las, daß sich seine Schrift gefestigt und seine Orthographie verbessert hat, und Du kannst Dir wohl denken, daß ich mich darüber freue.
 Ich werde am Donnerstag an den Trocadéro kommen, um mit Eric zu Mittag zu essen.
 Danke für Deine Aufmunterungen. Ich denke an Dich.

Paul

615

[An Eric Celan]
[Paris] Montag 7. Oktober 1968

Mein lieber Eric,
 ich bin sehr froh über Deine Fortschritte, so, wie Du sie mir beschreibst und wie Deine Schrift es mir beweist.

Ich erfahre, daß Du nächsten Donnerstag frei bist, und ich werde am Mittag zum Trocadéro kommen, um mit Dir zu Mittag zu essen. Du kannst Dir denken, daß ich mich darauf freue.

Ich umarme Dich
Dein Papa

616

[Paris] Dienstag abend [8.? 10. 1968]

Mein lieber Paul,

Gestern abend habe ich für Dich einen Anruf von Herrn Hohenwart bekommen, der Dich so schnell wie möglich erreichen wollte, um Dich zum Abendessen einzuladen, ich hatte nicht mitbekommen, daß er auch mit mir rechnete. Soeben finde ich seinen Rohrpostbrief, den ich Dir nachschicke[1]. Willst Du es übernehmen, ihm zu antworten? Wenn es Dir lieber ist, daß ich es tue, müßtest Du mich so früh wie möglich anrufen, damit ich ihm einen Rohrpostbrief schicke oder ihn anrufe. Morgen früh werde ich im Grand Palais[2] sein, doch am Nachmittag könntest Du mich im Atelier erreichen, wo ich gegen 13 Uhr 30 sein werde. Ich hatte mir erlaubt, ihm Deine Telefonnummer in der École zu geben, das ist vielleicht ein Fehler. Sag mir bitte, ob ich diese Nummer weitergeben darf oder nicht.

Ich hoffe von ganzem Herzen, Paul, daß es Dir gut geht, ich bin wirklich traurig gewesen, daß Du am Ende dieses Sommers keine Ferien machen konntest, wie Du es wünschtest, und ich hoffe, daß Du doch etwas Luft schöpfen kannst und Erholung findest, bevor für Dich an der École der Unterricht wieder beginnt.

Im Grand Palais ändern sich die Prüfungsdaten, die Sondersitzungen und die Modalitäten ständig, und ich bin nicht die einzige, die Mühe hat, den Studenten, die durch die widersprüchlichen und ungenauen Nachrichten, die man ihnen geben kann, völlig ratlos sind, Auskunft zu erteilen[3].

Ist für die Agrégation und für die École Normale schon etwas entschieden? Ich höre sagen, daß der Unterricht nicht vor Dezember oder sogar Januar wieder aufgenommen wird. Weißt Du etwas wegen der École?

Ich danke Dir für den Brief, den ich heute morgen bekommen habe, Eric freut sich, Dich am Donnerstag zu sehen, sehr.

Alle meine Wünsche, Paul, die besten.

Gisèle

Ich habe mir die Radierungen für das Buch[4] wieder vorgenommen, ich habe im Augenblick Mühe zu arbeiten, doch ich hoffe, daß es mir trotzdem gelingt, die Annäherung an Deine Gedichte fortzusetzen, die meine einzige und wahre Arbeit ist. Die Stunden, die ich im Grand Palais haben werde, liegen für mich sehr gut und werden mir erlauben, öfter zu Hause zu sein als letztes Jahr, wie auch mehr Zeit für die Radierung zu haben.

Ich hoffe auf Nachricht von Dir.

617

Maison Roux[1]
Chemin de la Rive Bergère
La Colle-sur-Loup
den 28. Oktober 1968

Liebe Gisèle,

ich bin hier in einem Landstrich, den Du sicherlich kennst[2], bin komfortabel untergebracht, unter einem oft blauen Himmel. Cagnes, Nice, Vence, Grasse, les Gorges du Loup, die Fondation Maeght: alles das in meiner Reichweite, gesehen, wiedergesehen, meditiert.

Nichts Prätentiöses, das »Pittoreske« schnell verblaßt, die Bäume, die Steine, die kleinen Büsche[3] in guter Gesellschaft, wahrnehmbar jenseits der Metaphern. Aber man muß das mit dem Bus oder mit dem Auto suchen gehen. Aber auch die Küste, sehr »materialisiert«, die geschlossenen Ortschaften und die Ortsverdichtungen. Der Blick, der dahingleitet, zurückprallt, über das Unmittelbare hinweggeht.

Sicherlich nutzt Du mit Eric die kleinen Ferien vom Monatsanfang aus. Kannst Du mir, postwendend, in einem einzigen Umschlag die bis jetzt angekommenen Briefe schicken? (Ausgenommen die von der Bank.) Und, wenn welche da sind, die Bücher? Ich danke Dir dafür.

Ich denke an Dich
Paul

[An Eric Celan]
Maison Roux
Chemin de la Rive Bergère
La Colle-sur-Loup
den 28. Oktober 1968

Mein lieber Eric,
ich bin jetzt in Südfrankreich, bereits seit einer Woche, nicht ganz an der Küste, sondern darüber, zwischen Cagnes und Vence – oder so ungefähr – komfortabel untergebracht, der Himmel ist da mit seiner »Bläue«, das Dorf besitzt keinen falschen Charme, es ist anspruchslos, eine Hauptstraße, mit Läden, dann einige Gassen, aufwärts und abwärts, nichts Übertriebenes, Kiefern natürlich, aber keine Sonnenschirmpinien, das Hinterland sehr schön, sehr kahl, die Natur noch so, wie man sie selten wahrnimmt.

Sag mir, wie es Dir geht, wie Deine Arbeit läuft. Du hast schon Ferien, ich wünsche, daß Du sie voll und ganz nützt. Schreib mir.

Ich umarme Dich
Dein Papa

618

[Paris] 29. Oktober 1968

Mein lieber Paul,
Ich danke Dir für Deinen so schönen Brief, den ich heute abend bei meiner Rückkehr aus der Druckerei vorgefunden habe. Ich freue mich, daß Du endlich in einer so schönen Landschaft Ferien machen kannst. Ich erinnere mich nicht mehr sehr genau an La Colle, aber ich bin bestimmt durchgekommen, als ich durch die Gorges-du-Loup gefahren bin, die ich sehr gemocht habe. Hast Du in der Gegend einmal diese Glasbläserei[1] besichtigt, die mich so verblüfft hat, die Gesten der Handwerker, die sich auf engstem Raum bewegen, ohne je einen Fehler, sind festgelegt wie die Bewegungen eines Balletts und von großer Schönheit. Aber ich weiß nicht genau, wo das war. Ohne Auto ist das sicherlich ein wenig schwer zu erreichen. Ich hoffe, daß Du umherlaufen, schreiben, Dich ausruhen kannst. Bis wann wirst Du dort bleiben? Sag mir, wenn ich Dir wieder die Post nachschicken soll –

Wir fahren morgen mit einem Jungen in Erics Alter nach Moisville. Sie sind beide vergnügt, ich hoffe, daß das sehr milde Wetter, das wir im Augenblick haben, noch einige Tage anhalten wird.

Die Arbeit im Grand Palais ist immer noch so leicht – die Fakultät scheint immer noch genauso desorganisiert zu sein. Die eventuelle Wiederaufnahme des Unterrichts Ende Dezember ist noch fern – Die Programme sind immer noch nicht festgelegt – Die Prüfungen laufen mehr oder weniger gut ab. Lehrer wie Studenten scheinen ziemlich unzufrieden zu sein, und die Skepsis, was die Möglichkeit eines normalen Universitätsjahres angeht, wird bei allen immer größer – Ich habe gesehen, daß das Programm für die Agrégation in Deutsch erschienen ist, aber wird es überhaupt eine Agrégation geben und in welcher Form? – Niemand scheint es zu wissen. Sind bereits Entscheidungen getroffen worden, was die École Normale angeht? Weißt Du etwas? Ich habe meine Arbeit bei der Zeitschrift immer noch nicht wiederaufgenommen[2], wahrscheinlich wird es im Januar sein. Bis dahin ist es ein wirklich leichtes Sekretariat, das darin besteht, auf zahlreiche Telefonanrufe zu antworten und einige Briefe, einige Prüfungsergebnisse zu tippen und Studenten zu empfangen, denen ich in vielen Fällen immer noch nicht die Auskünfte geben kann, um die sie bitten. Aber es gibt andere Büros, die besser informiert sind und zu denen ich sie schikken kann. Alle sind sehr nett, aber sie sind nicht gerade umwerfend – Ich lese viel im Büro, ich zeichne sogar, denn ich bin hier allein und habe im Augenblick viel Zeit.

Ich bin seit Anfang des Monats oft im Atelier gewesen, und ich habe viel für das Buch[3] gearbeitet, und doch geht es nicht voran: es gelingt mir einfach nicht, meine Radierungen auf der Höhe der Gedichte zu finden, also nehme ich sie mir immer wieder vor, ich strapaziere das Kupfer, und es kommt nicht viel Gutes dabei heraus, und wenn ich mir mit einigen Tagen Abstand die ersten Fassungen ansehe, dann bedauere ich, daß ich weitergemacht habe, und ich versuche, die Platte neu zu machen, die nun etwas anderes wird, das mich ebenfalls nicht befriedigt – Eric, der oft ein guter Schiedsrichter ist, mag die Radierungen nicht: Vielleicht sind sie auch strenger, herber als die von »Atemkristall«[4], was kein Fehler wäre. Jedenfalls weiß ich im Augenblick nicht so recht, was ich davon halten soll. Ich hoffe, daß Du sie bei Deiner Rückkehr sehen und mir ein wenig helfen kannst, aber ich bin beunruhigt, daß ich trotz der Zahl von Kupfern, auf denen ich in den letzten Monaten gearbeitet habe, so wenig neue habe – Ich hoffe sehr, daß ich in den drei Tagen, die wir in Moisville verbringen werden, ein wenig weiterkomme. Ich habe jedes Wochenende lange Stunden mit den Gedichten verbracht und im Hinblick auf die Radierungen Blätter gefüllt, so daß ich es erfolgreich zu Ende bringen möchte.

Mit den Ausstellungen in Schweden[5], die alle Mißerfolge gewesen sind, habe ich neue Enttäuschungen erlebt. Aus Freiburg[6] bekomme ich weder meine Kleine Serie[7] zurück noch das Geld für die verkauften Radierungen. Ich weiß außerdem überhaupt nicht, was verkauft worden ist – Die Antworten auf meine zahlreichen Briefe sind selten und sehr ungenau – Die Hoffnungen auf die Galerie in der Rue du Faubourg Saint-Honoré schwinden immer mehr, trotz des guten Willens des Direktors[8] und seiner Frau. Eine andere Galerie schickt mir meine Radierungen, die sie in Verwahrung[9] genommen hatten, zurück. Das einzige ein wenig Positive ist der Besuch einer Gruppe, den eine Dame, die ich letztes Jahr im Musée Galliera[10] kennengelernt habe, im Rahmen der Kunst- und Künstlerateliersbesichtigungen, die sie leitet, organisiert hat. Mitte November werde ich also Gelegenheit haben, einigen Personen hier Radierungen zu zeigen, aber ich glaube nicht, daß das sehr wichtig ist.

Trotzdem arbeite ich, im Augenblick übrigens ausschließlich am Buch, seitdem ich damit angefangen habe, habe ich mich mit keinem anderen Format auseinandergesetzt, um mich nicht zu verzetteln –

Eric geht es gut, er scheint viel Arbeit zu haben, sie aber in einem Minimum an Zeit zu erledigen, was nicht gerade ideal ist, und er ist nicht hingerissen vom Lernen. In Deutsch und Mathe ist er sehr sehr gut, auch in Englisch geht es gut, doch Latein bleibt sein schwaches Fach, und ich kann ihm da wirklich nicht helfen, in Französisch könnte er sicherlich besser sein. Er arbeitet beachtlich gut im Unterricht mit der Logopädin, und seine Orthographie ist jetzt völlig normal, doch das ist nicht der Fall im täglichen Leben, trotz sehr großer Fortschritte. Die Hausarbeiten in Französisch, die er für diesen Unterricht macht, sind schwer, und ich finde, sehr viel besser als die ziemlich kindischen, die er fürs Gymnasium macht. Aber ich habe gute Hoffnung. Eric liest immer viel und erstaunt mich oft durch seine große Aufnahmefähigkeit oft schwieriger Lektüre aller Art – Doch es fehlt mir an Ideen, um Bücher für ihn zu finden.

Ich habe versehentlich einen Deiner Briefe geöffnet, weil ich dachte, es handele sich um die Steuer, die im Augenblick für alle kommt, und bitte Dich, das zu entschuldigen. Zwei Tage später sind übrigens die besagten Steuerbriefe angekommen, und ich habe mich darum gekümmert – Ich werde Dir die Post morgen früh nachschicken lassen, es war heute abend, als ich nach Hause kam, schon zu spät, um sie noch einzuwerfen – Ich lasse Dir auch ein Buch nachschicken und behalte nur einige Drucksachen und einen Brief von der Bank hier – Sag mir, ob ich sie Dir weiterhin nachschicken soll –

Ich wünsche Dir noch einen guten Aufenthalt für die letzten Tage, ich hoffe, daß alles gut läuft für Dich und daß die Sonne Deine Tage in der Provence auch weiterhin begleitet.

Noch einmal Dank für Deinen Brief, ich war schon beunruhigt, daß ich nichts von Dir gehört habe. Ich denke viel an Dich, weißt Du

Gisèle

Eric wird Dir morgen aus Moisville schreiben.

619

Hôpital Vaucluse
1. Pavillon Sect. C
Épinay-sur-Orge[1]

Montag 25. November 1968

Liebe Gisèle,
ich liege seit etwa zehn Tagen in dem Krankenhaus[2], dessen Adresse diesen Zeilen vorausgeht.

Meine Gedanken, das kannst Du Dir sicherlich denken, gehen unaufhörlich zu Dir und zu Eric. Kannst Du mir postwendend sagen, wie es Euch geht? Ich wäre ganz besonders froh, wenn Eric eigenhändig ein paar Zeilen dazu schriebe.

Die Besuche hier finden donnerstags und sonntags von 14 Uhr bis 16 Uhr 30 statt. Der nächste Bahnhof ist Sainte-Geneviève-des-Bois.

Ich umarme Eric. Ein starker Gedanke, mit so vielen anderen.

Paul

620

[Paris] 26. November 1968

Mein lieber Paul,
Ich habe seit langem nichts mehr von Dir gehört. Ich hoffe, daß Dein Aufenthalt in der Provence gut gewesen sein wird, daß Du hast arbeiten, schreiben, und auch die Natur genießen und Dich erholen können. Ich dachte, Du würdest gegen den 15. nach Paris zu-

rückkommen, wir haben Dir, Eric und ich, zum 23.¹ ein paar Zeilen als Zeichen in die Rue d'Ulm geschickt. Da ich nicht weiß, ob Du zurückgekommen bist, schicke ich Dir diesen Brief aufs Geratewohl nach La-Colle-sur-Loup, auch um Dich zu fragen, ob ich Dir Deine Post nicht nachschicken soll? Es gibt unter anderem zwei Briefe von Frau Sperber², und ich sage mir, daß es vielleicht eilig ist.

Ich glaube, daß ich mit den Radierungen für das Buch fertig bin, und ich möchte gern, daß Du sie sehen kannst. Altmann ruft mich regelmäßig an, um zu erfahren, wie weit ich bin, das letzte Mal, das heißt vor einigen Tagen, habe ich ihm gesagt, daß ich jetzt auf Deine Rückkehr warte und auf Deinen Eindruck, um zu wissen, ob ich weiterhin einige überarbeiten soll oder ob Du im Gegenteil mit ihnen einverstanden bist. Ich habe viel gearbeitet, und ich glaube ernsthaft, daß jetzt etwas da ist, das den Gedichten nahe ist³.

Eric hat weiterhin oft gute Noten im Gymnasium. Heute 15 Punkte beim Aufsatz: die beste Note, sein Aufsatz ist in der Klasse vorgelesen worden. Dennoch finde ich, daß er sich ein Minimum an Mühe macht. Aber es geht gut.

Er wartet ungeduldig auf die Skiferien.

Ich hoffe, von Dir zu hören.

Bis bald   Gisèle

621

[Paris] 28. November 1968

Mein lieber Paul,

Ich erhalte im Augenblick Deinen Brief. Ich bin untröstlich, Paul, Dich von neuem im Krankenhaus zu wissen. Ich war in letzter Zeit sehr beunruhigt, daß ich nichts von Dir gehört habe. Ich dachte, Du würdest Dich melden, wenn Du zurück bist, Du würdest anrufen. Ich habe keine Antwort auf meine letzten Briefe bekommen, ebensowenig auf das, was ich Dir für den 23. an die Adresse der École geschickt habe. Auch Eric hatte geschrieben, hatte an Deinen Geburtstag gedacht¹. Ich wußte nicht, ob Du zurückgekommen bist. Ich hatte, da ich beunruhigt war, vor etwa vierzehn Tagen André angerufen, er hatte ein paar Zeilen von Dir aus der Provence erhalten, er sagte mir, daß Du arbeitest, daß Du viel wanderst. Ich hoffte, daß alles gut geht.

Niemand also scheint seit zehn Tagen von Dir gehört zu haben, Du bist im Krankenhaus. Aber was ist passiert, Paul? Und vor allem, wie geht es Dir jetzt? Wirst Du gut gepflegt? Wann gedenkst Du, entlassen zu werden?

Ich dachte die ganze letzte Zeit oft an Dich. Ich denke an Dich. Ich denke an Dich. Schreib mir, wie es Dir geht.

Sag mir, ob ich Dir die Post schicken soll? Brauchst Du etwas, kann ich etwas für Dich tun?

Ich denke an Dich
Gisèle

622

[Épinay-sur-Orge] den 29. November 1968

Meine liebe Gisèle,

danke, daß Du mir postwendend geantwortet hast, Dein Brief und der von Eric sind mir eine große Hilfe gewesen. Ich habe nie aufgehört, an Euch zu denken, und Euch zu lesen heißt, Euch nahe zu wissen, Euch gesund zu wissen.

Ich werde gut gepflegt, doch die Tage sind eher lang, und ich weiß im Augenblick nicht, wann ich das Krankenhaus* verlassen werde. Deshalb habe ich die Besuchstage angegeben, in der Hoffnung, daß Du mit Eric auf einen Sprung vorbeikommen wirst, vielleicht nächsten Donnerstag (oder übermorgen, Sonntag)[1]. In diesem Fall bring mir bitte etwas Obst und Briefpapier mit.

Es ist nett von Dir, mir Deine Hilfe anzubieten; ich glaube, Du könntest als erstes einmal im Sekretariat der École anrufen (und beim Hausmeister, damit er meine Post aufbewahrt).

Ich wollte Dir auf Deinen Brief antworten, den einzigen, den ich in La Colle bekommen habe, der meinen Gedanken mit seiner Ruhe, seinen Einzelheiten zuvorgekommen ist – dann habe ich beschlossen, heimzufahren.

Liebe Gisèle, noch einmal: es ist für mich eine große Hilfe, Briefe von Euch zu bekommen. Antworte mir bald. Meine Gedanken suchen Dich, das weißt Du genau

Paul

* das ein psychiatrisches Krankenhaus ist

[An Eric Celan]
[Épinay-sur-Orge] den 29. November 1968

Mein lieber Eric,
 danke für Deinen Brief: Ich bin unendlich froh, ihn zu haben, Dich zu lesen. Froh auch, selbstverständlich, über Deine guten Ergebnisse in der Schule. Aber Du kannst es, dessen bin ich sicher, noch besser machen. (Apropos, wie ist denn Deine Note in Englisch?)

 Bald wirst Du Ferien bekommen – wo gedenkst Du, sie zu verbringen? Ich wäre glücklich, wenn ich Dich vorher sehen könnte. Danke für Dein Geburtstagsgeschenk; ich werde es bei meiner Entlassung vorfinden, und wir werden uns für ein kleines Fest sehen.

 Arbeite gut, amüsier Dich gut, denk an mich.

Ich umarme Dich
Dein Papa

623

[Épinay-sur-Orge] den 29. November 1968

Liebe Gisèle,
 dieses Postscriptum zu meinem Brief von vorhin:

 Ich habe nachgedacht und sage mir, daß es besser ist, wenn mich Eric im Augenblick* nicht besucht, und ich sage mir auch, daß Du selber schwankst, ob Du kommen sollst oder nicht, was ich ebenfalls gut verstehe.

 Aber ich bitte Dich, mir etwas Geld zu schicken, mit einer Postanweisung, dreißig Francs zum Beispiel. Auch, wenn es Dir keine allzu großen Schwierigkeiten macht, die »Monde« (und jede andere Zeitung, die Du interessant findest). Und einen kleinen Block Briefpapier mit Umschlägen. Im Augenblick keine Post, ausgenommen Deine Briefe und die von Eric.

 Ich hatte vor meiner Abreise die Steuern (die auf unserer beider Namen im selben Umschlag gekommen waren) mit einem Scheck beglichen. Ich bin erstaunt gewesen, daß Du noch einmal gesondert welche zahlen mußtest.

Ich denke an Dich
Paul

* doch wenn er kommen *möchte*, bring ihn bitte mit

624

[Paris] 2. Dezember 1968

Mein lieber Paul,

Du weißt sehr gut, wie hart es für mich gewesen ist, Dich dort wiederzusehen, wo Du warst. Aber ich bin froh, ich sage es Dir noch einmal, daß ich Dich in einem besseren Zustand gefunden habe, als ich fürchtete. Ich hoffe von ganzem Herzen, daß Du schnell wieder hochkommst und daß Du wieder ein normales Leben aufnehmen kannst, in dem Du arbeiten und schreiben kannst. Ich weiß sehr gut, wie hart das Leben für Dich ist, ich weiß, wie groß das Gewicht des Leids ist, das Dir zuteil wird, und ich lehne mich oft, glaube mir, gegen diese Ungerechtigkeit auf. Es ist so schwer, jemandem helfen zu können. Auch das mitzuerleben ist hart, weißt Du. Und Dich so zerschlagen zu wissen, so leiderfüllt, ist für mich ebenfalls hart mitzuerleben.

Ich habe mich mit Roland in Verbindung gesetzt, mit André[1], und ich habe getan, worum Du mich gebeten hast. André wird mit Dir darüber reden, das macht keine Schwierigkeiten. Keine. Ich glaube, darüber müssen wir uns freuen.

Ich habe Lortholary[2] Bescheid gesagt, dem es sehr leid getan hat, als er erfuhr, daß Du im Krankenhaus bist und der Dir eine baldige Genesung wünscht. Die anstehende Wiederaufnahme der Kurse an der École hat noch nicht stattgefunden, und im Moment jedenfalls ist es nicht allzu ärgerlich, daß Du Deine Kurse nicht halten kannst. Sobald ich kann, werde ich vorbeigehen und die Post abholen. Ich habe, wie Du mich gebeten hast, Beda Allemann ein paar Zeilen geschrieben.

André wird Dich nächsten Donnerstag besuchen kommen.

Ich denke viel an Dich, Paul, an Dein Unglück, an Deinen Schmerz. Ich möchte so sehr, daß es Dir gut geht und daß das Leben nicht so hart zu Dir ist.

    Mut. Bis Sonntag   Gisèle

625

[Épinay-sur-Orge] den 5. Dezember 1968

Meine liebe Gisèle,

danke für Deinen Brief, Danke für alles, was Du für mich tust. Bei mir hat sich nichts geändert. Die Tage sind immer noch lang, ich habe immer noch Schmerzen im Rücken[1]. Im Augenblick ist es kurz vor drei Uhr nachmittags, ich liege da und warte auf Andrés Besuch, doch ich bin nicht sicher, ob er kommen wird, seinem Brief zufolge sieht es eher so aus, als versuche er, heute in acht Tagen zu kommen[2]. Ruf ihn bitte an, und sag ihm, daß er nicht am Sonntag kommen soll, zur gleichen Zeit wie Du. Und sag ihm, daß ich für die Verwaltung Paul *Antschel* bin*.

Was soll ich Dir sonst noch sagen? Ich habe Dir so viele Gedanken anvertraut. Und meine Gedanken gehen jetzt zu Dir und zu Eric. Bis Sonntag

Paul

Bring mir einen Plastikbecher mit.

* Auf diesen Namen sollen die Briefe adressiert werden.

626

[Paris] Montag [9. 12. 1968]

Mein lieber Paul,

Ich habe Benoît angerufen, der Dir übrigens schreiben wird und sich nach dem Empfang Deines Briefes seit Samstag um die notwendigen Schritte gekümmert hat, die das Fräulein sehr bald einleiten wird[1]. Übrigens hatte auch André, als er am Sonntag abend anrief, um zu erfahren, wie es Dir geht, in diesem Sinne gesprochen.

Ich habe einen Telefonanruf aus Zürich erhalten, von Franz Wurm, der beunruhigt war, nichts von Dir zu hören. Ich versichere Dir, er war untröstlich, als er erfuhr, daß Du im Krankenhaus bist. Da er mir gesagt hat, er wolle Dir schreiben, habe ich ihm geraten, seinen Brief hierher zu adressieren, ich würde ihn Dir dann zustellen lassen[2]. Er ist *sehr* freundschaftlich gewesen, glaube mir –

Jean hat mir gesagt, daß er Dich, fast sicher, am Donnerstag besuchen kommt. Er wird zu diesem Zweck früher aus Lille zurückkommen, es sei denn, er wird vom Dekan zurückgehalten[3], aber dazu bestehen wenig Aussichten, und ich glaube, daß Du mit seinem Besuch rechnen kannst. Ich muß ihn am Donnerstag morgen wieder anrufen, um ihm genauen Bescheid zu geben.

Ich habe Unseld geschrieben, da Franz Wurm mir gesagt hat, er habe ihn in Zürich gesehen, auch er ohne Nachrichten von Dir machte sich Sorgen.

Ich denke unaufhörlich an alle Deine Schwierigkeiten. Kopf hoch, Paul.

Gisèle

Ich bin am Sonntag mit der Frau eines Kranken im Auto zurückgefahren, der mit Dir im Krankenhaus liegt und die es mir freundlicherweise angeboten hat. Aber ich weiß nicht, wer es ist.

627

78, Rue de Longchamp
[Paris] Donnerstag [12. 12. 1968]

Lieber Paul,

Die zu unternehmenden Schritte sind ein wenig schwieriger gewesen, als ich dachte, aber schließlich ist alles in Ordnung gekommen. Dr. Co. wird Dich wieder in seine Abteilung aufnehmen, und ich habe Dr. A angerufen, der sehr gut versteht, daß Du es vorziehst, weil Du schon einmal in der Universitätsklinik gewesen bist und die dortigen Ärzte kennst, die Dich bereits behandelt haben, wieder dorthin zurückzukehren. Es bestehen also keinerlei Schwierigkeiten mehr. Dr. A. hat mir gesagt, daß er sich morgen früh mit Dr. Co. in Verbindung setzen werde. Ich soll ihn am Samstag wieder anrufen, und er wird mir dann sagen, wann die Verlegung stattfinden wird.

Jean, der Dich heute besuchen kommt, wird Dir diese Neuigkeiten übermitteln.

Das ist ein erster Schritt, Paul. Das war wichtig. Es wird noch andere geben.

Ich sehe Altmann heute nachmittag wegen des Buches[1].

Bis Sonntag, Paul. Ich denke an Dich.

Gisèle.

628

[An Eric Celan]
[Épinay-sur-Orge] Sonntag, 15. Dezember 1968

Mein lieber Eric,
 Es ist eine große Freude für mich zu sehen, daß Du in der Schule solche Erfolge hast – meinen herzlichen Glückwunsch zur Belobigung zum Trimesterende. (Ich war übrigens gar nicht darauf vorbereitet, siehst Du.)
 Ich finde, daß sich Deine Schrift sehr gebessert hat, sie fängt an, ganz persönlich zu werden, und in diesen Zeiten, in denen so viele Dinge, darunter, und das ist nicht verwunderlich, auch die Schrift, entpersönlicht werden, ist es ganz besonders erfreulich, eine Schrift zu sehen, die Deine, die sich festigt und Profil gewinnt.
 Ich bin auch froh über Deine Lektüre, Gorki und Turgenev sind natürlich menschlich, vor allem Gorki, der *Ton*, in dem er erzählt, ist in höchstem Maße authentisch, die Probleme, die er angeht, erlebte er wirklich, alles geht von etwas Gelebtem und Erlebtem aus, das ist sehr wichtig. Turgenev ist intellektueller, nachdenklicher, abstrakter vielleicht, aber immer nahe bei den Menschen und ihren Sorgen. Selbstverständlich hat sich die Welt seit Gorki und Turgenev[1] weiterentwickelt; aber sie zu kennen, sie zu vertiefen, heißt, in der Lage sein, abzuschätzen und zu ermessen, was sich verändert, was sich weiterentwickelt, was unter einer neuen Form bleibt, oft anders und zugleich identisch. – Ich werde Dir auch weiterhin Lektüre vorschlagen, aber bald wirst Du selber wählen, und, dessen bin ich sicher, Du wirst Dich zu orientieren wissen. Denk auch an die Dichtung, an die, die immer auf der Suche nach der Wahrheit ist und die zu entdecken ich Dir helfen werde.
 Ich wünsche Dir sehr schöne Ferien in Österreich, ich umarme Dich ganz fest

Dein Papa

629

[Paris] Mittwoch 18. Dezember 1968

Mein lieber Paul,
 Ich habe Mühe gehabt, Dr. D. zu erreichen, aber schließlich habe ich ihn doch erreicht und ihm Deinen Wunsch mitteilen können, gleich nach Deiner Entlassung aus Vaucluse von ihm behandelt zu werden. Er kennt Dr. M., von der Du mir sagtest, daß Du sie kennengelernt hast, und wird sich mit ihr in Verbindung setzen, um die

medizinische Behandlung nach Deiner Entlassung aus dem Krankenhaus bestens zu organisieren.

Mit diesem Brief gebe ich bei André die Bücher ab, um die Du mich gebeten hast[1], ich habe auch, in Deinem Auftrag, einige für Eric kaufen können, der jetzt mit russischen Büchern[2] gut versorgt ist.

Ich habe die Platten für das Buch[3] zum Stählen weggeschickt, ich werde Anfang Januar mit Robert Frélaut die druckreifen Korrekturbögen fertigstellen, und morgen gehe ich zu Fequet und Baudier, um sie zu bitten, einige Versuche mit anderen Schrifttypen zu machen, vielleicht nicht ganz so rund wie die von »Atemkristall«. Ich hoffe, daß sie etwas finden, das für die deutschen Gedichte geeigneter ist[4].

Ich habe Deine so schönen Gedichte gelesen, wieder gelesen, auch die von André du B. für die nächste Nummer von »L'Éphémère« übersetzten[5]. Es freut mich, auch diese französischen Übersetzungen zu haben.

Von Insel sind heute die Exemplare Deiner Ungaretti-Übersetzung gekommen, der Umschlag ist nicht sehr gelungen[6], aber das ist nicht schlimm, was zählt, ist der Inhalt.

Ich lege Dir die beiden einzigen Briefe bei, die in den letzten Tagen hier angekommen sind, vor allem den von Klaus[7]. Wenn es mir gelingt, in der École vorbeizukommen, bevor ich die Bücher bei André abgebe, werde ich die Briefe hinzufügen, die ich dort vorfinden werde, andernfalls, vor meiner Abreise gehe ich in jedem Fall hin, schicke ich sie Dir, wenn Du willst, in einem großen Umschlag, sag mir Bescheid.

Ich hoffe, daß ich in einem Zug einen Platz finden werde, um in der Nacht vom 24. auf den 25.[8] wegfahren zu können, ich denke, daß ich in einigen Tagen Bescheid weiß, ob die Reise-Agentur Erfolg gehabt hat. Doch für die Rückfahrt wird es schwieriger werden. Auf jeden Fall werde ich es so einrichten, daß ich zur Rückkehr Erics wieder da bin.

Eric, der gerade vorbeikommt und weiß, daß ich Dir schreibe, sagt mir, daß ich Dir »ganz ganz herzlich« für Deinen Brief und für die Bücher danken soll. Er wird Dir vor seiner Abreise schreiben. Die letzten Tage des Trimesters sind für ihn endlos, er fängt schon an, durch die Freude auf die Abfahrt und die baldige Möglichkeit, Ski fahren zu können, ganz aufgeregt zu werden.

Ich freue mich, daß das Krankenhaus so schnell um die Änderung von amtlicher Unterbringung in freiwillige Unterbringung[9] gebeten hat, selbst wenn das noch nicht Deine unmittelbare Entlassung bedeutet, es gibt ihnen aber die Möglichkeit, Deine Entlassung zu beschließen, sobald sie finden, daß das möglich ist, und dadurch wird Zeit gespart.

Wenn ich Dir in irgend etwas behilflich sein kann, laß es mich durch André wissen, oder schreib mir. Du weißt, daß ich selbstverständlich alles tun werde, was ich kann.

Viel denke ich an Dich
Gisèle

Eric ist heute von seinem Biologielehrer ausgezeichnet worden, der zu ihm gesagt und das (für die Lehrerkonferenz) auch notiert hat: »Du hast eine große Beobachtungsgabe.« Sie untersuchen dieses Jahr: die Steine, die Felsen, und das findet er sehr spannend. Ich werde Dir seine Trimester-Noten schicken, sobald ich sie habe: Diesmal ist es wirklich gut –

Ich habe einen der übersetzten Gedichtbände von Ungaretti genommen und habe ihn zu den anderen Büchern gestellt, die ich von Dir habe.

630

[Épinay-sur-Orge] Freitag, 20. Dezember[1] 1968

Meine liebe Gisèle,
 danke für Deine Briefe[2] und die Bücher, mit deren Lektüre ich begonnen habe.
 Du hast mir gesagt, daß Du eventuell an dem Besuchstag vom Donnerstag, den 26. Dezember[3], kommen würdest – ich wäre Dir ganz besonders dankbar, wenn Du kämst. Selbstverständlich gehen Deine Ferien vor, Du wirst nur kommen, wenn Du in Paris bist.
 Ich bin so froh über Erics Erfolg! Er wird sicherlich gute Ferien verbringen.
 Ich denke an alles, was wir uns gesagt haben, ich denke an Dich, Gisèle, sehr.

Paul

631

[Paris] 23. Dezember 1968

Mein lieber Paul,

Ich schicke Dir meine besten Wünsche für 1969, möge diese kleine Radierung[1] sie Dir besser übermitteln, als ich es tun kann.

Vor sechzehn Jahren, es war auch ein 23. Dezember: der unsere[2]. Was haben wir nicht alles erlebt seitdem! Möge dieses neue Jahr nicht so hart sein.

Ich kenne die Worte, auf die Du hoffst und die ich nicht sagen kann. Ich weiß, wohin Dein Blick sich richtet, ohne daß ich darauf antworten kann: das Leben ist sehr böse.

In meinem Kummer und meiner Verwirrung fehlen mir die Worte, Dich dort zu wissen, wo Du bist, ich kann Dir gar nicht sagen, was das für mich bedeutet; Dein Mut und Deine Geduld trotz alle dem!

Ich denke an Dich.   Gisèle

Danke für Deinen Brief vom 20., der heute morgen angekommen ist.

632

[Épinay-sur-Orge] Donnerstag, 26. Dezember 1968

Meine liebe Gisèle,

danke und nochmals danke! für Deinen Brief, Deine Radierung, für alles, was Du mir dazu sagst. Dank an Eric für seine Geschenke, für seine Wünsche.

Der dreiundzwanzigste Dezember, den Du erwähnst, gehört immer uns und wird immer uns gehören, er begleitet uns, um sich uns hinzugeben, er ist eingeschrieben in unseren Worten, unseren Gebärden, in allem, was unser Leben ausmacht.

Deine Radierung ist sehr schön, ich schaue sie an, und ich lese darin, ich erkenne Dich darin.

Meine liebe Gisèle, ich wünsche Dir ein gutes Jahr. Umarme Eric.

Paul

633

[Cap d'Antibes] Sonntag [29. 12. 1968]

Mein lieber Paul,

Ich bin also von neuem hier[1], mit Kiefern und roter Erde, auch Sonne, doch es ist kalt. Wahrlich, ich mag diesen Ort nicht, wo die reichen Grundbesitzer eifersüchtig ihr Stück Strand für sich behalten. Man kommt nicht ans Meer heran, man stößt auf Umzäunungen, und man muß auf der Straße gehen, mit den Autos, um an ihm entlangzulaufen – Aber das Haus ist ruhig, ich ruhe mich aus, und sie sind gastlich. Das Fernsehen läuft für meinen Geschmack zu viel, aber es gibt auch die Möglichkeit, Musik zu hören. Ich bin mit »Fadensonnen«[2] gekommen, mit den wenigen handgeschriebenen Gedichten, die Du für mich abgeschrieben hattest[3]. Ich lese auch ein Buch von Kundera.[4]

Ein paar Zeilen von Eric vom Tag seiner Ankunft, noch mit der ganzen Müdigkeit der Zugfahrt, aber seitdem hat er sicherlich viele Abfahrten gemacht, die ihn begeistert haben werden.

Und Du, Paul, ich hatte gehofft, von Dir zu hören, vielleicht morgen. Ich denke, daß Du meine kleine Radierung bekommen hast, von der ich nicht allzu genau weiß, ob sie gut ist. Du wirst es mir sagen.

Ich denke an die langen Stunden, eine nach der andern, die aufeinanderfolgen müssen, immer gleich an Langeweile. Ich denke an Dich. Sobald ich zurück bin, werde ich von neuem alles versuchen, damit Du nicht ewig dort bleibst, wo Dich zu wissen so hart für mich ist.

Hoffen wir auf bessere Tage. Bis Sonntag

Gisèle

634

[Paris] 5. Januar [1969]

Mein lieber Paul,

Ein paar Zeilen in Eile, um Dir zu sagen, daß die Gedichte von Klaus angekommen sind[1], ich bringe sie Dir am Sonntag. Ich habe die gesamte, in die Rue de Longchamp gekommene Post geordnet, ich schicke Dir die Liste der Bücher, Zeitschriften oder Manuskripte[2], vielleicht kannst Du schon einmal darüber nachdenken. Wenn Du willst, daß ich Dir das eine oder andere bringen soll, schreib mir oder bitte Jean Daive am Donnerstag, mich anzurufen, ich werde alles mir Mögliche tun, um diese Woche an die École zu gehen.

Ich habe ein langes Telefongespräch mit Michaux gehabt, der mir ebenfalls, wie Du, geraten hat, Dr. He. zu schreiben, was ich heute abend tun werde. Leider ist er gegenüber Vaucluse nicht so gut plaziert, wie er es für Sainte-Anne[3] war, aber dessen ungeachtet bin ich sicher, daß er *alles* in seiner Macht Stehende tun wird. André hat mir versprochen, sich mit Benoît[4] in Verbindung zu setzen; sobald es ihm gelungen ist, wird er es mir sagen.

Bewahre Dir Deinen Mut unter allen diesen ungeheuren Schwierigkeiten.

Am Sonntag, Paul, hoffe ich, daß ich kommen kann, aber mein Schnupfen wird zu einer Darmgrippe, und ich fühle mich nicht sehr wohl. Außerdem habe ich von neuem Schwierigkeiten mit den Zähnen, was mich ein wenig beunruhigt. Zwei abgebrochene Zähne während meines Aufenthalts in Südfrankreich und das Zahnfleisch, das wieder entzündet ist und weh tut. Aber ich hoffe, daß das alles, das nicht sehr ernst ist, bis Sonntag vorbei sein wird.

Eric hat wieder, ohne Freude, seinen Unterricht am Gymnasium aufgenommen. Wir haben heute morgen ganz ernsthaft wieder Deutsch und Englisch wiederholt. Deutsch ist eines der wenigen Fächer, für die er sich wirklich Mühe gibt.

Bis Sonntag, Paul, ich denke viel an Dich   Gisèle.

635

[Épinay-sur-Orge] Mittwoch abend [8. 1. 1969]

Meine liebe Gisèle,

Du bist vergrippt, Du hast Ärger mit den Zähnen: warum bin ich nicht da, um Dir Grippe und Ärger abzunehmen, um Dir neue Kraft zu geben! Ich hoffe, daß es Dir schon besser geht, und ich hoffe, egoistischerweise, daß Du am Sonntag kommen wirst.

Bei mir hat sich der Ärger mit den Augen als eine banale Bindehautentzündung herausgestellt, die durch Silbernitrattropfen (Silbersulfat[1]?) zum Verschwinden gebracht wird. Meine Lektüre: das Tagebuch der Marie Luise Kaschnitz, nett und überflüssig[2]. Offen gestanden ist es auch eine gewisse Vorstellung vom Wesentlichen, die mir oft die Rückkehr nach Paris diktiert hat – vom Wesentlichen und seinem *Rang*.

Nach so vielen Jahren den Gedichtband von Klaus[3] wiedergelesen: Leider sind nur wenige Seiten darunter, die überdauert haben.

Damals sah ich darin Vorläuferisches, und als ich Dich um das Buch bat, dachte ich, es wiederzufinden. Womit muß man die Poesie wohl füttern, um ihr das zu bewahren, was an ihr unzähmbar ist?

Ich füge diesem Brief die Listen der Bücher und Manuskripte bei, die Du mir liebenswürdigerweise geschickt hast; ich habe unterstrichen, was ich mir gern ansehen und dann am Sonntag behalten möchte.

Du hilfst mir sehr, meine liebe Gisèle.

Umarme Eric. Paul

Ich nutze den kurzen Besuch Jean Daives, um Dir diese Zeilen zukommen zu lassen.

Postscriptum Donnerstag mittag: ich komme gerade von der angekündigten Arztvisite – Ergebnis: ich werde bald wieder meine Arbeit aufnehmen. Es ist unglaublich, aber ich träume nicht! Bis bald!

636

[Paris] Montag [13. 1. 1969]

Mein lieber Paul,

Ich glaube, verstanden zu haben, daß der Arzt, der Dich am Donnerstag aufgesucht hat, jetzt einen Bericht über diese Visite ans Krankenhaus schicken muß und daß dies ein weiteres* Element in Deiner Krankenakte[1] sein wird. Aber die Entscheidung liegt beim Krankenhaus. André hat mich gestern abend angerufen, er wird mich wieder anrufen, sobald er D. erreicht hat. Ich für meinen Teil warte noch ein wenig auf eine eventuelle Antwort, in der mir ein Termin bei Dr. He. angegeben wird.

Ich habe gestern Jean Daive gesehen. Er hat mir »Décimale blanche«[2] gebracht. Es ist wirklich schwierig, aber man hat wirklich Lust, tiefer in diese geheimnisvolle Welt einzudringen. Ich glaube, jedenfalls in dem Maße, in dem man es wirklich wissen kann, daß er einige der Radierungen aus der Kleinen Serie[3] gemocht hat. Er kennt ein junges englisches Paar, das schöne Bücher verlegt und auch eine schöne Zeitschrift, offenbar auf französisch[4]. Aber sie haben wenig Geld, und ich glaube nicht, daß sich Jean Daive des Preises eines bibliophilen Buches ganz bewußt ist. Er will mit ihnen reden. Ich glaube, daß nichts dabei herauskommen wird, vielleicht würde Altmann es am Ende doch machen, meinst Du nicht auch?

Auch für die Ausstellung ist das Projekt sehr ungenau. Aber er hat (glaube ich) vier oder fünf große Radierungen gemocht, die er sich mit seinem neuen Gedicht[5] vorstellen könnte. Aber auch da ist noch nichts festgelegt, weder das Format noch die Art und Weise, wie sein Gedicht gedruckt werden wird, auch nicht der Platz, über den es in der Galerie verfügen wird. Aus diesem Grund ist es schwierig abzusehen, wie das organisiert werden könnte, schwierig auch, mit diesem Ziel zu arbeiten.

Ich denke schließlich, daß ich in nächster Zeit versuchen sollte, nachdem ich gesehen habe, welche Radierungen (und er hat einen guten Geschmack!) ihn am meisten beeindruckt haben, Radierungen zu machen, deren Ausgangspunkt seine Gedichte wären –

Wußtest Du, daß er zwei vollständige Gedichtbände mit Deinen Gedichten übersetzt hat[6]? Kennst Du diese Übersetzungen?

Eric ist *sehr* zufrieden gewesen mit seinem Wochenende bei den Du Bouchets und hat sich sehr gut mit Gilles verstanden. Sie scheinen sehr viel miteinander diskutiert zu haben, und Eric scheint jetzt endlich einen zweiten Freund zu haben, mit dem er reden kann – Das freut mich.

Sobald ich weitere Nachrichten habe, werde ich sie Dir mitteilen.

Bis Sonntag, Paul

Gisèle.

Ich habe Altmann angerufen, ich werde am Freitag in seinem Büro vorbeigehen, um Deinen ersten Vorschuß[7] und auch das Geld abzuholen, das er mir für meine Radierungen schuldet, Du weißt ja, daß er alle Radierungen behalten hat, die er ausgestellt hatte. Es ist ihm gelungen, im Musée d'Art moderne für den Monat März die gleiche Ausstellung zu organisieren wie in Vaduz[8], er gedenkt das im gleichen Geist zu machen, mit Vorträgen und Gedichtlesungen. Du wirst ja sehen, ob Du daran teilnehmen kannst[9] –

* positives

637

[Épinay-sur-Orge] Montag [20. 1. 1969]

Meine liebe Gisèle,
 da Jean sich ausgeladen hat[1], schreibe ich Jean Daive, um ihn zu bitten, am Donnerstag zu kommen. Vielleicht rufst Du ihn an, um ihn daran zu erinnern.
 Umarme Eric, meine Gedanken suchen ihn, suchen Dich

Paul

638

[Paris] Freitag abend [7.? 2. 1969]

Mein lieber Paul,
 Hier ist die Druckvorlage für das Buch[1]. Ich finde es sehr schön – Ich glaube, daß man die Reihenfolge der Gedichte nicht zu ändern braucht, nur die hochformatige Radierung, die dem Gedicht »Mit Mikrolithen gespickte« (S. 7)[2] folgt, scheint mir nicht ganz zu diesem Gedicht zu passen. Die andern hingegen, ich kann mich nicht dazu entschließen, sie zu ändern, ich glaube wirklich, daß jede von ihnen etwas hat, etwas, das zumindest wirklich zu dem vorhergehenden Gedicht paßt – Ich glaube daher, daß es besser ist, nichts zu ändern. Aber Du wirst ja sehen –
 Sobald Du ganz und gar entschlossen bist, schick die Druckvorlage an Fequet und ruf gleichzeitig Altmann an, um ihm Bescheid zu sagen[3].
 Ich habe den Eindruck, daß am Schluß ein kleiner Text fehlt, in dem die Anzahl der Gedichte und Fequet und Baudier, Buchdrucker, sowie die Anzahl der Radierungen und Frélaut und Lacourière, Handdruckerei, angegeben werden[4]. Kannst Du ihn darauf hinweisen?
 Ich schicke Dir Deine Krankenversicherungskarte, den Lohnzettel vom Oktober 1968. Ich habe den vom Monat August nicht – Du hast ihn mir sicher nicht geschickt, wir haben uns übrigens in dieser Zeit nicht gesehen. Du hast ihn ganz bestimmt, aber Du kannst jederzeit in der École ein Doppel verlangen.
 Die URSSAF-Nummer[5] ist: 951-75-105-E-029-CK.
 Ich wünsche Dir allen Mut, den Du brauchst, für Deine Kurse, für Deine Arbeit, für alles. Entschuldige bitte diesen schlecht geschriebenen Brief, ich bin wirklich müde –

Gisèle

639

Wanderstaude, du fängst dir
eine der Reden,

die abgeschworene Aster
stößt hier hinzu,

wenn einer, der
die Leier zerschlug,
jetzt spräche zum Stab,
seine und aller
Blendung
bliebe aus.

/ Paris, 25. 2. 1969 /

Arbuste itinérant, tu t'attrapes
l'un des discours,

l'aster abjuré
s'y joint,

quand un qui
brisa la lyre
se mettait maintenant à parler à la canne,
son aveuglement et celui de tous
n'auraient[1] pas lieu.

640

[Paris] 3. März 1969

Mein lieber Paul,

Es ist mir nicht gelungen, Dich heute in der École zu erreichen. Ich möchte Dir sagen, daß es mir gelungen ist, mit Rothstein[1] für nächsten Donnerstag um 14 Uhr, in der Rue de Lisbonne 38, einen Termin auszumachen. Ich werde um 5 vor 2 vor der Tür sein. Bring das Papier von Maeght[2] mit, auch die Zahlungsbelege über das, was Du letztes Jahr an Steuern bezahlt hast. Ich werde den Rest mitbringen –

Es war die Rede davon gewesen, daß ich eine Ausstellung in Erlangen haben soll, und zwar in einem dieser »Kultur«[3]-Orte, wo es wirklich keinen Sinn hat, etwas auszustellen, aber Kröner hatte mir damals[4] sehr zugeraten, anzunehmen. Für die »Krume«[5] einer Hoffnung auf eine Begegnung werde ich es vielleicht tun. Aber ich habe seit langem nichts mehr von ihnen gehört, und ich denke, es ist vergebliche Liebesmühe. Sie baten mich, ihnen im März gewisse Unterlagen zu schicken, darunter auch Kritiken; in meinen Ordnern stöbernd, finde ich die beiliegenden Zeitungsausschnitte[6] wieder und bin im Grunde nicht in der Lage, sie aufmerksam wiederzulesen, außerdem verstehe ich nicht alles. Wärst Du so nett, sie zu lesen und sie mir am Donnerstag zurückzugeben und mir dabei zu sagen, welche Dir gut scheinen. Falls Du meinst, ich könne den Text von Baumann[7] schicken, aber ich möchte ihn nicht gern verschleudern, und diese Ausstellung, falls sie überhaupt stattfindet (vorgesehen, glaube ich, für Mai), ist nicht sehr wichtig.

Ich habe ein paar sehr nette Zeilen von Altmann erhalten, er hat Baumanns Text gemocht, aber ich glaube nicht, daß er etwas damit macht, in der Tat wird es in seinem Katalog für das Musée d'Art moderne[8] keinen Hinweis auf die Ausstellenden geben –

Eric wird Dich also am Donnerstag um 12 Uhr 30 am Trocadéro treffen und ich selber um 13 Uhr 55 in der Rue de Lisbonne.

Bis Donnerstag also, gute Arbeit und gute Tage bis dahin

Gisèle.

641

[Paris, 7. 3. 1969]

Meine liebe Gisèle,

ich schicke Dir also Deine Kritiken zurück. Ich denke, daß Du die aus der »F.A.Z« nach Erlangen schicken kannst: »Flügelflächen und Stege«[1]. Und selbstverständlich den Text von Herrn Baumann[2].

Alle meine Wünsche
Paul

7. März 1969

642

Gehässige Monde
räkeln sich geifernd
hinter dem Nichts,

die sach-
kundige Hoffnung, die halbe,
knipst sich aus,

Blaulicht jetzt, Blaulicht,
in Tüten,

Elend, in Kopfstein-
Trögen flambiert,

ein Wurfsteinspiel
rettet die Stirnen,

du rollst die Altäre
zeiteinwärts.

/ Paris, 21. 3. 69 /

Des lunes haineuses
s'étirent en bavant
derrière le néant,

l'espoir expert,
le demi-espoir
s'éteint,

lumière bleue, maintenant,
lumière bleue,

misère, flambée
dans des bacs faits de pavés,
un jeu de pierres à lancer
sauve les fronts,

tu roules les autels
vers l'intérieur du temps.

643

Im Zeithub,
beim Weltentziffern,

die Möwe hängt sich herein,
die Kreide formiert sich,

vom Eis gegenüber
nickt der selbst-
und gemeingefährlichste aller
Namen.

Dover – London 29. 3. 69

Dans la montée du temps,
en déchiffrant le monde,

la mouette s'y suspend,
la craie se constitue,

de sur la glace en face
fait signe le plus dangereux
pour lui-même et autrui de tous les
noms.

644

[Paris] 1. April 1969

Mein lieber Paul,
    Danke für das zweite Gedicht[1], das bei mir angekommen ist, um einen Tag mit seinem Stern zu kennzeichnen. Ich mag es ebenfalls sehr. Die Lektüre der beiden, vor allem aber des ersten, hat zu einer der ersten Gouachen geführt, die jetzt zahlreich aufeinander folgen.

Ich habe mich nicht dazu entschließen können, nach Zürich zu fahren und auch nicht nach Basel, und ich bin immer noch in Paris, inmitten meiner Unentschlossenheiten, die trotz allem klarer werden. Ich werde am Freitag nach Moisville aufbrechen, wohin die Ortners[2] am nächsten Tag nachkommen wollen, wir werden am Mittwoch nach Ostern zusammen zurückfahren. Noch am gleichen Abend reise ich nach Rom, von wo ich am darauffolgenden Dienstag morgen zurückkehren werde, um meine Arbeit im Grand Palais[3] wieder aufzunehmen. Ich habe in der Tat einen Brief von Marianne bekommen, der mich sehr bekümmert hat. Vor drei Wochen, ich hatte nicht auf ihren Brief geantwortet, in dem sie mich nach Rom einlud, schmiedeten ihr Freund[4] und sie Pläne, um mich zu empfangen. Unterdessen ist er (Deutscher und Arzt) schwer erkrankt, sie hat es vorgezogen, ihn nach Deutschland zurückzubringen, damit er ärztlich besser versorgt wird, doch innerhalb weniger Tage hat sich die Krankheit (Krebs) verschlimmert, und als sie mir vor drei Tagen schrieb, lag er schon im Sterben und im Koma. Marianne hat nach Rom zurückfahren müssen und flehte mich an, zu kommen und ein paar Tage mit ihr zu verbringen. Ich habe sie angerufen, ihr Freund lebte noch, aber es gibt keine Hoffnung auf Heilung.

Eric soll am Sonntag aus Lunéville zurückkommen. Ich habe die Lalandes angerufen, die ihn bei seiner Ankunft abholen und bis Montag für die Mahlzeiten und für die Nacht dabehalten werden, denn an diesem Tag beginnt wieder der Schulunterricht – Am Dienstag werde ich zurück sein, um mit ihm zu Mittag zu essen, meine Abwesenheit wird also sehr kurz für ihn sein –

Ich bin mir einige Galerien ansehen gegangen, unter anderen Brauer[5], der mir absolut nichts gesagt hat, hingegen schien mir der sehr schöne Bauerntisch genau das, was Du für Deine Wohnung[6] bräuchtest.

Wie verlaufen Deine Tage? Ich hoffe, daß die Tante nicht allzu anstrengend ist und daß Du die Möglichkeit hast, ein wenig in London herumzuspazieren, eine so geheimnisvolle Stadt, der man sich so lange hingeben kann. Ich hoffe, daß Du Deinen Rücken nicht allzusehr spürst, Du hast mir nichts über Deinen Besuch beim Arzt gesagt, nach den Analysen in dieser Sache.

Guten Aufenthalt in London. Viele Grüße an die Tanten, Vettern und Kusinen. Gute Londoner Tage und bis bald

Gisèle.

Ich schicke Dir die Gouache, und ich habe das Gedicht abgeschrieben[7].

645

[London] 2. 4. 69[1]

Meine liebe Gisèle,

ich habe gerade Erics Brief erhalten, den ich Dir beiliegend mitschicke. Er scheint sehr zufrieden zu sein, und darüber freue ich mich. Ich hoffe, daß er gleichzeitig auch Dir geschrieben hat.

Die Luft in London ist lebhaft, belebend, die Tante[2] – sie »groueßt«[3] Dich – tantissime, Leo und Regine, sehr nett, heute abend esse ich anläßlich des jüdischen Osterfestes bei ihnen, wie morgen.

Ich habe die Rembrandts in der National Gallery[4] wiedergesehen.

Ich hoffe, daß Du Deine Ferien gut nutzt.

Ich denke an Dich
Paul

646

[London] 3. 4. 1969

Meine liebe Gisèle,

ich hatte gestern ganz vergessen, als ich Dir Erics Brief schickte, seine Adresse aufzuschreiben – ich bitte Dich also, ihm die beiliegenden Zeilen zukommen zu lassen.

London, das ist für mich eine Gelegenheit, mich ein wenig auszuruhen, auch ein paar kleine Spaziergänge zu machen. Ich hoffe, auch Du nutzt Deine Ferien.

Ich denke an Dich,
Paul

Ich komme am neunten zurück.

[An Eric Celan]
[London] 3. 4. 1969

Mein lieber Eric,

danke für Deinen Brief. Ich bin sehr glücklich zu wissen, daß Du zufrieden bist, gut untergebracht, Dich wohl fühlst und Ski fährst.

Ich hingegen führe hier ein sehr ruhiges Leben, ich gehe ein wenig spazieren, vor allem aber lasse ich mich von der Tante verwöhnen.
Viele Grüße an Jean-Pierre und seinen Vater[1].

Ich umarme Dich
Dein Papa

647

[London] 6. 4. 69

Meine liebe Gisèle,
ich bin untröstlich, diese Nachrichten über Marianne zu erfahren – sag ihr, daß ich an sie denke.

Noch drei Londoner Tage. Am Dienstag werde ich Frau Ehrenberg sehen, die sich im Dezember eine Hüfte gebrochen hat. Traurigkeiten. Die Tante ziemlich anstrengend, ganz wacker.
Deine Gouache ist sehr schön, ich freue mich, daß Du diese andere Malart für Dich entdecken kannst.

Bis bald
Paul

648

Kew Gardens[1]

Jetzt, wo
du dich häufst, wieder,
in meinen Händen,
abwärts im Jahr,

löst die angestammte Meise
sich auf in lauter
Blau.

London, 6. 4. 69

Maintenant que
tu t'amoncèles, de nouveau,
dans mes mains,
vers le bas, dans l'année,

la mésange à laquelle s'adressent les balbutiements
se dissout en du seul
bleu.

649

Gold, das den nubischen
Handrücken fortsetzt – den Weg,
dann den Fußpfad zu dir, hinweg
über den Stein, den zugeschrägten,
aus Traumentzug-Zeiten,

zwei Sandschollen, umgeweht,
stehen dir bei,

sternversucht legt sich ein Luch
um eine der Kiefern,

der Chor
der Platanenstrünke
buckelt sich ein zum Gebet
gegens Gebet,

aus gesiegeltem
Floßholz
bau ich dir Namen, die pflockst du
fest, bei den Regenfeimen,

es werden die Kampfgrillen kommen,
aus meinem Bart,

vor den Denkkiemen steht
die eine
Träne.

Paris – Dampierre-en-Burly[1] – Paris
12. 4. 1969

Or qui continue
le dos de la main nubienne – le chemin,
puis le sentier vers toi, par-dessus
la pierre chanfreinée
datant des temps du rêve retiré,

deux mottes de sables, renversées par un souffle,
t'aident,

infesté d'étoiles, un marais
se dispose autour de l'un des pins,

le chœur
des moignons de platane
fait le gros dos en vue de la prière
contre la prière,

de bois à radeaux scellé
je te bâtis des noms, tu
les attaches, des piquets,
près des meules de pluie,

les grillons à combat viendront,
quittant ta barbe,

devant les ouïes à penser se tient
la seule
larme.

650

[Paris] 16. April 1969

Lieber Paul,

Ich habe gerade Claude David gesehen, der mir sagt, daß er im Begriff ist, sich für eine Wohnung zu entscheiden, also die seine in der Avenue Émile Zola[1] zu verkaufen, auch er denkt an eine baldige Geldentwertung und an die Dringlichkeit, schnellstens in diesem Sinne zu handeln – Er wollte es Dich also wissen lassen. Er muß sich bis nächsten Montag entschieden haben, von diesem Zeitpunkt an wird er, sobald er einen Käufer hat, die andere verkaufen. Das kann einige Tage dauern, aber mehrere Kunden sind dran. Er verkauft sie für 23 Millionen², die Nebenkosten sind, glaube ich, ziemlich hoch, und der Heizkessel ist ausgewechselt worden und muß innerhalb von zehn Jahren bezahlt werden (500 000 F). Es wäre gut, wenn Du Dir vorher andere ansehen könntest, ich glaube wirklich, daß Du etwas ebenso Gutes und vielleicht nicht ganz so groß und billiger finden kannst, aber ich wollte es Dir trotzdem sagen für den Fall, daß Du nichts anderes in Betracht ziehen willst.

Ich werde heute abend Altmann anrufen.

Wenn Du Dir die Wohnung in der Rue Émile Zola noch einmal ansehen möchtest, ruf Huguette oder Claude an, es verpflichtet Dich zu nichts, sie Dir wieder anzusehen.

Bis bald   Gisèle.

651

Welt
fingert an dir: befrag
ihre Härten,

die umnagelte Mandel: bei ihr
vergewissere dich,
daß du zu mir kommst, an deinen
lichtfühligen Rändern.

———

21. April 1969
Rue d'Ulm

De l'univers (Du monde)
te tâte de ses doigts: questionne
ses duretés,

l'amande »circoncloutée«: auprès d'elle
assure-toi
que tu viens à toi, par tes
bords sensibles à la lumière.

652

[Paris] 1. Mai 1969

Mein lieber Paul,

Vorhin sagtest Du zu mir: Hast nicht auch Du schwierige Stunden? Oh, Paul, wenn Du um sie wüßtest! Ich kann nicht viel darüber sprechen, und um dem zu widerstehen, entscheide ich mich auch dafür, mir den Anschein zu geben, so zu tun als ob ... Mich täuscht das nicht, auch wenn es die andern täuscht, und oft ist es hinterher noch schlimmer – Aber für meine Stunden schlimmster Verzweiflung sind allein die Wände meines Zimmers Zeugen.

Die Arbeit ist für mich ein Refugium, die eine und die andere[1], auch mit all den Illusionen, die das bedeutet, aber es ist trotzdem, ich leugne es nicht, eine Hilfe. Doch die Radierung entfernt sich jetzt, entfernt sich, auch die Gouachen sind mir, nach dieser Aufwallung, unmöglich geworden. Du weißt, wie schlecht man sich ertragen kann, wenn man nicht arbeitet, und wie hoch der Preis ist für diese Chance (welches Wort wäre das wahre?) der Möglichkeit zu arbeiten. Ich ertrage die Stille des Kupfers so schlecht, so, als ließe sich der Kontakt nicht mehr herstellen, und auch das fehlt mir im Augenblick. Außerdem, von neuem lese ich nicht mehr, von neuem kann ich keine Musik mehr hören. Dabei habe ich die beiden Kantaten, die Du mir geschenkt hast[2], noch vor kaum einem Monat so sehr gemocht. Soll ich gestehen, daß sie mich heute ganz einfach gelangweilt haben? Aber warum sage ich Dir das alles? Ich weiß so sehr, was Du durchlebst und wie sehr Dein Los noch ungerechter und bösartiger ist als das meine.

Dein Anruf ...

Ich habe gerade wieder das Konzert von Beethoven[3] aufgelegt, das mich schließlich doch sehr stark berührt. Bach mit seinem ungeheuren Wissen hat auch diese Hinnahme, diese Resignation, die manchmal für mich schwer erträglich ist. Beethoven ist ungezähmter, menschlicher im Schmerz und in der Auflehnung, ich fühle mich seiner Musik näher als der Bachs. Um Bach zu hören, muß es einem gut gehen. Jedenfalls ist das bei mir so. Das ist sicherlich sehr falsch, was ich da sage. Aber seit einigen Monaten habe ich es oft so empfunden.

Ich bitte Dich wirklich, diesen Schritt zur neuen Wohnung in aller Einfachheit zu machen. Laß bitte keine moralischen Erwägungen und Begriffe, wie Verdienst, dabei einfließen. Warum solltest Du dort nicht auch arbeiten können? Und warum sollte es schlimmer sein, dort nicht arbeiten zu können? Akzeptiere doch, daß es inmitten aller Deiner Schwierigkeiten trotz allem auch noch Platz für kleine Wunder gibt. Ich weiß, daß diese Wohnung keine Deiner Schwierigkeiten lösen wird. Ich mache mir da keine Illusionen, und ich betrachte diese Möglichkeit, in einem weniger unerquicklichen Rahmen zu leben, als etwas ganz Kleines, aber die ganz kleinen Dinge haben auch ihr Minimum an Bedeutung. Eine Krume, Paul, diese Wohnung, ja, eine Krume, mehr nicht, aber immerhin eine Krume[4].

Morgen werde ich im Grand Palais sein. Ich werde die sechshundert Karteikarten für die Benotung der Studenten fertig ausfüllen. Am Mittag werde ich mich wahrscheinlich an der Hand nehmen, um ins Bauhaus[5] zurückzukehren. Die Klees sind sehr schön, und sie von neuem zu sehen, läßt einige wahre Momente erleben. Bei Kandinsky kommt der wahre Respekt, der einen ganz klein macht, aber auch die Schwierigkeit, sein Werk anzugehen, das für mich immer ein Manko bleibt. Ich vermag nicht ganz einzudringen.

Ich habe Dich nicht gefragt, ob Du nächstes Wochenende zu Lutrand[6] gehen willst, es würde mich freuen, wenn Du ein wenig die Natur genießen könntest. Im Frühjahr war ich dieses Jahr sehr empfänglich dafür, mit den Klimaunterschieden, es gab Kontraste, die mich nicht gleichgültig ließen.

Ich höre jetzt auf. Ich wünsche Dir das Allerbeste. Versuch, wie ich das tue, auch die Dinge zu sehen, die nicht schlecht sind, es gibt sie. Ich erwarte auch nicht immer Wunder: Ich habe mich nicht geändert, ich zähle nicht auf sie, und ich lebe nicht in der Hoffnung auf sie, aber es gibt die kleinen Wunder, die kommen, und ich erkenne sie. Es gibt sie, Paul, vor allem, wenn man nicht darauf wartet. Ich wünsche Dir viele davon, sie lassen einen für einige Augenblicke, für einige Stunden sogar leben, und das ist schon mal das. Das Leben kann sicherlich nicht viel mehr geben, dieses so bösartige, verabscheuenswürdige Leben.

Gisèle

653

    -i-¹
    ein Trosthappen balzendes
    Nichts

Von der sinkenden Walstirn
les ich dich ab –
du erkennst mich,

der Himmel
stürzt sich
in die Harpune

sechsbeinig hockt
unser Stern im Schaum,

langsam hißt einer, der's sieht,
den Trosthappen balzendes
Nichts

―――

4. 5. 69

Von der sinkenden Walstirn
les ich dich ab –
du erkennst mich,

der Himmel
stürzt sich
in die Harpune

sechsbeinig
hockt unser Stern im Schaum,

langsam
hißt einer, der's sieht,
den Trosthappen balzendes Nichts.

―――

Paris, 5. 5. 1969

Sur le front de la baleine allant au fond,
je te lis –
tu me reconnais,

le ciel
se précipite / se perce
dans le harpon / du harpon,

avec ses six pieds
notre étoile s'accroupit dans l'écume,

lentement
hisse quelqu'un qui voit cela,
la bouchée de néant qui s'accouple / en rut.

654

Über dich hinaus
liegt dein Schicksal,

weißäugig, einem Gesang
entronnen, tritt etwas zu ihm,
das hilft
beim Zungenentwurzeln,
auch mittags, draußen.

---

9. Mai 1969
Rue d'Ulm

Par-delà de toi
gît (s'étend) ton destin,

aux yeux blancs, échappé à un chant
quelque chose se joint à lui
et aide
au déracinement des langues,
même à midi, dehors.

655

[Paris] Donnerstag [10. 7. ? 1969]

Mein lieber Paul,

Hier sind die Fotokopien der Ergebnisse der schriftlichen Prüfung für die Agrégation[1]. Entschuldige bitte, aber in der Hektik der letzten Tage hatte ich es vergessen –

Die letzte Woche mit der erstickenden Hitze in den fensterlosen Büros und die Arbeit, die sich während der in Moisville verbrachten Tage angehäuft hatte, war ermüdend.

Ich denke, Du solltest Dich für Dienstag, dem Tag nach Erics Rückkehr, nach einem Möbelspediteur umsehen, denn ich werde so schnell wie möglich wieder nach Moisville zurückfahren, würde aber selbstverständlich bleiben, um den Umzug der Möbel und der Bücher zu machen, wenn Du es wünschst. Denk schon einmal darüber nach. Vor allem für die Bücher. Man müßte dem Möbelspediteur Bescheid sagen, daß er einige Kisten mitbringt, und Du müßtest mir ganz genau sagen, was ich ihm geben soll[2].

Ich verstehe, Paul, daß Dir alle diese Schritte schwer zu schaffen machen, ich weiß auch, daß diese neue Einrichtung und dieser Umzug schmerzlich für Dich sind. Ich verstehe. Ich weiß.

Trotzdem hoffe ich, glaub mir, daß die Wohnung besser für Dich sein wird als Dein augenblickliches Zimmer[3], ich hoffe, daß Du darin arbeiten, darin Freunde empfangen, darin leben kannst.

Alle meine Wünsche gehen dahin, das weißt Du, daß Dein Leben so wenig unerquicklich wie möglich ist.

Ich wünsche Dir mehr als das –

Ich hoffe, daß Du Dich erholen wirst, daß Du gute Ferien verbringst.

Ich bringe, weißt Du, viele Wünsche für Dich zum Ausdruck –

Gisèle.

656

[An Eric Celan]
45 Rue d'Ulm
Paris, den 20. Juli 1969

Mein lieber Eric,

es ist Sonntag, der Tag ist lang, ich bin in meinem Büro, an meinem Schreibtisch, ich habe gerade zwei russische Gedichte übersetzt¹ – ihr Autor, ein sehr großer Dichter, heißt Velemir Chlebnikov, und meine Gedanken gehen zu Dir.

Ich bin sehr froh gewesen, nach Deinem ersten Brief zu erfahren, daß Du Dich wohl fühlst, daß es Dir bei den Bartschs² gefällt. Sicherlich hast Du Dich seitdem an Dein auf deutsche Art gemachtes Bett gewöhnt, sicherlich hast Du außer dem Tischtennis noch andere sogenannte Heldentaten vollbracht – vor allem, was die deutsche Sprache angeht. Ich denke oft, daß Dir diese Sprache eines Tages einmal ganz nahe sein wird und daß Du Dich mit schöner Leichtigkeit darin bewegst.

(Ich habe vergessen, Dir vor Deiner Abreise zu sagen, daß Du sicherlich geduzt werden wirst – die Kinder Bartsch duzt Du ebenfalls, aber Du sagst »Sie« zu ihren Eltern.)

Vielleicht bist Du gerade dabei, Dir am Fernsehen die Leistungen Armstrongs und seiner Gefährten anzusehen...³

Dis mes amitiés – meine herzlichen Grüße – an Deine Gastgeber. Schreib mir.

Ich umarme Dich

Dein Papa

657

[An Eric Celan]
45 Rue d'Ulm
[Paris] 25. 7. 1969

Mein lieber Eric,

wo stehen wir jetzt? Da hat es Deinen zweiten, so »französischen« Brief gegeben, und da hat es, sehr »amerikanisch«, die Nachricht über die Leistung Armstrongs und seiner Gefährten gegeben¹. – Ich setze mich mit Deinem Brief auseinander.

Ich denke, daß Du schließlich dieses deutsche Essen für das nehmen wirst, was es ist: Essen. Und ich beglückwünsche Dich dazu, daß Du Dich in dieser Hinsicht wie in jeder andern auch vor dem hütest, was Du lächelnd Deinen »Chauvismus«² nennst. Du bist nicht chauvinistisch, und Du wirst es niemals sein.

Hast Du den Flug zum Mond und die Mondlandung am Fernsehen verfolgt? Ich habe es getan, über die Mondlandung hat mich mein kleines Transistorgerät informiert, zur Rückkehr hatten mich Freunde, die Lutrands, zu sich eingeladen.

Ich bin sehr froh, daß Du Deutsch lernst, einschließlich »Paraplü«[3].

Ich umarme Dich,
bis bald

[Ohne Unterschrift]

Viele Grüße an die Bartschs

658

[An Eric Celan]
[Paris] den 29. Juli 69

Mein lieber Eric,
 danke für Deine beiden Briefchen, das zweite habe ich heute nachmittag bekommen. Es wird wohl nichts Neues für Dich sein, wenn ich Dir sage, daß ich Dich, in beiden Sprachen, nicht sehr gesprächig finde. Aber, wer weiß, vielleicht werden sich Deine großen Talente als Erzähler eines nahen Tages entfalten, unter dem Einfluß Isaac Babels vielleicht, der, nicht wahr, die Dinge gut erzählt[1].

Bist Du in Köln gewesen – ich meine: in der Stadt, hast Du den Dom gesehen und die anderen schönen Kirchen[2]? Sicherlich, aber Du behältst Deine Eindrücke für Dich.

Der Ausschnitt aus dem »Canard«, den Du mir schickst, ist nicht sehr »überwältigend«[3]. Selbstverständlich gibt es so viele Dinge auf dieser Erde zu lösen; aber selbstverständlich ist diese erste Mondlandung auch nicht nichts. Aber Du, Du wirst noch viele Dinge zu sehen bekommen.

Ich komme von einem langen Spaziergang durch Paris zurück: Wind, nicht allzusehr, ein leichter, feiner Regen – wir hätten zusammen laufen können, ich habe daran gedacht.

Ich werde bei Deiner Rückkehr an den Bahnhof kommen.

Sag allen Bartschs viele Grüße.

Ich umarme Dich
Dein Papa

659

[An Eric Celan]
[Interlaken, 20. 8. 1969]

Im Angesicht des Schnees denke ich an Dich

Dein Vater

660

Moisville
Freitag, 22. August 1969

Mein lieber Paul,
Ich hoffe, daß Du zumindest erholsame Ferien verbringst. Ich kann mir denken, daß es nicht gerade sehr hinreißend ist, mit der Tante zusammenzusein, die sich selbstverständlich viel Mühe gibt, die aber das bleibt, was sie ist.
Bei uns hier nichts Besonderes. Die Ruhe von Moisville und die Einsamkeit. Marianne[1] ist jetzt da, auch sie mit ihrem Gewicht an Schmerz und Leid, sie ist nett, aber ich habe schon alle Themen ausgeschöpft. Ich hoffe, daß ich weiter arbeiten kann. Ich habe in den letzten Wochen, seit meiner Rückkehr aus Italien, einige Radierungen gemacht, aber sehr kleine[2]. Es ist kalt, es regnet. Das Schwimmbad fällt aus, aber Antoine ist angekommen, und Eric ist froh, daß er nicht mehr ganz allein ist. Wir werden nachher die Bourgies[3] besuchen, aber auch da habe ich seit langem keine Geduld mehr; die Schwiegereltern[4] sind da, was die Sache auch nicht besser macht.
Ich werde vielleicht am Ende des Monats mit Marianne zu einem kleinen Ausflug aufbrechen – in den Süden? Wir sind nicht sonderlich entschlossen.
Ich habe überraschend Besuch von Bernhild Boie[5] bekommen; sie wird wahrscheinlich im September etwa vierzehn Tage hier verbringen. Ich habe wenige Dinge mit ihr gemein – Duniu[6] wird uns in einigen Tagen besuchen kommen. Ich glaube, daß Marianne und er sich darüber freuen. Ich übrigens auch, denn er ist wirklich sehr nett, und wenn er auch nicht von überragender Intelligenz ist, so ist er doch ein wahrer Mensch, und Du weißt genau, daß es vor allem solche Eigenschaften sind, die auch ich schätze.
Ich wünsche Dir gute Ferien. Ich wünsche Dir einen guten Aufenthalt in Luzern, trotz allem. Sei mir nicht allzu böse. Auch für mich ist nichts sehr einfach, Du weißt es genau.

Gisèle.

661

[Bern] 25. 8. 69

Liebe Gisèle, danke für Deinen Brief. Weder Tante noch Barometer stehen auf Schönwetter, doch es gibt Kollektivausflüge, die uns morgen nach Zürich führen werden, wo ich Ende des Monats[1] auch zwei Tage verbringen will, bevor ich am ersten zurückkomme.
 Viele Grüße an Marianne

Paul

662

[An Eric Celan]
Tel-Aviv, 1. 10. 1969

Mein lieber Eric, ich bin jetzt, nach einem äußerst angenehmen Flug, in Tel-Aviv[1]. Hier, viel Freundlichkeit, viele gute Gesichter. Gruß –

Dein Papa

663

[An Eric Celan]
Jerusalem, 8. 10. 69[1]

Mein liebster Eric,
 Jerusalem ist eine wunderbare Stadt – auch Du wirst eines Tages herkommen, sie zu besichtigen.
 Ich hoffe, daß es Dir gut geht.

Ich umarme Dich
Dein Papa

664

[Paris] Sonntag [7. 12. 1969]

Mein lieber Paul, Ich schicke Dir mit Eric ein Exemplar von »Atemkristall« (Altmann hat die Nr. 1) – eins von »Schlafbrocken« und auch eins von »Schwarzmaut«[1] (bei Gelegenheit, wenn Du die Deinen bei Fequet abholst – und das müßtest Du tun –, wirst Du mir eins zurückgeben).

Ich finde es sehr bedauerlich, daß Du diese Veröffentlichungen nicht bei Dir zu Hause² hast. Ich hoffe, Du bist einverstanden, daß ich sie Dir schicke.

Viel Mut mit Eric. Ich habe gestern mehr als zwei Stunden mit seinem Englisch zugebracht, und auch heute morgen haben wir gearbeitet.

Kopf hoch, Paul   Gisèle.

[von der Hand Paul Celans:] 7. 12. 69

665
[Paris] Freitag abend [19. 12. 1969]

Bitte entschuldige vielmals dieses Vergessen, mein lieber Paul, das ganz nach dem Bild meines augenblicklichen Zustands ist. Ich schicke Dir also den Scheck – machen wir keine Geschichte daraus: das ist für mich kein materielles Problem, es ist also völlig normal, daß ich es tue.

Die Situation im Grand Palais verschlechtert sich stündlich, und ich glaube, es ist für David sehr bald das Ende¹.

Ich fürchte, es wird für die Studenten hinterher noch schlimmer werden, und ich glaube, daß sie trotz allem unrecht haben.

Eric hocherfreut, daß er wegfahren kann.

Ich hoffe, für Dich läuft alles gut. Ich schicke Dir meine besten Gedanken

                                                                                Gisèle

666
[Paris] 25. 12. 1969

Mit¹ allen meinen Wünschen, den besten, Paul
                                                                                Gisèle.

667

[Paris, 31.?] Dezember 1969¹

Hier, Paul, sind die beiden Probeabzüge, von denen ich Dir erzählt habe. Sie sind in der Vorzugsausgabe von »La Traverse« II² erschienen.

Es sind die letzten Radierungen, die ich vor vier Monaten gemacht habe –

Mögen sie Dir alle meine Wünsche für 1970 sagen, die ich nicht ausdrücken kann, die aber zahlreich sind

Gisèle.

668

[Paris] Mittwoch, 14. Januar 1970

Meine allerliebste Gisèle,

dieser Augenblick, den ich, vielleicht, einordnen kann. Du kennst meinen Vorsatz, den meines Daseins; Du kennst meinen Seinsgrund.

Das »Kilodrama« ist eingetreten. Vor die Alternative¹ gestellt, zwischen meinen Gedichten und unserem Sohn zu wählen, habe ich gewählt: unseren Sohn. Er ist Dir anvertraut, hilf ihm.

Verlaß nicht unser (einsames) Niveau: es wird Dich nähren.

Ich habe keine Frau so geliebt, wie ich Dich geliebt habe, wie ich Dich liebe.

Es ist die Liebe – eine äußerst umstrittene Sache –, die mir diese Zeilen diktiert.

Paul

669

[Paris] Donnerstag 22. Januar 1970

Mein lieber Paul, Es ist mir nicht gelungen, Dich zu erreichen – Ich wollte Dir für alle diese hübschen Blumen danken, bei mir zu Hause, heute abend.

Danke
Gisèle.

670
                    [Paris, 18.? 3. 1970]

Was kann ich Dir schenken, meine liebe Gisèle?
  Hier ein Gedicht, das ich an Dich denkend geschrieben habe – hier, wie ich es aufgeschrieben habe, sofort, in seiner ersten Fassung[1], unverwandelt, unverändert.
                    Herzlichen Glückwunsch zum Geburtstag[2]!

                                        Paul

Es wird etwas sein, später,
das füllt sich mit dir
und hebt sich
an einen Mund

Aus dem zerscherbten
Wahn
steh ich auf
und seh meiner Hand zu,
wie sie den einen
einzigen
Kreis zieht

13. XII. 69
Avenue Émile Zola[3]

Il y aura quelque chose, plus tard,
qui se remplit (se remplira) de toi
et se hisse(ra)
à (la hauteur d') une bouche

De mon (Du milieu de) délire (ma folie)
volé(e) en éclats
je me dresse (m'érige)
et contemple ma main
qui trace
l'un, l'unique
cercle

671

[Paris] 20. März 1970[1]

Mein lieber Paul,
 die Tulpen, ihr Rot, ihr Leben, heute morgen ab sechs Uhr, nach den Stunden mit so wenig Schlaf, sie waren mit mir.
 Auch das Gedicht begleitet mich
 . . . .
 Danke, noch einmal danke.
  Guten Aufenthalt in Deutschland[2]

Gisèle

ANHANG

Nicht datierbare Dokumente

672

Ich liebe Sie von ganzem Herzen,
ma chérie. Bis sehr bald[1].

[Ohne Unterschrift]

673

Ein gutes neues Jahr![1]

674

Ein gutes Leben, Eric[1]

[Ohne Unterschrift]

Ein gutes neues Jahr, Papa
                      Eric

675

Danke für alle die vorbereiteten Sachen
                                Paul

    Gute Tage!

676

*Den Schlüssel für das Dienstmädchenzimmer auf den Schreibtisch
 legen!*
Den Koffer mit dem Schottenmuster und den großen braunen
 Koffer vorbereiten
Den Kaffee in der Küche vorbereiten und
 Häppchen für Mademoiselle Arietta
 Zigaretten
 eine Flasche Traubensaft
Die Schreibmaschine nachsehen!
100 Blatt Papier vorbereiten +
 1 Heft »Angoulême«
 1 Packung Kohlepapier
 1 normales Heft

Meine Baskenmütze
Meine Sommerhandschuhe
b.w.

die Liste der Leute,
die mich angerufen haben

vorbereiten:
meine lederne Aktentasche
meinen Sommerschal

Wenn Du nach Moisville gehst, bring mir bitte alle Dickinson-Bände[1] (vor allem die französischen Übersetzungen) und die große Supervielle-Auswahl[2]
 Ich danke Dir dafür
 P.

677

[siehe Abbildungen 18a, b]